2020年度教育部哲学社会科学研究重大课题
《荣氏家族与无锡民族工商业资料收集、整理与研究》
(项目批准号:20JZD037)阶段性成果

2018年度江南大学基本科研计划青年基金
《荣宗敬相关文献收集、整理及研究》
(项目编号:2018JDZD05)成果

荣宗敬集

陈明
王建华
刘大禹
整理

凤凰出版社

图书在版编目（CIP）数据

荣宗敬集 / 陈明，王建华，刘大禹整理. -- 南京 ：
凤凰出版社，2020.12
ISBN 978-7-5506-3383-4

Ⅰ. ①荣… Ⅱ. ①陈… ②王… ③刘… Ⅲ. ①荣宗敬
（1873-1938）—文集 Ⅳ. ①F-53

中国版本图书馆CIP数据核字(2020)第271349号

书　　名	荣宗敬集
整 理 者	陈明　王建华　刘大禹
责任编辑	王淳航
装帧设计	徐　慧
出版发行	凤凰出版社(原江苏古籍出版社) 发行部电话025-83223462
出版社地址	江苏省南京市中央路165号,邮编:210009
出版社网址	http://www.fhcbs.com
照　　排	南京凯建文化发展有限公司
印　　刷	徐州绪权印刷有限公司 江苏省徐州市高新技术产业开发区第三工业园经纬路16号
开　　本	880毫米×1230毫米　1/32
印　　张	22.875
字　　数	571千字
版　　次	2020年12月第1版
印　　次	2020年12月第1次印刷
标准书号	ISBN 978-7-5506-3383-4
定　　价	160.00元

(本书凡印装错误可向承印厂调换,电话:0516-83897699)

YUNG TSOONG-KING

榮宗錦

MR. YUNG TSOONG-KING, who is known to many as the Flour King of China, was born in Wusih, Kiangsu Province, in 1873. As a youth, he was not interested in books, but devoted his time to agriculture. At the age of fifteen, he went to Shanghai to enter the business world. He watched with keen interest the fluctuation of the currency market, and, being a keen observer of national affairs, realized that his only hope of rising to prominence was to build up industry. Foodstuffs and clothing seemed to offer the greatest possibilities, both being daily necessities of the masses. His strong determination was rewarded, and he succeeded in launching his first enterprises in Wusih where he erected the Mow Sing Flour Mill, and the Chen Hsin Cotton Mill. Although hardships and near failures obstructed the progress of the two mills, as well as dissatisfaction felt by others interested in the ventures, Mr. Yung never gave up hope. When China adopted the Republican form of government, his troubles appeared to be at an end. He was enabled to erect the Foh Sing Flour Mill at Shanghai; and, later, business increased to such an extent that he managed to add seven branch factories, located at advantageous positions.

Because of disagreement with the shareholders of the Chen Hsin Mill at Wusih, he relinquished his interest in that mill, and established the Sung Sing Cotton Mill in Shanghai,—which proved so successful that four branches were added. Another flour mill was built in Hankow, one in Tsinanfu, and another cotton mill in Wusih. At present Mr. Yung controls sixteen mills.

In addition to being a great industrial leader, Mr. Yung is a philanthropist, and is constantly contributing to charity. Desiring to aid the cause of education in China, he has established the Sung Sing Kung Yih and Ching Hwa Girls' Schools, in Shanghai, and the Kung Shan Middle School in Wusih. Being an admirer of the good roads in the Shanghai Settlement, and having a keen interest in road development, he has built the famous Tung Wei and Kai Yuen highways,—the former leading from Wusih station to the Wei Shen Hills, and the latter extending to the very edge of the Great Lake. The well known park, "Mei Yuen", and his magnificent villa, are interesting attractions to visitors in this part of the country.

Mr. Yung took an active part in the establishment of the Cotton Experimental Station at Nanking, under the auspices of the Chinese Cotton Mill Owners Association, and the Wheat Experimental Station in Wusih, owned by the Shanghai Flour Association. As a reward for his charitable and generous contributions towards public welfare, he was awarded, by the President of China, the Second Class Grand Cordon Paokuang Chiaho. Because of his broad knowledge of agriculture, industry, and commerce, he was retained as advisor to the Ministry of Agriculture and Commerce. He has been asked to serve as advisor to the director of Wusih Commercial Port Bureau.

密勒氏评论报社《中国名人录》关于荣宗敬先生的简介

宗敬閲歷譚

古謂人生最慘莫如死而予謂最苦是失業賦閒失業則一受經濟之困難二遭家室之交謫三被親友之冷眼熱嘲四感如蘇秦父母不子人當賦閒無事株守待光日則仰屋興嗟書空咄咄夜則輾床反側短歎長吁所以捧牢飯碗千萬寶視切勿稍輕而嫌薪水之微薄作事之煩難待遇之苛刻及至失業賦閒復覓升斗而[illegible]寶無門遇就職而歧途相逼到此時而欲求一枝之寄一榻之借一粥之飯且不可得雖欲望苛刻之待遇煩瑣之工作微薄之薪水而不可得矣遑論其他哉宗實詩云書到用時方恨少事非經過不知難現在無論工商農學政各界一面話人浮於事雖謂不然並非人浮於事實乃事浮於人何也實因于時觀人往往事事能伴會樣樣俾及到無真請教諸所謂若安益到性命交託大事無事時尚有模棱會僅占一席地已心滿意足歷竭力從公一旦得事到手根據不適輕重不妥煩悶不宜模棱揣意暨自遂心弄到介紹人頭脹橫擾搬大東翁默念阿彌陀佛盼望年底快來賊若職到學校商店工廠欲求一有恒心有毅力肯負責任肯盡忠忱之友朋殆破鐵鞋無覓處豈非事浮於人耶倘斯人年富力強性格溫和舉止端正語言謙虛做事勤慎管理周到待人忠懇能以己心度人之心能負責任不袖手旁觀作自了漢此其人為有失業賦閒者乎若能盡心竭力效忠處事而有賦閒失業者我不信也願我同人三思此言銘諸座右

榮宗敬述

荣宗敬先生阅历谭

聯絡鄉誼
情文相生
榮宗敬
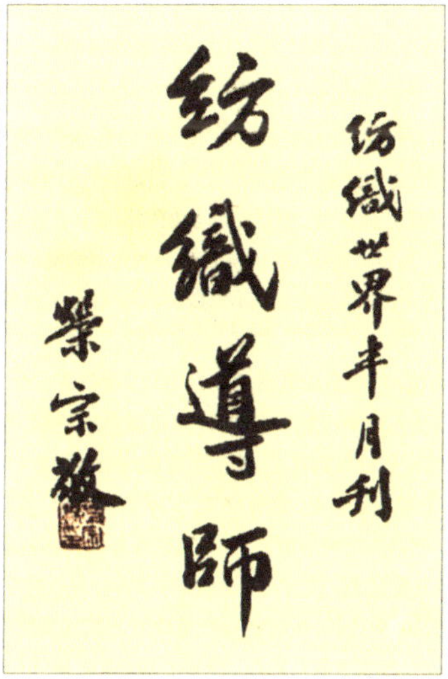
紡織世界半月刊
紡織導師
榮宗敬
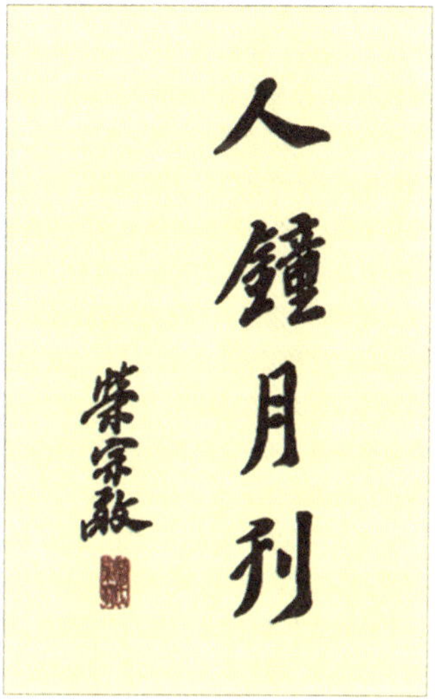
人鐘月刊
榮宗敬
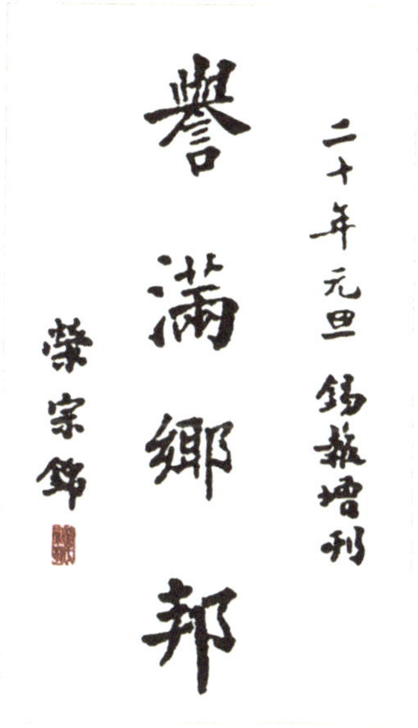
錫報增刊
二十年元旦
譽滿鄉邦
榮宗錦
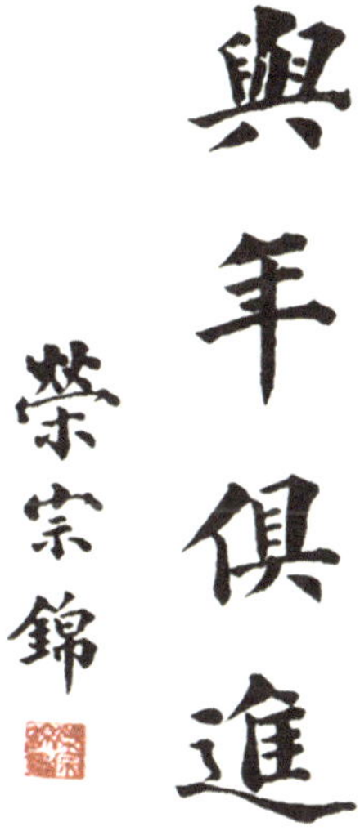
與年俱進
榮宗錦

荣宗敬先生手迹

荣宗敬先生晚年在无锡留影

荣宗敬先生遗影

荣宗敬小传

荣宗敬先生
(1873 年 9 月 23 日—1938 年 2 月 10 日)

先生讳宗锦，字宗敬，晚年号锦园，清同治十二年(1873)9 月 23 日生于江苏无锡开原乡荣巷。先生早年经营过钱庄业(广生钱庄)，后有感于国家生齿日繁，认为非力办实业，不足以立身济世，遂慨然以振兴实业为己任，并以最难解决者莫如衣、食问题入手，爰与胞弟荣德生辍钱业，于清光绪二十七年(1901)后，次第在无锡、上海、汉口、济南等地，开办保兴(后改名茂新，一至四厂)、福新面粉厂(一至八厂)及申新纺织厂(一至九厂)，任茂新、福新、申新总公司总经理及所属各厂总经理，所产面粉运销南洋、欧美等地，拥有纱锭居上海同业之首，享有中国"面粉大王"、"棉纱大王"之美誉，堪称中国民族工商业之先驱。另外，先生还曾担任国营招商局监事，同新、汇昶、生昶、振泰、惠昌等钱庄股东，恒大纺织公司董事兼总经理，中国银行、上海商业储蓄银行、中和商业储蓄银行、中国水泥公司、宝丰水火保险公司董事，中央银行、上海华商纱布交易所、上海面粉交易所理事，生源机器油行股东。

先生除兢兢于发展实业，于地方公益事业亦甚努力，不肯后人。如兴办学校、开辟马路等事，所费不赀。其手辟之梅园，已然成为江南名胜，发展太湖风景亦在其计划之中。

1937 年全面抗日战争爆发后，先生自上海避居香港，并于 1938 年 2 月 10 日病逝。2 月 17 日，国民政府明令颁发“褒扬令”：

荣宗敬兴办实业，历数十年，功效昭彰，民生利赖。此次日军侵入淞沪，复能不受威胁，避地远引，志节凛然，尤堪嘉尚。兹闻溘逝，悼惜殊深，应予明令褒扬，用昭激励。此令。

目　录

凡　例

一、本书收录了先生以荣宗锦、荣宗敬名义个人发表以及列名的著述、函电、启事、谈话、演说、广告等篇，大体反映了他的主要生平经历。

二、本书各篇，大体上按照时间先后为序，依次编订。原篇没有标注时间的，经考订甄别，能够确定时间的，加注时间；原篇没有时间又无法考订确切时间的，依出版发表时间编次。仅有月份而无日期的置于月末，仅有年份而无月日的置于年末。篇目下所注时间，一律采用公历；文内时间（包括农历月日和电报韵目代日），均按原文，不予更改。

三、本书各篇尽量沿用原文标题，原文没有标题的，用整理者所拟标题。为了便于读者阅读、理解，还收录了一些与之相关的函电、报道等，并对某些篇目及一些人物、事件稍加注释。

四、本书各篇一律标明出处，其中标明出处为申新纺织总公司档案、申新总公司函稿汇登、申新总公司英文档案、申新总公司文书股信稿、申新总公司会计部函稿、薛明剑藏件者，均转引自上海社会科学院经济研究所编《荣家企业史料》，并对部分进行核补。

五、本书各篇，文内增补脱漏字句，置于〈〉括号内；订正错别字，置于〔〕括号内；补充、说明、解释用【】；底本因年代、印刷、复制等原因字迹不清的，或无法识别而有明确字数者的，则用“□”代替，无法明确缺字数量者，则用“……”。

六、本书所收资料中，不乏对人民、对革命污蔑之词，及与事实相违之语，为保持原貌，一律照录，并未作任何处理，希望读者注意和鉴别。

限于整理者识见和水平，于材料搜集和编辑方面所存在的缺漏与错误在所难免，敬请读者批评指正。

1904 年

茂新面粉公司增资股单

（1904 年 11 月 7 日）

茂新公司为给发股单事：本公司于癸卯年【1903 年】七月，盘得保兴〔面粉厂〕全厂，禀奉商务局宪批，准专利在案。开办一年，尚著成效，公议扩充，添设钢轧。连前筹集股本规银六万两，分作六百股，计每股银一百两。长年官利一分，每年以正月半后派分官利，余利凭折支付。今据缴到股本，合给联号股单一纸，并息折一扣，以凭收执。须至股单者。今收到××名下附得五股，计规银五百两正〔整〕。

总董事张石君①、副董事荣瑞馨②、批发经理荣宗敬、厂经理荣德生③，光绪三十年(1904)十月初一日。

（申新纺织总公司档案）

---

① 张石君，生卒年月不详，时为德商禅臣洋行买办。

② 荣瑞馨(1872—1922 年)，无锡梁溪荣氏下荣春沂支人，世居无锡荣巷东浜，是荣氏兄弟创办近代实业的开路人和早期赞助者，在我国民族工业发展史上具有重要影响。荣瑞馨时任英商鸿源纱厂代办，其后又任怡和洋行、丰泰洋行买办。

③ 荣德生(1875—1952 年)，名宗铨，字德生，号乐农氏居士，著名的慈善家、民族实业家。早年与兄长荣宗敬经营过钱庄业，后先后开设保兴(后改名为茂新)面粉厂、振新纱厂及福新面粉厂、申新纱厂等，在荣宗敬先生去世后主持荣家企业。新中国成立后，任无锡申新纱厂总经理、华东军政委员会和苏南行政公署副主任、第一届全国政协委员。

1907 年

声明催出定麦过期另卖告白

（1907 年 10 月 30 日—11 月 4 日刊载）

陆秉衍于上年十一月廿三日，向敝处定购花旗小麦一万五千担，除出过外，尚存七千六百余担，早已装到，堆存栈房，遍寻出货。讵陆并不先行知照，率行他往。今悉陆已返申，一再催令出货，意存延宕。货色久堆栈房，不独栈租、银利、保险耗费不赀，且货色尤恐变坏，谁任其咎？是以登报，限止〈农历〉廿九日[①]，陆若再不出货，准将原货另行召卖，倘有亏折、耗费，应〈由〉陆认偿，勿谓言之不预也。特此告白。荣宗敬启。

（《申报》，1907 年 10 月 30 日—11 月 4 日）

附 1：陆秉衍声明定麦愆期反遭诬蔑告白（1907 年 11 月 2 日—4 日刊载）

兹阅荣宗敬催出定麦告白，不胜诧异。窃秉衍于上年十一月廿三日，向荣宗敬定购花旗小麦一万五千担，当付即期庄票银一千两，以作定银，立有互据成票，订期今年正月二十日前交货，决不延误。秉衍将此货转售与汉口汉丰公司，照立成票，如期交货。及至今正交货期到，麦价飞涨，讵荣拖延至二月份，仅交货七千五百包，照斤两揭算，除〈已〉

① 即阳历 1907 年 11 月 4 日。

收，尚短交定麦七千八百余担，不意荣蓄意吞赖，屡催屡约。直至四月初，荣向汤君之庄处买进花旗麦一万担，竟又贪得现售涨价，将货又暗售与裕丰公司。秉得知，又向〈其〉理催，当以栈货已空，又允尚有他处定货候到即交，因挽叶慎翁，面商缓期。及是月半，荣、叶二翁均谓所定之货已运日本，以彼处价昂于申，准在彼售所定短交之货，准照成票上许贴涨价。二翁同口一词，只以体面中人，一言为信，秉允再向汉丰婉商照此办法。即亲赴汉口与该公司商妥，回时又经知照，俟汉丰友到，即好结算贴价找付。今汉〈丰〉友已到，迭次催紧，责以失信。讵荣诱约延悮，竟敢昧心登报，一味谰言，希图反噬。秉受此诬屈，不堪亏累，试为约略申之。商务以信为目的，互据成票不足为凭，将来各行号定货，以何物堪为信券？况订明正月交货，延至二月仅交一半。其弊一也。四月初，一万担之麦又竟贪价他售，阳约阴违。其弊二也。递因催领紧迫，又挽叶君面许贴价，空言诳诱，冀延时月。其弊三也。如谓货早存栈，何以货到日期，进口上栈，并未登报？矧四、五月间，贴价诱约。前言犹在，而今日竟翻前议，反以栈租、银利、保险等费，冀图敲诈。其弊四也。伏乞商界绅董诸君鉴察情由，秉公理断，则商务幸甚，秉衔幸甚。

（《申报》，1907 年 11 月 2—4 日）

附 2：订货纠葛

某洋行式拉夫[①]荣忠〔宗〕敬，因承定陆秉衔小麦不交，控由公廨。提讯陆，供前年向荣定购小麦一万五千担，当交定银一千两，只出七千余担，其余被荣另售与华兴，求请追偿损失。讯之荣，供该货早经到齐，因一时寻陆无着，是以登报召售，请察。中、西官以两人账据不符，碍难

① 外商在华开设洋行，其经理称为“大班”，华人得任买办，掌行内银库及会计出纳以及一切杂事。买办多兼股东，其无股者须押巨金作为担保；次于买办者，称为“式拉夫”，即跑街之意。

断判,各退去,将账目核算明白,来复核夺。

(《申报》,1908 年 10 月 7 日)

附 3:控告结果

陆秉衍控美商用人荣宗锦不交定购小麦七千余担,昨经公堂集讯,中、西官以陆所控无凭,判将案注销。

(《申报》,1909 年 1 月 8 日)

1913 年

中国红十字会临时妇孺留养院[①]阳历八月九号（旧历七月初八）开院广告

（1913 年 8 月 8 日—9 日刊载）

烽火云霄，生灵涂炭，流离转徙，困苦颠连。最堪怜者，青年、妇女、黄发儿童，风餐露宿，粟六饥肠，啼哭终宵，酸人心肺。益以家室荡然，依靠俱无，行见鬻子卖女，演成惨剧。人道之谓何？本会天职所在，不忍坐视。经各界爱心志士发起，设留养院于十六铺新舞台，兼教兼养，注重卫生。妇女不拘年岁，男孩以十二岁为限，定额二百名，额满临时增添，举男女干事，分段照料。凡我热心君子，途遇贫苦妇女、小孩，的〔确〕系被难之人、无家可归者，出具介绍凭条，填明人名、年岁、籍贯，护送至十六铺南首，交新舞台本会干事询明实在，妥为安插。惟事巨款绌，全赖众擎。仁人君子，解衣节食，随缘乐助，功德无量。

中国红十字会临时妇孺留养院院长沈仲礼、张乐君；总理事叶庚三；副理事杨菊生；稽查沈鼎臣、江趋丹；发起人顾馨一、袁祝三、徐杏书、苏筠尚、姚紫若、夏志皋、徐文彬、程际云、唐星垣、朱鉴生、丁子乾、邵子奋、杨友坡、吴佑之、过文俊、罗甫

---

① 1913 年，袁世凯调兵镇压国民党领导的“二次革命”，东南一带遭到巨大破坏，伤亡人数不计其数，其中南京、徐州最为严重。红十字会在两地投入很大精力进行救助的同时，也在受破坏较轻的上海设立五处医院救护伤病，设立妇孺留养院救济妇孺。

卿、袁葆生、荣宗敬、曹钰如、杨勤学、蔡裕坤、蒋国琴、吴君石、贝绳伯等同启。中国红十字会总会总办事处刊。

（《申报》，1913 年 8 月 8 日—9 日）

1915年

恒丰有限公司广告

（1915年7月27日—8月2日刊载）

本公司招集资本十万两，已收足五万两，事务所设于上海泗泾路八号，专办面粉机器、纺织机器、电灯机器、印书机器、引擎锅炉、钢珠轴、领洁锅、药、机器油，及五彩油墨、印刷用品、西文铅字、铜线花边，各种洋纸及卡德司牌写字、绘图印色、各种墨水、胶水、浆糊等类。此外，进出口各货均能承办。并请福帛司君为总理、周仲卿君为协理、王星斋君为营业部长。如蒙光顾，无任欢迎，定价当格外从廉，以副雅意，惟希公鉴。

再者，本公司全系招集华股组织而成，与前恒丰洋行毫无关系。所有恒丰洋行从前人欠、欠人各帐款，一切与本公司无涉。合并声明。

恒丰有限公司董事周金箴、顾馨一、张子衡、荣宗锦、孙瑞康、王星斋谨启。

（《申报》，1915年7月27日—8月2日）

荣宗敬荣德生告白

（1915 年 10 月 18 日—20 日刊载）

启者：宗敬等现已交卸振新纱厂[1]职务，所有宗敬等经手各款，除归董事会及后〈任〉经理担任分别换折外，凡宗敬等经手垫款及各户存款，已由宗敬等如数收回。为此登报声明，应请迅速持据，与宗敬等算结清楚，以便将公司票据收回，转交董事会核销。此布。

（《申报》，1915 年 10 月 18 日—20 日）

附 1：无锡振新纺织股份有限公司董事会紧要广告（1915 年 10 月 7 日—8 日刊载）

启者：本公司经理荣德生并营业主任荣宗敬，经本会议决，于十月五日一并解任，现正由无锡商会磋商交替手续，并暂停厂中工作数天，以便检点一切。所有各处与本公司往来各款，一俟交替手续商妥，不日即当由本会登报，召集债权务者，分别持据到会，与该经理暨该主任开交到会之清账，核对无误即凭股付。设有清账未列各款并数目不符，或于本月五日以后倘荣德生、荣宗敬仍以本公司名义抵押、借用款项情事，本公司概不承认。此布。

（《申报》，1915 年 10 月 7 日—8 日）

---

① 1905 年 7 月，荣宗敬、荣德生、荣瑞馨、张石君、张云伯、叶慎斋、徐子仪等 7 人，筹集 27 万两银子创建无锡振新纱厂，1906 年建成，1907 年 2 月正式投产，厂址在无锡西门太保墩（现为无锡健康路 116 号无锡市第四棉纺有限公司），占地 81 亩，安装纱锭 1.2 万枚，日产棉纱 22 件。1937 年底，大部分厂房、设备和纱布毁于日本战火之中，并于 1938 年被占领。抗战胜利后，该厂得以复建。

附 2:无锡振新纱厂董事会紧要广告(1915 年 10 月 9 日—14 日刊载)

启者:本公司现经前业务主任荣宗敬君与本会议妥一切交替手续,一俟开送清账到会,当再登报,定期召集债权、债务者持据向本公司核对,帐据相符,即行分别承认加盖图章订期付还。先此布闻。无锡振新纱厂董事会谨启。

(《申报》,1915 年 10 月 9 日—14 日)

附 3:无锡振新纱厂董事会启事(1915 年 10 月 12 日—18 日刊载)

无锡振新纱厂股东公鉴:启者。本公司更易业务主任暨经理,暂停厂工。现正盘账交替,一俟交接清楚,即行照常开工营业,并即订期发给官息。特此布告。董事会启。

(《申报》,1915 年 10 月 12 日—18 日)

附 4:无锡振新纱厂交替经理召集债权广告(1915 年 10 月 18 日—20 日刊载)

启者:本公司业务主任及经理荣宗敬、荣德生昆仲,现已交卸职务,由本会另请新经理接办。除本公司前欠大清清理处及瑞记洋行两款,已由本会分别知照,仍由本公司按照契约分期偿还外,其余荣宗敬等经手本公司存欠各款,已照荣君等开列清单来会核对帐册分别还现。除由荣宗敬昆仲登报召集债权清算外,特此登报广告。请各债权人速向荣宗敬昆仲算结清楚,幸勿自误。此布。董事会谨启。

(《申报》,1915 年 10 月 18 日—20 日)

1917 年

为发起组织华商纱厂联合会[1]事致各纱厂函

（1917 年 3 月 15 日前）

敬启者：政府为加入协约国，修正关税，改为裁厘加税一节，此事极为有益，惟闻日本国有交换条件三种，一棉花、二羊毛、三钢铁出口免税。查棉花出口免税，关系中国纱厂甚巨，弟等拟发起一华商纱厂联合会，借上海商务总会内为事务所，研究花、纱税事。特订期于阳历三月十五日下午四点钟，在上海商务总会会所内集议，届时务请贵厂派代表早临勿迟是荷。此颂财祉。申新荣宗敬、顺昌源祝兰舫[2]、

---

① 华商纱厂联合会，系中国近代棉纺工业的同业组织。1917 年 3 月，为反对日本要求中国对“棉花出口、棉纱进口概行免税”，全国纱厂资本家代表在沪集会，以华商纱厂联合会名义致电民国北京政府。该会原为临时组织，同年 12 月定为正式团体，建立常设机构，以为全体纱厂资本家谋共同利益为宗旨，反对外商对花、纱市场的垄断和操纵，共同商议对付工人的罢工和政府的派款等，对于人民的反对斗争和抵货运动亦曾出力支持。张謇任首任会长，后由荣宗敬接任。会员分为两种，其中上海纱厂为甲种，沪外纱厂为乙种，该会出版《纺织时报》和《华商纱厂联合会季刊》等，1942 年 12 月解散。

② 祝兰舫（1856—1926 年），名大椿，字兰舫，江苏无锡南门外伯渎港人。少时家贫，1872 年经人介绍，先后在无锡曹三房冶坊、上海大成五金号铁行当学徒，满师后深谙五金经营业务。1885 年，在上海开设源昌号，专营进口煤、铁、五金商业，兼营拆卖旧轮船，出售旧机器和旧钢铁。其后又经营海运业，购买轮船多艘，来往于新加坡、上海、日本及所经沿海各港口，并在上海经营房地产。1898 年起，陆续开办源昌机器碾米厂、源昌机器缫丝厂，合资开办华兴面粉公司、公益机器纺织公司、怡和源机器打包公司等。1900 年前后成为怡和洋行买办，1908 年因兴办实业，由清政府赏给二品顶戴。曾任上海商务总会董事、锡金商务分会总理，晚年任华商纱厂联合会会长、上海总商会董事，非常热心地方公益和发展社会教育事业。

苏纶、刘柏森同启。

（附记发信各厂：大生、三新、同昌、振新、和丰、鼎新、恒昌源、振华、裕源、鸿裕、广勤、利用、申新、通久源、恒丰、裕通、裕泰、业勤、济泰、德大、通惠公、厚生、苏纶。）

附 1：华商纱厂联合会致各地纱厂函（1917 年 10 月初）①

敬启者：本年九月十五日开会，到会各纱厂共逾半数，当经公同议决，组织成立积极进行，并议定常年会费分等捐助，事关敝会根本问题而影响于纱业前途尤巨。兹谨将当日议案录呈一一台端为荷，赞同便希即日示复，是所盼祷。此上，并请公安。

附 2：华商纱厂联合会筹备会致穆藕初②**等信（1917 年 10 月 20 日）**

敬启者：据九月十五日议案，敝会应即维持成立，积极进行，惟正式成立之先，种种筹备，不容从缓。兹谨将敝会改组缘起及暂定简章拟就草案，缮呈左右，其中应否增益删改之处，务希逐一审核，便希于十月二十七日午后一时屏临敝会，公同讨论，并筹议进行事宜，实深盼祷。

华商纱厂联合会缘起

衣食大源，立国之本。人不可一日无衣，国不可一日无制衣之品质。故国力之盛衰，恒系乎棉业之隆替。自我国海禁初开，迄于今兹，漏卮不塞，财殚民匮，膏血沃枯，危亡何待？晚近忧时之士，恒持棉业救国之议。夫经国裕民，盍棉一端，特棉其著者耳。蕞尔东邻，近十年间，几执吾国纱业牛耳。其勃焉凌我，得之政府奖励者固多，而其发达之迅

① 华商纱厂联合会在 1917 年 10 月 1 日、6 日分别将此函发致当时全国华商纱厂，征询意见。至 10 月 27 日，先后有德大、裕泰、鼎新、振新、天津华信等 6 家纱厂复函，表示赞成建立会的态度，并就纱厂联合会的章程、会费的收取方法等提出意见，但大多数纱厂没有回音。

② 穆藕初（1876—1943 年），谱名湘玥，以字行，上海浦东人，民国时期的著名棉花专家，祖籍吴县东山，出身于棉花商家庭，宣统元年（1909）留学美国，民国三年（1914）获农学硕士学位后归国，先后创办了上海德大纱厂、厚生纱厂、郑州豫丰纱厂。

速、根蒂之强固，得之纱业公会指导、翼助者尤多。回顾我国纱厂，兴办已三四十载，其间之兴没存亡，殆难曲指。求其主因，非昧于外界之潮流，即骛于一时至近利。无事之际，则各自为谋，艰阻当前，即束手待毙，瞻前顾后，杞忧何极。况商业竞争，于今为烈，欧战告终，其势无甚。纱为棉业主品，更属万矢之的，倾荡摇撼之举，势将层出无穷。于此谋所以扶翼之方，兼为扩拓之计，非有统一机关，难收折冲明效。东邻成法，是我良师。今年春，××等以棉花出口，某国有要求免税之说，曾集全国纱厂临时设一纱厂联合会，惟事成仓卒，规章未具，羁延三月，成绩毫无，识者撼焉。××等爰复再四集议，广罗众见，佥谓联合会临时机关，莫若定为永固团体，俾收众擎之力，藉脱波涛之险。公共利益，惟公共协力图之。暂定简章附陈于后(未见，略)，纱业同人永锡箴规。幸甚幸甚。

(《华商纱厂联合会议事录(第六区机器棉纺织工业同业公会)》(民国六、七年)，上海市档案馆藏)

与穆藕初、聂其杰[①]等致大总统黎元洪[②]等电

(1917年3月19日)

北京大总统、国务院总理、(外交、内务、财政、农商)各部总长、税务

① 聂其杰(1880—1953年)，字云台，湖南衡山人，曾国藩的外孙(其母为曾纪芬)。1904年，聂其杰在上海组建复泰公司，承包华盛纺织总局；1909年收购华盛全部股份，改名恒丰纺织新局，亲任总经理。

② 黎元洪(1864—1928年)，字宋卿，湖北黄陂人(今武汉黄陂)。北洋水师学堂毕业，曾仕北洋海军广甲号军舰管带、新军协统等职，武昌起义后出任湖北军政府都督，南京临时政府成立时当选为副总统，袁世凯任大总统后，任副总统；1914年袁世凯解散国会，改设参政院，被任为院长；1916年6月，袁世凯病逝后，继任总统，至1917年张勋复辟前被驱走；1922年在直系曹锟、吴佩孚支持下复任总统，旋又被曹锟驱逐。

处临时国际评议会钧鉴:政府为修正关税,与各国商议加增关税,商等无任钦仰欢忭。惟报载日本有交换条件,要求棉花出口、棉纱进口概行免税。此乃全国生死问题,亦即国家命脉关系。查各国税则,生货出口不能免税,熟货进口应予重征,此为保护国民生计之公例。果如报纸所载,我国纺织业立有停闭之虞。兹有全国华商纱厂代表在申【上海简称"申"】集议数次,先举代表聂其炜、刘恒、穆湘瑶、杨寿眉君等入都,向政府详陈花纱免税利害,吁恳政府熟思审处,严行拒绝,并恳关于花纱进出口税厘事,得准代表参与其议,以重实业而固国本。无任迫切待命之至。

华商纱厂联合会。恒丰纺织新局代表聂其杰,德大纱厂代表穆湘瑶,广勤纱厂代表杨寿眉、戴钧,苏纶通记纱厂代表刘树森,恒昌源纱厂代表祝大椿、张乃熔,裕通纱厂代表朱荣光、宋肇熊,申新纱厂代表荣宗锦,振新纱厂代表施肇英、倪炤,振华纱厂代表薛文泰,厚生纱厂代表穆湘玥,和丰纱厂代表屠传芳,济泰公纱厂代表于名恒,鼎新纱厂代表张权翊,鸿裕纱厂代表郑崇基,裕泰纱厂代表洪明度,通惠公纱厂代表王孝赉,同昌纱厂代表何生云谨叩,效。

(上海市浦东新区政协学习和文史委员会等编:《穆藕初往来书信选辑》,2011 年,第 29—30 页)

荣宗敬荣德生启事

(1917 年 4 月 27 日—5 月 13 日刊载)

敬启者:前阅四月二十日〈即闰二月二十九日〉《申报》,登有"无锡西门外振新纱厂总理荣宗敬、经理荣德生经办多年,颇有盈余,惟因历届并不将红利、官利分给各股东,经股东责荣造册报告,并由董事会将荣解职,另举戴某经理厂务。现因荣德生不将账目详细答复,该厂董事会已提起刑事诉讼，控诉法庭”等语。查振新纱厂先后集股五十万元，分作五千股。年官利、红利，经董事会议决添购新机、扩充营业，至锭子三万枝，截至民国四年〈1915年〉八月止，核计盈余三十二万五千元，本、利共合成八十二万五千元。荣宗敬、荣德生有股本一千三百股，公议每股照应派官利、红利升算作洋一百五十元，共洋十九万五千元，按数让与荣瑞馨。茂新面粉厂原集股六万两，分作六百股，历年添机扩充，所获官利、红利，截至民国四年八月止，核计盈余二十四万两，本、利共合成三十万两。荣瑞馨有股本二百三十股，公议每股照应派官利、红利升算作银五百二十五两，共银十二万零七百五十两，按数让与荣宗敬、荣德生。当时凭公证人张叔禾、施涵香、薛南溟、孙鹤卿、蔡兼三、华艺三、张云伯诸君等核定，按股议据公同签字，由荣瑞馨找出现银二万一千二百十两，彼此将股票互换，分别过割清楚，载明双方不得再有异言。事经公议解决，本无丝毫纠葛。今时阅两载，忽借查账名目，控诉法庭，毫不根据事实，岂能成为问题？查在事调人均系有名士，将当时解、劝两方颇费斟酌事之虚实，一质自明。至所称历年不派官利、红利，及查问账目三十余款两节，查红利、官利历年结盈三十二万五千元如何作用，有历届印送帐略可稽，且前文已详叙，无待深论；其查问账目三十余款皆系无理取闹，自接锡商会来函，早已逐条答复，均与报载情事不符。此次振新股东开会，究竟前后经理之办事如何、账情如何，难逃公论。幸各股东注意及之。特此登布，以质高明。

（《申报》1917年4月27日—5月13日）

附1：地方通信·无锡·纱厂前经理被控

西门外振新纱厂规模宏大，为无锡三厂①之冠。总理荣宗敬、经理

① 除振新纱厂外，其他两家分别为杨艺芳、杨藕芳兄弟在1895年创建的业勤纱厂，杨翰西、杨蔚章父子在1917年创办的广勤纱厂。

荣德生经办多年，颇有盈余，惟因历届并不将红利、官利分结各股东，经股东责荣造册报告，又延迟不报，故上年由董事会将荣解职，另举戴某经理厂务，并公推荣瑞馨为总董，监察一切。新经理接手后，向荣德生追索以前账目，荣只将总账目缴出。经查账员唐、曹二君查出荣德生移公作私等弊端三十余项，为数甚巨，遂由董事会开列细数，函询荣德生，限令逐项答复。兹闻限期已满，荣并不详细答复。该厂董事会已提起刑事诉讼，控诉法庭矣，未知如何解决也。

（《申报》，1917 年 4 月 20 日）

附 2：荣德生启事（1917 年 5 月 8 日刊载）

敬启者：鄙人从前经理振新厂务，自觉无愧。乃近来该公司董事会忽以账目含糊为词，控诉鄙人于法院，淆乱观听，莫此为甚。爰将清宣统二年【1910 年】五月接手至民国四年【1915 年】九月脱离为止，其间之大略情形及账略，略述梗概，以告各股东暨各界诸君，尚希公鉴。

按清宣统二年五月间，振新亏折极巨，资本二十七万元，只存十三万余元，势难支持，即经该厂董事一再商请鄙人任经理。鄙人列为股东，诚以血本攸关，即于是月十三日任职，竭力整顿，意图恢复。不料该厂董事荣瑞馨已将厂基押入汇丰银行，时橡皮风潮起[①]，上海道派员封厂，事势甚危。鄙人兄弟多方挽回，并由周舜卿君等尽力维持，得以转危为安。此中苦况，详知底蕴者尚多其人。所幸是年得有赢余，足以抵

---

① 清宣统二年（1910）上海发生的一次金融风潮，光绪三十四年（1908）秋间，有外商宣称在澳大利亚种有大量橡胶树创设橡皮公司，大事招股，并暗中掀抬股票价格，使之不断上涨。麦加利、汇丰、花旗等外资银行复与勾结，承做该项股票押款，中国商人及居民竞相争购。至 1910 年 7 月，幕后操纵者暗中乘高脱手，潜逃国外，外资银行并同时宣布停止受押，并追索前做押款，一时间股价猛跌，有卖无买，股票成为废纸。钱庄因此倒闭甚多，商人及居民受害者更多，形成一次金融风潮。

补上半年之亏折。自是以后，连年皆获赢余。

辛亥革命风潮，最属危险，竭尽绵力，得以度过难关。次年营业渐佳，非添机不足发展，遂议定添锭一万八千。适二次革命又起，往来全绝，而机价待付，建筑需款，无一能延，商之董事，无一应者，股款无着，而进行岂能遽停！筹思十余天，幸得茂新帮助，始能将新机装置完毕。既经出纱，销路大好。民国三年份，计余十四万七千余两，大局为之一定。

讵料董事会从此节节争权，大不满意于经理，而总董瑞馨为尤甚，欲得种种私利，均经鄙人拒绝，以是怀恨日深，而有意谋我矣。鄙人明知其故，屡欲告退，深以脱离关系为快。只以经手事多，隐忍至〈民国四年〉三月开股东会时，始得当众告退。讵知总董布置未妥，一时无人接手，不得已而仍因循过去。至八月，总董招到垫款经理，遽用公告手段，使鄙人离职。鄙人即于九月初十凭居间人立振新、茂新互换股份合同，划分清楚后，即将全厂及各项账目，一并交由商会会长孙鹤卿接收，各批发交由唐水成接收。交代后，毫无异言。

所有前两年各账，因查账员报告含糊，鄙人当众请交商会维查。而商会所请之查账员曹钰如，延不盖印，扬言非有查账费若干，不肯查理。鄙人自问，办理振新，毫无私弊，岂肯如此行为，抗不应允。不料曹钰如一再延宕，始终不理。至上年七月，勉强开出疑问十余条，以图含糊害人。而孙会长对于此事，既不澈究，又不招鄙人质问，将账搁起半年有余，至上月初，始行函知。而瑞馨得某某之暗助，即呈诉县署，希图吓诈。此鄙人与振新之大概情形也。

实业历史如振新者，诚所罕闻。苦心办理如鄙人，而瑞馨尚欲以欺诈手段，毁及个人名誉。结果如此，凡为经理者，能不寒心耶！除向县署辩诉外，特将接手时全厂只有十三万余元，加以招股十五万元之苦况，至脱离时全厂实数达八十二万五千元之实在情形，及乙卯年[1]九月交卸时之账略，一并录请公鉴。希将瑞馨接手后之账逐一比较，其中关系，尚祈各股东勿自暴自弃为幸。此启。

乙卯年正月至九月止交卸时之账略(元以下从略)

共该老股份计股洋念七万零八百元，新股份计股洋念二万九千二百元，上余洋十五万六千六百四十二元。癸〈丑〉年[2]股息洋三万二千八百七十六元，甲〈寅〉年[3]股息洋五万元，提存官利洋三万六千元，新账房洋三十八万四千二百三十七元，善记洋十六元，大清分行洋十六万三千零十三元，静记洋一千一百二十八元，锡公所洋二千二百六十九元，荣义庄洋一千二百七十一元，荣谱记洋六十三元，荣华记洋一百元，华记洋四百元，浩记洋一千二百五十元，毛和记洋三百元，丁锡记洋一百元，李荣记洋二百元，陈祥记洋五千元，英记洋三千三百六十八元，贾茂青洋五百元，荣奎记洋二千元，徐秉记洋一百元，戈祥记洋三百元，同昌洋五百元，公记洋一万八千元，暂华记癸红洋八百零八元，又华记甲红洋一千一百六十一元，又唐水记甲红洋一百三十八元，又邹务记甲红洋十一元，同和洋七千六百四十一元，裕和洋三千三百三十三元，允裕洋五千三百六十一元，宏大洋七千八百零三元，又押洋一万五千四百元，俭源洋八千五百八十四元，德丰洋六千六百零八元，中国雅洋三万六千元，江苏又洋四万五千六百元，永益洋四万九千五百十二元，棉花户洋一百七十四元，下脚户洋二百四十六元，存工洋五千八百八十一元，各店账存洋一千二百九十二元，采办处洋三千三百八十六元，各友存洋四千二百三十一元，透存棉子五十担洋八十七元。共该洋一百五十六万三千三百九十元零，正月至九月共盈余洋五万五千七百八十七元零。

---

① 乙卯年，即民国四年，公元 1915 年。

② 癸丑年，即民国二年，公元 1913 年。

③ 甲寅年，即民国三年，公元 1914 年。

共存厂基、机器洋四十五万五千七百九十元，新厂机器工程洋六十七万三千六百八十六元，横泾行基生财洋四千六百零一元，锡号生财顶首洋五百五十五元，常号又洋七百九十七元，琴号又洋五百五十四元，公债票洋一千五百十一元，明记瑞馨名下洋一万四千八百六十四元，华丰粉股又洋三千元，丰记又洋五万八千三百十五元，申号股欠又洋五万九千七百三十三元，办花处洋一百四十四元，锡号洋二千一百零六元，常号洋一千四百念四元，物料户洋一万七千七百七十元，煤户洋一万三千四百三十九元，保险洋五千八百七十元，税务处费洋二千五百元，酬劳费洋一万零九百五十八元，移交宕账洋三千六百五十九元，现存洋四百四十六元，又球纱洋七万二千三百九十四元，又团纱洋六万八千九百三十六元，现存花衣洋七万二千九百四十七元，又车花洋二万四千零七十元，又子花洋三万九千一百四十三元，又黄次花洋九百六十八元，又下脚花洋五千一百七十五元，采办处洋二千五百五十元，宁号洋一百元，各友欠洋一千一百七十二元。共存洋一百六十一万九千一百七十七元零。

（《新无锡》，1917 年 5 月 8 日）

福新粉厂股东会议关于盈余升股及下脚分派办法的决定摘要

（1917 年）

（一）议一、三厂股本于丁巳年【1917 年】正月起，连前缴足洋十五万元，分作一千五百股，每股洋一百元正。今荣宗锦君升得三百五十股，计洋三万五千元正。今荣德生君升得三百五十股，计洋三万五千元正。今浦文汀君升得四百二十股，计洋四万二千元正。今王禹卿君升得二百八十股，计洋二万八千元正。今王尧臣君升得一百股，计洋一万元正。

（二）此次王尧臣君加进之股份洋一万元，其红利、官利与创办股份一体办理，惟议事取决权则仍照原数股份取决之。因原议有不添外股之条分，所以，但能让红利，不能摇动根本，为此议决声明。

（三）本公司盈余归十三股照派。各股东得十股，机器折旧得一股，余两股分作十成：总理得二成七五，经理得二成，协理得一成二五，禹卿得一成，各友得三成正。

（四）本厂麦灰，所有细麦、碎麦，均做脚粉归入厂中，以抵麦数。好灰砂镶入麸皮，其余下脚收入下脚账，积聚至年终，归十二份开派，专人管理，各友监督之。入公司二份，总理得二份半，经理得二份，文渭得一份，禹卿得一份，各友、各处麦庄、申账房诸友得三份半。

荣宗敬、荣德生、浦文渭、浦文汀、王尧臣、王禹卿（签字）

（上海市粮食油脂公司调查资料）

1918 年

福新二厂向中日实业公司借款25万元日金所订合同

（1918年2月2日）

借款合同

上海香港路六六号

贷主：中日实业有限公司，右代表人李铭（签名）

借主：福新第二面粉厂，右代表人荣宗锦（签名，手印）

右当事者缔结借款合同，各条开列于后（以下中日实业有限公司代表人称贷主，福新第二面粉厂代表人称借主）：

第一条　贷主于本合同签押日贷与借主日本货币二十五万圆，业经借主收受。

第二条　还款期限自本合同签印日起，算满三个月为止；到还款日期借主若欲延期时，依照本合同条件得再延期三个月。

第三条　第一条贷付金利率定为一年九分五厘（即每日币百圆利息九圆五十钱），所有借款期限间之全部利息，即于交款时由借主如数交付与贷主；若还款期限延期时，其延期期间内之全部利息，即于双方约定延期时由借主如数交付与贷主。

第四条　借主将福新第二面粉厂工场全部财产、工场道契，另地皮道契、成记堆栈及一切保险单（另有目录）交与贷主为本借款之抵当物。

第五条　借主须将前条所抵工厂及附属财产全部取保火险，其保险费由借主担付。但火灾保险证据，于本合同存续期间，由保险公司批准后交与贷主收存。

本合同存续期间内，债主之抵押物若遇其他天灾以致灭失、损坏或时价低落时，贷主即可要求借主另加抵押物件，或由双方协议按照第二条所订还款期限将借款本利全部随即还清。

第六条 借主不履行本合同之义务时，则贷主对于借主无庸特别通告并其他手续，直将第四条所规定之抵押物随意处分，其收得金即以抵偿借主所员贷主之全部债务。

第七条 于前条所载情形，贷主收得金若超过借主所负之债务总额时，则贷主扣除借主所负之债额外，其余银由贷主返还借主；若贷主收得金不足借主所负之债务总额时，则借主应另行设法补偿其不足之额。

（申新纺织总公司档案）

上海总商会[1]主张改正税则电

（1918 年 11 月 29 日）

欧洲和议不日开始，我国已派特使列席。值此千载一时之机，必先就全国生命、财产关系最密之事，陈请各友邦，冀去积年抑压之阨，还我主权。查我国自前清以来，受条约拘束，久行协议税则，进出口货，失其

① 上海总商会，1912 年 2 月 29 日正式成立，为民国前期上海工商业资本家的联合团体，其前身为 1902 年成立的上海商业会议公所和 1904 年改组而成的上海商务总会，成员多为民族工商业者。周晋镳任总理，贝润生、王震任协理，两年一任，另设若干名议董。1916 年，该会领导机构改组为会长、副会长，由宋汉章、朱葆三、聂云台、虞洽卿、傅筱庵分任会长。1927 年 5 月，南京国民政府宣布傅筱庵当选非法，予以解职，并成立临时委员会，推冯少山、林康侯等任主席委员。由于该总商会积极干预国家政治、自主性强，为南京国民政府所忌讳。1929 年 5 月 2 日，中国国民党中央常务委员会第七次常务会议决定该会停止办公，翌年 6 月 21 日成立政治色彩浓厚的上海市商会取而代之。

调节之权,遂令每年货价相悬数万万元之巨,坐是不变,国力之涸可立而待。顷上海各业商民主张速废协定税则,改为国定税则,应请陆专使[①]与议时全体主张,必求如愿而止。除各团体通电全国商会暨各业团体全体要求,以为政府后盾外,谨先撮要电闻,余容随时奉布。

朱佩珍、沈镛、虞和德、邹应萱、刘树森、顾履桂、杨廷栋、陈辉德、谢天锡、钱永铭、荣宗敬、闻汉策、薛焕章、徐国安、顾兆德等同叩,艳。

附:庸:杂评二·关税问题

关税协定,不特财政上受一束缚,即国家主权之行动亦蒙绝大损害,原为国际间极不平等之一例,故根本着想,必在解除协定之约,恢复税权,以保自主国之体统。宁使协议撤除而税率不即增加,决不宜于协议范围之中苟且求多,如前所交涉之改正税率也。

惟是改正税则,且为我参战时所提希望条件之一,荏苒经年,犹未实践。今欧洲和会有日,而我所属望之提案,如关税等等,方在竭全国人之心思以研求得当。乃据京讯,外交方面对修正税则之时期,顷已正式答复,年余悬案,不先不后,适于此际解决,实为极可注意之事。陆外长已启行矣,即此一端,果能副我人所期望否?

(《申报》,1918 年 12 月 4 日)

① 陆专使,即时任北京政府外交总长的陆征祥。陆征祥(1871—1949 年),字子欣,上海人,原籍江苏太仓。鸦片战争时,他随父亲陆云峰辗转到上海,毕业于广方言馆和同文馆,随清朝驻俄、德、奥、荷四国钦差大臣许景澄在驻俄使馆任翻译,此后即一直在外交界服务,成为中国第一代职业外交家。一战结束后,曾代表中华民国率中国代表团赴巴黎参加和会。

祭族祖荣椿年先生文①

（1918 年）

中华民国七年仲冬中澣宜祭之辰，族孙宗锦、宗铨谨以刚鬣柔毛、清酌庶羞之仪，致祭于椿年叔祖大人之灵，而告之以文曰：

於虖！

繄重臣之在国兮，以一身系四海之安危。

兆姓倚为屏障兮，强邻詟其声威。

惟安内而攘外兮，国遒因之以平治。

苟长城而颓坏兮，势将倾覆而难支。

若达人之继起兮，后贤一秉虖前规。

庶宁谧而无虑兮，不然将一败而不可为。

念国家之一致兮，齐家原治国之基。

羌族党之聚处兮，理可由兹以相推。

躬孝友而敦行谊兮，排纷难以无诐。

乡人资为矜式兮，遒不得志于时者之所施。

遡吾宗之来锡兮，已六百年于兹。

恃耕读以嬗世兮，婀文事而中衰。

迄广文之崛起兮，遒化雨之及时。

至主政以擢第兮，士人遂争引以为师。

作学官之弟子兮，竟联翩而腾辉。

我公实广文之介弟兮，伯吹壎而仲吹篪。

① 此文作者原署名荣宗锦、荣宗铨。荣椿年（1852—1918 年），讳汝棻，字椿年，一字柽岩，或作春严，为荣宗敬、荣德生族叔祖，其子吉人、鄂生均为荣氏兄弟创业时的得力助手。

譬苏家之轼、辙兮，抑宋氏之郊祁。
既一簧之声隽兮，胡秋捷之迟迟？
中侂得而复失兮，屣科第以如挥。
终吾身于韦布兮，爰知白而守雌。
值广文之谢世兮，主政又早悼夫骑箕。
真盛衰之迭为倚伏兮，公已如灵光之巍巍。
叹世变之日亟兮，人心陷溺而险巇。
顿莫邪而鲜用兮，铦铅刀而珍之。
贪伯夷而廉盗跖兮，鸱鸮翔而鸾凤不飞。
掷是非于泛悠之口兮，公道将不复可知。
公遒概付诸不闻不见兮，听道路之相皮。
守忠信笃敬而无怠兮，间肆力于文词。
规柳欧之峭逸兮，赓韦孟之歌诗。
或持螯而饮酒兮，匪赌墅而围棋。
知澄清之难望兮，寓经济虖良医。
斟中西以絜度兮，杏林遍植于东篱。
淡世情而不问兮，族人乃默聆夫提撕。
虽无言如桃李兮，犹无不视公为依规。
如彦方之感牛盗兮，比太邱之道广而不陂。
受甄陶于无象兮，德化且沁及夫心脾。
喜古稀之将届兮，膺禄寿以靡涯。
罗孙曾于四代兮，箕畴衍庆以无亏。
际重阳之令节兮，欻与世以长辞。
羌一瞑而不视兮，诚阙撼之靡遗。
是去来之皆有自兮，傥有似夫君子之见几。
惟鄙人之感怆兮，欲倾吐而诉谁？

荷裁成之厚德兮，遵大路以无歧。

惟旷土游民之有所规画兮，扩实业以攸资。

念庶与富之终待夫教兮，爰勉致夫切劘。

策男女之兼事教育兮，遒分别以筹帷。

以我公之首先提倡兮，庭階又兰桂至多奇。

长公固才德之交重兮，次公更戒慎于无欺。

幸推挽之不遗余力兮，感桥梓之仁慈。

倘相持于不敝兮，夫岂特不佞所深期。

将族党均蒙夫余荫兮，或庶几昌盛之阶梯。

宅佳城而永妥兮，敬酹酒以陈辞。

倘神灵之不昧兮，当昭格夫乌私。

於虖，哀哉！尚飨！

（原载《绳武楼丛刊》第四册《戊午挽言录》，转载陈文源、荣华源、周维沛主编：《中国民族工业先驱荣宗敬生平史料选编——荣宗敬先生诞辰一百四十年纪念集》，广陵书社 2013 年，第 73—75 页）

1919年

华商纱厂联合会就植棉事宜呈农商部文

（1919年2月22日）[①]

为呈请颁示验棉严章、取缔棉种输入、酌拨值棉经费、延聘美国棉业专家事。恭读钧部公布《整理棉业局章程》，规画周详，力图振发，具见政府重视棉业之至意，钦佩莫名。窃查我国棉花搀水并其他各项伪质，久为中外所诟病。沪、汉等埠虽均设有验棉专局，无如积弊太深，终难除革。百斤之棉，浸以五斤之水，不数旬而全棉尽废。其足阻华棉之销路，关系实非浅鲜。查天津验棉局成效最著，遇有搀水之花，一律火焚，售者、受者均处重罚。就表面观之，似觉办法过厉，然不如此，实无以绝奸商及愚农尝试之心。拟恳仿照天津章程，由官商合办验棉局，严订惩罚，以收正本清源之效。此应请颁示验棉严章者，一也。

年来国人渐知移植美棉之利，纷纷购种试验，诚我国棉业发达之基。窃查美国新近最重要之发明，一区之内，种不可杂，杂则异种交接，虽最良之种，不久即形退化。华棉之日形窳败，或系受此影响。所幸华美两种，据经验所及，尚无异种交接之患。故美棉尚可移植于我国产棉

① 华商纱厂联合会自1919年1月召开大会议决广设植棉场及纺织机工专校后，对于植棉场一节即在积极进行，并组织植棉委员会，推举聂云台、穆藕初、荣宗敬、刘柏林、徐静仁等为委员。2月22日，聂云台、荣宗敬等人呈文农商部，对于植棉事宜颇有重要建议。此为原呈内容。

之区。第听私人自由购买，不先研究棉种之宜与不宜，一经杂乱，不独难收成效，亦且整理愈艰。拟请钧部，或棉业总局，或委托本会，设立购种机关，凡宜棉之区，购入棉种，均由指定机关照本发给，凡私人所购外国棉种，一律禁止输入，如有违禁，经过中国邮局、海关者一律没收，酌量给还种价。取缔虽严，收效较易。此应请取缔棉种输入者，二也。

本会前为改良植棉起见，拟聘请美国植棉专家来华视察各省棉区，设立全国改良值棉总会，呈奉一二六一号钧批，酌拨一千元补助旅费在案。嗣本会召集大会一再讨论，公决设场地点，如南京、上海、通州、无锡、余姚、汉口、天津、湖南等处，聘请美国棉业专家试植美种，并改良华棉，辨各省之土，宜定适当之种子，种子定后，再设立造子农场，以冀普散乡农。所有经费，由在会各厂用花一担自抽银一分，充美人薪金及试验场经费，核计每年收入仅一万余金，除由钧部拨助之旅费一千元外，不敷甚巨。拟恳酌拨常年经费若干，以示提倡。至聘用植棉家一层，前有美农部特派调查棉业专员史咏葛君声称，美农部植棉改良专家名可克者，经验最富、成绩最佳，若由我政府商请，必可暂时借用。至所需副手，亦可由可君代觅。史君现已回国代达本会借材之意，美使署商务参赞安立德君亦允为赞助，惟非得钧部向美使署商请，恐其无效。此应请酌拨经费，并商美使借用专门名家者，三也。

所有以上各缘由，理合备文呈请总长鉴核批示施行。再植棉事宜，已议定由本会兴办，不再设立全国改良植棉总会，以节经费。合并声明。谨呈。

（《申报》，1919 年 2 月 23 日—24 日）

附 1：整理棉业局章程（1919 年 1 月 27 日呈准）

第一条　整理棉业局设于京师，以整理棉业为宗旨，其应办事务如左：

一、调查各省区棉业之产额、销场、物品土〔事〕宜及近年营业状况，为振兴、推广、维持、调融之计划。

二、调查国际纱花贸易情形，以便施行保育政策。

三、调查美国、埃及棉花，以便改良内国〔国内〕棉种。

四、劝导商民结合资本，广兴纺织事业。

五、筹议补助棉业经济。

六、筹设模范纺织厂，为棉业之创导。

七、筹议棉种之改良方法，并劝导推广。

八、筹设纺织学校，造就专门人才。

九、筹议出品及原料运输利便计划。

十、筹议棉花品质之检查。

第二条　整理棉业局置职员如左：

一、督办，二、坐办，三、事务员，四、技术员

第三条　督办一人，由农商总长呈请大总统特派。

第四条　坐办一人，由督办商承农商总长派充。

第五条　事务员、技术员无定额，均由督办派充，但技术员得就农商部职员中调派兼充。

第六条　事务员及技术员得因事务之必要，分科佐理局务，并临时调查。

第七条　整理棉业局酌设顾问、咨议，由督办遴选富有棉业学识、经验人员派充或聘任之。

第八条　整理棉业局因缮写文件及其他庶务得酌用雇员。

第九条　整理棉业局对于各省区有设立棉业分局之必要时，应先酌拟规则咨呈农商总长核准颁布，再行筹设。

第十条　整理棉业局所办事务应随时商承农商部查核办理，其有关系重要者应由督办商承农商总长会同呈候核准施行。

第十一条　整理棉业局于应行调查事项,除咨呈农商总长行文中央各部院及地方各官署并驻外领事协助外,必要时得商承农商总长派员分赴中外实地调查。

第十二条　整理棉业局发行棉业公报,刊布各省区棉业状况调查报告,并译述各国棉业专书及新闻杂志。

第十三条　整理棉业局得劝导商民设立棉业调查会,其组织法由农商部另以规则定之。

第十四条　整理棉业局办事细则另定之。

第十五条　本章程自呈准日施行。

(《农商公报》,第 5 卷第 7 册,1919 年 2 月 15 日,第 30—31 页)

附 2:华商纱厂联合会振兴棉业计划

华商纱厂联合会以棉产隆替与国计民生莫大之关系,叠经开会讨论,决定大纲两端:(一) 在产棉之区专事改良棉种;(二) 在不产棉之地专事推广产额。前已购运棉种数百石,携往淮、徐、海、扬、镇、宁、常等属,及天津、汉口、宁波等处,分散乡农。另又组一植棉委员会,公推穆藕初为委员长,并聘金陵大兴农科毕业生叶元鼎为委员干事,所有植棉事宜悉由该委员会主持。除南京棉场委托金陵大学农校办理外,其余如上海、常州、无锡、杭州、天津、武昌、湖南等处棉场,均已由该会遴派专员前往兴办。所需经费,则由全国各厂用花一担抽费一分充之。今年开始创办棉场,尚未能遍设,将来逐渐推广。凡全国产棉及可以植棉之区,尚须增设棉场若干所。此后经验既富,成效必有可观。中国棉业之前途,正未可限量也。

(《申报》,1919 年 4 月 30 日)

在上海全市罢业期间招待侨沪欧美商家宴会上的讲话稿

(1919年6月12日后)[①]

今日特备菲酌,恭请欧美侨沪诸大商家,诸位先生相聚一堂,欢畅把臂。敝公司与诸宝行交情最深,今蒙诸位先生宠临,荣幸何极!今有一言,晋告于诸公之前,以表睦谊更切。此会敝国政府,被不良分子【指曹汝霖、章宗祥、陆宗舆】不顾民心,致学界罢课、商业罢市、农工辍工,风潮飘荡,全国风靡,人心一致,众志成城,实敝国数千年来第一之奇特。并且历受诸贵国文明感化,虽罢课、罢市、罢工达十天有余,而仍安静如常,绝无一毫暴动,当可邀世界诸大国共谅。但上海一埠首当其冲,人心之一,甚至一役一夫,亦愿果腹爱国,以致敝公司等数日间往往索食无处,而闻诸宝行各位,亦有索取牛羊之脯而不得。此中累及邻邦诸友,敝国人士实深抱歉。微末贩夫,咸具爱国之诚,皆愿牺牲金钱,辍业不顾,当可为诸位先生及诸贵国谅解者也。

虽然,此会之事,由敝国政府不良分子措置不良〔当〕,而实果乃有日本国人违反世界公理,有以造成之也。敝国人士一致戒用日本国货,而欧美诸大国之货畅消〔销〕敝国,至好时机也。欧战四年余,诸贵国消〔销〕行东亚之货,被日本国争攫殆尽,今公理战胜,诸贵国正可广造物品,畅行东亚。今为在席诸公贺,而彼此联络公谊更加密切。

(申新纺织总公司档案)

---

① 原稿无时间,时间系据内容推测。

南洋兄弟烟草股份有限公司扩充改组招股宣言

（1919 年 9 月 3 日刊载）

自国人有振兴国货以救危亡之觉悟，咸以组织工厂为亟，而出品优美，能与外商争衡，如南洋兄弟烟草有限公司者，实不多见。商战公例，营业愈进则竞争愈烈，竞争愈烈则进步愈速。外人于中国纸烟事业不惜出其全力，多方设法以图扩张。吾同胞宜如何急起直追，挽回此外溢之利权？南洋兄弟烟草有限公司历十余年惨淡经营，乃有今日制造日精、销路日广，为华人烟草公司之冠。从前以兄弟一姓之营业，其收效已如此其大，再合全国群策群力以廓张之，其发达更何可限量！旧股东为吾国实业前途计，不惜以名闻中外一家之营业，公之全国，俾国人得共享其利，虑深志远，不独为一公司计也。查吾国纸烟销耗，岁计七、八千万元，南洋兄弟烟草有限公司去岁营业一千三百余万，赢利二百数十万，获利不可谓不丰，而挽回利权仍未及十分之二。同人等提倡实业，与有同志，爰与旧公司订立合同，承受全盘营业及账目等，扩充、改组、推广烟草种植，增加制造原料工厂，及与有关系之各种营业，资本日厚，获利愈丰，数千万外溢之利权，期与同胞共挽之。凡百君子，盍兴乎来。

一、南洋兄弟烟草股份有限公司之牌号通行昭著，本公司仍行沿用，制造各种烟草及与有关系之各种营业。

一、本公司遵照公司条例，在农商部注册。

一、本公司总公司设在上海，制造工厂分设上海、香港两处，并设分公司于北京、天津、营口、济南、青岛、汉口、南京、镇江、广州、汕头、厦门、云南、香港、新加坡、泗水、暹罗等处，其他大埠按照营业情形陆续增设分工厂及分公司。

一、股份定为一千五百万圆，每股二十圆，以上海通用银圆为本位。

一、收股自本年阳历八月一日起至九月底止（上海以外各埠十月底止），附股者每股先交证据金二元，如未届期即已满额，则当提前截止登报，宣布每股再缴十八元，以足每股二十元之数；倘截股时，各处所收证据金超过股份全额，当由公司核计匀减摊派。

一、一切情形详载招股章程，愿入股者，请向各招股处及各收股处取阅。

招股处　　　　住　址

杨小川，静安寺路一百二十二号

钱新之，徐家汇路六百四十八号

徐冠南，宁波路乾记弄口徐公馆

张兰坪，望平街瑞康颜料号

陈青峰，法租界霞飞路仁和里二号

劳敬修，英租界三马路泰和洋行账房

陈辅臣，北四川路公益坊陈公馆

陈炳谦，英租界二马路祥茂洋行账房

黄式如，英租界天津路源远里广永盛

马玉山，英租界大马路三十七号马玉山糖果饼干公司

周清泉，英租界江西路宝善里信源昌

欧　彬，英租界大马路先施公司

郭　标，英租界大马路永安公司

何少庄，英租界宁波路同和里穗生源

简照南，英租界大马路东头十二号南洋兄弟烟草公司

简孔昭，美租界北四川路南洋兄弟烟章公司分销处

简玉阶，英租界大马路西头三百九十号南洋兄弟烟草公司

简英甫，美租界邓脱路南洋兄弟烟草公司工厂

以上系上海招股处，至各省各埠招股处，由各该处本公司分局或代

理处报告

各埠口南洋兄弟烟草公司分局:上海、北京、天津、营口、青岛、济南、蚌埠、南京、镇江、汉口、广州、香港、汕头、厦门、云南、吉冷怡保庇能、泗水、新加坡

各埠南洋兄弟烟草公司之代理处:唐山、保定、宜昌、沙市、长沙、苏州、扬州、无锡、徐州、海门、杭州、宁波、嘉兴、绍兴、温州、河南、烟台、奉天、吉林、长春、大连、库伦、山西、重庆、江西、九江、安庆、大通、琼州、南通州、哈尔滨、张家口、石家庄

代收证据金及股款处

上海:中国银行、交通银行、中华银行、四明商业银行、浙江兴业银行、浙江地方实业银行、中孚银行、广东银行、金城银行、盐业银行、聚兴诚银行、上海商业储蓄银行

浙江省城:浙江地方实业银行、储丰商业储蓄银行

广东省城:东亚银行、广东银行

香港:东亚银行、广东银行

暹罗:广东银行

各省各埠中国银行(地名分列于后):北京、天津、唐山、保定、营口、奉天、吉林、扬州、大连、库伦、济南、青岛、烟台、汉口、嘉兴、宜昌、沙市、重庆、山西、安庆、大通、张家口、九江、河南、南京、徐州、蚌埠、镇江、南通州、无锡、苏州、海门、杭州、宁波、绍兴、石家庄、温州、汕头、厦门、琼州、江西、长春、哈尔滨、长沙

各省各埠交通银行(地名分列于后):北京、唐山、保定、营口、奉天、吉林、哈尔滨、天津、大连、烟台、河南、济南、长沙、石家庄、长春、汉口、南京、蚌埠、镇江、扬州、张家口、重庆、无锡、苏州、徐州、安庆、杭州、新加坡

发起人:杨小川、钱新之、徐冠南、张兰坪、陈青峰、陈辅臣、陈炳谦、劳敬修、欧彬、郭标、简照南、简孔昭、简玉阶、简英甫谨布。

赞成人：朱葆三、沈联芳、顾馨一、苏筠尚、朱子桥、徐绍桢、康更生、徐辅洲、严孟繁、李伟侯、宋汉章、虞治卿、李登辉、周金箴、沈仲礼、傅筱庵、张知笙、陶兰泉、胡稑芗、王介安、王一亭、邹静斋、谢蘅窗、席立功、钱达三、李煜堂、李守一、金百顺、顾松庆、金溶熙、蔡子恒、何敬安、朱吟江、田时霖、陈光甫、姚德馨、杨叔英、胡道南、朱遐九、朱春雷、许冀公、曹履冰、钱贵三、王彬彦、谢复初、谢碧田、吴寄尘、王星斋、王心贯、祝兰舫、王绍坡、徐春荣、王汉强、郭建侯、吴香谷、盛泮澄、盛竹书、张仲照、李馥孙、王志崧、马应彪、黄焕南、汪有龄、曾少坡、荣宗敬、朱成章、陈辉庭、杨辉庭、陈雪佳、陈宜甫、姜圭芳、马岩青、叶苾荃、韦渌泉、方郁生、高晓东、傅绣纶、潘菊轩、雷俭卿、丁仲鸿、黄式如、潘明训、刘问刍、赵聘三、李如登、周清泉、赵灼臣、欧阳秀生、严允若、陈翊周、何觐林、郭竹樵、魏星文、周湘云、杨易初、欧阳星南、郑淇亭、李柏葆、费鸿生、何少庄、黄季植、郭若雨、刘万青、周坦快、唐福初、潘澄波、黄少岩、洪念祖、郭沧洲、唐仲良、邵晏卿、郭玉堂、严成德、朱中孚、刘锡基、王阁臣、李少庚、徐寄庼、吴尊五、甘翰臣、江少峰、杨介眉、郑陶斋、卓健伯、郑春波、杨敦甫、梁纶卿、郭乐、张乐君、谢鉴泉、柯凤巢、黄汉南、谭蓉江、张阴玉、宋绶若、吴海秋、徐宝琪、杨柏龄、翁锡卿、许口臣、钟简庭、龚元炳、刘品南、徐镕堂、张石铭、葛丽斋、冯仲卿、祝廷玉、钱芳洲、邢颂声、曹仲英、章松炎、周述甫、陆叔同、刘舜卿、吴光华、张颂南、徐晓霞、赵漱芗、邱景臣、张葆忠、许葆初、葛凤池、陈芝楣、宋幼琴、杨雨辰、殷韵之、石荣榆、颜舜玉、金仲廉、何春华、许永福、沈叔良、张馥生、庄云章、杨佩瑜、贝谨之、顾子盘、顾琢如、周融孙、许韶鸣、邱赞丞、宓启民、冯德晖、富渭元、汪呈祥、许绶臣、曹庆生、杨韵秋、李鸿飞、孙星三、张联奎、冯翥青、施善畦、顾佑朝、秦仲升、黄芗舫、荣泽生、陈颂冕、陈善、陈炳生、谢联珏、梁伯芹、冯同君、陈焕然、陈家荣、李民醒、张寿山、杜宪文、茹成祥、刘茀之、张佐衡、欧阳菊坡、张少峰、陆文彪、吴芸台、陈荫棠、陈立卿、张文波、崔聘西、孙成坤、施信丞、冯巨川、陈仁斋、夏品川、胡巨坤、杨萼生、汪体常、邓凯荣、张海珊、张子惠、谈廉甫、杨桐寿、丁汝霖、陈德农、张心余、方秩臣、李北抟、郦春江、艾戛鸣、陈泽甫、方海筹、方文亮、雷仲纪、王昱波、葛稚梁、谢仁甫、曾浩林、姚承昌、关侠农、杨春和、庞志德、陈伯猷、黄敏生、陆文祥、招露庭、杨甫墀、周祯祥、梁鉴堂、沈景芳、吴引之、老晓初、杨善卿、罗坤祥、陈召屏、王国衡、俞维文、关迭融、姜雅臣、陈毓成、张汉殿、邓玉旒、魏兆梁、陈宝臣、童兰荪、翁如潮、吕幼舲、崔杰卿、刘绰庭、李紫云、何梁甫、翁锦章、徐少峰、陈福三、郭晴初、马汝霖、周棣生、陈凤仪、李玉书、梁煜荣、潘少璇、宋仪章、吴资生、杨志甫、邵济轺、林镒泉、郁燕生、彭玉田、蔡兰友、黄桐生、梁庆慈、关子田、鲍味莼、关英鉴、方起凤、刘鹿年、冼意之、黄泽卿、叶乐园、陈伯思、郑锦芝、石培之、萧平度、周君亮、程秀三、陈梅伯、郑芹侯、穆仰卿、张聘棠、邵宝兴、薛子彬、邵勉臣、陈玉亭、刘吉甫、张杏池、陶叔平、何维亚、王方鼎、陈子芳、何文定、冯心如、陈文生、罗灼亭、胡莼卿、陈芝初、孙守初、戚笑璘、邓白村、欧阳达臣、舒葆珊、蒋柏臣、刘颐道、顾宝楚、胡心平、许苓四、毛浩甄、季莲溪、陈庆生、蒋通夫、李质明、许奏云、王霭生、马竹书、袁慎士、杨秋卿、黄朝章、刘石荪、张铭山、王莹斋、范立三、王俊臣、李自重、陈耀庭、沈麟生、胡炳章、关灼棠、叶明斋、梁云甫、陈岳樵、陈绍白、伍泽民、李日熙、王宪臣、陈维安、谢芝庭、凌鹏基、陈渭芳、欧阳华臣、陈颂贤、庄得之、马丽生、徐向荣、陈南屏、马祖星、钱遂之、邓志扬、卓镜波、赖润田、曾春生、卓桂鸿、陶文钧、窦苇庭、郭子寿、顾棣三、陈梓臣、黄华英、谭蓉圃、许亦甫、冯佐芝、蒋孟蘋、胡耀庭、陈腾芳、黄播臣、唐叔璠、蒋赋荪、陆仲甫、陈孟熊、关仁山、顾紫霞、陈华昭、魏小辅、萧镜清、孙衡甫、李应生、李吉祥、陆瑞芝、吴在章、徐钦葆、陈吉初、韦伯平、梁诚谦、陆少彬、蒉廷芳、杨季良、田少瀛、黎润生、邓瑞人、杨同曾、陆小波、季慕周、周砥青、马玉山、刘永康、胡健春、曹铁甫、沈子卿、卢耀卿、张竟成、徐湘波、杨志沂、陈允亭、郭虞裳、陈止澜、孙吉孚、李平、杨汉汀、孙琴生、谢惠塘、吕葆元、宋翰香、徐诵先、励芹生、奚萼衔、金德勋、严俊叔、徐作楳、张荫章、黄伯雨、李叔彦、邓杰卿、宋秀峰、赵雨亭、何泳昌、马树周、董裕珍、吴善卿、陈青来、张祝龄、陈福初、蔡裕焜、许奏云、徐镕堂、马仲良。

（《申报》，1919 年 9 月 3 日）

中华劝工银行招股简章

（1919 年 10 月 4 日—12 月 23 日刊载）

一、本银行参照中华民国政府公布之劝业银行条例、农工银行条例设立，定名曰中华劝工银行，专以辅助工业之发达或改良为目的。

一、本银行为股分〔份〕有限公司，股东所负责任，以所出之股本为限。

一、本银行先设总行于上海，其各地方便宜之处，得酌设分行或代理处。

一、本银行营业年限，自立案之日起，以九十年为限，期满后经股东会议决续办，仍得禀请财政部核准。

一、本银行营业范围如左：（一）分期及定期偿还之不动产抵押借款；（二）以出产物为抵押品之借款；（三）以工厂机械为抵押之借款；（四）稳确实业公司之信用借款；（五）收受各种存款；（六）收受各种储蓄款；（七）代理或介绍买卖商品；（八）代理发行公立、私立各种实业公司之股票及债券；（九）附设公共查账会，延请会计专家，代公立、私立各种实业公司检查账目清理财产，其办法另详订之；（十）附设技术部，延请专门技师，为公立、私立各种实业公司计划工程及监督工事，其办法另详订之。

一、本银行资本总额定为一百万元，计分五万股，每股银元二十元，一次缴足，以阳历九月十五日起为收股期间，现已由发起人认定四分之一，尚须招四分之三，额满由股东会议定增加或截止。

一、本银行股份为记名式，除中华民国人民外，无买卖转让之权。

一、本银行股份分一股、五股、十股、五十股、一百股五种，股东得随时请银行变更股份之种类，但须纳换票费每张五角。

一、本银行股分为公司行号及堂记所有，应推定一人执行股东权利。

一、本银行股份为二人以上共有者，应推一人为股东。

一、本银行规定董事九人、监察三人，由股东大会于二百股以上之股东中选任之，董事任期三年，监察人任期一年期，满后续被选者得连任，但监察连任以三次为限。

一、本银行资本金缴足半数以上得发行债券，但不得超过所缴资本金额之四倍，并不得超过分期偿还借款之总额，但为借换起见发行低利债券时不在此限。

一、债券之发行，不适用公司条例第一百九十一条之规定。

一、本银行于每年结账时，除去营业费、生财折旧股利七厘及债券、奖金外作为净利。

一、本银行所得净利，其分配方法如左：甲、于净利内提出百分之十二为填补损失公积金；乙、再于净利内提出百分之十三以上为股利，不足分配时之预备公积金；丙、减去以上两项外，再将余款匀作一百分，以六十分为股东红利，以十五分为董事长、董事及监察人酬劳金，以二十五分为各行员酬劳金，如有畸零余数结入下期。

一、本银行股分无普通、优先之分，亦无红股之名称。

一、本银行收股处指定下列之银行及钱庄，又纳股款时由收股处先给收据按月息六厘，俟本银行成立后定期登报更换股票。

一、本简章未尽事宜，请向本银行筹备处索取本银行详细章程参阅。

一、本银行筹备处设立上海香港路十号铁业公会内。

发起人：穆藕初、聂云台、黄任之、沈信卿、经子渊、郑立三、徐静仁、荣宗敬、荣德生、张知笙、刘象义、吴善庆、蔡谷清、余日章、蒋梦麟、胡适之、马寅初、郭秉文、陶知行、贾季英、劳敬修、史良才、杨翰西、薛文泰、钱琳叔、江上达、闻兰亭、项如松、储铸农、朱进之、张兰坪、吴麟书、李柏葆、顾子盘、张秋园、赵正平、曹雪庆、刘星耀、郑粹甫、蔡仁初、何楳轩、穆杼斋、韩玉麟、邱心荣、谢绳祖、楼恂如、严裕堂、徐春荣、沈九成、胡膝容、周厚坤、何葆全、瞿兑之、张则民、毕云程。

赞成人：宋汉章、陈光甫、钱新之、李馥荪、盛竹书、林康侯、朱成章、朱吟江、田时霖、秦润卿、汪汉溪、包朗生、邵仲辉、张东荪、郭虞裳。

（《申报》，1919 年 10 月 4 日—12 月 23 日）

中国机制面粉上海贸易所[1]章程

（1919 年 10 月 22 日刊载）

第一条　本所定名为中国机制面粉上海贸易所，以股份有限公司方法组织之，简称上海面粉贸易所。

第二条　本所专营关于机制面粉及与面粉有关联之麸皮，保证卖买双方营业上之安全及信用为目的。

第三条　本所股份总数为一万股，每股银圆五十元，共五十万元，先收四分之一，发起人已认定五千股，余则分招，俟理事会认为必要时得随时通知各股东分期续缴。

第四条　本所设立地点在上海民国路面粉公会。

第五条　本所公告除本所揭示场外，并在上海通行之华字各报为之。

第六条　关于左列事项在营业规则内定之：（一）市场之开闭及休假日期事项，（二）经纪人保证金及其使用人事项，（三）经纪人之结会及其规约事项，（四）经纪人之进退事项，（五）交易之单位及其方法之事项，（六）交易价银之交割及本证金、追证金、增证金金额事项，（七）公定市价事项，（八）帐薄〔账簿〕之记载及经纪人之账簿事项，

---

① "中国机制面粉上海贸易所"，为面粉厂商福新荣宗敬、王尧臣，阜丰宁钰亭，申大顾馨一等，联合面粉掮客多人，一起发起组织，后改名为"上海面粉交易所"，1921 年 1 月 11 日正式开幕，资本为 50 万元，有经纪人 55 名，王一亭、荣宗敬、顾馨一、宁钰亭、祝伊才（大买办祝大椿之子）、徐文彬等为理事，狄巽公、程际云为监察，王一亭、徐文彬为正、副理事长。交易所内交易物品为机制面粉与麸皮，分现货和期货两种，定期交易期限为 3 个月，交易采取继续买卖的方式进行，交易中的绝大部分为期货交易，无论面粉、麸皮，均以 100 包为一个交易单位，实物交割不到 1%。王一亭、荣宗敬、顾馨一、宁钰亭、祝伊才、徐文彬等为理事，狄巽公、程际云为监察，王一亭、徐文彬为正、副理事长。

（九）违约处分及公断事项，（十）停止营业其项，（十一）经纪人除名处分及惩罚事项，（十二）营业上之其他必要事项。

第七条　本所设理事九人，推举理事长一人、副理事一人、监察人二人。

第八条　有本所股份一百股以上并年龄在二十五岁以上者，方有被选理事及监察人之资格。

第九条　本所设立年限，以十年为营业期间。

第十条　本所之理事、监察人及其他雇员等，均不得在本所为面粉及麸皮之买卖。

第十一条　本所当卖买两方交易成立时，应令卖买两方各缴本证金及追证金、增证金。

第十二条　本所对于卖买两方由违约而所生之损害，应负赔偿之责，并以本所所有之财产为限，但得向违约之一方如数追偿。

第十三条　卖买契约（即成单）须由本所出立并双方签名盖印，契约非由本所出立者，本所不负责任。

第十四条　本所所设之理事、监察人，于股东总会选举之，其理事、监察人应设之名额如下：理事九人、监察人二人，理事互选理事长一人、副理事一人。

第十五条　理事任期二年，监察任期一年，续选续任。

第十六条　理事之股份在其任期内，应将其所有之股份交与监察人存置本所。

第十七条　理事长执行理事会所议决之事项，依照本章程及营业规则总理一切业务。

第十八条　副理事辅佐理事长处理业务，凡遇理事长有事故时，得由副理事代理。

第十九条　监察人监察本所业务进行之状况，并得出席于股东会及理事会，报告一切。

第二十条　本所股东总会分为定期总会、临时总会，定期总会每年于阴历二月内行之，由理事会召集；临时总会依理事会认为必要，或有股份总数十分之一以上之股东要求时，得随时召集。

第二十一条　股东总会之议决，有一股有一议决权，但每一人不得超过一百权。

第二十二条　理事长、副理事及理事、监察人之报酬，依股东总会议决之。

第二十三条　本所得设名誉议董五人，名誉议董须有工商业上之学识经验及富有资望者，由理事会之议决聘请之，名誉议董任期二年。

第二十四条　名誉议董得对于本所所营之业务及营业上之方法，认为有改良或修正之必要时，建议于理事会。

第二十五条　本所银钱款项之出纳及账簿之保管，依理事会议决行之。

第二十六条　本所由营业而所得之盈余，除提公积百分之二十及股本息银常年八厘外，以十四成分派之，其分派方法如下：股东十成，理事、监察人一成，理事长、副理事二成，所员一成。

第二十七条　本所如无盈余，不得以本作息。

第二十八条　股单买卖以中国人为限，但股单如因买卖过戶而欲补给新股单者，当觅妥保亲赴本所署名、签押方可补给，并纳手数〔续〕费每张洋五角；如因遗失盗窃等事而欲补给新股单者，除照买卖履行一定手续外，又须登报七日至三个月后，无人出而反对者方可补给，其纳费亦每张五角。

第二十九条　本所营业规则另定之。

第三十条　本所发起人为二十人：荣宗敬、宁钰亭、顾馨一、苏筠尚、陆维镛、狄巽公、祝伊才、曹廉生、王尧臣、沈春江、诸广成、王禹卿、朱晋渔、程际云、吴庆昌、赵茂华、范亮卿、陆正卿、王宝仑、徐文彬。

（《申报》，1919 年 10 月 22 日）

附：中国机制面粉上海贸易所通告（1919 年 10 月 4 日—7 日刊载）

中国机制面粉公会附设贸易所，专为面粉贸易同人正当营业而设，订有专章，互相遵守，所立成单，原为维持粉厂信用及巩固买卖双方之权利，定期交货，不爽叠麦。积年以来，通行无弊。乃近来查有并非粉厂商人，擅在贸易所内凭空出立定单，互相买卖，其实所卖面粉全属空盘，即法律上所谓买空卖空者。查卖空买空，因其形同赌博，是以历著禁例。今我贸易所亦既发见此项卖空买空之单，若不及早整顿，将来亏本逃避，败坏交易，势必面粉同业及面粉市面将受重大之影响。如此情形，其何以维持各厂昭著之信用？是公同议决，均以嗣后如有粉厂商人擅在贸易所再凭空出立定单，而滥取定银者，不论其用何牌号，须自十月一号（即阴历八月初八日）起，如在贸易所内有发见此项订单者，一律将定单收取，立即交明各本厂自行验明，以凭法律上正当之解决。此为顾全公共营业，保持各厂信用起见，不得不取此严重之手续。事属公益，诸维鉴察。

（《申报》，1919 年 10 月 4 日—7 日）

请议免除麸皮税草议案[①]

（1919 年 11 月 21 日）

为请愿事。窃查麸皮即最粗之面粉，前清本无税则，民国以来苛征微细，商民艰困万分，前于六年【1917 年】一月呈奉财政部批准，照面粉

① 此议案系由荣宗敬与上海县商会会长顾履桂及该会会员方宾穆、高汝琳、陶起凤等，向江苏省省议会提出，要求议决免除麸皮税。

成案一体免税并无〈时〉限。而苏财政厅查核全省麸税，比较每年二万六千元，呈请复征。经面粉业全体迭向财政部请免行，厅议复，仍以为麸皮外销制造皮酒之用，无免税之必要，又以赈饥无采办麸皮之案，谓与饥民无关，并称如恐留难阻滞，尽可指名禀控等语。复查外销麸皮，系上海各厂装运，由江海关征税，即前两年免税之时，亦照章缴纳，与内地营销之麸毫无干涉；若制造皮酒业，经农商部考验，咨明财政部，麸皮不能成酿；至饥民以麸皮充饥，随地皆有饥民自行购食，自无采办之案。本年自奉复征之令，沿途如常关税，所托丁舞弊，节节留难，控不胜控，商民隐忍，何敢结怨于官厅？总之，麸皮以喂养牲畜为大宗，近年或以充肥料，方在试用时期，征税加价，肥料销路顿绝。我苏省以农业为重，工厂收养贫民，发展实业，姑不伸论，即此制造之民食、肥料，自应扶助发达，保护流通。在商厂纳税犹轻，而于农事畜牧所需、民生日用所急，实加重负担，以致营销减色。是麸皮纳税，不啻剥削小民，而摧残实业。一再思维，惟有备具愿书，呈请贵会主持公道议决，将麸皮一项仍予免税，咨请施行。不胜敬谨待命之至。谨陈。

（《申报》，1919 年 11 月 21 日）

上海正利商业储蓄银行开业广告

（1919 年 11 月 24 日—12 月 3 日刊载）

本行在上海小东门大街方滨路，建筑新式高大三层楼洋房，遵照公司条例，以股分〔份〕有限公司注册立案，组织成立。所有股东均为本埠著名殷实商富，基础稳固，信实交孚。营业范围，专做商业储蓄及其他一切银行业务。凡对于存储各户，无不竭诚招待，利息从丰。至抵押款项，又极格外克己，力求便利。今定于本月二十七日（夏历十月初六日），正式开始营业，如蒙惠顾，倍极欢迎。谨启。

总董叶鸿英，董事顾馨一、荣宗敬、王一亭、周玉衡、郭宣倩，监察姚紫若、张云樵，总经理王宝仑。

（《申报》，1919 年 11 月 24 日—12 月 3 日）

太仓水灾急赈会募捐谨启

（1919 年 12 月 14 日—29 日刊载）

敬启者：今岁夏秋之交，霪雨为灾。太仓低洼之区，如湖川、蓬莱、新丰、毛市、双凤等乡，被灾尤巨。其最苦之户，所有草屋尚浸水中。乡民床褥俱无，偃卧湿薪，咽豆壳、豆渣以果腹，并有荡析离居、抛弃子女者，不知凡几；亦有因颗粒无收，自缢而死者，闻之令人酸鼻。际此隆冬将届，朔风凛烈，啼饥号寒之状，惨不忍言。同人等爰筹设义赈会，令农民修筑圩岸，以工代赈。其老、幼、妇、孺之不胜工作者，别设救济部，施衣施米，以佐工赈之不逮。兼施春熟种子，为明年之接济。惟是灾区甚广，需款浩繁，敬恳仁人君子，俯赐救援，捐输提倡，俾垂髫之孤惸，咸沾德泽，得庆更生，造福实无涯涘。倘荷慨捐款项，请交至宁波路（即中旺弄中国济生会），或交新闸路元昌纱号项君惠卿处，掣取收条，并十日一登报端，事后再行刊印征信录，以昭核实。不胜迫切待命之至。

发起人：唐蔚芝、徐乾麟、薛文泰、王一亭、闻兰亭、荣宗敬、毛鉴清、蒋伯言、陆勤之、吴挹峰、朱诵六、李颂侯、顾仁甫、沈润挹、顾士章、陈寿生、张纶卿、项惠卿、王伯埙、傅晓生、项华卿同启。

（《申报》，1919 年 12 月 14 日—29 日）

太仓水灾急赈会救济部第一次报告

（1919 年 12 月 21 日—23 日刊载）

际此隆冬时候，灾民饥寒交迫，待赈孔殷，乃蒙诸大善士解囊慨助，俾垂髫之孤惸咸沾德泽，得庆更生，造福实无涯涘。除陆续解至灾区散放外，合亟登报以扬仁风。

陆勤之经募：施子英君洋三千元，北京同善总社洋五百元，陇海铁路公司诸同人洋五百元。

唐蔚芝经募：杨翰西君洋三百七十元，广勤纱厂洋一百元，拜孔庐洋一百元，庄梦渔君请作祠堂记经手捐助洋一百元，钱选青君请作寿诗序捐洋五十元，太仓电话公司洋三十元，清河张洋二十元项。

项惠卿经募：项甘伯君洋一百元，振华纱厂洋五十元，泰昌纱号洋三十元，溥益纱厂、汤汉记纱号、元泰纱号各捐洋二十元，蒋松生君、潘鎓汀君、冯斯生君、叶叔岐君、宝泰纱号、南公茂、吴仁宝君、薛润生君、长泰纱号各捐洋十元。

张纶卿经募：张珊甫太太洋一百元，张纶卿求母康健洋一百元，张继芳君洋五十元，润昶庄、鸿昌号、信裕庄各捐洋三十元，周子全君、夏仲芳君、黄穉卿君、孙月三君、陈质甫君各捐洋二十元。

项华卿经募：目记、善记、裕记、益大号、东方纱厂各捐洋一百元。

吴挹峰经募：东方厂、钱子平君各捐洋十元。

陈寿生经募：吕丽庭君洋二十五元，□炳章君洋十五元，石南山君、施沐天君、何如三君、宋播渠君各捐洋十元，广泰昌洋五元，陈钟祥、陈钟坤君各捐洋三元，大隆、元昌盛、协聚昌各捐洋二元，汪庆廉君、倪在田君、黄德卿君各捐洋一元。

又张纶卿、项惠卿二君各助新杜布棉衣袴四十套。

以上共收捐洋六千一百六十元，棉衣袴四十套。

太仓水灾急赈救济部唐蔚芝、徐乾麟、薛文泰、王一亭、吴挹峰、朱颂六、荣宗敬、毛鉴清、张纶卿、项华卿、项惠卿等代灾民叩谢。

（《申报》，1919年12月21日—23日）

太仓水灾急赈会救济部第二次收捐报告

（1919 年 12 月 31 日、1920 年 1 月 1 日刊载）

济生会诸大善士助棉衣一千套。

问月轩大善士助洋五十元。

唐蔚芝经募：唐葆谦君棉衣六百件，上海红十字会棉衣一百五十件（红会来函共捐三百件，指明昆、太二处，昆山之一百五十件已托陈剑刚君转交），茹经室洋一百元。

项惠卿经募：元昌纱号洋一百元，高荣生君洋五十元，严兰记、天祥号、承德各捐洋三十元，菊记洋二十五元，川源洋二十元，鲍功扬、振源、九纶绸号各捐洋十元，恒裕丰洋五元。

张纶卿经募：陈子政君、金益芝君各捐洋三十元，乔本斋君、礼和花厂、孙松年君、敦余庄各捐洋二十元，许松涛君、郑剑如君各捐洋十元，余庆云君二元。

吴挹峰经募：郁新甫君为其先君春霆公卅周年节省礼忏费助洋三十元，润昌祥、邵合盛各捐洋十五元，朱寿臣君、大豫典各捐洋十元，臧植卿君捐三年公债票洋十元，启善堂、朱德成各捐洋五元，万顺坊徐逵青君捐洋四元，吴炳记洋三元，黄建中君洋二元，滕心怡君洋一元。

吴挹峰托张旭东经募：泰丰行洋五元，仁穀堂、萃秀堂、聚源行各捐洋四元，骏源行洋二元，王振声君洋一元。

毛鉴清君捐洋五十元，又经募冯惕安君、王禹卿君、陈桂生君、陈竹贤君、蒋雨辰君、毛石臣君、启明厂各捐洋十元。

张颂膏经募：抱信子君洋十元，保和洋五元，王怀仁君洋三元，二一记洋二元。

傅晓生经募：薛浩峰君旧棉衣四十八件。

以上共收捐洋八百九十六元、三年公债票洋十元、棉衣一千套又七百九十八件，连前总共收捐洋七千零五十六元、三年公债票洋十元、棉衣一千另四十套又七百九十八件。

际此朔风凛冽、灾民无衣无食，抛妻弃子，乞食四方，因而冻毙饿死者，日有所闻，情实可惨。乃蒙诸大善士解囊慨助，俾得陆续解至，灾区灾民咸沾德泽，合亟登报以扬仁风。

徐乾麟、卢槐庭、薛文泰、吴挹峰、项华卿、唐蔚芝、闻兰亭、毛鉴清、张纶卿、王一亭、荣宗敬、朱颂六、项惠卿谨代灾民同叩谢。

（《申报》，1919 年 12 月 31 日、1920 年 1 月 1 日）

1920 年

太仓水灾急赈会募捐再启

（1920 年 1 月 8 日—24 日刊载）

敬启者：此次敝会发起急赈太仓湖川、蓬莱、新丰、毛市、双凤等乡今夏被水灾各区，荷蒙诸大善士慨捐款项并施棉衣，业经派员陆续散放。惟连接调查员李颂韩、陆蓬士、朱恺俦、黄秋声诸君等报告，据称“被灾最重之区，草屋尚浸水中，有流亡乞食在外者，有以豆渣果腹者，兼以柴草俱空，屋无茅盖，中见天日，无异露宿；灾民衣不蔽体，蓬头垢面，或以麻袋、杂破布缝之，引以为被，室中男女老幼，鹑衣百结，鸠形鹄面，嗷嗷待哺，惨不忍觇”等语。如披郑侠一幅流民图，令人不忍卒读。现在计算，被灾各区需款约二万余元，盖灾区甚广，需款浩繁。同人等恨乏点金之术，再为将伯之呼，敬恳仁人君子，解囊慨助，俯赐救援，俾垂毙之灾黎，咸沾德泽，得庆更生。不胜迫切待命之至。倘荷慨捐款项，请交至宁波路中旺弄中国济生会，或交新闸路元昌纱号内项惠卿处，掣取收条，并十日一登报端，事后再行刊印征信录，以昭核实。

发起人唐蔚芝、王一亭、薛文泰、毛鉴清、陆勤之、朱诵六、徐乾麟、闻兰亭、荣宗敬、卢槐庭、吴挹峰、顾士章、张纶卿、项华卿、项惠卿同谨启。

（《申报》，1920 年 1 月 8 日—24 日）

太仓水灾急赈会救济部第三次收捐报告

（1920 年 1 月 11 日—13 日刊载）

荣宗敬捐洋二百元。

闻兰亭捐洋一百元。

南洋兄弟烟草公司捐洋二十元。

方延龄君捐洋五元。

唐蔚芝托胡粹士经募：厚生纱厂洋一百元，张贡九君、沈健生君各捐洋十元，黄照青君洋五元，徐葆衷君洋四元，黄友兰君、朱仲铭君各捐洋一元。

项惠卿求先世冥福捐洋二百元，又经募纱业公会建醮余款洋四十九元九角，懋昌纱号洋二十元，顾锡坤君洋五元，倪鸿顺源记洋三元、小洋十六角、钱一百七十〈文〉。

张纶卿经募：顾文球君求夫人病速愈洋五十元，陈子馨君洋三十元，程少蓉君洋二十元，美利花行朱筱园君、胡沁塘君、马增文君各捐洋十元。

吴挹峰经募：邵立端君、刘玉陔君各捐洋十元，俞湛如君洋五元，顾宛卿君、方全林君各捐洋二元，陆子良君、金文阁君、吴梅修君、洪月锄君、贾莲坡君、范子卿君各捐洋一元。

顾仁甫经募：复善堂洋六十五元，合办白米十石，周二如君洋十元。

薛浩峰经募：李星槎君洋三十元。

以上共收捐洋一千零十三元九角、小洋十六角、钱一百七十文，三年公债票洋十元、棉衣一千零四十套又七百九十八件。除掣给收条外，合登亟报，以扬仁风。

徐乾麟、卢槐庭、薛文泰、吴挹峰、项华卿、唐蔚芝、闻兰亭、毛鉴清、张纶卿、王一亭、荣宗敬、朱颂六、项惠卿谨代灾民叩谢。

（《申报》，1920 年 1 月 11 日—20 日）

太仓水灾急赈会救济部第四次收捐报告

（1920 年 1 月 21 日—23 日刊载）

彝伦氏捐洋念八元、小洋十二角、钱六十文。

胡粹士捐洋十元，又经募吴棣轩洋五十元，吴梦班女士洋十元，唐云翔、吴颂康二户各捐洋五元，朱友能、陈文甫、张百钢、陈钟棠四户各捐洋二元，柴芷湘、杨德新、刘海梅、马知亮四户各捐洋一元。

武筱航经募：徐诵先君洋五十元。

陆锦周经募：王炽甫洋十元。

项惠卿经募：宝兴长洋一百元，沈景炘洋三十元，敦余庄洋廿元，朱剑锫、无名氏、邵二户各捐洋十元，倪鸿顺捐洋四元、小洋念角。

张纶卿经募：潘澄波、李玉山、范志恽三户各捐洋五十元，顾松涛、云龙花厂、吴梅卿三户各捐洋廿元，朱瑞卿捐洋十五元，董华卿、周子良、俞福耿、鸿裕号、鸿兴号、曹章华六户各捐洋十元，林天福、陈祝霖二户各捐洋五元。

项华卿经募：华记捐洋五十元，炳康、宁波和丰纱厂、崇德三户各捐洋一百元，吴仲记洋四十元，高懿臣洋廿元。

吴挹峰经募：通崇海轮船公司、崇海转运公司二户各捐洋五元，经汪国贞、林氏、何宗光三户各捐洋二元，张载之、陈伟记、马钱氏、杨士珍、童棣笙五户各捐洋一元；

又托王幼雍经募：潘树华洋四元，王楚才、正大祥、臧廉逊三户各捐洋二元，陆谡庵、唐世德堂、鞠友梅、赵藕生、蒋斌武、董傅清、王振中、杨伯年、杨少峰、李道先、李荆三、王如麟、饮香庐、思过轩、陈海琪、薛培良十六户各捐洋一元，顾士章捐洋廿元，傅晓生捐洋十元。

顾士章捐洋念元，傅晓生捐洋十元，又共同经募：协顺兴、张少珊、仁诚、吴昆生、承德堂、长义、吴寿眉七户各捐洋廿元，杨勤学、蒋国琴二户各捐洋十五元，慎泰、大正、正大、蒋兰生、王奎五、蔡裕焜、永丰、胡鹿生、万丰、毛坤生、程少峰、任坤生、退省庐、和泰、傅雍言、源盛、朱梅卿十七户各捐洋十元，锦发、赵秉衡、吴庆昌、洽记、丁大全、德昌、华天昌、沈春江、张敬刍九户各捐洋五元，万叔明、王荫堂二户各捐洋三元，包得炎洋二元。

毛鉴清经募：荣永远、潘调卿、隐名氏三户各捐洋三十元，王兰夫、王仲卿二户各捐洋十元，毛煜生捐洋五元。

邵瑞生经募：裕丰洋一百元。

吴仲裔经募：臧诚志为其女秀华病愈捐洋廿元，震丰裕捐三年公债票洋十元、常镇局洋六元，严幼岩、钱乐山、永康三户各捐[1]，永兴源、东升祥二户各捐洋三元，雍裔、祥泰号、祥泰丰、万象春、曹松生五户各捐洋二元，同升昌捐洋一元、小洋五角，严益大捐洋一元。

洪叔言经募：傅品圭洋十元，朱继莘、杨庆和、发记王隐名三户各捐洋五元，戚少斋洋四元，蒋隐名、姜隐名、李文衡三户各捐洋二元，张隐名、陈隐名、应隐名、无名氏、袁英辛五户各捐洋一元。

顾仁甫经募：勤德堂王洋五元，隐名氏洋一元。

以上共收捐洋一千八百四十九元、小洋三十七角、钱六十文，又三年公债票洋十元。连前四次，总共收捐洋九千九百十八元九角、小洋五十四角、钱二百三十文。除掣给收条外，合亟登报，以扬仁风。

唐蔚芝、王一亭、薛文泰、卢槐庭、吴挹峰、顾士章、张纶卿、徐乾麟、闻兰亭、荣宗敬、毛鉴清、顾仁甫、傅晓生、项华卿、项惠卿谨代灾民同叩谢。

（《申报》，1920 年 1 月 21 日—23 日）

① 原文如此。

太仓水灾急赈会救济部第五次收捐报告

（1920 年 2 月 11 日—13 日刊载）

中国救生会拨助洋一千元。

华工陈伯飞由英属芙蓉巴音埠邮捐波钞洋三元，兑沪洋一元、钱九十文。

唐蔚芝经募：中国红十字会二百元、棉衣二百件，阮子衡、刘少溪各一百元。

李颂韩经募：钱镜莹、钱景参、龚鸣璆、龚简光各五元，龚韵涛、钱寅阶、沈伯黎、张理丞、陆希贤、陆庆熙各二元，龚静羹、顾震伯、朱钰如各一元。

阮子衡经募：孙明礼、东房、孙润身、吴东侯各十元，李太太、王太太、王宗寿、阮瑞仙各二元，鼎丰和典京钞十六元，董宝华京钞十二元，孙锦章京钞四元，共京钞三十二元，兑现洋十八元五角六分。

蒋省盦助四元，又经募吴也盦、金骧龙、陆紫熊各四元，冯叔如、殷懋怀、张迭生、陆博泉各二元，程子云、薛穆清、沈篆青、杜恩深、周澄鸥、薛吉人、顾子模、归杏书、柳砥如、吴绍骧、陈敬斋、徐祝秋、鲍敦典、石雨森、镇慈勖、杨西斋、卢益卿、马可亭各一元，韩渭华半元。

胡粹士经募：张松亭、钱瑶侯、王翰西各三元，程克竞二元，朱锡昌一元。

天砌子助十元，又经募弇南耕读庐诚一居士廿元，李受福二元。

朱颂六交来吴太和堂张氏老太太移助寿筵二百元。

沈润挹经募：南公茂金锡之五十元，恒泰行、孙松年各念元，协兴昌行张文彬、郑宝恕、德泰恒行、荣广大行李步青各十元。

项惠卿经募：亦康纱号廿元，兴盛纱号、陆仲芳各十元。

朱浩生助三十元，又经募生泰行、同福昌各十元，何接三、黄仲奇、顾竹年、叶景樵各五元。

吴挹峰助十元，又经募刘蔼山五十元，万盛十元，锄梅、蕴华各五元，恒泰郭卿云、徐太太各三元，潘萼斋一元。

吴仲裔经募：万恒、万茂、万泰共十元，汪正丰五元，倪恒昌二元，又托沈孙瞻经募 刘河公十元、太镇盐分栈五元，汪子翱二元。

洪叔言经募：无名氏、金隐名、胡贤豪、陈舜年各一元，抱信子交来保和主人求店事平安助十元，鼎盛一元。

彝伦氏助洋念二元九角七分。

以上共收捐洋二千一百九十五元零三分、钱九十文，连前五次总共收捐洋一万二千零三十二元九角三分、小洋五十四角、钱三百二十文、三年公债票二十元。除掣给收条外，合亟登报，以扬仁风。

唐蔚芝、王一亭、薛文泰、卢槐庭、吴挹峰、顾士章、张纶卿、朱颂六、徐乾麟、闻兰亭、荣宗敬、毛鉴清、顾仁甫、傅晓生、项华卿、项惠卿谨代灾民同叩谢。

（《申报》，1920 年 2 月 11 日—13 日）

上海正利商业储蓄银行广告

（1920 年 2 月 23 日—3 月 17 日刊载）

本行为提倡国民储蓄，发达社会经济起见，集资设立于上海小东门大街方浜路，办理银行一切业务。手续力求便利，倘蒙诸君惠顾，无不格外克已。〈专营〉储蓄存款、往来存款、定期存款、保证贷款、抵押贷款、贴现放款，营业时间每日上午八时起，午后五时止，星期日午后二时止。

总董叶鸿英，董事顾馨一、荣宗敬、王一亭、周玉衡、张效良、郭宣倩，监察姚紫若、张云樵，总经理王宝仑启。

（《申报》，1920 年 2 月 23 日—3 月 17 日）

为无锡申新三厂建筑争执事件致华商纱厂联合会函

（1920年3月13日）

查五洞桥久已有名无实，与上海之三洋泾桥、南北泥城等桥相同。以现在地势论，振新纱厂购地建筑栈房于前，申新纱厂向市公所购地兴造厂房于后，即使兴复五洞桥，已无道路可通。此一证也。又无锡申新第三纱厂甫于上年年底开办，呈部饬县保护。乃蒋哲卿不于该厂未开办之先修复五洞桥，独于该厂正在兴筑之际，率领多人至该厂建筑地，而阻挠工作，谓非扰乱治安，其谁信之？现有拍来照片（附后），蒋哲卿在场督促。此又一证也。至无锡申新第三纱厂所购地基，或有粮单，或有市公所执照，有地盘、图样、丈尺可稽。合并附及。

附1:蒋哲卿[①]致华商纱厂联合会函(1920年3月13日)

华商纱厂联合会大鉴:顷读报载,贵会为无锡申新第三纱厂事,致苏省军民两署暨实业厅文电,具见维护实业之至意。曾燠为贵会指名电请查拿之人,理应束身待罪,惟事实不明,终恐与贵会维护实业之意,愈相剌谬。窃敢为贵会剖折陈之。夫拆毁建筑物,系属刑事问题,即申新第三厂片面所称非虚,贵会应指令依法起诉,而贵会舍此勿由,岂谓刑法不足以保护实业耶?抑贵会明知申新第三厂实未动工,无建筑物可毁,为贵会会费计,姑敷衍为之一电,以壮实业家之声势,或径照其来稿照发,并不一审其内容欤?不然,拆毁建筑物之对付,已如上述之非,而扰乱治安,官厅不加遏止,必待申新第三厂之略请,贵会方得转电省吏查拿首要,则申新第三厂之设,不第振兴实业,且可维持国家统治权,何赖有县治机关也。不宁维是。丁锡培君,实无锡之一忠厚乡人,向非无赖。此次曾燠发起修复五洞桥并沿桥道路河岸,募捐所得无几。丁锡培热心公益,特尽美务,助燠督工,盖实非牟利徒也。而申新第三厂基地适沿五洞桥路旁,以该桥及道路一经修复,申新第三厂即不能遂其侵略之野心,故欲曾燠抛弃主张,既不可报警阻止,又不能计无可施。幸有贵会一意以维持实业为标帜,故隐其真相,遽以阻碍实业问题,动贵会之听,则贵会之出此,固亦曾燠之所原也。然事贵实在。曾燠以募

---

① 蒋哲卿(1886—1947年),名曾燠,字时生,以号行,无锡河埒口人,早年毕业于南京两江政法学堂,1909年赴日本留学,入法政学校,加入同盟会;无锡光复后,任锡金军政分府民政部副部长,后任国民党无锡分部副部长,接办《锡金日报》(后改名为《锡报》);二次革命后,他因参与反对袁世凯,遭江苏都督冯国璋逮捕,后经人保释;1922年,时任国会议员的蒋哲卿拒绝接受曹锟贿选,离开北京回到上海;旅沪期间,任无锡旅沪同乡会第一届理事长;1924年接办耀明电灯公司,组建耀明新记事务所,自任经理,同年红卍会无锡分会成立,被推为理事长;1931年接办振新纱厂、振元五金号,成为无锡实业巨子;日军占领无锡后,先后避居北平、苏州等地;抗战胜利后回到无锡,先后出任县人权保障委员会委员、县财政整理委员会主任委员、县实物征借委员会主任委员、无锡地方公款产业管理处主任等职;1946年4月出任无锡临时参议会议长。

捐所得修复桥路，实无余资，可与该厂互电攻讦。此案在贵会文电未发以前，已由曾焕呈准县署，照会地方公共团体会同城乡绅董，订定夏历本月二十五日下午二时齐集五洞桥履勘解决。贵会为维持实业计，当亦不尽跋涉，倘蒙推举代表莅锡指教，或亦敝邑地方公益事业之幸也。专此奉布，敬颂公祺。蒋曾焕谨启，三月十三日。

附2：庸：杂评·申新纱厂之建筑纠葛

无锡申新第三纱厂建筑争执事件，两方皆当地人，乡土情谊所关，自不难和平解决。即不幸而相持，然一方为发展本地之实业，一方则欲修复已毁之古迹，其争执既非纯为个人间之交涉，理由之孰为充分，自不妨取决于舆论，是非易明，要无酿成重大纠纷之理，此可断言者也。

特吾人于此别有所感慨者，内地实业之不发达，其原因虽甚复杂，然地方阻力之多，致令企业家望而却步，要亦一端。往往一事业之剏办，当地人士或因个人之感情，或以一时之误会，出而阻挠，就令疏通，立时就绪，已费周章。万一一方走于极端，风潮扩大，则事业且因此停滞。此等现象，各地多不能免。官场之所谓保护，不过文告上之口惠，安能销融此种阻力。此吾国实业所以不进也欤。

（《申报》，1920年3月14日）

为上海面粉业交易所请立案事呈农商部等文[①]

（1920年4月2日）

窃查民为邦本，食为民天，民与食本有密切连带之关系，一日不可无民，即一日不可无食。但菽、麦、黍、稷艺植之种类繁多，而因地制宜，利用之后先，亦不能一致。统筹世界全局，食麦者多，而食菽者少。从

① 此呈系上海面粉业交易所荣宗敬等，呈交农商部、江苏省实业厅以及上海县知事沈宝昌。

前制面事业，向无机制，自外洋发明机制面粉，输入我国后，国人咸知利用，国家又保护奖励，按照仿造洋货办法，减免重税。由是面粉一业，骎骎乎有一日千里之概。

自欧战发生，我国机制面粉，遂为出口大宗。年来上海一埠，日臻繁盛，所惜对于贸易方法，尚未有如何之研求，每不能与列强各国，争一日之短长。同业之隐受其害，犹复不少。所幸民国成立后，即首先设立上海面粉公会，以期营业之统一。然公会究为同业团体之集合，而与贸易一方，仍不能促何种之进步。同业有鉴于面粉事业之正在发展，乃于民国五年，即在公会设立面粉贸易所，凡同业之买卖交易，每日均在该所营业，且均有一定之时刻，隐然有交易所之模范。所慨规模未订，基础未深，日复一日，总不免有逾越常轨之举动。同业惄焉忧之。

溯机制面粉开创之始，以至于今，叠经无数阶级，而渐臻于完备，因少正当法定机关，致未能整齐划一，使营业上生种种之变化。同业见此情形，佥以为不经改革，即无以谋进化。然欲求其进化，似未能削足而就履，草率更改，而贻画虎不成之诮。上海同业，力求改革，屡次集议，经多数磋商之结果，均以面粉为世界各国日用所必需之品，现当欧战告终后，西陲之工商业，尚在求过于供之时代，则我同业不能不应世界之潮流，以求猛进。探讨历来固有之习惯，顺应当今取引之规模，就原有之贸易所，改订规章，以股份有限公司方法，组织成立中国机制面粉上海交易所。

按照现行法例，须由发起人开列各款，署名签押，连同章程，呈由地方官转详高级转达农商部核准立案。兹交易所既完全组织成立，并认定股份，订立简章，规模俱备，理合呈请准予查照应设之理由，及历来之沿革，暨章程所载各项，俯赐核准立案，以维实业，而保商权。实为公便。

（《申报》，1920 年 4 月 2 日）

南汤山兴业股份有限公司招股启

（1920 年 5 月 23 日—6 月 21 日刊载）

敬启者：温泉沐浴，不特有益卫生，亦且可疗疾病。世界各国对于温泉地方，无不特别经营，蔚为名胜。今南京朝阳门外汤山地方，有硫磺矿泉，温度适宜，颇合卫生之用，惜无合法建筑，致游斯地者，徒抱望洋之叹。良用慨然，爰集同志，组织公司，购置山地一百数十亩，建筑旅舍，特造泉池，布置园耍，点缀风景，中留隙地，以备同志建筑别墅之用。现在由下关或太平门车站至汤山马路，约六十华里，已由省署拨款修通，若乘汽车，一时可达，沿途钟山、华山、灵谷、明陵，并可顺便游览，风景之佳，远在北京汤山之上。兹于本月十七日，在上海开创立会，议定集资十万元，分为二百股，每股五百元，专收华股，定名为南汤山兴业股份有限公司，发起人认股已逾全额三分之二，收股日期截至本年阴历五月底为止，诚恐各界有志卫生者致叹向隅，爰登报端，欢迎同志。时不可失，盍兴乎来。招股章程存各招股处，函索即寄。

收股处：南京石坝街本公司事务所、南京中国银行、南京交通银行、上海北苏州路自来水桥北堍宝兴长总号、上海交通银行、中孚银行、盐业银行、兴业银行、新华储蓄银行。

发起人刘柏森、穆藕初、钱新之、史量才、陶席三、谢蘅窗、徐静仁、刘厚生、张籥云、洪少圃、刘渊士、盛竹书、荣宗敬、林康侯、倪远甫、任筱山、刘孟靖、张趾麟、匡仲谋、孙景西、吴麟书、杨翼之、刘仲融、唐云阶同启。

（《申报》，1920 年 5 月 23 日—6 月 21 日）

代表上海元丰面粉公司[1]与香港裕和洋行所订代理经销合同

（1920年6月7日）

立委托代理合同：上海元丰面粉公司（以下简称甲）及香港裕和洋行（以下简称乙），双方同意于中华民国九年【1920年】六月七日，在上海订立合同七条，彼此互相遵守。计开：

一、牌子　以甲厂专有商标“日月牌”、乙之“电话牌”及将来由委托甲厂配装之牌子为限。

二、代理　元丰面粉公司所出之面粉，均由香港裕和洋行全权代理。

三、区域　以香港全埠为界。

四、佣金　元丰面粉公司给予裕和洋行代理佣金九八扣【即每百两二两】，以为代理之权利。

五、货银　元丰面粉公司每次装粉手续完竣后，即携提单及一切应备单据等，送至裕和洋行指定之银行，按照货价如数由元丰公司领取。

六、价目　订价每包（重五十英磅）以上海两数【即九八规银】计算，送至开往香港船上交货【即为F. O. B】，水脚、保险费不在其内，惟如由乙委托代理船位及保险，甲亦须遵办；如乙须令甲开货价包括水脚、保险及杂费等【即C. I. F】，则当由乙预先电报声明。

七、年限　以二年为度。期内或过期时，双方有继续或中止之权利，惟须先三个月前通知，磋商妥善，再行解决。

---

① “上海元丰面粉公司”创办于1918年，资本30万元，日产面粉1500袋。该公司创办后，即由荣宗敬所租办，改称“元丰恒记公司”，直至1922年租期届满退租。

香港裕和洋行总理赵莲舫、上海元丰面粉公司荣宗敬，中华民国九年六月七日。

（申新纺织总公司档案）

与张謇[1]、金其堡[2]为承领衣周塘滩地事致清理江苏官产处处长孙少筠[3]函

（1920 年 8 月 10 日前后）

径启者：案准函开“奉督军、省长指令，内开‘会呈已悉，张绅謇等承领衣周塘滩地[4]，兴办实业，既据查无妨碍，价格相当，应即照准。除电财政部外，仰即将指定地亩复丈清楚，核明实数，收款给照，并函张绅等查照，此令’，合亟录令奉达。”等因，并核明此项滩地实数，共计一千二百九十九亩六分六厘，每亩一百二十元.合计银十五万五千九百五十九元二角。兹特如数缴足，即请查照省令，分给印收部照，并会同宝山县知事暨该县清丈局，将过户、升科、丈给、方单等事分别办妥，以便填土兴工，筹办实业。至纫公谊。

再，皓日【19 日】謇曾分电部、省，愿于每亩二十元之外，另加册照等费，勉副部意，并蒙督军、省长祃电，复开“已电部照此定案，并饬处遵办矣，即请缴款、领照可也。”等因，自应遵办。此项费用，即请贵处开明细

① 张謇（1853—1926 年），字季直，号啬庵，祖籍江苏常熟，生于江苏海门，清甲午年恩科状元，中国著名的近代实业家、政治家、教育家，主张“实业救国”，中国棉纺织领域早期开拓者，上海海洋大学创始人。

② 金其堡（1873—？ 年），字侯城，江苏宝山人，曾留学日本，历任江苏都督府统计课长、全国烟酒事务署签事、外交部政务司帮办、平津卫戍总司令部科长。

③ 孙少筠，生卒时间不详，时任清理江苏官产处处长。

④ 荣宗敬等人组织左海公司，承领衣周塘滩地，原拟建造工厂，后未实现。其所购土地分批出租给当地农民。

数，分别另缴。除呈督军、省长外，即希查照办理。此致清理江苏官产处处长孙。

左海公司代表张謇、荣宗敬、金其堡

（《张謇全集》编纂委员会编：《张謇全集》3，上海辞书出版社 2012 年，第 842 页）

附 1：张謇复孙少筠函（1920 年 8 月 10 日后）

少筠贤友鉴：得十日书，具悉一一。衣周塘领事，已与荣、金二君备文正式呈递，文到之日，希予维持。价格一节，亦已详切言之矣。知注特复，并颂刻祺。

（《张謇全集》编纂委员会编：《张謇全集》2，上海辞书出版社 2012 年，第 688 页）

附 2：江苏省军民两长对张謇、荣宗敬、金其堡请领衣周唐滩地批文（1920 年 9 月）

该绅等报领滩地，兴办实业，如无妨碍，自可照办，候令行财政厅、官产处会核具复，再行咨部令遵。

（《申报》，1920 年 9 月 3 日）

与张謇、金其堡为遵缴滩款请饬给照事呈江苏省长齐耀琳[1]文

（1920 年 8 月 10 日前后）

呈为遵缴滩款，请饬给照事。准清理江苏官产处函开“案奉督军、

① 齐耀琳（1862—1949 年），字震岩，吉林伊通人，光绪二十一年（1895）乙未科进士，授庶吉士，后历任天津道员、安徽按察使、直隶提法使、江苏布政使、河南布政使、河南巡抚、盐务大臣等职。进入民国后，相继出任吉林民政长、安徽巡按使、江苏巡按使，1916 年 7 月起任江苏省省长，1920 年退出政坛。

省长指令，内开‘会呈已悉，张绅謇等承领衣周塘滩地，兴办实业，既据查无妨碍，价格相当，应即照准。除电财政部外，仰即将指定地亩复丈清楚，核明实数，收款给照，并函张绅等，查照。此令’，合函奉达”等因，并经官产处核明，此项滩地实数共计一千二百九十九亩六分六厘，每亩价银一百二十元，合计银十五万五千九百五十九元二角，兹已分别现期如数缴处，即请转饬填照给执，并令会同宝山县知事暨该县清丈局，将过户升科丈给方单等事分别办妥，以便填土兴工，筹办实业，实为公便。

再，皓日謇曾电钧署，“愿于每亩一百二十元之外另加册照等费，勉副部意，当蒙电复，已电部照此定案，并饬处遵办矣，即请缴款、领照”等因，自应遵办。此项外加费用，俟官产处开明细数，分别另缴，合并陈明。谨呈江苏省长齐。具呈〈者〉左海公司代表张謇、荣宗敬、金其堡。

计缴现期票银五万元；又，三个月期票银五万元；又，五个月期票银五万五千九百五十九元二角；统共十五万五千九百五十九元二角。

（《张謇全集》编纂委员会编：《张謇全集》(1)，上海辞书出版社 2012年，第 510—511 页）

购置镇江基地一百余亩的土地买卖合同

（1920 年 8 月 10 日）

民国九年旧历六月廿六日，立合同正议　荣宗敬

沈联芳

居　间　陶仞千

九年三月四号得主已将座价银叁万五千两付清，卖主已将镇江英册第二百三十四号道契，同至泰利洋行过户交接，并将沙田局给发部照一纸，计滩地壹百亩，及县署谕单一纸、告示一纸，并旗民生计所与三源公司订立议据一纸，又沙田局印收一张、呈批抄稿一纸，如数交付，以便

得主继续管业。各无异议,此批。

立合同正议　荣宗敬

沈联芳(以下荣称得主,沈称卖主)

今因卖主向有镇江第五十二、六十三、六十四号道契,地十八亩零七厘,南至金山大街,北至扬子江,西至□山脚,东至招商局,四址之内筑有东西大路一条,名曰利商街,卖主将街北基地及原有洋式堆栈拾宅,又向南四间两厢平屋一宅,后连灶披,又沿江未造房屋空地一块暨沿江将来建筑码头之所有权,凡利商街迪北产业,连同卖主报价江心滩地壹百亩,凭中售与得主,计规元叁万捌千两,今先交卖主定银叁千两,其余候道契分开,一并交给清楚。至于利商街以南,仍归卖主自留产业。兹将公议各条开列于后,欲后有凭,立此合同一样两纸,各执一纸存詧。

计　开

(一) 卖主先将道契交托泰利洋行,换给道契两张,一在利商街之南,一在利商街之北,候新道契给发,即与得主交割清楚,订以两个月至三个月为期,期内各守秘密,以昭慎重。

(二) 沿江码头下滩地,约贰拾余亩至四拾亩,卖主今年购进时,据上首卖主云,曾赴滩地局缴价,每亩四元,候将收据交出,随时转付得主换领部照,如果收据一时捡得无着,应即具呈声明归得主荣姓补缴承领,不得归上首及现在卖主自行留存。

(三) 卖主报价江心滩地壹百亩执有部照,应于交给时一并交与得主收执,均在议价之内,不加分文。

(四) 交给之前,房租及保险均归卖主自理,待交给后即行移交得主管理。现在南北通有行路以资利便,日后如须更变,双方从长计议,互得利益为主,决不使得主在地上建筑,稍有妨碍。

(五) 订此正议,各不翻悔,如有异议,罚银贰万两为度,现付定银,日后交给时在正价内扣除。

（购置镇江基地一百余亩准备建栈房的土地买卖合同凭证，上海市档案馆藏）

与张謇、金其堡等组织左海公司所订合同

（1920 年 8 月 10 日）

公立约。荣宗敬、张謇、金其堡，为组织公司，承领滩地，兴办实业，公订条款，共同遵守如左：

一、定名为左海公司。

一、本公司将衣周塘滩地，除周一、周三、衣十三等图九五二亩业经有人报领外，其余衣二等图共一三〇三亩四分九厘二毫，悉数承领，其区图及亩分细数，附图载明（略）。

一、上项滩地，除以冈十四图四十五亩提归宝利公司承领外，其余悉以三股搭配，阄分清丈局方单，各归各执，部照归公司承管。

一、领价以每亩一百五十元为最高限度，应缴领价等费，自通知之日起五日内汇齐，另备杂费五厘，为酌给乡图地甲及贴迁坟基等用，随正款附缴。

一、田亩分执之后，如有让渡等情，须先尽同股，并不得售于非中国人。

中华民国九年八月　　日立约者张謇、荣宗敬、金其堡

见立约者宝利公司代表钱印霞、金巨山

（荣宗敬张謇为组织公司承领滩地与办实业公所条款的公约，上海市档案馆藏）

上海华大商业储蓄银行阳历八月廿八（阴历七月十五日）开幕广告

（1920年8月22日—29日刊载）

本行资本额定一百万元，收足五十万元，专营往来存款、定期存款、抵押放款、贴现放款、各种汇兑、各项储蓄、买卖生金银、兑换各国货币，及其他商业银行一切业务。倘蒙各界惠顾，毋任欢迎。

行址：新开河民国路一三二号至一三七号，北来车辆直达本行门口，免查捐照。电话：中央三三七三。

董事顾棣三、王一亭、荣宗敬、姚紫若、程志范、叶鸿英、万振声、瞿鹤鸣、庞春山、顾馨一，监察人卢纬卿，办事董事顾馨一，经理张仲周，副经理丁宰州、金寅生启。

（《申报》，1920年8月22日—29日）

与顾履桂为恳令行各财政厅各海关常关准将面粉麸皮均免加征正税四成事致上海总商会电

（1920年11月25日稍前）

准税务所函转，“奉部电，北地灾赈，急需照案应免税厘者，此项赈捐应征正税四成。”查面粉因抵制外货，麸皮为喂饲牲畜，向均免纳税厘。本年以北地灾祲，面粉出口每包除捐湘赈三分外，每包加收赈捐一分七厘半。面粉业又捐助华洋义赈会银五万元，该会购运北赈面粉十万包，只收半价，已竭尽义务。应恳令行各财政厅、各海关、常关查照，准将面粉、麸皮均免加征四成，以恤商艰。

附:上海总商会致财政部电(1920 年 11 月 25 日)

国务院、财政部、农商部、劝业督办钧鉴:顷据上海面粉公会顾履桂、荣宗锦函称:“准税务所函转(以下略,同上),准将面粉、麸皮均免加征四成,以恤商艰。”等语,合亟转呈,伏乞电示只遵。上海总商会叩,有。

(北洋政府财政部档案,中国第二历史档案馆藏)

为取消加征赈捐事致上海总商会函

(1920 年 12 月 5 日刊载)

(前略)货物加征税厘一案,业经分电院、部邀免,并经省议会电请停止实行,迄未奉复,商情惶急。今面粉业特开会集议,佥以麦价奇昂,商业困难,而赈捐为慈善性质,不入政治范围,乃沿途关卡扣船勒收,同业惟有歇业停运,以固商本。除电请财政厅通令各税所一体记数放行外,应请电部通令停止加征赈捐以安商业。上海面粉公会顾履桂、荣宗敬。

(《申报》,1920 年 12 月 5 日)

上海劝业银行开幕广告

(1920 年 12 月 14 日—16 日刊载)

本银行现在上海北京路十六号设立分行,定于十二月十六日上午九时至下午四时正式开幕,敬备茶点,届时务请各界惠临,无任企祷。

劝业银行董事潘复、虞和德、荣宗敬、靳云鹤、沈化荣,总行行长张寿镛,副行长吴师善,沪行经理石运乾,副经理陈淮钟,营业主任穆景廷〔庭〕。

(《申报》,1920 年 12 月 14 日—16 日)

上海劝业银行敬谢来宾启

（1920年12月16日）

昨日敝行开幕，辱承中外各界诸公宠锡瑶章，并蒙惠临指教，感纫无既，曷胜荣幸。敬登报端，用伸谢悃。

劝业银行董事潘复、虞和德、荣宗敬、靳云鹤、沈化荣，总行长张寿镛，副行长吴师善，沪行经理石运乾，副经理陈淮钟，营业主任穆景庭同敬启。

（《申报》，1920年12月17日—19日）

1921 年

与刘树森[①]、沈镛[②]等呈江苏省财政厅请将上海闸北水电厂改归官商合办文

（1921 年 1 月 13 日稍前）

窃上海闸北水电厂，自移归省有以后，资本缺乏，因循敷衍，不加整理，致有水浊灯暗之事，商业、居民，两受其累，而其尤背人民之心理者，则莫如租电转卖一事。查闸北系属华界，居留人士各存爱护国土之心，故凡百商业，逐渐建设，遍于闸北一带。该厂水电并名，实则有水而无电。所用供给用户之电气，悉向租界工部局电气处租用，复加价以剥削商民，不为永久自立之谋，而作苟且乞邻之举。本属非计，只以属于省

---

① 刘树森（1887—1940 年），字柏生，江苏武进人，为 1914 年任民国政府农商部次长刘厚生（总长为张謇）之兄，中国早期著名的民族企业家。1902 年通过炒股票起家，1904 年与盛宣怀各出资 5 万两在上海开设三星香烟公司，1915 年后租办上海伦章纸厂、苏纶通记纱厂、上海裕通纱厂等，1919 至 1921 开设宝成纱厂一、二、三厂，并从美商手中购进当时中国最大的纸厂——华章纸厂，改名为宝源纸厂。刘当时亦为闸北水电公司董事。

② 沈联芳（1870—1947 年），名镛，字联芳，浙江吴兴（今湖州）人，学徒出身。1893 年到上海瑞纶缫丝厂当职员，后升为高级职员。1900 年，与友人合资创办振纶洽记缫丝厂，自任经理。1908 年自办恒丰缫丝厂，所产丝织品以“飞虎”、“玫瑰”为商标，远销欧美。后将丝厂出租，转为房地产经营，先后建造恒丰里、恒通里、恒祥里、恒康里、恒乐里等里弄住房和恒丰大楼，出租经营。1910 年后，任闸北商团会长、闸北市政厅副厅长、闸北水电公司董事、上海总商会副会长等职。五四运动期间，与会长朱葆三为迎合日本，以上海总商会名义通电，主张由中日直接交涉青岛问题，遭到反对后，被迫于 1920 年 6 月辞职。抗战时期，沈不愿事敌，拒绝出任日本委任的伪上海特别市副市长。

有营业，相沿至今，无从过事苛求。现在居户日增，工厂林立，该厂所租电气，已觉不敷燃点，况工部局之电厂电力，在租界中尚自供不应求，设一旦合同期满，停止接电，不独闸北商民同处于黑暗世界，而各种工厂亦将因之停顿。伏思水电事业，关系地方綦巨，欲求发达，应计安全。该厂开办迄今，习于固陋。以电气言，则有上述之危险；以水量言，则池管装置新旧、粗细不等，以致出水混浊，每遇火患，水力不足，难资救济，地方啧有烦言。且该厂历年积余之款，留作扩充之费者，已为省中提充别用，是该厂之整顿，更无希望。商等工厂资产，多数在于闸北，统观地方情形、水电现状，群以后患堪虞，忧心如捣。用是公同集议，详细调查。按闸北现在居户人口及工厂数目计算，照该厂现有水量，约须增加一倍，约二百四十万加伦，所有添机等费，约需银四十万元。而电气一项，则非自行购机发电不可，照现时闸北所用电气计算，约须五千某罗华脱，此项购机、建厂等费，至少需银一百二十万元。总计扩充水电两项费用，共需银一百六十万元。事关地方前途，思患预防，不得不缕陈颠末，合词上陈，拟恳厅长，俯念闸北地方重要，水电为居民、工商日用所需，准如所请，速筹的款，一面会商实业厅，确定扩充计划，以利进行。倘省款一时难筹，兹事又急切难缓，拟请将该厂订为官商合办，只须有妥善办法，则商等为地方计，为资产、工厂计，亦当合力投资，以期早观厥成。应如何办理之处，伏希批示只遵。再该厂属于省有营业范围，如蒙核定办法，并乞呈请省长，咨交省议会议决施行。合并陈闻。

附:江苏省长咨交省议会议上海闸北水电厂改归官商合办案原文(1921年1月13日[①])

为咨请事。据财政厅厅长严家炽[②]呈称,"窃据上海闸北各商刘树森、荣宗锦、沈镛等呈称,(中略,内容见上)准此。查上海闸北一带,居户日增,工厂林立,水、电两项需用既多,该厂供不应求,断非现状所能维持。据请扩充整顿,应地方之需要,便居民之日用,办理似不容缓。惟省地方款均有预算规定,该厂按年应还大仓洋行借款,刻未全行清偿。前项扩充费用,数至一百六十万元之巨,省库断难独任,自以官商合办为宜。第官股应增几何,先须指定款目,列入预算,庶执行有所依据。而扩充厂务,事属变更省有营业,亦须经议会核议。据呈前情,除批示外,理合呈请转咨省议会议决,公布遵行,实为公便。"并据闸北水电厂厂长汤文镇摺呈,"窃查本厂营业事项,分水、电两宗。关于电之方面,经单前厂长与英工部局续订合同,自民国八年七月八日起,按照合同条件,由工部局租电,以五年为最短期限,期限届满以后,如非于十二月以前由任何一方面先行函知,本合同仍继续有效。厂长自当查照此项合同,继续办理。体察闸北情形,商务日渐发达,用电之户亦逐渐增多,厂长到差伊始,即与工部局洋员妥为接洽,此后凡用电新户,悉由厂分送,及从前由工部局直接送电各户,并由厂逐渐收回,以保主权。此对于电之方面,着手整顿之大概情形也。至关于水一方面,职厂每日供给地方用水,胥赖池沙清滤。池内沙层愈厚,则出水愈清而速。通常沙

---

① 此为省议会收到该咨文的时间。

② 严家炽(1873—1952 年),字孟繁,江苏吴县(今苏州市)人。幼承家学,清末年间由附贡生选授吏部司务,后历任九江府江防同知、景德镇同知、广东韶州知府、广州知府、广东巡警道等;辛亥革命后,历任粤海关监督、广东财政司长,广东、湖南、江苏等省财政厅长,热河官产总处副处长等职;1920 年曾为东南大学校董,为洞庭东山旅沪同乡会首任会长。1938 年,投靠日伪,先后任伪维新政府财政部次长、部长,汪精卫伪南京国民政府财政部常务次长及伪全国经济委员会委员,抗战胜利后获刑 7 年,解放后刑满释放。

层，应有四尺之厚，方属合宜。厂长到差后，详查厂内大小沙池六口，因使用既久，沙层损耗，亟应添购新沙，以备淘洗。并查沙滤池，现虽增至六口，而用户增多，仍有供不应求之势。缘闸北以三十万人民计算，尽有不用电之户，断无不用水之人，势非另筑沙池，并掉换口径较粗输送之水管，不足以应急需。按建筑沙池、酌换水管所需之款，约须三万两之谱，均经列入预算，拟即着手进行，以裕水源而免地方责难。总之，本厂为营业性质，办理得法，不难日新月异。如单前厂长任内，六年下届盈余二万一百三十六元；七年上届盈余一万五千零六元，下届盈余一万四千七百四十六元；八年上届盈余一万七千二百四十七元，七月初一至十一月二十日盈余一万三千九十四元。逮蒋厂长接事，自十一月二十一日起至十二月底止，盈余一万二千九百七十四元；九年上届盈余八万七千四百二十元，下届计算尚未送到，约计盈余，亦与上届相仿。是本厂经各厂长整顿以来，查有盈余，并无亏耗。事实俱在，斑斑可考。此厂长调查所得之实在情形也。"各等情。据此，相应依据《省议会暂行法》第十六条之规定，咨请贵会交议公决。此咨。

（《申报》，1921 年 1 月 15 日）

致张则民[①]函

（1921 年 1 月 17 日）

则民先生大鉴：顷奉手书只悉。王君苑卿拟至敝厂研究布机数日，尽可如命，即希转致前途来厂可也。

---

① 张则民，生卒年月不详，时为华商纱厂联合会书记。

附:张则民致荣永达[1]先生函(1921 年 1 月 17 日)

永达先生大鉴:兹有王君苑卿,拟至贵厂实习布机数日,已承宗敬先生允可,特为介绍,敬希接洽为荷。

(《华商纱厂联合会季刊》,第 2 卷第 3 期,1921 年 5 月 1 日,第 258 页)

与穆藕初在华商纱厂联合会上的联合提议

(1921 年 3 月 7 日)

提议:全国新、旧各厂,因订购机件不到,损失甚巨,请由本会召集各厂代表,会议办法。

缘由:【华商】纱厂联合会自成立以来,对于在会各厂直接之利益,举办尚少,似于会员之权利、义务,未免不平。查全国各厂所购机件,大半过期不交,镑价又见大跌。再查各洋行之惯性,于镑价低廉之时,则强迫加价;于镑价昂贵之时,则将现货售出,以图善价。种种不平,各厂吃亏太甚。因此鄙人与藕初先生提议及此,尚希诸公考虑。

附:1921 年 3 月 21 日华商纱厂联合会决议结果

(甲) 公请纱厂联合会,分向各经理行家及制造厂交涉,并由各代表署名为证。将来各该厂有不愿交涉者听〈其自便〉。

(乙) 各厂原定合同之正、副本,均送交联合会,以资研究。

(丙) 每一万锭担任公费五百两,由联合会交存一指定之银行,将来款不敷用时,再临时增缴。

(丁) 聘丁熔及梅华铨为律师。

(《华商纱厂联合会议案、议事录(民国十年),上海市档案馆藏)

① 荣永达(1874—1926 年),投资申新纺织厂第一厂,初为副经理,后任经理。

贺周舜卿先生七十寿辰[①]

（1921 年 3 月）

耿耿岁星精，窃得蟠桃去。帝庭不敢居，愁闻王母语。
随入尘寰来，自擅人间誉。早岁逢寇乱，俶扰无宁宇。
未遑毕诗书，朅来黄歇浦。偕我先君子，朝夕共居处。
其时门户开，华洋纷焉聚。彼此音钩辀，格格不能吐。
公曰是何难，石炼天可补。我将通其邮，我惟以学努。
三年果有成，翕然莫予悔。屹立雄商场，信义风声树。
所业既蒸蒸，自有仁义附。异地联乡情，歉岁成义举。
十年东埄村，蔚然失故步。市廛望连甍，学校又备具。
居者不苦僻，过者多暂驻。褒奖煊及门，公一弗之顾。

---

① 本文由荣宗锦、荣宗铨共同署名。周舜卿（1852—1923 年），名廷弼，以字行，晚号耐叟，江苏无锡东绛小园里人，实业家，上海铁业、丝业、金融业巨子，19 世纪末 20 世纪初中国工商业资本家少有的巨富。出身贫寒农家，16 岁时由族叔介绍到上海利昌铁号当学徒，后升为店员。在与外商洽谈业务时，结识英商大明洋行大班帅初，受聘任大明洋行跑街、翻译。1878 年，帅初出资 5000 两银元，在上海开设升昌五金煤铁号，任命周舜卿为经理，专门为英商怡和洋行代售钢铁器材。不久，周舜卿在又开设震昌铁号（升昌、震昌在国内牛庄、汉口、镇江、常州、无锡、苏州等地以及日本长崎开设分号）。1892 年，在家乡东绛开始裕昌祥茧行，并设数处分行，代英商怡和洋行收购蚕茧。1895 年，在上海创立新昌冶坊，自产自销铁锅。1896 年，与薛南溟在上海合资开设永泰丝厂，并投资苏州陆润庠开设的苏经丝厂和苏纶纱厂。1900 年，与同乡胡德培各出资 5 万两，合办新源来冶坊。1904 年，再投资 8 万两，在周新镇开办无锡第一家机器缫丝厂——裕昌丝厂，所产“锡山牌”、“金鱼牌”等丝主要销往法国。1905 年，任清政府商部顾问，赴日考察，回国后参与筹组上海商学会（全国总商会前身），并出任该组织初期的主持人。随后又在无锡成立锡金商会和锡金农会，分别担任第一任会长。1907 年，集资 50 万，在上海开设第一家私营银行——信成商业储蓄银行（后在北京、天津、南京、无锡等地设有分行）。辛亥革命前后，受时局影响，实业出现亏损。第一次世界大战爆发后，周舜卿抓住时机，加大对缫丝工业的投资，并在无锡开设慎昌丝厂、东绛筒管厂等企业。1921 年捐巨款赈济河北、湖南灾民，获北洋政府颁发的匾额和嘉禾章。

兴革尽情陈，冀纾民间苦。饥溺在我怀，仁风到处煦。
天道惟善亲，玉树森廷圃。伯子是通才，慨焉明世故。
我与同议席，自愧寒蝉误。叔季亦英英，同辈惊乳虎。
度公一掀髯，顾之字悦豫。矍铄焕精神，七十正初度。
我来寿父执，我心生孺慕。椿庭久萧条，空有白云赋。
廿年营工商，遑敢云接武。仅免覆餗羞，犹藉他山助。
桃实三千年，祝公如其数。公寿我亦福，时时赖前著。
抠衣献斯图，我心歌且舞。耿耿岁星精，为公头衔署。

（王金中、沈仲明主编：《无锡工商先驱周舜卿》，凤凰出版社 2007 年，第 164 页）

上海面粉公会致驻英公使顾维钧[①]电

（1921 年 4 月 1 日）

伦敦顾公使钧鉴：中国农产，麦为大宗。近年机制面粉，运销欧罗巴洲，数达五十余万吨，挽回权利数千万。此次我公使与外相交涉，请卫生大臣征〔证〕明中国面粉无毒、品质良好、适合卫生，销场愈佳，粉厂同业均深感戴。上海面粉公会会长顾履桂、荣宗锦叩。

（《申报》，1921 年 4 月 2 日）

① 顾维钧（1888—1985 年），字少川，江苏嘉定县人（现为上海市嘉定区），1899 年考入上海英华书院，1901 年考入圣约翰书院，1904 年入美国哥伦比亚大学，专攻国际法及外交，获博士学位，是中国近现代史上最卓越的外交家之一。1912 年回国后，任袁世凯英文秘书、内阁秘书、外交部顾问和宪法起草委员会等职，1915 年起历任北洋政府驻墨西哥、美国、古巴、英国公使，时任驻英公使。

中华全国道路建设协会宣言书暨章程

（1921 年 5 月 5 日）

全国道路之建设，实今日体国经野最要之谋。若舍此不图，则植产兴业，将无可一言，而地方自治，亦永不能望。我中国古代道路之制，《周礼》曰："匠人营国，国中九经九纬，经涂九轨，野涂五轨"，又曰"遂人夫间有遂，遂上有经，十夫有沟，沟上有畛，百夫有涂，洫上有涂，千夫浍上有道，万夫川上有路，以达于畿"；《国语》曰："司空视途"，又曰"列树以表道"；崔鸿《前秦录》云："苻坚自长安至诸州，皆夹路树槐柳，二十里一亭，四十里一旅，行者取给于涂"；《小雅》云："周道如砥"；《国语》云："九月除道，十月成梁"；《周礼》云："合方氏掌达天下之道路，不得津梁陷绝"。是可见古代道路之制，于其名称、修短、宽阔、布置、建筑、管理，皆未尝不有可觇，虽一鳞半爪，散见文书典籍，未能考见古代制度之大全，然要亦我中国路政之讲求，渊源甚古。惟当时不过以政治学之眼光，敷泽帝王德化，加恩惠于小民，从未曾以经济学的眼光，谓凭是将使发达国民经济，是则与今异者，故后世王政不修，即亦听其事，至于无人顾问。外国道路之制，肇源甚古，然自近世电机、蒸汽发明，绾陆路交通枢纽者，一变而为电车铁道，都市路政，虽尚修明，然全国道路之建筑，几至无关重要。欧战以还，汽车效用大显，于是向之只持铁道以为惟一利器者，今则发见笨重而太不经济，建筑铁道，非及一定物资，决难举事。道路则只求宽广平坦，即可通车，于时间、经济，大有便宜。铁道既成，行驶者只限于铁道车辆，是全国若只有铁道而乏通常道路，不特不足便利交通，甚且交通为所制限。固无论工业发达，物产丰富，铁路车辆往往生供不应求之虞；即使完全无缺，然使一旦天灾、兵祸、罢工等发生，毫无救济余地。故铁道之为用，有时而穷，若不另筑全国广道济之，其于交通工事、传送物资，亦不大障碍欤?!

故自欧战以后，世界交通，既另辟一种新时代，汽车往来之便，既无远勿届。同人等爰本斯旨，组设本会，专以鼓吹、提倡、研究、计划，使全国道路，早日完成，不特从政治上之眼光，欲使路政修明，交通便利，收纳无数裁兵、苦民，使各有工作，全国之地方自治，得确立基础；盖尤在经济学上之计算，使全国植产兴业之事，从兹勃兴，且足以应付世界市场，供求适合。此则本会同人等区区之微意也。邦人君子，其有鉴其愚诚，加以赞助者欤?!

发起人：温世珍、张謇、张謇、余日章、钱新之、聂云台、陈光甫、许秋飔、黄炎培、穆藕初、赵燧山、虞洽卿、史量才、秦润卿、周继潆、陈琪、仇莱之、钱崇固、朱子谦、狄楚青、韦渌泉、朱志尧、孙梅堂、闻兰亭、袁履登、顾馨一、萨桐荪、朱葆元、宋汉章、陈公哲、卢炜昌、赵晋卿、田时霖、席子佩、汪汉溪、穆杼齐、蔡元康、王湘泉、刘厚生、郭秉文、荣宗敬、钟文耀、汤节之、吴寄尘、王正廷、盛竹书、陆伯鸿、任傅榜、陶席三、朱绍文、萧智哲、刘柏生、许炳堃、李俊甫、钱琳叔、鲍贵藻、凌道扬、费冕卿、王克循、吴泽民、薛南溟、庞天笙、甘仲琴、孙儆人、卢锦堂、包世杰。

又西人之赞成者为骆维廉、费吴生、保惠尔、派德生、劳尔 Allon Loohr、费金女士 Miss Grotchon Fitkin、索克思・班那 G. A. Benna、合斯金 O. Hashagen、洪立斯波 H. S. Honishberg、马狄尔 M. H. Madier、克劳・费尔满 F. F. Fairman、鲍艾特 C. C. Boyd、律卞特 Pere L. Richard、拉艾特 M. Knight、巧劳突 G. J. Challot、海德斯谈 H. V. an Heidenstamm、陆根 Lient Col. M. H. Logan。

中华全国道路建设协会章程

第一条　定名　本会定名为中华全国道路建设协会。

第二条　宗旨　本会之宗旨，专在谋全国道路之早日建设完成，其事务范围如下：

（一）鼓吹提倡

（二）实地测绘

（三）代为筹募资本

（四）介绍专门人才

（五）受理建设道路各问题之咨询。

第三条　会员　会员不论国内外个人或团体，凡赞助本会宗旨，经会员二人之介绍、执行董事会之许可者，皆得入会，会员之区别如下：

（一）普通会员，年纳会费一元

（二）特别会员，年纳会费二十五元

（三）维持会员，年纳会费一百元以上者

第四条　年会及临时会　本会于春季开年会一次，其开会地点由执行董事会议决之，本会得依执行董事会之议决，或会员五十人之书面请求，得开临时会。

第五条　董事会　本会开年会时，应举出董事百人，组织董事会，指定其中十五人为执行董事会，并由执行董事会互选会长一人、副会长二人、书记一人、会计一人，本会经执行董事会之议决，得设委员会。本会经大会或执行董事会之议决，得举名誉会长或副会长。

第六条　报告　本会开年会时，董事会应报告一年内之经过情形。

第七条　分会　各处组织分会时，须遵董事会所订之规制，方可承认为分会。

第八条　附则　章程如有修改，必须于年会或临时会开会前一个月公布之，并经到会会员三分之二之议决修改之。

（《申报》，1921 年 5 月 6 日）

天津劝业银行开幕广告

（1921 年 5 月 24 日—27 日刊载）

本银行现在天津法租界八号路三十二号设立分行，定阳历五月廿六日上午九时至下午四时正式开幕，敬备茶点，届时务请各界惠临，无任企祷。

劝业银行董事潘复、虞和德、荣宗敬、靳云鹤、沈化荣，北京总行行长张寿镛、副行长吴师善，天津分行经理李维庆、竺兆稔。

（《申报》，1921 年 5 月 24 日—27 日）

与申报商务访员谈现时小麦、面粉市价情况

（1921 年 5 月 31 日）

近来面粉市价，现粉价贱，期货较大二钱以上，全为供求之关系，并无何种问题，但现粉市面颇为稳健。本年江、浙两省小麦收成，因受二月下旬、三月初间雨水过多之影响，年岁仅在六分之上，身骨平常。然江、浙所产小麦，即使年成丰收，亦供不应求，须赖多数客麦运来接济。所有津浦路一带，如临淮关、宿迁、怀远等处，均为产麦之根据地，今岁收成尚佳；直隶、河南，仍苦旱象，被灾之后，一时原气难复。将来沪地、怀远等麦价纵使跌小，至少亦须二两七、八钱，高至三两一、二钱。各厂所出面粉，上年皆为英国所订购，去路浩大，每月统扯共有百万余包。厂家承接后，陆续交解，至今尚未解齐，倘嗣后继续购办，源源不绝，粉价终难低落。据此观测，嗣后之粉价，极低之度，亦必需一两七、八钱，终不致于再小，若从前之一两三、四钱，难以再见云云。

（《申报》，1921 年 6 月 1 日）

与王禹卿等合资设立纱布交易所第十二、十三号经纪人经营纱布和证券买卖所订合同

（1921年6月）

立合同议据：王禹卿等，今议定在上海爱多亚路地方纱布交易所，以申新、协新牌号，合组第十二号、第十三号经纪人，经手买卖纱布证券事业。共〈筹〉集资本银三万两，内王禹卿六千两，荣宗敬六千两，毛鉴清一万两，荣显镛四千两，李裕成三千两，陶纫〔仞〕千一千两，公延毛鉴清为经理，荣显镛、严慕远为协理。号中生意往来、银钱收入，及伙友进退等事，均归经理秉公筹当，妥议规条载明，共宜遵守。欲后有凭，立此合同议据为录。

一、官利周年一分计算，年终付给。

二、每届年终结账，凡有盈余，酌提二十分之一为公积，其余分作十三成，股东得十成，按照资本分派，经理、协理各得一成，办事人分得一成。设遇亏耗息，按照认额填足。

三、股东、经理、协理、伙友均不得在号中移动银钱，私作买卖等事，如被察觉，即当议罚。

四、各股东既经彼此情愿合办，如欲拆股及增资本等，必至年终结账后方可，各股东意见，总以从多数之言为定。

五、此合同议据照缮七纸，各股东六人，各执一纸，余存号中为凭。

（申新纺织总公司档案）

上海中国机制面粉公会呈北京政府等请取消免征日本面粉税厘电

(1921 年 7 月 19 日)

北京国务院、农商部、税务处、外交部、劝业专使,山东省长钧鉴:中国机制面粉行销内地准免税厘,原为抵制洋粉而设。今日本满洲面粉厂,违背通商条约,在济南设立分厂,官厅不予禁止,已失主权。乃税务处以外交部咨准日使照会,援中国面粉免税成案,特予免征日本面粉税厘,咨行山东省长通饬施行,未免置中国厂商于不顾。中国厂商本政府提倡实业之旨,费巨大资本,购办机器,在各省设厂,制粉营销,将与洋粉稍可竞争者,惟此区区税厘耳。如日本开此先例,美粉接踵援请,中国机制面粉势必销路滞呆,竞争无力。不第各厂停机歇业,工商俱受影响,即中国商民,将来谁敢再办实业?履桂等忝居会长,不忍缄默,用敢据实电陈,仰祈提交国务会议,与日使严重交涉,取消免征日本面粉税厘之案,以顺商情。实为公便。上海中国机制面粉公会顾履桂、荣宗锦叩,皓。

(《申报》,1921 年 7 月 21 日)

全球货币物券交易所筹备处通告(第一号)

(1921 年 10 月 5 日—23 日刊载)

英文名称:THE INTERNATIONAL GOLD AND SILVER CURRNCY STOCR AND PRODUCE EXCHANGE LIMITED.

本所资本,额定上海通用银币二千万元,分作四十万股,每股五十元,收十分之三,每股十五元,合足六百万圆,每圆作规银七钱二分计算，已由发起人分认足额。营业地点在汉口路九号洋房全部三大宅，业经本所出资购定，一俟修理工竣，即行开幕。特此通告。

发起人：Viscount Di Villa 子爵乐韦、Dr. C. M. Franzer 法学博士佛来助、E. H. MCMichcal 麦格而、J. J. Dawe 屠而、G. Marich 麦立处、R. Alba 阿而排、Britto 拔立土、Emamooden 爱马藤、陆竹坪、荣宗敬、奚萼衔、李季裕、祝兰舫、顾馨一、徐冠南、胡滢波、顾棣三、毛鉴清、卢纬卿、祝伊乎、瞿鹤鸣、沈昌瑜、邵芷湘、钱贵三、王文华、祝伊才、王叔贤、顾润斋、周莲江、沈春江、秦联奎、汪孟宗、贾荫希、严筱泉、侯慧吾、董骅卿、陈立昌、蒋国琴、童锦蔚、李英石、林春生、周光甫、董志楚、徐补孙、戚子见、李信孚、王彰孚、李裕成、金仲钊、刘渔门、徐瑞岐、曹义荣、忻子湘、尤森庭、吴在新、洪荆山、杨河清、林茂如。

筹备正主任：祝兰舫。

副主任：Vscount Divilla 子爵乐韦、钱贵三、祝伊才、洪荆山、邵芷湘、陆竹坪、林茂如、杨河清。

筹备员：Dr. C. M. FRANZEro 法学博士佛来助、顾棣三、王叔贤、卢纬卿、董志楚、刘渔门、金仲钊、尤森庭、沈春江、毛鉴清、曹义荣、周光甫、戚子见。

法律顾问：Piatt. Macleod Gregson&Ward 哈华托大律师。

筹备处：上海英租界四川路三号。

（《申报》，1921 年 10 月 5 日—23 日）

上海苏省水灾义赈会募捐启

（1921 年 10 月 13 日—11 月 17 日刊载）

启者：本年夏秋之间，水潦洊至，全注而东，于是淮涡自皖来，沂泗自鲁来，江自川、鄂、赣来，莫不以苏为尾闾，兼之烈风淫雨，动辄经旬，以致河湖盛涨，海潮顶托。苏省六十县并遭奇灾，人民溺毙，庐舍冲塌，田禾淹没，牲畜漂流，惨苦情形，为百数十年所未有。煦等讬迹是邦，不忍坐视，爰立苏省水灾义振会，亟图补救，唯力微灾重，着手维艰，敢申将伯之呼，以续遗民之命。伏望海内外诸慈善家，发大悲心运，广长舌仁，义粟源源而来，庶艺哀鸿，得有更生之望。阴功有万，救人第一，且世运凌夷莫甚。今日天灾、人祸相逼而来，如去年北数省之旱，今年南数省之水，以及甘肃地震，此天灾也；粤、桂、川、陕、湘、鄂之战，与各省之裁兵著匪，所在骚然，此人祸也。一丁其毒，生命、财产皆岌岌，莫能自保，何如出其羡余之资，拯此垂毙之众？虽在乐善为怀，初不责报，然积善余庆，作善降祥，天道好还，捷于影响。即以义振论之，始于光绪初，晋、豫之灾，苏省实为权与。自是以后数十年，凡行省有灾，无役不从。其始创义振者，为谢绥之①、盛杏荪②、严佑之③、潘振声④诸先生，皆苏人也。上海万商之渊义，声甲天下，所集振款达数千百万以上，虽有各省所乐施，大抵募集于沪上，亦皆苏款也。今苏省遭此奇灾，海内外

① 谢绥之(1847—1896 年)，名家福，一字锐止，别号望炊，又号锐庵，江苏吴县(今苏州)人。光绪年间，河南、山西、山东、河北、安徽、江苏等省发生灾荒，谢绥之奔走呼号，募集赈灾款，先后解赈灾银 252 万多两，因此得到李鸿章的赏识，补直隶同知，办理上海电报局、上海织布局、苏州电报局，对于创办电报局及推广招商轮船局事多所策划。晚年回到苏州，受盛宣怀委托办理苏州电报学堂，又办理儒孤学堂、中西学堂。

② 盛宣怀(1844—1916 年)，字杏荪、幼勖，荇生、杏生，号次沂、补楼，别署愚斋，晚年自号止叟，此外还有思惠斋、东南、孤山居士、紫杏、愚卿等号，江苏武进人。早年经杨宗濂推荐，追随李鸿章，协助其举办洋务，先后主办了天津电报局、上海华盛纺织总厂，并在 1895 年创办天津中西学堂。甲午战争后，因李鸿章暂时失势，亦遭弹劾。1896 年经张之洞奏准，主持汉阳铁厂和大冶铁矿，兼任督办卢汉铁路总公司事务大臣。1897 年开设中国通商银行，并创办上海南洋公学。1898 年开办萍乡煤矿。1911 年任邮传部尚书，组织中国红十字会，为首任会长。后以川汉、粤汉铁路权作抵押，与列强磋商大批借款，激起保路运动。辛亥革命后逃亡日本，1912 年回国，继续经营工商业，1916 年病逝上海。

③ 严作霖，字佑之，生卒年不详，江苏丹徒人，廪生，清末著名的江南善士。曾任国子监助教、江苏候补道，后以儒生奋起司赈事，与经元善、谢家富、盛宣怀等江浙绅商组织上海协赈公所，积极参与晚清义赈。自光绪二年至三十年，历赈山东、河南、山西、安徽、江苏、直隶、广西、奉天、陕西数省，同时因地制宜，多兼浚河修堤，以工代赈。

④ 潘民表(? —1906 年)，字振声，江苏阳湖人，同治十二年(1873)举人。光绪丙子、丁丑间，河南、山东西发生大饥荒，时聘东昌府幕的潘氏有感饥民遍野，即辞归，募资赴振。此后，于晚清赈务奔走二十余年，每遇灾祲，呼吁奔走。

诸慈善家，闵念前劳，当亦不忍为秦越之视。谨为苏省六十县灾民九顿首，以俟嘉命。

正会长冯煦，副会长邱恒汇、刘树森、贝仁元、顾履桂、荣宗敬、盛恩颐同启。会设上海北成都路广仁善堂。

（《申报》，1921 年 10 月 13 日—11 月 17 日）

致江苏督军齐燮元[①]函

（1921 年 10 月 14 日）

抚万督军麾下：东南大学创立伊始，经费奇窘，以是对于学生最为需要之图书馆，估计十余万元，无款未能兴工。謇等谬承教育部聘为大学校董，负有辅助之责，正拟筹募捐款，从事建筑。适接校长郭君秉文报告，敬悉此事已蒙麾下秉承太翁孟芳先生慨允撙节廉俸，独力陆续捐助，东南学子，咸受沾溉。闻讯之余，曷胜钦感。用肃谢忱，幸希垂照，并请转陈太翁，只颂勋安。

张謇、蔡元培、王正廷、袁希涛、聂其杰、穆湘玥、陈辉德、余日章、严家炽、钱新之、荣宗敬、江谦、沈恩孚、黄炎培、蒋梦麟、任鸿隽谨启。

附：东南大学校长郭秉文致蔡元培函（1921 年 10 月 14 日稍前）

孑民先生有道：本大学业于上月二十六日开学授课，惟念学子修学之道，课堂听讲之外，要须参阅群书，增益学论，是图书馆之设立刻不容

---

① 齐燮元（1879—1946 年），原名齐英，字抚万，号耀珊，天津宁河人，秀才出身，保定北洋陆军速成学堂炮兵科二期毕业。历任旅长、师长、淞沪护军使，时任江苏省督军，后任江苏军务督办、苏皖赣巡阅使。1924 年，因第二次直奉战争爆发直系大败，被段祺瑞免职。1937 年 7 月抗日战争爆发后，在北平投敌，任伪华北绥靖军总司令，10 月与王克敏、王揖唐等组织伪政府筹办处，策划成立伪华北临时政府。1940 年 3 月，任华北政务委员会委员兼治安总署督办、伪华北绥靖军总司令。1945 年 8 月抗日战争胜利后，因汉奸罪被国民政府逮捕，1946 年在南京被枪决。

或缓。秉文尝以此事特聘专家计划、绘图，估工约需十余万元，顾本大学创立伊始，经费奇窘，实无财力与兹巨工，爰拟募集捐款充之，昨谒抚万督军，请为赞助。抚万督军念及渠为学生及教员时代，感受图书缺乏之痛苦，对于此举，幸蒙禀承其太翁孟芳先生慨允独力捐建，惟捐数较巨，一时力有未逮，拟撙节廉俸，分期捐足，以竟全功。是其嘉惠士林，世无既极。现拟俟本大学正式开校之日，举行图书馆立碑纪念，特用专函奉达，想为台端乐闻。窃谓本大学承兹大惠，似宜由校董会备函伸谢。谨拟一稿，应请察致此函有修正处，即速赐示；如荷同意，即不赐复亦可。合以附陈，祇颂道安。郭秉文谨启。

（《北京大学日刊》，第 865 期，1921 年 10 月 14 日）

无锡太湖水泥股份有限公司[①]招股广告

（1921 年 10 月 19 日—12 月 9 日刊载）

本公司遵照《公司条例》组织，以制造水泥，并发展各种水泥事业为宗旨，业经呈部批准立案，并购定厂基及德国著名亨卜脱厂机器，其余种种手续亦已筹备妥善。资本总额二百五十万元，分作五万股，每股五十元，先招一百五十万元，分三期缴纳：第一期，每股先缴十五元，于认股时缴到，即给收据；第二期，每股再缴十五元；第三期，缴二十元。现在股额，业由发起人认定三分之二，余额无多，入股诸君，请速向认股处索阅章程，接洽一切可也。此布。

认股处：无锡西水关筹备处及无锡各发起人处、北京各发起人处、上海七浦路永泰丝厂筹备分处及上海各发起人处。

---

① 1921 年，薛南溟在无锡南门外芦村购地 200 余亩，并与周自齐、荣宗敬等人集资 300 万元，向德商西门子洋行赊购机器，筹建无锡太湖水泥公司。该公司迄未开工，即于 1926 年将机器售与姚锡舟在江苏龙潭创办的中国水泥公司。

代收股款处:(北京)交通银行、大陆银行、震义银行;(上海)劝业银行、上海商业银行、永丰钱庄、宝丰钱庄、福源钱庄;(无锡)同和钱庄、永丰钱庄、上海商业银行、永吉润钱庄。

发起人叶誉虎、任振采、荣宗敬、杨翰西、荣德生、华绎之、周子廙、薛南溟、李静涵、陈光甫、孙鹤卿、沈稚友、赵剑秋、刘右常、薛醴泉、储铸侬、华艺三、薛毓津,筹备主任薛南溟启。

(《申报》,1921年10月19日—12月9日)

南京劝业银行开幕广告

(1921年10月20日—22日刊载)

本银行现在南京下关江口大马路二号设立支行,定阳历十月二十二日上午十时至下午四时开幕,敬备茶点,届时务请各界惠临,无任企祷。

劝业银行董事潘复、虞和德、荣宗敬、靳云鹤、沈化荣,北京行长张寿镛、副行长吴师善,上海分行经理石运乾、副理穆景庭,南京支行经理夏湖荪。

(《申报》,1921年10月20日—22日)

东南大学图书馆募捐启

(1921年10月)

古代大学一图书馆也,礼在瞽宗,书在上痒,学礼则执礼者诏之,读书则典书者诏之。历代典章文物,悉萃学校,学术以是而兴,人才以是而盛,不其懿欤。欧美贤哲,谓化民成俗之道,莫捷于图书馆。公私营建,厥类孔多,都市之馆,部分林立,而大学及其他各校之差第,尤以图书贫富为衡,秘笈新著,校相高、国相矜焉。盖中外之轨一也。挽近兴学，事多简陋，教科之外，阙焉弗讲，浮诡之士徒，以肤傅之学，炫俗哗众，其有志覃精深造者，乃绌于学校之空疏，无具末由翼其钻研考索之思，微论外籍，即内国恒见之本，成学必资之书，求之黉舍十不获一，此有识者所深悼也。

南京为东南大都会，奕世号文物渊楙。赵氏之建业文房，宋氏之鸿渐学记，盛氏之苍润轩，焦氏之澹园。收藏甲海内，顾迭经兵燹，卷册散佚，流风余泽，仅存于考古家之簿录。最近有官立盋山图书馆，其书贸自丁氏，域外之书，蔑之购也，地既僻左履綦鲜，及当事者严扃深鐍，以杜豪夺巧偷之萌。其与欧美、日本之图书馆，为沦民劝学计者，风旨固殊焉。东南学子饥渴于学，亦既有年。比甫有大学之设，筚辂蓝缕，万事草创，而建馆购书，为万事中尤急之一，龟甲竹简，封泥贝叶，羊皮之书，氈墨之本，以迨近世万有之学，左行右行谐声象形之文字，凡有资于考究研阅者，宜无不备。然后可以尸学府之目，发国光而犷世风。其庋藏之室、陈列之所、阅览之地，又非恢弘其基，精严其制，期适万众而垂百禩不可，因陋就简则非体，求多务广则需财，而国用之不暇事此，殆非可以计年而副所期也。语云：工欲善其事，必先利其器。荐绅先生日期吾学子与剑桥、牛津、哈佛、庆应之学者相颉颃，而所以为剑桥、牛津、哈佛、庆应之学者之利器，弗先之备，吾学子宁胜此高心空腹之咎。

是故上稽古制，远揽异国，近式邦人之先型，内觇本校之急务，莫切于图书馆。而创建图书馆，舍同人力求将伯捐资倡导，其道无由。往者，南洋高等工业学校（即今交通大学）募金建馆，薄海响应，学林盛事，辉映中外。本校晚进，固不能逮工校之徽躅。而大人长者，高资素封，奖掖学校，冀全国学子，广受图书馆之益者，其风义，必与年而偕进也，泽被东南，德且无艺。谨具简章，求檀施焉，大雅宏达，乐助其成，请勒鸿名以章不朽。

校董袁希涛、严家炽、黄炎培、蔡元培、陈辉德、江谦、张謇、穆桂玥、荣宗锦、王正廷、余日章、沈恩孚、聂其杰、钱永铭、蒋梦麟、任鸿隽，教育部代表郭秉文筹备员同启。

附：东南大学图书馆募捐简章

一、本馆建筑设备等费，经专家计算约需十余万元。

二、国内博施之士，有愿捐资独建者，同人拟仿美国哈佛大学卫谛氏图书馆办法，馆成用捐资人别号为名，并为其人铸像以垂不朽。

三、本馆如用集资建筑办法，同人拟铸铜牌上镌捐款人姓字，装置正厅壁间，以志盛德。

四、本馆建筑计划，出入账目及其经过情形，同人当随时具报请教。

（《南大百年实录》编辑部编：《南大百年实录·中央大学史料选（上）》，南京大学出版社，2002 年，第 187—188 页）

上海苏省水灾义振会敬募棉衣启

（1921 年 11 月 3 日—21 日刊载）

本年苏省水灾既重且广，同人等业经筹备振济，惟转瞬严冬，啼饥之后，继以号寒，更属不堪设想。棉衣一项，向为冬振所急需，且水灾较旱灾更为惨酷。灾民荡析离居，屋宇什物早归乌有，大半欲求一廛之庇、一衣之袭而不可得，其破〔风〕餐露宿情形，实令铁石人为之下泪。伏乞海内外仁人君子、闺彦名媛，或慨赐捐助，或代为劝募。不论新旧、男女、大小衣服及旧棉絮等类，均合灾民之用。如承惠助，即请送交上海北成都路广仁堂本会核收汇解。灾区感戴，宏慈实同再造。

会长冯煦，副会长邱恒汇、贝仁元、荣宗敬、刘树森、顾履桂、盛恩颐等谨启。

（《申报》，1921 年 11 月 3 日—21 日）

上海苏省水灾义振会捐款第一次报告敬谢诸大善士启

（1921 年 12 月 2 日刊载）

兹将阳历十月十六日成立起，至十一月二十六日止，所收捐款，谨登台衔于左：

江苏振务处拨交振洋十万元

旅津苏省同乡会拨助洋六千元

姬觉弥君认募洋五千元

陆仲英君捐助洋四千元，内以二千指振吴江

陶希泉监督捐助洋三千元

贝润生君、朱曜东君、陈光甫君、唐寿民君各捐助洋一千元

杨瑞生君、顾馨一君各认募洋一千元

上海机器面粉公会捐助洋五百元

王一亭君捐助洋四百元

杨韵秋君经募无名氏、苏州陈周太太各捐助洋二百元

瞿弼臣君筵资移助洋一百五十元

莲记顾薛氏求子病速愈，沈渭生君寿筵移助、张继光君，隐名氏、应子云君、李志方君、王叔贤君、李华老太太、江永轮船各茶房合捐洋一百元

义记典、江芑律君合捐洋一百元

寿圣庵住持谛松、谛明捐洋九十元

魏陈女士捐洋五十元

钮殿三君捐洋三十七元

曹棣侯少君节省糕饼、苏州陈仲芬君、苏州陈嘉仪君各捐助洋二十元

华孚平君、张鋆记各捐洋十元

戴懋哉君捐洋五元

悟汉子捐洋二元

徐荆山君捐钱五十千文，又经募捐钱一百千文、刘兆庆君捐钱十千文，合洋一百元

以上共收捐款洋十二万陆千九百十四元，又寿圣庵住持谛松、谛明捐绸票洋十元，又次洋四元。

北京振务处拨交纽约中华公所拨助旧衣履十三箱

蒋苏盦君捐助旧棉袄裤一千六百件、旧棉袍二百件

中国红十字会拨助旧棉袄裤五百件

薛星阶君捐助旧棉衣二百件

张鋆记捐助旧棉衣裤四十件

以上共收衣履十三箱、棉衣裤二千五百四十件，无名氏指振宝应面粉一千包。合亟登报奉扬仁风，伏维慈鉴。

苏省水灾义振会冯煦、邱恒汇、刘树森、贝仁元、顾履桂、荣宗敬、盛恩颐等谨启。会设北成都路广仁善堂。

（《申报》，1921年12月2日）

上海苏省水灾义振会捐款第二次报告敬谢诸大善士启

（1921年12月26日刊载）

北京振务处拨来关余洋三万五千元

春晖堂袁太夫人捐助洋一万元

杨翰怡君捐助洋二千元

杨璞山君指振淮安，捐助洋三百元

黄涵之君筵资移助洋二百五十元

杨少卿君捐助洋五十元

沙市惜福轩捐助洋二十元

张潘老太太捐助洋三十元

张环春小姐、吴耀庭君、任伶培君、陈积庆堂各助洋二十元

冬荣堂、曹莘记、广泰记、王鸿喜君、任植云君各助洋十元

督经堂李捐助洋六元

王静远君、李宛记君、陶记陈启泉君、何兆开君、黄炳灿君、吴祺君、梁润余君、何兆祥君、关锦源君、彭恩旺君、梁基君、吴悦连君、胡凤楼君、郑华亭君、麦顺时君、孔咏棠君、永昌新记各五元

彭承业君、彭养余君、李荣丰君各助洋四元

陈茂宽君、孔咏江君、金丽生君各助洋三元

隐名氏、兰记、桂记、谭容荫君、杨进宁君、冼丽山君、梁润松君、卢秀君、冯祉卿君、郑士昆君、陈葆枝君、陈福记、钱义顺君、唐世俊君、陆玉堂君、翟八盛君、葛文川君、福裕泰、敦裕号、侯友仁君各助洋二元

冯氏、吕日升君、朱煜生君、孙阿有君、任仕林君、德和商会、周生妙君、郑金宝君、陈中权君、陈仲陶君、陈彦民君、冯瑞生君、郑灼亭君、卢粹章君、蔡日芳君、陈吉元君、郑雨臣君、郑溶辉君、谢本明君、黄恩普君、冯洪辉君、陈彦标君、郭昌寿君、张少怀君、庄干彭君、范仲祺君、厉瑞棠君、甘克焕君、李官毕君、毕树香君、潘礼庭君、陈耀章君、孔咏琴君、奚肖周君、张锡恩君、朱兆生君、翟人兰君、王润盛君、张双林君、张爱堂君、傅楚翘君、李文遂君、陈连生君、王荣清君、吴渭川君、连锡章君、曹新圆君、王阳清君、柯天泉君、吴木生君、郑学煊君、梁本茂君、林秉忠君、王章宝君、林炳铨君、陈衣水君、张国香君、林炳仁君、柯镜泉君、张联富君各助洋一元

李德桂君、无名氏、韦冠卿君、谭坤君、张岩辉君、谭洁子君、柯冠泉君、高祥记、福裕祥、许发记、郑子椿君、陈荫梓君、廖嫩俤君、张际松君

各助大洋五角

以上共收捐款洋四万八千〇〇四元，连前总共洋十七万四千九百十八元。合亟登报鸣谢奉扬仁风，伏维慈鉴。

苏省水灾义振会冯煦、邱恒汇、刘树森、贝仁元、顾履桂、荣宗敬、盛恩颐等谨启。会设北成都路广仁善堂。

（《申报》，1921 年 12 月 26 日）

1922 年

上海苏省水灾义振会报告棉衣收数敬谢诸大善士启

（1922 年 1 月 4 日刊载）

南京振务处拨交棉衣裤四千件

盛庄夫人指振泗阳、睢宁、淮阴、邳县、宿迁，捐助全新棉衣裤四千件

庞莱臣君捐助旧棉衣裤二千件

蒋苏盦君捐助旧棉衣裤一千八百八十件、棉袍二百件

北京振务处拨交纽约中华公所捐助旧衣履十三箱

旅津江苏同乡筹振会拨助新棉衣裤五百件、孩衣一百件

中国红十字会拨助棉衣五百件

蒋星阶君捐助旧棉衣裤二百件

无名氏捐助新棉衣裤二百件

常熟俞金门君捐助旧棉衣一百件

张鋆记捐助棉衣裤四十件

共收棉衣裤一万三千七百二十件，旧衣履十三箱，又南京振务处拨交兴华面粉厂捐助面条五十箱。合亟登报，奉扬仁风，伏维慈鉴。

苏省水灾义振会冯煦、邱恒汇、贝仁元、荣宗敬、刘树森、顾履桂、盛恩颐等谨启。会设北成都路广仁善堂。

（《申报》，1922 年 1 月 4 日）

上海苏省水灾义振会捐款第三次报告敬谢诸大善士启

（1922年1月12日刊载）

兹自阳历十二月五日起至三十一日止，所收捐款谨登台衔于左：

江苏振务处拨交盛愚斋义庄捐助洋十万元，又拨交洋六万五千元

北京赈务处拨交关余洋三万五千元

旅津江苏同乡筹振会拨助洋一万元

慈善救济会十一月分〔份〕认助洋七千二百元

直隶义振会拨助洋六千元

利济券局、河南券局、绥远券局、甘肃券局十一月分〔份〕各认助洋三千四百元

浙江券局十一月分〔份〕认助洋二千元

盛庄夫人指助洋二千元

赵雨亭君、奚士尚君、贝润生君、广东隐名陈、狄汪观定女士指振溧阳、泰兴，张星源君指振淮扬，坚匏盦指振宝应，倪士记指振丹徒、启东工振，许秋飒君、庞莱臣君筵资移助，各捐洋一千元

吴锦华君、吴梅生君、杨叔英君筵资移助、旅浙江苏同乡会、耿道顺君各助洋五百元

苏畴五君助洋三百元

张东甫君、宗念修堂、孙益记各助洋二百元

商务印书馆、朱多祜堂、顾禄三君、吴引之君各助洋一百元

武肃后人、魏唐不忍轩、张廷重君、涵记各助洋五十元

庞春山君助洋六十元

姚荫鹏君助洋四十元

孙衡君助洋二十元

沈仭千君助洋二十元

旅宜罗葆深君、朱镇诚君、朱敏诚君、朱慧诚君、朱庆玉君、朱庆颐君、朱庆环君、刘班业君、徐仲麟君、陈仰和君、范松夫君、浙江硝磺总局，各捐助洋十元

邱鸿顺君助洋八元

张钮女士助洋七元

朱本陈君、浙江樟脑总局、姚恭若君各助洋六元

罗纬堂君、泉一君、蔡禹九君、朱普诚君各助洋四元

朱庆琇君、朱庆彤君各助洋三元

无名氏、俞德清君、朱松舟君、章幼升君、方涤非君、桑惕生君各助洋二元

彭志中君、孙育人君、沈仭千君各助洋一元

以上共收捐款洋二十五万五千一百三十元，连前总共收洋四十三万〇〇四十八元。合亟登报鸣谢，奉扬仁风，伏维慈鉴。

苏省水灾义振会冯煦、刘树森、邱恒汇、顾履桂、贝仁元、盛恩颐、荣宗敬等谨启。会设北成都路广仁善堂。

（《申报》，1922 年 1 月 12 日）

与顾履桂代表上海机器面粉公会致江苏筹振上海分会暨江苏财政、实业两厅请免征面粉麸皮振捐代电

（1922 年 1 月 29 日）

昨接上海税务公所函转财政厅指令敝公会，“电呈面粉、麸皮两项，请查原案仍予免振捐由，奉令开江电阅悉。查面粉、麸皮两项，上年财政部，因该公会对于北省灾振，迭捐巨款，免予加征。本届苏省水灾，并未捐款振济，能否援案免振，应由该公会径行呈部核示。”等因。查本届

苏省水灾，履桂经办申大、立大面粉公司，曾捐银洋三千元，送由江苏筹振上海分会汇缴；宗锦经办茂新、福新等面粉公司，经弟宗铨就近在宁认捐银洋五千元，缴由实业厅署汇录。此外，各厂类多认捐，容再查明电陈。应请江苏筹振上海分会、实业厅长，函致财政厅长证实，并请财政厅长通令各税所，仍予免征振捐。如以苏省之事，责令敝公会呈请部示，自是故意留难。即请江苏筹振上海分会、实业厅长，将履桂已捐之三千元、宗锦之弟宗铨已捐之五千元，一并发还，以便报捐。再苏省粉厂林立，本年被灾，无麦做粉，大都停歇，工商交困，正拟呈请维持，设再加征振捐，不啻下井投石。两厅长往来申、锡，可以调查。临电不胜迫切待命之至。

（《新闻报》，1922 年 1 月 31 日）

上海苏省水灾义振会第二次报告棉衣收数敬谢诸大善士启

（1922 年 2 月 2 日刊载）

南京振务处拨交新棉衣裤一千件

迦陵夫人捐助新棉衣裤一千件

沪宁铁路任局长拨助旧大衣一百四十二件、呢衣一百四十七件、呢裤一百五十二条

蒋秀冬君捐助新棉衣裤三百四十四件

中国红十字会拨助旧孩衣三百件

洪少圃君捐助棉衣一百件

共收棉衣裤三千一百八十五件。合亟登报，奉扬仁风，伏维慈鉴。

苏省水灾义振会冯煦、邱恒汇、贝仁元、荣宗敬、刘树森、顾履桂、盛恩颐等谨启。会设北成都路广仁善堂。

（《申报》，1922 年 2 月 2 日）

上海苏省水灾义振会捐款第四次报告敬谢诸大善士启

（1922 年 2 月 10 日刊载）

兹自阳历一月一日起至三月十一日〔一月三十一日〕止，所收捐款，谨登台衔于左：

两淮丁运台劝募鄂、湘、西、皖四岸运商暨场食各商认助冬振共洋十万元

南京赈务处拨交振洋五万六千元，又交直隶分拨苏振洋三万八千元

江宁六县旅沪同乡会拨助洋六千元

慈善救济会十二月份认助洋七千二百元

旅京江苏水灾筹振会拨助洋四千元

湖北券局十一、〈十〉二月份认助洋四千元

利济券局、河南券局、绥远券局十二月份各认助洋三千四百元

浙江券局十二月份认助洋三千元

义振券局十一、〈十〉二月份认助洋二千元

倪文羽君、丁子盈君各认募洋一千元

旅浙江苏同乡会拨助洋五百元

顾俊夫君经募无名氏捐助洋四百元，又募上海贸易公司捐助洋二百元

海沭分会拨助洋三百元

江苏省立第八中学校剧券资助洋二百一元七角八分

鲍守拙君汤饼筵资移助洋二百元

浙江寿昌县陈伯衡县长经募捐洋一百十元四角五分

伍渭英君捐助洋一百元

苏州无名氏、哈少甫君指助江宁宦难子、张瑞昌君移寓筵资移助各

捐洋五十元

袁□□君助洋五十三元

浙江富阳县李瑞年县长经募捐洋四十五元五角

许思远堂助洋四十元

金真诚君、潘慎余堂各助洋二十元

无名氏、王郇□君各助洋十二元

马少臣君、陈鄂年君、罗景甫君、张少白君、陈钦廉君、顾桂生君、丁雁汀君、叶作舟君、德献之君、安芙生君、罗云龙君、汪君硕君、罗景甫君、李省心堂、李征记、无锡交通银行、广勤纱厂、锦昌祥号、瑞生洋行、萧功记各助洋十元

杨谨斋君、祁少符君、孙宜亭君、徐舜乐君、无锡江苏银行、张远志堂、瑞昶润银号、无名氏、瑞昌顺号、怡隆号、大中华、明记机厂、汉口宝盛、汉口物华、汉口老天宝、汉口凤祥永、不留名各助洋五元

任絅文君助洋八元

徐绍宾君、王仲猷君、杨竹亭君、吴惕记各助洋四元

长丰庄、盛康源庄、恒升庄、永吉□庄、同和润银号、宏大庄、瑞裕庄、瑞大恒庄、复康庄、源丰庄、德丰庄、达源庄、永丰庄、永和庄、允裕庄、华生带厂各助洋三元

陶镜湖君、管仰朱君、孙云卿君、王彤书君、狄巽谋君、张嗣彭君、黄幼丞君、〈管〉同甫君、泰源永、凌姚氏、美利明锠机厂各助洋二元

沈夒臣君、杜玉堂君、严端甫君、蔡慰农君、杨南浦君、隐名氏各助洋一元

以上共收捐款洋二十三万五千二百零一元七角三分，连前总共收洋六十三万零二百四十九元七角三分。合亟登报鸣谢，奉扬仁风，伏维慈鉴。

苏省水灾义振会冯煦、邱恒汇、贝仁元、荣宗敬、刘树森、顺履桂、盛思颐等谨

启。会设北成都路广仁善堂。

（《申报》，1922 年 2 月 10 日）

上海苏省水灾义振会募捐启

（1922 年 2 月 26 日—3 月 12 日刊载）

启者：敝会冬振一役，共查放三十余县，最重者为丹徒、江都、淮阴、泗阳、宝应、高邮、淮安、睢宁、盐城、宿迁、涟水、邳县、兴化、六合、宜兴、阜宁、东台、青浦等县，次重者为江宁、江阴、扬中、南汇、无锡、溧阳、金坛、如皋、靖江、太仓等县，又补助扬州、镇江、清江浦等处粥厂，共用振款五十一万四千五百元（各义绅当地筹募义款为数颇巨，尚不在内）；散放新旧大小棉衣一万八千八百五十五件，业经编列一览表，登报布告。此次苏省被灾区域共五十余县，只以振款仅有此数，各义绅均抱定“救命，不救贫”宗旨，紧查严剔，不敢放手，向隅者正复不少。近据各义绅来沪报告，灾民多已变相面黄浮肿，惨无人形，虽得苟延一息，仍属濒于九死。救人救澈，全视春振，唯春振较冬振加重者有四端：（一）冬之次贫至春皆成极贫，兼之逃亡归来，非振不活；（二）冲决圩堰，必须培修；（三）粮价奇昂，非粜不平；（四）庐舍、籽种，皆须补助。与各义绅约计，至少非有二百万元不能着手。煦等能力薄弱，种种疚心，难安寝馈，唯有恳乞洵内外仁人君子、闺颜名媛，悯念灾民，生机只此一线，大发慈悲，圆满功德。比来世局颠危，天灾人祸，迭起循生，消弥劫运，只有阴功。范氏麦舟，于公驷马，理所必至，事有前征。所谓积财以贻子孙，不如积德以贻子孙者，此也。幸垂矜察，竚候嘉命。

正会长冯煦，副会长邱恒汇、刘树森、荣宗敬、贝仁元、顾履桂、盛恩颐等同启。会设上海北成都路广仁善堂。

（《申报》，1922 年 2 月 26 日—3 月 12 日）

上海正利商业储蓄银行北行开业通告

（1922年3月6日—8日刊载）

本行收足资本银五十万元，先在南市小东门大街设行营业，呈奉财政、农商两部分别核准在案。兹为推广业务计，复在北市英租界添设北行，择定夏历二月初十日（即阳历三月八日）开业，办理一切事宜，与南行同。倘荷各界人士宠临惠教，无任企盼，荣幸之至。

总董叶鸿英，董事荣宗敬、王一亭、周玉衡、朱吟江、顾馨一、张效良、郭宣倩、陈子久，监察人姚紫若、张云樵，总经理王宝仑，经理刘鸿源，副经理姚君玉同启。

北行地址在英租界江西路B五十一号福安公司洋房，（电话）中央六七六七（六七六八）。

（《申报》，1922年3月6日—8日）

上海正利银行北行开业志谢

（1922年3月9日刊载）

昨日敝行北市开业，荷各界诸大君子嘉章宠锡，玉趾惠临，倍极荣幸，理应设筵欢叙，適值苏振方殷，省宴会以拯沟壑，揆之仁心仁术，定荷赞同。除将筵资代价合银一千元，送请上海县商会转解苏省义振会核收散放外，为特登报，藉达谢忱。

总董叶鸿英，董事荣宗敬、王一亭、周玉衡、朱吟江、顾馨一、张效良、郭宣倩、陈子久，监察人姚紫若、张云樵，总经理王宝仑，经理刘鸿源，副经理姚君玉同启。

（《申报》，1922年3月9日）

西医张箴言先生留沪启事

（1922年3月15日—22日刊载）

先生医理精深，经验尤富。自浸会医学校毕业，即充本院医士。光复后，历充红十字会医士，陆军十师炮兵十团军医长，公立普仁医院院长等职。无论内外各症，一经诊治，无不着手成春，沉疴立起。去秋应诊过沪，经同人等再四挽留，始允将普仁医院院长辞去，权作寓公，潜心行道。世之患病者，幸勿交臂失之。诊所及诊例列后。

诊所：南京路三九三号东亚旅馆对面中华眼镜公司楼上，电话：中四二七七号，时间：上午十时至下午四时三十分，住宅电话：西二八五二号，诊例：门诊一元，号金一角，出诊五元，车资六角。

姚紫若、沈志贤、吴麟书、席聚星、邵兼三、穆藕初、贾玉田、孙北萱、荣宗敬、严康楙、郑松亭、陈子埙、徐伯熊、柳芝庭、胡潆波、徐庆云同启。

（《申报》，1922年3月15日—22日）

上海苏省水灾义振会捐款第五次报告敬谢诸大善士

（1922年3月16日刊载）

兹二月一日至二十八日止，所收捐款，谨登台衔于左：

慈善救济会一月份筹助洋七千二百元

胡笔江君、马□如君、潘焘爱君、田少瀛君各助洋五千元

河南券局、利清券局、甘肃奖券总局诸同仁一月份各认助洋三千四百元

浙江券局一月份认助洋三千元

湖北券局一月份认助洋二千元

义振券局一月份认助洋一千元

同济医工学校募助洋三千三百三十元、调小洋六角、铜元九枚、小钱四十文、金锡一只(计重一两三钱九分六厘)

董培二君遵父遗命捐助洋一千元

孙慕韩督办、旅京江苏水灾筹振会各捐募洋一千元

郭纯暇堂、许涂子各捐洋五百元

孙瑞甫君助洋二百元

郭文均君助洋一百五十五元

小乐静斋指振镇、扬助洋一百元

王吉棪君助洋七十元

许云卿月助洋五十元

尤承润堂助洋四十元

钱增勋君、张元生君各助洋三十元

顾戢箴君、萧山充捐局各助洋二十元

杨雅泉君、李光元君、鲁文芝君、速翔生君、金贞甫君、陆莲孙君各助洋十元

赵澄斋君助洋七元

潘维涛君助洋六元

马耀翔君、陆筠仁君、罗子嘉君各助洋五元

方子杰君、宋焕文君各助洋四元

何木林君助洋三元

吴乐观君、马钧君、丁骏君、王懋德君、洪昌骥君、李华君、汪德记、杜兴记、王莲辉君各助洋二元

刘梦奎君、迂男君、陈老敏君、石子藩君各助洋一元

以上共收捐款洋五万一千五百六十六元、钢小洋六角、钢元九枚、小钱四十文，金镯一只(计重一两三钱九分六厘)，连前总共收洋六十八

万一千八百十五元七角三分。合亟登报鸣谢，奉扬仁风，伏维慈鉴。

苏省水灾义振会冯煦、邱恒汇、贝仁元、荣宗敬、刘树森、顾履桂、盛恩颐等谨启。会设北成都路广仁善堂。

（《申报》，1922 年 3 月 16 日）

上海苏省水灾义振会捐款第六次报告敬谢诸大善士

（1922 年 4 月 17 日刊载）

兹自阳历三月一日起至三十一日止，所收捐款，谨登台衔于左：

南京振务处拨交振洋二十万零三千一百九十九元一角五分

上海县商会第一、二批募助洋一万五千元

慈善救济会二月份认助洋七千二百元

河南券局、利济券局、甘肃券局二月份各认助洋三千四百元

浙江券局、湖北券局二月份各认助洋三千元

旅津江苏同乡筹振会拨助洋三千元

义振券局二月份认助洋二千元，又补缴一月份洋一千元

任不书名、狄汪观定各助洋二千元

苏州隐名千求母病速愈助洋二千元

原籍吴江人指助吴江工振洋一千元

庄思缄君指交王叔相放振泗阳洋一千元

旅津江苏同乡筹振会拨助洋一千元

佛教筹振会拨助洋五百元

莫须名、传声堂、沈敦吉堂各助洋一百元

杨调元君节省兄弟贺事筵资移助洋一百元

张春苞君寿筵移助洋一百元

修德堂指助苏省一百元，指助镇、扬一百元

大利丸助洋五十五元

富润丝厂、中国第一毛绒线厂、江苏银行筵资移助平安客为父母求延寿冥福、不书名、退园主人各助洋五十元

喻怡涛君筵资移助、颐性室主、张竹记各助洋四十元

向宝顺君、不书名各助洋三十元

徐余之君、无名氏、王吉生君、吕瑞庭君、南阳丸、王俊臣君各助洋二十元

有名氏助洋十六元

许松生君助洋十五元

李鹤亭君助洋十二元

慎德堂潘老太太、中华第一针织厂、尚志堂、庆华、沈观记、启记、华商证券棉花交易所、盛秉生君、李筱鹏君、汤怀德堂、隐名氏、刘惺甫君、俞福海君、孙克锦君、倪宝林君、翁沈氏、李萼庭君、俞明德君、溧阳陈吉记、吴洪氏各助洋十元

周惺樵君、刘容甫君、刘楚声君、金恒丰行各助洋六元

彩记行、谷竹溪君、沈耕历君、仇升云君、无名氏、怡和顺、黄少华君、诚记、沪商棉纱交易所各助洋五元

不留名、钟鹤才君、孙葆诚君、刘子章君各助洋四元

林记行、郑耀君各助洋三元

恒昌祥、周松林君、周德生君、得和行、合义行、谷新行、越利公司、太仓杨太太、姚菊仙君、钟滋利君、周庆扬君、郑瑞卿君各助洋二元

严济生君、蔡金山君、金福备君、曹公渼君、刘文锦君、费克初君、秦公茂君、大兴行、恒隆行、金恒余君、陈二房、宓志英君、吴建记、张万丰君、和宝行、胡恒和、宁记、谷伯吹君、宓晋卿君、郑维记、姜宗记、颂三君、章葆和君、谷凤楼君、陶春樵君、郑国辅君、季锡宝君、人和号、瑞余号、杨王林君、傅开详君、张宝书君、俞益三君、陈晓良君、蔡梦来君、李

夔亭君、朱松茂君、何云梯君、卢白波君、周全林君、励连富君、李洪甫君、徐菊卿君、石阿川君、谯佑、董景阳、屠连松君各助洋一元

陈筱余、李永春二君合洋一元

李德生君、吴竹卿君、李全林君、袁秋兰君、杨孝芳君、谭余庆君、徐文佑君、应文泉君、周阿五君、陈顾福君、应阿乔君、钱子丰君、王祥发君、夏和尚君、俞荣生君、王福生君、陈玉良君、徐阿银君、蔡阿全君各助小洋五角

傅恒德、杨嘉贵二君合助小洋五角

张瑞林君、应耀祥君、钱守廉君、傅葆卿君、宋金泉君、朱锦荣君各助小洋二角，共合大洋十元

谷迪甫君助小洋三十角

李仲华君、衍庆堂各助小洋十角

谈振铜君助小洋四角

周海仙君助邮票二角

窑湾商会助钱一百千文，合大洋六十二元

以上共收捐款洋二十五元八千九百三十一元三角五分、小洋五十四角、邮票二角，连前总共收洋九十四万零七百四十七元零八分。合亟登报鸣谢，奉扬仁风，伏维慈鉴。

苏省水灾义振会冯煦、邱恒汇、贝仁元、荣宗敬、刘树森、顾履桂、盛恩颐等谨启。会设北成郡路广仁善堂。

（《申报》，1922 年 4 月 17 日）

上海申新纺织无限公司增资各股东所立合同议据

（1922 年 4 月）

上海申新纺织无限公司合同第叁拾肆号

立合同议据。荣宗锦等，前在上海陈家渡白利南路地方，合创申新纺织无限公司，集资银叁拾万元，购机设厂，采办子花，纺纱织布行销，订立合同，呈奉农商部颁给执照营业在案，现因加增资本，添造钢骨水门汀厂房，添购机锭，合成三万九千五百只，布机合成一千一百部，依照《公司条例》之规定，开会议决，变更章程，呈请农商部注册，另给执照，以资营业。所有原借资本，连同新添资本，合成银三百万元，内荣宗锦银壹百万，荣宗铨银玖拾万元，王禹卿银拾贰万元，张志钊银捌万元，张志彭银捌万元，张志锐银捌万元，张志锇银捌万元，潘谒卿银陆万伍千元，王尧臣银陆万元，张志铨银肆万元，华卫中银叁万五千元，吴昆生银叁万伍千元，毛鉴清银叁万元，荣焕记银叁万肆千元，荣显记银贰万肆千元，陆佐霖银贰万肆千元，陆依震银贰万肆千元，陆佐云银贰万肆千元，穆子宽银贰万叁千元，周春喜银贰万壹千元，杨少棠银贰万元，荣镛记银壹万捌千元，严祖记银壹万肆千元，严裕记银壹万叁千元，严昆记银壹万三千元，荣炳泰银壹万贰千元，李裕成银壹万贰千元，华文记银壹万贰千元，王倬记银壹万贰千元，王汉记银壹万元，王舫记银壹万元，查仲康银壹万元，荣浩泰银陆千元，荣雪梅银陆千元，李荣记银陆千元，潘杏记银伍千元，潘淑记银伍千元，潘菊记银伍千元，潘善记银伍千元，查燮记银伍千元，查理记银伍千元，华栋臣银叁千元，贾茂青银叁千元，荣锡庆银贰千元，荣蓉初银贰千元，荣树堂银贰千元，共计银壹百万元。公议仍推荣宗锦君为经理，凡生意往来、银钱出入及各处办事员进退等事，均归经理秉公筹划。为此订立合同一样伍拾纸，各股东各执一纸，余一纸存储厂中存照。

计　开号数以合同列名元数为序

中华民国十一年四月日立合同议据。荣宗敬、荣宗铨、王禹卿、张志钊、张志彭、张志锐、张志锇、潘谒卿、王尧臣、张志铨、华卫中、吴昆生、毛鉴清、荣焕记、荣显记、陆佐霖、陆佐震、陆佐云、穆子宽、周春喜、杨少棠、荣镛记、严祖记、严裕记、严昆记、荣炳泰、李裕成、华文记、王倬记、王汉记、王舫记、李仲康、荣雪梅、李荣记、潘杏记、潘淑记、潘菊记、潘善记、潘奎记、潘戟记、潘桂记、查燮记、查理记、华栋臣、贾茂青、荣锡庆、荣蓉初、荣树堂，见议华艺三，代笔陶仞千（盖章）。

（拍卖网站）

东南大学孟芳图书馆募捐图书公启

（1922 年 5 月 15 日刊载）

敬启者：窃惟书籍之用，胜于象犀之珍，图史之功，当与日月并寿。然徒侈曹仓之富，不示诸人，矜邺架之藏，未公诸世，则历久而饱蠹鼠，将损坏而鲜存。不幸而罹兵燹，更摧残之殆尽。此古今人士所以不惜出私家所储藏，供多士之浏览也。矧近岛国，远览西邦，莫不府辟琅环，光辉奎壁。通巴陵地道，龙威之宝籍森罗，登宛委峰巅，轩帝之玉书晒晬。规制既崇于虎观，珍藏何减于鸿都？人以植学为美谈，俗以输公相矜式，诚足扬学海之波，壮人文之盛矣。本馆既蒙齐督军禀承太翁孟芳先生慨出巨资，独力捐建，然刘略班艺、王志阮录，以及海外之专书，山中之秘籍，尚须搜集，以广流传。又精本书籍，更须景〔影〕印，期多多益善。将来卷帙之富，随中西出版以增加，签帕所标，较东南金箭为尤重。在校内师生，参考授受，由此而益明。在校外士庶，研摩教育，缘兹而普及。现馆础既立，建筑力求完善，内可容十万余册。准备保火险机，无叶少蕴焚弃之灾，胜孔氏壁庋藏之固。国内不乏藏书之家、奖学之士，倘愿割爱转赠，或捐资购备，本馆当视若奇珍，置同鸿宝，借以发挥文物，嘉惠士林。兹拟捐赠图书办法数条，附列如后，以彰盛德，而留纪念。邦人君子，幸垂鉴焉。

募捐图书及募集图书经费办法

国内外热心教育之士，有愿捐资购书，或赠送书籍者，本馆订下列纪念办法数条，以志高谊。

甲　捐资或赠送贵重书籍数在一万元以上者，本馆特辟一室，以捐资或赠书者别号名之。

乙　捐资或赠送书数在二千元以上者，将捐资或赠书者等身照片悬挂室中。

丙　捐资或赠书数在五百元以上者，本馆将捐资或赠书者小像悬挂室中。

丁　捐资或赠书数在一百元以上者，本馆将捐资或赠书者姓名汇镌铜牌，嵌置壁上。

戊　凡捐资购书或赠书者，本馆将捐资或赠送者姓名载入书内。

巳　凡以名人专刊著述或海内孤本寄存本馆，当负保存之责任。

名誉董事齐燮元，董事张謇、蔡元培、王正廷、袁希涛、聂其杰、穆湘玥、陈辉德、余日章、严家炽、钱永铭、荣宗锦、沈恩孚、江灕、蒋梦麟、黄炎培、郭秉文同启。

附：东南大学致北京大学校长蔡元培函(1922年4月19日)

孑民先生大鉴：敬启者。本校图书馆前荷齐督太翁孟芳先生慨助经费，业已开始建筑，预计明春可以竣事。馆内应备图书，除随时设法购置外，拟并从事募集，以期博采广搜，得臻完备。其购书经费，拟募集捐款充用，以补学校财力所不及。兹特拟定募集图书及募集图书经费办法六条、公启一通，备案奉上，请烦察阅教正。启后，拟借重校董诸公鼎名，庶登高之呼，其响易应。可否，敬邀惠允，至祈示复，俾便遵行。祇颂台安。附募集图书及募集图书经费办法并公启各一份。郭秉文谨启，十一年四月十九日。

（《北京大学日刊》第 1027 号，1922 年 5 月 15 日）

上海苏省水灾义振会捐款第七次报告敬谢诸大善士

（1922 年 5 月 16 日）

阳历四月一日起至三十日所收捐款，谨登台衔于左：

上海县商会第三、四、五批合募助洋二万元

宝应分会拨解洋九千四百二十七元三角

刘然青君助洋五千元

朱勤甫君、吴蕴斋君、李旭堂君、刘柏森君经募北方工振协会、旅京江苏同乡筹振会各助洋二千元

严惠宇君助洋一千五百元

吴蕴斋、田少瀛、严惠宇三君合助洋一千零卅五元六角四分

樊序卿君、郑厚甫君、慈云救济会补助靖振、心记、隐名陈各助洋一千元

旅京江苏同乡筹振会筹助洋六百元

河南张省长、吴寄襄君各助洋五百元

海沭义振分会拨助洋三百元

旅浙江苏同乡会拨助洋二百六十元

蒋国榜君为求令先祖翰臣先生百龄福助洋二百元

郑耕腴君指振淮安、寄记淞地中资移振、芝记淞地中资移振、徐作梅君指振盐城、张衷一君、陶秉钧〈陶〉秉澄君为母寿筵资移助、盛钟彩君汤饼筵卖移助，各捐洋一百元

河北道尹助洋五十二元

河洛道尹、何有铭君、狄谦受堂各助洋五十元

李九香君助洋三十八元

王吉□君助洋四十元

钱增勋君、吴生图君、阮性传君、萧增浩君、韩秉彝君、沈灏君、陈诒先君、智恩氏指振扬中,各助洋三十元

常熟洪志记、吴本根君、净因子、杨纪青君、杨蔼春君、狄宗祠、南货业、京货业、新安会馆各助洋二十元

吴本钺君、胡祖张君、周宗颐君、袁绪钧君、陆家骥君、吴琪君、张安泰君、茅元斌君各助洋十五元

吴朱夫人、杨老太太、杨赵氏、金小姐、田王氏、周王氏、刘海楼君、信阳洪知事、吴小坡君、杨时老太太、周小姐、田王氏、金小姐、杨赵氏、木业、赵声甫君、王桂增君、岳阳丸账房应鋆荪君张恺生君各助洋十元

无名氏助洋八元

戚子君助洋七元

信阳商会、信阳公款局各助洋六元

仁康典诸人和同人、第三师范校长秦、信阳劝学所、何国昌君、瑞昌庄、瑞和庄、义源庄、蔚康顺记庄、怡和庄、泰源典、泰丰典、和济典各助洋五元

信善堂宸记、詹光澜君、徐恒川君、□记、河南火车货捐局各助洋四元

徐葆华、徐眉寿君、傅云鹏君、陈庆姑、陈蟠君、周在如君各助洋三元

黄第发君、程新镕君、詹文奇君、张学诚君、林耀光君、吴德辉君、徐馨兰君、徐德源祥、陈日三君、刘泰来君、汪祺房君、朱宗兴君、陈二宝君、陈小画君、陈小回君、河南省立蚕桑局、朱裕新君、陈光浩君、顾新法

君、杨炳南君、李文秀君、许国金君、无名氏、李久记、无名氏、石女士各助洋二元

王洪亨、汪怡泰、何根才君、何元云君、姜万和、叶全通、姜万泰、童如有君、傅起岩君、张奎选君、苏淡氏、信善坛六吉、王潘氏、徐甡记、徐耀铨君、英华大药房、李立本堂、詹埙房君、张振卿君、周奎文君、世彩堂、徐德衣君、徐英华君、王承烈君、杨梅生君、协和公司、徐尚志轩、徐介淦君、袁梅卿君、祝万允君、无名氏、汪孔昭君、何文荣君、陈吉人君、信阳烟酒事务局、沈子霖君、无名氏、王文宏君、无名氏、无名氏、无名氏、无名氏、林贻策君、李成根君、萧辐奎君、钱云福君、丁方标君、张阿五君、王阿根君、顾妙生君、周富生君、王鹤年君、王阿贵君、林永春君、凌福生君、李元发君、陈穉屏君、贺延龄君、韦先生、沈先生、无名氏、无名氏、无名氏、无名氏、刘晴崖君、王小望君、陈南镜君、贾先生、无名氏各助洋一元

宋恒兴助小洋十角，云杏堂助小洋六角，王干康、顺泰源、新合润、大丰顺、合盛、周兆汤君各助小洋五角，姜世明君、叶德茂君各助小洋四角，共合大洋四元七角五分二厘

宝应分会拨解小洋一百六十七角、钱八千九百二十二千七百十文

以上共收捐款洋五万六千二百九十八元六角九分二厘、小洋一百六十七角、钱八千九百二十二千七百十文，连前总共收洋九十九万七千零四十五元七角七分二厘。合亟登报鸣谢，奉扬仁风，伏维慈鉴。

苏省水灾义振会冯煦、邱恒汇、贝仁元、荣宗敬、刘树森、顾履桂、盛恩颐等谨启。会设北成都路广仁善堂，五月十六日。

（《申报》，1922 年 5 月 17 日）

工商留学生协会缘起及简章[1]

(1922 年 5 月 30 日刊载)

迩日吾国竞言实业矣，然留学诸君之毕业工商各科者，归国之后，与吾国工商界中人，每有扞格不入之虞，以致二者之间，用非其材，及材难于用者，比比皆是。叩其故，此则曰，“工商界时代幼稚，习惯深锢，无所用我，且不愿用我也”；彼则曰，“留学生经验缺乏，欲望奢大，不能用，且不敢用也”。二者之言，均持之有故。虽然，皆是也，而皆非也。双方互指之弊，诚不能为之讳，但执此以为不能相合之由，则殊不然，必另有其症结之所在。症结非他，双方各自囿于环境，各行其是，情意不得而宣，痛苦不得而诉，遂致长此隔越。今欲去其症结，首在沟通两方，使之有接近之机会，庶几难宣、难诉之隐，得以逐渐融洽。凡当年毕业回国之留学生，愿入工商界者，及工商界之愿用学生者，均有达其目的之术，而不致徒托空言。此同人所以有工商留学生协会之发起也。爰订简章数条列左：

第一条　本会定名为工商留学生协会。

第二条　本会宗旨，专为联络新回国学生，免除隔阂，共同研究工商业之改良。

第三条　凡已在工商界中人，经本会会员之介绍，由会董决议赞成者，得为本会会员。

第四条　凡留学东西洋各国之工商各科学生，得有大学或高等专门学校，在民国十年以后之毕业证书，新回本国者，将履历、证书，送交

① 1922 年 5 月 30 日《申报》在刊载这一报道时，前有一简短说明，称工商留学生协会由总商会会长聂云台及工商界钱新之、荣宗敬等 16 人发起，但据简章后所附发起人中却只有聂云台、荣宗敬等 15 人。

本会验明后，即得为本会会员。

第五条　凡工商界欲延用工商科留学生者，可将职务、薪水及科目函致本会，由本会择人才之相当者，介绍于工商界试用，至以后及以外轇轕等事，本会概不负责。

第六条　凡工商留学生新毕业回国后，愿入工商界办事者，得由本会酌量书函代为介绍，至以后及以外轇轕等事，本会概不负责。

第七条　凡工商留学生入本会为会员，须将本人照片及证书摄影，存于会中，俾可考证。

第八条　本会每三月常会一次，讨论进行方法，此外会员间往来交换意见，得随时约订之。

第九条　本会公推会长一人、副会长一人、会董若干人，主理会务。

第十条　本会设书记一人，掌理文牍、庶务。

第十一条　本会不取会费。

第十二条　本会事务所设于上海北苏州路三十号。

发起人：聂云台、徐顺、荣宗铨、荣宗敬、刘树森、施伯安、钱新之、陈叔通、吴敬渊、姚律白、马润生、陈光甫、徐振飞、刘渊士、陆辅舟。

（《申报》，1922 年 5 月 30 日）

工商留学生协会启事

（1922 年 5 月 31 日—8 月 24 日刊载）

本会为沟通吾国工商界及工商科留学毕业生双方意旨，免除隔阂，共同研究起见，是以同人有工商留学生协会之发起，业于本年六月十三日，在上海北苏州路卅号本会内开成立大会。凡工商科留学生本年新毕业回国者，不用介绍，即可凭证书入会为会员；其以前毕业回国者，需由本会会员介绍，经会董议决赞成者，亦得入会为会员。如有志入会，请随时至本会取阅章程可也。

会长刘树森、施伯安，会董聂云台、陈光甫、徐振飞、吴镜渊、荣宗敬、陈叔通、刘渊士、刘厚生、马润生同启。

（《申报》，1922 年 5 月 31 日—8 月 24 日）

上海苏省水灾义振会捐款第八次报告敬谢诸大善士

（1922 年 6 月 15 日刊载）

兹自阳历五月一日起至三十〈一〉日止，所收捐款，谨登台衔于左：

南京振务处拨交洋三十二万元，又拨交洋三万元，又拨交洋二万元，又拨交洋八千三百元

盛庄夫人捐助洋一万元

上海县商会第七批募助洋一万元

欧司爱·哈同、〈罗〉迦陵夫人合助洋一万元

慈善救济会三月分〔份〕认助洋七千二百元

上海县商会第六批募助洋五千元

绥远券局协济公司第一期认助洋三千四百元

利济券局、甘肃券局诸同仁各认助洋三千四百元

浙江券局三月分〔份〕认助洋三千元

旅津江苏同乡筹振会、刘璩生君指振宝应，各助洋一千元

农商部实业局五月分〔份〕认助洋五百元

文记织绸厂珍五居士助洋二百元

敦仁堂、悔庵指助萧〈县〉、沛〈县〉雹灾，各助洋二百元

宗子岱君助洋一百五十元

旅浙江苏同乡会拨助洋一百二十八元七角七分六厘

罗荣汤氏、姚仲愉君指振宝应、朱峻夫君、郑繻记指振淮安、知草庐

张，各助洋一百元

馆陶县官绅助洋六十三元

张梅清君、青莲记、保德成各助洋五十元

滕雍俞君助洋四十元

柳湖盒善坛助洋三十元

宝孟干君助洋二十八元

五属公厂、常镇掣所、天昌慎、张叔平君各助洋二十元

潘缦琴君助洋十二元

谢梅村君、张源泰君、李宏斐君、船津文雄、陆庆莱君、高叔芳君、唐文铭君、江涵秋君、张蓉初君、无名氏各助洋十元

涛昌陈伯衎君募助洋二十五元九角五分二厘

郁少华君助洋八元

太镇盐栈、王嗣三君各助洋六元

香港林鸿滔君、陈卓枬君各助洋五元

王溥衰君、徐兰轩君、长元吴掣所、江梩三君各助洋四元

张梦花君、蔡希陶君、许德斋君、钱方朔君、汪子翔君各助洋三元

徐雪园君、王仲南君、查石麟君、钱华荪君、张季濂君、徐有恭君、徐介涤君、李东来君、程功宴君各助洋二元

林思齐君、郑康侯君、林楚良君、吴醴泉君、陶仲宝君、陈鸿洲君、王镛茆君、何仁山君、樊宋卿君、陆凤岐君、程德镜君、陈觉臣君、夏全珍君、马庆方君、鲍绮文君、金其章君各助洋一元

陈香谷、阎璧忱、吴锦堂、陈镇钦、杨荫远五君合募助钱七百十七千二百文

宿迁王炳金君助钱五百千文

□□夏寿龄君助钱二百千文

宝应分会募解钱一百五十一千文

杨伯康君助小洋六角

以上共收捐款洋四十三万八千二百零二元七角二分八厘、小洋陆角、钱一千五百六十八千二百文，连前总共收洋一百四十三万五千二百四十八元五角、小洋二百二十七角、钱一万零四百九十千零九百十文。合亟登报鸣谢，奉扬仁风，伏维慈鉴。

苏省水灾义振会冯煦、邱恒汇、刘树森、贝仁元、顾履桂、荣宗敬、盛恩颐等谨启。会设北成路广仁善堂。

（《申报》，1922年6月15日）

上海面粉公会恳请北洋政府电咨安徽省长取消小麦禁运出省成命电

（1922年6月22日）

内务部、农商部钧鉴：准车务处传知，奉部电准安徽省长电，皖中与芜湖等处水灾之后，米缺价昂，仍应暂缓开禁等因。厂商闻信，异常惶急，当即邀集开会，佥以沪上各厂所用小麦，向在安徽、山东、河南、湖北等省采办。上年南荒北熟，各省各自为政，禁运出省。不得已，远赴美、澳等洲采办，勉供厂用，勉应市面，以致十厂九停，营业减色。方期本年新麦登场，分投各省采办，以供厂用。如果皖省禁运，譬如人身中焦隔绝，上下不能流通，沪上各厂势必停工歇业。我总、次长为国为民，亦须保全商业。况上年皖省被水，已在麦熟之后。调查小麦颇多积储，流通货物，足以救济金融。本年皖省大熟，省长重申禁运之令，保无隐谋之辈对待实业，应请总、次长俯念商业艰难，准予电咨皖省长收回成命，并咨交通部转饬各路车务处，照常装运。临电不胜迫切待命之至。

上海面粉公会会长宣〔顾〕履桂、荣宗锦，暨茂新、阜丰、泰隆、申大、立大、长丰、华丰、复新、祥新、三井、裕丰、九丰、中华、泰来等厂叩，养。

（北洋政府内务部档案，中国第二历史档案馆藏）

上海苏省水灾义振会捐款第九次报告敬谢诸大善士

（1922 年 7 月 16 日）

自阳历六月一日起至三十日止，所收捐款，请登台衔于左：

南京振务处拨洋四万元，又拨交洋一万元，又拨交洋一万三千元，又拨交洋二万元，又拨交洋二万元

镇扬水灾义振分会募洋九千四百十七元八厘、小洋四十八元九角、钱三千二百三千六十四文

官商拨款大洋八千四百七十八元二角、小洋六十五元五角、钱二百六十五千九百六十七文

钱庄息款大洋一千六百三十四元一角五分

展览会拨款洋六千九百六元三角四分一厘

袁承恺君捐洋五千元

扬州书商筹振会拨助洋一千四百元

江北水灾艺术展览会拨助洋一千元

绥远券局第二期认助洋三千四百元

湖北券局四月分〔份〕筹助洋三千元，二月分〔份〕筹助洋二千元

杨韵秋君募洋一千六十五元

旅京江苏水灾义振会、王植甫君、刘卫玉夫人各捐洋五百元

熊王氏遗嘱积资助振洋四百元

郑鹏才君、朱峧夫君、屈名鐘君为出花求愈、冯心心氏求天保佑，各助洋一白元

旅浙江苏同乡会募助洋九十元

盐业银行筵资移助洋六十元

干泰成木号助洋五十元

杨佩如君助洋二十元

戴作宝君、鲍子修君、方贺君、曹伯衡君各助洋十元

江永轮统舱茶房助洋七元，又房舱茶房助洋五元五角

方质君求孙痛愈、江永轮房舱茶房各助洋五元

张筠荪君、吴荣锺君各助洋四元

江水轮官舱茶房又厨房、侯炳南君各助洋三元

成诒曾君、江永轮房舱茶房又杂物摊各助洋二元，又房舱茶房助洋二元八角

沈清桢助洋一元二角

许芾卿君、汪荫生君、刘葆和君、张嵩生君、周钻栗君、施鼓征君、梁文郁君、钱鸿寿君、徐荣祥君、于长杰君、施子明君、梁闻达君、查富金君、黄飘荡君、丁万程君、程海秋君、范家成君、沈禄之君、沈拔之君、陈吉皆君、鲁荣光君、陈海珊君、陈道宏君、薛嘉谟君、李谷年君、李鼎年君、李松年君、李国年君、李奎年君、李潮年君、李兆年君、李熙年君、李惠年君、彭琢如君、无名氏、盛勋臣君、张仲卿君、刘仰高君、周惕若君、刘干卿君、曹光贤君各助洋一元

汤幼文君助大洋六角

李吉斋君、张鹗君各助大洋五角

李国翰君、杨世杰君、吴宗正君各助大洋四角

以上共收捐款洋十六万八千九百五十三元九角九分九厘、小洋一千一百四十四角、钱三千四百六十九千零三十一文，连前总共收洋一百六十万零四千二百零二元四角九分九厘、小洋一千三百七十一角、钱一万三千九百五十九千九百四十一文。合亟登报鸣谢，奉揭仁风，伏维慈鉴。

苏省水灾义振会冯煦、邱恒汇、贝仁元、荣宗敬、刘树森、顾履桂、盛恩颐等谨

启。会设北成都路广仁善堂。七月十六日。

（《申报》，1922 年 7 月 17 日）

上海苏省水灾义振会捐款第十次报告敬谢诸大善士

（1922 年 8 月 21 日）

兹自阳历七月一日起至三十一日止，所收捐款，谨登台衔于左：

慈善救济会四月分〔份〕、五月分〔份〕、六月分〔份〕各认助洋三千元

浙江券局四月分〔份〕、五月分〔份〕各认助洋三千元

利济券局四月分〔份〕、五月分〔份〕各认助洋二千四百元

甘肃券局诸同仁四月分〔份〕、五月分〔份〕、六月分〔份〕各认助洋二千元

川边券局五月分〔份〕、六月分〔份〕各认助洋二千元

湖北券局五月分〔份〕、六月分〔份〕各认助洋二千

河工券局五月分〔份〕认助洋二千元

绥远券局五月分〔份〕认助洋二千元

简照南君捐洋一千元

实业券局六月分〔份〕、七月分〔份〕各认助洋五百元

宝应分会拨解洋八百十四元六角

营口总商会捐洋二百二十元

周紫珊君、吴贵荪君、王星北君、巢少梧君各捐助洋一百元

旅浙江苏乡会拨助洋一百零九元

朱三太太助洋七十元

麦次尹君、谦信、庆昌祥、招商渝、刘禹洲君、杨庭五君、俞浩川君、邵立坤君各助洋五十元

李戏之君、蔡雨阶君各助洋四十元

郑月岩君、招商港局、卢舜云君、费鸿生君、杨竹荪君、唐耀简君各助洋二十元

陈绮垣君、吴伟卿君、黄汉南君、陈觉民君、欧阳华臣君、陈学周君、陈冠荣君、唐宗茂君、吴福永君、黄合和君、盛我年君、王培德君各助洋十元

李仲记助洋九元

张生记助洋八元

刘苔石君、张荟甄君、泰安栈、长安栈、李仲英君、李少崖君、彭麟初君、唐岳晖君、鸿昌公司、新永源、李翼堂君、张少安君、丰裕栈、姚荣生君、鸿昌公司、周瑞卿君、裘永泰君、赵仕饮君、无名氏、吴幼韩君各助洋五元

张佩记、王国海君各助洋四元

杨云轩君、利济局、王性甫君各助洋三元

蒋鹿平君、周赓沅君、施仲斌君、秦国翰君各助洋二元五角

黄荣甫君、孙志岳君、祝撰望君、吴永生君、史雪齐君、元记报关行、人和公报关行、华利、宝成、裕昌、荣康、新昌、李彦与君、莫雨苍君、刘嘉荫堂、无名氏、巫海珊君、张慕九君、孙怡堂君、戴正五君、王实符君、石金记、祝寿记、石信记、冯溶曾君、甘芾卿君、吴颂清君、王关记、陈人宝君、励瑞根君、郑经渭君各助洋二元

葛实甫君、莫戟人君、孙馨一君、齐筱舫君、胡绶珊君、沈清和君、不书名、张叔卿君、思补楼、刘荣泰君、庆和、卢海坡君、查炳南君、梅嘉言君、尹谨斋君、韦在行、安记、康记、祥记、杨茂记、江景山君、郭容山君、孙瀛渠君、陆子芳君、黄观就君、乐悦卿君、黄观声君、蔡容申君、王声学君、瑞兴号、无名字、杨王氏、杨徐氏、杨醒余君、杨善南君、杨善鸣君、赵湔甫君、王恒之君、杨春记、陈福昌君、倪春垔君、马文兴君、文玉姑娘、邱世鹤君、张少英君、陈锦堂君、蔡华堂君、杨俊德君、张幼党君、黄依山君、赵瑞生君、袁双福君、洪为臣君、郑恩恒君、陆蔡生君、曹芝山君、冯树奎君、沈星根君、徐端甫君、卢春发君、郑为桢君、郑依六君、张永君、俞变廷君、张幼棠

君、叶铸青君、庆香林君、徐友金君、无名氏力不足各助洋一元

李银生、陆庆祥两君合助洋一元

杨新猷、〈杨〉新武两君合助洋一元

陈玉珊君、陈先生各助小洋六角

无名氏、无名氏、无名氏、宋先生、袁龙章君、徐顺生君、无名氏、赵太太各助小洋伍角

陆女士、袁女士、郑姜珍女士各助小洋三角

以上共收捐款洋四万二千四百十元六角、小洋六十一角、钱伍千二百六十八千七百二十文、储蓄票十一条，连前总共收洋一百六十四万六千百十三元九分九厘(振务处拨交借款在内)、小洋一千三百三十二角、钱一角九千二百二十八千六百六十一文、储蓄票十一条。合亟登报鸣谢，奉扬仁风，伏维慈鉴。

苏省水灾义振会冯煦、邱恒汇、刘树声、贝仁元、顾履桂、荣宗敬、盛恩颐等谨启，八月二十一日。

(《申报》，1922 年 8 月 24 日)

上海苏省水灾义振会捐款第十一次报告敬谢诸大善士

(1922 年 9 月 18 日刊载)

兹自阳历八月一日起至三十一日止，所收捐款，谨登台衔于左：

镇扬分会募解捐洋十一万九千四百二十九元八角九分一厘，又庄息兑余米麦价、余面粉折价等洋七千十九元一角八分五厘

淮阴分会募解捐洋二万七千四百七十六元六角六分

慈善救济会七月分〔份〕认助洋三千元

浙江券局六月分〔份〕、七月分〔份〕各认助洋二千元

利济券局六月分〔份〕认助洋二千四百元

湖北券局七月分〔份〕认助洋二千元

河南券局三月分〔份〕认助洋二千元

河工券局六月分〔份〕认助洋二千元

热河券局七月分〔份〕认助洋二千元

安徽券局五月分〔份〕认助洋二千元

旅津江苏同乡筹振会拨助洋五百十一元四角二分

刘秉文君捐助五百元

施芷芗君、倪挺之君、冯振轩君各助洋五十元

旅瓯江苏会馆拨助洋四十四元二角

汪幼农君、许剑青君、张宏昌君各助洋二十元

朱姚夫人助洋十五元

何少寅君、郑桑晞君、赵芹波君、陆曹慕兰女士、道生堂、务本堂、吴顺记各助洋十元

张生记、杜秀南君、张德叔君、德大号、源昌祥各助洋五元

黄秀生、立诚堂高各助洋四元

吴仲平君、王锦堂君、施王氏各助洋三元

何曹氏助洋二元八角

张鹤年君、柳中德君各助洋二元

李品芳君、王梅庭君、孙宝生君、孙嘉茂君、王永久君、蒋贞廉君、秦锡麟君、周安堂君、徐江鸟君、周同顺君、协和祥、韩笠峰君、陈汝章君、陈绍栋君、吴良工君、张春池君、谭观光君、中浩各助洋一元

方锡圭、叶传芳两君各助大洋五角

淮阴分会募解小洋八十角、钱三千四百九十五千三百七十三文

以上共收捐款:洋十七万六千七百四十四元一角五分六厘、小洋八十角、钱三千四百九十五千三百七十三文,连前总共收洋一百八十二万三千三百五十七元二角五分五厘(振务处拨交借款在内)、小洋一千四

百十二角、钱二万二千七百二十四千三十四文。合亟登报鸣谢，奉扬仁风，伏维慈鉴。

苏省水灾义振会冯煦、邱恒汇、贝仁元、荣宗敬、刘树森、顾履桂、盛恩颐等谨启。

（《申报》，1922 年 9 月 18 日）

中国铁工厂股份有限公司招商广告

（1922 年 10 月刊载）

本公司呈准农商部立案，收足资本国币三十万元，自建最新式厂屋六百余方，选购德奥英美新式翻纱炉、打风熔炼翻模和砂泥心出砂各机，以及新式各种工作机器，聘请留学欧美工程专家精选材料、慎择工匠，专门制造纺织厂用纺纱、织布、摇纱、并纱、经纱、打包各机锭子、纱棍、油管、牙输一切配件，以及其他轧花、织绌、打米、榨油等机各种引擎暨各工厂用各式机器、各种翻纱用料，无不力求精确，较之舶来品有过无不及焉，定价从廉，制造迅速。如蒙赐顾，无任欢迎。

创办人 南通大生纱厂 上海宝成纱厂 上海鸿裕纱厂
上海中新纺织厂 上海德大纱厂 上海振华纺织公司
上海大中华纺织厂 杭州鼎新纱厂 无锡广勤纺织公司
上海恒丰纺织厂 天津裕元纱厂 湖北楚新纺织公司
上海溥益纺织厂 天津华新纱厂 上海厚生纺织公司
上海大丰纺织公司

董事张退庵、聂云台、穆藕初、薛文泰、刘柏森、荣宗敬、徐静仁、杨翰西、穆杼斋，总经理韩强士谨启。

制造商：吴淞蕴藻浜，事务所：上海四川路一百十二号，电话：中央六五八四号。

特制纺纱锭子之露布

纺织机重要部分，莫如纱锭，出纱之多寡、优劣系焉，本厂聘请制造纺织机器专家，亲历各国制造原厂悉心研究，并调查我国纱厂实地使用情形加以改良，制成扁式、圆带式两种锭子，其优点如下：

式样统一，扁带式能通用于一般用扁带传动之美式各机，圆带式能通用于一般用圆带传动之英式各机；

制造简便，改良加油之法，并省去管内之弹簧，使工人便于照顾；

耐用经久，慎选钢铁，改良制法，加长锭脚，能保持中心，使旋转稳定，出纱速度均匀，粗细划一。

本厂志在提倡国货，堵塞漏卮，尚请各厂家源源赏购，一经试用，其优良自能证明也。

（《华商纱厂联合会季刊》，第3卷第4期，1922年10月）

上海苏省水灾义振会捐款第十二次报告敬谢诸大善士

（1922年11月4日刊载）

兹自阳历九月一日起至十月三十一日止所收捐款，谨登台衔于左：

旅京江苏水灾筹振会拨助洋五百元

道胜银行沈吉甫君、汇丰银行邓君翔君各助洋二百元

淮阴萧乃容、〈萧〉其崧、〈萧〉增浩三君为太夫人寿义移助洋一百八十元

陇海铁路公所施省之君、北洋保商银行诸君各助洋一百元

中华汇业银行陆生君、北京交通银行诸君、刘竹君君、钱伯愚君各助洋五十元

金钱孙君、朱作舟君、郑绍鹤君、李仁霖君、孙石庵君、罗伯颖君、李耀轩君、北京农商银行各助洋二十元

中国银行冯幼伟君、五族商业银行胡翰波君、许芝君、郑梅荪君、陈

复记、高女士各助洋十元

杨质夫君助洋四元

张胜之君、陈复记各助洋三元

陈太太、无名氏、隐名氏、居士游先生各助洋二元

龚太太、王万君、陈可权君、王岳龙君、王尔祉君、陆增茂君、大统舱、大贞统舱各助洋一元

镇扬水灾义振分会息尾大洋五角

贞统舱助小洋五十六角

大统舱助小洋十五角，大统舱助钱七千九百文

以上共收捐款，洋一千七百二十八元五角、小洋七十一角、钱七千九百文，连前总共收洋一百八十二万五千零八十五元七角五分五厘(振务处拨交借款在内)、小洋一千五百七十三角、钱二万二千七百三十一千九百三十四文。合亟登报鸣谢，奉扬仁风，伏维慈鉴。

苏省水灾义振会冯煦、邱恒汇、贝仁元、荣宗敬、刘树森、顾履桂、盛恩颐等谨启。会设北成都路广仁善堂。

(《申报》，1922 年 11 月 4 日)

唐晋斋[1]先生寿礼筵资分助浙江水灾及锡邑善举通启

(1922 年 11 月 28 日—12 月 11 日刊载)

谨启者：唐晋斋先生素性质朴，居心慈善，今逢夏历十月廿九日七十大寿，哲嗣子培、宝昌本拟称觞上寿，而先生蒿目时艰，愿将寿礼筵资，悉数充作浙江水灾赈款及锡邑善举。同人等感佩之余，特为登报陈

① 唐晋斋，生卒年不详，无锡籍实业家，铁匠店学徒出身，1890 年在上海北苏州路开设怡昌钢铁号，任经理。

述缘由。凡属先生戚好，祈将寿礼银洋，送至香港路十号铁业公会代收。不胜盼祷。

陈瑞海、顾馨一、荣宗敬、周舜卿、徐乾麟、杜家坤、朱荷三、虞洽卿、袁履登、宋汉章、方椒伯、陆培之、祝兰舫、刘鸿生、张秋园同启。

（《申报》，1922 年 11 月 28 日—12 月 11 日）

为吴淞商埠局重定界限一案致沪北工巡局局长许人俊[1]函

（1922 年 11 月底）[2]

剑青局长大鉴：径启者。闸北辟为商场，始于前清光绪年间，适值租界推广之后，官民咸有戒心，故急起自卫。初由绅商垫款筑路，继设局置官，办理路政。民国初元，地方人士组设市政厅，规定各项捐款，劝导市民缴纳，路政始有的款。及自治停办，重设工巡捐局。计自商场开辟迄今二十余年，区域逐渐推广，跨有闸北、江湾、引翔、殷行、彭浦、真茹、大场各市乡，筑路、养路及一切市政上设施之经费，均系市民所担负。凡开筑马路之基地，均系人民捐助，于工巡局并未给价。按照现有成绩，实由历届地方绅董及人民心血换来。近闻吴淞商埠局重定界线，较原界增至十倍，甚至将有沪北已筑及规画已定之路，妄思包括在内。查淞埠局原界，本系根据前清吴淞商埠成案，惟内有军工路，系卢〔永祥〕前军使派兵建筑，费款六万有奇，均为本局拨付，亦应由本局管理，早经铸成铁案。今该局妄思扩充至如此之广，宁非怪事？淞埠局咨文中，“明定埠界四至，范围狭小，不足敷现时之展布”等语，试问淞埠局成

① 许人俊（1874—1934 年），字剑青，江苏吴县（今苏州吴江区）人，1921 年 10 月至 1924 年 9 月任沪北工巡捐局局长。

② 吴淞商埠局重定界线一案，闸北自治筹备会具函呈请各当局反对，而沪北工巡捐局各董事亦以职责攸关，致函该局局长，促其一致力争。荣宗敬先生作为工巡捐局董事之一，亦参与了此事。

立两年，现市展布之成绩何在；马路筑成，若干市政如何举办；岁縻巨万，省款能否垂之久远；以后建筑巨款从何取给，尚属疑问。按吴淞商埠设局，本意为开辟商埠，以兴地方之利，藉弱租界之势，与本局职责相同，事之何等重大，岂为扩充地盘计耶？淞埠局既不能在界内自行开辟，稍示成绩，忽尔〔而〕侵越权限，究属是何存心？本局税收，逐年增加，今岁整顿总捐，收入愈丰，自可用以发展未兴之市，以慰市民之望，岂能徇情退让，自甘放弃？对于淞埠局重定界线一案，务望迅速力拒，保持现状。惟本局区域，向以已经开筑之马路为界限，兹为预防将来纷纠起见，亟应绘图，早日划定，分呈省署、军使咨部备案，以便遵守。贵局长受长官委托之重，负地方属望之殷，保持固有区域，责无旁贷，务乞鼎力办理。本局幸甚，地方幸甚。闻闸北各公团，业已陈明政府暨本省最高级长官，"因权限所关，誓死不敢轻弃"等语，可见舆情激昂。附以奉达，顺颂台绥。钱允利[①]、沈镛[②]、陈元灿[③]、荣宗敬、赵光第[④]同启。

---

① 钱允利(1873—1923 年)，名贵三，江苏上海县人(今上海市闵行区)，清光绪三十二年(1906)在闸北长安路开设钱恒泰米行，后又开设恒德、丰记两家米号；曾任沪北市米业联合会会长、米业公会会长、机器碾米业公会会长；清宣统元年(1909)，任闸北商团副会长；宣统三年(1911)，任闸北商业公会副会长；民国元年(1912)1 月，闸北市公推钱为闸北市市长，同年 3 月任上海县闸北市市政厅厅长。钱允利还先后为闸北商团团长、上海市议会议员、闸北救火会会长、闸北慈善会会长。

② 沈镛(1870—1947 年)，字联芳，浙江吴兴(今湖州)人，著名实业人士。清光绪二十六年(1900)集资 40 余万两白银在上海河南北路鸿安里与人合资创办振纶洽记缫丝厂，自任经理；光绪三十四年(1908)在闸北建造恒丰缫丝厂独自经营，随后以办丝厂利润，致力于房地产投资，先后建造恒丰里、恒通里、恒祥里、恒康里、恒乐里等里弄住房和恒丰大楼，出租牟利，亦投资于不少工商企业和兴办一些社会公益事业；宣统二年(1910)任闸北商团会长；民国元年(1912)任闸北市政厅厅长，发起在闸北筑路造桥，阻止租界向苏州河以北扩展，又任闸北慈善团总董，湖州同乡会会董，并筹设一、二、三队救火会，被举为救火联合会会长。

③ 陈炳谦(1862—1938 年)，名元灿，广东中山县(今中山市)梅溪乡村人，早年赴沪谋生，以丝茶进出口起家，旋任祥茂洋行买办(后改称华经理)，历 50 年之久，并任广肇公所、英商业广地产公司、南洋烟草公司董事。

④ 赵光第，生卒年不详，名钱芙、镜芙。

附:沪北工巡捐局局长许人俊复函(1922年11月底)

贵三、联芳、炳谦、宗敬、钱芙先生台鉴:接诵公函,快承明教。商埠局争议埠界一案,迭经敝局据理力争,前日报载展拓埠界,又经呈请军署函询埠局表示真相在案。查闸北商场成立已久,辟路兴市,几费经营。吴淞即欲展拓界址,断不能听其利用已成之路。俊忝长局务,当然不能承认,对于宏议,尤为极端赞同。以后关于此事,有所净议,谨当依据尊指,以为折冲地步。至分区图样,正在派员测绘,俟绘就即当照办。准函前因,用特照录呈稿,备函奉复,至希公鉴。许人俊启。

(《申报》,1922年11月29日)

1923 年

上海苏省水灾义振会捐款第十三次报告敬谢诸大善士

（1923 年 1 月 22 日刊载）

兹自阳历十一月一日起至十二月三十一日止所收捐款，谨登台于左：

北京振务处拨助洋二万元，指振风灾

上海总县商会合募助洋二万元，归还借款

北京江苏水灾筹赈会拨助洋一百五十元

李志桢君助洋三十元

□伯蕚君助洋十五元

蓝积德堂、秦石公君各助洋十元

泰山农君助洋五元

赵次言君助洋三元

蔡鹄君君、冯汉钧君、林君谋君、胡乾卿君、秦毓庄君、张子卿君、贝季练君、马新泰君、袁受衡君、王益吾君、萧老九君、魏绍德堂、苏州南洋烟草公司、谢汇泉君、秦继述堂各助洋二元

秦清之君、秦原李君、秦□之君、李着银君、李德荫堂、刘佩兰君、秦百顺堂、王叔之君、赵瑞生君、左受福君、徐寿铭君、周频卿君、方斐章君各助洋一元

张元涛君、马贵卿君、徐瑞炳君、邵熊棠君各助大洋五角

徐右之君助大洋四角

黄元吉君、蒋元镛君各助大洋三角

杨汉章君、金甫生君、宓奎宝君、赵仲篪君、蒋迈石君各助大洋二角

以上共收款洋四万零二百七十元，连前总共收洋一百八十六万五千三百五十五元七角五分五厘（振务处拨交借款在内）、小洋一千五百七十三角、钱二万二千七百三十一千九百三十四文。合亟登报鸣谢，奉扬仁风，伏维慈鉴。

苏省水灾义振会冯煦、邱恒汇、贝仁元、荣宗敬、刘树森、顾履桂、盛恩颐等谨启。

（《申报》，1923 年 1 月 22 日）

上海机器生〔面〕粉公会反对麦粉加税致上海总商会公函[①]

（1923 年 5 月 11 日刊载）

敬启者：近闻江苏财政厅有筹议货物加税一成之说，虽尚未见明文，而外间既有此风传，难免不成事实。查敝会面粉一业，于本年四月五日，经各厂开会议决，一律停机，以维成本；一面公推代表，呈请政府，拟将小麦一项，豁免税厘。现正设法进行之际，如果货物确有加税一成之议，恳祈贵会据情代为转请，务将小麦一项，免与各货一律加征，俾敝会粉业，得留一线生机。兹准各厂商纷请转函前来，相应函恳查核，并乞迅予核转，实纫公谊。

（《申报》，1923 年 5 月 11 日）

① 此公函系上海机器生粉公会会长顾馨一、荣宗敬等致上海总商会。

东南大学体育馆设备及附设游泳池募捐启

（1923 年 8 月 12 日）

吾国需要体育亟矣，就其尤显著之事实言之，国人除农工劳动者，举目皆肩歆、背曲、形孱、神蔽之人，古代雄风消沈〔沉〕殆尽。近年参与远东运动会，成绩远逊日、菲，以视欧西，自更瞠乎其后。民力柔靡，国力何恃？今日之青年，使再无良好之体育训练，则异日之国民即无健全之体格与品性，其关系岂不重乎？本校提倡体育最早，历年延聘国内、外体育专家，实施教练，养成体育人才，普及体育学识，亦已粗有成效。前高师创办体育专修科，毕业者 50 余人，服务各省高等、中等各校，备受社会之赞许。只以设备不周，扩充匪易。现正建筑一新式之体育馆，又鉴于国人不谙游泳之术，每年溺水毙者常数千人，知游泳之提倡亦不容缓，且游泳之用不仅救济生命，即平时锻炼体格亦具绝大功能。盖其动作调匀，性质和缓，可藉以改正体力不良之姿势，然无适当之游泳池，则此种运动无从传习。爰于体育馆旁建一游泳池，综计各项建筑及设备共需 10 万元。其细目如下：

体育馆	银 5.9 万元
浴室暖器室及水管	银 6000 元
运动设备	银 1 万元
游泳室（即游泳池上之房屋）	银 14000 元
游泳池	银 5000 元
汲水管与滤水机	银 6000 元
	以上共计 10 万元

本校体育系所有经费仅 59000 元，其余 41000 元尚属无着。海内不乏热心好义之士，尚祈慷慨解囊尽力佽助，俾上项计划早日观成，岂

惟本校之幸，吾国体育前途实利赖之。

名誉校董齐燮元，校董袁希涛、严家炽、黄炎培、蔡元培、陈辉德 江漮、张謇、穆湘玥、荣宗锦、沈恩孚、王正廷、余日章、蒋梦麟、聂其杰、钱永铭、郭秉文同启，1923 年 8 月 12 日。

（《南大百年实录》编辑部编：《南大百年实录・中央大学史料选》上卷，第 185—186 页）

无锡旅沪同乡会[①]征求会员广告

（1923 年 9 月 15 日）

同人发起组织无锡旅沪同乡会，业已推定筹备主任，并由发起人会议决同乡会组织大纲。兹定于九月十一日起，分组十八队征求会员，计每队已由发起人会推定队长、参谋，限期至九月十六日，每队补充队员十人；尽九月十七日起至十月七日止三星期，每队征集会员至少二百人。凡我无锡旅沪同乡，务请与推定各队队长、参谋就近接洽，按照组织大纲，续任队员，或应征为会员，并祈转辗介绍，期于限内早日征求足数，以便开会议订详章，选举职员，俾无锡旅沪数万同乡，结成坚固不拔之团体于世界瞩目之上海，实赖吾同乡诸君之群策焉。

发起人：丁仲祜、宣俊侯、祝兰舫、廉砺清、荣宗敬、刘春圃、周肇甫、顾莳忱、孙

① 上海自被开辟为通商口岸后，经济地位迅速上升，逐渐发展成为远东第一大都市。1860 年，无锡为太平军所占，全城几近毁灭，战乱中大批绅商为陶林战后，纷纷避居上海。太平天国运动失败后，虽有返乡者，但无锡到上海谋生的人越来越多。无锡籍商人大批投资于上海。至民国初年，在上海的无锡人已达十万之众。至 1923 年时，上海虽有锡金公所等之类组织，规模虽非不远大，但偏重于消极的慈善事业，而于结合坚固团体以谋同乡积极发展则尚付阙如。正基于此，无锡籍旅沪著名绅商祝兰舫、荣宗敬、周肇甫、蒋哲卿等，在 1923 年 9 月初遂有发起成立无锡旅沪同乡会之举。参见《无锡旅沪同乡会之发起》，《申报》1923 年 9 月 11 日，第 4 张第 15 版。

询刍、张雪梅、裘可桴、祝伊才、匡仲谋、秦待时、王尧臣、管趾卿、艳子青、徐颂遐、贾春华、张卓仁、许叔娱、俞仲还、顾渊若、丁梓仁、顾维精、丁福怜、华卫中、陆培之、毛鉴清、徐可亭、张颂南、朱鸿昌、张秋园、张天帚、陈协恭、孙北谖、曹钰如、徐孟渊、荣若瑚、冯树勋、荣永吉、范和笙、周铭初、秦絅孙、蔡兼三、陶仞千、单仲范、蒋汉槎、严裕昆、荣月槎、张渭生、荣永达、邓栽臣、蔡禹门、查仲康、张鉴卿、宝孟干、王西神、邹闻罄、程云桥、奚雨臣、荣西城、陆叙百、杨伯庚、吴臣笏、张守仁、陶君佩、许瀑时、朱楚训、部颂丹、顿于培、张云樵、张哲庵、华绎之、张秉鑫、于寿椿、尤荣伯、陈瑞寅、范云夔、华尧辉、顾养吾、陈漱庵、华衡卿、孙子建、钱伯圭、华干臣、沈竹溪、祝厚甫、蒋石稚、张少愚、胡迪园、蒋稷顷、张保三、冯少江、于义庭、朱寅生、张兰初、杨菊庭、陈云帆、张纶卿、许可希、蒋汉杰、张昂千、方启明、宋元明、薛雪舲、蒋汉石、荣祥麟、敖恩涛、张耀初、丁启鸿、萧效仁、张玉麟、周景文、朱朴之、曹旭堂、张友三、马少荃、邓伯贤、朱叔雅、冯绪承、侯逸如、孙春圃、周汝培、尤森庭、孙卫瞻、顾珍忠、沈仲俊、吴公望、金芙初、周晓初、司伯揆、陈子政、华弼丞、秦彩南、陈慕梁、王慎斋、孙志道、张作云、任性涵、管简荣、钱湘伯、张贡九、唐谋伯、朱晓泉、钱六箴、袁秋暐、敖桂泉、□鸿鸣、杨菊笙、任慎远、范咏春、周屏侯、黄锦帆、冯懋堂、蒋哲卿、顾执中、谈友三、浦子瑾、谢孟安、邓紫云、方东亮、丁若汀、胡仲卿、蒋士敏、吴仞千、蒋凤伊、秦理斋

征求队总队长祝兰舫，副总队长龚子青，总参谋俞仲还

第一队队长荣宗敬，副队长王尧臣，参谋陶仞千

第二队队长孙询刍，副队长范云夔，参谋顾执中

第三队队长贾春华，副队长匡仲谋，参谋钱六箴

第四队队长华尧辉，副队长张友三，参谋张保三

第五队队长冯树勋，副队长沈仲俊，参谋许可希

第六队队长徐可亭，副队长奚雨臣，参谋黄锦帆

第七队队长徐孟渊，副队长宣俊侯，参谋殷庭芷

第八队队长张雪梅，副队长陈漱庵，参谋尤荣伯

第九队队长张秉鑫，副队长萧效仁，参谋邹梦梅

第十队队长范和笙，副队长祝厚甫，参谋蒋伯椎

第十一队队长张颂南，副队长张兰初，参谋荣瑞昌

第十二队队长吴臣笏，副队长陈瑞寅，参谋蒋稷顷

第十三队队长蒋汉杰，副队长张瑶茂，参谋蒋汉石

第十四队队长周肇甫，副队长张卓仁，参谋于寿椿

第十五队队长张秋园，副队长朱鸿昌，参谋荣永吉

第十六队队长周铭初，副队长丁福儀，参谋宝孟幹

第十七队队长蒋哲卿，副队长孙北谖，参谋钱湘伯

（各队队员补充齐全续行披露）

筹编主任蒋哲卿同启，中华民国十二年九月十五日。

（筹备处暂设于山东路一七一号，电话：中央五七一二号，办事时间：上午九时至十二时，下午二时至五时）

（《申报》，1923年9月15日—10月7日）

筹备无锡全县水利工程经费建议案

（1923年9月18日前）

【邑人俞仲还①、秦效鲁、荣宗敬等五十人，因吾邑水利亟待兴修，特由县议事会会

① 俞复（1866—1943年），字仲还，无锡城内小娄巷人，清末出版家，中华书局、文明书局创始人。早年与孙揆均、廉泉、丁福保等同学南菁书院，光绪十二年（1886）入县学，光绪二十年（1894）中举人，次年赴京会试时参加公车上书，思想趋于变法；光绪二十四年（1898），与吴稚晖等人仿照日本办学体制创办无锡三等公学堂，二十七年（1901）暑期参加留日学生杨荫杭在无锡分设的励志学会，任副会长，讲授数理化等新知识，积极鼓吹反清思想，后加入同盟会；光绪三十二年（1906），与廉泉在上海创立文明书局，任经理；宣统元年，任江苏省咨议局议员。辛亥革命后，先后任锡金军政分府民政部部长、无锡县民政署民政长、无锡市公所总董等职；民国六年任上海文明书局经理，与无锡同乡廉泉、丁福保等人发起成立"少年进德会"，出版季刊《少年进德会汇编》，针对当时"人心不古"，倡导"不度众生，誓不成佛"的精神，劝说青年入会；民国七年（1918），又成立上海灵学会，设"盛德乩坛"，并出版《灵学丛志》，宣传反科学的灵学。在上海期间，他还和陈仲英等无锡人士参加蔡元培、吴稚晖、李石曾等人发起的组织赴法勤工俭学活动。民国十五年（1926）八月，俞氏组织年满60岁的无锡城厢士绅30人参加"同寅同庚会"聚会，发起与丁卯、戊辰、己巳三同庚会共同集资在城中公园筹建"嘉会堂"（俗称"同庚厅"，民国十九年十月建成），以志庆寿；民国十六年（1929）八月，无锡县行政委员会撤销，建立无锡县政府，俞复出任无锡县长，并兼理司法；民国十九年（1930）十二月，出任国民政府教育部秘书，次年五月辞职。

员严慰苍、邹茂如等为之介绍，向县议事会提出建议案，浦议长（容潜）已将该案列入十九日议事日程。兹由本社觅得建议案原文，转录于后。】

窃惟一邑之利害，自当合一邑之人通力合作，共策进行。近年吾邑商市日臻繁盛，邑人群注意于陆路交通，开辟马路，不遗余力。然水利为全邑命脉，农村、航政交资利赖。自漕米停运，水道失修，前清有五河、白茆等经费名目，历年带征，一概废弃。查民国二年【1913 年】，江苏省议会议决规定《县市乡水利经费案》，以水利工程关系至巨，除淞、娄等大河归省款担任开浚外，其各地支流，仿照教育费办法，由县、市、乡议会就各地情形酌量规定，以〔依〕次兴修，由民政长公布在案（详见《省议会第一届议决案》第三册）。此次水利研究会公推邹〈建章〉、胡〈雨人〉[①]二君前赴各乡实地调查，其所著《〈无锡全县〉救治旱潦计划书》，业已由该会建议函请贵议会核议在案。惟兹事体大，以二、三十万之巨，势非别筹专款不足集事。然吾邑水利失修历年已久，而河道疏浚又刻不容缓之象，除任事各员概尽义务，其余少数雇员酌给津贴，以资节省外，至工程专款惟有就地方附加带征一法，〈俞〉复等特行提出《筹备无锡水利工程经费案例》如下。

（一）丁漕带征也。赋出于农，而农田之丰歉，实以水利为权衡。修水利而及于农，自属当然之理。查全邑漕米实征七万五千一百七十二石，忙银实征十四万三千二百六十两零，今拟漕米每石附加百分之五，合洋一万八千七百九十元，忙银每两加征一角，合洋一万四千

---

① 邹建章，无锡人，生卒年不详，曾任无锡县议员。胡雨人（1867—1928 年），原名尔霖，无锡堰桥人，近代著名的教育家。光绪二十四年（1898）考入南洋公学师范院，继而东渡日本进入东京高等师范学校学习。1902 年回国后，与哥哥在无锡共同创办胡氏公立蒙学堂（后改为胡氏公学），并附设女学，同时设立师范传习所，培养师资。1909 年受北京女子师范学堂之聘，出任教务长。1912 年，受聘任江阴南菁学校校长。1913 年出任北京女子师范学校校长，一年后又南下再任南菁学校校长。1918 年受荣德生邀请，回无锡创办公益工商中学，出任该校第一任校长。1924 年出任宜兴中学校长，至逝世。

二百三十六元，作为水利工程经费，由县带征，计岁可收入三万三千元零。

（二）货物带征也。货物转轮全赖水运，水高则桥梁低阻，水浅则船只胶滞，商货往来两受其困。查本邑全县货物统税，每年约收入二十四万元，今拟申请税务局，于货物进出照原税额带捐百分之五，计岁可收入一万二千元。

（三）丝茧税附捐也。丝茧为本邑土产大宗，自农民贪蚕桑之利，岁培田岸积高称滩，大雨时即行泻入河身，实淤塞之一大原因。查全邑丝茧税之定额每年三十五万元，今已丝、茧各半计算，干茧每担附捐一角，合洋二千元；厂丝出口约一万担，每担加捐一元，合洋一万元。共计岁可收入一万二千元。

（四）航轮附捐也。近年轮船竞趋内河，本邑为运河中宫，航线四达，鼓轮而行则击冲河岸，煤渣倾弃则充塞河身。各公司既擅交通之利，自应分负修河之责。查江苏各县，江阴带征开河经费，历有年所。应请查案，商由各轮船局于售票时代收水利工程经费，分舱位带收，平均每人三分，约计每天售票三百，以全年计应得洋三千元零。

以上四项，约共岁收六万元，则以若干年分项带征，至全工告竣之日为止。请贵议会即日提案，加以讨论，尽本届会期急速议决，以便年内设局规划进行。此外，更宜广募绅商特捐，以补不足。由全县热心诸君子分头劝募，集腋成裘，以尽地方一份子之责。

总之，水利一项，有关大局，早一日兴修，即早救一方之命。自表面言之，无近功，无显效，实则尽一分之心，即可收一分之利。旱潦有备，雨旸无患。向诸公恫瘝在抱，具有同情，复等为全县九十万生灵，请命于诸公之前，伏乞俯鉴征忱，迅赐核议。况近年国人义闻宣昭，声震欧亚，即如最近日本大地震，津、沪各地救灾恤怜，弃小嫌而捐巨款，外国且述之为美谈。今恤怜之举迫而为切肤之痛，诸君子身列议坛，孰缓孰急，孰重孰轻，谅已烛照而数计矣。是否有当，敬请公决。

（《新无锡》，1923 年 9 月 18 日）

锡金公所[1]为定期追悼故董周舜卿、张雪梅二先生致旅沪各同乡通函[2]

（1923 年 12 月 4 日—18 日刊载）

启者：故董周舜卿、张雪梅二先生，为本公所创设首董，功绩昭然。遒者先后逝世，同人等曷胜悼惜，兹于旧历十一月初九日，在本公所开会追悼，并于是日供奉栗主人祀本公所飨堂。凡我同乡，届期务希惠临致祭，如有诔词、诗文、挽联，敬乞先期赐交本公所为荷。

锡金公所董事部荣宗敬、祝兰舫、张卓仁、刘春圃、徐可亭、陆培之、于义庭、俞仲还、朱鸿昌、匡仲谋、张云樵、张秋园、范和笙、丁芸轩。

（《申报》，1923 年 12 月 4 日—18 日）

上海机器面粉公会征求减磅同意函

（1923 年 12 月 12 日）

敬启者：十二月四日，接准本埠阜丰面粉公司代表孙景西先生来函提议，"查中国机制面粉向来习惯，每袋重五十磅。近来洋粉纷纷进口，

---

① 鉴于当时在上海谋生的无锡人日益众多，江苏无锡、金匮两县侨居上海的商人周舜卿、祝兰舫等人，在 1888 年发起成立"锡金公所"（其时无锡分为无锡、金匮两县，简称"锡金"），以助同乡之间互通声气，互相帮助。

② 1923 年 12 月 3 日，锡金公所董事会议定夏历 11 月 9 日（即阳历 12 月 16 日）开会追悼已故周、张二董，并由各董分任筹备一切。4 日，由公所董事荣宗敬等全体联衔分函旅沪各同乡。注：1923 年 12 月 5 日《申报》第 4 张第 14 版《锡金公所追悼已故周张二董》一文中，又将"张雪梅"记作"张锡梅"。

考其重量，每袋均四十九磅。在各普通用户心理，无论华粉、洋粉，只知出价若干，购粉一袋，斤重不甚研究。故市上每袋四十九磅之洋粉，与每袋五十磅之华粉售价相同。洋粉因原料丰富，成本较轻，即使镑重相等，华粉已属不能竞争。且每袋暗多一磅，于普通用户不知不觉之中，是以不能与洋粉竞胜也。际此商战时代，经济趋于大同，我国机制面粉，每袋磅重，未便默守旧习，独自标异，似宜与各国洋粉一致，一律改为四十九磅，以免暗中亏耗一磅。兹将管见所及，特向贵会提议，应请定期邀集同业各厂开会计论，或自下月起实行改磅，或因交易所交割关系，订自明年二月起，以便交易所下月改拍二月期四十九磅标准，悉候集议表决。至以前合同及成单已订定之货，应交五十磅庄〔装〕者，如日后改为四十九磅，不妨将减轻磅数，照价扣除，以昭公允。如蒙采择决议施行，于营业竞争上，得免无形暗耗，实同业各厂均所企望也。兹谨提议如右，跂候公决”等因。兹经本会于十二月六日，邀集本、外埠各厂开会集议讨论，佥以每袋改用四十九磅，到会各厂均极赞成，惟因本、外埠同业及交易所种种交易关系，似不宜将实行改磅之期规定太促，经众再四斟酌，定自甲子年阴历五月初一日起实行，一面通函全国各厂，征求同意，并登报通告，以期同业全体一致，一俟全国各厂复函赞成，再行由会分别呈请部处立案，以垂永久等语到会。各厂代表签名计："申大""立大"顾馨一，"福新""茂新"荣宗敬、王尧臣、王禹卿、丁梓仁、陶仞千，"阜丰"金铭甫，"长丰"曹廉逊，"华丰"陈枚肃，"信大"孙镜蓉、孙宾南，"中华第一厂"陈幹庭，"三井"山西武十郎，"裕通"宋玉书、陈少庭，"内地面粉公会"方燮尹，无锡"九丰"曹钰如，汉口"金龙"陈松源。除通函全国同业各厂，并登报通告外，相应照录议案，函请查照。如荷赞同，并恳惠复，俾下次开会时，提出议场，以决从违，是所企盼。

（《申报》，1923 年 12 月 14 日）

函催设立沪宁长途电话案

(1923 年 12 月 20 日稍前)[①]

沪宁长途电话搁置不办,交通颇感不便,是以由面粉、纱布、银行各业发起呈催。昨阅报载,虽有部咨苏督、长设立沪宁长途电话,派周家义总办之说,仍拟进行。恳于所具公呈内,加列本会衔名,交由敝处,再请各商会加章发递。

(《申报》,1923 年 12 月 21 日)

① 此案系作为上海总商会会董的荣宗敬先生,提交 12 月 22 日召开的该会第二十六期常会讨论的议案。案据《申报》1923 年 12 月 21 日称,该案在 20 日即已分发,可知此案草拟时间应在此稍前。

1924 年

棉花掺水、小麦和泥之改革谈

（1924 年 1 月 1 日刊载）

鄙人经商沪上历有年所，近年办理面粉、纺织各厂，颇少乐观。推其原因，大多新麦登场，各屯户分头购买，各贩户掺和泥沙，以致各面粉厂不欲收买低货，无麦可做，停工歇业。幸有大批美麦购运来申，各厂得以制粉应销。现在各屯户虽折本求售，而不可得。此各厂间接受困，而各屯户亦直接受累也。棉花收获，同一情形。美花、印花继长增高，各贩户掺水和棉，以冀加重觔两，得沾利益。然各厂成本既不合算，且深悉掺水和棉情弊，不得已停工以待。此各厂及各屯户均受影响。谚所谓"害人不入己，不如不害人"，堪为囤积居奇者告。既往不咎，来者可追。所望各贩户，万勿再将泥沙掺和麦中，清水搀入棉花；各屯户万勿再乘新麦登场、新花上市，纷纷购买囤积。害人害己，视为要图。为各屯户计，与其囤积小麦、棉花，不如以面粉、纱布为营业，费轻易举，诚一举而两得也。

（《银行周报》，第 8 卷第 1 号，1924 年 1 月 1 日，"每周商情"，第 16 页）

申新纱厂天津提议华洋商人税捐不平应据理力争请公决案[①]

（1924年4月6日）

窃查近年华商办理纱厂，困难情形达于极点，我同业无不深悉。揆厥原因，要由洋商运送花衣，捐税一道，逢关遇卡，一体验放，概免税厘；华商运送花衣，既经捐税，逢关遇卡，一再照损〔捐〕。此不平等者一。又如华商采办汉口花衣，由轮船装运至上海，既捐出口、进口等税，转运无锡，复征产销等税，重重束缚。此不平等者二。现在日本商人在青岛设厂，赴内地采办花衣，既无捐税之重叠，又得交通之便利，事半功倍，较诸华商设厂运货，不啻有天渊之别。此不平等者三。谚云"不平则鸣"，凡我同业，似宜注意，据理力争。我华商所办之实业，全受外人之影响，摧残实业，诚不能为当局讳也。特此提议，敬候公决。提议者申新纱厂总理荣宗敬。

（《纺织时报》，第100期，1924年4月7日，第1页）

蚌埠兴业股份有限公司筹备处招股通告

（1924年5月19日—6月5日刊载）

两淮物产蕃富甲于豫皖，而分输、转载悉恃运河一途，昔以清江浦为其萃点，自有津浦铁道，形势乃一变，而移于蚌埠，近且辟为商埠，观测将来，自不难蔚为繁市，顾尚少适当建筑，货多露积。同人等有鉴于此，爰创组蚌埠兴业股份有限公司，藉以企图实业。有志附股者，请至

---

① 此案系荣宗敬先生在1924年4月6日天津华商纱厂联合会第七届年会上，以申新纱厂总理身份提出的提案。

本筹备处接洽，取阅章程。招股简章条列如左：

资本：国币二百万元，分四万股，每股五十元，收足四分之一，即行开业。

营业种类：建筑、地产、堆栈、运输、押汇。

收股款日期：自阳历五月二十三日起，至六月五日截止。

代收股款处：

（上海）大陆银行、中南银行、中国实业银行、聚兴诚银行、交通银行、衡吉庄、庆成庄、衡余庄、裕丰庄、鼎元庄；（天津）大陆银行、中南银行；（北京）大陆银行；（汉口）聚兴成银行；（安庆）中国银行、交通银行；（芜湖）慎余庄；（蚌埠）中国银行、交通银行、公益银号。

发起人：江宇澄、李眉庵、王沂慕、赵雨亭、叶鸿英、谭启桂、汪建刚、王俊臣、席鹿笙、席聚星、郑松亭、严秋圃、范寿臣、叶继高、施谱熏、吴培初、包达三、张勋伯、王采丞、汪瘦岑、虞洽卿、朱静安、胡璧城、张佩绅、金锡之、叶扶霄、陈学坚、邵芷湘、万绶青、谢蘅窗、严均安、严秋庚、杨彦芬、袁履登、郑廷振、段芝泉、聂伟丞、耿竹畦、黎华庭、王一亭、龚庆霖、张伯衍、狄楚青、吴麟书、余鲁卿、杨韵秋、王伯元、戴畊莘、席锡蕃、张颂周、邱伯飞、李时泉、朱琴芳、李仲仙、许静仁、王平阶、高蔚轩、周孝怀、张云翼、陈策、薛文泰、吴耀庭、陈光甫、张凝甫、蔡久生、刘晦之、刘耀楣、朱馥堂、卢宠之、叶载青、俞澄如、余寿平、朱葆三、程松亭、方椒伯、徐积余、丁铭礼、吴汝澄、郁葆青、龚子渔、王毅斋、邱积卿、万振声、王际亨、席启笙、陈焕传、席德辉、范回春、陈堂文、吕燮甫、程湘圃、姚文敷、沈联芳、盛竹书、郑衡之、林康侯、王宪臣、奚萼衔、管趾卿、唐吉生、周介繁、石运干、林联琛、曹义荣、徐伯熊、魏晋三。

赞成人：王慈生、余咏南、严孟繁、唐少侯、史量才、陆伯鸿、赵普卿、吴蕴斋、徐陵霞、秦润卿、严直方、王省三、叶湛青、郑泽南、杨汉江、吴萃五、马少甫、胡幼腴、章仲和、程霖生、顾馨一、汪汉溪、劳敬修、朱吟江、王鞠如、王晓籁、乐振葆、邬挺生、陈卓甫、周荣峰、钱雨岚、王子厚、袁体仁、李培基、郑翔北、田时霖、徐冠南、叶惠钧、张乐君、盛筱珊、胡笔江、陈子埙、荣宗敬、吴蔚如、金采生、严颂蔚、黄念劬、严敬与、石补成。

筹备处:上海山东路如意里十号

电　话:中央一五三〇号

(《申报》,1924 年 5 月 19 日—6 月 5 日)

为取缔棉花掺水及沙泥事致江苏省长公署呈文

(1924 年 6 月 19 日前)

窃年来纱锭骤增,需棉日广。全国棉产,每年不下数千万金,骎骎成为出品大宗。惟以棉价骤昂,而棉商棉农作伪作弊之风,亦视昔为烈,全国风从,几于莫可挽救。曩之作弊者,只有搀水,今并夹以沙泥,和以棉子,以期增加重量,而售其奸,厂商偶一不察,动遭欺蒙。其搀水者历时既久,则色泽全变,拉力骤减;其搀和沙土者,一经压花机械,往往致招火险,为害尤大。循此以往,再不力求整顿,则厂家为顾全血本,避免危险计,惟有舍华棉不用,转购外棉,而受其害者,仍在棉商棉农,但影响于国计民生者大矣。为特吁求钧座分令各产棉县分出示晓谕,并转饬各商会、农会告戒各产地农民,及经营棉花商贩,勿贪小利,勿昧天良,如查有搀水及搀杂沙泥棉子情事,应严重罚钱,或举全数充公,或科以诈欺之罪,庶棉商棉农知所忌惮,而纯洁之原料,亦得推行尽利。固不独厂商受赐,抑亦钧座维护实业之盛意也。所有整顿棉产各缘由,理合备文呈请鉴核,俯赐施行,实为德便。

附:上海县知事公署取缔棉花掺水及沙泥等布告(1924 年 6 月 19 日刊载)

为布告事。案奉江苏省长公署第五四八一号训令内开,"案据华商纱厂联合会副会长荣宗锦呈称:'(中略,内容同上)所有整顿棉产各缘由,理合备文呈请鉴核,俯赐施行,实为德便'等情。据此,查近日棉商棉花,往往有搀水及搀沙泥棉子情事,使棉业受极大影响,自非严行取缔，不足以维护实业。除通令并令总商会议禁外，合行令仰该知事遵照办理具报，此令”等因。奉此，除分行外，合行布告，仰该农民及贩户人等，一体知悉，自示之后，不得有搀水及搀沙泥棉子等情事，如敢故违，定予从严究罚不贷。其各凛遵，切切。特此布告。

（《申报》，1924 年 6 月 20 日）

上海机器面粉公司公会为请求照案禁止小麦出口事呈江苏省署文[①]

（1924 年 7 月 1 日刊载）

窃查江苏一省小麦，连年歉收，以致粉厂所用原料供不应求，全恃采办美洲小麦以济厂用。近来美洲麦价逐渐加昂，且须留备自用，恐难副华厂之购求，是上海一埠粉厂二十余家所用原料小麦，专恃长江上游转运济用。乃近闻有大帮客商在沪购办小麦，报运出口，各厂异常恐慌，邀求敝公会开会集议，声请禁止转运。查民国九年曾经太仓县知事暨敝公会，以请禁止二麦、杂粮出口，呈奉前省长齐【耀林】令行财政厅核议，援照六年分〔份〕江北苦旱禁运小麦、杂粮出省办法，咨行江海、镇江等关查照，禁止小麦、杂粮出口有案。现在情事相同，理合呈请省长察核，俯赐照案行令江海关、镇江关各监督，一体准将厂用原料小麦，即日免予转报出口，以维厂业，实为公便。

（《银行周报》，第 8 卷第 25 号，1924 年 7 月 1 日，“每周商情”，第 12 页）

① 荣宗敬先生时为上海机械面粉公司公会副会长，呈文中署名“荣宗锦”。据《银行周报》第 8 卷第 33 号“每周商情”第 13 页的资料显示，该呈文得照准。此为刊载时间。

上海机器面粉公司公会为反对增收附加税事致各同业函（附专电文稿）

（1924 年 7 月 27 日）

径启者：阅报载，“国务会议议决，海关、邮路、航电，于八月一日起，征收附加税，为振灾之需”等情。本会特于前日邀集各厂代表，开临时会议，佥以我粉业频年艰困，已达极点，若再加税，商力实有未逮，公决分电部、省，请求迅予罢议，以恤商艰在案。兹将专电文稿，录请查照。（附专电文稿）

北京分呈国务院、财政部、农商部，南京韩〈国钧〉省长钧鉴：阅报载，“国务会议议决，海关、邮路、航电，于八月一日起，征收附加税，为振灾之需”等语。切〔窃〕查振救偏灾，历有成案，但频年粉业艰困，已达极点，何堪再加负担？倘因振灾而加税，因加税而停机停运，是加税仍求无着，并助振亦无从输捐。应恳稍留工商元气，〈转电中央〉迅予罢议，毋任企祷。上海机器面粉公司公会会长顾履桂、荣宗锦叩，感。

（《申报》，1924 年 8 月 1 日）

介绍世医龚士英[①]先生启

（1924 年 9 月 7 日—9 日刊载）

先生为无锡名医龚锡春[②]先生之子，家学渊源，研究医理，举凡痧

① 龚士英（1896—1955 年），无锡江阴巷人，及长后在父亲龚锡春指导下攻读中医经典，自 1914 年起行医寓所，父亲去世后单独应诊，擅长于伤寒、时疫、内、妇、儿科和痧痘等症。

② 龚锡春（1864—1923 年），无锡江阴巷人，自小立志于医学，成年后拜名医清廷太学生汪艺香为师，并随师出诊，1885 年单独开业行医，擅长伤寒、温病、痧痘、时疫和各种疑难杂症。1916 年与同道好友、当时的无锡十大名医王子柳、赵仲平等人共同发起组织无锡中医学会，并当选为会长，负责和安排定期学术活动。

痘、男妇大小各症，无不药到病除。今来上海，午前九时至十二时在海宁路一千七百八十九号，午后一时至四时在九江路河南路转角无锡同乡会候诊，四时以后即行出诊。凡同乡亲朋以及贫乏无资者踵门求治，诊金一概不计，特此登报介绍。

祝兰舫、荣宗敬、蒋哲卿、俞仲还、丁梓仁、徐可亭、陶仞千同启。

（《申报》，1924 年 9 月 7 日—9 日）

复中国红十字会无锡分会电

（1924 年 9 月 20 日）

中国红十字会无锡分会孙、华、高正副会长，蒋、陈正副理事长钧鉴：冬、寒两电均悉。诸公爱护桑梓，广救灾黎，莫名纫佩。敝会自当竭尽绵力，勉效涓埃。现正分投劝募，集有成数，即当寄奉，谨先电复。无锡旅沪同乡会理事会理事长荣宗锦、祝兰舫，哿。

（池子华、崔龙健主编：《中国红十字运动史料选编（第 4 辑）》，合肥工业大学出版社 2016 年，第 200—201 页）

致南京军民两长电报告北工巡捐局董事会议情形

（1924 年 10 月 12 日）

【沪北工巡捐局局长许人俊离沪，前日（12 日）经董事会议决，公推沈联芳为董事长，主持局务。董事会议决后，曾致电南京军民两长，报告会议情形。原电如下：】

南京巡阅使齐【燮元】、省长韩【国钧】崇鉴：许局长人俊本日因事离沪，局务现由董事等会同维持，务乞迅赐派员接替，以专责任。无任叩祷。沪北工巡捐局董事沈镛、徐懋、荣宗锦、陈炳谦、徐春荣，总务科长王文苑叩,文。

(《申报》,1924 年 10 月 16 日)

上海机制面粉公会请裁护军使、迁兵工厂电

(1924 年 10 月 19 日)

北京分呈国务院、陆军部、参谋部钧鉴:上海为中国通商巨埠,并非兵家形胜之区。民国以还,屡酿战端,推厥祸因,由于护军使一职,直隶中央,不受本省军事长官节制。兵工厂所在地,尤为兵事所必争。双方偶有违言,即据兵工厂发难相抗。上海商民屡受战祸,均由争据兵工厂而起。此次战事尚待结束,本会同业各粉厂受战事之牺牲,痛定思痛,惩前毖后,为防杜将来战争起见,佥请本会电呈钧院、部,恳将上海护军使一缺裁撤,兵工厂另行择地迁移,提交国务会议议决施行,俾上海一区永久立于军事范围以外,专营商业,不致再受战累。中国商民同深企祷。上海机器面粉公司公会顾履桂、荣宗锦叩。

(《申报》,1924 年 10 月 20 日)

为吁请免除面粉业特捐事呈江苏振务处文

(1924 年 12 月 10 日)

【面粉加征振捐一事,各地面粉业,以该业连年亏蚀,今岁又值军事之际,受损尤多,一再加征,实难负担。上海、无锡、内地面粉公会,推定陶仞千、高映川、方夔尹为代表,于〈十二月〉六日晋省谒见韩【国钧】省长,陈述困难情形,请求将附捐豁免,以恤商艰。韩省长亦洞悉内情,允许改为认捐,即电知财政厅长,并嘱各代表向财政厅长就近接洽。各代表退后,即于当日返沪,会同上海面粉公会会长顾馨一、荣宗敬,于七日谒见财政厅长,陈述谒见省长情形,并力述面粉业之困难,一再加征实难负

担。经严〈家炽〉厅长允许变通办法，改为一次认捐，计认捐款银一万元，由厅令行各税所，将苏省境内转运面粉，一律免收附税，其已收面粉捐税数目，查明开单，径缴振务处，俾于认捐内扣。并于昨日电呈振务处，请核照行。兹录原文如下：】

呈为认捐振款，免征粉面附税事。窃查面粉一业连年亏触，支持为难。本年麦价昂贵，又值军兴，运输不通，制成之粉，一律停顿，工料拆息，已不能与时价相抵。乃军事甫定，止欲将积货行销，而无端加税，委实难以担任，业将困难情形电陈，并公推代表赴宁晋谒省长，呈请剔除粉面附税。仰荷省长洞鉴商艰，准改为认捐办法，即电上海，由财政厅长就近接洽。代表回沪，会同履桂，面商严厅长，订明全省面粉业一次认捐，计总缴一万元。除查明在厂已在税局缴纳若干外，如数径缴钧处核收，以济振款。理合具文呈明，仰祈钧处察核，咨行财政厅行查各税所，将苏省境内转运粉面，一律免收附税，并行查各税所，将已收粉面附税数目报处开示，以便剔除多缴，实为公便。谨呈江苏振务处。上海面粉公会会长顾履桂、荣宗锦，无锡面粉公会代表高汝琳，内地面粉公会代表方宾穆。

（《申报》，1924年12月11日）

1925 年

追悼救护队员张浩荣君启事

（1925 年 2 月 8 日—14 日刊载）

本会会员张浩荣君，无锡西乡张巷人，在福新面粉第七厂任事，平生勇于为义，此次锡邑战祸，充六队救护队员，旋里救护难民。一月二十六日，道出开原乡孙巷东首猛将殿附近，中弹殒命，得年二十四岁。重闱在堂，寡妻失恃，兼有寡婶，一门四孀，赡养无资。本会开会议决，定于二月十五日（即旧历正月二十三日）下午二时，假海宁路锡金公所，开会追悼。凡我同乡及与张君有交谊者，敬请莅临，共表哀思，并盼锡以文辞，以垂不朽。倘荷厚赠赙金，俾家属得资赡养，尤深感篆。如蒙鼎惠，本埠请送海宁路北山西路口无锡旅沪同乡会，无锡请送县商会代收。无锡旅沪同乡会追悼会事务所蒋曾燠、祝大椿、荣宗敬、王尧臣同启。

（《申报》，1925 年 2 月 8 日—14 日）

致北京段祺瑞[1]执政等电挽留江苏省实业厅长

（1925 年 2 月 24 日刊载）

北京段执政、农商总长钧鉴：报载苏省更动长官，有兼及实业厅长

① 段祺瑞（1865—1936 年），原名启瑞，字芝泉，晚号正道老人，安徽合肥人。早年天津武备学堂毕业，留学德国。辛亥后历任北洋政府陆军总长、内阁总理及执政。

之说。现任张【轶欧】①厅长，服务桑梓多年，奖掖工商，颇著成绩。兵燹之余，尤不宜多所更张。务乞免予调动，实为苏省实业之幸。华商纱厂联合会副会长荣宗敬叩。

（《时报》，1925年2月24日）

无锡旅沪同乡会电请迅撤驻无锡军队文

（1925年3月1日）

北京段【祺瑞】执政、各部院，奉天张【作霖】②上将军、各军长，南京卢【永祥】③宣抚使、郑【谦】省长钧鉴：此次江浙构兵，无锡受灾独重。全邑菁华焚掠殆尽，工厂、商场完全停顿。今虽战事告终，而重兵所驻，官长纵极严明，地方流氓难免勾结兵士越出正轨。民间流离迁徙，莫敢还

① 张轶欧（1881—1938年），名肇桐，字轶欧，又字翼侯，号一鸥，江苏无锡人。光绪二十三年（1897）考入上海南洋公学，因参加驱逐美籍校长富开森活动被开除。1898年留学日本弘文学院，加入中国同盟会，并与秦毓鎏等组织留日学生革命团体青年会。1899年回国，入上海震旦学院学习。1904年考取两江总督端方的公费留学，赴比利时学习采矿冶金，获海南工科大学路矿业硕士，1911年毕业回国。1912后，历任工商部采矿科技师、技正、科长、矿务司司长、矿政局主任、第一区矿务监督署署长、矿务局会办、农商部矿政司司长等职。1916年任江苏实业厅厅长，1925年调任临城矿务局工程总办，1928年任南京国民政府工商部商业司司长，1929年任中国航空公司理事，1935年任实业部技监。

② 张作霖（1875—1928年），字雨亭，奉天（今辽宁）海城人，奉系军阀首领。早年在辽西一带当土匪，后被张锡銮招安，在其营务处效力，因捕盗有功，渐擢巡防军统领。1916年起，任奉天督军兼省长、东三省巡阅使兼蒙疆经略使。1924年打败直系军阀后，控制北京政府，1926年称安国军总司令，1927年6月组织安国军政府，自称"中华民国陆海军大元帅"。

③ 卢永祥（1867—1933年），原名卢振河，字子嘉，山东济阳（今济南市济阳区）人，原属曹锟旧部，后投靠段祺瑞，成为皖系骨干。天津北洋武备学堂毕业，历任师长、淞沪护军使，1917年任会办江苏军务，1917年任浙江督军，1920年4月通电首倡废除督军制度，1922年宣告自行废督，改称浙江军务善后督办，1924年9月爆发江浙战争，自任浙沪联军总司令，率部与直系江苏督军齐燮元部作战，结果战败，逃亡日本。同年12月回国，任督办直隶军务善后事宜，旋改任苏皖宣抚使，1925年初兼任督办江苏军务，5月北上调停奉皖冲突未遂，于8月辞去各职。

乡。工商百业难期恢复。现在育蚕期近,倘再失时,则千余万之富源完全无出。人民既无以聊生,税额亦重遭损失。伏读卢宣抚使感日呈执政电,定军制、划军区,并暂定徐州一带为驻苏国军区域,廓然大公,仁言利溥。为此吁恳,将驻锡军队,迅赐悉数调防,其有必须驻苏之兵,亦请按照卢宣抚使计划,调驻徐州一带,俾得召集流亡,及时恢复。国计、民生两有裨益。临电不胜急切待命之至。无锡旅沪同乡会理事长蒋曾燠、祝大椿、荣宗锦叩,东。

附:善后会议专门委员穆藕初呈段执政祺瑞请撤无锡驻兵文(1925 年 2 月 27 日)

呈为无锡叠受兵劫,育蚕期迫,恳请撤退驻兵,以安民命,而裕税源事。窃维江苏富饶,甲于全国,年来各县改良蚕桑,发展实业,为国家开辟富源者,莫若无锡。水陆交通,户口虽仅达百二十万,而工厂密布,商业辐辏。论工则纱厂、丝厂、面粉厂、碾米厂、肥皂厂等,有八十二家,工人十五万人,间接恃工厂以生活者倍之。论商则全国对外贸易之丝,大都出产于是;全省人民日用之米,大都荟萃于是。每年贡输于国家之税额,达一百十余万两,丁漕尚不在内。如此财赋之区,政府宜保护之,培养之,不但以裕税源,藉舒正供,并可于商业上对外竞争,增进国家地位。遒齐氏称兵东南,无锡搜刮一空,受灾独重。迨齐氏二次构衅,兵无斗志,而无锡数十年经营惨淡之商场,悉成瓦砾;血汗所得之资财,尽付东流。盖自车站至城垣,及城垣周围三十里之内,莫不被劫。且有连劫七八次之多者。其焚掠奸杀,视洪杨为尤甚。齐氏去而奉军来,驻守之兵纪律虽较佳,而言语不通军士,日用所需,不能不稍稍取给于此。少数下级兵丁,又难免不无轨外举动。故全邑人民,除老弱男子外,仍流连在外,莫敢还乡。溯自一月十八日齐氏祸锡,迄今一月有余,全邑工厂、商场完全停顿,而人民之颠沛流连于境外者,欲归不得,欲留不得。困顿情形，笔难宣达。当春令育蚕期近，苟失其时，则三千万之富源，全邑人民于一岁中日用所需之仰给于是者，又将完全损失。果尔，则不特人民皆成饿莩，而国家百余万之税额、丁漕亦将无着。为特迫切陈词，务恳执政本慈祥之念，拯救苏民，迅饬奉军长官速将驻锡军队悉数调回；或有军事上万不得已，亦请酌量调开，妥为布置。如此，于军事、民情两无不便，则人民安而工厂恢复，国税裕而正供无亏。湘玥甫自南来，目击情形，不敢安缄默，用特缕述详情呈请钧鉴，伏乞指令批示只遵。谨呈执政。善后会议经济专门委员穆湘玥谨呈。

（《申报》，1925 年 3 月 2 日）

致苏州总商会会长贝哉安[1]函

（1925 年 3 月 4 日）

敬启者：此次因太湖流域间人民备受战祸之苦，后日大难，不得不预筹一自全方法，同人等爰有太湖流域特别区联合会之建议。兹特奉上草案一纸，事关各地人民生命财产，即希信到迅行邀集贵处各公团集议卓裁赐复为荷。此致哉安先生公鉴。孙鸣圻、祝大椿、沈田莘、李恢伯、荣宗锦、华文川同启。

复信寄上海海宁路一千五百七十号无锡旅沪同乡会。

草议大纲八条

敬启者：近年江浙构衅，凡吾太湖流域人民莫不均受战祸，如拉夫、

---

① 贝理泰（1866—1958 年），号哉安、鞠缘，江苏吴县（今苏州）人，苏州名门贝氏家族成员，以“金融世家”著称，其第三子贝祖诒，即为国际著名建筑家贝聿铭之父，出任过中国银行及中央银行总裁。他秀才出身，参与创办上海商业储蓄银行（简称“上海银行”）和中国第一家新型旅行社——中国旅行社，1917 年任上海商业储蓄银行董事兼苏州分行经理，自 1922 年起担任苏州总商会会长达 7 年之久，此外还担任过吴县红十字会会长、吴县救火会会长、博习医院、振华女子中学董事等职，对近现代苏州的经济发展与公益事业建树颇多。

封船、给养、筹饷，种种逼勒，苦不可言。哀我小民，无门控诉，然终不能听其长此脔割。况当共和时代，终以民意为归，则凡身受此次战事之苦者，亟宜起而共谋自卫之方。爰略具管见数则如下，惟希公鉴：

（一）苏之五属与浙西方面均属太湖流域，两地人民平时最相亲善，区域亦互相毗连，自宜团结一气，唇齿相依，用拟联合定为特别区域，以期永远避免兵灾为宗旨。

（一）拟联合各地人民集合，定名太湖流域特别区域联合会。该会会员由各县议会、商会、农会、教育会各推代表二人（至少各推一人），各总商会及各属旅沪同乡会各推代表二人，合议以成之。

（一）本会会址暂假上海。

（一）本会经费由各县分任之。

（一）本会自通信日起，应请各地方绅商随时莅会，合组办法，限于一个月内成立。

（一）本会俟特别区正式成立，即行撤销。

（一）现在通信各事，暂由□□□等先行滥竽充数，一俟各地发起人集合后，再行推举公定，合并声明。

（沈慧瑛：《太湖流域联合自治会档案资料选编》，《民国档案》，1991年第2期（1991年7月），第3—4页）

太湖流域绅民电恳段祺瑞、张作霖、江苏两长及张宗昌撤兵文

（1925 年 3 月 14 日）

北京段执政、奉天张上将、南京卢【永祥】宣抚使、韩【国钧】兼督办、宣抚第一军张【宗昌】军长崇鉴：大军久戍，百业停滞，流离失所，已达数月，供应既穷，农蚕俱废，民间生计日蹙，国税收入尤将大受影响。目前

蚕事将届，又值春耕，一年之计全在此时。钟珏等为大局计，除推举代表张一麐、姚文枬、恽毓昌、冯煦、袁希涛、徐宗溥、顾乃斌、陈其采诸绅，趋谒崇阶吁恳外，伏乞俯鉴下情，迅予令饬各军，退出太湖流域，藉纾民困而保税源。临电不任迫切待命之至。

李钟珏、胡维德、彭榖孙、施肇曾、黄炎培、沈恩孚、费树蔚、许人俊、陈大启、潘利榖、朱钧弼、奚光华、钱崇威、殷振亚、黄申锡、史量才、李味青、顾履桂、张伯初、张葆培、卢正衡、钱以振、冯晓青、庄箓、万宾穆、祝大椿、荣宗锦、孙泰圻、孙鸣圻、杨寿楣、蒋士松、陶起凤、陆鉴徵、钱鉴莹、钱三立、单润宇、俞复、贾培、吴增元、储南强、徐麟祥、王景棠、杨鄂联、俞惟珏、洪兰祥、陆启、徐光溥、吴夏祺、查人伟、陶葆廉、徐棠、蒋莱仙、徐眉轩、汪山、周庆云、王震、潘澄鉴、沈泽春、陆熙咸、单宗模、华文川、李培锷同叩，寒。

（沈慧瑛：《太湖流域联合自治会档案资料选编》，《民国档案》，1991年第2期（1991年7月），第7页）

函请沪北米粮公会会长范和笙君转告行、厂、客三方无锡米商以资利便而减危害[①]

（1925年3月20日）

谨启者：近因军兴以来，无锡钱市尚未复业，金融汇兑停止。上海各米商带现回锡，路上恐有危险。本厂为便利经济流通，减少沿途危险起见，自即日起，暂代收解无锡汇兑。今附奉《通告》十纸，请阁下传达

① 时任上海福新面粉厂总理的荣宗敬先生鉴于战事以还，本乡无锡钱市尚未复业，汇兑停止，旅沪商人货价必须自行携带，非特累赘，其沿途危险实甚，而货款中为数最巨者，尤以米商最多，为便利同乡客商，特拟定救济办法，即米商将售货之款交闸北光复路福新第一厂代收，取具收条，然后持此收条赴无锡福新总公司凭条领款，汇费分文不取。此函系荣宗敬先生请沪北米粮公会会长范和笙将此办法转告行、厂、客三方无锡米商。范和笙（1879—？年），字衍祚，江苏无锡人，时任沪北米粮公会会长，后任闸北商会公断处处长等职。

各米客、米行、米厂一体周知，本厂不取汇费，最好米客售现之现，向行家收取庄票或钞票，免得现洋有过目手续之繁。祈请台照为荷，此请台安。弟荣宗敬启。

附：福新面粉厂通告文

近为军兴以来，无锡钱市尚未复业，金融汇兑停滞。本厂为维持经济流通起见，自即日起，暂代收解无锡汇兑，特此通告。新闸北堍福新面粉厂启。

（《申报》，1925 年 3 月 21 日）

上海正大商业储蓄银行开业广告

（1925 年 3 月 25 日—28 日刊载）

本银行开设上海英租界江西路 B 字五十一号（即前正利银行旧址），专营商业储蓄及其他一切银行业务，兹定于三月廿八日（即夏历三月初五日）开始营业。如蒙惠顾，倍极欢迎。谨启。

董事长：叶鸿英，董事：王一亭、顾馨一、严康懋、陈子埙、荣宗敬、陈青峰、郭宣倩、俞佐庭，监察人：张云樵、瞿鹤鸣，经理：王文治，副经理：钱仲孙，襄理：朱嘉瑞。

（《申报》，1925 年 3 月 25 日—28 日）

介绍医学士卫质文启

（1925 年 3 月 28 日—4 月 1 日刊载）

卫君质文，梁溪硕士，医界明星，兼研佛学，济世为怀，前毕业于南洋医科大学，己未、癸亥之间（1919—1923 年）先后主任锡邑防疫医务，活人无算，曾蒙内务部褒给三等奖章，在锡悬壶有年，要皆着手成春，用是声誉洋溢，名闻锡麓。兹应亲旧之招，来沪组织保康医院，以广仁术。爰特代订诊例，乐为绍介焉。送诊：上午九时至十二时，号金一百文，诊金不计。例诊：上午九时至下午五时，时号金一百文，诊金不计。例诊：上午九时至下午五时，号、诊金一元一百文。出诊：下午五时后，号、诊金五元一百文。提早、越时加倍，深夜谢绝。

介绍人顿宫宽、关炯、王一亭、沈润挹、祝兰芳、荣宗敬、席云生、俞仲还、顾南群、蔡禹门、华景奭、闻兰亭同启。

（《申报》，1925 年 3 月 28 日—4 月 1 日）

提倡购用国货宣言

（1925 年 6 月 1 日）

【吾邑（无锡）实业家荣宗敬君，创办纺织、面粉等厂十有六处，共用职工一万余人。近因五卅惨案发生以后，荣君为一致对外起见，发起提倡国货会，限制各厂职工，一律遵守会章，购用国货。兹录其宣言如下：】

自五月卅日南京路发生惨剧以后，凡我同胞，莫不切齿痛恨，致酿成罢课、罢市、罢工之举动。鄙意爱国不在空言而在实践，御侮不在一朝而在平时。现在家常日用，与夫个人生活所必需，实以舶来品占居多数，每年流出之金钱，何可胜计！漏卮不塞，困穷立待。兹由鄙人发起，自六月一日起，凡在本公司范围以内之同仁，一律不购买舶来品。苟能持之以恒，守以毅力，庶几舶来品绝迹市廛，而国货得以推行尽利，藉以作五月卅日之纪念。如有意见不同，或阳奉阴违，虽与个人之人格有关，鄙人亦不敢引为同调矣。愿与同仁共勉之。中华民国十四年六月一日，荣宗敬。

（《锡报》，1925 年 6 月 11 日；《申报》，1925 年 6 月 12 日；《纺织时报》，第 219 号，1925 年 6 月 14 日）

附:无锡申新三厂推销国货布匹广告(1925 年 6 月 12 日刊载)

本公司织布厂备有织机五百部,每天出货千匹,久已行销中外。凡十磅、十一磅、十二磅、十三磅、十四磅、十六磅、十八磅粗细平布斜纹,以及二十磅、二十四磅番布,均可定织,并代理漂染,限日交货不误。兹因各界爱用国货,特此登报广告,以便选购,定价克己,请认明“四平莲”商标为要。此布。

(《锡报》,1925 年 6 月 26 日)

在华商纱厂联合会会议上就结束罢市办法之临时提议

(1925 年 6 月 9 日)

自 5 月 30 日南京路发生惨剧,忽忽十日矣。罢课、罢市、罢工,奔走呼号,民气之激昂,无与伦比。顷读本会穆君藕初治标、治本之策,规画周详,甚佩卓识。宗敬之愚,以为罢市一端,损失过巨。交涉未见端倪,先劝开市,揆诸情势,恐有所不能。鄙意全埠商业,除银行、钱庄外,端推纱厂业。本会中鉴于时局严重,推举聂君云台、穆君藕初、吴君麟书、徐君庆云协助外交当局,向领事及工部局参照穆君提出条件,据理力争。倘彼方推诚相与,容纳条件,然后敦劝开市,较诸空言,似易奏功。鄙人拙于词令,甚望四君俯念时艰,起而援助,不独纱厂一业受惠已也。

(《华商纱厂联合会议案、议事录》,1925 年附件)

附:穆藕初解决五卅惨案之意见(1925 年 6 月 9 日刊载)

自五月十五日,日商内外第七厂击毙工人顾正红后,酝酿半月,未有解决,遂有五卅南京路之惨剧,且续有伤毙者。此案伤亡之众、当局之残忍行为,亘中外古今所罕见,群情愤激,莫可言宣。于是遂有六月一日英租界全市罢市之举，迄今已一星期。中外人士之愿任调停者，颇不乏人。而双方各走极端，不但无解决之希望，并此接近之方法亦无所闻，良可慨也。虽然，欧战血战五年，卒归解决，况此种惨杀案乎？是在双方之揆情度理、推诚相与，并顾鲁连其人者，弗辞劳瘁，继续进行，则燎原之火势或可少熄，而中外之感情，庶几不致过损乎！玥不敏，谨援各言尔志之义，就法理、事实以研究此问题及其进行之步骤，本其一得之愚，供献于邦人君子，幸垂览焉。

一、负击毙工人、学生、市民之责者，应依法惩治。

二、发令枪击之总巡捕头，应暂行停止职务。

三、被押各人，应即释放。

四、嗣后工部局应负责声明，不再有随意枪杀之举动，并不准西人越界拘人，及借口戒严而随意搜检行人。

五、撤消戒严令。

六、撤退海军陆战队及商团等。

七、倘工部局允许实行二、三、四、五、六条时，各商行号应一律开市，静候法律解决。

盖此项惨案，关系至巨，亟应详搜证据，调查事实，手续甚繁，决非三数日所能竣事，故应取治、标治本两法。而上列第七条即治标之法。至其他惩凶、抚恤、收回公堂、要求市民选举权，及集会、言论、出版自由等项，此种要求，性质既各殊，而各国主张势难一致，自应由吾国外交当轴根据民意赶速进行，以图圆满解决。此治本之法也。况罢市非制人之死命，实制自己之死命，虽能持久，牺牲太大。且沪地为全国金融枢纽，影响于全国商业、实业者至巨，稍有常识者不难推想而知。况目今所罢者，尚有其他之工与学乎？或者谓一旦开市，而民气即散，将来无良好结果。玥敢谓，一鼓之气，不足为气，浩然之气，斯为真气，恐开市而气散，得毋太轻视我商人乎！玥并望吾国人处事有区别力、推想力、组织力、坚忍力，则事无不成，而成无不满意矣！并望吾关系密切之重要商人团体及各业，勿依违两可而无所适从，勿噤若寒蝉而甘自暴弃。切肤之痛既身受，补牢之计安可忽？不识吾商界同人，其亦计及此乎！

（《申报》，1925 年 6 月 9 日）

致淞沪警察厅长常之瑛[①]函

（1925 年 7 月上旬）

自“五卅”惨案发生，敝厂为维持工人生计，照常工作。讵意工部局于本月 6 日停止送电，敝厂只得宣告停工。在此停工期间，诚恐有不肖之徒，勾结工人，发生滋扰情事。为此函恳钧厅，酌派警察若干名，常驻陈家渡申新〈一〉厂左〔附〕近，随时监视。素谛钧厅维护实业、保护地方，职责所在，定能俯就所请也。

（申新总公司函稿汇登）

致秦晋华、李静涵[②]函

（1925 年 7 月 9 日）

昨上一函，谅登记室。各厂自停工后，实行坐食，微特开工无期，即

① 常之瑛，又作常芝英，生卒年及简历不详，原为鲁军张宗昌部下，任其交通司令，在 1925 年奉系占据上海后，被任命为淞沪警察厅长。

② 秦晋华，生卒年不详，又名瑞阶，江苏无锡人，早年曾赴日本法政大学学习，曾任河南省知县、北京临时参议院议员、江苏吴县地方审判厅推事、北京政府农商部参事、商标局局长等职，1922 年 12 月代理农商部次长；李静涵，生卒年不详，名澄，江苏无锡人，为荣德生四女婿李冀曜之父，曾任北京政府农商部实业司司长，时任北京政府财政部司长。

使开工而气质变化，管理极难。查工会法草案尚未公布，已有人呈请修改。[①] 公等精谙法律，通达商情，请于工会法公布以前，加以详密之考虑，但求厂与工两不相妨，而多数勿为少数利用，庶几百万工人纳诸正轨，为厂家留一线生机，即为国家培一分元气。尤望早日公布，俾不为法外行动。公等楼台近水，建白较易，专函渎陈，敬希亮察。

（申新总公司函稿汇登）

中华国货维持会、上海总商会、市民提倡国货会介绍中国根泰厂美味和合粉、美味酱油精广告

（1925 年 7 月 9 日—20 日刊载）

谨启者：兹承中国根泰厂程炳辉君赠来美味和合粉，敬领谢谢。据云系国产荳麦原料，用化学新法提炼制成，洁白净素，装璜雅观。同人比即尝试，果然滋味鲜美绝伦，赛过山海奇珍，而且顷刻间不觉满腹皆春，神智非常愉快。此粉有益卫生，洵非虚语。该厂乃现任蚌埠商埠督办程霖生先生创办，经理李泉深君实事求是，悉心研究，是以出品如此精良，将来营业前途定卜蒸蒸日上。此亦国货之光荣，堪称名副其实，惟望爱国同胞速购尝试，方知言之不谬，同人颇有厚望焉。

介绍人：杨小川、祝兰舫、王彬彦、陈良玉、沈九成、曹慕管、钱龙章、方椒伯、闻兰亭、陈炳谦、乌崖琴、陈翊廷、孙宝辉、徐可陞、劳敬修、石芝坤、江政卿、徐春荣、陈才宝、韩济时、王廷杰、荣宗敬、王介安、王晓籁、汪兆麟、

① 1925 年 6 月，北京政府农商部拟定了一个《工会条例草案》，对工人组织工会予以种种限制，引起工人强烈不满。中华全国总工会上海办事处和上海总工会自 7 月 3 日起连续致电北京政府和全国各工会，反对该草案，要求修改。7 月 17 日，上海总工会发表了一个代表工人利益的《工会条例草案》。详见 1925 年 7 月 4 日、7 日、17 日及 8 月 14 日上海《民国日报》、1925 年 7 月 10 日《时报》。

王逸公、叶惠钧、高楚秋同启

总发行所:劳合路亿鑫里四百三十一号。

(《申报》,1925 年 7 月 9 日—20 日)

致申新二厂经理顾沅芍函

(1925 年 8 月 3 日稍前)

此次〈申新〉二厂收拾引擎,开一万锭,原为维持工人生计起见,并无贸利之心。乃工人不能体谅,提出条件。既承执事开诚劝导,如工人于星期一〈前〉【即 8 月 3 日】无条件上工,可照原议开一万锭;万一以工会名义提出条件,即请通告各厂友〔职员〕,除酌留几人驻厂外,余一律回家休息,薪俸发给至本月望日【即 8 月 4 日,农历六月十五日】为止。至工人方面,听其自由解散可也。

(申新总公司函稿汇登)

致上海总商会会长虞洽卿①、副会长方椒伯②函

(1925 年 8 月 3 日)

自沪案(即"五卅"惨案)发生,纱厂〈受〉影响尤巨。敝处申新二厂为维持工人生计起见,于工部局停电后,收拾引擎,拟于 8 月 3 日开一

① 虞洽卿(1867—1945 年),名和德,字洽卿,以字行,浙江慈溪人。虞洽卿早年因家贫到上海当学徒,1894 年后任德商鲁麟洋行买办、华俄道胜银行买办;1903 年独资开设通惠银号,发起组织四明银行;1905 年上海发生大闹公审公堂案,经四处奔走,与组织当局交涉获胜,遂名闻沪上;1908 年创办宁绍轮船公司;1911 年上海光复后任都督府顾问官、外交次长等职;1914 年独创三北公司;1920 年合伙创办上海证券物品交易所,任理事长;1923 年当选为上海总商会会长;抗战时期,坚持抗日爱国,日军占领租界后赴渝经营滇缅公路运输,支持抗战。

② 方椒伯(1885—1968 年),名积蕃,浙江镇海人,为宁波同乡会、宁绍公所及宁波议院创办人,先后任上海东陆银行经理、上海总商会会董兼商事公断处处长、上海钱业公会及银行公会董事、宁绍轮船公司董事、华商证券交易所董事等,1922 年当选为上海总商会副会长。

万锭；乃工人不加体谅，提出条件，在厂方无力受领，只得宣告停业。敬就鄙见所及，为台端陈之：

“五卅”之役，诚为最不幸之事。血气之伦，无不爱国；立国要素，实业为先。我国实业尚在萌芽时代，尽人知之，知之而不能扶之、翼之，又从而摧残之，微特资本家束身自好，不敢作投资之想。即固有之萌芽，不知刬削无遗不止。实业既衰，商业自敝，国将不国，何有于爱？……【上海】总商会为全国商业之总枢，会长居于登高一呼之地位。商人爱国，岂后于人？伏乞公等维护商人，沟通各界。实业昭苏之日，即公等尸祝之时。如其纯任自然，无关肥瘠，失其保障，滥竽滋惭，惟有登报声明，敬辞会员。叨在雅爱，聊贡愚忱。

（申新总公司函稿汇登）

国粉出口、外粉进口应实行平等税则建议案[①]

（1925年9月8日）

查通商口岸面粉输入，因外侨食品关系，例不征税，迨进口后，运销内地，在在免厘。年来麦价昂贵，交通阻梗，粉厂获利殊难；推销外洋，则税则繁苛，如运往日本，每包征收洋七角；运往小吕宋[②]，每包征收吕宋币二角；运往朴脱赛特[③]及荷兰、西贡等处，莫不征税。外粉输入则通行无阻；华粉输出则例须稽征，税则之不平等，莫此为甚。查近来东三省等处，外粉源源输入，有五、六百万包之多，若不妥筹抵制，则外粉充斥，华粉滞销，粉厂前途，不堪设想。兹关税会议开幕伊迩，凡我同业，似宜提出议案，以备当局采择。兹就鄙见所及，分甲、乙两种：（甲）洋货

① 此为荣宗敬先生向同业建议，向当时北京北洋政府提出要求案的内容。

② 即菲律宾首都马尼拉。

③ 即苏伊士运河口塞得港。

进口，一律征收，外侨食品不得除外；（乙）洋货进口，如须运往内地，一律征收落地税。万一甲项不能办到，则应注意乙项，据理力争。国家既裕收入，粉业得以维持。是否有当，敬候公决。

（申新总公司函稿汇登）

致高右铭函

（1925 年 9 月 11 日）

自沪案（即“五卅”惨案）发生，实业界感受痛苦，已达极点，无待赘述。工部局电气问题，多方疏通，方能回复原状，各厂预备开工，而工会不良分子犹任意阻扰，动辄提条件为挟制工具。鄙意害群之马不除，乱苗之莠不拔，即使厂家将就开工，终不免有越轨举动。上峰明镜高悬，深知商苦，应恳将现近状况相机面陈。最好一面查拿假托工会名义为首滋事之人，一面饬军警保护各厂安分工人上工。实业前途，庶几有豸。

（申新总公司函稿汇登）

上海华商纱厂联合会致江苏省长公署电[①]

（1925 年 9 月 19 日刊载）

工会把持公务，请明定办法，以维实业，当电刑司令、沪海道尹、淞沪警察厅长，从速查明核办。

（《申报》，1925 年 9 月 19 日）

① 此电系荣宗敬先生作为华商纱厂联合会代表发出。

上海机制面粉公会对于北京关税会议意见书（附致各同业公函）

（1925年9月19日发出）

【上海机制面粉公会近因北京关税会议开幕在即，特行邀集内地、本埠各厂代表开会后，决组织面粉业税约研究委员会，举定顾馨一、荣宗敬、方燮尹等为委员，共同研究。现该委员会所拟之意见，得业已脱稿，于昨附〔复〕分致本、外埠各同业征求意见，以备呈请政府采择施行。兹将面粉公会致各同业之公函及意见书录下：】

1. 公函

径启者：查关税会议开幕在迩，前经敝会邀集内地、本埠各厂，设立上海机制面粉公会税约研究委员会，推举起草员，拟具简章，送请台洽在案，兹由各起草员拟就《意见书》一件，除呈送政府用备采择，一面定期再开大会，公举代表晋京请愿，以备政府咨询外，相应将《意见书》印送贵厂核阅。如有卓见，即祈详示，以收集思广益之效，是为至盼。

2. 意见书

查洋粉进口，照约免税，年来源源输入，成为营业大宗。华粉运往各国，税率极重，如运往日本，每包征银七角之多，运往其他各国，虽税率不同，而征收则一。税则之不平等，至为明显。现在关税会议开幕伊迩，粉业同人为国权计，为自卫计，不得不贡其刍荛，以备采择。按洋粉免税，原为供给外侨食品起见，当时吾国尚无机制面粉，方今各地粉厂林立，设法推销，犹虞呆滞，何堪以大宗免税之洋粉，攘夺我华厂固有之利权？为今之计，惟有请求政府，规定洋粉进口免税额数，列入议程，如进口洋粉超过定额，即须征税，既符约章又裕收。再请求通饬各常关，遵照前清光绪三十二年(1906)津海关道与税务司商定，外国面粉运入内地，每百斤抽税银八分成案，切实整顿，照章征收，如有华商影射，杂洋粉于华粉中，希图免税，一经觉察，除货物充公外，立予严惩，以儆效尤。至华粉应免税厘，一因仿照机制，提倡国货，一因小麦纳税，既征原料于先，未便再征熟货于后，亦便民恤商之意。更有进焉者，华粉运往各国，税率繁重，虽事关税则，各有主权，然华侨散处，食品所关，应于会议席上，提出华粉运往各国，援洋粉进口免税之例，商定免税额数，逾额不妨征税，但税率亦须减轻，以昭公允。一得之愚，是否有当，维希公鉴。

（《申报》，1925 年 9 月 20 日）

致高右铭函

（1925 年 9 月 21 日）

华厂复工后，工人往往提出条件挟制厂主，其中显有人指使。忽有封禁工会、查拿首要之举。三月工潮，一朝平息，沪商莫不感激上峰维护商民之盛意。从此名震东南，造福桑梓，正未可量，不仅纱厂一业感颂已也。闻邢司令①祝嘏莅宁，可否由上峰面谕切实防止，不再有死灰复燃之机，则工厂前途实深利赖。先生代达下情，不以烦琐为嫌，尤为感荷。

（申新总公司函稿汇登）

附 1:1926 年 9 月 4 日上海纱厂工人开会讨论复工条件

上海总工会鉴于电气工人复工问题，现已磋商解决，约于下星期一可以复工，而华商各纱厂停工工人亦应积极调解，特于昨日（4 日）上午

① 此处的邢司令，为邢士廉。邢士廉（1885—1954 年），字隅生，辽宁沈阳人，早年毕业于日本振武学校、陆军士官学校第八期骑兵科，曾任黑龙江省军官养成所教练官、黑龙江督军署参谋、军警处督察长、中东铁路警备司令部咨议、东北陆军第十九混成旅参谋长、第二团团长等职；1925 年奉命进入上海，6 月 13 日被任命为淞沪戒严总司令。

九时邀集华商各纱厂工人代表在文监师路德兴里开会，讨论复工事件。计到者，除商总联会潘冬林、总工会曹子敬外，有振泰纱厂潘杏魁、恒丰纱厂陈松林、申新第五厂沈钧、〈申新〉第一厂吴福星、厚生纱厂张汝昌、统益线纱二厂田为成、溥益一厂王启厚、〈溥益〉二厂徐斌耕、鸿裕纱厂徐玉山、鸿章纱厂郑法如、鸿章布厂戴指南、永安纱厂张作民等。由潘冬林主席，讨论结果，由到会各厂代表共同提出复工条件六项，托潘、曹二君向厂主方面尽力交涉，以达要求目的。兹将所提复工条件六项照录如下：

(1) 承认工会有代表工人之权；

(2) 罢工工人一律回复原职，不得开除；

(3) 发给停工期内工资，每人津贴十元；

(4) 加工资十分之一，与日本纱厂一律；

(5) 工资一律发大洋；

(6) 男女工人赏工平等。

（《新闻报》，1925 年 9 月 5 日）

附 2：华商纱厂联合会致各厂通告（1925 年 9 月 18 日稍后）

径启者：此次各厂复工，由总商会【上海商总联会】调停，允许工人工资将小洋改发大洋。兹经 18 日特会议决，各厂自复工之日起，依照前议，一律将小洋改用大洋，即希查照。又查各厂工资高低颇不一致，兹为研究统一起见，特附奉调查表一纸，拟请将贵厂男女工最高、最低工资数目，即日填示为盼。

（《纺织时报》，第 246 号，1925 年 9 月 21 日）

附 3：淞沪戒严总司令部严禁工人运动布告（1925 年 9 月 21 日）

为布告严禁事。案据华商纱厂联合会函称："敬启者：本会各厂前因断电停工，兹电气已恢复，而工人因受不良分子之胁制，延不上工，曾由会呈请钧部，派队保护开工在案。现据各厂报告，工人虽未完全到厂，已有多数复工，此后逐渐招补，不难足额。惟人数众多，仍难免有不肖分子，从中煽惑，再酿事端。为此合再恳请钧部，对于假借名义号召罢工，或有劫持工众，故与厂家为难者，准予出示禁止，并乞将文告掷交本会转发各厂张贴，以维实业，而保穷民生计，实纫公谊”等情。据此，查工人以劳动为生活，数月以来，失业工人所受损失已属不赀，现值复工之初，正宜安心工作，以图补救，难容不良分子，从中煽惑，再酿事端，以逞其私图，而绝工人之生计。合亟布告剀，切晓谕，仰各该工人一体知悉，尔等所得工资，为豢养糊口之计，务宜各安生业，自食其力，切不可再受煽惑，自受其苦。倘有不良分子，从中阻扰，假借名义号召罢工，或胁迫工众情事，一经察觉，定予拘拿严办，决不宽贷。除饬军警随时严密保护外，合行布告周知。仰各该工人一体遵照，毋违切切。特此布告。中华民国十四年【1925 年】九月二十一日，总司令邢士廉、副司令常之英。

（《纺织时报》，第 247 号，1925 年 9 月 24 日）

在无锡旅沪同乡会会员大会上的致辞①

（1925 年 9 月 28 日）

会员会本应于三月内举行，因时局关系，延迟至今。一年间经过情形，最重要者，莫如商得锡金公所，租借基地，为本会会所一事。本会会所既得确定地点，现正从事募集经费，筹备建筑，明年今日，或能与同乡诸君相聚于新屋之中云云。

（《申报》，1925 年 9 月 29 日）

① 1925 年 9 月 28 日下午，无锡旅沪同乡会假宁波同乡会开会员大会，到数百人。理事长荣宗敬先生出席并致开会辞。此为其发言概要。

致秦晋华函

（1925 年 9 月下旬）

沪上复工后，仍有不良分子暗中挑拨，自工会封闭，且下严拿首要之令，若辈始稍敛迹。如于两月前有此雷厉风行之手段，厂家更受惠不浅。

（申新总公司函稿汇登）

附：1925 年 10 月 12 日华商纱厂联合会关于沪上纱厂罢工紧急会议处理办法

议案：近日因沪案司法调查，又有人鼓动罢工，传闻沪西各厂已有蠢蠢欲动之象，应如何筹划防遏止法，即希公议。

议决：公决由会电恳省政府及本埠戒严总司令迅予维持，以期弭患未然。

（华商纱厂联合会议案、议事案，1925 年）

1926 年

救济民食刍议

（1926 年 2 月 6 日）

日来米价昂贵极矣。煌煌禁令，置若罔闻。热心社会之流，奔走呼号，恒以“囤积居奇”、“私运出洋”二语为口头禅。窃以为皆皮相之谈，非米贵之主因也。今岁就吾苏论，江北有一部分歉收，余皆占有年。各省类多风调雨顺，遇水旱偏灾者尚居少数。各国产米之处，亦号年丰，定西贡米者不在少数，近已源源输入。综上数因，际此新穀登场，宜有不可胜食之象。而米价日见昂贵者，何也？曰：

生之者寡，食之者众，米贵之远因也。我国以农立国，在昔寓兵于农，有事则干戈，无事则耒耜。今何如乎？综全国每年所供军储，何可数计？皆食民之食，非自食其食者。而且波澜起伏，无几宁岁。大兵所至，庐舍为墟，陇亩禾生，东西莫辨。即遇丰稔，犹难足食。一逢水旱，强者铤而走险，弱者转于沟壑。至此而举办义赈，杯水车薪，于事何济！是以生众日寡，为理财不二法门。而屯垦之如何举办，农学之如何提倡，当局之所宜注意者也。

若夫水利不修，实米贵之近因矣。水利之于农事，关系至为密切，应兴应革，何可胜言。请论苏州河。疏浚苏州河之议，酝酿已久，迄未实行。本埠食米来源，除由安南输入外，胥由苏州河转运。近日该河自黄渡转北新泾，计程二十里而遥，船只壅滞，已及旬日，闻米船停顿在二百艘以上,何日通行,未可预料。来源断绝,人心恐慌,米价有不继长增高乎?为今之计,惟有以疏浚苏州河为当务之急,非特可以救济民食,百货流通,运输利便,商民之受赐多矣。

更有进焉者,就现状论,不得谓为“米荒”。不揣其本,辄曰“米荒,米荒”。而无识之徒从而鼓吹之,以为生活程度,受米贵之影响而增高也;或且虑及工资低廉,而以米贵为藉口者矣。此则所望热心社会之流,处以镇定,于米贵之远因、近因加之意焉,可耳。

(《太平导报》周刊,第1年第6期,1926年2月6日,第1—2页)

救济纱厂业之管见

(1926年2月6日)

年来吾国纱厂业,有一落千丈之势。其原因甚多,而以华商受不平等之待遇为最大原因。查外商在华埠设厂,其锭数几占百分之六二·五,发展若是之神速,实由条约上予以特殊之便利。特殊之便利维何?则“三联单”①是。外商在内地采办棉花,有“三联单”为护符,通行无阻。华商则捐税重叠,加以交通梗阻,转运需时。按“三联单”之效用,原为便利外商采办原料,运销国外起见。今则外厂林立,新花上市,受“三联单”之影响,则花贵;战事频年,销路呆滞,则纱贱。就现状论,直接保护外商,间接不啻摧残吾国实业。关税会议开幕,对于税则庶有一线曙光,又以政潮而停顿。

然引领北望,冀公理之克伸。兹已公推总商会会董闻君兰亭入都

① 此处的“三联单”,系是外商在中国内地采办土货所领的一种凭照,藉此在完纳子口半税后,避免内地重重税厘。根据清政府与西方列强所订不平等条约规定,子口半税只适用于出口的土货,但自中日《马关条约》准许外人在华就地设厂后,外商采办原料并不出口,却仍利用“三联单”,以避免内地关卡重征。清政府及北洋政府明知其违反条约,却不敢制止。

陈述，关于花纱两税如何斟酌以剂于平，不使华商感受“三联单”之痛苦，则纱厂业庶有豸耳。

（《太平导报》周刊，第 1 年第 6 期，1926 年 2 月 6 日，第 2 页）

致吴佩孚将军电恳请维护运输[①]

（1926 年 3 月 9 日）

玉帅麾下：国人苦兵革久矣，我帅座不忍生灵涂炭，再起东山，义旗所指，果已乘破竹之势，攻克郑州，澄清中原，为期不远。在商言商，又不得不为帅座陈者，幸垂察焉。年来纱厂、面粉两业，日见衰落，而纱厂业尤一落千丈，其原因固受军事影响，而运输之不便利，尤为其中主因。运输阻滞，原料无由运出，熟货无由输入，其弊乃至商困于肆，工辍于厂，而实业界遂受莫大之打击。纱厂业然，面粉业亦莫不然。夫京汉路实占运输之枢纽，今郑州已克，则关于京汉南段之运输，似宜及时恢复原状，俾商民瞭然于帅座不得已而用兵，表箪食之欢迎，慰云霓之渴望。而原料流通，厂家照常制造，数千万资为生活之工人，得以安居乐业，影响于社会之安宁秩序，实非浅鲜。若夫推行尽利，商家博什一之利，犹其后焉耳。更有进焉者，货物例须征税，货物停顿，税于何有？如交通早日恢复，既裕军储，复苏商困，一举两利，莫善于此。明知帅座烛照所及，无待赘陈，商人不得不将目前困难情形，上渎钧听，伏乞俯采刍荛，准如所请，不胜迫切待命之至。华商纱厂联合会、上海机器面粉公会叩，佳。

（《新闻报》，1926 年 3 月 10 日）

---

① 此电系荣宗敬先生以华商纱厂联合会、上海机器面粉公会名义发出。吴佩孚（1874—1939 年），字子玉，山东蓬莱人，民国时期直系首领，时任十四省讨贼联军总司令。

为无锡申新三厂工潮事致江苏省长陈陶遗[①]电

（1926 年 3 月 12 日）

陶公省长钧鉴：无锡〈申新〉第三纱厂布机间机工聚众暴动，殴伤职员，集会抵抗，无法调解。查去年“五卅”以后，纱部机工曾起风潮，厂方委曲忍受，始告平息。今布机间机工相率效尤，如此横行不法，难以理喻，唯有出于停工之一途。在厂方牺牲事小，数千无意识之工人一朝失业，恐危及地方安宁秩序，应请饬县严拿首要，照律惩办，并派警妥为保护，俾得照常工作，实为德便。

（申新总公司函稿汇登）

附 1：华商纱厂联合会致孙传芳联帅、陈陶遗省长佳电（1926 年 3 月 9 日）

南京孙联帅、陈省长钧鉴：年来工人习于嚣张，动以罢工相号召，往往以细故酿成巨案，不特影响社会安宁，实为实业前途莫大障碍。近此

① 陈陶遗（1881—1946 年），原名公瑶，字陶遗，号道一，又号剑宏，江苏金山（今属上海）人。光绪二十七年（1901）秀才，光绪卅一年（1905）入松江融斋师范学堂读书，因反对好色嗜赌的学堂经理杨荫安而被开除。东渡日本，入早稻田大学攻读法政，并由同乡高天梅介绍加入同盟会，改名剑虹。不久，受命回国，在上海和高天梅等创立中国公学，暗为同盟会秘密机关，从事革命。后立健行公学，和柳亚子、高天梅、朱少屏等人，以《黄帝魂》、《法国革命史》、《荡虏丛书》等为教材，宣传爱国主义、民族主义和资产阶级民主革命思想。光绪三十二年（1906）秋，赴日本接办《民报》和《醒狮》周刊，并担任暗杀部副部长。期间他经常去听章太炎讲课，陶遗之名，即章氏为其所改，意为“陶唐氏之遗民”。翌年任同盟会江苏分会长。宣统元年（1909），柳亚子等人发起组织南社，他为其中骨干。宣统二年（1910），受命去南洋执教，并为同盟会募集革命经费。南京临时政府成立后，陈陶遗被选为临时参议院副议长。民国元年（1912）8 月，同盟会改组为国民党，他当选为国民党江苏省支部长，随孙中山、黄兴等往北京和袁世凯会谈。次年 3 月，袁世凯暗杀了宋教仁，孙中山、黄兴号召南方各省反袁失败而出国流亡，他回家隐居。民国 14 年（1925）冬，军阀孙传芳割据苏、浙、皖、赣、闽，自称五省联军总司令，提出“苏人治苏”口号，他被张一麐推荐，出任江苏省长。民国 16 年（1927）初，他劝说孙传芳联合北伐军，未被采纳，遂愤然挂冠而去。

风已由沪埠渐及内地，兹据无锡申新纺织〈三〉厂报告：该厂布厂〔机〕〈部〉工人以发给工资问题，无理要挟，发生罢工风潮，并殴打职员成伤，无法维持工作等情。窃念该埠为苏省内地实业最盛之区，亦为莠徒丛集之所，前已屡见工潮，均未从严惩处。为此恳请帅座、省长，严令该管军警，对于该厂号召罢工首要依法严办，并督令该厂恢复工作，以警不法而维实业，不胜待命之至。

附 2：华商纱厂联合会致孙传芳、陈陶遗删电（1926 年 3 月 15 日）

南京孙联帅、陈省长钧鉴：佳代电计呈钧座。查无锡申新布厂罢工及旬，迄未解决。近据该厂报告，连日良善工人纷纷上工，叠被工人勾结地痞持强霸阻，并在西水仙庙地方设立会所，鼓励丝纱各厂一律罢工。揆其用意，无非党徒、地痞假借名义，强迫工人加入工会，为敛钱营私之计。第是无锡丝纱各厂工人为数达十二万以上，不早扑灭，不特工人生计维艰，亦于地方治安发生危险。为特再请钧座严电该地军警，迅拿首要，依法惩戒，并解散不法机关，以维治安而保实业，实纫公谊。

（《纺织时报》，第 292 号，1926 年 3 月 18 日，第 336 页）

附 3：上海纱厂总工会致申新三厂厂主荣德生电（1926 年 3 月 16 日）

申新纱厂厂主先生赐鉴：敬启者，贵厂布机间工友，以受厂中职员之不平等待遇，激成罢工，迄已数日。查此次工潮，其原因为文场职员之干涉布厂机工（他厂并不干涉），五星期不发工资，陆鸿生之不容纳工人意见等事故。工人所提要求条件，完全对此而发。贵厂主如能引咎自责，体恤工人，容纳条件，则工潮不难立即熄灭。乃贵厂主不但不容纳复工条件，反雇用水陆警队武装弹压，并声言如不上工即将布厂停闭云云。夫工人以不甘压迫，出于罢工，良非得已，诚如贵厂主之言，既以顾全工人生计为前提，则当以容纳条件，弭息工潮为最善之法。今贵厂主不此之图，而一味消极抵抗，在工人自不肯甘心上工，即于贵厂本身亦无益也。万望贵厂〈主〉顾念群情，容纳条件，俾得从速解决，免滋事端，实为厚幸。

（《锡报》，1926 年 3 月 17 日）

致南京“清乡督办”沈铣电

（1926 年 3 月 15 日）

无锡申新三厂布机部工人聚众暴动，殴伤职员，命在呼吸。近复假借工会名义，勾结地痞聚会要挟，似此横行不法，厂方固无开工希望，地方治安恐受莫大影响。查冯银〔琴〕泉及绰号“打不死阿六”，均系地方著名流氓，或沪或锡，行踪不定。此次肇事系本厂机工陆荣才、袁阿尧、袁裕宝，勾结该流氓所致，应请严拿首要，解散胁从，以维持治安而保工厂，实为德便。除禀省长外，合行电陈。

（申新总公司函稿汇登）

致《太平导报》函

（1926 年 3 月 16 日刊载）

接奉导报三册，拜诵之余，莫名钦佩。吾国实业尚在萌芽，年来政潮起伏，军事频仍，投身实业界者，类皆疾首蹙额，莫知所措。贵报独以提倡兴业为重要职志，则登高一呼，自多相应。实业前途，拜赐多矣。兹就管见所及，对于救济纱厂业，略有商榷之处，另纸录奉台览。一得之愚，尚希不吝指教。

（《太平导报》周刊，第 1 年第 10 期，1926 年 3 月 16 日，第 42 页）

上海商办货物水陆自卫团为保护米业呈请江海关税务司之咨照①

(1926 年 3 月 16 日刊载)

江海关监督:本团保护商货,稽查范围原定苏州河一带,自北新泾起,东至黄浦江口止,因米业公所请求加入一体保护,惟米业华顺码头及公和码头,均在公共租界虹桥地方,本团前往巡查,须经过黄浦江入公共租界,尤恐发生误会。恳请贵监督咨明税务司,转行理船厅河泊司查照。

(《申报》,1926 年 3 月 16 日)

介绍无锡儒医华实孚②启

(1926 年 3 月 24 日—7 月 24 日刊载)

华君以名孝廉,擅岐黄术,精理男、妇、幼、内科,善治疑难大症,在〈无〉锡行道多年,蜚声各界,中医学会举为会长,省立师范历任校医。去岁避兵来沪,同乡求治,获愈甚多。今寓梅白格路山海关路口鑫益里,敢为介绍,以告病家。门诊一元二角,出诊四元四角,路远酌加,同乡减半。荣宗敬、周肇甫、俞仲远、邹颂丹同启。

(《申报》,1926 年 3 月 24 日—7 月 24 日)

---

① 荣宗敬先生时任上海商办货物水陆自卫团委员长。

② 华中祺(1870? —? 年),字实孚、实甫、实符,无锡县人,光绪二十年(1894)甲午科乡试举人,民国初年曾任锡金教育研究会(后改成锡金教育会)会长,后成为无锡医学名家,曾翻译、编著《中学生理卫生教科书》、《中西合参内科概要》、《日医应用汉方释义》、《应用本草分类辑要》等多部医学著作。

兵工刍议

（1926年4月6日刊载）

居今日而言去兵，是迂阔之见也。兵果足以福吾民乎？利吾国乎？皆知其不可能矣。语云：养兵千日，用在一时。迩来米贵于珠，薪贵于桂，终岁勤动，犹恐不给。而以不事生产之兵，平分民食，勿论其为纪律之师，为乌合之众，群居终日，待哺则同。人民知兵之坐耗饷糈，无利于己也，辄鄙夷之、厌恶之，甚至举“好男不当兵”之谚以为证，不知兵犹是民也。彼赳赳者，何莫非同胞乎！一隶戎行，田舍荡然，妻子离散，寄身锋镝，归去无家。其有雅慕凌烟，奋身投笔，拥上将之旌旗，作三军之主宰者，实居最少数焉。是故，吾人对于兵，不宜有所歧视，宜使兵随时随地从事生利。质言之，使兵自养而已。

自养之道，非可一蹴而几，必进之以渐，持之以恒，直接弛人民之负担，间接培国家之元气。凡为兵者，时不虚度，饷不虚糜，与民分工而不与民争食，兵亦何负于民，而必欲去之以为快乎？今以刍荛之见，为借箸之筹，择其切要而易行者，略举数端，用备采择。

一曰平治道路。就苏省论，除国有之铁路及通汽车之长途外，由乡而县而省，所有道路，类皆芜秽不治，逼仄难行。交通既感其不便，运输尤觉其维艰。是宜就防区划分地段，规定丈尺，或需购地建筑，或就原有路线附益而修葺之，俾车辆得以流通，货物无虞壅滞，嘉惠行旅，尤其小焉者也。

一曰疏浚河道。江南水利，甲于全国，河渠纵横，港汊纷歧。不事疏浚，驯致淤塞，妨碍交通，影响农田，视陆路之不治为尤甚。宜就防区中水路之最关重要者，次第疏浚，俾旱不枯竭，水无泛滥。若淮河，若苏州河，尤可容纳多数之兵工，而为利滋溥也。

一曰从事垦牧。滨海之区，旷土犹多，则垦牧尚已。荷戈之士，来自田间，农事本其素习，为之正其经界，时其耕耨，又复罗致牛、羊、鸡、豚之属，慎其豢养，任其蕃殖，地无遗利，即饷有自来，恐将视此间为第二故乡，而兵且化而为农矣。

此三者，兵皆优为之，无与于民而民不扰者也。余非谓兵而工，遂弃其固有之事也。每日除食息外，以八小时计，工作占三分之二，余即为操练时间。遇戒备时，不妨缩短工作时间，一年而见小效，三年而成效大验，可断言者。苏省每年额定军饷六百万元，浸假兵工有一百五十万元之收入，是人民已无形中减去四分之一之负担矣。依次递推，军饷之源，不期而裕，省有之债，指日可偿，当局何惮而不为也？

或曰：子之言，仍不离迂阔之见也。一经征调，故土未必重来。一遇战争，胜负何能预测？兵之不存，工于何有？不知民国十四年来，日寻干戈，几无宁岁。乱极思治，人有同情，得人民之爱戴，当图长久之治安。依余意行之，不背寓兵于农之旨，又无拥兵自卫之嫌。世多明达，必有韪吾言者。若夫施行程序，自有具体计划，不欲多所论列矣。

（《太平导报》周刊，第1年第13期，1926年4月6日，第25—26页）

上海面粉公会电请闽省蠲免粉捐[①]

（1926年4月28日）

福州分送督办周【荫人】、省长萨【镇冰】、财政厅长尹【晋序】钧鉴：据三山会馆[②]函称，“福州奸商朦耸，在侯官县辖境，创设面粉捐，每包二

① 因福建省抽收面粉捐税，上海面粉公会特上闽省当道此电，请求蠲免该税。
② 三山会馆，系由福建旅沪水果商人在清宣统二年（1910）成立的同业行会组织。

角五分，舆情惶恐，恳速专电，请予罢免。”等情。查面粉历奉部、处核准，无论运销何处，概免税厘。〈面粉〉为民生主要食品，此项苛捐违反部案，妨碍民生，万难承认，应请迅予蠲免，以维民食而恤商艰。毋任企祷。上海面粉公会会长顾履桂、荣宗锦叩。

（《申报》，1926年4月29日）

福新一厂各股东所立合同议据

（1926年5月）

立合同议据：荣宗敬等，前在上海闸北光复路沿河地方，创设福新机器面粉无限公司，合资银三十万元，采办小麦，制造面粉、麸皮行销，依照《公司条例》之规定，拟具章程，订立合同，呈部注册。现因营业扩充，原有资本不敷周转，开会议决，加添资本银二十万元，合足银五十万元。由荣宗敬银十一万六千六百元，荣德生银十一万六千六百元，王禹卿银九万三千三百元，浦文汀银七万元，浦慎德银七万元，王尧臣银三万三千五百元，共计银五十万元。公议仍推荣宗敬君为总经理，王尧臣为厂经理。凡一切往来，银货出入及各处办事员进退等事，均归总理、经理会同秉公筹画。仍照旧章呈部注册，给照营业。为此订立合同，一样七纸，各股东各执一纸，其余一纸存厂为照。

（福新面粉厂档案，上海市档案馆藏）

与丁梓仁[1]等人集资合办汉口福新第五面粉无限公司订立合同

（1926年5月）

汉口福新第五面粉无限公司合同第拾号

立合同议据：荣宗敬等，前在汉口夏口县硚口外宗关东首地方，合创福新第五机器面粉无限公司，集资银三十万购机设厂，采办小麦，制造面粉、麸皮行销，依照《公司条例》之规定，拟具章程，订立合同，呈部注册。现因扩充营业，原有资本不敷周转，开会议决，加添资本银七十万元，合足银壹百万元。内荣宗敬银贰拾捌万贰千贰百元，荣德生银贰拾柒万贰千元，王禹卿银捌万元，荣月泉银伍万元，蒲文汀银肆万五千叁百元，浦慎德肆万五千叁百元，杨少棠银叁万元，王尧臣银贰万壹千贰百元，王锦如银贰万壹千元，丁梓仁银贰万元，李国伟银贰万元，李汪千银壹万陆千七百元，荣鄂生银壹万陆千柒百元，毛鉴清银壹万元，荣宝奎银壹万元，荣浩泰银壹万元，陆辅仁玖千伍百元，李裕成银玖千元，查仲康银柒千贰百元，张鹏斋银伍千元，荣永达银肆千柒百元，项仰斯银叁千五百元，荣蓉初银叁千伍百元，陶务本银贰千伍百元，丁怡荪银贰千伍百元，荣士培银贰千贰百元，共计银壹佰万元。公议仍推荣宗敬君为总〈经〉理，荣月泉、杨少棠君为经理。厂务营业，凡一切往来、银货出入及各处办事员进退等事，均归总理、经理会同秉公筹划，仍照旧章，呈部注册，给照营业。为此订立合同，一样二十七纸，各股东各执一纸，余一纸存储厂中为照。

计开　号数以合同列名先后为序

---

① 丁梓仁，生卒年不详，荣宗敬亲家，曾任福新二、四、八厂经理，后因亏空巨款去职。

中华民国十五年五月日立　合同议据荣宗敬、荣德生、王禹卿、荣月泉、浦文汀、浦慎德、杨少棠、王尧臣、王锦如、丁梓仁、李国伟、李汪千、荣鄂生、毛鉴清、荣宝全、荣浩泰、陆辅仁、李裕成、查仲康、张明斋、荣永达、项仰斯、荣蓉初、陶务本、丁怡荪、荣士培(签名、按手印)

见议　华艺三(签名、按手印)

代笔　陶仞千(签名、按手印)

(上海市档案馆藏)

呈请将行窃拘捕犯按名拘办文

(1926年6月中旬)

六月十三日夜,该团团丁在麦根路潘家湾,查获行窃小麦之赃犯,讵有流氓、窃犯郑三狗子、张四、李建有,串同革警宋连福、张云生、孙延福,拒捕行凶,请按名拘办。

附:申报相关报道

闸北水巡队派驻所方巡官,日前奉严厅长训令,内开据商办货物水陆自卫团委员会委员长荣宗敬呈称,六月十三日夜,该团团丁在麦根路潘家湾,查获行窃小麦之赃犯,讵有流氓、窃犯郑三狗子、张四、李建有,串同革警宋连福、张云生、孙延福,拒捕行凶,请按名拘办等情,合取令仰该队即便遵照,限于十五天内务将该犯等按名拿解来厅,听候究办等因。本月一日下午六时,由水巡队长、警、侦探在潘家湾,拿获张四一名,郑三狗子、李建有两名前日亦经警厅侦探捕获,惟革警宋连福等三人,潘家湾一带查无其人,先将张四解科,经窦科员研讯之下,张供盐城人,在该处开设粪草行有年,不认行窃拒捕各节,判押候侦查核办。

(《申报》,1926年7月5日)

否认在周家嘴投资建造五个大码头之启事

（1926 年 6 月 28 日）

敬启者：阅【农历】五月十八日贵报有周家嘴建埠之大计划一则，涉及宗敬投资建造五个大码头等语。查荣宗敬设厂营业，尚藉金融家辅助，何来余资建设前项计划，全属子虚乌有之事，敢祈贵馆将此函登入来函门，藉表心迹。荣宗敬启，五月十九日。

（《新闻报》，1926 年 6 月 29 日）

振德女子中学招生启事

（1926 年 8 月 18 日刊载）

编制：初级中学、高级小学、初级小学、幼儿园、专修科。

报名：即日起至开学日止。

考试：阳历八月二十号至二十六号，每日上午九时至十二时，如有转学证书或毕业证书得免考试。

开学：阳历八月二十七日，即阴历七月二十日。

校址：上海静安寺路哈同路口一七一八〈号〉，乘一二路电车直达。

章程函索，附邮二分。

校董荣宗锦、徐固卿，校长沈琴如同启。

（《申报》，1926 年 8 月 18 日）

上海机器面粉公司公会致上海总商会函

(1926年9月7日)

敬启者:前阅各报登载,苏财政厅长对于商会联合会请求取销资用品增征税率一案,业将棉花、豆麦等类,自九月一日起,酌量核减,具征诸公代表商情,维护商困,深为感谢。查小麦一项原征八分,减收七分,惟事关同业纳税担负,即经敝会邀集各厂商开会讨论,佥以小麦关系粉厂原料,此次增税率,比较从前,加至一倍,目下虽承商会联合会在宁力争,仅仅酌减一分,殊于事实无裨,亟应由会函恳上海总商会转致赴宁代表,并案继续力争。纵未能达请求取销原议,似应力主再为核减。在我粉业之希望,每石税率至多不得超过六分。此应函请并案提议者一也。更有进者,查江北各厂所用小麦,因仅完纳江北各税,成本较轻,易于展布。回顾江南各厂,运输小麦,沿途关卡,重征叠税,每石担负,若与江北各厂比较,约多四角有余。成本愈重,竞争愈难,若不由会函恳上海总商会,转致赴宁代表,恳请苏财政厅长,将江南、江北各厂担负小麦税率之重轻,统筹全局,调剂平衡,务使南北税率一律相等,则江南各厂营业,实无立足之余地。此应请并案提议者又一也。等因。经到会各厂商,一致公议,表决通过,相应照录议案,函请贵会查核,恳乞转致赴宁代表,并案提议力争。倘蒙贵会拥护群商,热忱毅力得以如议解决,敝会同业不胜感激之至。此致上海总商会。上海机器面粉公司公会会长顾履桂、荣宗锦。

附1:上海总商会致全国商会联合会江苏事务所函(1926年9月7日)

径启者:本月七日接上海机器面粉公司公会函称,前阅各报登载苏财政厅长,(中略)并案提议力争等语到会。查全省商会因此案在宁集议之赴会代表，早因闭会各归本籍，惟公会所称各节具有理由，能否仍由贵所根据与财政厅磋商原案，再行继续函商之处，即希察酌办理，见复是荷。此致全国商会联合会江苏省事务所。

附 2：上海总商会复上海机器面粉公会函（1926 年 9 月 7 日）

径启者：本月七日接展大函，以小麦关系粉料，希望每石捐率至多六分，并江南、北划一捐率，嘱为转致赴宁代表，提案代争等因。查全省商会，因此案在宁集议之赴会代表，早因闭会各归本籍，惟此事原系苏省事务所一手经理，承嘱，已函请苏省事务所根据前案，与财政厅酌商办理。此致上海机器面粉公司公会。

（《申报》，1926 年 9 月 8 日）

太湖水泥股份有限公司出售合同

（1926 年 9 月 22 日）

立买卖契约：

太湖水泥股份有限公司设于无锡（后文简称太湖公司），系指本身及各股东暨后嗣与身后合法代表人物而言；

中国水泥股份有限公司[①]设龙潭，在北京农商部注册（后文简称中国公司），系指本身及继续人、接替人而言；

荣宗敬住于上海（后文简称保人），系指其本身及后嗣与身后合法代表人而言。

今因太湖公司，前经薛南溟等于民国十一年发起组织，以设厂制造

① 中国水泥股份有限公司，系由姚锡舟（上海人，姚新记营造厂主、建昌钱庄股东及大通纺织公司经理）在 1921 年冬，联合上海工商业巨擘陈光甫（上海银行总经理）、朱吟江（久记木材公司店主，买办出身）、吴麟书（江苏吴江人，经营纱业起家，初设益大纱号）、胡耀廷（广东人，买办出身，怡大永记钱庄股东）等人集股银 50 万两组设，公司地址在南京龙潭。

水泥，并发展各种水泥事业为营业，当经发起人等厘订公司章程及招股简章，从事招股，股本总额规定为贰百五拾万元，每股伍拾元，并规定先招壹百伍拾万元试行开办，股款分三期收取，第一期、第二期每股各收拾伍元，第三期收贰拾元，一面建筑厂屋，一面向汉运洋行[1]订购 Humboldt 机器厂[2]之制造水泥机器，以从事经营。嗣以各股东缴纳股款颇多观望，或第一期即未缴，或仅交第一期而不缴第二期，或仅交第一期与第二期而不缴第三期，以致第一、二、三期之股款均未能收足，缺乏资本，无从进行。虽经呈请农商部注册，亦未邀核准颁给营业执照，延宕至今，迄未成立，厂房亦未完工，负债累累，甚至为债权人所控告。既无以偿，而亏折复日甚一日，实已陷于不能维持之状态。如言召集股东会，筹商救济，则各股东纷散各处，董事亦多星散，无由召集。且所购进之机器及一切附属机器，长此搁置，亦渐朽坏，如再延搁，势必化为废铁，股东之亏折则将更甚。况太湖公司所欠汉运洋行机器款项，前以无力清偿，该洋行控由上海会审公廨，判令太湖公司将所欠机器价银本利清偿，违则发封机器。旋经保人担保，太湖公司履行判决，其向该洋行所担负之责任，亦已履行妥协，故于一九二五年十二月十号该洋行将所颁判决应享受之一切权利，均让渡与保人。故为解除目前之困难、减轻股东之亏耗及保存机器之价值计，均不得不将该项机器迅速出售，以资结束。爰拟将该项机器连同一切附属机器全部，并协泰洋行为太湖公司所绘建筑各项厂房之图样及预备之一切建筑章程，一并出让与中国公司，并由保人向中国公司担保，如将来太湖公司之各股东或董事或任何第三者，对于此项出售事宜发生任何轇轕或争执，以致中国公司受有损害者，均由保人担负赔偿之责任，并担保该项机器及一切附属机件毫

---

① 汉运洋行 Han Yuny Company，当时上海的一家德资洋行，主要经营机器、照相器具、纸疋头、五金料器及纺织、造纸、榨油各种机器，地址在宁波路四至六号（江西路东）。

② Humboldt 机器厂，即德国著名的亨卜德厂。

无瑕疵或损坏或缺失或任何劣点，更担保太湖公司遵照本契约所规定之一切条件履行。中国公司因有保人之负责担保，已愿承购该项机器及一切附属机件，并经议定价银总额为规银伍拾万两。兹将议定之条件开列于左：

（一）太湖公司愿以本契约后文所附英文附表（略）内之制造水泥机器，以及一切附属机件（后文简称买卖标的物），连同买卖标的物之物权及其他一切权力，出售与中国公司，中国公司亦愿承购之。

（二）买卖标的物之价银总额为规银伍拾万两，由中国公司分贰期缴付之，其缴付时期如左：（甲）本契约签订前，即本年阴历八月初七日，为第一期缴付之期，中国公司应缴太湖公司规银贰拾伍万两，太湖公司已经收到此款，不另立收据；（乙）中国公司应缴付太湖公司第二期规银贰拾伍万两，俟买卖标的物运清即行照付，太湖公司收到此款时，应另立收据，交与中国公司。

（三）太湖公司应将与汉运洋行订购买卖标的物之一切契约上、书函上一切权利，完全让渡与中国公司，以中国公司得以继续享受该项权利，毫无欠缺为标准。

（四）太湖公司所委协泰洋行测绘厂房之各项建筑图样及建筑章程，并其他关于建筑上之一切文件，均应于本合同签订时让渡与中国公司，其代价均已包括于买卖标的物价银之内，不得另向中国公司要求任何价银或费用；中国公司得依照该项图样建筑厂屋，无论协泰洋行或工程公司或其他一切第三者，均不得对中国公司发生任何干涉或纠葛，如有任何干涉或纠葛发生，均由太湖公司负责，中国公司如因此而受有任何损害者，太湖公司亦应担负赔偿之责。

（五）太湖公司关于前两条之让渡，如有应办之手续，应于本契约签订时或签订前，一一办理妥善，办理此项手续所需任何费用，均由太湖公司认付之；如本契约签订后无论何时发觉本条所规定之手续尚有未完备者，则太湖公司仍应自出费用补办完全。

（六）太湖公司所向汉运洋行购进买卖标的物之价银均已付清，汉运洋行对于买卖标的物毫无纠葛或争执之情事。

（七）太湖公司应担保买卖标的物并未抵押款项，并担保买卖标的物与太湖公司之股东或董事或其他第三者毫无轇轕，如本契约签订后太湖公司之股东或董事或其他第三者对于买卖标的物有任何权利之主张发生者，则均由太湖公司负责了结之。如中国公司因发生此项权利之主张或一切争执而受有任何损失者，则太湖公司应担负完全赔偿之责。

（八）中国公司由本契约签订日起，至迟于十日内，应将买卖标的物开始陆续运往龙潭，入厂装设，所有运输及装设买卖标的物之一切费用，均由中国公司认付之。

（九）前条所规定买卖标的物运输开始前，如买卖标的物因发生风灾、火灾、震灾、兵灾或他一切不测情事而毁灭或毁坏者，均由太湖公司担负完全责任，惟于买卖标的物运输开始后而发生风灾、水灾、震灾、兵灾或其他一切不测情事以致买卖标的物毁灭或毁坏者，则由中国公司负责。

（十）中国公司将买卖标的物运至龙潭装设后，如发觉买卖标的物任何部分有瑕疵或损坏或缺少或任何劣点之处，除停止付第贰期应付之价银外，仍得令太湖公司负责修理或补购完全，太湖公司不得藉口所交买卖标的物系照本契约英文附表内载者交付，而否认其补购或修理完全之责任。所有修理或补购之费银均由太湖公司担任付给之。

（十一）买卖标的物，无论已经中国公司运往龙潭装设与否，如已发觉任何部分有瑕疵或损坏或缺少或任何方劣点之处，中国公司除得依照前条之规定，责令太湖公司担负补购或修理完全之责任外，如中国公司因此而受有任何损失者，仍得令保人担负完全赔偿之责。

（十二）太湖公司应担保买卖标的物每日至少有制造水泥贰千桶之可能。

（十三）保人担保太湖公司遵照本契约之一切条件履行，如太湖公司由违背本契约之处，以致中国公司受有任何损害者，均由保人担负完全赔偿之责。

（十四）本契约一式叁份，各执壹份存照。

中华民国十五年阴历八月十六日立买卖契约。太湖水泥股份有限公司代表薛南溟、中国水泥股份有限公司总经理姚锡舟、保人荣宗敬、见证冯炳南（并签名）。

（荣宗敬投资中国水泥及为太湖水泥公司担保的让售合同，上海市档案馆藏）

复无锡旅沪同乡会会员曹亦仓函

（1926 年 9 月 28 日）

亦仓先生大鉴：承示，甚感且佩。本会办事情形及收支报告，均随时于本会出版之《无锡旅刊》公布。兹检奉去岁六十九期至七十二期《旅刊》四纸，于去岁十月以前之事实及经济之状况，可以知其梗概。至十四年度之决算，不日第一百十六期《旅刊》出版，亦可登出。该旅刊本每星期发行一纸，每纸售铜元二枚。兹为便利同乡阅看起见，于本年九月份起，改为月出一册，不取售价。会员定阅者，只须寄下全年邮费六分，即按月寄奉一册。尊处如须定阅，请将邮费寄下可也。专复，顺颂台祺。荣宗敬启，九月廿八日。

附：无锡旅沪同乡会会员曹亦仓来函（1926 年 9 月 26 日）

宗敬会长先生大鉴：吾邑设立同乡会已数年矣，当时入会者颇踊跃，鄙人亦为会员一份子。但数年来,敝处未曾接到一通告,各报亦未见过吾邑同乡会之启事,年终亦未见过征信录之收付,无声无臭。不知者以为,同乡〈会〉因经费不足取消矣,因无人办事失败矣,孰知司事依然登门收取会费。夫有会费,必有开支,必有有利于同乡人正当之开支。若以同乡学校为搪塞,何足以饜同乡人之心,而塞同乡人之口?我公乡望所归,为同乡尽义务,会之成败得失,悉系于公一人之身,愿公亟起图之。专此奉达,即请金安,诸维朗照不宣。曹亦仓手上,古历八月二十日。

(《无锡旅刊》,第116期,1926年9月,第15页)

致无锡旅沪同乡会评议会函两则

(1926年9月)

(函一)

径启者:查本会十五〔四〕年度决算,现已造竣,照章应提交评议会核议。相应缮就清册,送请议决核销见复为核。此致评议会。理事会理事长荣宗锦。

(函二)

径启者:查会章第二十五条,本会经常、临时会用及事业费,应提出预算,交评议会议决。兹将十四〔五〕年度各项收支预算案,编制完竣,相应备函送,请议决见复,至纫公谊。此致评议会,理事会理事长荣宗锦。

(《无锡旅刊》,第116期,1926年9月,第15页)

致刘春圃[1]函

（1926 年 9 月底 10 月初）

敬启者：同乡蒋友常之子蒋冠群，年十八岁，在上海南市益元药行学业，忽于夏历八月二十日【即阳历 9 月 26 日】出外投军。伊父闻信赶来，至各招军处探询，已赴南京总招军处。惟该处设在何处，主任何人，〈不得而知。〉宗锦因念蒋友常年逾六十，只此一子，用敢代述情形，函恳遵处指示，俾得派人前往，或备函探询，毋任切祷。专此，敬请台安。荣宗锦敬启。

附：同乡蒋友常来函（1926 年 9 月底 10 月初）

同乡会诸善长先生大鉴：窃友常有一子，在南市益元药行学业，忽于夏历本月二十日上午出外，至下午邮寄益元一信，字"不及到行学业，即去投军云云"。友常之子，名冠郡，今年十八岁。友常闻信，即在二十一日晚乘车赴申，廿二日即至各招军处查问，据云新招之兵，均送南京总机关处。但友常今年六十一岁，即此一子，今忽失踪，痛苦不堪言状。因此恳求同乡会诸善长先生大发慈悲，垂念下情，可否出一会信，转求总商会再出信至南京总招兵处一查，即感德无涯矣。查小儿冠郡，投军必在二十日或廿一日，因友常至招军处查问，云廿二日已停招之故也。查冠郡嘴上缺一门牙。肃此，上呈善安。蒋友常具字。

（《无锡旅刊》，第 117 期，1926 年 10 月，第 2—3 页）

① 刘春圃，生卒年不详，无锡籍人士，上海青帮头目，时任淞沪警察厅主任秘书、司法科科长。

杨令茀[1]女士绘画展览会启事[2]

（1926年10月1日—2日刊载）

无锡杨令茀女士，在清宫临摹古画有年，近以出赛费城博览会，南来过宁，蒙军民两长及各当道挽留，展览作品三日，极一时之盛。现定九号放洋，小驻沪上。同人等复索其行笥妙墨，于十月二号、三号在上海女青年会（北四川路海宁路六号）展览两日，以为国粹之提倡。恐人杂毁坏画品，门票售洋五角，稍示限止。博古士女幸屈。

高轩、丁文江、傅疆、许沅、严春阳、李锺珏、袁希涛、傅宗耀、虞和德、顾履桂、荣宗敬。

（《申报》，1926年10月1—2日）

聘请张桐、王傅璧大律师为无锡旅沪同乡会名誉法律顾问函

（1926年10月26日）

（凤清）、（振华）先生台鉴：敬启者。敝会成立以来，于兹数载，会务进行，端赖各同志群策群力，共励不逮。素仰先生法理精深，学识宏富，

① 杨令茀（1887—1978年），无锡人，字清如，是杨延俊四子杨宗济的第八个女儿，自幼受家庭熏陶，熟谙经史，酷爱古典文学，并勤习书画。五岁时就有作品参加画展，被画院长者视为“神童”；八岁时拜无锡名画家吴观岱为师。1911年，杨令茀随兄长杨味云到北京，仍继续研究诗书画艺，又拜北京各路名家，诗画进步很快。每每举办个人画展，观赏者络绎不绝，名声大噪，后被推荐入故宫临摹宫廷墨宝和历代帝王画像，同时兼任清宫画师。她和齐白石交往密切，还被袁世凯聘为家塾教师。1936年，她赴加拿大。次年到美国，从此在那侨居40年。1965年退休后，在卡麦尔城开设“杨令茀画院”。1978年逝于美国。

② 此次绘画展览系江苏省实业厅安排，杨令茀女士于9月28日由宁来沪后，江苏省实业厅特派秘书王乐民及驻沪赛品办事员王景石先期来沪为之布置，上海交涉署亦特派王镜舜、伍守恭二科长为之筹备在沪展览事宜。该启事系丁文江、荣宗敬等人照南京办法具名发出。《书画讯》，《申报》1926年10月1日，本埠增刊第2版。

兹承(张君森如)、(陶君仞千)之介绍,敬请先生为敝会名誉法律顾问,尚祈不吝教益,指示周行,是所盼祷。专肃,敬颂台绥。无锡旅沪同乡会理事长荣宗锦启,十月二十六日。

(《无锡旅刊》,第 117 期,1926 年 10 月,第 3 页)

致汉口劳资仲裁委员会论工潮书①

(1926 年 11 月)

敬启者:汉口为长江商业中心,近受战事影响,商业遂一落千丈。商人在商言商,不欲侈谈军国大计,敬就商人切肤之痛,为贵会缕陈之。现今最感困难而亟待解救者,莫如工潮。劳资两方相资以生,本无深仇积怨,只以无第三者出任调停,予以公平之判断,驯致层波叠浪,愈演愈烈,商店歇业,工厂停机,市面萧条为何如景象!及今不图,势必金融有枯竭之虞,社会呈不安之状。于此而欲挽厥狂澜,纳之正轨,窃恐溃决之堤,燎原之火,断非一手一足之烈所能奏功。热心爱国者宁愿出此?

工友之口头禅,曰打倒资本家。夫我国何尝有资本家?号称资本家者亦大可怜矣。购地建屋,置办机器,固有资本大都消耗无余,其资以购置原料、发放工资,与夫全厂各项之支出者,几无不恃银行、钱庄之资助,以为活动。今则金融界以工厂杌陧不安,发展无望,于资助一层咸具戒心矣。世之所谓资本家者固如是乎?民国十五年战伐频仍,原料之产额减少,熟货之销路呆滞,实业家连年亏本,所感受之种种痛苦,工友所不能知,〔亦〕工友所不及谅。而工友之生活则实为实业家忍痛

① 该函系时任上海纱厂联合会、上海机利面粉公会会长的荣宗敬联合同业,以上海纱厂联合会、上海机利面粉公会、上海杂粮公会三团体名义发出。

维持，影响于地方秩序、社会安宁，夫岂浅鲜？此固当为贵会诸公所能谅解者也。

若夫改良待遇，厂家非不极端赞成，无如增加薪资、减少工作，而服务未见勤奋，出品未见优良。知责人而不知责己，揆诸情理，岂得谓平？所望贵会出以公平之判断也。倘能本同心同德之精神，为无党无偏之表示，劳资相安无事，商业庶复旧观，工厂之已闭者复开，工友之已散者复聚，然后从容建设，咸予维新，劳资利赖，抑亦凡百商民所同深感戴者也。

更有进焉者，社会生活程度日高，终岁勤动，犹虞不给，舍固有之职业，奔走呼号，亦既备历艰辛，返诸良心，似宜平心静气，勿趋极端，为实业家稍留余地，即所以为劳动家保全生活，尤望贵会之谆谆劝导者也。

敝会与旅汉商人，属在同舟之谊，不辞越俎之嫌，迫切陈词，惟希亮察。

（《纺织时报》，第 369 号，1926 年 12 月 13 日，第 379—380 页）

上海各界同人公葬陈润夫[①]大善士筹备处通告

（1926 年 11 月 23 日—25 日刊载）

敬启者：前上海总商会会长兼济生会会长、红十字总会董事、仁济善堂董事、商学会等董事陈润夫大善士，生前办善举及赈务数十年，热心毅力，功德在人，没世不能忘。本年四月，由上海总商会、县商会、闸北商会、上海中国济生会、红十字总会、仁济善堂、南北慈善团、教育团，

① 陈润夫（1814—1919 年），字作霖，号润夫，江西清江人，经营天顺祥票号，上海江西会馆董事，清光绪二十八年（1902）当选为上海商业会议公所议董，光绪三十二年（1906）起当选为上海商务总会第三、四、五、六任议董，宣统三年（1911）当选为上海商务总会第七任总理，民国三年（1914）任上海总商会议董，民国五年（1916）连任。

及江西、四川、云南、湖北等各省绅商，共同发起公葬陈大善士，以表崇德报功之义。旋议决设立公葬陈大善士筹备处于济生会，购定杭州虎跑济公庙傍吉地一区，现已与营造家订定合同，鸠工庀材，会同陈氏家属，择期十一月二十二日行公葬典礼，并由总商会等各团体代发公启，济生会各董事代管银钱。惟恐所发告窆及公启，尚多不周之处，爰登广告于申【报】、新【闻报】两报。倘各界同志愿助公葬费者，请径送济生会，掣取收据并陈氏家属谢帖可也。此启。

公葬陈大善士发起人方椒伯、王一亭、庄得之、顾馨一、王彬彦、倪远甫、谢蘅窗、汪伯奇、王雪澄、甘新民、严子均、王病山、凌伯华、许之荪、江西会馆、虞洽卿、袁履登、李平书、朱吟江、愿子盘、秦润卿、施省之、史量才、伊峻斋、周亦盘、朱子奎、沈田莘、邬志豪、霍守华、沈戟仪、蜀商公益会、傅筱庵、徐乾麟、李云书、贝润生、沈聊芳、庞莱臣、荣宗敬、聂云台、汪伯奇、曾玉堂、叶鸿英、徐敏丞、张席儒、吴伯山、江西旅沪八公团同启。

（《申报》，1926 年 11 月 23—25 日）

介绍良医李少梅启事

（1926 年 11 月 25 日—12 月 7 日刊载）

知友李少梅先生，常【州】郡人也，精于针灸，无论疑难百病，均能治愈。余等介绍之诸亲友患有危险、宿疾者，针好不知凡几，故特为之誉扬。患病诸君，一经诊治，方知言不谬也。李君现寓爱多亚路大世界西首李梅路对过福兴坊便是。王一亭、王尧臣、荣宗敬、毛祝三同启。

（《申报》，1926 年 11 月 25 日—12 月 7 日）

致蒋保厘[①]大律师函

（1926 年 12 月 9 日）

径启者：据敝会会员虞采章等二十人函称，“同乡顾达明，向在无锡外黄泥桥源兴〈典〉充当〈典〉伙友（中略，原函见下），无任感戴”等情到会。查顾达明品行端正，既为同乡所深知，被控出事日期，又在去职之后，其为被诬冤抑，可以概见。为此，函请大律师参酌情形，据理力争，以免无辜久羁，实深感荷。此致蒋大律师。无锡旅沪同乡会理事长荣宗锦，十二月九日。

附 1：无锡旅沪同乡会会员虞采章等来函（1926 年 12 月 8 日）

径启者：为无辜被羁，环请力予救济事。缘同乡顾达明，向在无锡〈外〉黄泥桥源兴典充当典伙友，素称诚实，品行亦极端正。前年源兴典突遭兵灾，抢掠殆尽，顾达明因急欲谋生，罔知所择，遂由现押西牢之陈海波，招入上海海美洋行为行员，此上年春间事也。至夏历七、八月间，达明见该洋行情形乖张，当即辞去。讵今为李震东在上海公共公廨捏词控告，意图诬陷，致被拘押。惟查李振东所控出事日期，已在达明去职之后，况达明系雇员性质，在事实上当然不负何种责任。然则该行即有机械变诈，与达明何干？采章等生同里闬，深知达明品端行洁，用敢不揣冒昧，环请贵会社会救济，俾释无辜，而示矜全，无任感戴。此致无锡旅沪同乡会。会员虞采章、顾鸿沼、张旭照、陆嘉德、徐可亭、陈季丹、沈颂华、袁邦襄、吴世荣、胡葭生、李聘莘、周少秋、蒋朝元、张子瑞、王荫階、李麟昉、王耀祖、王颂鲁、俞敬华、周莲钦谨启，十二月八日。

---

① 蒋保厘（1899—？ 年），字屏周，上海（另一说为福建同安）人，1922 年获东吴大学法学学士学位，1923 年获美国密歇根大学法学院博士学位，1925 年 3 月起在上海从事律师业务。

附2:复无锡旅沪同乡会复会员虞采章等函(1926年12月9日)

径复者:接阅公函,以顾君讼事,屡为设法救济,事关乡谊,理应照办。已将原函抄录,交被告律师参酌情形,据理力争,以免无辜久羁。至此中真相如何,仍希详示,以便设法援助。复颂公祺。无锡旅沪同乡会启,十二月九日。

(《无锡旅刊》,第119期,1926年12月,第1页)

致薛慈明函

(1926年12月23日)

径启者:昨准陈君品三交到先生捐助同乡会购置会所费洋三百元,凡属同乡,同深心感。除照章登入《旅刊》,并推为名誉理事,另函投前暨汇总造报外,兹特专函申谢,并照《酬庸细则》制购银杯,随函奉陈,至祈惠存。此致慈明先生。无锡旅沪同乡会理事长荣宗锦。附陈银杯一只、收条一份,十二月二十三日。

(《无锡旅刊》,第119期,1926年12月,第2页)

致陈品三函

(1926年12月23日)

径启者:昨承执事交到薛慈明先生捐助同乡会购置会所费洋三百元,凡属同乡,同深心感。次日走访,台从业已返锡为怅。除函谢薛君,并具收条,暨照《酬庸细则》之规定制赠银杯一只,随函致送外,用特备函申谢,至祈查照。此致品三先生。无锡旅沪同乡会理事长荣宗锦,十二月二十三日。

(《无锡旅刊》,第119期,1926年12月,第2—3页)

致刘春圃理事函

（1926年12月31日）

春圃先生台鉴：径启者。据本会会员、鸿昌翻砂厂经理顾鸣皋函称，“敝厂自庚申（1920）年秋间，租赁闸北四区坐落南梅园路方记砂坊内余屋营业，（中略，原函见下）设法排解为幸”等情到会。查该会员以限期迫促，不及谦让，深恐新屋主有朦请警厅押迁之举，是以来会呼吁。为此函恳台端，倘有该案到厅，当此年近岁关，务请量为维持，免其失所，实为公感。此布，敬请台安。弟荣宗锦启，十二月卅一日。

附：无锡旅沪同乡会会员顾鸣皋来函（1926年12月28日）

径启者：敝厂自庚申年秋间，租赁闸北四区坐落南梅园路方记砂坊内余屋营业，至今倏忽六、七年矣。自今庚秋节，与方记砂坊主结算房租，面晤时，荷方记主关照，本房屋抑或出售他姓，亦未可知，如尊处营业，或收或放，限开岁新正月底出屋云云。敝处聆悉之下，四处托友寻觅相当接替之处，尚无接妥，不料自从十月初头，突出新房主顾文标前来，面谈之下，亦限于开岁出让，所以敝处竭力寻觅。谁料事出两歧，于旧历十一月初九日【12月13日】，接得洋商韬司洋行经理益记地产公司特来通告一件，内限敝处十一月底出清云云。自得通告之后，朝夕不安，适当地点尚无接洽，限期即在目前，但敝处货物、原料，皆是重笨，搬运实非易事。况节届年关，往来账目，都待结束，营业之损失无限。为此，恳请同乡会理事长先生设法排解为幸。敬请理事长先生台鉴。鸿昌厂谨上，旧历十一月廿四日【12月28日】。

（《无锡旅刊》，第119期，1926年12月，第2页）

1927 年

致淞沪警察厅严景曦厅长函

（1927 年 1 月 12 日）

敬启者：据敝会会员郑鸿仪函称，同乡诸银泉之女巧弟，向在丝厂做工，于阴历十二月初一日[1]，在公益里北口，突被不识姓名、口操江北音四人挟住，中有一人，硬指巧弟是伊逃妻，当被强扭至四区一分所拘押，转解总警厅审理。查巧弟自小丧母，无人扶〔抚〕养，即由其外祖母[2]陈朱氏带领来申，九岁学习打盆、缫丝，向在满洲路源昌丝厂管车顾荣根〈等〉手内做丝，可以作证。民国十三年【1924 年】七月间，由亲长作主，凭媒马银坤，嫁与理发匠张阿锡为妻，有婚帖及结婚照片可证。嫁后生有一子，名虎保，现已三岁。张阿锡于去年九月间病故。巧弟从九岁到申后，常住在开封路新复记器作内，有邻家可证。十九岁嫁与张阿锡，阿锡亡后，跟其外祖母同居，从无嫁与江北人之事。乃忽被人冒认为妻，扭区被押，其祖母年老女流，无可告诉，为此代为呼吁，请求我同乡会，念其作客异乡，无端被诬，加以扶助等语前来。查函中所陈诸巧弟来沪至今经过情形，种种证据，非可捏造。该江北人指鹿为马，非徒诈财，即冀占据，似此凭空捏冒，实属目无法纪。为此，函恳贵厅秉公讯

① 即阳历 1927 年 1 月 4 日。
② 案下所附郑鸿仪来函，为“舅婆”，即无锡话对外婆之称呼。

究，依法惩治，以儆欺诈，而安善良，实纫公感，此致淞沪警察厅厅长严【景曦】。无锡旅沪同乡会理事长荣宗锦。

附：无锡旅沪同乡会会员郑鸿仪等来函(1927年1月12日稍前)

会员郑鸿仪，向在四马路福兴园菜馆为业，今代同乡、无锡北门北乡七房诸巷上诸银泉，请求同乡会员申信南市警察厅证明：诸银泉之女叫巧弟，因从小遭母丧，无人抚养，即由其舅婆陈朱氏带领来申，九岁习学打盆，后再缫丝，向在满洲路源昌丝厂管车顾荣根等手内做丝，可以请来证明。后从民国十三年七月十一日，由公正亲长并媒人马银坤配与剪发匠张阿锡为妻，在英租界石路鸿运楼设宴结婚，有男家大帖并喜薄小照等在警察厅内可证。当年即生一子，名叫虎保，现已三岁，当时因张阿锡与巧弟先合后婚。旧岁九月十一日张阿锡病故。巧弟从九岁到申后，常住开封路六百九十六号新复记漆作内，有邻家可证明。十九岁嫁与阿锡，是张阿锡亡后，仍跟舅婆陈朱氏同居。今于十二月初一日往阿姨家去，在公益里北口，忽被口操江北音者四人，将巧弟骤然挟住，伪称是伊从前逃妻，当被强扭至四区一分所警区拘押，昨已解往南市警察厅去矣。恐此暗无天日，指鹿为马，希图诈财，欺压女流，目无法纪矣。为此请求同乡诸先生，念女流遭此冤屈，请扶助也。请求人郑鸿仪、陈漱庵。

(《无锡旅刊》，第120期，1927年1月，第1—2页)

致刘春圃理事函

(1927年1月12日)

春圃先生台鉴：敬启者。同乡女子诸巧弟，被不识姓名之江北人冒认逃妻，扭控冰案，本会会员郑鸿仪代为呼吁到会，胪陈巧弟在沪作工、嫁人前后经过之事实，均属信而有征。本会业已正式函达贵厅，请求秉公讯究。该江北人硬指他人为妻，究竟是何居心，抑系出于误认，一经鞫讯，自不难水落石出。该女子诸巧弟作工度日，无端被系，受累不堪，尚乞迅赐讯明，分别释办，以安善良，而儆奸宄，实深公感。此布，敬颂台安。弟荣宗锦启。

（《无锡旅刊》，第 120 期，1927 年 1 月，第 2—3 页）

致上海地方检察厅孙厅长函

（1927 年 1 月 12 日）

敬启者：敝会同乡诸银泉之女巧弟，向在丝厂做工，于阴历十二月初一，在公益里〈北〉口，被不识姓名之江北人轧〔挟〕住，诬指巧弟是伊逃妻，扭送警厅，转解钧厅在案。兹据敝会会员郑鸿仪函称，巧弟自幼丧母，由外祖母陈朱氏带领来申，九岁学习打盆，向在满洲路源昌丝厂管车顾荣根手内做丝，其证一；民国十三年七月，凭媒马银坤，嫁与理发匠张阿锡为妻，有婚帖及结婚照片，其证二；嫁后生子虎保，现已三岁，其证三；阿锡于去岁九月间病故，仍偕外祖母常住在开封路新复记漆作内，有邻家可询，其证四。并未有嫁与江北人情事。近来外来匪徒，往往勾串同党，冒认良家妇女，为拐卖谋利术，该江北人难免即系此种匪徒。特具函前来，声明被诬情形，函请敝会援助等因。据此，查该函声述各项证据，似均足资凭信，诸巧弟既系张阿锡之妻，并未转嫁他人，则江北人诬指逃妻，陷害良家妇女，实属不法已极，应请按律严办。诸巧弟无辜被累，可否请即开释，或交其家属具领，藉安善良，而儆不法。相应函请钧厅，察酌施行，实纫公感。此致上海地方检察厅厅长孙。无锡旅沪同乡会理事长荣宗锦，一月十二日。

（《无锡旅刊》，第 120 期，1927 年 1 月，第 3 页）

致无锡旅沪同乡会评议会函

(1927 年 1 月 15 日)

径启者:昨准蒋【曾燠】副理事长函开(中略)等由。理事会一致挽留,相应函请评议会察核,开会核议见复。此致评议会。理事会理事长荣宗锦,一月十五日。

附 1:无锡旅沪同乡会理事会通告新旧各职员函(1927 年 1 月 8 日稍后)

径启者:一月八日开评、理两长互选会,结果,丁梓仁先生当选为评议长,孙北萱、俞仲还先生当选为副评议长;荣宗敬先生当选为理事长,孙询刍先生、蒋哲卿先生当选为副理事长。议决于一月十六日(星期日)下午三时举行新职员就职礼,并新旧职员交替会,届期敬请准时莅临,千万勿迟为盼。此致某某先生。无锡旅沪同乡会理事会启。

附 2:蒋曾燠副理事长辞职函(1927 年 1 月 13 日)

径启者:曾燠两任本会职员,不第无所建树,甚至因事不克出席各项会议,愧恧无似。兹奉通知,敬悉再任副理事长,谨以竭诚恳辞,即乞以次多数递补,任何制裁,决不就职。耑此布朋,只颂理事会诸公公绥,并乞转函评议会同鉴。永久会员蒋曾燠拜上,一月十三日。

附 3:无锡旅沪同乡会评议会覆理事会函(1927 年 1 月 17 日)

径启者:昨准函开,蒋副理事长来函辞职,理事会一致挽留,相应函请评议会察核,开会核议见复等因过会。经于新旧职员交替会临时提出讨论,各评议员一致主张挽留。相应函复查照,即希恳切致函蒋副理事长取消辞志,共维会务,是所切祷。此复理事会。评议会评议员长丁彦章,一月十七日。

(《无锡旅刊》,第 120 期,1927 年 1 月,第 3—4 页)

致蒋曾燠副理事长函

（1927 年 1 月 19 日）

径启者：前准大函，辞去副理事长一职，经于新旧职员交替会临时提出于理事会，并转函评议会，同时提出核议，函嘱恳切挽留等因过会。窃维本会为先生所手创，凡属同乡，同深利赖，现在百凡〔凡百〕会务，尚藉鼎力进行，先生素具热忱，何忍恝然舍置？为此竭诚函恳，取消辞志，同维会务，不胜切祷。此布，只颂台绥。理事会理事长荣宗锦，一月十九日。

（《无锡旅刊》，第 120 期，1927 年 1 月，第 4 页）

致申新四厂经理荣月泉[①]、营业部主任杨少棠[②]函

（1927 年 1 月 27 日）

汉厂困难达于极点，惟出于停办之一途，好在停办后，于本机关毫无关系。兹奉上召盘广告一纸、通告一纸，即希实贴厂门，并将底稿送登汉口各报为荷。

通告：本厂同人及全体工友同鉴：商人将本求利，不独纱厂为然。

---

① 荣月泉（1868—1941 年），名永清，以字行，无锡荣巷人，早年毕业于上海电报学堂，历任清台澎电报总局总管，上海电报总局英文翻译、电话提调，北洋政府交通部电政司司长兼全国电报督办等职务，是中国第一代电讯专业人才；民国七年（1918）起脱离官场，进入荣家企业，成为管理骨干，历任无锡茂新、汉口申新四厂及福新五厂经理、申新茂新福新三新总公司五金材料部主任等职务，1941 年病逝。

② 杨少棠（1877—1962 年），名棣华，字鼎成，以号行，无锡梅园人，出身商人家庭，为荣家企业的重要骨干，1921 年申新四厂在汉口建立时，时任福新五厂营业部主任的杨氏，同时被任命为申新四厂营业部主任。

本厂自设立以来,连年亏本,无利可图。现在原料昂贵,工资加增,出数减少,销路呆滞,金融枯竭。照此情形,万难维持。兹自农历正月初一日起,本厂实行停办。其各自为谋,以维生计。特此通告,统希鉴谅。

召盘:本厂全部机器、房屋、生财一应召买。如有意经营者,请向上海江西路五十八号总公司接洽。

(申新总公司函稿汇登)

对于暨南大学学生之观感

(1927年1月)

【暨南大学现已停课,闻因学生中有赤化嫌疑,故为当局所查禁。事之确否,一时实无从探听。灼灼乃亦不敢遽依道听所得,报告读者,诚恐混淆观听,吃罪不起也。昨午自苏返沪,车中搭客甚稀,余一室中只坐三人,余独踞其左,一人而占四人之座,自颇安适,余一人则并肩坐于右,亦甚宽畅。二人中之年事稍高而富有微鬓者,余识之为面粉大王荣宗敬先生也,与荣先生作伴者亦操无锡音,察其状,似为荣之戚友。荣先生发言殊寡,自苏站抵南翔,计仅说话六句,咳嗽两声。此殆荣之特性欤?及车抵真如,窗中遥见暨南校舍巍峨,外观如旧,而人去楼空,不见只影,是时荣先生忽打起精神,谓其同伴曰:】

暨南【大学】今已停办矣,真茹之市面,恐将因此大受打击。惟我辈之常往来沪宁道上者,则将从此少去一种难关。盖余每见车抵真茹时,一般西装革履、口操粤音、北音之暨南学生,立即一哄上前,出其运动之好身手,努力挤轧、奋勇之气,大有将自己及他人之生死置之度外。然我辈年事略高,及妇女、小孩对之,甚感不安。此即所谓难关也。

(《中国摄影学会画报》,第75期,1927年1月29日,第194页)

振德女子中学暨附属小学招收插班生启事

（1927 年 2 月 1 日刊载）

（报名）即日起，开学日止。

（考试）阳历二月十四、十五、十六三天。

（开学）阳历二月十九日。

（校址）静安寺路哈同路口一七一八〈号〉，乘十二路电车直达。

章程函索，附邮票一分即寄。

校董荣宗锦、郑毓秀、朱采真、朱树藩，校长沈琴如同启。

（《申报》，1927 年 2 月 1 日）

致耀明新记事务所[①]函

（1927 年 2 月 10 日）

径启者：前由蒋君哲卿交到贵公司捐助敝会购置会所费洋五百元。凡属同乡，同深心感，除照章登入《旅刊》暨汇总造报外，兹特专函申谢，并照酬庸细则购置银鼎一座，随函奉陈，至祈惠存。此致耀明新记事务所。无锡旅沪同乡会理事长荣宗锦，二月十日。附陈银鼎一座。

（《无锡旅刊》，第 121 期，1927 年 2 月，第 1 页）

---

① 1924 年，蒋哲卿在承租耀明电灯公司后，随即组建耀明新记事务所，自任经理。

致锡金公所函

（1927年2月24日）

径启者：顷准敝会理事陆君培之到会，陈述评议员管君趾卿意见："现在时局紧张，前途安危，未可逆料。我旅沪同人，亟应组织同乡收容所，以为万一之预备。所需经费，由管君担任，惟苦无适当之地点。因念贵公所房屋，较为宽大，甲子之冬，收容人数，不在少数。为特备函奉商，仍乞借用"。事关救济同乡，谅荷允许。所有一切筹备，不日即由管君派员趋前接洽也。此致锡金公所。无锡旅沪同乡会理事长荣宗锦，二月二十四日。

（《无锡旅刊》，第121期，1927年2月，第1页）

致祝伊才[1]理事函

（1927年2月25日）

径启者：本会理事冯君树勋，因病逝世，所遗理事一缺，于二月二十日理事会常会议决，以本届选举次多数递补。查本届选举次多数，依次应由执事递补，相应通知，至祈尅日就职，以重会务，实纫公谊。此致祝伊才先生。理事会理事长荣宗锦，二月二十五日。

（《无锡旅刊》，第121期，1927年2月，第1页）

① 祝伊才，生卒时间不详，为祝兰舫之子。

致无锡旅沪同乡会评议会函

（1927 年 2 月 25 日）

径启者：本会理事冯君树勋，因病逝世，理事一缺，于二月二十日理事会常会议决，以次多数祝君伊才递补。除函请祝君就职外，相应函请查照。此致评议会。理事会理事长荣宗锦，二月廿五日。

（《无锡旅刊》，第 121 期，1927 年，第 1 页）

致陆鼎揆①大律师函

（1927 年 2 月 25 日）

叙百先生台鉴：敬启者。敝会成立以来，于兹数载，会务进行，端赖诸同乡群策群力，共励不逮。素仰先生法律精深，学识宏富，兹敬请先生为敝会名誉法律顾问。尚祈不吝教益，指示周行，是所切祷。专肃，敬颂台绥。无锡旅沪同乡会理事长荣宗锦，二月二十五日。

（《无锡旅刊》，第 121 期，1927 年 2 月，第 3 页）

致江苏省长请免征进口棉二五附税电②

（1927 年 2 月）

苏省对于二五附税，既已定期加征，所有外洋进口棉花，为华商纱厂原料之用者，本会在此国事未定之时，未敢遽请豁免全部关税，然为

① 陆鼎揆（1896—？年），字叙百、叔百、淑百，江苏无锡人。美国密西根大学法学博士，曾任国立政治大学、上海商科大学、国立暨南学校、国立北京政法大学、上海光华大学、中国公学、复旦大学及东吴大学等校法学教授。抗战爆发后，曾任上海各界抗敌后援会编审委员会委员，1938 年 6 月被聘为国民参政会第一届参政员，后附汪精卫投敌。译有《社会法理学论略》。

② 该电悉荣宗敬先生以华商纱厂联合会会长名义发出。

爱护国家最大实业之前途起见，不得不陈请免予加征二五附税云云。

附：当时江苏省长公署等相应反应

省长公署接电后，当即令行财政厅，“仰该厅长会同实业厅，详细核明议复，以凭察夺”。财厅旋咨行实业厅，文云“查该联合会请将华商购买外洋棉花暂免加征二五附税，自系为维持国内棉业起见，惟究竟是否可行，有无别项窒碍，事关二五附税，应请关监督、实业厅主持核办”。实业厅核议后，即咨复财政厅，“查该联合会所请，系谋国内棉业之利益，在实业方面并无别项窒碍。相应咨请查照，主稿挈衔会复”。现财政厅又咨复实业厅，称“外洋棉花，以国内洋商纱厂销用最多，华厂所用者实居少数。今如俯允所请，公家损失诚属有限，在华商纱厂不无受惠”等语，惟关监督恐外商援例请求，已议有变通办法矣。

（《申报》，1927 年 3 月 2 日）

介绍薛雪舲医师启事

（1927 年 3 月 2 日—6 日刊载）

雪舲先生为锡山名世家子，青年志学，专攻医科，卒业于江苏医科大学，晋修于日本东京帝国医科大学及顺天堂、三井等各大病院，旋就江苏省立医院、公立上海医院主任医师，现任淞沪警察厅医官、引翔医院医务主任。十余年来，于辨症施术诸端，独具细心，临症数万，活人无算。近以公务余暇，午后在虹口东西华德路公平路口慎德里（后通塘山路昆明路口）寓所悬壶应世，统治内、外、眼、喉、皮肤、花柳、戒烟各科，以及一切疑难杂症。同人等相知有素，特为介绍，并代订诊例，门诊一元，出诊五元，俾病家知所问津焉。

介绍人：许秋飖、王一亭、程伟度、赵芹波、吴和士、严述斋、徐春荣、李伟侯、顾馨一、汪运斋、李右之、荣宗敬、朱少坡、尹村夫、傅筱庵、姚紫若、朱吟江、姚公鹤、王尧臣、徐筱圃、陈维翰、孙绍康、许剑青、顾棣三、陈忆德、颜璧城、王彬彦、刘春圃、黄文光。

（《申报》，1927 年 3 月 2 日—6 日）

为商榷救济兵灾事召集无锡旅沪同乡会全体职员联席会议通函

（1927 年 3 月 2 日）

径启者：顷接无锡红卐字会华艺三[①]先生及无锡市董事会钱孙卿[②]先生来函，以宁沪沿线，风云日急，澄、锡两县，尤多殷鉴，江阴郑立三先生来锡，拟用红卐字会名义，组织澄沪江轮及澄锡内轮，临时救济，藉备万一等语。并由江阴李君迪先来会接洽，明日即派代表到会商办。兹定于三月三日【即阴历正月三十日】下午二时，在本会开联席会议。事关筹商救济方法，务乞准时拨冗驾临，毋任企盼。此颂春祺。无锡旅沪同乡会理事长荣宗敬启，三月二日。

① 华文川（1885—？ 年），字艺三、艺珊，江苏无锡东亭望族，清末举人，候补知县，近代无锡实业家之一，曾任锡金商会总理、无锡红卐字会副会长、无锡施医所所长，喜习丹青，工山水、花卉，人称“艺三先生”。

② 钱基厚（1887—1975 年），字孙卿，晚号孙庵老人，江苏无锡人。1911 年肄业于南京两江法政学堂；1912 年当选为无锡县议员，并任共和党无锡支部长、无锡教育会会长；1914 年任无锡县公署学务科科长；1919 年参加“五四运动”，被推为县国民大会事务所干事；1921 年先后当选为无锡县自治促进会副会长、江苏省议会议员；1922 年与无锡报人李柏森等创办《无锡新报》，任董事长；1924 年被荣德生聘为公益工商中学校长，11 月当选为市公所总董；1927 年后先后任无锡县商民协会主席、无锡县商会主席、无锡第三中学校长及无锡市公款公产委员会主席、国难委员会主席、无锡各界抗敌后援会主席等；抗战期间避居上海租界，抗战胜利后回无锡复任商会主席；1949 年苏南解放后，历任无锡市政协副主席、苏南行署副主任、江苏省政协副主席、省民建副主任委员、省工商联主任委员等职，1954 年当选为第一届全国人大代表，1955 年当选为民建中央委员。著有《锡山学务文牍》、《孙庵年谱》等。

附1:无锡华艺三等诸君来函(1927年2月27日)

宁沪沿线,风云日急,澄、锡两县,尤多殷鉴。兹江阴郑立三先生来锡,拟用红卐字会名义组织澄锡江轮及澄锡内轮,临时救济,藉备万一。惟须先得军事当局批准,通事保护,方可办理;非就沪方入手,一时不能得有确切办法。事属万急,用特函恳台端,酌拟呈文,就近协商旅沪诸乡台,面恳军事当局批准,电令保护。意见另纸附上。锡商会会长王克循先生现亦在沪,似亦可就近接洽。现在沪局情形如何,并望随时示知,尤为企盼。耑上,祇颂台祺。弟华文川、郑立三、陈纶礼、钱基厚谨启,二月二十七日。

附2:1927年3月3日无锡旅沪同乡会全体职员联席会议记

三月三日,为商榷救济兵灾事宜,开全体职员联席会议,到管趾卿、徐可亭、孙北萱、丁梓仁、华卫中、陶仞千、张颂南、吴昆生、杨少棠、蒋哲卿、俞仲还(陈仲英代)、朱俊生(杨伯庵代)、张春霖、陈仲英、蔡禹门、荣宗敬、萧效仁、秦颂陶、李静涵、李鼎辅、陆培之、张秋园、孙询刍、严裕昆、沈仲俊、陈漱庵、顾沅芍、秦采南、王耀祖、朱鸿昌、王尧臣、贾春华等,并有江阴同乡李迪先等列席,下午三时开会。丁评议长主席,先由陶理事报告无锡红卐字会华君艺三来函,以沪宁路线,风云日急,将来锡沪间水陆交通,必至断绝,惟自锡至江阴一路,可达长江各处,如人们出走生全之路,拟用红卐字会名义,组织澄沪江轮,及澄锡内轮,临时救济,藉备万一,惟须先得军事当局批准通令保护,方可办理,嘱旅沪同乡协商办法等语。次由江阴同乡李迪先君报告,此事由无锡华君艺三与江阴邹君三立发起,所缺江轮一只,现在杨在田先生有轮船四只,可拨一只,于必要时,开至江阴,归红卐字会应用云云。经众讨论,有谓今岁情形,与甲子之役不同,上海情形之危险,不下于无锡,是否可以救济来沪,尚属疑问者;有谓澄锡一带,尚未达到救济之时,事前声张,恐遭军事当局之疑忌者。结果,以今昔情形,虽属不同,然救济一事,不可不预为之备,惟须审慎办理,商定推陶君仞千,至上海红卐字会,调查该会与军事当局接洽情形,再行酌夺办理而散。

附 3:无锡旅沪同乡会复华艺三等诸君函(1927 年 3 月 3 日)

艺三、立三、谷岑、孙卿先生大鉴:接奉台函,敬谂诸公以沪宁沿线,风云日急,组织澄沪锡航轮,为临时救济之预备。爱护桑梓,绸缪未雨,钦佩莫名。属就沪方入手一节,当经召集敝会职员联席会议,并邀李君迪先等列席,商定以红卐字澄锡分会旅沪会员名义,组织世界红卐字澄锡联合驻沪办事处,即附设于无锡旅沪同乡会,函请军事当局,通令所属军警一体维护。兹将函稿录呈台督。报载锡地驻兵甚多,情形如何,至深悬念,尚望随时赐教为盼。

附 4:无锡旅沪同乡会复华君艺三函(1927 年 3 月初)

艺三先生大鉴:昨奉手函,读悉锡会已备收容所二十处,甚慰。所询三事:一、上海道院总办事处,今日与沅芍通往,询悉俞君在临时第一医院,遂请该院主任朱赞谨君介绍前往,谈救济队事甚久。渠云,既曰救济,不能仅救济难民,举凡伤兵及亡卒,均须备救,伤兵护送医院,亡卒抬葬掩埋椿志,若仅救难民,兵士无维护之义务,不设临时医院,恐公馆住宅,伤兵难免不入,如大通之荷叶洲,不预先备设医院,致公馆住宅,都为伤兵所占,如芜湖预设,伤兵有所归宿,举凡红卐字会会员,门前贴有红卐字会门牌者,败兵均不入内,敬重红卐字会也,并云渠处印刷品多种,可交仿办,约明日往取。二、所谓红〔江〕轮云云,有杨在田者,江阴常阴沙人,有沙田,有庄房,现办大通输局,共有四轮,三只已被军界踏去,仅存新大明轮船一艘,现用红卐字会澄锡驻沪办事处函请军事当局保留,仍行通州常阴沙等处航路,另有汽船一艘、拖驳两只,亦请军事当局保留。此常阴沙至江北靖江及上海航路可通,经费可以不计,杨君可以担任云。三、由锡到澄之航路，实属为难。上海方面，无从兼顾，最好由江阴无锡各红卍字分会分请军事当局，放出封扣轮船一两艘，俾澄锡航路，不致阻隔，一面由会组织预备队，使锡地避难者，由寺头杨库等处，直达常阴沙，该处预备柴米庄房收容也，常阴沙离锡约百里，在常熟江阴之间，在福山口之上，该沙全是沙滩。杨在田有沙田不少，故有庄房，且有保卫团一百二十名。倪姓亦有庄房，亦允收容。倪守谦君今日亦在座，亦允预备也。至联合商量，俟郑立三兄来申商量，请其到锡商办。

附5：华君艺三来函(1927年3月3日稍后)

顷奉复函公启，业已转致各位矣。敝处前函，谅亦已接阅，今锡会收容所，城乡共备二十处，目下战事未发生前，不过筹备而已。军队往来调防，殊纠纷不已，惟不过给养、迎送之烦，纪律尚好，所虑后来遣散及土匪而已。兹有启者，再行申说如下：一、上海道院红〈总〉办事处俞君，已否接洽？二、所谓江轮诸事，已否妥洽，经费等如何？三、由锡到澄，轮舶未通，此路如仍阻隔，将来何以达江，应嘱江阴同乡会函嘱江阴卍会，与两县兵站处疏通，该路航线，决不可隔断，该轮船报定名称后，不得任意封扣，否则由卍会出面，照常运送商民，以示优待，而保护之。务联合商量，一有办法，锡会亦自当协助也。此复，敬颂公绥。弟文川顿首。

(《无锡旅刊》，第122期，1927年3月，第1—3、5页)

致无锡县长张修府[①]函

（1927 年 3 月 6 日前后）

日前畅聆教言，颇慰忻慕。半壁东南，风云日亟。锡邑当水陆要冲，际此军书旁午，大兵云屯，我公坐镇从容，知必有以宣保障之劳，而慰闾阎之望。下风引领，欢忭奚如。敝处申新三厂，安分工人本居多数，诚恐不肖之徒，乘地方多事之秋，借端煽惑，酝酿工潮，拟恳我公，饬警随时注意，消弭无形。岂惟敝厂之幸，社会安宁，实利赖之。直率陈词，惟希垂察。

（申新总公司函稿汇登）

致申新五厂经理函

（1927 年 3 月 13 日）

此次本厂不幸发生风潮，致职员身受重伤，现在此事未曾解决，办理深觉困难，惟有出于停止营业之一途。拟自夏历二月十六日起，本厂暂行停业，酌留赵君毓祥保管五金物料，夏君毅生保管银钱账目，胡君庆生、谈君友三、陈君友峰三人分别保管及办理结束。所有职员一律辞退，望婉言申说，俾早日离厂，另觅高就。

（申新总公司函稿汇登）

---

① 张厚谷（1883—？年），原名龙瑞，字修府，号只斋，室名“碧葭精舍”，直隶（今河北省）南皮人，清末名臣张之洞族，精金石之学。岁贡生，考取三江师范学堂舆地专门教习，前清时曾任江苏淮安府知府，1913 年特派视察贵州军政大员、彰武镇威大将军行署秘书长，东三省巡阅使署秘书长兼政务处处长，汉粤川铁路参赞代行督办事，东三省电政监督，江苏无锡县知事，冀察政务委员会政务处第一组组长兼冀察地方参议会筹备主任。著有《南皮张氏碧葭精舍印存》八卷，又《碧葭精舍印谱己巳集》一卷。

附：申新五厂工会启事(1927 年 3 月 11 日)

本月五日，本厂发生殴打职员事，恐各界人士不明真相，误认为党派之举动，兹将肇事之始末公布，幸垂鉴焉。查该厂职员有细纱间领班周声标、柳克馥，保全部李春波、刘启明，粗纱间领班任皓等，自去冬已一致加入本会，嗣后即借加入工会为名，去压迫工人，并不服从工会命令，而无故开除工人四、五人。本会屡派代表向该职员等申述，要求复工，均未见效。乃该职员等自此以后，压迫工人，行使权威，有加无已，于阴历正月并未经厂主之同意，将粗纱间工人之亨司革去五分。各工友均向本会报告，本会一再解释，暂行制止，向该职员等商酌，终属无效。是以全体工友才有〈三月〉五日之举动，并非一部分工人之暴动，亦无党派关系。至报载云“工人口呼只打湖南人，不打他省人”，均是误传。工友素抱无界限主义，只知压迫工人者为仇人，不压迫工人者为友人。特此郑重声明，希各界人士其谅察之。申新第五厂工会陈阿三。

(《申报》，1927 年 3 月 11 日)

呈毕庶澄[①]军长请发给旗帜以便申新福新运输麦棉等原料船只通行文

(1927 年 3 月 18 日)

申新纱厂、福新面粉厂等，所雇船只百余号，将小麦、棉花等原料输入，以制成之面粉、纱布输出。现在军兴时，船只缺乏，如果停运，势必停工，非特关系民食，并妨害小工生计，请给旗帜，以便发船悬挂通行。

(《申报》，1927 年 3 月 19 日)

① 毕庶澄(1894—1927 年)，字莘舫，山东文登文城东关人，出身士绅官僚家庭，1909 年考入烟台宪兵学校(肄业)；1912 年参加文登辛亥革命学生军；1927 年 2 月率直鲁联军驻守上海，与国民革命军对峙。

附:上海总商会复函[1]**(1927 年 3 月 18 日稍后)**

接准来函,以福新、申新、茂新三厂原料与成品,需船转运约百余号,拟呈请毕军长发给旗帜,请代转递等因到会,兹已遵嘱转送毕军长,并加具一函,请其速予批准给发,以便应用。合先奉达,即祈查照。

(《申报》,1927 年 3 月 20 日)

在开原乡旅沪同乡会议上的讲话

(1927 年 3 月 20 日)

【三月二十日,即夏历杏月十七日,下午一时,无锡开原乡旅沪同乡,候〔假〕座无锡旅沪同乡会,会议开原乡保卫团事宜,到会者,荣宗敬、朱鸿昌、张秋园、张凤培、蒋稷顷、严裕昆、张瑞昌、蒋嗣敏、冯全坤、张永昌、戈焕章、蒋永熙、吴臣笏、查仲康、杨少棠、荣子瞻等二十余人,荣宗敬君主席,报告开会宗旨,略谓】

前接开原乡保安董事会董事长蒋仲怀君来函,以本乡保卫团,于去年十月开会,议决继续办理半年,所需经费,一面征收房捐,一面由蒋君哲卿按月垫付,至本月底又届半年期满。现在时局紧张,西乡驻军甚多,幸赖保卫团随时招呼,军民得相安无事。此刻如以期满停办,则地方治安可虑;如欲续办,则经费究从何出?蒋哲卿君垫款既巨,未必能再行垫付,而驻兵之应付,随在需费,是以在经常费外,更须筹有临时经费,方可支持等语。事关本乡治安,为此由鄙人邀集诸君,就近在沪协商妥善办法,以便答复仲怀先生。

查该保卫团经常费月需四百余元,房捐项下,统扯仅能征收三分之一,此外特捐项下,亦属有限。哲卿先生热心公益,按月垫款,竟达三千余元之谱。似此无米之炊,终非久计。兹请诸君来此讨论者:(一)保卫

---

[1] 荣宗敬请发给旗帜的呈文,系通过上海总商会转交毕庶澄的,故上海总商会有此复函。

团是否续办？（二）经费如何筹集？

【经在座诸君商议之下，佥以本乡自卫团创立以来，维持地方，尚称得力，历届西乡驻防军队，亦赖该团诸多照料，乡民便利不少。丁〔于〕此时局不靖之际，事实上未便停办。至筹款一事，如须续办，目前最要者，则为经常费及应付驻军一切用费，议决先行筹募临时特捐，再为维持半年，除当筹募一千六百余元以外，一面再向各同乡劝募云。】

（《无锡旅刊》，第122期，1927年3月，第6—7页）

致无锡商团公会会长、纱厂联合会会长杨翰西[①]函

（1927年3月24日）

顷接敝厂【申新三厂】来函，知增加工资一节，由各厂单独解决。鄙意此事极有研究之余地。年来纺织业一落千丈，支持早感困难。迩来花贵纱贱，花贵则进货难，纱贱则出货难，出品则进步甚少，工作则懒惰有加；今又提起增加工资，是惟恐其存在，而欲速其死也。沪地各厂，行动虽不一致，而大多数不以增加工资为然。至于当道所提条件，亦多隔膜，未能洞见症结。弟意，俟时局稍定，应推代表向当道面陈困难情形，冀其援助。至目前解决，工资由小洋改为大洋，似可告一段落；其余由仲裁会协议。聊贡其愚，惟希垂鉴。

（申新总公司函稿汇登）

---

① 杨翰西（1877—1954年），名寿楣，字翰西，别号静斋，以字行，无锡城内旗杆下人。1902年中举人，1904年随清廷驻沪电政大臣办理电政，并兼理无锡电报局。翌年保举为道员。1909年任北京陆军部一等检察官。1911年任度支部币制局委员，广州造币厂总办。1920年任无锡县商团公会会长。1931年当选为无锡县商会主席。日寇侵占无锡后，曾任自治会长，水利委员等伪职。当时杨翰西任无锡商团公会会长和纱厂联合会会长。

致无锡商团公会会长、纱厂联合会会长杨翰西函

(1927 年 3 月 27 日)

前上一函，谅登记室。意有未尽，再为先生陈之。年来办厂者，大都焦头烂额。即无工潮，犹难支持；近更受时局影响，花贵纱贱，越觉无路可走。工友不能谅解，又提出增加工资问题，不知厂方至不能维持时，工友断无存在之余地。鄙意，当从厂方着想，厂方现已万分为难，增加工资简直不成问题【即厂方完全不同意增加工资】。似宜由各厂招工头剀切说明，俟厂方稍有转机，再行从长计议。上海则大都不赞成增加工资也。以生活程度而论，锡地犹非上海比也。高明以为如何?

(申新总公司函稿汇登)

致上海商业联合会[①]函

(1927 年 4 月 4 日)

顷据无锡敝厂来函："四月一日上午，钢丝厂间职员李耀东被总工会无端提去，当由本厂职工联合会会长孙传湘去保出。未及三小时，又被提去游街，头戴三尺有奇之高帽，前列荷枪，后随木棍，鸣锣示众，并由工人勾住李君两手，至西门始行释放。现在职员星散，厂方负责无

① 上海商业联合会，系由上海县商会、闸北商会、银行公会、钱业公会、交易所联合会、纱厂联合会等 60 多个团体发起组织，并在 1927 年 3 月 22 日成立，虞洽卿、王晓籁、穆藕初、吴蕴斋、王一亭、秦润卿、叶惠钧、荣宗敬、顾馨一、钱新之等 17 人为常务委员，虞洽卿、吴蕴斋、王一亭任主席，其宗旨为"对外应时势之需要，对内谋自身之保障"。同年 11 月 23 日，该会宣告结束。

人，无法维持，势必停业”等语。查李君在厂服务有年，对于工人并无恶感，此次无端被辱，同人咸有戒心。厂方无力维护，势必出于停厂之一途。本会为商业联合机关，应请据情转呈蒋【介石】总司令，请示办法，俾劳资两方各安生业，毋任企祷。

（申新总公司函稿汇登）

附：锡报对 1927 年 4 月 1 日李耀东被游街示儆情形报道

申新三厂管车李耀东，平日在厂行为暴戾，与各工人感情极恶。昨日被该厂工人拘获，扭解总工会，公议惩戒方法，当由各工人议决，游街示儆。即在李耀东胸口粘贴字条，上书“申新三厂走狗李耀东，平日虐待工人，游行示众”等字样，鸣锣前导，自总工会出发，游行东西大街及西门外一周。一路观者甚众，约游行一小时，始行释回云。

（《锡报》，1927 年 4 月 2 日）

致虞洽卿函

（1927 年 4 月 5 日）

敝邑工商业号称发达，赖军长[①]到锡，民众欢迎异常热烈。无如地方无识之徒，往往假托工会或党部名义，与当地人士为难，致稍有身家者，相率避居沪上，致地方愈呈纷乱之象。即如敝处申新三厂，平时职员、工友感情本极融洽，四月一日，职员李〈耀东〉君竟为工会无端提去，戴纸帽子游街。同事见此情形，人人自危，均避居厂外。厂方负责无人，势必出于停业之一途。素仰先生热心公益，言人之所不敢言。可否将敝邑情形言于蒋总司令，予以相当办法，俾地方秩序早日回复，劳资

① 赖世璜（1889—1927 年），字肇周，江西石城县人，参加过辛亥革命、二次革命、护国战争、护法战争、北伐战争等，时任国民革命军第十四军军长。

两方各安生业。岂惟人民之幸，工商业前途实利赖之。

（申新总公司函稿汇登）

代表华商纱厂联合会呈请中央政治会议上海临时分会严行厉禁搀杂棉花文

（1927 年 6 月 24 日前）

棉花搀杂，久悬厉禁。现查浦东栈房，存储此等劣棉颇多。请饬所属，出示禁止，一经查出，并恳悉数充公，以儆作伪。

附：1927 年 6 月 24 日中央政治会议上海临时分会第三十六次会议处理意见

决议：饬警察厅查核办理。

（《申报》，1927 年 6 月 25 日）

致无锡澄丰丝厂吴汀鹭[1]函

（1927 年 6 月 23 日后）

汀鹭先生台鉴：敬启者，据敝会职员吴君笏，函送被拐同乡女仆胡仁弟一口到会，讯称十五岁，无锡东门外洪家基人，于去秋被人诱拐来沪，父名阿祥，向在隆昌丝厂栈房做工等情。查贵厂为隆昌丝厂所改

① 吴汀鹭（1870—1961 年），名增元，汀鹭为其字，江阴城内东大街人，江阴耆硕名宿吴穆清之子，清末民初江阴著名的实业家。吴氏幼承家学，少时就读南菁书院，攻读经史；光绪三十年（1904）担任江阴商会首任会长；光绪三十一年（1905）与韩燮安、祝丹卿等集资，创办华澄织布股份有限公司；光绪三十四年（1908）又参与创办利用纱厂；宣统元年（1909）任江阴商务分会总理；民国二年（1913）任江阴县知事；1915 年在城东创办利澄内河轮船公司，后独资创办江阴电话局，多次捐资助学，后担任南菁中学校董、江阴红十字会理事长。撰有《江阴八十一日碧血史》。

组，为此函恳执事，一查其父阿祥是否仍在厂内做工，或派人至洪家（去亭子桥不远）查明该孩家属，给与一函，持来敝会具领，俾完骨肉。功德无量，有渎清神。尚希示覆为盼。此恳，敬请台安。无锡旅沪同乡会理事长荣宗锦。

附1：吴臣笏评议员来函（1927年6月23日）

敬启者：昨接市区保卫团来函，云有无锡女孩一口，名吴仁弟者，被拐来沪贩卖，现被该团体查获，因无置处，故托转达同乡会移送回籍，或致函该家属来沪领去，团聚骨肉，功德无量也。附呈保卫团原函及报告单各一纸，祈台阅。此致，即颂公安。吴臣笏启，夏历五月二十四日。

附2：无锡旅沪同乡会致无锡隆昌丝厂函（1927年6月23日）

径启者：顷准上海市区保卫团，转由敝会职员吴臣笏，函送被拐同乡女孩吴仁弟一口，年十五岁，系无锡东门外洪家基人，伊父阿祥向在贵厂栈房做工，请求送回原籍等情到会。为此函达左右，即希查明该孩家属，给予一函，来会具领，以全骨肉，至纫公谊。此致隆昌丝厂执事先生。无锡旅沪同乡会启，六月二十三日。

附3：无锡澄丰丝厂来函（1927年6月23日稍后）

旅沪同乡会公鉴：前奉函开，会员吴君臣芴函送被拐同乡女孩胡仁弟一口，系无锡东门外洪家基人，乃父胡阿祥，曾在隆昌做工，嘱查该家属，给予一函，到会具领等情。查隆昌丝厂，节经改组，敝厂男工，并无胡阿祥姓名。正在访问，续展惠函，随即专人至冯〔洪〕家基调查，始悉胡阿祥的〔确〕有此人，不过早已去世，其妻胡王氏尚在，贫苦不堪，现在广勤纱厂做夜班女工，生有一子，名阿本，年十六岁，在本邑煤作打煤团为业，仁弟系童养媳，五岁领来，尚未与阿本成婚，向在东门永盛丝厂充打盘女工，不知被何人诱驱，于去年十月间失踪，其时身穿蚂蚁布棉袄、厂布短衫、元色布旧鞋。失踪后，遍寻无着，得此收留信息，感激涕零，并有此地水面店聚泰代为保证,用特备函交胡王氏,亲投贵会,认明胡仁弟是否胡王氏之童养媳,详加盘诘,再行给领,以杜顶冒而全骨肉,则造福更非浅鲜矣。专复,即请公安。无锡澄丰缫丝厂。

(《无锡旅刊》,第 124 期,1927 年 6 月,第 4 页)

复顾沅芍评议员函

(1927 年 7 月 15 日)

沅芍先生台鉴:径启者,准陶【仞千】理事转到大函,以现将离申他去,辞去评议员职务,请以次多数递补等因。经于七月十日全体职员联席会议,提出核议,佥以执事现尚未届离申之期,仍请照旧任职,至离沪之日为止,届时再行核议递补等情。相应函达,至希查照为荷。此颂台绥。理事会理事长荣宗锦,七月十五日。

附 1:顾沅芍评议员辞职函(1927 年 7 月 10 日前)

仞千先生大鉴:同乡会正谋发展,弟滥厕评议,本多抱愧,现将离申他去,请代向会中告辞,将次多数者递补。且鄙意可发一通告与理〈事会〉、评〈议会〉两职员:凡被选后,本人未在申者,或中途他去者,均请其知照本会补人,庶免悬缺误公。专此,只颂公安。庚弟顾沅芍上言。

(《无锡旅刊》,第 125 期,1927 年 7 月,第 2 页)

附 2:顾沅芍评议员因离申辞职函(1927 年 7 月 15 日后)

启者:鄙人以将离申远行,曾于月初函托陶仞千先生代为辞去评议员一职,以次多数者递补。兹接复函,嘱再径函申明,希即詧照。再鄙意此后被选职员,有本不在申者,或中途他去者,均须函会另行补人,庶免要缺空悬,并以附达。此上无锡同乡会评议会台照,顾沅芍上言。

(《无锡旅刊》,第 126 期,1927 年 8 月,第 9 页)

在上海华商纱厂联合会上的报告

（1927 年 7 月 23 日）

现政府已正式公布裁厘，同时宣告关税自主，所有本国工厂出品，并须改征出口税，其税率与外货进口同为百分之十二点五。我纺织厂业对于此项问题关系自极重要，当有详细研究，庶期实行无碍，敬请公议。

附：当日纱联会开会决议结果

议决：联合面粉厂，组织筹议厂税会，聘请李静涵先生为主任，向政府陈述意见，并请陶仞千、孙伯蘐、张则民诸君协助进行。

（华商纱厂联合会议案、议事录，1927 年）

为二五库券[①]事致无锡县政府函

（1927 年 8 月 3 日）

敬启者：此次贵政府经募二五库券，旅沪同乡共认购六万元，在沪行缴纳者计五万七千三百元，由祥裕庄将沪行收据呈缴贵署在案。现沪地中国银行，已可掉〔调〕换正式库券，并领取第一期本、利。各同乡纷纷来会，嘱为函请贵政府派员携带沪行收据，来沪掉就〔调换〕库券，

① “二五库券”，全名为“二五附税国库券”，系南京国民政府成立后最早发行的短期债券，因为系以江海关、津海关征收的 2.5%关税附加税为担保，故名之。此种库券共发行三次：1927 年 5 月发行江海关二五附税国库券 3000 万，月息七厘，从 1927 年 7 月起分三十个月偿还；1927 年 10 月又发行江海关续发二五附税国库券 4000 万，月息八厘，自 1928 年 1 月起，分四十个月偿还；1928 年 7 月发行津海关二五附税国库券 900 万，月息八厘，自 1928 年 10 月起分三十个月偿还。

发给认购各同乡，以完手续。为此代为函陈，希即参照办理为荷。此致无锡县政府。无锡旅沪同乡会理事长荣宗锦，八月三日。

（《无锡旅刊》，第 126 期，1927 年 8 月，第 9 页）

致广东电政监督陈演生[①]函

（1927 年 8 月 3 日）

敬启者：敝同乡丁方正，在高要县被押，承代为查讯被押缘由，并转请释放，至深纫感。兹准转到高要县公署复函，以丁方正携有贮银手摺，并青年团会计处黑角图章一颗，情有可疑，嘱为查明真相见复，以凭核办等因。经向义源庄调查各节，据称丁方正即丁秉臣，自民国十年进本庄学业，去年始任账房之职，在庄尚称安分，其所带之存折、协记户名，查系由蔡伯康、彭公禹、丁秉臣三人合同储蓄在庄之户名。二月初一，有彭公禹之戚，交公禹暂存在庄中洋四千元，公禹即由协记户名存入庄中，后于二月廿七日，公禹仍由协记户名支去洋一千元；三月初八日，支去洋三千元，均从上海汇浙江南浔。至伯记、秉记、公记之摺，乃彼等私人合同储蓄之证。又青年团图章一节，查系壬戌【1922】年间，庄中学生辈，模仿青年会组织学术之团体，专事讲求英文等等，嗣同事星散，英文夜课亦停，该团亦即无形消灭。该团之图章，因彼时由丁秉臣保管，后亦无人过问，并无别情等语，并由该庄将以上各情，具函盖章证明到会。该丁方正之兄丁士仁亦具函来会，声叙其弟在粤失银受困，致遭拘押情形。查银摺及青年团各节，既据义源庄声明存款之由，及组织

① 陈演生（1875—1952 年），原名汉生，广东海丰人。本为清末秀才，20 世纪初赴日本留学并参加中国同盟会，投身反清革命；辛亥革命后，曾短期出任广东五华县知事，后在广州、新加坡等地参加倒袁运动，先后参加了二次革命、护国运动；1917 年参加护法运动，1918—1920 年任援闽粤军总司令部政务处长，1921 年起任广东电政监督。

学术之团体，且久已无形消灭，是丁方正赴粤投军，尚非身挟巨款，及有他种用意，不过年少无知，将银折、图章等件，随身携带，致遭嫌疑。既非身带巨款，则失银受困，无处投身，漂流艇上各情，亦似可信。为此，据情函复，并抄录义源庄及丁士仁之来函，附呈詧核，仍恳转函高要县公署，请其从宽讯释，俾免异乡孤客牢狱沉沦，不独丁方正一家戴德已也。此复广东电政监督陈。无锡旅沪同乡会理事长荣宗锦，八月三日。

附1:义源庄来函(1927年7月30日)

丁方正，又名秉臣，年廿一岁，无锡县人，自民国十年，进本庄学业，从吴经理志芬为师，昨年始任洋房之职，月俸九元，在庄尚称安分，今年阴历四月十八日【即阳历5月18日】，忽然不别而行，不知下落。嗣得高要县寄到一函，方知在高要狱中，即行通知乃兄秉嘉。而秉臣所带之存折、协记户名，查系由蔡伯康、彭公禹、丁秉臣三人合同储蓄在庄之户名。二月初一，有彭公禹之戚，交公禹暂拢〔存〕庄中洋四千元，公禹即由协记户名存入庄中，后于二月廿七，公禹仍由协记户名支去洋一千元，三月初八，支去洋三千元，均从上海汇浙江南浔。至伯记、秉记、公记之折，乃他们私人合同储蓄之证也。又有益源庄青年团图章一节，查乃壬戌年间，庄中学生辈模仿青年会，组织学术之团体，专事讲求英文等等，嗣同事星散，英文夜课亦停，该团于是亦无形消灭矣，而该团之图章，因彼时由丁秉臣保管，后亦无人过问耳，别无他意。胪陈事实，敬乞詧照。专此布达，即颂台祺。无锡旅沪同乡会惠鉴。益源庄谨启，丁卯七月初二。

附2:无锡旅沪同乡会会员丁士仁来函(1927年8月1日)

无锡旅沪同乡会理事长先生大鉴:敬陈者。晚为胞弟正在高要县被拘入狱中，故于五月中旬来会，恳求给函保释，即蒙出函广东何伯才君调查，晚遂持函前往。到广后，与何君面晤，蒙介绍肇庆苏家园黄香九君。嗣至肇庆后，由黄君同至狱内探晤舍弟，当面询被拘情形。询悉因往广东投考，到广后，初住旅店，旋因外出，中途被窃匪将身上所带川资，窃去殆尽，致旅居无费，回家亦难，随闻三水河口有西北江募兵处，无奈典押衣服，得洋三元而去。及至河口，询诸水警，又称募兵处在肇庆地方。嗣至肇庆查问，则又停募。用是进退维谷，资斧告竭，暮夜无栖，随见西江沿岸，有无人之渡船，即身卧其中，致被巡夜警察，见其形迹可疑，被拘押讯。已将以上实情，具呈高要县长，请求讯释在案。蒙批，略谓“何故携带义庄青年团图章，及银店存折多个之疑，故未准保释”。因是晚在彼人地生疏之处，毫无设法能力，只得怅然而返。到申后，即至益源庄，查问方正在庄时该图章及折子之真相，当蒙该庄经理吴志芬答以事实相符，即先后给以证函二封。用将原函奉阅，伏乞念同乡之谊，推情救援，则感德靡涯矣。专此实陈，敬请钧安。晚丁士仁谨上，丁卯七月初四。

（《无锡旅刊》，第 126 期，1927 年 8 月，第 13—15 页）

附 3：致无锡旅沪同乡会会员丁士仁函（1927 年 9 月 7 日）

士仁先生大鉴：径启者。令弟方正在粤被嫌一案，敝会前据台函，暨益源庄之证明函件，函恳广东电政监督陈君，转请高要县释放。兹由荣君瑞昌函，转来高要县署复陈监督函一件，内称“案涉共产嫌疑，已移送西江清党委员会办理”等语。相应抄录原函附上，即祈察阅为荷。此颂台祺。无锡旅沪同乡会启，九月七日。

附 4：高要县严毅夫县长复广东电政监督管理局陈监督函（1927 年 9 月 7 日前）

径复者：大函开，“前因丁方正被押事，曾经致函请迅询明发落，随奉复示，详将案由说明，当经转致旅沪无锡同乡会查照去后，兹接到该同乡会来函，尽述该丁方正事迹，用特转达，请烦查收，以资案证”等由。

附无锡同乡会函一件。准此,查丁方正一案,似涉共党嫌疑,前准西江清党委员会函,内开"凡关于反动党嫌疑案,概须解送敝会办理"等由,随即将丁方正一案,移送办理在案。兹准前由,除将贵监督来函,暨无锡旅沪同乡会原函,汇送西江清党委员会,以资考证外,为此函复台端,希为查照,实纫公谊。此致广东省电政管理局于监督陈,高要县县长叶毅夫。

(《无锡旅刊》,第127号,1927年9月,第2页)

致无锡县政府公函

(1927年8月7日)

径启者:据敝会会员沈映泉,开具节略到会,内称"映泉在本埠南市大码头大街,开设沈元来油麻号,经历三十余年之久,家居无锡方桥镇,生平不预外事,处世惟求和平,协赞公益,扶助亲友,惟力是视,年逾花甲,所行悉本天良,从未逾越道德与法律之外。兹缘乡人顾翰飞,于昔年间订租映泉乡间宅门市房三间,开设源发京货店,以乏资本转运,恳映泉为之维持,以是先后存予该店洋一千元,又以其家住房契抵借银一千一百两,又被欠往来银二千四百余两,被欠如是之巨。至今旧历六月间,映泉以其屡约归偿愆期,分文无着,当向诘问。旋得复称所欠之款,定每年还洋五百元。词均油滑(原信经呈无锡县署)。因即向询所定年还五百元,置据载之利息如何。伊即讬由族人沈耕云从事调解,不意议方商洽,伊即悔议,不交作抵之契据,一面暗运店存重价之货物。映泉察知后,向诘究竟。即据声称,现在无力依据还债,只好将店存货物,公摊债户。映泉以其恶意已露,不得不认亏求了,任其将货公摊,惟令不得再将店货私运。即公同议定,将店货封存,交讬地保沈锡坤为公正人看守,并交阅账簿,证明其他债权之户。随令居邻李锡根,为之书写致锡城久丰夏布号等七户，即来共同清理。此顾翰飞现在持为证据之信件所由来，并映泉与涉之事实真相也。至次日值映泉之子瑞洲回家，途遇顾翰飞同回。伊即讬由原劝之沈耕云，再三劝解，当夜议定妥洽，当场偿还现洋一百元，并期票字据，抵款存款，各依原据，被欠往来之银，除还现洋期票外，余定五年半年还清，明年始，每年六月廿日还银子二百五十两，十二月廿日还银一百五十两，其店货当夜伊即进内管理，次晨开门营业。调解妥洽时，并有其他债权久丰夏布号等之代表两人在场，互相劝解。此顾翰飞负欠映泉六千余元债务之调解经过事实真相也。今不料顾翰飞于事后以恩为仇，以德为怨，于无锡县公署，诬诉映泉散布流言，妨害业务，捏造种种事实，抹煞真相。窥其意，不但希图抗债，直欲诬陷映泉，使受刑事制裁。现奉县署派警调查事实，再行核办，是水落石出，自属有日。奈顾翰飞以此尚不足为陷害之具，复以映泉行使经济压迫等词，诉诸县党部，在外扬言已得党部暨要人之援助，定以特别手段，使映泉无立身之地。映泉初以为恫吓之言，未必实在，今据锡地来信，果有县党部误听一面之词，函请公安局票传映泉，于九日到案预审之消息。是映泉之向以经济济人，一变而为经济压迫，而抗债之顾翰飞，一变而为被害。是非颠倒，不独映泉经济损失，且蒙不白之冤。为特陈请贵会，主持公道，赐予援助，分函县政府、公安局、县党部，述明真相，秉公裁判，期以无枉无纵，则感大德于无既矣”等语。查沈映泉年老安分，存心忠厚，旅沪同乡，知之者众。此次与顾翰飞钱债交涉，既已涉讼冰案，沈映泉愿听贵政府司法之公平裁判，而深惧节外生枝，祸遭意外，请求援助到会。为此函请贵政府秉公审理，并转行公安局暨县党部，对于此案，勿凭一面之辞，准予受理，以免横生枝节，累及善良，实深公感。此致无锡县长俞【复】。无锡旅沪同乡会理事长荣宗锦，八月七日。

附:沈映泉呈无锡旅沪同乡会文节略(1927年8月6日)

谨略者:映泉在本埠南市大码头大街开设沈元来油麻号,经历三十余年之久,家居无锡方桥镇,生平不预外事,处世惟求和平,事关公益者,无不量力赞助。亲友困难事,当尽力周旋,虽负累纷纷,素志宁人负我,年逾花甲,所行悉本天良,从未逾越道德与法律之外。愚忠如是,自问无罪于乡父老达人君子。兹缘乡人顾翰飞,于昔年间订租映泉乡间宅门市房三间,开设源发京货店,以少资本转运,恳请映泉为之维持。以是先后存予该店洋一千元,又以其家住房契抵借银一千一百两,又被欠往来银二千四百余两,被欠至如是之巨。至今旧历六月间,映泉以其屡约归偿,届期均分文无着,当是当向诘问,旋得其复,内称所欠之款,现定每年还洋五百元,词均油滑(原信经呈无锡县署)。映泉因即向询所定年还五百元,置据载之利息如何。伊即讬由族人沈耕云,从事调解。不意议方商洽,伊即悔议,不交作抵之契据,一面暗运店存重价之货物。映泉察知后,向诘究竟。即据声称,现在无力依据还债,只好将店存货物,公摊债户。映泉以其恶意已露,不得不认亏,任其将货公摊,惟令不得再将店货私运。即公同议定,将店货封存,交讬地保沈锡坤为公正人看守,并交阅账簿,证明其他债权之户数,随令居邻李锡根,为之书写致锡城久丰夏布号等七户,即来共同清理摊派。此顾翰飞现在持为证据之信件所由来,并映泉与涉之事实真相也。至次日值映泉之子瑞洲回家,途遇顾翰飞同回。伊即讬由原劝之沈耕云,再三劝解,当夜议定妥洽,当场偿还现洋一百元,并期票字据、抵款存款,各依原据,被欠往来之银,除还现洋期票外,余定五年半内还清,明年始,每年六月廿日,还银子二百五十两,十二月廿日,一百五十两,其店货当夜伊即进内管理,次晨开门营业。调解妥洽时,并有其他债权久丰夏布号等之代表两人在场,互相劝解。此顾翰飞负欠映泉六千余元债务之调解经过事实真相也。今不料顾翰飞于事后以恩为仇,以德为怨,于无锡县公署,妄诬告诉映泉散布流言，妨害业务，妄捏种种事实，抹煞真相。窥其意旨，不但妄图抗债，任意诬陷，直欲使映泉受刑事制裁。现县署处分，派警调查事实，再行核办。是水落石出，自属有日。奈顾翰飞以此尚不足为陷害之具，复以映泉行使经济压迫，妄诉贵贤达人之前暨县党部，奸诈百出，故作形容，近辄妄称已得党部援助，定以此特别手段，使映泉无立身之地。其为妄诬恫吓，不言可喻，第恐听者不察，以映泉持经济济人为压迫，以抗债为被害，则映泉枉累深矣。今接锡地来信，果有县党部误听一面之词，函请公安局票传映泉于九日到案预审之消息。是映泉之不独受经济损失，且蒙不白之冤。为特陈请贵会，俯念映泉六千余元之债被累无着，并又图加无辜之深累，赐予主持公道，施以援助，即行分请无锡县公署暨公安局、县党部，毋加枉害，秉公裁判，期以无枉无纵，则感大德于无既也。谨略。无锡旅沪同乡会公鉴。具节略人沈映泉，民国十六年八月六日。

（《无锡旅刊》，第 126 期，1927 年 8 月，第 10—11、12—13 页）

为二五库券事再致无锡县政府函

（1927 年 8 月 8 日）

径启者：八月三日，致函贵政府，请将旅沪同乡所认二五库券收据，派员携带来沪，掉〔调〕换正式库券，发还认购各同乡，以完手续，未荷见复。查沪地其他商民所认购者，均已向财政委员会换到〔调换〕库券，并领到第一期本、利，是以各同乡纷纷到会问询。为再函达，请即派员携带上海方面银行收据，来沪掉〔调〕换散发，或即委托敝会代办，俟散发各同乡后，掉回临时收据，缴还贵政府注销。即希酌定办法，示复为荷。此致无锡县政府。无锡旅沪同乡会理事长荣宗锦，八月八日。

附:无锡俞复县长来函(1927年8月8日稍后)

敬复者:准贵会函,以沪地中国银行,已可掉〔调〕换正式库券,并领取第一期本、利,各同乡函请派员携带收据来沪,掉〔调〕换库券,发给认购各户等因。查前任经募库券,均领有预约券。本月二日奉财厅宥电,饬将请领库券种类、预约号数,开具清摺,呈厅汇集总领转发等因。当经本署造摺呈送在案,沪行预约券四纸,一并列入。刻下未便派员赴沪掉〔调〕换,应俟财厅将正式库券,颁发到县,再行发给认购各户。相应函复,即希查照,并转知各同乡为荷。此致无锡旅沪同乡会理事长荣。俞复。

(《无锡旅刊》,第126期,1927年8月,第9—10页)

致无锡俞县长快邮代电

(1927年8月10日)

无锡县长俞勋鉴:本会会员沈映泉,与顾翰飞为钱债纠葛一案,业经详细函呈。现据沈映泉来会声称,证人李锡根到案,乃被公安局拘留,属会恳转公安局,先行保释,听候法庭判断等语。查两造涉讼,万无收押证人之理,拟请查照前函核办,并转行公安局,将证人李锡根,暂行交保释放,足纫公谊。无锡旅沪同乡会理事长荣宗锦叩,灰。

(《无锡旅刊》,第126期,1927年8月,第13页)

振德女子中学暨附小续招生启事

(1927年7月23日—8月11日刊载)

(编制)高中、初中、高小、初小、专修科。

(报名)即日起,开学日止。

(考试)随到随考,如有转学证书或毕业证书者,得免考试。

(开学)阳历八月十七日。

(校址)上海静安寺路哈同路口一七一八〈号〉,乘一二路电车直达。

(章程)附邮二分。

(校董)郑毓秀、朱采真、荣宗锦、朱树藩,校长沈琴同启。

(《申报》,1927 年 7 月 23 日—8 月 11 日)

致无锡县公安局快邮代电

(1927 年 8 月 14 日)

无锡县公安局邓【涤青】局长勋鉴:本会会员沈映泉,与顾翰飞因钱债致起交涉,顾架词沈,以经济压迫、朦诉县党部,函由贵局传票澈究在案。查沈映泉平日对于地方公益事件,莫不尽力维持,乡众皆知。此次顾翰飞控沈要点在封存店货,其实当对封存之时,系各债权人与债务人双方之同意,而翌日映泉之子,知手续上恐有不合,即行赶回取消原议。顾翰飞其初因欲减少债务负担,极端赞同封存于前,迨启封之后,见仍须负六千余元之债务,又以各债权人以沈为最巨,择肥而噬,遂饰词控沈于后。若果以封存货物为沈罪,则当时同意之债权人,同属犯罪,而顾翰飞当时亦同意封存,足见其心已怀叵测。敝会深知沈映泉平日为人忠厚,有惠乡里,故敢代为呼吁。现此案沈映泉已在法庭民事起诉。素仰贵局长本三民主义、革命精神,施政乡邦,用敢代为伸诉,恳乞主张正义,即日澈究,将顾翰飞移送法庭,俾便追索欠款。公意如斯,事实如斯,千祈明察核夺,实感公谊。无锡旅沪同乡会理事长荣宗锦叩,寒。

(《无锡旅刊》,第 126 期,1927 年 8 月,第 13 页)

致无锡俞复县长函

(1927年8月15日)

仲还县长勋鉴:前由章君秉嘉带申二五库券预约券四纸,计洋五万七千三百元,当即备函向财政厅掉〔调〕换。据云此项库券尚未到厅,预约券四纸仍由原人带回。兹特随函送呈,即祈查收,作速汇向财政厅催换,以清手续,无任企祷。敬请勋安。荣宗锦启,八月十五日。

附:无锡俞复县长来函(1927年8月15日前)

宗敬先生大鉴:顷奉惠函,只悉壹是。二五库券预约券四纸,计洋五万七千三百元,兹交章君秉嘉携带来沪,即祈督收请发为荷。此复,顺请台安。俞复谨启。

(《无锡旅刊》,第126期,1927年8月,第10页)

介绍西医糜士枏启

(1927年8月22日—25日刊载)

糜君士枏,历任陇海铁路医官,在洛〈阳〉数载,活人无算。近以时局不靖,辞职来申,悬壶于白克路永年里四百六十七号。同人信知糜君学术源邃,内外兼精,故为介绍,愿世之抱恙者注意。

介绍人:虞洽卿、荣宗敬、穆藕初、项惠卿、刘耀廷、唐文治、蔡禹门、刘聘三、楼恂如、薛文奉、顾子盘。

(《申报》,1927年8月22日—25日)

致无锡旅沪同乡会评议会函

（1927 年 8 月 23 日）

径启者：查会章第二十五、第二十七各条，本会之预算、决算均应提交评议会议决。兹将十六年度各项收支预算案编制完竣，连同十五年度决算案，一并备函送请核议，至祈分别议决见复，至纫公谊。此致评议会。理事会理事长荣宗锦，八月廿三日。

（《无锡旅刊》，第 126 期，1927 年 8 月，第 1 页）

致无锡旅沪同乡会评议会函

（1927 年 8 月 23 日）

径启者：八月廿一日理事会常会，以优待会员起见，提议设立会员寄宿所，经议决会员寄宿所章程十四条，相应函送核议见复，至纫公谊。此致评议会。理事会理事长荣宗锦，八月廿三日。附章程一份。

无锡旅沪同乡会会员寄宿所章程

一　本会为优待会员起见，设立寄宿所，非会员恕不招待。

二　本寄宿所酌收宿费，暂定一榻之地，长期每月三元，短期每星期一元（不满一星期者亦作一星期算）。

三　长期寄宿预征宿费一月，短期预缴一星期，入所时凭会员证，出所时请先通知会计处结清账目。

四　租定榻位不得转租别客。

五　长期宿客如欲迁移出所，请于三日前通知会计处。

六　宿客带有贵重物品可交会计处代为存储，否则如有遗失本所概不负责。

七　宿客晚间有事出外，请于十二时前回所，遇有特别事故，至迟亦不得过一时。又清晨六时前勿谈笑吵闹，以不妨别客安睡为主。

八　所内不得招妓、饮酒、赌博及一切违禁事项。

九　伙食由客自理。

十　女宾来所访客，须在会客室聚谈。

十一　所内注意清洁，以重卫生。

十二　所内工役，专司吏扫、听差及其他之工作，工役于宿客有不尊敬之行为，请通知总务科惩戒。

十三　本所不取不账，惟贵客愿赏给工役者，请交会计处，以便共同分给。

十四　宿客损坏本所器物，请照原价赔偿。

（《无锡旅刊》，第126期，1927年8月，第1、7—8页）

致叶楚伧、马超俊[①]函

（1927年8月23日）

吾国实业，本在萌芽时代，近年受时局影响，纺织业所受痛苦，视他业为尤甚。盖战事频仍，则产额减少；交通阻梗，则销路呆滞。花贵纱贱，事势使然，无可避免。查在年丰时，吾国产棉供华厂用者仅有半数，

① 叶楚伧（1887—1946年），原名单叶，笔名小凤、湘君，江苏吴县周庄（今昆山市周庄）人，楚伧是他在从事新闻工作时所用的笔名，后以此为名。早年加入同盟会和南社，1912年中华民国成立后，任上海《民立报》记者，并先后在上海创办《太平洋报》、《生活日报》；1916年与邵力子在上海合办《民国日报》，任总编辑，抨击袁世凯称帝，并任复旦大学中国文学科主任；1926年在广州任国民党中央党部秘书长；北伐后相继任武汉中央执行委员会与国民政府联席会议秘书长、上海临时政治分会委员、南京中央代理工人部长、代理中央宣传部长兼江苏省政府委员及建设厅长、中央执行委员兼宣传部长等职，时任国民政府江苏省政府委员兼主席。马超俊（1886—1977年），字星樵，曾名马麟，广东台山人。早年赴日本明治大学政治经济系学习并加入中国同盟会，时任广东省政府委员兼农工厅厅长、建设厅厅长。

其余悉取给于国外。今年印度、美洲产额骤减，棉价继长增高，难保无贪图重利【之人】，采办华棉，接济外商。华商既受时局之影响，再感棉荒之痛苦，万一厂家不能维持，因而停业，则数百万工人之生活，将何所恃？其影响于社会，夫岂浅鲜？用特函达公端，可否请求政府命令，禁止华棉出口，俾垂绝之实业得以苟延。工商前途实利赖之。

（申新总公司函稿汇登）

附：华商纱厂联合会致上海总商会函请援助禁棉出口（1927 年 9 月 3 日）

（前略）现裁厘加税，已因故展缓实行，而自主政策，政府仍声明并未变更。敝会于此，不得不更有吁请者，则本年印、美棉产，皆报歉收，国内各纱厂，不独不能输入外棉，以补原料之不足，而对于本国棉产，又不能禁外人之输运，留为本厂自用之需，充其结果，惟有停业，而数十万工人生计，虽欲维持而不可得。敝会有鉴于此，曾电请中央，将本国棉花一律禁止输出，以期实施自主政策，而维工厂原料。兹拟恳贵会力予主张，转陈当局，即予实行。

（《新闻报》，1927 年 9 月 4 日）

致无锡俞复县长函

（1927 年 8 月）

仲还县长勋鉴：前县政府在上海，募集旅沪同乡二五库券五万七千三百元，曾经函准将预约券来沪，就近掉〔调〕换，因该预约券载明“应赴财政厅掉〔调〕换”字样，又将该项预约券五万七千三百元，送请县政府汇总掉〔调〕换在案。刻又多日，各县所领预约券，均已掉〔调〕换库券，领到第一期息款，独本县尚未调换分散。应请县长速派财政科吴君，或刘君干云，持券赴厅掉〔调〕换。各同乡来会问讯，日必数起，务请作速掉〔调〕换，以竟手续。专此，敬请勋安。无锡旅沪同乡会理事长荣宗锦。

（《无锡旅刊》，第126期，1927年8月，第10页）

致国民政府陈述纺织、面粉两业发展现状大略

（1927年8月）

宗敬厕身商界三十年矣，所经营者为纺织、面粉两业，敬将两业之现状，为明公略陈之。

欧战而后，华商竞设纺织厂，外商知纺织业之有利可图也，于是不旋锺而外厂林立。我国产棉之区，如苏之南通、太仓，浙之余姚，以及陕西等省，年岁丰稔，尚不足供华厂半数之用。自产地至厂，层层捐输，种种亏蚀。外厂则挟"三联单"得以自由采办，不为我国税率所束缚，迨制成熟货，运销各埠，通行无阻。遇华厂纱价略高，则洋纱源源直接输入。以视我国之货物囤积，遵陆则货物停驶，溯江则到处踏船[1]之痛苦为何如？今岁印度、美洲棉价骤增，外商若再来华采办，则华棉势必继长增高，而垂绝之华厂，内感管理之困难，外受棉荒之打击，亦惟有停机歇业，置数十万工人生计于不顾。于此而言维持，（一）宜禁止华棉出口，如事实上有所窒碍，宜抽一二五税（12.5%），以减少出口数量；（一）劝导工人尽心工作，俾了然于工商息息相关，决无独存之理。华商之生机惟此，华商之属望亦惟此。此纺织业之大略也。

更言面粉业。我国面粉，自清季始用机制。外粉进口，载在约章，例所不禁。昔之供给外侨食品者，今则充斥市廛，夺我华商之利。而且奖励出口，如香港等处则销澳、美之粉，大连等则销日本之粉。华粉价

① "踏船"，此为无锡方言，即强制征用船只之意。

高，外粉则自产地直接运输，攫我金钱而去者，每岁不知凡几。回顾我国面粉业则何如？小麦产额逐年加增，无如征税重叠，交通阻滞，加以人心欺诈，原料往往搀杂灰沙，使厂家受无形之亏折。幸面粉向奉免税，苟遇粉销畅旺，尚有薄利可图。而原料昂贵，粉价随涨，不悉商情者，不曰操纵，即曰把持。不知潮流所趋，百物昂贵，有不期然而然者矣。惟望出厂税早日实行，粉税视麦税为轻，保护厂商即所以维持民食。此面粉业之大略也。

（申新总公司函稿汇登）

致无锡俞复县长函

（1927 年 9 月 4 日）

仲还县长勋鉴：前奉赐覆，知二五库券，已呈催财政厅批答，当即转知旅沪各同乡去后，刻逾旬日，旅沪同乡又以报载“准备金存储无锡江苏银行，须俟县政府派员领取根票”等语，迭来问讯，并促函催前来。用特备函奉布，至祈即日派员赴宁领取，一俟领到，即通知德生舍弟，将上海方面预约券，连同县政府所出印据存根，专送来沪，掉换国库券后，由会通知各同乡到会掉〔调〕换。缘上海方面预约券，备函寄陈，仍留茂新面粉厂也。至上海方面掉〔调〕换清楚，当将印据存根缴还，以清手续。再，本日《新闻报》载财政委员会撤销通告，有“凡持有本会直接填发之预约券，可径向基金保管委员会领取”等语。对于吾邑所持之上海方面预约券，是否适用，可否径来掉〔调〕换，以期迅速，并祈酌夺办理。该通告附上，即希察核。专此，敬请勋安。无锡旅沪同乡会理事长荣宗锦，九月四日。

附 1:苏沪财政委员会撤销之通告(1927 年 8 月 31 日)[①]

为通告事。案照本会前经议决撤销,移交财政部接收,其尚有未领之二五库券,限本日止,逾限应即改向财政部换领等情,并经通告在案。兹因本会业于本日实行撤销,所有文卷、钤记、账目,暨各项器具物件,并已由财政部派员来会接收,而库券一项,仍有未领者,爰特公同会议,并蒙财政部钱【永铭】次长面嘱,凡关于库券换领未完事项,另行委托二五库券基金保管委员会代为经理。凡持有本会直接填发之二五库券预约券,暨换领十元库券凭单者,仰即径向该基金保管委员会(香港路四号银行公会)换领正式库券可也。恐未周知,特此通告。

(《新闻报》,1927 年 9 月 4 日)

附 2:无锡俞复县长复函(1927 年 9 月 7 日)

宗敬先生大鉴:昨奉赐函,敬悉壹是。上海方面二五国库预约券,昨已向令弟德生先生处取回,兹由蔡兼三先生,推荐窦鲁沂君赴申,约于明、后日启行,汇齐各券,径向上海江苏银行掉换正式库券,一俟取到,即当分别发领。报载财政委员会撤销通告,业已阅悉,第吾邑所持预约券,应由财厅核发,与财政委员会直接填发者不同,径向委员会领取,恐未能适用。特此奉复,敬请台安。俞复谨启,九月七日。

(《无锡旅刊》,第 127 期,1927 年 9 月,第 1 页)

致无锡县长俞复函

(1927 年 10 月 13 日)

仲还县长赐鉴:敬启者,有嘉兴纸版厂者,由陈右之发起,集股开设。同乡丁君梓仁、查君仲康,因与其父良卿先生开设常熟大兴银行,

① 1927 年 8 月 31 日,江苏兼上海财政委员会遵令结束,此通告为该会结束当日发布。

向有往来，情不可却，丁君入股五千，查君入股二千，被推为董事及监察人。该厂于陈右之为经理时，向茂生洋行订购机器，丁、查两君亦经列名签字。该厂现已停歇，因拖欠茂生洋行机器款项，计美金五万两，合银十万余两，屡催不交，控经法庭饬传共同签字之五人，到庭集讯。丁、查两君，曾经到庭，而陈右之及后任经理盛良周，既避不到庭，复不设法清理，以致案县〔悬〕不结。今茂生洋行已设法将陈、盛两君拘案讯押，讵料陈、盛以不提丁、查并押为藉口，声请关提，希图延宕。查丁君病在床褥，查君现赴济南办花，均难到庭。倘法院行文到县关提，即祈据实照复，以免胥役到门，惊及老幼，不胜感祷之至。耑此，顺颂勋安。弟荣宗锦启，十月十三日。

（《无锡旅刊》，第 128 期，1927 年 10、11、12 月合刊，第 1 页）

致江苏省政府民政厅长钮永建电

（1927 年 10 月 20 日）

南京省政府民政厅钮钧鉴：无锡代理公安局长宋镇涛，久列戎行，并娴警务，历遇无锡地方吃紧之际，联络军警，保卫桑梓，不遗余力。当此冬防将届，伏莽未靖〈之际〉，环请厅长可否取消“代理”，明令正式委任，俾专责成，而资策励。宗锦等虽旅沪上，于梓乡治安关系，不得不据实陈情，务乞俯赐允准。无锡旅沪同乡会荣宗锦、孙泰圻、丁宝书、陶起凤、孙肇圻、徐士渊、毛鉴清叩，号。

（《无锡旅刊》，第 128 期，1927 年 10、11、12 月合刊，第 1—2 页）

介绍无锡女科专家过子怡十月初五开诊启

（1927年10月25日刊载）

先生夙精女科，于调经、种子、胎前产后、骨蒸痨热等症擅有特长，余如伤寒、痁痢、肺病、胃病、肝病，以及疯痛痹、花柳各科，亦莫不有极深之研究。向在无锡，活人无数。今值游沪，求治者甚多，均皆药到病除。同人等因劝留沪，幸蒙先生许可，每逢星期六、星期日、星期一三天驻沪应诊，上午九时门诊，一元二角；下午三时出诊，五元五角。亲友不计，贫病送诊。诊所：北浙江路底宁安坊第三街第三家。

介绍人：庄得之、谢蘅窗、王志远、唐寿民、金芙初、顾馨一、焦乐山、杨敦甫、唐海珊、徐颂遐、荣宗敬、董杏生、祝伊才、华叔琴、华尧辉同启。

（《申报》，1927年10月25日）

致闽南江苏同乡会函

（1927年11月2日）

敬启者：据敝会会员荣和甫函称，今次旅厦〈门〉经商，被当地吴景唐，以无理对待，致羁困异地数月之久，后蒙闽南江苏同乡会援助，始克早日言旋，心感之余，合应函陈，敢请本会代为备函道谢，以重乡谊等情到会。查荣君和甫，经商在厦〈门〉，人地生疏，致遭横逆，倘无贵会仗义执言，被累将不堪设想。今得安然返沪，实出贵会之赐，不独荣君明感五中，敝会亦纫公谊于无既也。敬布谢忱，惟希公鉴。此致闽南江苏同乡会。无锡旅沪同乡会理事长荣宗锦，十一月二日。

附 1:会员荣和甫君来函(1927 年 10 月 31 日)

无锡旅沪同乡会台电〔鉴〕:敬启者。和甫今次旅厦〈门〉经商,被当地吴景唐,以无理对待,致和甫羁困异域数月之久,后蒙闽南江苏同乡援助,出而调解外,严与交涉,始克早日言旋。和甫心感之余,合应函陈,敢请本会代为备函道谢,以重千里乡谊。耑此布奉,敬请公安。荣和甫启,夏历十月初七日。

附 2:无锡旅沪同乡会复荣和甫函(1927 年 11 月 2 日)

和甫先生大鉴:顷接台函,备悉一览,致闽南江苏同乡会一函,兹备就送上,即祈转寄可也。此颂台祺。无锡旅沪同乡会启,十一月二日。

(《无锡旅刊》,第 128 期,1927 年 10、11、12 月合刊,第 4—5 页)

致宝山县政府公函

(1927 年 11 月 12 日)

径启者:据敝会会员周寿甫函称,“有无锡新安乡人陈高氏,因其媳陈丁氏,被人诱匿,偕子杏根来沪寻觅,讬经其戚陈阿二访悉,该陈丁氏系为宝山县属杨巷乡镇附近杨家宅地方〈以〉石匠为业之杨阿江诱奸藏匿,即经报告该镇公安分局,将陈丁氏拘局解县,并由陈高氏偕子杏根投县起诉,请求领回陈丁氏在案。惟陈高氏家境贫苦,其子恃缝工生活,今来沪多日,费用告罄,行将枵腹,为此函恳垂念同乡之谊,设法援助,俾其母子得早日返里”等语到会。查杨阿江奸占有夫妇女,陈高氏既经在贵政府起诉,自应听候拘拿杨阿江到案讯办,惟该氏母子,穷居异地,生活维艰,确系实在情形,为此代为陈请,敢乞准予先将陈丁氏具领回里,以免久羁异地,实纫德谊。至祈查核施行,见复为荷。此致宝山县政府。无锡旅沪同乡会理事长荣宗锦,十一月十二日。

附:无锡陈杏根来函(1927年11—12月间)

同乡会诸位先生钧鉴:敬启者。民妻丁氏被杨阿江奸占一案,涉讼被累,蒙贵会鼎力援助,得将丁氏领回团聚。山海鸿恩,难以图报。本当到会叩谢,因道途遥远,更兼穷忙,为特先行函谢。专肃,即颂公安。陈杏根启。

(《无锡旅刊》,第128期,1927年10、11、12月合刊,第4页)

1928 年

总经理自述——《茂新福新申新总公司卅周纪念刊》弁言

（1928 年 1 月）

语云：三十年为一世。三十年中，人事迁变，或有记载之价值。姑就个人与本公司关系言之。余年未弱冠，即习商贾之事，往来申【上海简称“申”】、〈无〉锡间，见夫生齿日繁一日，舶来品日盛一日，不禁兴起创办实业思想。维时吾国商办实业无多，而洋粉、洋纱运销於吾国者，为数至巨。窃思衣食为人生要需，解决衣食问题，莫如多办面粉厂与纺织厂。顾同志难得，集款维艰，而相当地点急切，又未易指定。某日，偶过吾邑西门外，见有荒地，可二十余亩，一水瀠洄，交通便利，即所谓太保墩。相度地势，可建粉厂，当征得余季德生同意，即购地集股，从事经营，时清光绪二十六年也。翌年，厂屋落成，是为茂新第一面粉厂。三十四年，创设二厂于邑之惠山浜。民国三年，就一厂之旁添设三厂。四年，创设福新一厂于上海新闸桥。五年，创设二厂于莫干山路。六年，创设茂新四厂于山东济南，同时创设福新三厂于上海小沙渡路，又就二厂附近创设四厂，又创设五厂于汉口硚口宗关。七年，创设六厂于上海新垃圾桥，同时创设七厂于上海新闸大通路，创设八厂于上海东京路。综计面粉厂凡十二厂。至纺织厂，则自民国四年创设上海白利南路之申新一厂始，在上海宜昌路者为申新二厂，在吾邑西门外五洞桥者为申新三厂，均为八年创设。九年，创设四厂於汉口硚口宗关。十三年，创设五厂于上海杨树浦高郎桥。十四年，分六厂于常州南门外。综计纺织厂凡六厂。皆无限公司也。皆股东王君尧臣、禹卿，丁君梓仁，浦君文汀以及故人浦君文渭等，同心协助，以有今日也。若夫主持无锡厂务，尤以余季德生之力为多。计自创设至今，忽忽三十年。余不敢谓于社会、国家有所裨益，惟力之所能为者，任何艰苦困难在所弗辞，亦聊尽国民一份子之义务而已。

兹届三十周年纪念，同人以为创业三十年，设厂十八处，规模如是其宏远，根柢如是其深稳，宜创设储蓄部，以利同人。股东多赞许此意，爰决议创设储蓄部，姑先以同人为限，既厘订章程，装印小册，用志其缘起，并述三十年办厂之顺序。迄今过吾邑西郊，见有烟突干云，机声轧轧，孰不知为茂新一厂！孰知三十年前，固犹是荒烟蔓草、人迹罕至之太保墩也！追忆前尘，不禁有沧桑之感已！中华民国十七年【1928年】一月，无锡荣宗锦。

（茂新福新申新总公司编：《茂新福新申新总公司卅周纪念册(1898—1928)》，上海世界书局代印，1929年1月）

振德女子中学暨附属小学招生启事

（1928年1月31日—2月4日刊载）

编制：高中、初中、高小、初小，专修科。

报名：即日起，开学日止。

考试：阳历二月七、八两日，每日上午九时至下午三时；如有转学证书或毕业证书者，得免考试。

开学：阳历二月十三日。

校址：第二校：小沙渡路口爱文义路一百零九号三层楼洋房，乘一二路电车直达校门；第一校：静安寺路哈同路口一七一八号。

校董荣宗锦、郑毓秀、廖世邵、洪本立、朱树藩、钱子通，校长沈琴如同启。

（《申报》，1928 年 1 月 31 日—2 月 4 日）

致无锡县长俞复函

（1928 年 2 月 14 日）

仲还县长勋鉴：去冬委托刘君干云来申，续募二五库券，应募者仅执县政府印收，尚未掉〔调〕换正式库券，近日诸同乡纷纷来询掉〔调〕换日期。用特函询，敢祈示悉，以便对付。专此，敬请勋安，鹄候玉复。荣宗锦启，二月十四日。

附 1：无锡俞复县长复函（1928 年 2 月 18 日）

径复者：顷奉大函，藉悉种切。敝处库券款项解者，分中〈国〉、交〈通〉、江苏三行经办，日内闻悉〈江〉苏〈银〉行已将正式库券领到，中〈国〉、交〈通〉正向沪行领取，拟于后日（星期一）派员分赴该三行一并倒换，手续办妥，即当通知各户换领也。覆颂日祉。愚弟俞复启，二月十八日。

附 2：无锡俞复县长来函（1928 年 2 月 22 日）

径启者：二五库券，敝处业已领到，沪上认购各户，费神就近知照，无论亲自或派人来取，应带印收倒换，如由贵会汇齐办理，尤为妥当，诸惟酌夺为荷。专颂台绥。俞复启，二月二十二日。

附 3：无锡旅沪同乡会分致认募续二五库券诸同乡函（1928 年 2 月 24 日）

径启者：顷准无锡县长函开，"续二五库券，敝处业已领到，沪上认购各户，费神就近知照，无论亲自或派人来取，应带印收倒换，如由贵会汇齐办理，尤为妥当，诸惟酌夺。"等由。查此项续二五库券，尊处曾经认募，现在券已到锡，拟否检同印收派人或亲自赴锡倒换及交会汇齐办理，统祈酌夺，并候玉复。此致祝伊孚先生、唐子培先生、张云樵先生、王尧臣先生、薛慈明先生、锡金公所。无锡旅沪同乡会启，二月二十四日。

（《无锡旅刊》，第129期，1928年1、2月合刊，第1页）

致上海特别市公安局函

（1928年2月22日）

敬启者：据会员王发祥函称，渠在薛家滨开设王恒昌草货号，旧历十二月廿五日【即1928年1月17日】，突遭回禄[①]，适发祥在外收账，店伙王银海，当被公安局拘押，因令将保险单呈案，至今尚未开释。惟王恒昌并未保险，无单可呈，实无讬名保险图赔情事。现在王银海家属，以银海屈受牵累，来店吵闹，函属转呈公安局，准将该伙开释等情，并准本会评议员吴臣笏函证王恒昌草货号，实未保险情事到会。理合据情转陈，仰祈贵局俯念薛家滨王恒昌草货号实未保险，无单可呈，从宽将店伙王银海交保释放，实为公便。此致上海特别市公安局。无锡旅沪同乡会理事长荣宗锦，二月廿二日。

附1：无锡旅沪同乡会会员王发祥来函（1928年2月21日）

敬启者：发祥在薛家滨开设王恒昌草货号，旧历十二月廿五日，突遭回禄，适发祥在外收账，店伙王银海，当被公安局拘押，因令将保险单呈案，至今尚未开释。惟王恒昌号并未保险，无单可呈，实无讬名图赔情事。现在王银海家属，以银海受屈牵累，来店吵闹，函恳转呈公安局，准将该伙开释，无任盼切。此致无锡旅沪同乡会。会员王发祥，二月廿一日。

---

① 回禄，相传本为火神之名，后引申指火灾，又作“回陆”，见于《左传》《国语》等。

附 2:无锡旅沪同乡会评议员吴臣笏来函(1928 年 2 月 21 日)

敬启者:同乡王发祥在薛家滨开设王恒昌草货号,上年遽遭回禄,当因王发祥出外收账,经公安局将店伙王银海拘案收押,令将保险单呈候讯夺。查王恒昌系小本营生,并未保险,无单可呈,合代证明。敬祈贵会函致公安局,将该店伙王银海从宽开始,无任切祷。此致无锡旅沪同乡会。吴臣笏,二月廿一日。

(《无锡旅刊》,第 129 期,1928 年 1、2 月合刊,第 2 页)

致上海特别市公安局警察处徐咏华函

(1928 年 2 月 22 日)

咏华先生大鉴:今因王恒昌草货店不幸失慎,店伙王银海被公安局收押,令将保险单呈候讯夺。查王恒昌小本营生,并未保险,无单可呈。除函公安局外,务祈设法转致司法科,从宽释放,无任切盼。此颂。

附:无锡旅沪同乡会复评议员吴臣笏函(1928 年 2 月 29 日)

臣笏先生台鉴:前准公函,以王恒昌草货号失慎,店伙王银海被押,嘱为设法营救等情到会,当由理事会正式致函公安局,保证王恒昌实未保险,请将王银海从宽交保开释外,并函商公安局督察处徐咏华君设法。据称,"业向司法科致意,但须店主王发祥开庭时亲自到庭,以便办理具保手续。倘须罚款少许,亦可随时缴纳,将人保出"等语。相应函复,即请转知前途为盼。顺颂台绥。无锡旅沪同乡会谨启,二月二十九日。

(《无锡旅刊》,第 129 期,1928 年 1、2 月合刊,第 2—3 页)

致吴稚晖[①]函请转江苏省政府免调无锡俞复县长

(1928年3月前后[②])

稚晖先生大鉴:敬启者。无锡俞县长,品端学粹,素为地方所推崇。此次奉令到锡,任事以来,勤慎廉洁,民众悦服。去冬征收银漕,若论各佃欠租情形,则业主势必拖欠国课,幸而俞县长以感情婉催,得有如此成绩。现当开办验契之际,非得与各乡行政人员素有感情者,不能收辅助、督促之效。兹闻省署有将俞君调任之说,设或果成事实,在地方固失一良吏,恐于征收课税,亦不免因遽易生手,发生影响。我公素知俞君人格,且认无锡为第二家乡,倘得尊示纸转,实于上下均有裨益。用敢联名函恳,敬祈转致省中执政,以免更易。凡属锡人,无不拜君之赐。肃此,祇欲台祺,惟希亮督。荣宗敬、王禹卿、陶起凤、孙肇圻、毛鉴清、荣永吉、丁彦章。

(吴稚晖档案,中国国民党党史馆藏)

介绍儒医陈道安先生启事

(1928年3月21日—26日刊载)

清初名医徐灵胎[③]著《洄溪医书》十余种,而有乐府传声之作,可知

① 吴稚晖(1865—1953年),原名朓,幼名纪灵,后改名敬恒,字稚晖,江苏武进(今常州市武进区)人。自幼丧母,常住在无锡外祖母家。幼年肄业江阴南菁书院,1905年冬加入同盟会,1924年任国民党第一届中央监察委员,南京国民政府成立后,历任国民政府委员兼中央监察委员会委员、国民革命军总政治部主任(未到任)、国民党中央特别委员会委员、中央监察委员、中央政治会议委员、中央政治委员会委员、中央评议委员、总统府资政等职。著作编入《吴稚晖先生全集》、《吴稚晖先生选集》。

② 因俞复于1928年3月离无锡县长之任,故此函当在此前后。

③ 徐大椿(1693—1772年),又名徐灵胎,晚号洄溪老人,江苏吴江人,清代著名中医学家。徐大椿主张寻本溯源,从源及流;治疗疾病善于审证求因,对疑难重症每奏捷效。

脏腑构结与宫商节奏，推本五行，源流一贯。蓉江陈道安先生，弱冠游庠九流，博综岐黄之术，尤所精湛，浪游南北，活人无算。顷来沪渎，颇有以弦歌，请益者不知多能，乃其余事，寿世别具专长。兹徇友好之请，悬壶应诊，暂寓西摩路时应里，午时至三时门诊，贫病不计。抱恙者幸勿交臂失之也。

介绍人：卢少堂、荣宗敬、奚萼衔、叶山涛、陈产畴、陈朵如、朱博泉、李迪先、罗亮生、汪志刚、朱耐根。

（《申报》，1928 年 3 月 21 日—26 日）

呈请广东省政府征收洋粉进口税或运销内地税[①]

（1928 年 3 月 24 日）

敬启者：查吾国产麦运销内地向例征税，面粉则向免税厘，缘民食攸关，既征原料，熟货未宜重征，国民政府亦援成案免征粉税，粉业咸感当局裕商便民之至意。至洋粉进口，向不征税，其故由于约章载明接济外侨食品，而外商则利用机会，成为贸易之大宗。原料既无权征税，熟货输入又漫无限制，华粉销路呈〔呆〕滞，粉业前途至可危惧。贵省富庶甲全国，一岁之中，所销洋粉为数甚巨，而执政诸公，皆能维护实业，振兴国货具有世界眼光，用敢不揣冒昧，略陈梗概。可否请求贵省政府，于洋粉进口时，令行征税，万一因开税犹未达自主时机，不能急切施行，则请于洋粉进口后运销内地时，豫定税率，强制纳税，俾洋粉得以减少输入，而华粉得以推行尽利。查华粉输入日本每包征税七角，输入美洲每包征税两元，外人待遇华商如此其〔奇〕苛，吾国对于外粉输入，不予

① 此呈文系由荣宗敬先生与顾馨一先生联名，呈交当时的中央政治会议广州分会。据上海社会科学院经济所编《荣氏企业史料》，认为此函系福新公司以上海机制面粉公会名义所发，见该书上册，第 206 页。

以相当限制,似非事理之平。倘蒙贵省政府,体恤商艰,立为设法救济,粉业前途,庶几有豸。谨略。上海〈机〉制面〈粉〉公会会长顾馨一、荣宗锦。

附:政治会议广州分会函广东财政厅据上海制面粉公会会长顾馨一等呈请征收洋粉进口税或运销内地税一案议决可行交该厅拟定办法呈核由(函第五四〇〇号)(1928年4月30日)

径启者:现据上海制面粉公会会长顾馨一等呈,请征收洋粉进口税或运销内地税,以减少洋粉输入,救济吾国粉业等情,当经本会第一百零一次会议议决,可行,交财政厅拟定办法呈核在案。相应抄同节略,录案函达,即希查照妥议办法呈送核办。此致兼广东财政厅厅长冯【祝万】。【中央】政治会议广州分会。

(《中央政治会议广州分会月刊》,第6期,1928年5月31日,第107—108页)

为营救黄大霖事致广东农工厅长马超俊函

(1928年3月25日)

敬启者:昨准同乡黄子华函,称伊子大霖自前年老〔考〕入黄埔军校第六期学生后,立志为党国服务,不幸去年清党事起,即被不睦同学诬指为共党分子。当时被诬而入南石头惩戒场①者,共有四百余人,至今尚待审理。刻接伊子函呈,目下广东政治分会已组织特别法庭审理此事,每日审理七、八人,如有团体或军政两界中人去函证明,即为保释。

---

① 广州"南石头惩戒场"监狱,位于广州河南(今海珠区)南石头近珠江地方,原为旧炮台,清末时被废弃。1913年广东警察厅长陈景华将其改建成井字形的二层楼房,对外围原有围墙加固加厚后,设置关卡,以作监狱。该监狱原为关押普通刑事犯,在1927年"四·一五"后遂成为国民党反对派囚禁共产党人和革命者等政治犯的集中营。

伊子在狱患病，祖母年高，思孙成疾，属为营救等情到会。查黄大霖为无锡东亭乡人，曾在上海闸北满洲路三畏里设立商务中学，经本会评议员华君紫封介绍为会员。准函前由，用敢函恳代为调查，如无共产嫌疑，赐予设法援救，俾得团聚骨肉，毋任盼切。专此，敬颂公祺。无锡旅沪同乡会理事长荣宗锦启，三月二十五日。

附 1：广东农工厅长马超俊覆无锡旅沪同乡会荣理事长函（1928 年 4 月 4 日）

宗敬先生惠鉴：大函聆悉，贵同乡黄子华之子黄大霖，被拘押惩戒场一案，当即备函请托特别法庭罗院长端甫，提前审理省释，俟其办理如何，再为详达。专此先复，并颂台祺。弟马超俊复，四月四日。

附 2：无锡同乡黄子华请求援救伊子黄大霖函（1928 年 3 月 25 日前）

理事长先生勋鉴：敬启者。小儿大霖，前年考入黄埔军校第六期学生后，时有信来，并立志为党国服务，不幸去年清党事起，即被不睦同学诬指为共党分子。当时被诬而入南石头惩戒场者，共有四百余人，至今含冤莫白。客岁久无音信，曾由华紫封先生致函恳求营救，后以张黄捣乱①，事亦不果，至今仍羁囹圄。刻接小儿来函，述及目下广东政治分会已组织特别法庭审理此事，但每日只审理七、八人，如有团体或军政两界中人去函证明，即可保释，先后被保释者已有十余人。小儿此时患病在狱，而祖母等亦忧虑成病，危在旦夕。为此，不得不专函，恳求设法营救保释。特此奉恳，即请公安。黄子华谨启。

附 3：无锡旅沪同乡会复同乡黄子华函（1928 年 5 月 1 日）

（前略）前接来函，以令郎大霖被诬，拘押粤东，属为设法营救。即

① “张黄捣乱”一事，系指 1927 年 11 月 17 日凌晨，张发奎、黄琪翔等人在广州发动政变，改组国民党广东省党部、广东省政府的事件，其目的本是反对当时控制南京国民政府的新桂系，结果目的未达到，反而使得此前被迫下野的蒋介石得以借机复出。

经本会函请广东省政府农工厅长马，设法援救。去后，兹准函覆，黄大霖被拘惩戒场一案，当即备函请讬特别法庭罗庭长端甫，提前审理省释，俟其办理如何，再为详达等因前来。相应函达，即希察照为荷。专复，即颂台绥。无锡旅沪同乡会启，五月一日。

（《无锡旅刊》，第130期，1928年3、4、5月合刊，第1—2页）

华商纱厂联合会为请颁订植棉奖励办法条例以提倡植棉事呈农矿部文

（1928年4月18日）

呈为国产原棉不敷厂用，恳请提倡植棉，以裕民生衣被事。窃纺织工业为民生衣被之实业，近年因种种关系，凋敝不堪，而中外贸易间之最大漏卮，遂致无法补救。其凋敝原因虽不一，而棉贵纱贱实为主因。棉之所以贵，一由于供不应求，二〈由〉于输出无度。查我国现有纱锭三百五十万枚，每一纱锭每年需用棉花平均以两担半计算，全面需用原棉八百五十万担。又查我国出产棉花，据本会调查估计，最近三年间之产额如下：

十三年份　七八一一〇六二担

十四年份　七五七七五七三担

十五年份　五六八〇〇〇〇担

上述产额，每年除去民间需用约计二百余万担外，是其供求不敷已属甚巨。加以外商购运出口为数颇多，声请禁止未获施行，一遇外棉歉收，则输出愈盛，国内市场供求不足，售价高昂，而纱市则因战乱销滞，反见低下。厂商营业亏损，无法支持，破产、倒折比比皆是。兹幸我政府军事将终，渐谋建设。纺织业关系民生之大，为《建国大纲》中规定实业之一，目前危殆情形，尤盼政府有以救济，而根本办法则在推广本国棉花产额，使厂用原棉不致有缺乏之虞，庶几衣被之工不致尽为外人所夺，裨益国家实非浅鲜。为特具呈钧部，拟恳对于民间植棉，颁订条例优予奖励，以示提倡而裕民生。除分呈农矿部长外，理合备文，呈请鉴核，批示施行，实为公便。谨呈工商部长。

具呈人　（上海爱多亚路八十号）华商纱厂联合会

代表人　荣宗锦

中华民国十七年四月十八日

附 1：国民政府工商部批（字第　号）（1928 年 4 月）

批上海华商纱厂联合会（上海爱多亚路八十号）呈一件，呈请须订条例奖励植棉由。呈悉，该纱厂联合会呈请须订条例奖励植棉一节，业经本部据情咨行国民政府农矿部核夺办理矣。此批。

附 2：国民政府工商部咨农矿部文（1928 年 4 月 27 日）

为咨行事。案据上海华商纱厂联合会代表荣宗锦呈称，国产原棉不敷厂用，恳请颁订植棉奖励条例以示提倡等情。查此事关系奖励农产，拟应由贵部主持核办。相应咨请贵部核夺办理，并见复为荷。此咨国民政府农矿部。

附 3：国民政府农矿部咨工商部上海华商纱厂联合会代表荣宗锦请颁订植棉奖励条例俟与该会径行商定办法后再咨达文（1928 年 5 月 2 日）

为咨复事。案准贵部商字第七十七号咨开，案据上海华商纱厂联合会代表荣宗敬呈称，国产原棉不敷厂用，恳请颁订植棉奖励条例以示提倡等因，并附原呈一份到部。查此案前据该会具呈前来，当经指派本部科长杨开道与该会径商办法，应俟商定后再行咨达。准咨前因，相应咨复贵部查照。此咨国民政府工商部。

（国民政府工商部档案，中国第二历史档案馆藏）

呈国民政府财政部文

(1928 年 4 月)

本公司分设汉口第五面粉厂，业遵部电，检同章程、合同、旧执照摄片、营业概算书等件，呈经全国注册局注册给照，使用牡丹商标亦经奉颁注册证各在案。理合呈请察核，俯赐饬属查照免征税厘，实为公便。

附：国民政府财政部令(第一九六四号)**(1928 年 5 月 2 日)**

为令行事。案查前据上海福新面粉总公司荣宗锦呈称，本公司分设汉口第五面粉厂，业遵部电，检同章程、合同、旧执照摄片、营业概算书等件，呈经全国注册局注册给照，使用牡丹商标亦经奉颁注册证各在案，理合呈请察核，俯赐饬属查照免征税厘，实为公便等情，并附牡丹商标壹百纸到部。当以该厂机制面粉所用牡丹商标，既遵照注册条例呈准注册，应准暂照现行成案免征税厘，即经批饬补呈商标，俾便令行所属遵照。去后，兹据该商将商标图样遵前补前来，除分行并批示外，合行检发商标图样令仰该遵照，并即转饬所属一体遵照。此令。

计发商标图样　纸

中华民国十七年五月二日

(《国民政府财政部财政公报》，第 10 期，1928 年 6 月 1 日，第 1 页)

致蔡兼三理事函

(1928 年 5 月 26 日)

兼三先生大鉴：敬启者。今承法总捕房任督察员水阳，派探伙周麟甫，送来被拐同乡李秀英一口。询据年二十三岁，住无锡小三里桥附近李巷，家中有老母李陆氏，本人向在湖州城内织布厂做工已及四年，因厂歇停工被人拐来上海，转辗被法总捕房拿获送会云云。查李巷究在何乡，是否在三里桥左近，无从得悉。适徐可亭先生来锡，特派茶房〈章〉荷舲伴送李秀英同行，尚祈逾格查明李巷，妥交其家。除一切由徐君面达外，用特专函奉布，至祈接洽为盼。此颂夏祺。荣宗锦启，五月二十六日。

（《无锡旅刊》，第 130 期，1928 年 3、4、5 月合刊，第 4 页）

再致蔡兼三理事函

（1928 年 5 月 29 日）

昨日下午九时许，同乡会茶役章荷舲回申，知送锡被拐女子李秀英暂留铁路饭店，随令荷舲至招商局寻到李秀英之翁李福培来会。据称年五十七岁，北门北家桥袁李巷人，在招商内河轮局行驶珠家角和平轮船上烧饭，送锡之李秀英实名阿二，无锡北乡三坝桥人，与伊子寿本姘合业已四年；寿本向为招商内河轮船烧饭，行驶上海至湖州间，故将姘妇李阿二寄居湖州面店内，因与面店不合，遂迁至左近旧铜匠店内。日前阿二失迹，传说系随在申杨树浦做洋铁匠罗姓来申。寿本追踪，寻至杨树浦无着，承会送锡，理应随即往领，惟今日寿本适值恒吉轮船开往湖州，须至〈阴历〉十二〈日〉【即 5 月 30 日】下午方能回申，届时拟与寿本商量，再行一同来锡具领等语。查两造并未见面，李秀英是否即阿二，是否李寿本之姘妇，无从揣测。拟请枉驾铁路饭店，先询李秀英情状是否相符，一俟十二〈日〉晚间李福培带同其子李寿本来会，再行给函投前，斟酌情形给领，无任感祷。此颂台绥。荣宗锦启，五月二十九日。

附:李梅根保单(1928年5月31日)

径启者:族侄李寿本之妇,前因在湖州被诱到沪,幸蒙无锡旅沪同乡会得悉被诱情形,留养并专派茶房送锡,寻觅该妇家属领回。不胜感激之至。梅根今同族侄寿本亲至蔡兼三先生及铁路饭店毛剑明先生两处声明,即日领回家中,以后倘有别种异言,归梅根担负完全责任。特此郑重声明。专此,顺请无锡旅沪同乡会诸位先生钧鉴。李梅根谨启,五月三十一日。

(《无锡旅刊》,第130期,1928年3、4、5月合刊,第4页)

呈国民政府财政部文

(1928年5月)

窃于民国十七年二月奉部批,上海机制面粉公会为机制面粉,请求援照成案,通令免税由,奉批"节略已悉,候通令各财政厅、各关监督,转饬所属,一律查照成案办理,此批"。又奉电开,既经免征华粉税厘,应即转知各粉厂,迅照通例注册等因。奉此,查茂新面粉公司设厂无锡,福新面粉公司设厂上海,均经呈请全国注册局注册,所用兵船、宝星、蝠寿、财神、渔翁等五种商标,亦经呈请全国注册局注册各在案。兹遵照批、电,检同兵船、宝星、蝠寿、财神、渔翁等五种商标各一千份,呈请钧部分令所属各关、厅、局一体遵照,免税放行,实为公便。

附:国民政府财政部令第(　)号(1928年5月31日)

令各财政厅、各关监督、津浦铁路货捐局、各内地税局局长:为令行事。据无锡茂新、上海福新面粉总公司代表荣宗锦呈称,窃于民国十七年二月奉部批,上海机制面粉公会为机制面粉,请求援照成案,通令免税由,奉批"节略已悉,候通令各财政厅、各关监督,转饬所属,一律查照成案办理,此批”。又奉电开,既经免征华粉税厘,应即转知各粉厂,迅照通例注册等因。奉此,查茂新面粉公司设厂无锡,福新面粉公司设厂上海,均经呈请全国注册局注册,所用兵船、宝星、蝠寿、财神、渔翁等五种商标,亦经呈请全国注册局注册各在案。兹遵照批、电,检同兵船、宝星、蝠寿、财神、渔翁等五种商标各一千份,呈请钧部分令所属各关、厅、局一体遵照,免税放行,实为公便等情,并附呈兵船、宝星、蝠寿、财神、渔翁等五种商标样张各一千份。据此,查机制面粉曾经本部核准,在面粉划一征税办法未实行以前,暂照现行成案,一律免征税厘在案,该公司等即已向全国注册局呈准注册,应予通令饬遵,以利运销。除批示并分行外,合行检发商标样张,饬令仰遵照迅即转饬所属,一体免税验放,勿延。此令。

计发商标样张五种,每种计纸

中华民国十七年五月三十一日

(《国民政府财政部财政公报》,第 10 期,1928 年 6 月 1 日,第 29—30 页)

致锡澄常宜联防区顾笠夫区长函

(1928 年 6 月 6 日)

敬启者:前阅邑报,知吾邑公安第五分局长朱允中、第三分局长裘维章等,被人控以贪污溺职,被〈江苏〉水陆公安管理处[1]钮【永建】处长,拘传去宁,不胜惶悚。查朱分局长等供职梓乡,已历多年,办事谨慎和平,舆情尚恰,此盖邑人所共知,惟难免无开罪于人之处,致有被控情

① 1927 年 5 月,江苏省政府成立,设江苏水上警察厅,管理全省水上警察,同年 11 月,改称江苏水利公安管理处,钮永建兼任处长。

事。近闻已交法庭，并委执事查复。日前敝会适值开评【议会】、理【事会】联席会议，公同讨论，拟乞执事秉公查复，俾免冤抑。用特备函奉恳，至祈执事秉公查复，俾得回复自由。凡属同乡，均深感篆。此致笠夫区长公鉴。无锡旅沪同乡会理事长荣宗锦启，六月六日。

（《无锡旅刊》，第131期，1928年6、7月合刊，第1—2页）

呈国民政府关务署文

（1928年6月21日前）

申新公司汉口第四纺织厂，机制布疋所用“四喜”商标，业经呈奉全国注册局核准注册，请通令各厅、关、局，遵照机制洋式货物完税。

附：国民政府财政部令（1928年6月21日）

为令行事。关务署案呈，据上海申新纺织公司荣宗锦呈称，该公司汉口第四纺织厂，机制布疋所用“四喜”商标，业经呈奉全国注册局核准注册，请通令各厅、关、局，遵照机制洋式货物完税等情，并附呈货样二份、商标一千二百份前来。查该公司汉口第四纺织厂所织“四喜”布，既系机制洋式货物，所用“四喜”商标并经呈准注册，应准按照机制洋式货物完税，以示提倡。即于运销国内时，由经过第一关局征收出口正税及内内地税各一道后，概免重征，其运销外洋者，并准豁免一切税厘。除将该厂“四喜”牌布疋货样，检发该厂所在地之第一关——江汉关备查，并批示分行外，合行检发该厂“四喜”商标（）份，令仰该监督遵照，迅即转饬税务司并所属一体遵照。此令。计发商标样张五纸，中华民国十七年六月二十一日。

（《国民政府财政部财政公报》，第11期，1928年7月1日，第16—17页）

振德女子中学暨附属小学暑期秋季招生启事

（1928 年 7 月 4 日—7 日刊载）

（报名）即日起。

（校址）一校：静安寺路哈同路口一七一八号；二校：爱文义路小沙渡路一百零九号洋房。

章程函索，附邮二分。

（附告）本校二校〈校〉屋宏敞，空气流通，特备暑期妇女寄宿舍，如欲寄，接洽可也。

校董沈仲俊 余南秋 王西神 荣宗锦 郑毓秀 朱树沈 朱采真 钱子通，校长沈琴如同启。

（《申报》，1928 年 7 月 4 日—7 日）

致苏浙区麦粉税局局长李茀侯[①]论粉厂困难书

（1928 年 7 月 10 日）

麦粉出厂税已于 7 月 1 日实行。查小麦免税，改征粉税，在厂方免除重捐需索诸弊，在公家化零为整，事诚两利。但从前苏省小麦产销并征，每石不过大洋四分，现改征粉税，每包一角，以麦税与粉税比较，粉税实超出麦税五倍之多，厂方吃亏不在少数。……在麦粉出厂税筹备期间，本说明小麦免税单通行全国，俾厂方原料不虞缺乏。孰知麦粉征

① 李承翼（1885—？年），字茀侯，浙江杭县（今杭州）人，自 1923 年起跟随宋子文从事金融业，历任广东大元帅府财政部第二局局长、中央银行顾问、全国经济会议秘书长、交通银行常务董事等，为宋子文心腹之人。1929 年 8 月 16 日任福建省政府委员兼财政厅厅长，1931 年 1 月 16 日免职。当时李任苏浙区麦粉税局局长。

税后，免税单之效力仅及江、浙、皖三省。厂方采办原料，视线均集江南，三月之内，麦价涨起三、四角之谱，遂成此麦贵粉贱之局。而北洋天津等处粉厂仍在上海采办小麦转口，芜湖、九江、汉口等处采办小麦直运天津。加以洋粉价廉，南北充斥。江苏粉厂，历年因小麦供不应求，开机时全年通扯只有半年，而工人因停歇问题，往往因此发生交涉，厂方困难已达极点。为今之计，惟有请求财部，于产粉各地，克〔尅〕期设立麦粉特税局，一面通饬产麦各行省，厂商采办小麦，报用免税单，以归划一而昭平允，否则上海一隅粉厂负担特重，殊非事理之平。

（申新总公司函稿汇登）

附1：财政部征收麦粉特税条例（附表）（1928年6月14日公布）

案查麦粉一项，为我国机器仿制洋货之大宗，向因舶来粉未征进口关税，故于此项机制麦粉，亦准免征，但供机制麦粉所用之国产小麦，则各地常关厘局，及其他杂捐，节节征收，商旅运输，颇感不便，额外苛索，中饱尤多。刻值关税自主将次实施，增税裁厘，应谋抵补，非先有一种计划，不足以上裕国课，下益民生。本部稽诸已往，此项机制麦粉核准免征，罔不以原案声明，将来税法变更，仍应遵守。今为促进裁厘起见，亟当另订适宜办法，划一征收。前派谙习情形之孙泉、夏应庚、荣永熙等员筹办此项麦粉特税，久经考量，几费经营，现已拟定具体办法：于麦粉出产丰富之省，分区设局，就厂稽征，每包征收特税银一角，而将在内地各处所课之小麦税厘一律豁免，不再征收任何税款；其运往国外麦粉，并准退还特税半数，同时将海关向征之护照等费，概予免除；至洋粉进口，原税关税，从前概因土粉较粗，外侨嗜食面包，专资洋粉，初非普通商货可比，今本国机制麦粉，足应供求，而洋粉遍销，已与一般洋货无异，对于此项含有营业性质之进口洋粉，当然应与本国机制麦粉同一征收。惟一则征于装包出厂之时，一则征于行栈起卸之际，手续略别，负担维均。似此酌予更张,先促一部裁厘之实现,化散为整,积少成多,剔逐层中饱之私囊,为出厂单纯之特税,不同加赋,于民食既属无妨,取便征收,于国库实能有益。且出洋麦粉退还半税,尤能鼓励出口,于振兴国内工业,发展国际贸易,均获收效于无形。其洋粉一项,关税虽不征收,杂征究未全免,今与国产麦粉一律待遇,俾得同霑一税通行之益,既不致为丛驱雀,在商贩亦易乐从。本部再三考察,实属简而易举,切要可行,业经制定小麦免税办法,及征收麦粉特税条例,呈奉国民政府批准备案,用部令公布条例,派员筹备,剋日举办,并令饬各省财政厅、各海关常关监督,一体遵照。除依照本条例第十二条之规定分别函请协助外,相应检同条例一份,备函附达,即祈查照,并予转饬所属各机关,随时协助。至纫公谊。

征收麦粉特税条例

第一章　总则

第一条　凡国内所产机制及由国外运入之麦粉含有营业性质者,均照本条例之规定,征收麦粉特税。

第二条　凡非机制麦粉,概不准征收特税。

第三条　麦粉特税,系为废止原料小麦各种税项,改征划一之厂税,定为国税。

第二章　税率

第四条　机制麦粉特税税率如左表:

税率 粉别	征收百分之五,以每包为纳税单位
本国机制麦粉行销内地者	每包纳特税大洋一角
本国机制麦粉运销外者	于出口时每包退还特税大洋五分,即实征五分
舶来机制麦粉	每包纳特税大洋一角

第五条　供机制麦粉所用之国产小麦，比照各该厂出粉数量，将内地所征之厘金、统捐、货物税、常关税、铁路货捐、落地税，以及其他含有通过性质之各税，一律免征，另给免税单为凭。

第三章　征收机关

第六条　财政部就麦粉出产丰富之省区，设立麦粉特税局，征收麦粉特税，其分区如左：

甲　苏浙区（皖省附之）

乙　直鲁区（晋省附之）

丙　鄂豫区（赣省附之）

丁　吉黑区

前项麦粉特税局，隶属财政部赋税司，承财政部长之命，管理麦粉特税事务。

第七条　麦粉特税局，得于机制麦粉出产之地，酌设分局及查缉所，处理征税之稽征事务。

第四章　征收方法及手续

第八条　征收方法为左列两种：

甲　本国机制麦粉，于装包出厂时收税，发给税单；

乙　舶来机制麦粉，于行栈起卸时验明收税，发给税单。

第九条　本国机制面粉于装运国外时，按照数量退还特税半数，另换税单，凭单验放，并将海关向征之护照等费概予免除。

第十条　凡已纳特税之麦粉，如运往国内各处分销时，一律放行，不再征收任何税款。

第五章　检查及罚则

第十一条　凡麦粉特税之征收及检查事项，由各局及查缉所于辖境内处理之。

第十二条　凡省市各地方政府及公安机关，对于征收麦粉特税，由财政部咨照协助。

第十三条　麦粉特税有漏匿情弊，或违反本条例之规定者，均应酌量情节轻重，处以相当之罚金，其罚金细则另定之。

第六章　附则

第十四条　本条例未尽事宜，另以细则定之。

第十五条　本条例自公布之日施行。

（《浙江财政月刊》，第 4 期，1928 年 4 月，第 35—37 页）

附 2：国民政府财政部苏浙麦粉特税总局开征麦粉特税布告（1928 年 7 月 1 日）

本局现奉财政部训令，遵照国民政府批准麦粉特税条例，设立苏浙区麦粉特税局，办理征收机制麦粉特税事项，定于七月一日实行开征。兹将征收事项布告如左，即希各厂商一体遵照。

（一）凡国内所产机制及国外运入之麦粉含有营业性质者，均照本条例之规定，征收麦粉特税。

（二）本国机制麦粉及舶来机制麦粉，依税率百分之五纳特税大洋一角。

（三）供机制麦粉所用之国产小麦，比照该厂出粉数量，将内地所征之厘金、统捐、货物税、关税、铁路货捐、落地税，以及其他含有通过性质之各税一律免征，另给免税单为凭。需用小麦免税单者，速向该局请领。

（四）征收方法为左列二种：（甲）本国机制麦粉，于装包出厂时收税给税单；（乙）舶来机制麦粉，于行栈起卸时，验明收讫，发给税单。

（五）本国机制麦粉，于装运外国时，按照数量退还特税半数，另换税单，凭单验收，并将海关向征之护照等费，概予免除。

（六）凡已纳特税之麦粉，如运往国内各处分销者，一经查验税单放行，不再征收任何税款。

（七）凡麦粉特税之征收及检查事项，由各局及查缉所，于辖境内处理之。

（八）省市各地方政府及公安机关对于征收麦粉特税，由财政部咨照协助。

（九）麦粉特税有漏匿情弊或违反本条例之规定者，均应酌量情节轻重，处以相当罚金其罚则另订之。

（十）总局设在上海西摩路一九八号，上海征收处设在三马路汉口路三号楼三十九号。

（十一）各分局及稽征所就产粉各埠同时设立。

（十二）收征日期，十七年七月一日。

（《银行月刊》，第8卷第7号，1928年7月，第18页）

上海华商纱厂联合会为机制纱布已完正附各税请凭派司准予分发内地免税单以利运销事呈财政部文

（1928年7月13日）

呈为机制纱布已完正、附各税，请派司准予分发内地免税单，以利运销事。查上海各纱厂出品，向蒙海关特别优待，可以尽数报关纳税，分填派司。自征收二五附税后，各厂亦系尽数缴付附税，由内地税局给予总数，收征并不照派分给，因此分运各地之另〔零〕散纱布，正税有派司，而附税无收证。各埠内地税局遂以此为勒令重征附税之藉口，阻遏国货销行，莫此为甚。查洋货转口，于完纳附税后，可凭派司，请求给予内地税免税单，通行无阻。华商各厂出口，可否仿照洋货请求转口单办法，于报运出口时，由各厂持同出口报单及派司，请求发给内地免税单，至到达地点不再重征。缘各厂之能取得派司，必已完清正、附各税无疑。既无流弊可言，而洋货转口尚蒙优待，国货在国内运销，似更应予以特别便利。所有洋货请求转口，每张报单例有手续费一两，应恳蠲免，以示维护。复查钧署机制洋货免税办法，必须各厂呈奉核准通行有案，方能在经过第一关局征收征税一道，其余税、厘概免缴纳。此节想系指新近成立之工厂而言。若国内所设华商纱厂，远者为前清奏办，近者亦在前北京农商部注册，始有在海关领请派司之优待办法。目今政府虽更，国体未变，曾经注册有案之纱厂，似应继续有效。可否准令苏省境内华商各纱厂，凡在海关领有派司者，准其一体向内地税局请求发给内地税单，以免重复注册，羁延时日，致碍销行，藉副钧部提倡国货之盛意。所谓呈请缘由，理合备文，呈请鉴核、批示施行。实为公便。谨呈国民政府财政部关务署。

具呈人　上海爱多亚路八十号【上海】华商纱厂联合会

代表人　荣宗锦

十七、七、十三

附 1：财政部关务署关于机制纱布完清租税后得凭派司发给内地转口免税单之令文(署令第一六九三号)(1928 年 7 月 25 日)

为令行事。据上海华商纱厂联合会荣宗锦呈称，机制纱布已完正、附各税，请派司准予分发内地免税单以利运销等情。据此，查机制洋式货物，准照进口洋货例，发给分运转口单，前经本部饬据该局拟具办法，并经部核准，令仰照办在案。此次该会所请一律按照派司给予转口单一节，系为便利国货运销起见，应予照准。除批示外，合行令仰该局遵照办理可也。此令。

（关税署编：《财政部关务署法令汇编》，1928 年，第 94—96 页）

附 2：华商纱厂联合会致南京财政部、次长、关署长电(1928 年 7、8 月间)

查本会呈请机制纱布已完正、附各税，请照进口洋货办法，按照派司发给内地税免税转口单一节，先后奉钧部六六二七号及关务署一六九二号【应为一六九三号】批示照准，经本会通知各厂商遵照在案。讵各厂纷纷报告，江海内地税局员司对于此项请求转口纱布，仍拒绝给单，复经本会派员持钧批前往接洽，仍不许可。压迫商人，蔑视法令，至于此极。当此国家整饬纪纲之时，而下级官吏乃敢如此抗令作威，商货停滞，损失固多，而部、署命令，竟不能施诸直接管辖之局、所，中央威信不存，政治修明，宁复有望？务恳钧座饬属查办，以保威信，而维原案，曷胜祷企。

（《银行月刊》，第8卷第8号，1928年8月，“各省财政”，第72页）

霞飞疗养院[1]开幕通告

（1928年7月14日—15日刊载）

本院暂设霞飞路杜美路口八百六十六号，现已布置完竣，择于七月十五日正式开幕，欢迎各界人仕，驾临参观。并为优待学生、工人及国民党同志起见，凡经各学校、各工厂、各处党部来函证明者，门诊一律减半。谨此布闻。

董事：王正廷、李范一、金问泗、荣宗敬、赵晋卿、程孝刚、刘湛恩、陈木彬、方文正、朱章宝、吴稚晖、顾祝同、陈德徵、冯少山、徐可亭、贝淞荪、黄惠平、楼桐荪、杨肇埙，院长吴天民谨启。

（《申报》，1928年7月14日—15日）

① 霞飞疗养院为留奥医学博士吴天民等所创设，内分门诊及住院两部，是当时上海仅见的长病疗养院，吴天民任院长，其夫人朱宜振博士人产妇小儿科主任，并由吴稚晖、王正廷、顾祝同、冯少山、荣宗敬、徐可亭等党国要人绅商巨子任该院董事。《霞飞疗养院开幕有期》，《申报》1928年7月14日，第4张第16版。

致夏应庚[①]函

(1928 年 7 月 17 日)

麦粉特税,上海一隅已实行征收,沪宁〈铁路〉一带及内地各粉厂,闻尚未照章办理。[②] 同一粉厂,待遇各殊,似未能贯彻体恤商艰之至意。小麦免税,原议全国一律,乃〔现〕仅限于江、浙、皖三省。浙省产麦本属有限,皖省能否一无障碍,尚无把握。厂商为维持营业起见,曾呈请政府禁止小麦转口,未邀允准,而北省来苏采办小麦,则已成事实。现在南北一家,小麦既可转口,则同隶国民政府之河北、北平等处各粉厂,似应与苏省粉厂一例征收粉税,方昭公允。不识政府已否派员设局,何时起征收?若于沪宁一带及内地各粉厂从缓进行,于北省粉厂不予征税,商人虽懦,公理犹在,恐同业决不能默默也。

(申新总公司函稿汇登)

提倡振兴工商实业说帖

(1928 年 7 月)

工商业为立国要素,是故世界列强无不注意工商业之发展。我国

---

① 夏孙鹏(1887—1933 年),字应庚,江苏江阴人。1899 年入南洋公学学习;1905 年被派往英国留学,后毕业于英国海军学校;1911 年出任邮传部高等商船学堂教务长;1913 年 8 月,萨镇冰奉命督办吴淞水陆警察事宜,学校事务由夏孙鹏兼理;1928 年,先后任南京国民政府国民革命军海军总司令部编译委员会主任委员、训练处处长;1930 年 1 月,出任福建海军学校校长;1932 年 5 月 28 日,接替杨志雄任吴淞商船学校校长,至 1932 年 12 月。夏应庚为具体负责筹备麦粉特税事项者之一。

② 自财政部颁布麦粉特税条例之后,以上海、无锡等处麦粉特税均已接洽就绪,率先实行开征,而南通、泰县、高邮、芜湖等内地各麦粉厂家,则咸以厂址关系,与沪汉各厂不同,成本綦重,无力任此巨负,藉词延宕。

自清季创办南洋劝业会[①]，奖励实业，实业萌芽，即基于此。自辛亥革命以迄于今，无岁不战，无地不兵，匪盗横行，水旱迭见，工商业直接、间接所受之痛苦，视农民为尤甚。乃者北伐告成，全国统一，不得不竭诚呼吁，俾工商业同享革命之利益。我廉洁之政府，其垂听焉！

一曰减轻税率。纳税固人民应尽之义务，然必视其力之所逮而征之，庶几乐于输将而无所怨。我国因关税不能自主，商民痛苦莫可告语，乃日用必需之货物，犹复层层剥削，处处留难，提倡国货之谓何？体恤商艰之谓何？现今裁厘加税，施行有期。商民闻裁厘则遍然喜之，喜数十年之苛政一旦革除也；闻加税则惶然惧之，惧特立名目无货不税也，惧已税之货有加无已也。夫裁厘为一事，加税又为一事，若不分别缓急，权衡轻重，酌剂盈虚，惟底布〔抵补〕之是务，则加税适成为变相之厘金，口惠而实不至。商民之感想为何如是？宜审核货物之性质及种类，何者为日用必需，何者为奢侈消耗，应先者先，应减者减。用人尤宜审慎，手续务取简捷，货物加增，税收自裕，剔除中饱，实惠及民。此应请政府注意者，一也。

一曰便利交通。军政时代运兵运饷，所至〔需〕舟车，商民无与也。原料积滞病在农，熟货壅塞病在商，工厂则因原料关系作辍无常，因熟货关系损失尤巨。夫国家之有交通，犹人身之有脉络，必脉络贯通，而后五官百骸极运用之能事。今则陆运车辆犹虞缺乏，货物堆集，运输不易；水运则河道淤塞，积久不雨，舟车易位（江北患旱，农民用小车载麦在河道中行）。即在上海之苏州河，亦可谓航行水道，然往往帆船舟舶相接，鱼贯数里，事隔多日，犹待疏通，其他乡僻之河港可知。现今全国

① 1910年6月5日至11月29日，陈琪、端方在清政府支持下，采用官商合办之法，在南京举办南洋劝业会，历时半年，分设农业、医药、教育、工艺、武备、机械、美术、通运等馆及劝业场，陈列各地产品，这是中国第一次全国性博览会。

视线所集，顾惟裁兵，实行后，可规定若干名额，专任筑路、浚河之事，由乡而邑而省而国，务使陆行有平坦之途，水行无濡滞之患，一面请交通部整顿路政、航政，俾便运输，然后商贾无远弗届，国货推行便利。治道成梁，古有明训，经国要图，无分今昔。此应请政府注意者，二也。

一曰防止工潮。工人于厂，犹唇之有齿，关系密切，无逾于此。自工人为外界诱惑及利用，于是劳资问题遂起纠纷。不知厂家集资数十万或数百万，创办工厂，一方面为国家发展实业，一方面解决工人生活问题。而时局之不宁，金融之竭蹶，捐税之重叠，在在与〔予〕厂方以重大之打击，乃工人不谅，犹复藉故为难，必使厂方无法维持，而后决心停工。最近如姜案[1]，轰动一时，迁延数月，始告解决。案情如何，又一问题，因姜案而停工之各丝厂，所受损失何可胜数！现今丝绸业已成弩末，何堪再受此重大损失乎！回忆去年工潮最剧烈者为汉口，厂方当时所受损失亦最巨，今则劳、资两方回复原状，可知掀起工潮者非工人之本意，去害群之马，拔乱苗之莠，而工潮平矣。本埠工厂林立，五方杂处，良莠不齐，与其止之于已然，不知防之于未然。此应政府注意者，三也。

凡此三者，商民视如当务之急，于民生主义实无背谬。际此百业待兴，与民更始，用敢据实上陈，倘承鉴及刍荛，立予施行，岂惟工商业之幸，家国前途利赖之。

（原件系手抄稿，存于上海社会科学院中国企业史资料研究中心）

① 1928 年初，闸北纬纶丝厂因开除工人沈锡南等数人引起纠纷，劳资双方相持不决。至 3 月 7 日，厂方因被辞男女数人不愿离开，请该段警官王喜平派警察十余人用武力驱逐，在双方纷扰之中，警察用枪柄乱击工人，致数人受伤，其中工人姜阿兴受创过剧，于次日毙命。为此，上海全市丝厂工人自 3 月 10 日即行同盟罢工，以示抗议。罢工持续了 4 天，参加罢工的男女童工共计 64500 人，影响丝厂 89 家。与此同时，工人们向法院起诉，希望从法律上得到正义的解决。结果，上海市地方法院判决徐可亭与王嘉安无罪，并将被捕的工人吕来发和朱阿三各处徒刑 18 个月。此项判决引起工人的不满，随即从 6 月 8 日开始举行第二次同盟罢工，最后以资方让步，劳资双方订立九项条件，才于 9 月 5 日宣告结束。

为要求设法取消棉类特税[①]事致叶琢堂[②]、陈光甫[③]、缪斌[④]等函

（1928年8月1日）

吾国实业尚在萌芽，【民国】十七年【1928年】来，受时局影响，纺织业更岌岌可危。方今北伐告成，建设伊始，正冀政府加意维护，俾纺织业有一线生机，乃忽有棉类特税局之设立。纺织业同声呼吁，尚未见收回成命。查复进口税，早奉厅令免除，内地各厂正深庆幸，而特税局成立之第一日，即对于免除复进口税之棉花索取派司。不知派司于棉花进口时早经海关收去，一货有两种派司，为事理所必无，税局甫行设立，留难已见端倪，特举一隅奉陈左右。现在吾国纺织厂，大半移转〈到〉外人之手，若再多方剥削，不恤商艰，惟有停机歇业，坐以待毙。工人生计至不能维持时，或致影响地方治安，知必有负其责者。且棉类特税，冠

① 南京国民政府建立后，以裁厘为名，开征"特税"。然而，"特税"开征后，苛杂既未能免除，税率反见提高，企业负担增加。江苏省开征棉类特税，因李济深、戴季陶电请取消，苏省政务会议交财政厅查复，然而此中暗中积极进行甚力，并在1928年7月中旬渐趋成熟，并传出总局设在上海南市油车街前纱税公所原址，陈卓甫为局长，在通、崇、海等处下设8个分局，内定自8月1日起即实行开征。《苏省棉类特税已有定期开征说》，《纺织时报》第521号，1928年7月16日。

② 叶琢堂（1875—1940年），字瑜，浙江镇海人，早年曾是洋行买办、交易所经纪人，与蒋介石关系极密，时任国民党浙江省政府委员，后任中央、中国、农民等银行理监事，四明银行代总经理及中央信托局局长。

③ 陈光甫（1881—1976年），原名辉祖，后易名为辉德，字光甫，以字行世，江苏镇江丹徒人，时为上海银行总经理、上海市银行公会主席，后任国民政府棉业统制委员会主任委员。

④ 缪斌（1902—1946年），字弼丞，号丕成，江苏无锡人，为荣宗敬外甥女婿。曾任国民党江苏省政府民政厅厅长，1930年初被撣劾撤职，回无踢与当地实业界人士来往，后任荣德生、荣宗敬系统各厂总工程师；1937年"七七"事变后做了汉奸，先任北平"新民会"副会长，后任汪伪政府考试院院长、东亚同盟文化委员会副主任。抗战胜利后，于1946年夏被以叛国罪处决。

以“江苏”两字，不知何仇于江苏，必欲陷我纺织业于绝地？台端洞悉商情，且素为党国倚重，拟恳设法，达到取消棉类特税之目的，以维实业而重民生。

（申新总公司函稿汇登）

复上海总商会对于麦粉税则意见书[①]

（1928 年 8 月 17 日）

接奉台函，嘱将现行税则于国货有无妨碍之处，尽量指陈，以备转复工商部，等因。查小麦向不征税，自庚子年【1900 年】起，始征小麦产销税，每石四分；面粉则通行国内，一体免税。今年七月，部令小麦免税，改征麦粉特税一角。……自华粉征税后，成本加重，不能与无税之外粉竞争。在未征税前，粉价二两二钱，现征税后跌至二两，麦价为贱，粉市一落千丈。贵会领袖万商，承询现行税则，于国货有无妨碍，敝业认为，现行税则于国货确有妨碍。政府如决心提倡国货，应援各国先例，凡小麦、面粉有关民食者概予免税，外粉进口从重征税，以树关税自主之先声。

（申新总公司函稿汇登）

致华絜封、黄子华两君函

（1928 年 8 月 20 日）

径启者：昨准广东建设厅马厅长超俊函开，“贵同乡黄大霖君，前经

① 1928 年，国民政府完成北伐后，即宣布自 1919 年 1 月实行关税自主，随即由工商部组织国定税则委员会筹议厘定税则，并以现行税则有碍国货发展之处，要求各制造家各抒所见，以备采择。

去函特别法庭，闻已提前审讯，一俟宣判无罪，当为保释也”云云。特此函布，敬颂台绥。无锡旅沪同乡会理事长荣宗锦启，八月廿日。

（《无锡旅刊》，第 132 期，1928 年 8、9 月合刊，第 3 页）

复广东建设厅厅长马超俊函

（1928 年 8 月 27 日稍前）

敝同乡黄大霖君，承函转特别法庭提前审讯，异日得庆更生，皆阁下再造之力，不独黄君一人感激已也。

附：广东建设厅马超俊厅长来函（1928 年 8 月 19 日）

贵同乡黄大霖君，前经去函特别法庭，闻已提前审讯，一俟宣判无罪，当为保释也。

（《无锡旅刊》，第 132 期，1928 年 8、9 月合刊，第 3 页）

复黄子华君函

（1928 年 8 月 27 日）

径复者：顷准大函，藉悉前复函件，已邀鉴及。令郎事，前接马厅长函，又经去函声谢。其文曰“敝同乡黄大霖君，承函转特别法庭提前审讯，异日得庆更生，皆阁下再造之力，不独黄君一人感激已也”云云。请托之函，只能如是，俟得函复，再行奉布。先此布复，敬颂台祺。无锡旅沪同乡会理事长荣宗锦，八月廿七日。

（《无锡旅刊》，第 132 期，1928 年 8、9 月合刊，第 3 页）

致全国反日委员会函[①]

（1928 年 8 月 29 日）

自公等组织反日〈委员〉会后，风声所至，各界咸了然于何者为国货，何者为非国货，国货之亟须提倡，非国货之亟须屏绝，有功党国，实非浅鲜。惟面粉一项，尚未承公等注意。查华厂面粉，产额甚多，近因举行面粉特税后，各厂于粉销，不得不竭力设法。惟南洋如厦门、汕头、广州等处，北洋如大连、营口、天津等处，日粉源源输入，而华商之定货者尚继续未已。非特绝我华厂生路，即对于公等反日之宗旨，亦觉背驰。应请贵会对于华商之再定外粉，切实劝阻，或加以取缔，以冀华粉得以畅销，对外以示抵制，对内以示提倡。

（申新总公司函稿汇登）

呈国民政府陈述中国面粉业之现况文

（1928 年 8 月 30 日）

吾国面粉业，比较东西各国，尚在幼稚时代，近年受时局影响，营业益感困难。就上海一隅而论，除停业各厂外，开机制造者仅十三厂，一昼夜制粉约七万九千包，销路以北洋为大宗。现今吾业认为，切肤之痛苦，厥有两端：一曰粉税之特重，一曰外粉之充斥。清季奖励实业，粉厂乘时崛起，面粉通行全国，概免税厘。辛亥而后，并未变更，商民咸称便

① 该函系荣宗敬先生以上海面粉公会名义发出。此处的“全国反日委员会”应为“上海各界反抗日军暴行委员会”。1928 年“五三”济南惨案发生后，全国各地掀起排日运动。1928 年 5 月 15 日，上海民众集会成立“上海各界反抗日军暴行委员会”，推聂潞生、胡越为正副主任，并通过组织规程与大纲，以石芝坤、叶惠钧等人组织的常务委员会为实际最高负责机构。

利。乃于全国统一、废除苛捐杂税之际，忽有麦粉每包征税一角之令。迩来敝厂原料昂贵，开支浩繁，金融周转，常虞竭蹶，何来每包一角之赢余？事关民食，又岂宜抬价居奇，以增食户之负担？此粉商所以一再呼吁，邀求豁免或减轻者也。

（申新总公司函稿汇登）

致广东省建设厅马超俊厅长函

（1928年8月）

敝公司申新纺织厂出品，有三十二支、四十二支双股线，四十支细纱，每月可出一万二千余件，现销南洋、新加坡等处。自抵制日货后，敝公司出品，颇得国人之欢迎。阁下注意国民经济，于国货作精密之统计，若再能减轻税厘，便利交通，当无求过于供之虑。总之，抵制不能徒托空言，宜以提倡为抵制，国货能推行有利，外货自抵制于无形，谅高明亦以为然也。再有请者，贵省行销外粉，为数之巨，至可惊人。前承阁下暨当局诸公，设法征收外粉进口税，冀减少输入，惠我华厂，实非浅鲜。现【北】平、【天】津两市府亦已晓谕商民，禁销外粉，是以划分销路日有起色。还望阁下始终予以维护，俾华粉得以畅销，外粉无由侵入。

（申新总公司函稿汇登）

中国国货银行招股说明书

（1928年8月）

中国国货银行招股说明书　规字第十号

（一）筹设之动议

五三济南惨案发生后，国人有抵制外货之举。但抵制外货必先有国货代替，而后可欲谋有相当之国货可以代替，更必有资本雄厚之金融机关为一切国货事业之后盾，方足以资提倡而谋发展。故国民政府委员宋渊源提议筹设中国国货银行，并由国民政府简派钱永铭、虞洽卿、王一亭、甘仲梁、苏民生、陈行、邹敏初，宋子文、孔祥熙、薛笃弼，宋渊源、钮永建、张之江为筹备委员，业于七月二日正式成立筹备委员会。

（二）政府之提倡

国民政府为提倡招股起见，首先认提倡股一百万元，并于招股章程第二十一条内订明"政府提倡股，须俟民股分息后，仍有盈余，方得付息"，其他为江苏省政府、上海市政府均各认股提倡，鄂、赣、豫、津等省市政府亦均函电纷驰，表示热烈之赞助。

（三）保息之批准

上海各商业团体及国货大同盟会等，为便利国货银行招股，并谋国民信仰起见，请求筹委会转呈国府，准予于江海关税款项下按月划拨五万元，为中国国货银行保息专款，业经筹备委员会转呈，并于八月二十一日由国府会议通过照准。

（四）营业之设计

国货银行投资甚巨，范围至广，其营业之设计，除招股章程已经订明外，有足资注意者三点，兹更略述如下。

（甲）国货实业调查组

调查各种国货实业之生产状况、销售情形，及其不发达之原因等，编成统计报告，以供商民之参考，而使本行扶助国货之进行，惟应如何改良质地及推销保护，必经专门家之研究，故又有专门人才组之设。

（乙）专门人才组

本组招致各项专门人才与各种国货商家，分门别类研究调查组之报告，再根据各人之经验及学理详细计划，编订或著作改良及推销保护国货之意见书，以供放款委员会之研究，并备国人之参考。

（丙）放款委员会

本会除常会外，得随时招集会议，根据调查组之报告、专门组之计划书，详为讨论，以决定投资及监督之办法，如认为可以投资者，于审查之后再核定数目及期限，并委派专家即往该厂处所执行监察，随时报告放款委员会。照此办法，则银行与国货实业溶为一体，互得美满之结果，银行方面亦可以维护股东之利益，而谋营业之发达矣。

（五）招股及收款

（甲）本行招股者：1. 发起人，2. 筹备委员，3. 受本会委托之官署商会或其他团体，4. 本会选派之招股员。

（乙）经收股款概由本会委托之银行办理，招股者仅负劝募责任，而不经手股款。

（丙）认股人向本会指定之银行或钱庄缴款时，应取回缴款收据为凭。

（丁）该项缴款收据于本行正式成立后，另行登报，换取正式股票。

（六）政府与股东

政府完全处于提倡地位，虽认股最先，而付息则最后。八月廿二日，更于国府第八十七次会议通过，按月拨五万元为国货银行保息基金。至于筹备委员会，一俟股东创立会成立，其职务即行终了，一切银行之组织均将移于股东之手。

若董事、监察等之选举，以及一切股权之分配，均属股东本身问题，亦俟股东创立会由股东自行解决，并不预先规定。

发起人：

蒋中正　冯玉祥　谭延闿　蔡元培　张人杰　李济琛　杨树庄　陈绍宽　阎锡山　李烈钧　何应钦　李宗仁　朱培德　于右任　白崇禧　王伯群　易培基　陈嘉庚　叶佛成　张永福　黄奕住　林秉祥　郭祯祥　李清泉　邱应篆　曹允泽　邱明昶　蒋作宾　王正廷　朱兆华　缪　斌　张　贞　宋哲元　傅作义　黄　实

白志鲲　陈其采　许世英　冯少山　程源全　徐　浮　王晓籁　王彬彦　穆藕初
顾馨一　贝崧荪　严孟蕃　王介安　闻兰亭　韩芾琦　叶惠钧　赵晋卿　王汉良
王汉强　徐赓华　徐春荣　赵少庸　林质茂　黄涵之　赵　冲　叶承明　徐湘波
余环忱　舒蕙桢　张定璠　钱大钧　胡　筠　周作民　林康侯　陈翊庭　袁履登
荣宗敬　管际安　张　鉴　陈肇英　曾江水　郑奕良　陈楚楠　阮性咸　陈调元
鲁涤平　邓锡侯　谢文炳　李品仙　张寿镛　汤　巨

（中国第二历史档案馆编:《中华民国史档案资料汇编》第五辑第一编《财政经济(四),江苏古籍出版社 1994 年,第 539—541 页）

致国民党上海特别市党部函

（1928 年 9 月 27 日刊载）

为接得未用贵部信笺信封,且未署名盖章,仅署上海特别市党部陈启字样之忠告函,略谓“近日面粉暴涨,显有人操纵,希速设法平准”等语,用敢据实奉复市价涨落原因,请亮察。

附:国民党上海特别市党部指导委员会对于此函讨论决议结果

函复荣宗敬,并无此信发生;登报通告,本部对外文件,俱有正式关防,嗣后如有假借本党部名义在外招摇者,可随时扭送官厅法办。

（《申报》,1928 年 9 月 27 日）

复国民党上海特别市党部函

（1928 年 9 月）

顷奉台函,内开:“本部今据商业调查员报告云,‘近日沪上面粉暴涨,不合原理,显见有人操纵,’因面粉攸关民食,当即详细调查,实由阁下从中把持,经已分函司令部、社会局、总商会等,依法纠正,惩究垄断。

特以私人资格进忠告与〔于〕阁下，速即设法平准，恐遭民怨之后，在尔个人生命亦有所不利。是否有当，幸祈三思是要”，等语。查营业自由，商家惯例；市价涨落，视社会之需要与否为转移。目今原料逐步昂贵，且将告罄，营业方面，势难维持，华厂正苦呼吁无门，今因粉价偶涨，又蒙垄断操纵之恶名。实则市价公开，有卖出之人，即有买进之人，设市价由涨而落，亦将疑鄙人为垄断操纵乎？抑别有垄断操纵之人乎？

（申新总公司函稿汇登）

致广东省建设厅马超俊厅长函

（1928 年 10 月 7 日）

此次反日空气，弥漫全国，非特为外交后盾，且为提倡国货唯一之机会。近闻贵省对于反日之举，已归平淡，此间商号竟运销大批日纱到粤，致华纱销路呆滞，市价低落。道路传闻，未敢凭信。素仰阁下热心党国，对于国货尤所维护。现济【南惨】案未解，外患方滋，贵省当能坚持到底，争外交上最后胜利。

（申新总公司函稿汇登）

中央银行公告第一号

（1928 年 10 月 29 日刊载）

本行为国民政府国家银行，资本总额银圆二千万元，业经一次拨足，由国民政府授与代理国库及发行兑换券之特权，兹定于本年十一月一日开始营业，特此公告。

中央银行总裁宋子文，副总裁陈行，理事陈行、王宝仑、荣宗敬、宋子文、姚咏白、陈光甫、叶琢堂、钱永铭、周宗良，监事贝祖贻、林康侯、李铭、虞和德、秦润卿、徐陈冕，总经理顾立仁，总发行李觉同启。

（《申报》，1928 年 10 月 29 日）

致上海特别市公安局函

（1928 年 11 月 5 日）

敬启者：顷据同乡张辅卿来会报告，“有亲戚陆王氏，扬名乡陆典桥人，有女陆小妹，又名爱弟，年十六岁，本年三月十五日被人拐骗来申。现经访悉，卖与上海老北门口四十二号张永兴木器店楼上宁波人王全顺家。即与王全顺交涉，承认出洋一百二十元，有媒据为证”等语。理合据情陈请，仰祈贵局行区饬传买主王全顺及陆王氏等到案讯问，澈究给领，足纫公谊。再，陆王氏现住香港路铁业公会，并及。此致上海特别市公安局。无锡旅沪同乡会理事长荣宗锦启，十一月五日。

（《无锡旅刊》，第 133 期，1928 年 10、11、12 月合刊，第 2 页）

致徐咏华君函

（1928 年 11 月 5 日）

径启者：顷据同乡张辅卿来会报告，“有亲戚陆王氏，扬名乡陆典桥人，有女陆小妹，又名爱弟，年十六岁，本年三月十五日被人拐骗来申。现经访悉，卖与上海老北门口四十二号张永兴木器店楼上宁波人王全顺家。即与王全顺交涉，承认出洋一百廿元，有媒据为证”等语。除函请公安局行区饬传买主王全顺及陆王氏到案讯明，澈究给领外，用特备函奉布，即祈设法援助，是所切盼。此致咏华先生。乡愚弟荣宗锦启，十一月五日。

附：徐咏华君复函(1928年11月16日)

宗敬先生大鉴：两奉教章，并嘱致公安局一函，当曾转交三科，面请袁科长认真查办，以杀害风，业已派所在区所严密查明，着手拿办矣。知劳廑注，敢以奉闻，歉未即复，罪甚罪甚。如办有端倪，当再函告，或面陈一切也。手此，覆请公安。仞千先生均此请安。乡晚徐士杓拜启，十一月十六日。

（《无锡旅刊》，第133期，1928年10、11、12月合刊，第2页）

致天津麦粉税局孙庚三[①]局长函

（1928年12月5日）

两奉专电，敬悉津埠有伪造敝公司粉袋情事，现机关已破，并获主犯。当发江【三日】、微【五日】两电，感谢盛意，并请严惩，定荷垂督。

（申新总公司函稿汇登）

复天津麦粉税局局长孙庚三函

（1928年12月15日）

迩来凡百商业，胥现凋敝之象，捐税之苛重，实为主因。即如粉业，就表面观察，似可维持，而一究内容，无不露厥〔蹶〕状态。例如华丰粉厂，地位绝好，机器亦精，拍卖时竟无人问津，粉业之现状，可以概见于此。

（申新总公司函稿汇登）

① 孙庚三（生卒年不详），名群，浙江富阳人，曾任浙江公立第二师范学校校长、《教育周报》主编，时任国民政府天津麦粉特税局局长，著有《孟子与现代》、《人生八大基础》等。

致广东建设厅马超俊厅长函

（1928 年 12 月 28 日）

超俊厅长勋鉴：久违雅教，殊切驰思。比想勋福延厘，禔躬辑祜为颂。敝同乡黄大霖，前承函示，业已去函特别法庭，闻已提前审讯，一俟审判无罪，当为保释等因。转致大霖家属，同深感篆。今接该家属交阅大霖来函，谓已由特别法庭审判感化两年，将由公安局转解惩教场等语。兹特备函具保，敢祈设法保释，由该家属领回管束，俾得早完骨肉，是所切祷。专此，敬请勋安。无锡旅沪同乡会理事长荣宗锦，十二月廿八日。

附：广东建设厅马超俊厅长复函（1929 年 1 月 4 日）

宗锦先生大鉴：接奉大函，备聆种切。贵同乡黄大霖，既经法庭审判感化两年，自应遵照奉行，毋庸具保。相应函复，希为查照为荷。专此，敬颂台祺。马超俊，一月四日。

（《无锡旅刊》，第 134 期，1929 年 1 月，第 1 页）

1929 年

致汉口申新四厂、福新五厂经理荣月泉函

（1929 年 1 月 18 日）

自财【政】部举行麦粉特税以来，凡我同业无不感受痛苦，而以沪厂为尤甚。兹特缕陈颠末，系铃解铃，冀有所补救焉。查接奉二月初三日手书并抄示致李君苐侯稿，承兄介绍，始识李君，开始谈判税率。几经宴会，几费磋商，卒定一角为标准。沪厂方面以为麦厘全免，各区同时征税，办法划一，以符国税之定义。乃沪厂于七月一日实行，而内地及江北各厂，群起反对，尽量宣传，竭奔走呼号之能事，结果江北改为六分，内地改为七分。沪厂以为苏浙区既定等级，苏鲁区对于洋粉华粉应查照条例规定，一律征收一角。乃始则一味迁延，继则准许洋粉登记，一任七、八百万元洋粉源源输入，至今洋粉、华粉每包仅征五分。沪厂感于征税偏重，北洋又为洋粉充斥，阻我销路，不得已向财部一再呼吁。函电往还，历时三月，仅批准减征二分，以十一月、十二月、一月、二月四个月麦荒时期为限。不知阳历三月一日，即阴历正月二十日，新麦岂能登场，原料何从采办？如谓沪厂可采办洋麦接济，不知洋麦进口向例无税，今用洋麦制成之粉不能免税，其运费之大，成本之巨，在厂方岂能维持？至于华麦免厘，亦未能通行各省，安徽等处麦厘照征，直接取诸贩商，厂方即间接受其影响。凡此种种，纯系事实，问题无可掩饰。在兄远处汉皋，容或未明真相；而李君则为创办特税之主要人，始终与闻其

事，尽力帮忙者，固若是乎？亦岂兄介绍李君之本意乎？兄亦曾远涉重洋，周游各国，试问民食是否征税？是否显分等级？如各国无此先例，应请兄函请李君为彻底之帮忙，建议财部，将是项麦粉特税根本取消。万一不能于短时期达到目的，征收华厂粉税须一律平等待遇，不容稍分轩轾。至洋粉进口，无论如何，应请重征，至少每包二角，以期减少输入。此系吾业存亡问题，亡羊补牢，时不可失。兄主持厂务，切肤之痛，彼此同之。非李君不能疏通政府，非兄不能婉告李君，故不嫌词费，缕陈左右。李君为部长素所信任，诚如尊函所云"李君有所见白，采纳自在意中"，甚望李君有所解沪厂之困厄，而不得不借重吾兄一言也。

（申新总公司函稿汇登）

附：财政部征收面粉特税条例（1929 年 7 月第一次修正）

第一章　总典

第一条　凡国内所产机制及国外运入之面粉含有营业性质者，均照本条例之规定，征收面粉特税。

第二条　凡国内所产机制麸皮运经海关出口者，均照本条例之规定，改征面粉特税，从前所征麸皮各税，全部废除。

第三条　凡非机制之麸皮及用作原料之小麦，概不征税。

第二章　税率

第四条　机制面粉麸皮特税税率规定如左。

甲、本国机制麦粉行销内地及国外机制麦粉运入国内者，各征特税每包大洋一角。

乙、本国机制麦粉行销国外者，于出口时，得退还特税每包大洋五分。

丙、本国机制麸皮经由海关出口，无论运往国内、国外，均须征收特税，每包在五十一斤以上者大洋五分，五十斤以下者大洋二分五厘，以上重量概用司马秤计算。

第三章 征收机关

第五条 麦粉特税由财政部划分省区，各设麦粉特税局征收，如未设局之处，得由其他省区麦粉特税局兼征之。

第六条 麦粉特税局隶属财政部，秉承部长命令，管理麦粉特税事务。

第七条 麦粉特税局得于机制麦粉出产或进口之处，酌设分局或驻关办事处等机关，处理征税及稽查事务。

第四章 征收方法及手续

第八条 征收方法为左列三种。

甲、本国机制麦粉于装包出厂时收税，发给税单。

乙、国外运入机制麦粉行栈起卸时验明收税，发给税单。

丙、机制麸皮于经由海关出口时验明收税，发给税单。

第九条 本国机制麦粉于装运国外时，按照数量退还特税半数，另换税单，凭单验放，并将海关向征之护照等费，概行免除。

第十条 凡已纳特税之麦粉麸皮如运往国内各处分销时，经查验税单相符立即放行，不再征收任何税款。

第五章 检查及罚则

第十一条 凡麦粉特税征收及检查事项，由各局于所辖境内处理之。

第十二条 麦粉特税有漏匿情弊或违反本条例之规定者，均应酌量情节轻重，处以相当之罚金，其罚则另定之。

第六章 附则

第十三条 本条例如有未尽事宜，得随时修正，并另以细则定之。

第十四条 本条例自公布之日施行。

（国民政府财政部盐政总局档案，中国第二历史档案馆藏）

致上海妇孺救济会[①]函

（1929 年 1 月 30 日）

敬启者：敝同乡杨君石渔函称，“据敝处乳妈之戚葛炳春来称，其妻葛刘氏，原名小妹，现年二十六岁，前于乙丑年十月初七日【1925 年 11 月 12 日】失踪，杳无音信。近忽自北平寄来一信，始知当日先曾赴沪佣工，因钱少事多，遭人所骗，至北方可以多钱发财，后为携至北京，竟被售入妓院，觉为所绐而已不及，实苦无可如何。经人告以其出身价洋五百元，近以市面不佳，生意毫无，所亏之数计已六百余元。刻即将迁往奉天，特赶信到家，求其借款往赎，迟恐不及。伊现住北平前门外大安里三号，取名惜花。炳春已作复，允为筹赎，以缓其出走之计。但炳春系做骨牌为业，进项微薄，安有余力得此巨款，苦求怜悯，设法救济等情，函属转恳贵会，垂怜拯救，转致北平慈善机关，按址访查，力为设法，倘得拔出火坑，重回故土，复行骨肉团聚，皆出自仁德所赐，感戴同深。所有应须费用，一俟前途复到，即当饬令炳春，即日如数备齐来申叩谢而缴，并可领人同回。弟昔年曾恳周君舜卿，转托救济会，先后在奉天、营口等处，救出吾邑妇女数人，想救济会诸君子存心利济，必能如前准予援手也”等由。查葛刘氏，即小妹，被骗至北，售与北平前门外大安里三号妓院，取名惜花，行将迁往奉天，务祈贵会设法救济来申，俾得领回，团聚骨肉，毋任盼切。此致上海妇孺救济会。无锡旅沪同乡会理事长荣宗锦启，一月三十日。

（《无锡旅刊》，第 134 期，1929 年 1 月，第 3 页）

---

① 1912 年，洞庭东山旅沪同乡会与湖州、宁波、绍兴等地旅沪同乡会，发起组织上海妇孺救济会，该会于 1914 年正式成立。

复杨石渔先生函

（1929 年 1 月 31 日）

石渔先生大鉴：昨奉手函，以葛刘氏，即小妹，被拐至北，售与北平前门外大安里三号妓院，取名惜花，行将迁往奉天，属为设法救济等因。遵即函请上海妇孺救济会，设法救济，俟得函复，再行奉闻。先此奉复，敬请冬安。荣宗锦启，一月卅一日。

（《无锡旅刊》，第 134 期，1929 年 1 月，第 3 页）

致上海特别市公安局四区第一分所倪所长函

（1929 年 1 月）

敬启者：兹据同乡朱伯昂来会报告，昨晚由锡乘车来沪，隔座有男女二人，见其形迹可疑，即上前盘问，听其言语支吾，下车后即暗随侦察，至华兴坊口，该二人即入华兴小客栈内，乃唤警查得该二人，居然同房同榻，当即由警带局拘留等云。本会诚恐或有拐逃之嫌，务请严行澈究，因近来地方拐逃之案，层出不穷，无知愚妇，受其所惑者，不可胜计。本会谊关同乡，何忍漠视。既据该员报告，为此具函，恳请贵区隔别讯问，以明真相。实为公便。此致公安局第四区第一分所所长倪。无锡旅沪同乡会理事长荣。

（《无锡旅刊》，第 134 期，1929 年 1 月，第 1 页）

致沪北经售米粮公会范和笙主席[①]函

（1929 年 2 月 1 日）

径启者：据生润米行过锡永函称，“锡永在沪伙开生润米行，向由船户吴宗泰代理买卖米豆。兹有白米十九石，白米秈九十五石，经吴宗泰卖与恒康米行，售见洋一千三百六十二元五角二分，除已付过洋一百五十元，尚存洋一千二百十二元五角二分。吴宗泰因与敝行同事意见不合，拒不交付，与之交涉，现由恒康米行交与沪北经售米粮公会，居间交还，函应予以证明给领”等由。用特备函证明，至祈贵会将恒康米行交会洋一千二百十二元五角二分，交与过君锡永收回，实纫公谊。此致沪北经售米粮公会范主席。无锡旅沪同乡会理事长荣宗锦，二月一日。

（《无锡旅刊》，第 135 期，1929 年 2 月，第 1 页）

致《时事新报》编辑谢介子[②]函

（1929 年 2 月 11 日）

贵报【1929 年】2 月 10 日“本埠新闻”栏内载有恐吓信，上绘有酱油瓶与枪弹一则新闻，开首即云“黄介民、顾锺不、张大同等，前控上海纱布交易所董事荣宗敬等，串同该所经纪人杨习贤等，舞弊诈财于〈上海〉临时法院[③]”云云。是项新闻，是否有人投稿，抑系贵报派去公堂探访得来？此案曲折甚多，孰是孰非，终须大白。宗敬经商上海，垂三十年，横逆之来，一向可哂。俟执事答复后，当将此案颠末直陈左右，谅亦执事

① 范和笙（1879—？年），字衍祚，江苏无锡人，时任沪北经售米粮公会主席。

② 谢介子（1898—1930 年），江苏镇江人，谢公展弟，擅词章之学，时为时事新报编辑。

③ 此处临时法院，指的是当时国民政府设在上海租界的法院。

所乐闻也。荣宗敬启,【1929年】2月11日。

(申新总公司函稿汇登)

为顾钟石等人通告纱布交易所散户同人广告所发启事

(1929年4月9日—11日刊载)

顷阅四月一日《新闻报》、四月四日《民国日报》所载顾钟石、黄介民、张大同、曹咏武等,通告纱布交易所散户同人之广告,内有宗敬利用地位,操纵、把持、扰乱金融,垄断商市,及暗组公司违法舞弊等语,不胜骇异。宗敬忝为华商纱布交易所①理事之一,依法奉职,岂能有所操纵、把持,亦岂能有所扰乱、垄断?此种架词诬蔑,非特任情毁谤,直系蓄意倾陷。顾君等既谓执有证据,即请于三日内,将所指操纵、把持、扰乱、垄断之证据影印制版,在报纸发表,宗敬愿受法律处分。倘逾期不能将该项证据一一发表,则事关诬陷,人格、名誉俱有莫大损害,宗敬不敏,惟有进一步以谋保障,而免黑白混淆也。特此声明,诸希公鉴。

(《申报》,1929年4月9日—11日)

附1:顾钟石、黄介民、张大同、曹咏武等通告纱布交易所散户同人之广告(1929年4月1日)

纱布交易所散户同人公鉴:径启者。纱布交易所理事荣宗敬等,暗

① 上海华商纱布交易所,系由荣宗敬、穆藕初、聂潞生等人发起,于1921年7月7日在上海爱多亚路四川路口租房成立,资本为300万元,主要从事棉花、棉纱、棉布三类物品的现货和期货交易,是中国抗日战争前最大的棉花、棉纱市场,1937年8月14日停业。该交易所有经纪人180名(其中棉纱经纪人80名,棉布经纪人20名),交易为竞争买卖,每日午前、午后两市四盘,期货交易为6月期;该所期货贸易大部分为买空卖空,其成交价格影响全国棉花、棉纱的市场价格。

组公司，违法舞弊，由杜理事月笙调解情形，昨已通告在案。查该理事等以三月份业经了结，不惜抹煞事实，敷衍延宕，所覆杜理事函，殊难满意。兹由同人集议，一面仍与杜理事继续交涉外，一面汇集证据向管辖法院提起刑事告诉，在本诉讼未终结前，不再与该所营业，免受损失。所有证据须于三日内迭送来，以便汇呈法院。同人等既受委任，自应坚持到底，决不半途终止，有负诸公之望，即希公鉴为荷。顾钟石、黄介民、张大同、曹咏武等同叩。

（《新闻报》，1929 年 4 月 1 日。另见《民国日报》，1929 年 4 月 4 日）

附 2：律师陆家鼎、陈则民、蔡倪培、施庆华代表张大同、顾钟石、黄介民、曹咏武答复荣宗敬之启事（1929 年 4 月 11 日）

顷据当事人顾、钟、石君等，声称荣宗敬于各报登载启事一则，指钟、石等前登纱布交易所散户同人广告，为架词诬蔑，限于三日内发表证据等语。查荣宗敬等暗组公司、违法舞弊各节，业将证据摄影，控奉法院饬传在案，自应静候依法解决。在本案未终结前，不应将存案各证登报宣布，特托贵律师等代表答复前来，据此合亟，代为答复。此启。

（《申报》，1929 年 4 月 11 日）

附 3：江西黄介民启事（1929 年 5 月 1 日）

月来各报所载，黄介民等与荣宗敬君，为纱布交易所事涉讼一案，闻系苏州黄介民君云，姓名巧合至此，堪为一笑，鄙人则江西人也。因多方亲友相问此事，特此声明，以免误会。

（《申报》，1929 年 5 月 1 日）

附 4：同仁法律事务所来函（1930 年 7 月 5 日）

径启者：顾、钟、石等告发执事之设立复兴公司诈财一案，日昨奉特区法院送达判决，以本件起诉程序不合，不予受理等因，惟判决书只有一本，爰将全文抄印奉上，即烦查照。此致荣宗敬先生台鉴。同仁法律事务所启，中华民国十九年七月五日。

（陈则民等律师承办顾钟石等诉荣宗敬等诈财暨伪造文书案，上海市档案馆藏）

为无锡旅沪同乡会注册事呈上海特别市政府社会局文

（1929年4月30日）

呈为呈请注册事。窃宗敬等办理无锡旅沪同乡会各项事业，理合遵章开具呈请书，并检同章程、职员履历表，及调查表暨印鉴单各二份，备文呈请鉴核，准予注册。谨呈上海特别市政府社会局。呈请人荣宗敬，连署人陆培之、王禹卿，中华民国十八年四月卅日。

附：上海特别市政府社会局批（1929年6月3日）

呈件均悉，准先备案，仰该会迅将章程修正，呈局候核。此批件存。局长潘公展，中华民国十八年六月三日。

（《无锡旅刊》，第137期，1929年5、6月合刊，第1页）

致江西成翊青函

（1929年6月13日）

敝厂所出棉纱、棉布，照章在产地完税一道后全国通行。乃近有棉纱运销赣境，又有进口特种消费税及九江市特捐两种捐税，非特商家不堪负担，抑且违背定章。敬祈知照主管人员，如遇敝厂已完税之纱、布运销贵省，请予放行，以符定章，且维国货。

（申新总公司函稿汇登）

冯炳南[1]先生令慈文太夫人寿辰礼洋移助善举代收处启事

（1929 年 6 月 15 日—26 日刊载）

本月廿六日(即旧历五月二十日),为冯炳南先生令慈文太夫人六秩大庆。冯君道德、学问,知名遐迩,生平为社会服务,劳怨弗辞,二十年来亮节清风,中外钦仰,所为各种慈善事业,一秉义方之训,有口皆碑。今逢太夫人花甲良辰,既奉慈命,除文字外,不收礼物,不张筵讌,是日来宾但饷素面,德至俭矣。同人等,分属友谊,自应体冯君仰承慈命,以济群利物、舍己拯人之心为心,概以文字为仪。设有拘于旧例,必欲送礼物者,则请一概折送现金,移充善举。今拟于华商纱布交易所总务科代收,凡与冯君向有交谊而欲送礼物者,一律折送现洋,俾可与冯君移筵助赈之资,一并汇集捐助善举,藉为太夫人增无量之寿,即为诸君造无量之福。凡百君子,尚其鉴诸。华商纱布交易所在爱多亚路八十号,电话一二八二六号。

穆藕初、荣宗敬、徐庆云、吴麟书、边瑞馨、胡筠庵同启。

（《申报》,1929 年 6 月 15 日—26 日）

介绍良医汪伯蓉先生启

（1929 年 6 月）

吾邑汪伯蓉先生,五代良医,一时和缓,渊源家学,誉满梓乡。兼精男、妇、大小方脉,而于伤寒、时气等症,尤能回生起死,着手成春,悬壶

① 冯炳南(1888—1956 年),广东高要人,曾任大振航业公司董事长、闸北水电公司常务董事、华商电气公司董事等职。

数十年，久已口碑载道。兹经同人力劝，先生来沪济世，现寓本埠海宁路北浙江路东首宁海里一千八百零三号。门诊二元二角，上午十时起；出诊四元四角，下午三〈时〉起。拨诊加倍，路远酌加；同乡减半，贫病不计。恐未周知，特为通告，谨为旅沪人士介绍，凡我同乡，幸勿咫尺良医，交臂失之。此启。

丁梓仁、冯绪承、王尧臣、沈竹溪、荣宗敬、张春霖、裘可桴、丁福保、陆培之、丁云轩、王禹卿、张秋园、孙北萱、冯云初、陶仞千。

（《无锡旅刊》，第137期，1929年5、6月合刊，广告）

附：同题异文（1929年7月3日—8日刊载）

无锡汪伯蓉先生，五代良医，一时和缓，渊源家学，誉满梓乡。兼精男妇、大小方脉，而于伤寒、时气等症，尤能回生起死，着手成春，数十年来，口碑载道。兹经同人等力劝，先生来沪济世，现寓本埠海宁路北浙江路东首宁安里一千八百零三号，上午门诊二元二角，下午出诊四元四角，拔诊加倍，路远酌加，同乡酌减，贫病不计。另备半资优待券，寄存七浦路二百七十八号无锡旅沪同乡会，供众索取。恐未周知，特为登报介绍，旅沪人士幸勿交臂失之。此启。

张秋园、丁云轩、荣宗敬、裘可桴、陆培之、华实孚、丁福保、陶仞千、孙北萱、蒋哲卿、丁梓仁、徐可亭、冯绪承、冯云初、张春霖。

（《申报》，1929年7月3日—8日）

经收冯炳南先生令慈文太夫人寿仪移助各慈善机关启事

（1929年7月13日刊载）

夏历五月二十日，冯母文太夫人开六大庆，藕初等发起，将诸君所送寿仪移助善举，由【华商】纱布交易所总务科代收，兹已结束，计共净收洋三千零四十三元九角二分。今冯君秉承慈命，提出筵资洋一千元，又特捐洋二千三百十一元零八分，合共洋六千三百五十五元，一并分拨各慈善机关。已于本月六日开会议决，业已由冯君分别函送，藉广善缘，并为诸公造福。特此公告。（拨付各慈善机关细数，见本日本埠新闻栏）

穆藕初、吴麟书、荣宗敬、徐庆云、边瑞馨、胡筠庵仝启。

（《申报》，1929 年 7 月 13 日）

附：冯炳南敬谢诸亲友启（1929 年 7 月 14 日刊载）

敬启者：树萱称庆，本人子之常情。缉澡征文，为礼仪所不废。亶期务实，非敢铺张。比届家慈周甲生辰，所以勉体慈怀，仅开佛会，藉钟鼓而静聆梵鸣，撷笋蔬以肆设斋筵，曾布私衷，度邀公鉴。既而缤纷摘艳果，蒙贶以宏辞，络绎赏光，更复占其吉语。而穆藕初、吴麟书、荣宗敬、徐庆云、边瑞馨、胡筠庵诸君，推与人为善之心，契善与人同之旨，预刊日报，譬犹登高一呼，共仰云情，胜造浮屠七级。移寿仪以襄善举，甄福庆而结善缘。谊等发棠铭深篆竹，炳南亦将所节筵资与汇收之款，于七月六日由发起诸君开会议决，一并支配慈善各机关，以完素志。此外，尚有夙鲜往来亦承注饰，欲投请柬，庶答殷殷，未审高门，徒呼负负。是则，炳南惶悚之余，尤深歉仄者也。语曰“报者倦矣，而施者未厌”，又云“人之好善，谁不如我”。三复斯言，九顿以谢。冯炳南谨启。

（《申报》，1929 年 7 月 14 日）

致无锡旅沪同乡会评议会公函

（1929 年 7 月 21 日）

径启者：查会章第二十五、第二十七两条，本会会用及事业费收入、支出之预算、决算，均应提交评议会议决，兹将十七年度决算、十七年度终了四柱清单，及十八年度预算，仍照向章，分别造就清册，连同救济费四柱清单，相应送请议决，核销见复为荷。此致评议会。理事会理事长荣宗锦，七月廿一日。

（《无锡旅刊》，第138期，1929年7月，第2页）

致崔景珊函

（1929年8月13日）

敝公司于济南设茂新第四面粉厂，被张宗昌粮秣厂强取面粉五万余包，计洋十二万元，分文无着。敝厂停机至今，所有损失约计五十余万元，坐耗费用，开机无期。

（申新总公司函稿汇登）

与朱鸿昌致福建闽侯商会会长罗勉侯[1]函

（1929年8月13日）

径启者：敝同乡荣元全之女阿娥，年十六岁，被人诱拐，乘大阪公司盛京丸轮船赴闽，经该轮察出，当将拐逃人等，送由福建司令部转交闽侯地方法院讯办。元全得悉，当请中国妇孺救济会函请闽侯地方法院，将被拐女荣阿娥，交轮带沪给领。嗣准闽侯地方法院，以被诱人供词闪烁无常，一时未能发见真实，属饬荣元全到案备质等因。除由中国妇孺救济会给函荣元全持赴闽侯地方法院投到，并请迅予讯结，即将被拐女子荣阿娥，准给其父荣元全领回外，鸿昌为本会理事，知与执事

[1] 罗勉侯（1884—1938年），原名嵚尧，福建福州人，福州著名的民族资本家，时任福州总商会会长、闽侯县商会会长。

有旧,用特联名作函奉恳,至祈推爱屋乌,一俟荣元全趋前,即行指示一切,并望设法将其女阿娥在法院领回,以全骨肉,是所切祷。此致闽侯商会罗勉侯先生。无锡旅沪同乡会理事长荣宗敬、理事朱鸿昌,八月十三日。

(《无锡旅刊》,第 139 期,1929 年 8、9 月合刊,第 3 页)

上海华商纱厂联合会呈国民政府工商部为拟派员分赴各省棉区调查棉产请鉴核通令转饬协助文

(1929 年 8 月 30 日)

呈为属会派员分赴各省棉区调查棉产,恳请转咨各省通令各县政府建设局、县农场以利进行事。窃欧美各国对于国内农产品靡不由精确之统计昭示大众,俾国人明供求之盈虚、管业之标准。我国棉产居世界第三位,而统计缺如。属会补揣绵薄,自民国八年(1919)起遴派专员分赴各省棉区实地调查,十三年(1924)后因各省军事方殷暂告停止,现在国内统一,军事告终,亟拟赓续进行。惟调查员多由他省派往,人地生疏,情事隔阂,且闻内地盗匪未靖,行旅仍多有不便,拟恳转咨各省通令各县政府给予相当保护,并令建设局、各农场协助进行,俾调查得早日完成,而结果亦稍能精确。为此备文呈请鉴核施行。又,所有调查员九月中旬即须出发,并乞即日咨行,实为德便。谨呈工商部长。具呈人(上海爱多亚路)华商纱厂联合会主席委员荣宗锦,中华民国十八年(1919)八月三十日。

附 1:国民政府工商部批(1929 年 9 月 4 日)

具呈人华商纱厂联合会(上海爱多亚路)呈一件(拟派员分赴各省棉区调查棉产,请鉴核通令转饬保护协助由)。呈悉,已咨行各省政府通令产棉各县妥为保护，并转饬建设局、农场以及农业团体一体协助进行，仍仰该会将调查结果呈报本部以备参查。此批。抄发咨行省分清单一纸。

附 2：工商部咨各省文（1929 年 9 月 4 日）

为咨请事。案据上海华商纱厂联合会呈称，窃欧美各国对于国内农产品靡不有精确之统计，昭示大众（照抄至）俾调查得早日完成，而结果亦稍能精确。为此备文呈请鉴核施行等情到部。查棉为我国重要农产品，亟应详实调查，以资统计，而图改良。该会拟请派员继续分赴各省棉区实地调查，事关切要，除批示外，相应据情咨请贵省政府查照通令产棉各县妥为保护，并转饬建设局、农场以及农业团体一体协助进行。至纫公谊。此咨产棉各省省政府（江苏、浙江、安徽、江西、湖北、湖南、四川、贵州、河北、河南、山东、山西、陕西、辽宁各省政府）。工商部部长孔祥熙。

（国民政府工商部档案，中国第二历史档案馆藏）

致上海特别市公安局函

（1929 年 9 月 3 日）

径启者：据会员徐菊泉函称，开设徐冀记漆作，在老北门城内长生街一百十号门牌，素来安分，不预外务。讵意于本月二日下午十二时，突被隔壁成衣店主名叫德兴者，向公安局二区一分所诬告投函吓诈。当由该分所派警拘人，即将胞弟徐柏南、学徒周正祥、曹伯寿，以及菊泉之妻徐吴氏，一并拘局收押。菊泉闻此噩耗，甚为惶骇。窃思胞弟徐柏南等年龄尚幼，向来谨厚，忽被捏造函件，诬告拘办，实属飞来横祸，怨遭不白，为此到会请求，设法援助等情前来。查徐菊泉系属安分商人,今其胞弟等人,被人捏造函件,诬告拘办,情殊可悯,为特函恳贵局讯明徐柏南等如投函吓诈情事,即予释放,澈究诬告,以儆刁顽。实为公便。此致上海特别市公安局。无锡旅沪同乡会理事长荣宗敬启,九月三日。

附 1:上海特别市公安局第三科复函(1929 年 9 月 14 日)

径启者:奉局长发交台函乙件,并谕此案业经讯送地方法院办理,所请释放澈究诬告之处,应径向法院声诉,希即转复等因。理合遵谕奉达,即希察洽为幸。此致无锡旅沪同乡会。上海特别市公安局第三科启,九月十四日。

附 2:无锡旅沪同乡会会员徐菊泉来函(1929 年 9 月 2 日)

径启者:菊泉开设徐冀记漆作,在老北门城内长生街一百十号门牌,素来安分,不预外务。讵意于本月二日下午十二时,突被隔壁成衣店主名叫德兴者,向公安局二区一分所诬告投函吓诈,当由该分所派警拘人,即将胞弟徐柏南、学徒周正祥、曹伯寿,以及菊泉之妻徐吴氏,一并拘局收押。菊泉闻此噩耗,甚为惶骇,窃思胞弟徐柏南等年龄尚幼,向来谨厚,忽遭捏造函件,诬告拘办,实属飞来横祸,怨遭不白,为此到会请求,敢乞贵会念同乡之谊,设法援助。实为公便。谨呈无锡同乡会理事长钧鉴。会员徐菊泉谨上,九月二日。

(《无锡旅刊》,第 139 期,1929 年 8、9 月合刊,第 1 页)

致青岛特别市市长吴思豫[①]函

（1929 年 9 月 11 日）

阅报知贵市纱厂罢工已久，至今未能解决。长此迁延，非将断绝工人生计，抑且影响地方治安。窃思吾国纺织业尚在萌芽，日商之在吾国经营纺织者，有一日千里之势。弟经营是业垂三十年，历尽艰辛，未敢退避。既伤他族之侵凌，复感民生之憔悴，拟在贵市招募失业女工，分派申、锡各纺织厂工作。特属罗君叔羲偕同李君国栋、王君一鸣担任招募女工事宜。恐人地生疏，易生误会，用敢具函证明。

（申新总公司函稿汇登）

呈为沥陈财政部所拟纱类特殊条例草案及其理由书利害四则文

（1929 年 9 月）

窃读财部所拟纱类特殊条例草案及其理由书，计划周详，内外兼顾，无任钦佩。惟亘古以来，理论与事实往往不能尽相侔合，始谋不臧，贻害无穷。沥陈利害四则[未见]，请转咨特予救济，以维棉业。

① 吴思豫（1884—1958 年），字立凡，浙江嘉兴人。1929 年 4 月前，南京国民政府与日本政府交涉，决定收回被日本侵占的济南、青岛，思豫奉命负责接收，事后任国民党青岛特别市党部指导委员兼青岛市代市长。时青岛日本工厂发生大罢工风潮，吴思豫支持罢工，不与日本资方妥协。

附:工商部长孔祥熙[1]咨财政部文(1929 年 9 月 12 日)

为咨请事。案据华商纱厂联合会主席委员荣宗敬呈称,“窃读财部所拟纱类特殊条例草案及其理由书,计划周详,内外兼顾,无任钦佩,惟亘古以来,理论与事实往往不能尽相侔合,始谋不臧,贻害无穷。沥陈利害四则,请转咨特予救济,以维棉业。”等情。据此,查原呈所称各节,对于棉业前途关系至巨,除批示外,相应抄附原呈,咨请贵部查核办理,并希见复为荷。此咨财政部。工商部长孔祥熙,中华民国十八年九月十二日。

(《工商公报》,第 17 期,1929 年 10 月,第 77 页)

上海急救时疫医院全体董事为筹募急款启事

(1929 年 10 月 1 日—14 日刊载)

上海为通商巨埠,人烟稠密,民众杂居,操苦力生涯之家,亦较他埠为多,偶撄疾病,无力求医,因之耽误者,往往闻之,而尤以夏、秋间时疫为烈。流风传沾,朝不保夕,施救稍迟,性命堪虞。本院所以在时疫期间,专着力于急救时疫。追溯四年来,成绩自问,幸无陨越。揆之今年,

① 孔祥熙(1880—1967 年),字庸之,号子渊,山西太谷人。9 岁入教会学校读书,及长入通州协和书院。光绪二十七年(1901)随清廷出使大臣李鸿章赴美国,随后在美留学。先后就读于俄柏林大学、耶鲁大学,1907 年获理化硕士学位归国,创立铭贤学校。辛亥革命后,被举为太谷县民政长及新军统制,民国建立后,任山西都督阎锡山参议,“二次革命”后东渡日本,担任东京中华留日基督教青年会总干事,为中华革命党筹募经费,并协助孙中山处理文书函电。1924 年,受孙中山之召,任广东财政厅长,1925 年孙中山北上病重时,赴京护持。国民政府建立后,先后任广州国民政府财政厅厅长、武汉国民政府实业部部长,1928 年任南京国民政府工商部部长,1930 年,农矿、工商两部合并为实业部,任实业部部长。1933 年任中央银行总裁、行政院副院长兼财政部部长。1938 年任行政院院长兼财政部部长和中国银行行长、四行联合办事处副主席。1939 年 12 月蒋介石自兼行政院院长后,改任副院长。1944 年在美国压力下,辞去财政部部长职,1945 年又辞去行政院副院长、中国银行总裁和四行联合办事处副主席职;1948 年辞去中国银行董事长职务。1962 年到台湾,任“总统府”资政、台湾中华书局董事长;1966 年去美国定居。

疫势盛行，本院地当华、租冲要，求治病人特多，而霍乱、痢疾、住院重症之死亡率，亦仅占百分之三。事实昭彰，非敢自诩。乃开支未免因此激增。窃以本院自建筑院屋、院务扩充之后，已负债额，又复值此艰巨，能不捉襟见肘？兹今时疫虽告终了，而目睹一般贫病，未能恝然决定，继续施诊给药，以供社会需求。需款尤繁，爰呼将伯。当世不乏仁人善士，务乞慷慨乐输，施惠贫困。多捐一文，即多救一人。同人等，敬代数十万穷黎，顿首请命也。

上海急救时疫医院基本董事杨啸天、屠开征、张维镛、洪沧亭、葛星南、洪介眉、吴俊季、陈志霖、徐秋澄、余露清、马书万、吴希白、张维贤、吴志卫、王维琯、李松泉、叶琢堂、袁鹤松、谢玉如、袁履登、胡筠庵、吴麟书、范和笙、王彬彦、杨衔锟、刘吉生、顾馨一、〈顾〉惺庐、匡仲谋、李一鹏、施少初、朱增宗、沈惺叔、祝伊才、戎承灏、贾亦山、洪仲璜、洪德芹、嵇霄阁、戴劼哉、彭惠生、叶安香、纪仲仁、张郁镜清、马炳勋、周惠南、王泽如、张子宽、夏巨川、张济川、夏圭方、臧黄淑贞、戚永庆、陈载峰、陈星五、夏习时、吴虞公、黄王菊贞、黄宪中、周渭石、陈开华、蒋泉茂、唐正绥、徐景福、木本、蔡尚卿、姚伯鸿、郭楚琴、吴于诚、沈厚生、王梓康、马懂伯、徐聚良、丁培堂、陈永青、乌鸿彰、周殿卿、范和甫、卢少堂、杨松年、朱葆元、孔颂馨、夏应堂、刘然青、高子和、高培良、姚慕莲、董恒甫、王向甫、穆藕初、陈培初、朱如山、裴云卿、胡熙生、俞叶封、荣宗敬、章显达、谢保耀、俞澄如、徐圣禅、李宏法、孙嘉禄、孙琢如，常务董事汪伯奇、陶让卿、刘同嘉、顾竹轩、林康侯、周邦俊、汪志勋、王志远、赵芹波、方液仙、何五良、黄延芳、郭秀夫、周颂卿、沈燮臣、王耐之、孙梅岭、陈世昌，特别董事黄金荣、杜月笙、张啸林，名誉院长褚民谊、程霖生，医务董事庞京周、臧伯庸、王味根，院长黄磋玖、王晓籁、叶山涛同启。

（《申报》，1929年10月1日—14日）

致上海地方法院过纯初函

（1929年10月8日）

纯初先生大鉴：敬启者。昨据会员杨荣宝，以次子二毛被人暗杀，移尸河滨，业经检验获犯讯办，函属转函法院，从严惩办等语。查此案既经贵院检察官验明获犯讯供，自有一定办法，敝会未便干预，惟检察处手续完备，必经贵庭审理，届时尚祈推念乡谊，依法惩办，俾伸怨抑。专此，敬候起居。无锡旅沪同乡会理事长荣宗敬启，附抄原函[未见]，十月八日。

（《无锡旅刊》，第 140 期，1929 年 10、11、12 月合刊，第 1 页）

上海租界纳税华人会公祭虞太夫人文[①]

（1929 年 11 月 3 日）

维中华民国十有八年十一月三日，上海租界纳税华人会王晓籁、徐寄庼、陆费伯鸿、吴蕴斋、成爕春、冯少山、邬志豪、孙梅堂、严谔声、石芝坤、项松茂、胡凤翔、陆凤竹、方椒伯、赵南公、张一尘、宋汉章、赵晋卿、陈光甫、徐庆云、史量才、王延松、钱新之、裴云卿、荣宗敬、顾子盘、孙景西、吴文渊、陆文中、诸文绮、陆文韶、胡孟嘉、唐寿民、张子廉、叶扶霄、张大连、刘梅垞、王儒堂、邹权、邹锡、唐绍仪、李志云、程霖生、沈伯逵、罗芹三、曹志功、欧阳灿如、许廷佐、顾竹轩、陈剑冲、黄鸿钧、孙松年、刘万青、陈畊莘、朱尧臣、谢其潮、江逢治、陆培之、施少初、谢仲夏、涂仲宣、俞铭巽、屠开征、张横海、蒋志刚、鲍咸昌、冼冠生、严均安、毛春圃、孙雪泥、徐补孙、郭顺、袁履登、徐新六、林康侯、钱龙章、陈霆锐、李馥荪、秦润卿、贝淞孙代表租界纳税华人，谨以鲜花一束，致祭于虞母方太夫人之灵，曰：

① 上海大商人虞洽卿之母虞氏，于 1929 年 9 月间在宁波慈溪龙山乡下寿终，享年 89 岁。11 月 3 日，旅沪各界孙海堂、方椒伯、谢蘅窗、叶惠钧、秦润卿、顾馨一、徐庆云、徐寄庼、王晓籁、袁履登、王延松、楼恂如等，假座上海西藏路宁波旅沪同乡会发起公祭，追念虞氏乐善好施、仁慈博爱。此为各界公祭虞氏的祭文。

呜呼痛哉，天何不仁，夺我众仰之贤母以去耶！贤母在世，言行懿范，为人所崇；博施济众，口碑载道。尤为天下所称道者，厥为教子之有方。洽卿先生为贤母哲嗣也。洽卿先生之处世接物，悉尚和平，解纷排难，片言而决。盖洽卿先生善承贤母之训也。贤母以航业为国计民生之命脉，思所以挽救，俾中国已失之航权，得因本国民营航业之发达，而逐渐收回。洽卿先生乃秉贤母之训，创办航业于上海，宁绍、三北各轮船公司，现均能收回中国航业一部份已损失之权利。贤母又为发展中国实业，必须有金融机关为之助。洽卿先生又急于劝业银行之组织。且贤母不喜子孙为官，故洽卿先生对于政府之欲给以官职概辞不受。贤母又令洽卿先生设立孤儿院于宁波，以为穷而无告之孩童，有所教养。贤母又以桑梓新建设之不容缓，令洽卿先生为道路与轮埠之修缮。贤母对于帝国主义者侵略，尤深恶痛疾，令洽卿先生有以裁制之。所以上海之大闹会审公堂、俄军斧弊周生有、四明公所被逼迁让、五四运动、五卅惨案、反对增加巡捕捐、力争市民权等事，洽卿先生无不出全力以赴之，或为主动，或居调停，总以压抑帝国主义侵略之野心，挽救中国已失之权利。此非贤母之耳提面命之力欤？本会获得贤母之益，更非浅鲜，盖洽卿先生秉贤母训诲，主持本会，使之益形巩固发扬。而今贤母天不假年，竟以八十九岁，建康之身，一旦淹逝，以致租界纳税华人，失所瞻仰，岂不痛哉！尚飨。

（《申报》，1929 年 11 月 4 日）

呈上海特别市政府请求弛禁申粉出口文[①]

(1929 年 11 月 13 日)

呈为申粉出口,请求驰禁,以利粉销而维实业事。查申粉向例运销南、北洋,自苏俄问题[②]发生以后,申粉遂奉令禁止运往大连及香港、南洋群岛等处,借以防止接济敌粮,仰见钧府防微杜渐之至意。惟是天津一埠,洋粉囤积四、五百万〈包〉,大连日本粉厂林立,区区申粉,固不足以资接济,且亦无须申粉之接济。盖大连所销申粉,接济者为民食,今申粉不能运往大连,是不啻导大连人民为日粉推广销路。申厂因粉销路呆滞,又加原料缺乏,势必停机歇业,工人生计无法维持,厂方营业从此停顿,税收亦何所取偿? 至……香港、南洋群岛等处,本不专销申粉,惟华侨颇知提倡国货,申粉到埠,亦极欢迎。今概行禁止,阻申粉之推销,即绝厂方之生路。年近岁逼,银根奇紧,厂方已岌岌不可终日,若再禁止出口,销路滞则粉价愈低,亏本多则停机必速。钧府周知市情,粉业艰难早在洞鉴中,为此请求申粉准运大连、香港、南洋群岛等处,以利粉销,而维实业。

附:福新麦粉公司致苏浙区面粉特税局局长王晓籁函(1929 年 10 月 21 日)

敝公司制成之粉,向以推销北洋为大宗。查天津一埠,存积洋粉有数百万包,大连及威海卫等处奉令禁止装运,北洋销路无形断绝;而原料又受米价影响,逐步昂贵,无从采办。敝公司各厂因无法维持,势将

① 该文系荣宗敬先生以上海面粉公会名义,致上海特别市政府的呈文。

② 此处“苏俄问题”系指 1929 年发生的“中东路事件”。南京国民政府在该事件发生后,曾限制上海面粉北上,并下令禁止抵制日货。

于11月1日一律停机。用特专函奉告，速讳贵局长熟谙商务，粉业现状早在洞见中，不识能体恤敝公司艰困情形，以善其后否?

（申新总公司函稿汇登）

1930 年

致无锡县政府孙祖基[①]县长函

（1930 年 1 月 1 日）

敬启者：据会员任农轩函称，“族恶任玉金，于十月间，与此次受灾人任二〔仁〕方、任二郎，构讼不遂，心怀怨毒，常扬言非报以恶辣手段，誓不甘休，即将自己家中什物稻谷，悉数拨至邻村北张巷至戚张富根家，当经村长任文浩、任克明等出为质问，并报告无锡第十五区一公所区长袁仕魁有案。讵任玉金竟置不睬，延至十一月三十晚九时许，先将自己猪只运在后巷空屋内，时值黄昏，潜至任二郎柴间内，泼油纵火，以致延烧任陶氏、任福保、任二郎、任仁方、任振大、任道远、任克明、任细狗、任六宝等房屋二十一间，损失不下二万金，旁住屋五间及一切家具、契据等，完全被毁，损失不资〔赀〕。当起火时，任陶氏家距任二郎柴间甚近，曾于窗橱间，目觇任玉金纵火，并有任许氏闻声赶至，见任玉金捷足奔避。迨火熄灭，任玉金忽然失踪，显系情虚逃避。现经受灾人任仁方，扭至第十五区公所转解至县公署押候讯办，函会转请县公署依法严办”等由。理合函请县长察核，俯赐饬查任玉金，有无挟嫌纵火，先将家中什物稻谷，寄囤张富根家，经村长报告区公所有案，及将猪只运至后巷空屋内情事，讯明依法惩办。实为公便。此致无锡县政府孙【祖基】

---

① 孙祖基（1903—？年），字道始，江苏无锡人，时任无锡县县长，编有《中国历代法家著述考》、《无锡先哲遗书书目》等目录学著作。

县长。无锡旅沪同乡会理事长荣宗锦，一月一日。

（《无锡旅刊》，第141期，1930年1、2月合刊，第1—2页）

致徐咏华评议员函

（1930年1月5日）

咏华仁兄阁下：久未晤谈，想新年如意为颂。兹有恳者，会员许裕昌，以旧徒华长生，现在姚泳顺鼓乐店为业，平素安分，向不为非作歹，特于去年十二月廿九晚七时，休业出外游散，适有绑匪被剿，长生在旁观看，被匪误指同党，同送一区二分所预审一堂，旋于三十一日解送公安局讯办，函会援救等情。查华长生既为许裕昌旧徒，声明平素安分，向不为非作歹，现在姚泳顺鼓乐店为业，似非无业游民，致与绑匪同党，是否误认，本会亦不得而知，拟乞推念同乡，一为调查，设法援救，无任切盼。此颂年祺。无锡旅沪同乡会理事长荣宗锦启，一月五日。

附1：徐咏华评议员复函二则（1930年1月9日、11日）

其一（1月9日）

昨奉函开，以同乡人华长生被公安局误拘案内，即于今日下午前往公安局，声明原委，适司法科长公出，当即面讬该科检察主任代转设法，容得到复信后，再函陈如何办理也。专此，敬颂公安。徐咏华顿首，一月九日。

其二（1月11日）

前奉函开，以华长生被市公安局误拘一案，当即前往声明原委，业经函复在案。随于次日复往交涉，曾承三科长面允交保开释。刻下该华长生，谅已恢复自由矣。特再奉闻，即颂公安。徐咏华谨上，一月十一日。

附 2:无锡旅沪同乡会理事会复会员许裕昌函(1930 年 1 月 10 日)

径复者:前接手函,以旧徒华长生,被公安局误拘案内,属为设法援救等语。当即由本会徐评议员赴局声明原委,适司法科长公出,当即面托该科检察主任代转设法,容得复信再达。先此布复,只颂年祺。无锡旅沪同乡会理事会启,一月十日。

附 3:无锡旅沪同乡会理事会致会员许裕昌函(1930 年 1 月 14 日)

径启者:查华长生被拘公安局一案,业经徐评议员赴局,声明误拘在案,兹复经徐评议员前往交涉,曾承三科长面允交保开释。刻下华长生曾否恢复自由,用特函询,即祈查复为盼。此颂冬祺。无锡旅沪同乡会理事会启,一月十四日。

附 4:会员许裕昌来函(1930 年 1 月 21 日)

无锡旅沪同乡会会长先生台鉴:日前两奉大函,所云小徒华长生,已由局内保出无事。此次全仗贵会设法救援,不胜感激之至。专此奉复,敬请大安。会员许裕昌谨上,一月二十一日。

(《无锡旅刊》,第 141 期,1930 年 1、2 月合刊,第 3—4 页)

致海门县政府江县长函

(1930 年 1 月 13 日)

敬启者:旧仆章义昌,即和林,前赴海门包场地方,向阿二讨款,旋同阿二来申理涉,行至中途,特被保卫团诬为匪类,解县拘留看守所,函会援救前来。查章义昌,即和林,向在本会服役,尚属谨慎,并无为匪不法情事,如果讯无为匪证据,即祈迅予开释。无任切盼。此致海门县政府。无锡旅沪同乡会理事长荣宗锦启,一月十三日。

(《无锡旅刊》,第 141 期,1930 年 1、2 月合刊,第 2 页)

致无锡县政府孙祖基县长函

（1930 年 2 月 4 日）

道始县长勋鉴：久未晤谈，甚念念也，比想起居如意为颂。兹有恳者，旧仆章义昌，即和林，向在无锡旅沪同乡会服役，前月〈赴〉海门包场地方向阿二讨款，旋同阿二来申理涉，行至中途，突被保卫团诬为匪类，解县拘留看守所，函会援救。即经函请海门县政府，如果讯无为匪证据，即行迅速释放在案。惟事经匝月，尚未释放，其家一再函会援救，不得已拟乞县长，函致海门县政府江县长，如果讯无为匪证据，即予从宽释放。无任切盼。专此奉恳，敬颂勋安。无锡旅沪同乡会理事长荣宗锦启，二月四日。

附：无锡孙祖基县长复函（1930 年 2 月 5 日）

宗敬先生大鉴：接奉台函，为章义昌事，嘱函海门县政府，即予省释等由。业已遵命转恳该县江县长，即日省释矣。专复，只颂公绥。孙祖基顿首，二月五日。

（《无锡旅刊》，第 141 期，1930 年 1、2 月合刊，第 2 页）

上海机器面粉公司公会呈请南京国民政府注意中日互惠条约电

（1930 年 2 月 26 日）

南京行政院长、外交部长、财政部长、工商部长钧鉴：吾国工商业，为关税条约所束缚,绝无发展余地。乃报载,中日关税条约互惠协定[①],以原料易制品。就粉业论,日粉尽量输入,东三省销路,尽为所占,日麦无籽粒可供华厂机用,是互惠固托空言,华厂竟蒙实害。务恳钧座主张,在互惠条约中,将日制面粉除外,并请在未签字前,将条约全文披露,以昭大信而顺舆情。临电不胜翘企待命之至。上海机器面粉公司公会主席顾履桂、孙景西、荣宗锦叩,寝。

附:上海机制国货工厂联合会致国民政府电(1930 年 2 月 26 日)

南京国民政府分送工商、外交、财政部钧鉴:报载中日拟订新约,业已内定中日互惠税率货品百余种之多,棉纱、棉布亦在其列。日本输入,都属工业再制品;中国输出,都属原料品。中国棉织业现状,正在危亡之秋,此项互惠条约成立,足制〔致〕棉织业于死命,关系国计民生綦大,请加注意,以维国货命脉,而杜列国效尤。上海机制国货工厂联合会,宥。

(《申报》,1930 年 2 月 27 日)

① 1928 年 6 月北伐胜利后,国民政府即积极谋求关税自主。7 月 19 日,国民政府照会日本,1896 年中日通商航海条约期满,应根据平等相互之原则"商定新约";新约未订之前,适用临时办法。8 月 14 日,国民政府再次照会日方,但日方表示不接受。迄至 10 月,美国已与中国订立关税新约,英、法、意相继表示赞成中国关税自主,日本正逐渐孤立。田中内阁因对华强硬措施未有效果引起国内批评,连原本积极支持田中的日本工商业阶层,也因受排货影响,渐至不能支持而口出怨言。在中国关税自主已不可避免的情形下,田中修改对华政策,希冀与中国交涉订立互惠条约。中国的国内情形也迫使国民政府尽快与日本交涉,取得关税自主权。新税则迫在眉睫,日本急于在 1929 年 2 月 1 日中国新税则实施前与中国解决。最后日本选择接受宋子文 1928 年 11 月的提案。1930 年 3 月 12 日,中日双方签订草约,5 月 6 日正式签字。历时两年的中日关税谈判终于以《中日关税协议》的签订而告终。在协议中,中国以签订包括面粉、棉纱、棉布在内的中日特种物品税率协议为代价,换取日本正式承认中国关税自主。

呈请南京国民政府提倡垦拓植棉说帖

(1930年3月3日①)

中国以农立国,衣、被为人民日用所需,而近年棉货进口,除布疋已居输入之第一位,即棉花一项,为【应为“其”】值亦几近一万万两。据最近海关报告,进口棉花,【民国】十五年值九千三万【应为“百”】七十五万两,十六年值七千九百八十一万两,十七年值六千七百九十八万两,国内棉产之不敷自给于此可见。我国棉产,近年平均约为七百万担,如前、去两年之歉收,尚不足此数。而国内纱锭已达三百五十万枚,〈以〉每锭每年用棉二百五十斤计,共需九百万担,合之制衣、制被之用,至少当在一千一、二百万担,较之生产,几差一倍。惟自欧战后国内纱锭虽增,因营业不利,尚未完全开工,故棉花供求状况,其差数尚不如前述之巨。自去年国内统一,内地商业复兴,纱销骤旺,纱锭固完全开工,同时各厂增锭甚多,合计华、日各厂约可五十万枚,预计将来即纱厂销用棉花已需一千万担以外,如国内棉产不随之增加,则外棉输入亦将与日俱进,与布疋同为绝大致漏卮。

中国为工业落后之国,对于工业品之缺乏,固非一时所能补救,棉花为原料,以农立国者岂能任其源源输入耶?更就世界产棉国观之,产额推美国第一,印度次之,中国及埃及又次之。埃及完全为长绒棉,供极精细纺织品之用,兹姑不论。美国有棉田三万英亩亩【此处第二个“亩”应为衍字】,产棉五千五百万担;印度有棉田一万六千万亩,产棉二千万担。我国据华商纱厂联合会近年统计,平均棉田三千万亩,产棉七

① 此为刊载日期。据《纺织时报》在刊载该说帖时,对其有一段说明,记为“本会主席荣宗敬先生于本年初曾有请国府提倡植棉之说帖”,可知其草写时间应在1930年初,甚至更早。

百万担，仅美国八〈分〉之一，印度三〈分〉之一。然而美国、印度之土地面积，固均视我为小，我国除山陵、川泽，几于无地不宜植棉。即以人口密度最大、农业最称发达之江苏言，除已有棉田一千万亩外，据切确〔确切〕调查，尚有可垦以植棉者二千余万亩。江苏如此，他省可知，估计全国荒地之可垦植者，可至少当在五万万亩以上。若能尽数垦拓植棉，则中国之棉田足与今日世界之总数相若，每年增进国富尤可惊人。故中国推广棉产，就土地言，其希望正无穷也！

棉货为人生必需之品，中国现有之纺锭即以四百万枚计，其出产数去自给尚远，将来关税自主，进口税率渐增，输入棉货必减，国内纺织业之发展当为百业之冠。彼时所需棉花更多，产额若不增加，势必悉数仰求于人。盖建厂增锭期年可成，而推广棉产殊非一时所能奏功。今革命已入训政时期，关税自主已属不成问题，则为棉货原料之棉产，其推广实有不容或缓者矣。

吾人更回顾国内棉产状况，尤有亟待提倡者。即已有之生产量，亦复渐趋减少。据华商纱厂联合会统计报告，全国产棉数量，民国七年一千零二十二万担，八年九百万担，九年六百七十五万担，十年五百四十三万担，十一年八百三十一万担，十二年七百十四万担，十三年七百八十万担，十四年七百五十三万担，十五年六百二十四万担，十六年六百七十二万担，十七年六百六十一万担。近五年之平均数，已较前五年为减，其原因或以战乱，或以天灾，致农民失所，田亩荒芜。此外，种植方法不良，收量〈逐〉渐减少。若再任其自然，而不亟自提倡推广，恐并现有之数亦不易保持也。

我国所产之棉皆属细绒，虽陕西灵宝号称细绒，亦仅能纺二十支之纱，较细之纱线，即须购长绒之美棉。近年社会进步，棉织品之需要渐趋精良，纱锭颇多改纺细纱者，销费美棉渐多，此亦外棉输入增加之一原因。据过去国内棉作试验报告，在黄河流域试种美棉，成绩甚著，以其气候、土质宜于美棉。是我国之风土，对于长绒棉种亦极适合，若能力事推广，将来棉产地位之超越北美，殊无义疑〔疑义〕，岂仅自给之目的可达而已。

现在各国对于棉产之推归〔广〕、改良，皆已积极从事，若英若日尤为努力，然皆苦于地势难期大效。我国已公认为世界植棉之最有希望，顾过去以政局不宁，无暇及此，坐视大利委弃于地。兹者革命完成，总理民生四大要需第一之衣的问题，亟待发展。原料之棉产，尤须及早计划。中央已经成立农业推广委员会，谋国内农产增进之策，深冀各省农矿厅，督促各县农场，联合农民合方〔力〕推广。若能力行不懈，不出十年，中国棉产必增二倍，海关报告亦将一变入超而为出超，其裨益于国计民生非浅鲜也。

（《纺织时报》，第675号，1930年3月3日，第311—312页）

召开孙公缵云追悼会启事

（1930年3月23日刊载）

先生为基督信徒，热心公益，服务社会，廉俭勤恳，盛德可风。同人追念前徽，择于今日下午三时，假三马路慕尔堂，开追悼大会。凡属亲友，尚希惠临参加，同伸哀悼。

发起人王竹亭、史友惠、朱赓陶、江长川、安迪生、吴润身、汪英宾、汪舜孝、辛洪舟、何乐申太太、沈均女士、袁履登、竺规身、俞止斋、徐仲麟、徐叔仁、陆咏笙、曹雪赓太太、张竹平、黄吉文、黄绍三、程东屏、张琴连、钮惕生太太、董健吾、董芝初、葛赉恩、荣宗敬、赵士瀛、郑春梅女士、霍约翰、谢伯殳、谢克明、钟可托、魏路珊女士同启。

（《申报》，1930年3月23日）

呈国民政府财政部为捡齐货样商标呈请审核定案通行各财政厅、海关、税务局按照机制洋式货物税办法办理文

（1930 年 5 月）

查申新纺织公司业经呈奉全国注册局核准注册，所有童子军、文明结婚、双骆驼、好做、招财进宝、福寿、人宝、如来佛、双鸭、飞童、金钟、龙船、铁锚、美人等十五种商标用于棉纱及棉线，又人宝、如来佛、飞童、双聚宝盆、握手、兄弟等六种商标用于布疋，亦经奉商标局注册给证，及审查认为合法，附刊商标公报各在案。兹检货样、商标，呈请审核、定案，通行各厅、关、局，按照机制洋式货物税办法办理。

附：财政部咨工商部申新纺织公司第七厂制造品未经呈准援例完税其厂内设备及制品究系如何情形请查明见复文（1930 年 5 月 31 日）

为咨请〈事〉。据申新纺织总公司荣宗锦呈，略称“（同上，略）”等情，并附货样、商标及该公司各厂商标、出品名称等件到部。查该公司所制人钟、四平莲两商标棉纱、布疋，及仙女牌棉纱、四喜牌布疋，均于民国十六年间呈准本部按照机制洋式货物税办法办理有案。此次该公司增添童子军等商标，仍使用纱布等品，据验所呈商标注册证影片确已向商标局呈准注册，所有该项商标之制品自当予以核准原案之同等待遇，惟查该公司第七厂制品未经呈准按照机制货物待遇，其厂内设备及制造情形，来呈亦未叙明。相应抄附该公司各厂商标出品名称表连同货样商标及事项表一纸，咨请贵部饬属查明见复，俾凭办理为荷。此咨工商部。附商标出品名称表一纸，货样（纱十五、布六）、商标十五张、事项表一纸。财政部长宋子文，中华民国十九年

五月三十一日。

（国民政府工商部档案，中国第二历史档案馆藏）

介绍书家嵇景修[1]启事

（1930 年 6 月 8 日—18 日刊载）

先生卅年教育，卅载临池，学有本源，四体兼擅，近尤笃好十七帖，驱遣过庭、怀素，如龙蛇走陆，洵奇观也。同人鉴于近代草书工者尤少，为提倡国粹、美术起见，谨为海内赏鉴家进一言。

蔡孑民、吴稚晖、马相伯、杨杏佛、李晖、王培荪、史量才、贾季英、曹梁厦、朱香晚、平海澜、裘葆良、丁耘轩、丁福保、华绾言、荣宗敬、荣宗铨、匡仲谋、王丁神、胡敦复、胡宪生、杨雪玖同启。

收件处：上海南站大同大学、无锡欢喜桥嵇宅，及两埠各大扇庄，润格函索即寄。

（《申报》，1930 年 6 月 8 日—18 日）

中国工商管理协会[2]筹备委员会报告

（1930 年 6 月 29 日）

窃藕初等，前承工商部孔【祥熙】部长邀请，参加发起中国工商管理协

① 嵇毅复（1884—1942 年），字景修，号适生，别署恨父，为清朝乾隆大学士嵇璜之玄孙。幼聪慧，熟读四书五经，光绪三十年秀才，授贡生；辛亥革命后，入教育界从事新学，曾赴日本考察，归国创办大同大学，学生遍于全国。工书法，初学篆书，继习颜体，中年对黄山谷行草及怀素狂草尤为心折，遇吴县碑帖收藏家汪克颈，尽得其所藏碑帖，潜心研究，书艺精进，名扬海内外。

② 中国工商管理协会，成立于 1930 年 6 月，由官私工商各团体、学术界共同参加组织的团体，以研究科学管理方法、增进工商业生产效率为目的。

会，复被推为本会筹备委员会委员，当经开会，拟具章程草案，并定于六月二十九日，开成立大会；又以筹备大会头绪颇繁，互推刘委员鸿生、潘委员序伦、陆费委员伯鸿、钱委员承绪、寿景伟等五人，负责筹备大会事宜，尅日观成。现在工商界各团体暨经济、会计、工程各专家，均踊跃加入，多方赞助，爰特准期成立，共策进行。务祈诸同志，群策群力，研究讨论，不厌求详，庶工商界之管理，可日趋于科学化。本会幸甚，企业前途幸甚。

筹备委员穆藕初、刘鸿生、荣宗敬、陆费伯鸿、夏筱芳、杨杏佛、徐寄庼、李权时、潘公展、刘湛恩、盛灼三、胡庶华、沈骅臣、蔡声白、戴耕莘、汪伯奇、聂潞生、陈万运、陈宗城、徐佩琨、徐永祚、童季通、孙瑞璜、陈日平、陈立廷、钱承绪、潘序伦、戴蔼庐、寿景伟等。

（《申报》，1930 年 6 月 29 日）

致江苏省政府主席、民政厅长挽留孙祖基县长电

（1930 年 7 月 4 日）

镇江江苏省政府主席叶【楚伧】、民政厅长胡【朴安】[1]勋鉴：敝邑县长孙祖基，办理县政，尚称得宜，现在安置伤兵，正须熟悉地方情形者，方能妥善。闻孙县长近有辞职消息，尚祈顾念地方，勿予照准。无锡旅沪同乡会理事长荣宗锦叩，支。

（《无锡旅刊》，第 143 期，1930 年 5、6、7、8 月合刊，第 3 页）

附 1：阿福：荣宗敬挽留孙祖基

孙祖基得缪斌之提携，而任无锡县长，莅任以来，虽无多大建设，而群情尚称爱戴。前因缪斌退隐，孙就不安于位，曾一度至镇江谒见胡朴

① 胡朴安（1878—1947 年），原名韫玉，字朴安，安徽泾县人，时任江苏省政府委员兼民政厅厅长。

安氏，顾胡氏政务繁巨，孙氏希望禀陈各事，亦未克面达，孙见环境不良，返锡之后，即向省厅辞职。于是外间遂有孙氏调浙沪任用，而以杭县县长潘忠甲继长锡县之传说，其实所传未必无因，而一时尚不致实现。旅沪锡人如了保宝【应为丁福保、丁宝书】、王西神等已先后去电挽留，面粉大王荣宗锦氏，亦系僚伲[1]无锡人，对于桑梓之事，素极关怀，前日以无锡旅沪同乡会理事长之资格，电致镇江苏民政厅，请求对于孙氏辞职，勿予照准。荣氏原电云(电文同上，略)。僚伲同乡，既纷纷起而挽留，孙氏为之暂时或可不动矣。

(《商声》，1930 年 7 月 11 日)

附 2：无锡旅沪同乡会丁福保、丁宝书、王西神等致孙祖基县长电(1930 年 7 月初)

道始县长台鉴：久慕高贤，载劳寤寐。近闻沪报，藉知我兄以处事棘手，恳请辞职。窃以乡人作宰，掣肘正多，一年以来，苦心孤诣自不待言，譬如食膏粱者回思芥服，处市廛者每羡山林，烦恼盪胸，退换空气。方今伤兵不少，照应治安，尤须筹划，乘此引去，为兄个人计划固亦自得，独不念桑梓之父老乎？揆以往日行政，四境〈平〉安，口誉所及，宛比子奇之治阿。矧兄年富力强，精干廉洁，正当为地方父老服务，高蹈尚非其时，除由弟等联名呈省府、民厅不许坚辞外，尚希打消辞意，照旧工作。是为至祷。专颂党祺。治弟裘葆良、王西神、杨伯庚、丁福保、陶仞千、张卓仁、丁宝书、孙北萱、徐可亭、冯云初。

(《无锡旅刊》，第 143 期，1930 年 5、6、7、8 月合刊，第 3 页)

---

① “僚伲”，无锡方言，即咱们、我们的意思。

无锡旅沪同乡会挽留孙祖基县长电[①]

（1930 年 7 月 5 日前）

镇江江苏省政府叶主席、民政厅胡厅长钧鉴：瞀吏求治，贤劳为念。比闻敝邑孙道始县长有辞职之讯，窃思孙县长精勤廉洁，桑梓敬恭，一年以来四境又安，群情爱戴。遽传事蹈之风，共切挽留之意，卧辙攀辕，同兹感想。况迩时伤兵休养，维护治安，尤关重要。弟等为地方计，敢请官书之中，责其工作，不许坚辞。盖新尹虽贤，固未若旧尹之轻塾，想亦明公所赞许。是为至祷。

附：孙祖基县长复函（1930 年 7 月 5 日）

宗敬先生转同乡会诸公大鉴：顷阅沪报，藉悉诸公爱护祖基之至意，曷胜感激。祖基承乏乡邦，瞬逾一载，奉职无状，殊为愧恧，久思告退，以避贤路，乃迭次电辞，均未获准。近来精神既觉不支，学殖尤感荒落，决计乞休，还我初服，俾读书养气。他日如有机遇，再图报答诸公及地方父老。在未奉省厅批准以前，在职一日，仍当完全负责，尚请诸公勿念为荷。肃上，谨请公安。孙祖基顿首，七月五日。

（《无锡旅刊》，第 143 期，1930 年 5、6、7、8 月合刊，第 3—4 页）

---

① 时任无锡县县长的孙道始，本治理县政，尚称得宜，但因安置伤兵，殊形棘手，急欲飘然引退，晋省辞职。无锡旅沪同乡诸座荣宗敬、裘葆良、丁福保、丁宝书、孙北萱、陶仞千、徐可亭、杨伯庚、冯云初、王西神等得讯后，遂联名电呈省府叶主席、胡厅长，竭诚挽留，请其打消辞意，照旧工作。此为电文内容。

上海各界赈济战地灾民慰劳前方将士筹备会之缘起

（1930 年 7 月 17 日）

敬启者：天灾流行，民生憔悴，哀我孑遗，惨罹浩劫，米珠薪桂。既水旱之频年，弹雨枪林，复疮痍之遍地。田庐荡析，啼饥号寒，家室流亡，生离死别。少壮散为盗匪，勿宁厥居？老弱填诸沟壑，更无人问。可怜黄土化作青磷，同是苍生，谁甘白刃？矧乃荷戈壮士、执殳健儿，暴骨沙场，委身锋镝，为民请命，视死如归，报国捐躯，当仁不让。洞胸断脰，触目惊心。同人等栖息沪滨，怆怀战地，痌瘝在抱，痛痒相关，披郑侠流民之图，悲悯何已，读杜甫从军之诗，寝馈弗遑，爰是发起赈济战地灾民、慰劳前方将士大会，冀宏胞与之量，共推饥溺之忱；兼思捍卫之勤，藉表犒劳之雅。所望各界宏达，一致参加，慨解仁囊，广输义粟。福田所植，善果斯培，嘉惠无穷，报施不爽。庶几天心悔祸，早致升平。劫运长销，共登康乐。人之欲善，谁不如我？世多长者，盍兴乎来？

发起人：丁维藩、毛经畴、尤桢、方积钰、方积蕃、方传沅、王士俊、王拔如、王正聿、王钦圭、王镐、王承组、王震、王兆昌、王体仁、王轶陶、王伯元、王凤年、王晓籁、王延松、王彬彦、王志湘、王伯群、王征莲、王孝英、甘庶先、甘金翠、史量才、史馨生、石奇熛、田德浚、田鸿年、吕海清、吕立基、后大椿、贝祖诒、朱钧弼、朱得传、朱定成、朱荣光、朱荣康、朱鸿钧、朱大经、朱光纛、朱颐寿、朱少屏、朱炎、朱应鹏、朱美方、成夔春、沈镛、沈九成、沈嘉晛、沈知方、沈星德、沈叔瑜、沈泽春、沈世仪、沈怡、沈卓吾、沈秉谦、沈燕申、吴光熄、吴继宏、吴在章、吴文炳、吴廷锡、吴麟书、吴震修、吴开先、吴伯匡、宋子良、宋蔼龄、李铭、李国杰、李拔可、李寿彭、李登辉、李伯勤、李应生、汪道蕴、汪伯奇、邵宝兴、余葆三、余化龙、何联第、何文德、杜镛、邱长吾、邱铭九、周师熊、周庆云、林祖溍、林圣传、林季良、林樱、金廷荪、金问泗、袁礼敦、袁远、袁良、袁鹤松、祝际盛、胡方锦、胡竹筠、胡庆桢、胡祖同、胡继贤、胡松山、胡鸿基、胡笔江、俞寰澄、俞鸿钧、洪雁宾、施肇曾、施公猛、殷汝骊、陈鹏、陈瀚清、陈德馨、陈楚湘、陈兆燾、陈兆瑞、陈沧来、陈良玉、陈圣佐、陈道铭、陈光甫、陈蔗青、陈健庵、陈子勋、陈卓甫、陈德征、陈霆锐、陈君毅、陈希曾、陈子明、陈秀英、陈宝娥、陈炳谦、陈世光、陈季良、唐鸿业、唐寿民、唐宝书、唐乃康、唐瑛、倪淦、倪思宏、夏济、夏鹏、陆纯熙、陆费逵、陆熙顺、陆鉴微、陆文韶、陆祺生、陆维镛、徐棠、徐高、徐懋棠、徐寄庼、徐勋、徐懋、徐新六、徐翔、徐骥、徐维训、徐国安、徐海帆、徐桴、徐补孙、徐维震、陶庭耀、陶玉如、陶百川、姚稷、姚紫若、姚慕莲、秦润卿、容显麟、范锦春、范衍祚、范争波、马明善、马君武、马育英、马凤禧、项松龄、项世澄、项荣宝、孙元芳、孙鹏、孙遵法、孙科、张文焕、张寅、张余芳、张效良、张澹如、张申之、张咏霓、张嘉璈、张梅石、张茂渊、张群、盛毓琳、盛升颐、盛同孙、盛丕华、盛筱珊、屠开征、屠康侯、黄焕南、黄承恩、黄楚九、黄群、黄金荣、黄鸿钧、黄晋绅、黄明道、黄汉梁、黄伯樵、黄锦帆、高晓东、曹显英、奚光华、奚定谟、许承基、许廷佐、许淑贞、许伯明、童行白、庄箓、劳念祖、劳锡芬、邬志豪、邹秉文、汤德民、叶良秉、叶寿春、叶重、叶增铭、叶逵、叶撰初、叶琢堂、叶家兴、叶恭绰、传宗法、传瑞鑫、郭标、郭乐、郭外峰、郭承惠、郭于埜、郭安慈、郭承恩、冯炳南、冯诵青、冯耿光、冯味琴、粟显扬、杨枝、杨泰颐、杨敦甫、杨晓波、杨瑞生、杨杏佛、杨永泰、杨清源、杨肇熉、闻兰亭、褚慧僧、董杏孙、虞和德、虞顺懋、虞澹涵、赵锡恩、赵文焕、赵铁桥、赵叔雍、裴云卿、荣宗敬、邓通伟、邓振铨、熊式辉、郑伯昭、郑洪年、郑毓秀、郑仲莞、郑慧琛、厉汝熊、蒉延芳、刘承干、刘鸿生、刘锡基、刘石荪、刘鼎、刘鸿源、刘吉生、刘体智、刘纪文、刘维炽、潘其钧、潘公展、潘旭升、潘志铨、鲁正炳、诸文绮、欧元怀、骆清华、钱立缙、钱锦彪、钱永铭、钱龙章、蔡雄、蔡贞、蔡子民、卢金鉴、卢鉴泉、蒋抑卮、蒋福昌、蒋志刚、简玉阶、谢天锡、谢棨澳、谢志镛、谢甫、乐俊宝、戴芳达、庞志德、聂其焜、聂榕卿、韩玉麟、韩兆蕃、谭兆惊、关炯、严昭鉴、严智多、严成德、严均安、严独鹤、严慎予、魏藜照、魏廷荣、蓝之珏、罗坤祥、顾履桂、顾家铭、顾兆德、顾鼎亨、顾立仁、顾竹轩、顾竹筠、龚模、龚梁等同启。

（《申报》，1930 年 7 月 18 日）

致无锡县建设局姚涤新[1]局长函

（1930 年 8 月 12 日）

敬启者：据会员沈瑞洲[2]、王元勋、浦粹和、顾鸿沼等函称，“瑞洲等前因便利交通、发展地方起见，组织南达通达汽轮公司，行驶汽轮，路线自锡邑工运桥起，经过南北中三桥、蠡园、石塘桥、葛棣桥，以至南方泉为终点，每日按前、后班轮流开驶。旋因民众请求，加开下午短班，以便乡民到城料理要事后，可以即日从容回去，不致留顿过夜，以节縻费。即旅沪邑人，亦可当日遄归，以便交通。因即抽出一轮，每日下午由城到石塘桥，加开短班一次，以应需求。行驶以来，众皆称便，不意忽有同路线之锡南公司陆士铨等，见敝公司营业发达，顿生妒忌。初则轮船在途屡次寻衅，危及旅客，节经敝公司起诉县政府，尚未解决，忽又异想天开，朦呈建设局，请求制止短班，奉批，‘呈悉，候派员实地调查，如果属实，应予分别制止，此批’等因。闻讯之下，殊深骇异。窃查交通事业为地方要政，是以总理遗训对于航政尤极谆谆提倡，列入人生要需之一。在此青天白日之下，各方努力建设之时，欲求增多轮班，以利交通，犹恐不暇，决无使已经开辟之航路，反使阻塞之理。该锡南公司陆士铨等，如不胜妒羡，尽可多备轮船，加开短班，使交通更加利便，决不能违反公理，意图制止，而碍城乡交通，以背国府建设之大计、地方发展之机会、民众切要之需求。事关锡邑交通，影响甚巨，为亟据实函请贵会，转请建设局主持公道，严行驳斥，勿为所朦，庶不至因噎废食，阻碍要政，以利地方而便民众。”等由。查此项短班，专为便利由申赴锡游客，以及旅

① 姚涤新，生卒年不详，毕业于上海工业专门学校本层土木科，时任无锡县建设局长。

② 沈瑞州（1897—1968 年），无锡人。幼读私塾，家境清寒；稍长，即承父业，在上海经营桐油。因他精明能干，企业逐步扩大发展，有“桐油大王”之称。

沪同乡游玩蠡园而设，有此短班，庶几当日游毕尚可遍返沪上，彼此各行其是，似与锡南公司长班不生关系。据函前由，理合备函转达，即祈贵局顾念便利交通，免予制止。足纫公谊。此致无锡建设局局长姚。无锡旅沪同乡会理事长荣宗锦启，八月十二日。

（《无锡旅刊》，第 144 期，1930 年 9、10 月合刊，第 1 页）

致江苏卷烟特税局上海查验所姚所长函

（1930 年 8 月 27 日）

径启者：据敝同乡尤阿银函称：阿银有拖船一只，装运客货为业。上月二十八日下午三时，该船代客张明德等，承装货物，由老公茂轮船拖带，途径苏州路盆汤衖三泰码头，忽被贵所调查员沈叙福查获，内藏卷烟，除将卷烟充公外，并将拖船扣押。虽经阿银将该烟商张明德扭交爱文义路捕房，转送第六区公安分局，移由曹家渡卷烟查验分所解至贵所，并未受理。窃思当时载该货之时，即经阿银询问该商，据云系属洋袜，且于包裹上粘有票签，注明"德记袜厂"字样。阿金不疑有他，当场并未拆开查看，本与阿银之拖船无涉，乃该船迄未发还。阿银一家老幼全赖该船运载客货，藉得工资、租金以资维持，今无辜被累，一家生计顿绝，不得已恳予援助。等情前来。查儿阿银以船为家，靠此营生，所装卷烟既经贵所调查员查获充公，交带卷烟之张明德亦经尤阿金扭送公安分局移转贵所，似与船户无涉。据函前由，应请贵所将该船予发还阿银，俾维生计而张公道，至纫公谊。此致江苏卷烟特税局上海查验所所长姚。无锡旅沪同乡会理事长荣宗锦启，八月二十七日。

（《无锡旅刊》，第 144 期，1930 年 9、10 月合刊，第 1—2 页）

致江苏卷烟特税局上海查验所姚所长函

（1930 年 9 月 7 日）

径启者：前准贵所函复，以王五宝为卷制白烟之主犯，应处五倍罚金一千四百零八元，呈请部处核准，令饬遵照执行；倘该船主延抗不遵，即将所扣船只变价抵充罚金，函属转饬知照等因，准经转知在案。兹据尤阿银来会声称，“船伙王五宝代客私带未税白烟，阿银事前并不知情，惟该船只确系阿银向船厂租来，平日依船谋生，现船只忽被扣留，委系无故牵累。乃匝月以来，谋生无路，典质殆尽，已属苦不堪言，再将船只代船伙王五宝抵充罚金，船厂索船无从归偿，阿银身家性命势将不保，惟有恳会函所代为证明，免致牵累”等情。查尤阿银所称各节，经会调查，确系实情，为特备函证明，至祈贵所长呈请部处，免予抵充，足纫公谊。此致上海查验所所长姚。无锡旅沪同乡会理事长荣宗敬启，九月七日。

（《无锡旅刊》，第 144 期，1930 年 9、10 月合刊，第 2 页）

致苏浙特税局局长贾果伯[1]函

（1930 年 9 月 11 日）

敝厂有纱、布运往安庆，棉纱须另纳落地税每件洋一元一角五分，

① 贾士毅(1887—1965 年)，字果伯，江苏宜兴人。曾赴日本留学，1911 年毕业回国；1912 年即进入政府任职，历任财政金融要职达几十年。先后任北洋政府财政部参事、会计司司长、库藏司司长等职；1927 年，出任南京国民政府赋税司司长，整顿税收，革新税制，当时财政法规之研、订均出自他的手笔。1932 年升任财政部常务次长。1933 年出任湖北省财政厅厅长，对湖北财政进行全面改革。后调任江苏省财政厅厅长，代理江苏省政府主席。抗战胜利后，任鄂湘赣区财政金融特派员，负责接收三省日伪财经机构。他还从 1927 年起兼任中央大学、中央政治学校经济系教授。著有《民国财政史》等书，保存了民国时期大量的财政实况与数据。

布匹须另纳落地税每匹洋三分三厘，殊与定案不符。除呈部行令安徽财政厅及特派员转令安庆等税局，免予重征落地税外，敬请执事知照主管人员从速办理，俾机制洋式货物完过征税及内地各税各一道后，得以通行国内。

（申新总公司函稿汇登）

致上海市政府公安局外事股函

（1930 年 9 月 16 日）

径启者：敝会会员刘耀甫，向在荷属爪哇地方经营顾绣，现因回国一年有余，原有派司过期，出洋必须另请护照，来会请求备函证明。查【国民政府外交部驻上海】交涉署裁撤后，关于出国护照，即由贵市政府公安局外事股照章发给，理合备函证明，即祈照章发给护照为祷。此致上海市政〈府〉公安局外事股。无锡旅沪同乡会理事长荣宗锦启，九月十六日。

（《无锡旅刊》，第 144 期，1930 年 9、10 月合刊，第 2 页）

致宋子文①函

（1930 年 9 月 20 日）

日昨专谒，不晤为怅。面粉弛禁事，承公等体恤商艰，已于今日实

① 宋子文（1894—1971 年），祖籍海南文昌，生于上海，毕业于上海圣约翰大学，之后赴美国留学，获哈佛大学经济学硕士学位、哥伦比亚大学经济学博士学位。1923 年任孙中山英文秘书，同年 4 月被委派为中央银行筹备员，不久出任中央银行副行长、两广盐务稽核所经理；1924 年 4 月，任中华民国军政府陆海军大本营财政委员会委员，8 月任中央银行行长；1926 年 1 月当选为国民党二大中央执行委员；1927 年后，先后任南京国民政府财政部部长、国民政府委员、行政院副院长、代理行政院院长、全国经济委员会主席、中央银行总裁、中国银行董事长、外交部部长、行政院院长、广东省主席等职。

行弛禁。惟弛禁仅限于天津一隅，大连及南洋群岛等处依然禁运。迩来南、北洋，洋粉充斥，华粉已无立足余地，若长此禁运，非特粉业无生存之望，即税收也有重大影响。敝业同人已一再具呈呼吁，谅荷鉴察。查南中各省，米谷及杂粮丰收，粮食恐慌已不成问题，应恳我公设法〈将〉面粉运往大连及南洋群岛等处，援天津例一律弛禁，以维粉业，而裕税收。实纫公谊。

附1:福新面粉公司致天津粮食公会函(1930年7月8日)

北方食品向以面粉为大宗，通年粉销为数甚巨。津地粉厂作辍无定，供不应求，除采办洋粉外，恒恃申粉源源接济。今已征特税一角之申粉，到津又须征税一角，一物两征，不胜惶惑;施诸民食，尤所未闻。迩来米珠薪桂，生活艰难，南北一例，全赖商家贩运以资挹注。重征粉税，是杜绝申粉之北来，酿成民食之恐慌。商等以为同一中华民国之国民，境地虽有不同，待遇不容轩轾，食申粉者不止津地，津地则须重征，谓受战事影响乎？津地固安全如故也;谓因时局关系乎？津地于政治无与也。

附2:上海机器面粉同业公会致国民政府呈文节略(1930年7月)

上海面粉厂共计十六厂，每日出粉约九万余袋，每袋四十九磅，专供南北通商各大埠暨南洋等处华侨食品，历有年所。今年江南、〈江〉北及沿江一带，小麦丰收，厂家采办原料，制成面粉，全赖推广销路，以维营业。查沪地每日销粉只有七千余袋，现今北洋阻运，南洋等处尚未弛禁，面粉积滞一隅，金融不能流动，厂方营业无法维持。南洋等处，申粉销数本不敌洋粉，今因金贵关系，华侨极思申粉接济，函电纷驰，只因禁令攸关，无从应付。

（申新总公司函稿汇登）

致苏浙特税局局长贾果伯函

（1930 年 9 月 22 日）

迭接敝公司批发处来函，据称：粤、桂两省对于已纳税之纱布，进口时均须重征，于敝公司纱布推销，极有关系。兹特摘录号信，附奉台察，敬祈设法，由部令行粤、桂两省，如遇敝公司已经纳税之纱布进口，应一律放行，以维国货，而符部令。

附：申新总公司致华商纱厂联合会函（1930 年 9 月 24 日）

敝公司有纱布运往粤、桂两省，已按照机制洋式货物，纳过正、附税，经过各关卡，均需勒捐，客户请求免征无效。敬祈贵处电请财部，迅予制止，以符法令，而恤商艰。

（申新总公司函稿汇登）

致孙钟伟大律师函

（1930 年 10 月 6 日）

子襄先生台鉴：敬启者，敝会成立以来，于兹数载，会务进行，端赖诸同乡群策群力，共匡不逮。素仰先生法理湛深，学识宏富，兹承陶君㓜千之介绍，敬请先生为敝会名誉法律顾问，尚祈不吝教益，指示周行，是所盼祷。专肃，敬颂台绥。无锡旅沪同乡会理事长荣宗锦启，十月六日。

（《无锡旅刊》，第 144 期，1930 年 9、10 月合刊，第 2—3 页）

致上海市公安局局长函

(1930年10月11日)

径启者:据同乡杜张氏函谓,伊子【杜馨宝】现年二十二岁,无锡张泾桥人,本年三月间,与友合股开设两仪印刷公司,于北西藏路总公益里九号,承印各印刷品,安分度日。本月初,忽有沈士铭者,介绍印刷品一件,当时疏忽,未及察其内容,即行接受承印。且馨宝每日在外招揽生意,并不常在店中查看,岂知被其朦混。迨至三日晚八时许,被蒙古路四区一分所警局查系违警之品,即将馨宝拘捕。经馨宝扭获介绍人沈士铭,一并解往公安局。馨宝拘留一星期,仍未释放。吁恳贵会函请公安局,念杜馨宝系正当商人,经营印刷事业,平时并无不端行为,一时疏忽,接受沈士铭介绍之印刷物件,致被牵累,讯明即予释放等情到会。查函称各节尚属实情,应请贵局俯念杜馨宝系正当商人,一时疏忽,讯明情形,即予从宽释放,至纫公谊。此致上海市公安局局长。无锡旅沪同乡会理事长荣宗锦,十月十一日。

(《无锡旅刊》,第144期,1930年9、10月合刊,第3页)

致江海关监督刘纪文[①]

(1930年11月22日)

面粉出洋,业已弛禁,而税务司仍未准许报关。迩来粉业凋敝,若

① 刘纪文(1890—1957年),原名兆熔,字兆铭,广东东莞人。1910年加入中国同盟会,1912年赴日本留学,入东京志成学校,1914年加入中华革命党,任总务部干事,1917年于日本早稻田大学毕业后回国,历任中华民国军政府财政部佥事、广东省金库监理、广州市审计处处长、陆军部军需司司长、陆海军大本营审计局局长兼金库长、国民革命军总司令部军需处处长等职,1927年国民政府定都南京后为首任市长,1930年4月25日出任财政部江海关监督。

不从推销着想，殊无立足之地。我公洞悉商艰，维持实业，应请令知税务司准予报关，以符法令，至纫公谊。

（申新总公司函稿汇登）

致上海特区地方法院函

（1930 年 11 月 23 日）

敬启者：敝会调查尤泉根，前日在鸿运楼，被新闸捕房捕员张安康指有绑票嫌疑，捕入捕房，敝会深为骇异。查尤泉根系无锡人氏，人极老成，惟过于直率，难免无结怨于人之处。闻经新闸捕房及贵院审讯，曾今〔经〕被绑者指认，均称并未见有此人，则其与绑案无关，已无疑义。敝会对于尤泉根，深知有素，其平日行为，尚称正当，决无绑票嫌疑。用特备函证明，即祈贵院讯明交保。如奉传讯，当令随传随到。此致上海特区地方法院。无锡旅沪同乡会理事长荣宗敬启，十一月二十三日。

（《无锡旅刊》，第 145 期，1930 年 11、12 月合刊，第 1 页）

提议商事公断处应行使职权以辅法治而免讼累案[①]

（1930 年 11 月）

说明：查上海总商会本有公断处之法，历任会长照章办理，颇著成效。良以商人各安营业，不幸发生争执事件，有公证人秉公处理，是非曲直、利害得失，一经排解，不难大事化小，小事化无。自公断处放弃职

① 据 1930 年 10 月 30 日《申报》第 9 版报道，荣宗敬曾临时向工商会议提出议案，主张促成商事公断处早日成立，俾商人间之纠纷得藉公断处三言两语而解决，而无须法律手续而费长久时间。该提案由林康侯在 10 月 29 日上商会议会员谈话会上代为报告。此案系荣宗敬向 1930 年 11 月召开的全国工商会议提交的一项提案，结果该案先后经审查会、大会通过。

权，事无大小，苟有争执，势必涉讼，公庭往往极易解决之事，经年累月，结束无期。商人时间、经济，岂能以有用之光阴，做无谓之牺牲？

鄙意公断处本为法令所许，况征诸既往，为前总商会极有价值之事，现市商会虽有商事公断处，然无事可断，几同虚设，似宜呈请司法部令行特区及地方法院，凡遇商人争执，其情节较轻案件，应不予受理，移交公断处公断(其范围应由法律规定)，一面通告商人，俾了然于公断处之设立完全为息事宁人起见，于司法独立精神绝无关系。兹届工商会议，似应提付讨论，凡都会、商埠，似均有设立之必要。是否有当，敬请公决。

附：审查会审查意见

通过，送工商部核办。

（国民政府实业部总务司、商业司编：《全国工商会议汇编》第二编，京华印书馆1931年版，第92、517页）

请肃清内地匪患从速恢复交通案[①]

（1930年11月）

理由：内地匪祸日亟，民生憔悴，而交通阻塞，商业停滞，财货流通不灵，民生憔悴益甚，匪祸亦愈亟。因果相乘，如水益深，如火益热。国计民生，交受其弊。为今之计，一面宜从速恢复交通，以利商货运输，则内地原料不致废弃，商埠制品不致堆积，金融可以周转，民生自免穷困；一面尤宜严剿匪类，保安地方，使商贾不致裹足，人民可以乐业，则商运更兴，民生益泰，国家凡百建设亦庶几可得而举矣。

---

① 此案系荣宗敬(署名为“荣宗锦”)与上海溥益纱厂经理徐国安联名向1930年11月召开的全国工商会议提交的一项提案，结果该案先后经审查会、大会通过。

办法：请由大会议决，请求中央饬令主管官署，将国内原有交通限期一律恢复原状，并加以改善，一面责令各地军事长官认真剿办地方匪类，实施维持治安之策。其他方法是否有当，敬候公决。

附：审查会审查意见

此属应办之事，拟请工商部咨请铁道、交通、军政各部筹议进行。

（国民政府实业部总务司、商业司编：《全国工商会议汇编》第二编，京华印书馆 1931 年版，第 138、522 页）

请明定工厂法实施前犹豫期间以祛发展实业故障案[①]

（1930 年 11 月）

理由：我国《工厂法》已经明令公布，正式施行当已不远，经营工业者乃莫不怵然，叹今后工厂之不可为，以民生悴憔、生产落后，如吾国不能奖励、促进国人之从事投资，乃复恫吓之，使益不敢问津，讵非国家实业之最上障碍。夫现行法规条文虽有可议，宗旨原无不当，惟事实、民情有断断难施者，各工业团体已有陈述，不克尽举。其最可虑者，则洋商在我国设厂，以租界为护符，以炮舰为后盾，我政令不能及，而独予华厂以制限，不特失事理之平，亦要非政府保育之意。故此项法规之实施，当以外商工厂能完全服从我国政令为断，在未达此时期之前，应作为工厂法实施之犹豫期间，以释人民之疑惧，促生产之发展。本会议为工商业前途计，尤应有明白之表示，以贡献于当局。

---

① 此案系荣宗敬（署名为"荣宗锦"）与上海溥益纱厂经理徐国安联名向 1930 年 11 月召开的全国工商会议提交的一项提案，结果该案先后经审查会、大会通过。南京国民政府立法院劳工法起草委员会依据中央政治会议议决的立法原则，起草了《工厂法》，于 1929 年 12 月 30 日公布。《工厂法》原拟于 1930 年 2 月 1 日起实施，后因种种原因推迟至 1931 年 8 月 1 日。

办法:应由大会议决《工厂法》实施前所需犹豫期限,呈请政府采用,明令颁行。是否有当,敬候公决。

附:审查会审查意见

【该案与同组《请将〈工厂法〉内滞碍各条酌予修改以资救济实业案》、《〈工厂法〉工厂会议之规定不合法理事实请从缓施行案》】归并,请政府于规定《工厂法》施行条例时,参酌国内工厂情形分别规定施行犹豫期间。

(国民政府实业部总务司、商业司编:《全国工商会议汇编》第二编,京华印书馆1931年版,第188、526页)

请缓行棉纱特税案[①]

(1930年11月)

理由:去年【国民政府】财【政】部有征收棉纱特税之议,派员设局,筹备多时,缘种种形格势禁,遂未能见诸实施。惟闻政府对于此议,迄未寝止。华商纱厂知政府提迫施行之不可免,而疑惧亦终不能去。夫特税所标理由,为实行一物一税,固最合近世税法原则者也。然在我国今日政治、财政尚未统一,国际间不平等条约尚未撤废之前,而骤然行此,则足以消灭华厂而有余。何也?以华厂所用原料,各省是否均许免税运出;又其出品,各省是否可允免税通行,不特商人不敢置信,恐中央亦未必能保证也。而外商工厂,则有使领、驻军随地为之保护。强弱异势,其何能久!且华厂今日负担税捐,各地情形不同,而必骤使之同科,夺其地利之益,无异铲其根本立足之点,更何能奖商人向内地发展实

① 此案系荣宗敬(署名为“荣宗锦”)与上海溥益纱厂经理徐国安联名向1930年11月召开的全国工商会议提交的一项提案,结果该案先后经审查会、大会通过。

业，为国计民生谋哉！故棉纱特税，在全国政治、财政未臻确实统一，外商工厂不受我政令之前，不宜实施，否则徒取自杀。

办法：请由大会议决，棉纱特税在全国政治、财政未统一前不得实行，由大会备文呈请行政院备案。

附：审查会审查结果

棉纱特税，原则成立，应于裁厘后方可举办，并须华、洋制品一体办理。与《尅期裁厘并豁免国货原料品捐税案》、《提议豁免丝茧税实行救济丝业》合并审查，请工商部咨商主管机关核办。

（国民政府实业部总务司、商业司编：《全国工商会议汇编》第二编，京华印书馆 1931 年版，第 241—242、533 页；《申报》，1930 年 11 月 6 日）

海关歧视国货请予救济以维工商业案[①]

（1930 年 11 月）

近来爱国之士提倡国货力竭声嘶，卒鲜成效。追原其故，实由于前清奖励洋货，苛待国货之弊政，毫未铲除。夫国货受厘金之害尽人所知，今则厘金又改为专税，正税之外又加附税，变本加厉，视前清为尤甚。此事已有人争议及之，姑置不论，兹所欲请求提议设法挽回者，即在海关方面曲解条约，于苛待国货之外，洋货反受格外之优待是也。爰分晰如下：

一、歧视国货。歧视之点约略言之：（甲）洋货仅完正税一道，国货

① 此案原为荣宗敬、叶惠钧、徐东藩、李组绅、王晓籁、方椒伯、徐永祚、王介安、邵晋卿、谢仲复、程幹卿、赵晋卿、寿毅成等 13 人临时提议，其意庶于推销国货维持商业前途。《申报》1930 年 11 月 3 日，第 10 版。在工商会议提出时，提案者名单中，除上述所列人员外，又增加了黄首民、邬挺生、周星堂、周启邦、劳敬修、蔡声白 6 人。结果，该案先后经审查会、大会通过。

则完正税一道半，（乙）洋货正税有派司，国货只半税有派司一道，（丙）洋货派司得领存票有效期间二年，国货派司得领存票有效期间只限一年，（丁）洋货派司三年后得享免税期间为无期，国货派司一年以后即须重完正税一道、半税一道。此对于国货、洋货，显分轩轾者也。

二、洋货反受格外之优待。洋货进口后听其拆动、抽换运赴别口概行免税，国货既不得拆动，倘其包件记号剥落即须重税。按照前列各项，其待遇之不公已属可骇，尤其是丁项所举者最称不平，盖国货派司一年后即须重征正、半税，洋货则虽经过十年、二十年之久，均得享受免税之利益，然此犹以并未拆动、抽换言也。不料，今之海关又复准许洋货拆包零星出口，是以近来洋货之销路愈益便利。譬如洋商报运漂白粉一件，计重一百斤完纳金单位七角四分领得派司一张，彼可三年五斤分售天津、汉口等处，海关但凭派司即准其出口，于是一派司有用至一、二十年者，因之顶替、映射漫不可稽，而海关核对派司不过具文，到口查验亦莫名真相，结果只得任其含糊放行，以视国货处处严厉毫不放松者，实有天壤之别。由此言之，欲以劫余之国货争存于市上，岂不难哉？

查中英续约第四十五款载“英国人民运货进口既纳苛税课者，凡欲改运别口售卖，须禀明领事转报监督官委员，验明实系原包货，查与底薄相符并未拆动、抽换，即照数填入牌照发给该商收执，一面行文别口海关查照，仍俟该货进口查验符合，即准开舱出售，免重纳课税，如有映射夹带情事，货罚入官”等语，是则改运别口售卖免其重征，必以原包原货并未拆动、抽换者为限，显为条约所规定，海关何得曲解条约，将此利益推及于已经拆动、抽换之洋货，致使国货相形见绌，处处受亏之外，更蒙一层歧视重征之不利。应请贵会议提向海关当局，严重诘问此项办法何所根据，一面应即停止，不许洋货已经拆动原包改运别口得免重征，而国货之领派司有效期间，亦应与洋货一律办理，以昭平允，庶于推销国货、维持商业前途，有挽回之希望。是否有当，敬候公决。

（国民政府实业部总务司、商业司编:《全国工商会议汇编》第二编，京华印书馆 1931 年版，第 279—280 页）

请开拓西北推广植棉案[①]

（1930 年 11 月）

理由:我国自产棉花，原属不敷纱厂应用，近来纺锭益增，供求愈觉悬殊，遂致外棉进口，年见增加。据十八年份【1929 年】《海关册》载，进口棉花二百五十一万四千七百八十六担，估值九千一百十二万四千两。国人向知棉货为漏卮第一位，今原棉输入竟居第三位，或为国人所忽视也。查我国地广人稠，而国计枯竭，设能推广植棉，似比较发展制造易于为力;且充裕纺织原料，间接亦促纺织工业之发达。果能努力从事，则二、三年间即可达到纺织原料无待外求之境，当于国际漏卮有极大补救也。

办法:我国西北地方宽腴，可利用编遣剩余军人，仍以军队组织，开往西北从事棉垦。所以开发地利，巩固边圉，安插闲散，挽救漏卮，一举数善。应请大会通过，请求政府，提倡实行。是否有当，敬候公决。

附:审查会审查意见

通过，请工商部与有关系各机关商酌办理。

（国民政府实业部总务、商业司编:《全国工商会议汇编》第二编，京华印书馆 1931 年版，第 355、551 页）

① 此案系荣宗敬(署名为“荣宗锦”)与上海溥益纱厂经理徐国安联名向 1930 年 11 月召开的全国工商会议提交的一项提案，结果该案先后经审查会、大会通过。

提议军警各机关及学校制服应采用国货并通令各工厂呈送布匹样本以资选购案[①]

(1930年11月)

全国通年军警各机关及学校制服,所需布匹,为数甚巨。各工厂出品,虽无精密之统计,然决无求过于供之虑。惟恐货品质地、颜色,参差不齐,而价格亦未能平允,致采办者无所适从。应请钧部【指实业部】通令各纺织厂,将适用于军警各机关及学校制服之布匹,制成样本,克期呈送,以凭按品选购,其价格亦宜按照成本,务求低廉。于样本上逐一注明,俾选购者一目了然。并请咨照军警各机关及学校,一律采用国货,庶人人唤起爱国之心,而国货得以尽量推销。是否有当,敬请公决。

(国民政府实业部总务、商业司编:《全国工商会议汇编》第二编,京华印书馆1931年版,第378页)

中国工商管理协会祝贺孔祥熙荣膺实业部长电

(1930年12月4日)

南京孔部长钧鉴:顷悉我公荣膺实业部长,无任欢忭。我公主持工商行政,擘书宏远,今后拜命实业,行见经济建设突飞猛进,民生前途实利赖之。谨电驰贺。中国工商管理协会理事刘鸿生、荣宗敬、陆费达、徐寄庼公叩,支。

(《申报》,1930年12月6日)

① 此案系荣宗敬(署名为"荣宗锦")向1930年11月召开的全国工商会议提交的一项提案,结果,此案"审查会通过另附意见,大会照审查意见通过"。

致戴明德、荣子青函

（1930 年 12 月 18 日）

来信已悉。日纱、日粉充斥市廛，实为营业一大障碍。现在只有请【国民党】忠实党员，调查何地、何号、何人经营日纱、日粉，及其价格、销路，切实劝导采用国货，勿假外货摧残实业；劝导无效，应加以警告；以后若再无效，须定罚则。大约分〈此〉三层办法。宜求助于【国民党】忠实党员，为实业方面帮忙。至实行罚则，须官厅明定办法，否则易启纠纷。兹备一函，可持函晋谒，面陈一切。

（申新总公司函稿汇登）

中国经营实业之困难及其救济方策

（1930 年①）

中国经营实业，困难已达极点。知之而不言，言之而不行，则困难永无解决之日，而实业将扫地无余。某经营面粉、纺织两业三十余年，历经苦辛，以至今日，以为从前种种困难，虽不敢希望完全解决，庶几逐渐减少。孰意非特不能减少，所感受之困难，视从前为尤甚，姑举其大者言之。

一、经济问题。吾国无资本家，创办一种实业，无论为有限性质，无限性质，自订立章程，招足股本，以迄开始营业，所有资本悉化为机器、厂房，经济能力已觉竭蹶万状，不得不仰给于银行、钱庄，以资周转。幸有赢余，须偿欠息，股东之官利非所计及，遑论红利！不幸亏蚀，债权逼

① 原件未注明写作时间，按内容推测，此应写于 1930 年国民政府征收粉、纱统税以后。

迫,急于星火,不支则破产以应之。实业界经济窘迫若此,何堪再受外人经济之侵略?以故,工厂之若存若亡,随起随仆,比比皆是。此经济之困难,亟待救济者一也。

二、人才问题。有专门事业,须有专门人才。然学术与经验不宜偏重,重理想而略事实,厚新进而薄老成,鲜有不偾事者。现今各工厂新、旧人才未能冶为一炉,时有格格不入之象。是宜设法沟通,以学术补助经验之不足,以经验发展学术之本能。无如专门人才本感缺乏,加以狃于习惯,有门户之见存,用非所习,竟弓冶之互治。此人才之困难,亟待救济者二也。

三、劳资问题。劳资之关系,犹唇之与齿,皮之与毛,相爱则久,相厄必伤。资方压迫劳方,在青天白日之下,固属必无之事;劳方不谅资方之困难,日以压迫资方为事,是奚可者?现今展缓施行之《工厂法》,及甫经颁布之《工厂规则》,皆为劳方计也。为劳方计,独不为资方计乎?资方经济困难既如上述,为自身营业计,为工人生计计,犹竭力支撑,各尽纳税之义务,自谓可告无罪于社会、国家。若劳、资间再引起纠纷,使垂毙之实业不能延期残喘,责任谁属自有公评,而社会、国家或恐因此蒙绝大之影响。鄙意,劳资问题宜平心静气,消弭无谓之争执,提起互助之精神,改习惯之不良者为人情之相近者,工厂无停顿之患,即工作无中辍之虞。非然者,猜忌愈深,情感愈劣,资方呼吁无门,而又不能禁劳方之事端,惟有束手待毙已耳。此劳资问题之困难,亟待救济者三也。

四、税率问题。鄙人经营之粉、纱两业,皆在统税范围之内,虽一物不两税,而税率之重,实为吾国空前之举。各业想同此困难,不独粉、纱两业为然。成事不说,惟有希望用人、行政力求简单,厘卡时代之勒索、留难情事,尤在现今税率作为暂行税率试办一年,若厂家不胜负担,应有减轻税率之余地。此税率之困难,亟待救济者四也。

五、保护及奖励问题。工厂设立政府之下,即在政府保护之中。外人在华经营实业,其保护方法不遗余力,平时之工作与临时发生纠纷情事之处置,迥非华厂所可比拟。鄙意,工厂既尽纳税之义务,应享保护之权利。无他,求厂方安全,不受无形及意外之损失而已。至奖励问题,在实业幼稚时代认为当务之急,但授以虚荣,不如予以实利。例如纳税若干,退还奖励若干,既可辅助国货之推销,又可杜绝外货之输入。出品既多,税收自给。此保护及奖励问题,亟待实施者五也。

以上五端,皆人人所尽知,人人所欲言者,苟能依次解决,实业庶有一线生机。尤望朝野上下,不生隔阂,勿以呼吁为多事,视请愿为具文,瞭然于实业关系国家前途至深且巨。现今办实业者,莫不焦头烂额,有欲罢不能之势。整理交通,以便利运输;永息兵革,以增进农产;提倡国货,以堵塞漏卮,实业前途庶几有望!

(原件系毛笔抄正稿,藏存于上海社会科学院中国企业史资料研究中心)

《上海之工业》序

(1930 年)

农、工、商为立国要素,而以原料造成熟货,惟工是赖。上海为通商巨埠,亦为工业荟萃之区。惟时局不宁,社会经济竭蹶,致工业未能尽量发展。至工业之统计,更付阙如。为问工业之种类几何?工业之状况奚若?即工业中人,亦瞠目不知所答。上海特别市政府社会局有见及此,先从调查入手,编制图表,附以说明,成《上海之工业》一书,其有裨于工业,实匪浅鲜。窃以为,农、工、商有合作之精神,而后社会事业得以突飞猛进。我国地大物博,地有遗利,民有余力,致工用原料,往往仰给外人。而商业亦受时局影响,歇业者多,投资者少,气象日形凋敝。

工、商关系，尤为密切。商苟不存，工于何有？是故，分言之，为农为工为商，合言之，应以爱国为前提，相维相系，有互助，无歧视，一致努力建设，吾国前途，庶几有豸！读是书者，倘起而图农、工、商之团结乎，则是书之有造于社会，不仅供参考、示提倡已也。是为序。荣宗敬。

（上海特别市社会局编：《上海之工业·序》，上海中华书局1930年版）

1931 年

在私立南通学院常年校董会上的发言[①]

（1931 年 2 月 8 日）

本席单独对于纺织科的议案，结合起来，有三种济急的办法：(一) 请中央教育部按照奖学条例，每年补助五万元；(二) 请财政部将大生一、二、三、四各厂每年征收的统税，提拨五万元津贴该科，以资施行奖励实业；(三) 请求大生维持会，将每年盈利分给该科若干。

（《纺织学友》，第 2 期，1931 年 2 月，“杂录”，第 18—19 页）

请变更工人制度案[②]

（1931 年 2 月）

（说明）查前当军事时期，商货多半停顿，一因车辆不济，二因路局定章被工人破坏。往往商货提单中途扣留，不能依照提单到达地点，商

---

① 荣宗敬先生时为私立南通学院的校董。1931 年 2 月 8 日，私立南通学院校董假座大生纺织公司沪事务所召开常年校董会。当日，纺织科科长张文潽在会上逐条宣读完该科提议案后，并声明“纺科的提议，并非是请求诸位董事在大会通过而已，也不是请求批准为目的，乃是请求马上就作的”。在主席开口之前，荣宗敬先生首先对此发表意见。此为当时荣宗敬发言内容。

② 此案系荣宗敬先生向 1931 年 2 月召开的京沪、沪杭甬铁路商务会议所提的议案，被列为 148。

家受此损失，实属怨声载道，以致有陆运者多改水运，路局所属受损失亦不在少数，若不设法整顿，对于贵局及敝公司同受痛苦。工人自有合作社以来，路局办事上诸多棘手，还不是改换工头制为合法？兹特函陈，请予核准示覆。

（《铁路月刊：京沪、沪杭甬线》，第1卷第2期，1931年2月28日，第60页）

茂新、福新、申新三公司货物托其他转运公司分运时亦准由福新支路起卸案[①]

（1931年2月）

（说明）查福新公司及申新纺织公司，皆由茂新公司产生，故有“茂福申三新公司”之称，本不分畛域。前敝公司为扩充营业，在小沙渡筑成福新支路，因货运增加，特与贵局订立合同，即本此意订立。此后，凡以茂新转运公司名义，运来之茂新、申新各厂货物及原料，得由路局径运至该支路起卸。至于路局派车问题，凡遇三公司货多时，向任何车站索车，须按货供给；如不能按货供给，三公司得委托其他运输公司分运，路局得准送福新支路起卸。以上办法，务请提出会议，付众公决。

（《铁路月刊：京沪、沪杭甬线》，第1卷第2期，1931年2月28日，第63页）

① 此案系荣宗敬先生向1931年2月召开的京沪、沪杭甬铁路商务会议所提的议案，被列为158。

在上海华商纱厂联合会招待全国棉产会议各省代表及参与大会来宾宴会时之致词

（1931 年 3 月 15 日）

【1931 年 3 月 15 日晚，华商纱厂联合会在大观楼，宴请参加全国棉产会议的各省代表及参与大会来宾，计到八十八人。酒半，荣宗敬起立致词，略称：】

今天敝会宴请各位代表，承蒙各代表光临，殊为荣幸！简慢之处，尚希鉴谅。

现在中国原棉产量固属不敷，而纤维之粗、短尤不合厂需。况近来各厂渐趋向精纺，中棉之需用量乃愈减。中棉之并非不可改良者，如山东美种、天津美种等长绒棉，现在可供纺三十二支与四十二支之用；如在山东、山西、河北、陕西、河南、浙江等省推广长绒棉，将来结果之圆满可断言。不过，改良非短时讨论，可得具体办法，请诸位对于此种问题，详加探讨切实之方法，请实业部辅助，收效自易。又，厂家用潮、次原料，本非所愿，但以国内原棉太少，不得已购之。如国内产量丰富，棉厂增加，此种流弊，即可不禁而自灭。现在我们都是棉业界，应站在一条战线上。全国纱厂，日商几占半数，华商之痛苦乃益深，希望互相团结，共谋中国棉业之发展云。

（《申报》，1931 年 3 月 17 日）

在全国棉产改进统计会议上所致开会词[①]

（1931 年 3 月 18 日）

中国需要已久的全国棉产改进与统计大会，今日在此正式开幕。

① 1931 年 3 月 18 日下午二时，中国棉产改进统计会议正式开幕，荣宗敬作为大会开幕主席致开会词。此为开会词内容。

承中央及地方长官前来致训，并承注意植棉业的各处机关、团体代表前来参加，吾们甚为荣幸。鄙人谨代表发起本会议各团体，对于参加本会者，致热切的欢迎。鄙人甚望，在官长指导及各界赞助之下，我国棉产从此有切实之改善、有精确之统计，不独植棉者与用棉者交猎其益，而国计民生，实利赖之。我国衣、被所需，首为棉花，每年需用原棉，额量至巨。外棉输入，逐年增多。查民国十九年（1930），外棉进口增至二百七十余万担，值价逾一万万两。若在目前金贵时代，价值犹不仅此。中国居产棉国之第三位，徒因出产不扩张，质量不改良，以致外棉源源而入，金钱外溢。今后棉制品，有由粗而精之趋势，苟植棉业不亟起直追，扩张产量，改善质量，则将来漏卮更大，国家损失不赀。近数年来，英、法、荷、日诸国，莫不在其殖民地提倡植棉，以减少原棉仰给于外国之危险。我国土壤亟宜植棉，且本为产棉之国，乃仍仰赖外国，供以原棉，此不独金钱损失问题，且亦国人全体之羞也。数月前，英国经济调查团来沪，初次相晤，即殷殷以中国植棉事相询。其注重中国植棉业如此，我国人更当如何注重之。今各省植棉界，深知改进棉产与详制统计之不可缓，爰共同发起此会议。鄙人确信，各方必能一致合作，务使我国所销之原棉，不必取给于外国，并使我国有余剩的良棉，运销于外国，庶不独对内为国家杜塞一个绝大漏卮，且亦对外为国家开辟一种绝大利源。此即为本会议最后目的，甚望中央及地方官长，予以种种扶助、提倡及便利，以达此目的。

附：实业部长孔祥熙代表穆藕初致训词（1931 年 3 月 18 日）

此次华商纱厂联合会，联合产棉之十省区各棉业机关，发起在上海举行中国棉产改进统计会议，实为一极可喜之事。祥熙忝长实业，对于此次会议，实抱有无穷希望，无穷乐观。现当军事结束、训政开始，正宜集合政府与人民之共同力量，努力建设。建设事业，千端万绪。在政府方面，只能就大者远者为之规划，去其障碍，而一切事业之进行，端赖各方面向来从事于该事业之人民，各就力之所能，分头努力。如是，则各种建设事业，始有同时并举之希望。此次会议，完全由人民团体主动发起组织，以研究中国棉产之改进及统计，以督促中国棉产事业之进行，以图谋中国棉业之发展，实为一最可喜之现象。诚以棉产为我国重要农产品之一，棉纺织工业，又为我国首占第一位之重要工业，棉制品实为全国人民所必需，其前途发展之可能性甚巨，而与国民经济之关系又极密切而重大。数十年来，外国棉货进口，常占大宗进口货物之第一位。最近数年，因各种棉货进口数量之巨，而国民经济所受之损失，每年在三万万元以上。故论者谓，欲求我国国民经济上之自立，必先谋棉货之充分自给。然欲达到棉货自给之目的，则不但为工业上问题，同时亦为农业上问题。因为我国棉产之质量与数量，供给现有棉纺织工业之需要，已深感不足。年来外国原棉进口，平均在二百万担以上，若再推广棉纺织工业，则所缺原棉更多。故欲求达到棉货自给之目的，改良及推广棉产，与发展棉纺织工业，有同样之重要。此项会议，集全国各产棉省区之棉业专家于一室，研究讨论、改良及推广我国棉产，其影响所及，直接可以促进棉产质量之改良及数量之增加，间接可以助长我国棉纺织事业之发展。其关系之重要，有如是者。此祥熙对于此项会议所以有无穷之希望，及无穷之乐观也。现在一切建设事业，均政府与人民合作。关于棉产者，将来种种进行，有须政府辅助之处，政府当惟力是视，以共同促进棉产之改良与推广，以达到棉货自给之目的者，以求我国民经济上之自立。兹当会议开幕之始，特述其所怀抱之希望，以为到会诸君子勉之云。

（天津《大公报》，1931 年 3 月 19 日）

上海三新纱厂停工布告[①]

(1931 年 3 月 19 日)

为布告事。本经理接收伊始,所有各工场不得暂行停工,一俟移交手续办理清楚,立即开工。望各职员、各头目、各工友,各自安心,幸毋自扰。荣宗敬,中华民国二十年三月十九日。

(《申报》,1931 年 3 月 20 日)

与新声社记者谈上海三新纱厂事

(1931 年 3 月 19 日)

【新声社记者昨日访荣宗敬君于申新纱厂事务所,据云:】

自三新纱厂出卖消息传出后,多数友人劝我收买,以免被外人买去,现已成交。厂内现有纱锭七万〈枚〉、布机一千台,并定租该厂继续工作,期限为二年,期满后如何处理,未决定。今日实行接收,因接收伊始,所有各工厂,不得不暂行停工,俟一、二日接收完竣,即可照常工作。闻厂基系大来轮船公司承购,预备造船坞云云。

(《申报》,1931 年 3 月 20 日)

① 三新纺织厂开设已久,在光绪年间曾改名为华盛、集成,宣统时复改名又新,民国三年(1914)复改为三新。全厂资本,最初为八十万,改三新时为一百五十万,民国十二年(1923)又增为四百五十万。厂主本系盛宣怀,后由其子萍臣、泽臣继续经营。在民国北京政府时,曾向农商部注册,但未向国民政府注册,民国十四年(1925)向香港注册,始挂英商牌号。其时因三新欠汇丰银行巨款,由汇丰银行将该厂转售与中国营业公司,由中国营业公司出卖于沙逊洋行,由沙逊洋行将厂内机器出卖与荣宗敬,厂屋地基出卖与美商大来轮船公司。其中大来出价五百四十万,荣宗敬出价四十万元。1931 年 3 月 19 日接收时,遭到纱厂工人拒绝,要求先解决善后,故荣氏发出布告停工。

为上海三新纱厂机器厂屋均归收买事致实业部部长孔祥熙快邮代电

（1931 年 3 月 21 日）

（前略）窃上海三新纱厂，在纺织界有悠久历史。该厂欠汇丰银行巨款，由汇丰将该厂转售与中国营业公司，由营业公司出售与沙逊洋行，其厂屋及全部机器，由宗敬出银四十万两之代价，向该洋行买进。诚以纺织业凋敝已极，与其落于外人之手，于营业更起竞争，不如勉力买回，徐图发展。是以一俟移交手续办理清楚，拟立即开工。孰意一再到厂接收，职工方面多方阻挠，无从接替。虽职工提出要求，与宗敬无涉，而停顿一日即损失一日。部长维护实业，夙具决心，应请令饬上海市政府社会局，迅予处置，俾该厂早日开工，实为公便。

（《申报》，1931 年 3 月 25 日）

附 1：吴经熊、蔡六乘律师代表三新纺织公司全体职工启事（1931 年 3 月 19 日）

径启者：兹据三新纺织公司及工厂全体职工代表声称，“三新纱厂开设甚久，迭有盈余，全厂职工素称劳绩，乃近来厂主突然宣称，已将该厂出卖，即将移交新业主云云，而对于应行补付全体职工之花红，及厂产出售后之退职金及〔与〕善后津贴，概未定有切实办法，似此实已将职工应得之权利置之不顾。故同人等全体集议，除已对谨守秩序外，委请贵律师等，依法保障全权代表，向厂主要求补足历年短发之红利、及退职金与善后津贴，在未得切实解决办法以前，厂主如欲用迅雷不及掩耳之手段，约定新业主移交，而不以解决职工切身问题为当务之急者，全体职工誓必依法反对。用请贵律师迅函该公司提出要求，并登报代为声明，以免受主及外界误会。”等语前来。据此，本律师等，除已函达三新纺织公司董事长交涉外，合亟代为登报声明，至希公鉴。

附 2：吴经熊、蔡六乘律师代表三新纺织公司全体职工致杨树浦捕房函（1931 年 3 月 19 日）

三新纺织厂全体职工四千余人，因厂方突然出卖，置多年职工于不顾，为生计起见，及善后种种问题，委托代表与厂方谈判，请明了此系劳资争议民事性质。

附 3：三新纺织公司职工拒绝接收情形

昨日为申新纱厂接收该厂之时，下午四时余杨树浦捕房先派武装中西探捕二十余人，往厂内外维持秩序，继有申新厂代表诸广成、钟可贤、荣炳根及三新厂股东盛蘋丞，分坐汽车三辆到厂，准备接收。全体职工，因善后种种问题尚无具体办法，故表示拒绝。于是，厂方宣告自昨晚夜工起，停止工作，只将日工工友放出，不准夜工工友进工，而厂外数千工人均鱼贯前来，伫候路中，无所措施云。

（《申报》，1931 年 3 月 20 日）

附 4：国民政府实业部致上海市社会局电（1931 年 3 月 23 日）

市社会局览：顷据荣商宗敬马电称，“窃上海三新纱厂，在纺织界有悠久历史。该厂欠汇丰银行巨款，由汇丰将该厂转售与中国营业公司，由营业公司出售与沙逊洋行，其厂屋及全部机器，由宗敬出银四十万两之代价，向该洋行买进。诚以纺织业凋敝已极，与其落于外人之手，于营业更起竞争，不如勉力买回，徐图发展。是以一俟移交手续办理清楚，拟立即开工。孰意一再到厂接收，职工方面多方阻挠，无从交替。虽职工提出要求，与宗敬无涉，而停顿一日即损失一日。部长维护实业，夙具决心，应请令饬上海市政府社会局，迅予处置，俾该厂早日开工。实为公便。”等情。据此，合行电仰该局迅为查照办理具复。实业部，漾。

附 5：上海第三特区棉纺织业工会呈上海市政府社会局文（1931 年 3 月 23 日）

呈为三新纱厂出售，事前秘密，事后仓猝，既未经钧局核准，又不于一月前通知全体工友，贸然歇业出售，违抗政府明令，剥夺劳工生计，实属顽固已极。窃三新纱厂创设迄今，已有四十余载，历来营业不恶，资本竟由八十万达到四百五十万之谱。此次出售内幕，不言可状，因思该厂主只求私利，置工友生命于不顾，实堪痛恶，奈木已成舟，亟宜办理善后，而免吾四千余牛马之工友，坐待惨毙。此次厂方实有违犯《职工退职待遇暂行办法》，兹将登记全体工友每月工资、工作年数，依法计算，造具清册二份，请钧局克〔剋〕日训令厂主照给。况该厂开设颇久，工友对厂主不无微劳，故年老力衰、无处谋生工友，除要求退职金之外，须酌给赡养费。又该厂同善堂，系职工善善团体，基金及经常费，概由职员、工友捐助，历来颇有余蓄，如今厂已出售，同善堂所有一切财物，均应交还吾职工，曾会同职员致函前总办盛玉麟，要求移交，讵彼置之不复，迹近吞没。理合具文一并呈请钧局，伏乞体恤劳工生活，迅予办法，俾得早日解决，使吾四千余工友，得以生存，实为公便。谨呈。

（《申报》，1931 年 3 月 25 日）

附 6：上海市社会局批令工会（1931 年 3 月 25 日）

呈为三新纱厂出售，请令发给退休金，以维生计等由，迭呈均悉，仰即转饬敬候调解，不得阻拥新旧接收，致滋纠纷，切切。此批。

附 7：上海市社会局训令三新纱厂机器买主申新纱厂总经理荣宗敬文（1931 年 3 月 25 日）

为令遵事。案奉市政府第七六八三号训令，为据第三特区棉纺业工会呈，为三新纱厂出卖，请求设法救济，并饬发给酬劳金等情转发副呈，饬即查核办理具报等因。奉此，正核办间，复奉实业部漾电，饬迅查照办理是案。查该厂开设已久,服务职工有数年,以至数十年者,一旦厂基出售,根本动摇,群情惶恐,自意中事。除经劝谕该厂职工不得阻挠新旧接收,并饬静候调解外,奉令前因,除分别呈复暨批示工会外,合亟令仰遵照。此令。

附8:第三特区棉纺业工会为三新纱厂工人事呈上海市社会局文(1931年3月25日)

呈为三新纱厂不恤工友生计,贸然歇业出售,兹将条件提出,呈请钧局,伏乞迅予鉴核办理事。窃本厂歇业出售,仓猝间调使武装探捕前往,以图交替。按厂方此举,不恤劳工生计,藐视政府法令,摧残吾国实业,可谓极矣。兹经属会临时会议,根据本市劳工法规,参酌本厂工友状况,提出条件三项,理合具文,呈请钧局,伏乞剋日训令厂主盛泽丞履行,以符政府法令,而保劳工生存。实为德便。谨呈。条件三项如下:

(甲)关于工人方面,共计三千七百十六名,(一)退职金,每人每月工资平均十三元五角,最高额为十八元,最低额为九元,全体工人一个月,共计工资五万零一百六十六元,今应得退职金四个月,共计二十万零六百六十四元;(二)赡养费,工友年龄满五十岁以上者给赡养费十八个月,五十岁以下者给赡养费十个月。

(乙)关于值班、机匠、加油及正、副女头目方面,共计六百五十五名,每人每月工资平均二十二元五角,最高额为三十元,最低额为十五元,全体一个月,共计一万四千七百三十七元五角,应得退职金及赡养费,与工人同样办理。

(丙)关于同善堂方面,三新厂同善堂一切财物,应由职工自行处理。

(《申报》,1931年3月26日)

致上海市社会局局长潘公展[①]函

（1931 年 3 月 25 日）

接奉训令暨通知书，为三新纱厂职工问题，嘱宗敬于承买价银项下先行扣存一部分，负责办理，听候调解，并嘱推定负责代表，到局听候问话。查宗敬向银团购买三新纱厂全部房屋、机器，与盛姓及三新职工无涉；职工向盛氏请求，更与宗敬无关。扣存一部分价银，碍难遵办，似无推派代表之必要。只求局长迅予调解，俾得早日接收，实为公便。

（陈文源、钱江主编：《荣宗敬文集》，广陵书社 2019 年版，第 56 页）

致上海市社会局局长潘公展函

（1931 年 3 月 27 日）

前奉训令及通知书后，当即函陈一切，谅已览及。顷阅日报登载贵局召集问话一节，有"市社会局因昨日召集问话，机器、厂屋买主荣宗敬及三新厂主盛泽丞均未来局候询，殊属不合。"等语。查三新纱厂机器、厂屋，系银团卖与宗敬，与三新无关，尤与三新职工无关。职工向三新交涉，揆诸法律、事实，宗敬似不应参加。是以前函声明不派代表，除静

① 潘公展（1895—1975 年），浙江吴兴（今湖州）人。早年毕业于上海圣约翰大学，南社社员，1920 年任上海《商报》电讯编辑，后兼《申报》记者，并先后在上海大学、国民大学、南方大学任教，1927 年加入中国国民党，后任国民党中央政治会议上海临时分会委员、上海市政府社会局局长、教育局局长等职，1932 年后创办上海《晨报》、《新夜报》、《儿童晨报》、《儿童画报》等，并兼任中国公学副校长，1935 年当选为国民党第五届中央执行委员。抗战期间，历任湖南省政府秘书长、国民党中央宣传部副部长、国民党中央常务委员。抗战胜利后，任《申报》馆董事长兼社长、上海第一届参议会议长、上海文化运动委员会主任等职，1949 年到香港，后定居美国。

候贵局调处银团正式交替外，不负任何责任。特再函陈，惟希亮督。敬颂公祺。

（陈文源、钱江主编：《荣宗敬文集》，广陵书社2019年版，第56—57页）

附：上海市社会局通告（1931年3月27日）

荣宗敬、盛泽丞览：为通告事。查三新纱厂职工因厂基出售请求救济一案，本局于本月二十六日召集问话。该关系人荣宗敬与盛泽丞均未来局候询，殊属不合。兹本局再定于本月二十八日下午一时召集问话，即行相机调处。除通知工会外，合亟登报通告，仰该关系人荣宗敬与盛泽丞本人，或推派负责代表，依期到局，听候调处，切勿诿延。特此通告。

（《申报》1931年3月27日）

复上海市社会局局长潘公展函

（1931年3月30日）

敬复者：接奉八三一六号训令，内开："为令遵事。查该商【申新】承买三新纱厂一案，前据面称，愿负责襄助解决工潮，故经准许先行接收。乃本局召集调解，新旧厂主一再不到，致本案悬而未决。合亟令仰遵照，在该厂职工退职金纠纷尚未解决以前，暂缓接收，以免激成意外。此令。"等语。查贵局召集调解，宗敬不应参加理由，已声明在案。至接收问题，本案一日不解决，即一日不能接收。在收买该厂机器、房屋之时，极思早日开工。为营业计，即为工友生活计，万不料迁延至今，纠纷未已，宗敬惟有遵令暂缓接收，静候贵局解决。合应函复。此上。

（申新总公司函稿汇登）

附 1:上海市政府社会局对三新纱厂售卖案的调解

市社会局自得三新纱厂出售消息后,因有关中国纺织业前途甚巨,且究系售与何人,当有注意之必要,曾派员前往彻查,后得市府训令暨实业部来电,均令查核办理,而工方亦迭呈请设法救济,故指定第三科科员徐直,于今日下午一时,召集第三特区棉纺业工会、三新纱厂主盛泽丞、机器厂屋买主荣宗敬等三方问话,以便着手进行调解。通知书昨日已分另发出。

(《申报》,1931 年 3 月 26 日)

附 2:上海市社会局通告(1931 年 3 月 29 日)

三新纱厂盛泽丞、盛玉麐鉴:为通告事。查该厂此次出售事,前既未详叙理由呈准官署,事后经本局调解又未遵时出席,殊属不合,除训令承买该厂之荣宗敬暂缓接收外,特再定于四月一日下午一时召集调处,合亟登报通告,仰该盛丞泽与盛玉麐本人,或推派负责代表,依期来局听候调处,毋得再事违误,致滋纠纷。特此通告。

附 3:上海市第三特区棉纺业工会呈上海市社会局文(1931 年 3 月 28 日)

呈为呈报三新纱厂新买主利用流氓,意图破坏吾劳工团体,仰祈鉴核事。窃三新厂出售以来业已多日,新旧厂主尚未交替,及吾方向厂主请求退职金未解决之际,新厂主竟收买不良份子,引诱工人、散布谣言,以谋摇动吾全体会员意志。属会目觇斯状,惊慌万分。际此劳资纠纷之状,设有意外发生,本会概不负责,在旧厂主尚未解决劳工善后问题之时,伏乞钧局训令新厂主暂缓接收,并万急停止种种破坏行为。实所企祷。谨呈。

附 4:上海市社会局批令第三特区棉纺业工会(1931 年 3 月 28 日)

呈悉,应准予令饬暂缓接收,仰即知照,静候解决。此批。

(《申报》,1931 年 3 月 29 日)

附 5:上海市政府指令社会局文(1931 年 3 月 31 日前)

呈为将处理三新纱厂出盘案经过情形,先行呈报鉴核由,呈件均悉。关于劳资纠纷部分,仍仰妥为调处。此令。

附 6:上海社会局令三新纱厂机器厂屋买主申新纺织公司总经理荣宗敬(1931 年 3 月 31 日)

为令遵事。查该商承买三新纱厂一案,前据面称,愿负责襄助解决工潮,故经准许先行接收。乃本局召集调解,新、旧厂主一再不到,致本案悬而未决。合亟令仰遵照,在该厂职工退职金纠纷尚未解决以前,暂缓接收,以免激成意外。此令。

(《申报》,1931 年 4 月 1 日)

接收三新纱厂布告

(1931 年 4 月 8 日)

上海申新纺织总公司为今日接收三新纱厂,待货物点交清楚,即日开工。此布。

(《申报》,1931 年 4 月 11 日)

附 1:三新纱厂开工前问题

杨树浦路三新棉纺厂,自新买主由新厂总经理荣宗敬接收后,当委吴坤生任厂长,吴士怀、王士章任正、副工程师,现已移交完竣,并宣布本月二十七日开工,二十一日起工人报名登记。各老工友当即群往报名,厂方因报名手续,须经新职员介绍,于是四千多老工友,群起恐惶,推派代表田三子、侯家海等,昨日备呈往市社会局请愿,要求厂方遵照前约录用,不得拒绝工作。该局当派员前往彻查,以便核办。

(《申报》,1931 年 4 月 24 日)

附 2:上海市社会局致三新纱厂厂主荣宗敬令(1931 年 4 月 24 日)

为令遵事。案据第三特区棉纺业工会呈,为三新纱厂新旧交替时,资方代表诸广成,于四月九日在厂内写字间,曾当众负责允许全体工人一律复工,且有律师伍守恭在场证明。兹厂方宣布,于本月二十七日开工,二十一日起报名登记。据资方工程师吴士怀向劳方代表报告,谓须另招新工,因之群情惶迫,请救济等情。据此,查该厂新旧交替时,既由代表诸广成声明在前,不应反悔,况既承盘该厂,亦应尽先录用旧工友。据呈前情,合亟令仰遵照,毋得任令职员故意留难,致滋纠纷。切切。此令。

附 3:上海市社会局致三新纱厂资方代表诸广成令(1931 年 4 月 24 日)

为令遵事。(中略)查该厂新旧交替时,既由该诸广成代表资方,负责声明在前,则该厂现在开工之时,自应仍着负责劝令资方,尽先录用旧工友。据呈前情,除分令新厂主荣宗敬外,合令仰遵照,迅行负责办理,以恤工艰。切切。此令。

(《申报》,1931 年 4 月 25 日)

附 4:申新总公司复上海市社会局函(1931 年 4 月 25 日)

为呈覆事。奉九二八三号训令,内开:“为令遵事。案据第三特区棉纺业工会呈,为三新纱厂新旧交替时,资方代表堵广成,于四月九日在厂内写字间,曾当众负责允许全体工人 律复工,且有律师伍守恭在场证明。兹厂方宣布于本月二十七日开工,二十一日起报名登记。据资方工程师吴士槐向劳方代表报告,谓须另招新工。因之群情惶恐,请救济等情。据此,查该厂新旧交替时,既由代表诸广成声明在前,不应反悔,况既承盘该厂,亦应尽先录用旧工友。据呈前清,合亟令仰遵照,毋得任令职员故意留难,致滋纠纷。切切,此令”等情。窃本公司承盘三新纱厂时,承堵广成代表调解,现该厂已布告开工日期,工友自应择优录用,原无新旧可言,何有厚彼薄此之意。查三新出盘以前,工作如何，无待赘言。今既由本公司接收，自应切实整顿。诸广成对于三新工友一律复工，在择优录用以前，为当然之表示，若误认一律复工为一律录用，则人浮于事，绝无整顿之机会。而一般忠实工友无由发挥其才能。盖工友生活固宜维持，工厂地位亦宜保全。钧长明察，早在洞见之中。至该厂工程师谓“另招新工”云云，恐非事实。除择优录用旧工友外，自不得不另招新工补充，并非置旧工友于不顾也。除知照该厂职员外，合行呈覆。

（申新总公司函稿汇登）

中国纺织、面粉两业经营上之困难及其救济方策
——在中国工商管理协会第六次聚餐讨论会上的讲演词概略
（1931年4月18日）

【中国工商管理协会【于1931年】4月18日下午在联华总会开第六次讨论会，理事长孔庸之【即孔祥熙】博士特由〈南〉京来沪主席。到会有荣宗敬、吴清泰、郭秉文、钱承绪、史悠明、寿毅成、陶乐勤、许超、徐定澜、张祥麟、朱义农、赵叔通、曹云祥诸会员。主席请荣宗敬讲演“中国纺织、面粉两业经营上之困难及其救济方策”。】

纺织、面粉两业，关系我国社会、经济至巨。年来与日、英、加拿大诸国竞争，日见剧烈，艰难备尝。推其原因，则税项负担过重，交通梗阻，运费过昂，原料品质不佳，工厂管理不合科学方法，实最为重要。挽救之策，端在改良棉产，减轻捐税及运费，并励行科学管理数端。

日本面粉在大连、安东等处，可以免税输入，倾销东省，实足使我国生产者，处于极不利益之地位。甚盼政府当局，设法救济。又，我国纺织专家过少，切望国内工科大学，创办纺织专科，训练专门人才。

（《工商半月刊》，第3卷第10期，1931年5月15日，“国内经济”，第28—29页）

致国民政府财政部贾果伯司长函

（1931年5月12日）

闻6月1日起，粉厂麸皮出口，估价值百抽七点五斤。查【民国】十七年【1928年】7月1日实行麦粉特税时，麸皮一项，每百斤抽出口税洋五分。因麸皮系畜料之一，吾国销数无多，大多数销至日本。当时我公经办特税，主持公道，历时未久，谅能忆及。6月1日如果实行新税，以目前市价而论，较原定五分相差四倍，麸皮势必囤积厂栈，无人过问，霉烂堪虞。现在粉业受洋粉倾销之影响，已有惶惶不可终日之势，麸皮若加重税率，销路停顿，于营业更感困难。我公熟悉商情，久绾税政，务恳设法疏通，以维原议而恤商艰。

（申新总公司函稿汇登）

管业执照遗失声明

（1931年5月21日—22日刊载）

径启者：鄙人管业之坐落上邑四图与十并十一图苏沙字圩第五千零拾号内，升科沙田肆拾五亩二分五厘三毫，所有财政部执照一纸，业已遗失。除呈请土地局照章补发新管业执照外，特此登报声明作废。荣宗敬启。

（《申报》，1931年5月21日—22日）

附：大夏大学声明执照遗失（1931年5月14日—16日刊载）

径启者：敝校承荣宗敬先生捐赠，坐落上邑二十八保四图与十并十一图苏沙字圩第五千零九号内，升科沙田六十六亩七分四厘九毫，该地财政部执照一纸，业已遗失。除呈请土地局照章补发〈新管业执照〉外，特此登报声明作废。大夏大学启。

（《申报》，1931 年 5 月 14 日—16 日）

上海筹募江西急赈会启事

（1931 年 5 月 28 日—30 日刊载）

江西□祸，萌芽于北伐之初，蔓延于□□以后，由是□、□不分，潜滋暗长，至于不可收拾。虽云一隅之浩劫，实关全国之奇变。盖自□□叛于□□，而乱机乃勃发矣；自国军相继北征，而□□□□□□诸逆，乃狡焉思逞，分股肆虐矣。举全省八十一县声明、文物之区，悉数沦为瓦砾、燐焰之场，其未经失陷者，仅□□附近数县而已。据江西省党部所汇报，自十九年四月起至八月止，综计生命屠杀达数十万人，财产损失达数万万元，家宅被毁者约数十万户，至于俘虏逃亡之数则无虑数百万人；而八月以后，所肆荼毒，尚不与焉。尤可恸者，方事之殷，凡属智识方面之分子并及于难，以故□□高张下之一切惨状，从无人焉传檄进图以擢数于吾国人之前，实则为祸之烈。至于目不忍觇、耳不忍闻，固有什百倍于兹之所述者。自大军云集，政府锐意挞伐，人民疲于呼号乃不幸，而最近水灾又见告矣。平衍之区，水深数尺，境内河流所经，并为泽国。且□□恶氛之炽，今犹之昔，其未经国军克复各地固无论矣。幸而追击所至，□巢一空。其间重觇天日之难民孑然一身，极目千里，卒于无术自存，则唯有坐以待毙而已。嗟夫！以江西今日之遗黎，其所罹□□蹂躏之惨祸既如彼，所遇非常之灾变又如此，而犹得视息人间，以俟吾人兹后之拯救者，亦可谓厚幸也已。同人不敏，以为神明之胄，谊当自爱其类，饥溺之怀宁敢或后于人？用是议，合众力共成斯会，庶几上卫国变，旁恤邻灾，同证善缘之邦人，其亦所乐闻欤。

发起人：

熊式辉、张岳军、许俊人、王一亭、虞洽卿、王晓籁、黄金荣、张啸林、杜月笙、闻兰亭、何应钦、鲁涤平、李云书、李组绅、屈文六、周宗良、徐庆云、李徵五、朱子谦、王东园、张兰坪、姚慕莲、姚紫若、陆伯鸿、胡孟嘉、项松茂、张继光、谢韬甫、庄崧甫、郭外峰、张效良、荣宗敬、张子廉、姬觉弥、徐补荪、聂云台、王伯元、翁宾初、洪雁宾、裴云卿、王心贯、黄延芳、余华龙、陈翊庭、沈田莘、宋汉章、楼恂如、杨啸天、钱新之、狄楚青、陈炳谦、冯炳南、沈联芳、陈雪佳、谭海秋、卢少堂、王孝英、陈雨芗、涂仲宣、彭茂庭、黄光斗、黄瑞生、李祖虞、秦待时、谢蘅窗、穆藕初、关炯之、吴蕴斋、叶扶霄、傅松年、赵晋卿、俞鸿均、包寿饮、周紫珊、邬挺生、徐幹麟、张澹如、金观甫、戴耕莘、骆清华、吴寄尘、哈少甫、周湘舲、顾馨一、朱吟江、孙梅堂、陆祺生、徐圣禅、潘公展、郑槭三、顾竹轩、叶叔眉、蔡琴荪、叶琢堂、马骥良、贝崧荪、宋子良、郑毓秀、许丽泉、赖波民、蒋任甫、熊茀田、高少航、彭醇士、黄旦初、黄葆祥、吴密禅、黄涵之、张贤清、董杏荪、林康侯、王培元、张公权、王彬彦、陈伯藩、陆翥双、袁履登、倪文卿、朱燮丞、刘鸿生、李觐丹、焦乐山、夏玉峰、王云五、陈霆锐、施省之、叶誉虎、卢涧泉、胡笔江、夏应堂、丁仲英、陈霭士、邬志豪、陈健安、谢伯殳、金廷荪、李寿山、秦润卿、周渭石、席云生、赵兰亭、丁桂岑、史量才、汪伯奇、水楚琴、牛厚泽、谢敬虚、叶惠钧、郭宇镜、徐寄庼、方椒伯、劳敬修、张慰如、褚慧僧、郑澄清、严谔声、徐佩璜、张申之、乌崖琴、赵友琴、何谷声、成燮春、徐永祚、江一平、陈光甫、陆凤竹、孙筹成、任矜苹、钱龙章、张一尘、吴亮生、胡凤翔、王屏南、陈蔚文、诸文绮、屠开徵、陈济成、郭仲良、陆文韶、潘旭升、叶家兴、陈良玉、陈松源、蒋志刚、顾伯华、孙维栋、朱子椿、李环瀛、金润庠、钱承络、袁近初、蔡仁初、徐懋堂、洪贤钫、王云甫、蔡绥之、竺梅先、乐俊葆、严独鹤、李浩然、刘骋三、奚萼衔、贝润生、傅其霖、王启宇、李咏裳、毛和源、孙月三、魏鸿文、沈锦洲、郁季平、金锡之、周树卿、朱子雍、王承之、蒋赓声、蒋颂声、奚润耕、郑伯壬、魏伯桢、蒋泉茂、夏天长、倪锡纯、汪舜山、范迪秋、陈伯刚、孙衡甫、徐可陞、王养安、沈星德、周湘云、周润卿、陈希曾、蔡增基、胡鸿基、朱炎、谢其潮、陈泽霖、薛淦生、盛同荪、范回春、叶子衡、姜炳生、俞佐庭、周静斋、石芝坤、李孤帆、方稼孙、严同兴、方式如、何绍庭、何绍裕、何积藩、周仰三、胡方锦、陈楚湘、陆竹坪、张咏霓、张延龄、盛丕华、盛筱珊、张菊生、韩芸根、薛润生、方浚军、余葆三、林孟垂、魏廷荣、林双泉、冯幼伟、朱铎民、朱芑臣、陆维镛、徐宝琪、沈维挺、沈承福、刘襄荪、韩云根、王尧臣、王禹卿、朱斗文、朱汝山、徐仲麟、张戬卿、方幼之、张铸清、徐慕邦、汪少丞、严春堂、张瑞棠、叶焯山、顾嘉棠、高鑫宝、江肇铭、李根兴、马祥生、江幹廷、钱志翔、林兰圃、黄彰发、黄涤箴、李应生、周之贞、芮庆荣、钟可成、俞守正、田鸿年、杨渔笙、丰文郁、张翼枢、黄震东、陈炳常、傅品圭、陈璋圭、姚荫鹏、周文瑞、倪振祥、魏晋三、胡秋江、沈采生、俞叶封、苏嘉善、袁珊宝、陈雪轩、褚民谊、汪子健、庞莱臣、李伟侯、姚虞琴、袁仲慰、殷受田、唐伯耆、俞福田、郭遒生、余日章、许秋驯、许剑青、简玉阶、杨梅南、李馥荪、赵叔雍、胡文甫、张天锡、谭蓉圃、庄得之、沈长赓、汤斐予、姚文敷、唐寿民、陈子明、王志莘、刘吉生、朱少屏、董显光、郭承恩、郭德华、唐少侯、陈伯权、钟衍庆、顾逸农、陈掌文、薛宪章、王守余、潘鸿鼎、吴序恩、朱家俊、张企文、钟人杰、刘梓文、周念祖、王晖、顾孝清、杨洪钧、陈天锡、杨心正、沈梦莲、李宗侃、粟显扬、任宙承、郭于埜、金纯儒、胡松山、温应生、姚德馨、范季美、邓镜寰、罗芹三、杨晓波、丁介侯、郑寿芝、永安堂、张清笙、张云春、徐竹书、宝耀庭、陶昌海、何衷筱、朱勤甫、郭豫森、陈万运、金元通、程霖生、刘锡祺、张慰慈、殷铸夫、李寿彭、徐新六、李拔可、郑澄清、江问渔、阮介蕃、张镕西、郑苇庭、秦砚畦、谭雅声、姚子让、潘公弼、吴震修、徐维震、杨肇熉、吴铁城、杨仲瑚、冯幼伟、陈蔗青、王伯元、李伯勤、王轶陶、顾诒穀、陈惠农、龚礼南、唐执甫、朱问云、陈绍宽、刘维炽、王茂亭、吴毓卿、许修直、黄明道、唐宝书、孙景西、谭毅公、聂榕卿、厉汝熊、王孟群、吴慰如、刘惠之、王鞠如、严慎予、张淡如、郭伯良、李绍周、丁谨如、许金源夫人、蒋毅夫人、郭宇镜、周继云、陈季良、陈襄平、李叔和、刘悟叔、陈白虚、刘晦之、周青苹、蔡绥之、夏伯训、徐东甫、吴光宗、陈泽霖、朱炎之、罗泮辉、倪文卿、郑天锡

办事处：九江路廿六号中国红十字会

（《申报》，1931 年 5 月 28 日—30 日）

复刘春圃理事函

（1931 年 6 月 23 日）

敬复者：接读大函，以同乡女子潘琴贞一案，请予援助，并由该女子

潘琴贞到会声述泣求。当经本会转函法院,依法严办矣。特此奉复,即希察照为荷。此致春圃理事先生大鉴。荣宗锦谨启,六月二十三日。

附:刘春圃理事致无锡旅沪同乡会函(1931 年 6 月 23 日)

敬启者:昨据同乡女子潘琴贞涕泣来告,现年十八岁,无锡北门水关桥人,在沪住徐家汇余九里二号,向在中华套鞋厂做女工,乃于两月前被流氓张阿四强行奸污,始以弱质女子忍泣吞声。既该张阿四又强暴胁迫,屡图加害生命,迫不得已,遂于本月十四日扭控六区二警察所,解局移解法院。当在检察处侦查庭审讯时,该张阿四仍信口雌黄,任意污蔑。刻被告虽在拘押之中,只以女流无知,不明诉讼程序,更无资延请律师,可否恳求转函同乡会,赐予援助等情前来。按其情形,实堪怜悯,夙仰贵会素以扶助同乡为职志,用敢函达,尚乞察照,查询详情,函请法院,秉公严办,或转任顾问律师,义务援助。不胜感恳之至。此颂公绥。刘春圃拜启,六月二十三日。

(《无锡旅刊》,第 148 期,1931 年 4、5、6 月合刊,第 2 页)

致上海地方法院函

(1931 年 6 月 23 日)

径启者:据敝会理事刘春圃函陈,同乡女子潘琴贞,涕泣来来告,现年十八岁,无锡北门水关桥人,在沪住徐家汇余九里二号,向在大中华套鞋厂做女工,乃于两月前被流氓张阿四强行奸污,始以弱质女子,忍泣吞声。既该张阿四又强暴胁迫,屡图加害生命,迫不得已,遂于本月十四日扭控六区二警察所解局,在局曾预审一次,该张阿四业经供认在案。旋移解法院,当在检察处侦查庭审讯时,该张阿四仍信口雌黄,任意污蔑,大反前供。刻被告虽在拘押之中,只以女流无知,恳求转函同乡会赐予援助等情前来。按其情形，实堪怜悯，为特函会恳予援助等语，并由该女子潘琴贞泣求前来，用特备函请求，至祈钧院将该犯张阿四依法严办，毋稍宽纵，以儆不法而安人心。实纫公谊。此致上海地方法院院长沈【秉谦】①。无锡旅沪同乡会理事长荣宗锦谨启，六月二十三日。

（《无锡旅刊》，第 148 期，1931 年 4、5、6 月合刊，第 2 页）

为常州纱厂不偿还机器垫款出卖厂基及全部机器事所发启事

（1931 年 6 月 29 日—30 日刊载）

甲子年【1924 年】正月，江君上达、钱君琳叔来宗敬处，面商常州纱厂向海京洋行订购之美国维丁纱机，由懋业银行押汇来申，其汇票要求宗敬签字担保，分期付款。宗敬以同为纺织业中人，既经江、钱二君再四面恳，遂允为担保。讵意汇票到期，该厂完全失信。宗敬以个人名誉攸关，遂将自己所有上海英工部局公债担保抵押。懋业到期并不知照，竟自将公债代售，将款收清。维时该厂停机已久，议与申新合办。宗敬以垫付机款关系，遂与合作。不意机款迁延至今，尚未偿还。该厂已另招他人接办。及阅韩君永清启事，知该厂有以六十万元有零之价，标卖厂基及机器全部。试思机器垫款尚未偿还，该厂岂可自由出卖财产？为此登报声明，在该厂未曾偿还宗敬机器垫款以前，任何私人或团体，均不得以任何名义接收该厂，以免扰累。诸希公鉴。

（《申报》，1931 年 6 月 29 日—30 日）

---

① 沈秉谦，生卒年不详，字逊之，安徽省人，原为上海地方法院首席检察官，1930 年 4 月由司法行政部部长魏道明任命为上海法院院长，任该职至 1932 年 3 月。

附：韩永清为徐果人[①]串借道契及常州纺织公司串买财产启事（1931 年 6 月 27 日—29 日刊载）

民国十一年【1922 年】七月，徐君果人，以常州纺织公司金融停滞，势将搁浅，一再求助于永清。当以该公司营业停顿，关系劳、资两方殊巨，而一时又无活动方法，不得已，将自置上海胶州路房屋，计地皮七亩八厘一毫道契，借给该公司设法抵押借券，载明于两个月内将契归还，并由常州商会具书担保。此固友谊的协助，将以维持地方，维持该公司，且借契并无计利之事，与一般债权性质大不相同也。该公司接收道契后，持向东亚兴业株氏会社，押借规银四万五千两，屡延不还。东亚将拍卖地产，又由果人商请永清维持。其时，永清除道契不能收回外，并代该公司垫付东亚利息。比至二十个月以后，该公司仍无还款办法。果人仅以该公司之美机押款六万元债票，交永清作为保证，并经呈明省当局，除以保证品之收入抵还外，不敷若干，统由该公司财产得价项下偿还。情词婉转，娓娓动人，其言未尝不甘也。讵债票虽有定期还款之明文，而到期确〔却〕无偿还债款之事实，迁延近三十个月，东亚借款万难再延，切商果人，绝无效果，不得已，于民国十三年秋忍痛变产，得价七万一千五百两，以偿东亚。遥遥数载，悬案依然。产既属人，款亦乌有。此永清被果人及常州商会串骗房产道契之情形也。按永清借给该

---

① 徐果人（1880—1945 年），名隽，字馥如，号果人，江苏常州人。清末秀才，科举废除后转攻新学。1906 年，庄鼎彝创办冠英小学，受聘为总教习。1906 年，任江苏咨议局秘书。1912 年，至上海，任《时事新报》编辑，负责社论撰述；次年，经蒋维乔推荐进入商务印书馆编译所任编辑，参与编写多种算学教科书，同时积极从事政治活动，被推任共和党、进步党总干事。1914 年，回常州，任武进劝学所总董。1918 年 8 月，当选为安福国会参议院议员。1917、1919、1920 年，与钱以振、江上达等在常州合股创办常州商业银行、常州纱厂和富华储蓄银行。1921 年 11 月，当选为江苏省议会议长，从此活动于常州至南京之间。1924 年，江浙战争爆发，徐国人代表江苏省自治协进会、省议会，分别致电齐燮元，呼吁停止内战，“保境安民”。翌年，任临时参政院参政。抗日战争期间，出任伪江苏省政府秘书长。1945 年去世。

公司押借款项之地皮七亩八厘一毫(每亩时值二万金)、房屋三座,共值二十余万元,益以十年来之财产滋息,计约三十余万元,徒以道义之念一动,遂至损失若此,所恃以弥补者,实有款不敷偿。准由该公司财产得价项下偿还之成约,厂产具在,犹可收之桑榆。顷闻某君以六十万元有零之价,标买厂基及机器全部,永清毫未与闻。此项厂基及机器,是否仅值六十万元?英机、美机昔日押借几何,今日变价又仅几何?新记公司系属保人,其中有无串卖情事?诸君扪心自知,惟问永清借给道契之举,是否出于维持之善意乎?其性质果与一般债权相同乎?所蒙损失,应以债票六万元计算乎,抑以财产损失总数三十余万元计算乎?永清当年借契原因是否由果人之一再求助乎?常州商会是否与之相为表里乎?今若此其串骗乎?非串骗乎?永清受果人及常州商会之害为最烈,其股东及各债权人,恐亦不乏受害者,闻之当代愤懑。永清一再筹思,只有依法诉追之一途。谨为各方公告,并郑重声明,于永清与该公司,未经法律裁判以前,私人或团体,均不得以任何名义,接收该公司财产,以免混入漩涡,自取不利。诸希亮察。

(《申报》,1931 年 6 月 27 日—29 日)

介绍德医杨兴龄先生启事[①]

(1931 年 8 月 18 日—22 日刊载)

杨兴龄先生,前在国立同济大学医科毕业,旋进宝隆医院,历充内科、妇科、花柳科主任多年,学识、经验均臻丰富,一经诊治,无不着手成春。同人等素稔悉,兹因自设诊所,开业伊始,用特为之介绍,俾病者知

① 此介绍启事由荣宗敬与刘春圃、裘葆良、邹秉文、张一鹏、黄涵之、蔡禹门、丁福保、姚子让、王西神、严独鹤、冯云初等联名发出。

所问津焉。

开诊日期:八月十七号

诊所:二马路西藏路口大庆里对面

电话:一六〇三八号

应诊时间:门诊,上午九时至下午六时;出诊,下午六时至八时;急诊,随请随到。

(《申报》,1931 年 8 月 18 日—22 日)

国民政府救济水灾委员会财务组募捐启事

(1931 年 8 月 24 日)

本年江淮流域洪水为灾,数千万人民田庐荡析,老弱流离。灾况之惨,百年罕有。所有灾民衣、食、居、住等项,无一不赖救济。政府虽经颁发振款二百万元,并即日发行公债一千万元,究属杯水车薪,终苦难于普及,惟赖中外各公私团体暨各界热心人士,慷慨解囊,广为劝募。多一分,即受一分之益。来日正远,望泽孔殷。环顾灾黎,同声吁祷。所有中外各捐款,无论个人、团体,均请交由上海银行公会会员银行,及在沪各外国银行代收。本组当随时登报申谢,并将开支账目陆续公布。诸希垂察。

救济水灾委员会财务组主任宋子文,委员张寿镛、秦润卿、徐寄庼、刘鸿生、荣宗敬、胡笔江、马锡尔、卡尼、船津辰一郎、马肃、娄斯、司毕曼。

(《申报》,1931 年 8 月 24 日)

附:国民政府救济水灾委员会章程(1930年8月22日核准)[①]

第一条　国民政府因办理救济水灾区域内难民及灾区善后事宜,设立国民政府救济水灾委员会。

第二条　本委员会由国民政府特派委员五人,并指定一人为委员长,另设委员若干人,由政府特派委员聘请之。

第三条　本委员会设调查、财务、会计稽核、卫生防疫、运输、联络、灾区工作七组,每组设立主任一人,分掌本组事宜。其办理规程另定之。

第四条　本委员会设秘书长一人,秘书、办事员若干人,其办事细则另定之。

第五条　本会设常务委员会,以国民政府特派委员、各组主任及秘书长为当然委员,并于聘请委员中推选若干人组织之。

第六条　本委员会应将工作情形及开支款项随时报告政府.依法审核,赈务结束时,应编制总报告呈送备核。

前项各种报告,应登报公布之。

第七条　本委员会于散放急振外,并注重工振、农振,俾早日恢复灾区并预防将来水患。

第八条　本章程自呈经国民政府核准之日施行。

(国民政府救济水灾委员会灾区工作组宁属区振务专员办事处编:《国民政府救济水灾委员会灾区工作组宁属区赈务报告》,1932年,第5页)

---

① 1931年11月24日,国民政府修正公布《国民政府救济水灾委员会章程》。与原章程比,修正章程对原第二、五两条有所修正,并增加一条,具体如下:第二条,在句末加"并由委员会指定一人为副委员长"一语;增加一条,列为第五条,文曰"本委员会设总办事处,以副委员长为处长。总办事处处长依本会及常务委员会所定政策,执行本会一切行政事宜";原第五条改为第六条,并将"特派委员"改为"特派委员长、副委员长"。中国第二历史档案馆编:《国民党政治制度档案史料选编》上册,合肥:安徽教育出版社1994年,第117页。

国民政府救济水灾委员会财务组为江淮流域各地被水灾民募捐启事

（1931 年 8 月 30 日刊载）

现在江淮流域，洪水为灾，千万灾民，庐舍被毁，田禾淹没，流离失所，觅食为艰，呼援之声震天。若不立时拯救，其饥饿、疾病以死者，必至不可胜记。目下政府特设救济水灾委员会，已拨国帑二百万圆，筹放急赈，且将发行公债一千万元，以资救济。同时中外热心人士，共起募捐，源源救济。尚望各界乐善士女，踊跃捐输，俾得集腋成裘，轸此灾黎，曷胜恳祷。

救济水灾委员会财务组主任宋子文，委员张寿镛、徐寄庼、秦润卿、荣宗敬、刘鸿生、胡笔江、马锡尔、卡尼、娄斯、船津辰一郎、马肃、司毕曼。

收款处：中央银行及上海银行公会会员各银行，怡大、同春、福康、福源、致祥各钱庄。

（《申报》，1931 年 8 月 30 日）

《人钟月刊·创刊号》序

（1931 年 8 月）

办工厂不外制造与营业两端。营业购进原料、推销熟货，往往为环境支配，而不能支配环境。制造则不然，出品之多寡、优劣，系乎机器之良窳，然尤视乎管理之方法如何。本厂早具科学管理之决心，于保全部最为注意，冀出品改良，达到全部统一，使一般用户，信仰出品。“申新”两字，于纺织业中占有相当地位，不令外人得计，则《人钟月刊》之印行，不独一厂之贡献，亦各厂所宜借鉴者也。方今营业困难极矣，欲制造进步，必先留意管理，成本减轻，货品精美，将于是刊发行后觇之。是为序。中华民国二十年八月，荣宗锦。

（申新三厂编：《人钟月刊》，第1期，1931年9月）

致无锡陈傅德县长[①]代电

（1931年9月14日）

无锡县长陈勋鉴：冬代电悉。敝会以本年洪水为灾，十余省尽成泽国，即经一再开会，分发捐册，募款救济。除募集一千元，先交由江苏水灾义赈会，拨济里下河[②]之兴化、东台、泰县、盐城、阜宁，及沿运河之高邮、宝应诸县灾区外，现正在续募中，俟集有成数，即当分拨，以副雅望。无锡旅沪同乡会理事长荣宗锦叩，虞。

（《无锡旅刊》，第150期，1931年9月，第2页）

致无锡水灾筹赈会代电

（1931年9月14日）

无锡水灾筹赈会理事长唐蔚芝先生、副理事长华艺三先生鉴：冬代电悉。敝会前以本年洪水为灾，十余省尽成泽国，即经一再开会，分发捐册，募款救济。除募集一千元，先交由江苏水灾义赈会，拨济裹下河之兴化、东台、泰县、盐城、阜宁，及沿运河之高邮、宝应诸灾区外，现正

---

① 陈傅德（1883—1954年），字仲达，嘉定县钱门乡（今上海市嘉定区外岗镇）人，清光绪三十四年（1908）毕业于上海复旦公学，获文学士学位，曾任南京两江师范学堂教员、江苏省立水产学校教务主任、江苏省立第四中学学监及代理校长、复旦大学教授、嘉定县县长等职，1931—1933年任无锡县长。

② 里下河，它不是一条河，而是指里运河以东、串场河以西、苏北灌溉总渠（废黄河）以南、通扬运河以北的低平原。

在续募中，俟集有成数，即当分拨贵会，以尽棉薄。相应复请詧照。无锡旅沪同乡会理事长荣宗锦叩，虞。

附 1：无锡水灾筹赈会函代电（1931 年 9 月 2 日）

上海七浦路无锡旅沪同乡会公鉴：本邑蚕熟失收，继以大水为灾，田地淹没，秋成无望，当在洞见之中。而远方告赈，近如江北，远暨武汉，纷至沓来。若非统筹兼顾，恐将穷于救济。瞻念前途，不寒而慄。兹由地方党政机关及慈善团体，于本年八月三十一日，在县商会发起组织无锡水灾筹赈会，公推文治、文川担任正、副理事长，并于县商会设立事务所，即日成立，以期群策群力，统筹本邑及各处捐赈事宜。文治、文川垂垂老矣，事关善举，未敢告劳。本年水灾几徧全国，而锡邑又加蚕荒，四乡室尽悬罄，既须度人，且复自度。同人心长力短，深惧不可负荷，务乞随时赐教，尽力协助。除俟本会捐册印就，再行寄请公鉴，并盼赐教。无锡水灾筹赈会理事长唐文治、副理事长华文川叩，冬。

附 2：国民政府救济水灾委员会来函（1931 年 9 月）

本年洪水横流，十数省尽成泽国，虽经政府勘救，究以灾重难周，所望举国同胞，本已饥已寒溺之怀，发大慈悲之愿，或疏财慨助，或推食解衣，共拯灾黎，同襄义举。兹据勘灾专员报称，哀鸿遍野，状实堪怜。且也转瞬秋风即起，蔽体无衣，瑟缩号寒，情尤可悯。设不早为之所，则幸免与波臣为伍者，亦将死于寒威矣。爰有征集衣服之举，想恻隐之心，人皆有之，有力者或捐款购制御寒之具，无力者或捐助破旧之衣，即诸仁人所认为不堪使用之破旧衣裤、鞋帽、被褥等，亦皆为被难同胞所求之不得者。【黄】仁霖奉委员长宋【子文】命，计划征集事宜，除函请各大慈善团体竭诚相助外，素仰贵会急公好义，久播仁声，故敢敬请贵会担任收件处之一，并恳鼎力倡导，广为征集，俾千万灾民早登衽席，则感荷恩施，当无既矣。至应备之收据、告白等，一俟印就，即行送奉。专此布恳,尚希赐复是幸。此致无锡旅沪同乡会。国民政府救济水灾委员会启。

(《无锡旅刊》,第150期,1931年9月,第1—2页)

致无锡陈傅德县长函

(1931年9月15日)

径启者:前准支代电,以锡邑灾情较重,救济维艰,属即尽力协助,俾被水灾黎,不至流离失所等因,遵即分发捐册,交由诸评议诸理事诸会员分投劝募。兹已募集洋一千元,汇交无锡水灾筹振会查收,拨济灾区。知关绮注,用特奉布。此致无锡县长陈。无锡旅沪同乡会理事长荣宗锦启,二十年九月十五日。

附:无锡陈傅德县长来电(1931年9月4日)

上海七浦路无锡旅沪同乡会荣宗敬先生,并转裘葆良、丁云轩、丁仲祜、陶仞千、孙北萱、季云卿、冯云初诸先生均鉴:两月以来,天作淫雨,大水为灾,锡邑各区低洼之处,被淹农田共有二十八万余亩,约占全县田亩十分之二以上,圩破岸坍,尽成泽国。禾苗全腐,桑株多萎,不特将来收成无望,即目下秋蚕饲养之数,亦因之而大减。傅德亲赴各项〔处〕查勘,实觉目击心伤,现已由党政机关及各法团联合组织无锡水灾筹赈会,于上月世日【31日】成立,暂设县商会内。惟是灾情严重,救济维艰。素仰诸先生热心公益,乐善好施,平时嘉惠梓桑不遗余力,为特肃电奉达,务恳时赐教言,鼎力协助,俾被水灾黎不至流离失所,实深盼祷。无锡县长陈傅德叩,支,印。

(《无锡旅刊》,第150期,1931年9月,第1、3页)

致无锡水灾筹赈会理事长唐文治、副理事长华文川函

（1931 年 9 月 15 日）

敬启者：昨准捐册，以本邑蚕熟失收，继以大水为灾，田地淹没，桑谷无望，并先电属协力劝募等因。查敝会前以各省水灾奇重，即经分发捐册，设法劝捐，幸承诸评议、诸理事、诸会员分投劝募，陆续送交到会。兹先筹集洋一千元填入捐册，随函附呈，至祈查收函复，并掣给收条备查。此复无锡水灾筹振会理事长唐、副理事长华。无锡旅沪同乡会理事长荣宗锦启，九月十五日。

再启者。迭准函电，以本邑大水为灾，属为协助募款济振等因，遵经诸同乡分投劝募，业已筹集洋一千元备函寄陈。虽杯水车薪，无补万一，惟贵会筹集款项，是否专振本邑，抑分振江北，及各省灾区，敢祈示悉。再颂善祺。

附 1：无锡水灾筹赈会复函代电（1931 年 9 月 17 日）

上海七浦路无锡旅沪同乡会、荣宗敬先生暨诸乡台鉴：接奉大函，并第一号捐册暨洋一千元，毛鉴清先生移拨令孙汤饼宴资、特捐锡赈洋一百元，均领悉，谨为灾民九顿首以谢。锡赈会前经决定方针，对于各处灾赈，由会统筹斟酌情形，分别接济，暂以本省江北暨临近各县急赈为主。计自本会成立以后，先后拨上海江苏水灾义赈会水灾急赈银六千一百七十五元，又镇江江北水灾临时义赈会江北急赈银二千元，合共八千一百七十五元。其本地，除灾重之区由地方义绅私人筹资酌放急赈外，拟再办理工赈，实施根本救灾工作，已推顾述之先生任设计，协同县建设局暨有关农事各团体，组织水灾调查团，即日出发，先从此次淹没最甚、江阴交界之第十五区旧青城市入手，以次及于第五区旧天上

市、第十六区旧万安市、第十七区旧富安乡暨其他各区。其设计步骤，第一步堵闭缺口，排水种麦；第二步修筑圩岸，整理沟渠。惟此项工作将来需费甚巨，同人责任綦重。鉴于江北祸至之无日，或重贻诸乡台忧。事关根本，不敢不勉，深望临时指教，尽力协助，无任企盼。无锡水灾筹赈会唐文治、华文川、钱基厚叩，筱。

附2：无锡陈傅德县长及县水灾筹赈会来电（1931年9月24日）

上海七浦路无锡旅沪同乡会、荣宗敬、丁云轩、陶仞千、孙北谖〔萱〕，并转裘可桴、丁仲祜、王尧臣、丁梓仁、丁福怜、徐可亭、季云卿、刘春圃、冯云初、荣瑞昌、冯绪承诸先生鉴：锡地赈务，慨荷协助，乡里同感，惟以内外兼顾，标本并治，同人心长力短，深苦杯水车薪，时觉捉襟见肘。锡水灾会历届会议记录，暨办赈计划，业已先后奉寄，并于筱日代电奉复在案，谅荷察照。夙仰诸公关怀桑梓，情殷救济，务望尽力劝募，源源救济。傅德等本拟亲自赴沪，面领教益，只以近日职务缠身，未克即行来沪，用特先行电恳，稍迟有暇，仍当趋沪专候也。无锡县长陈傅德、水灾筹赈会唐文治、华文川、杨寿楣、钱基厚等同叩，敬。

（《无锡旅刊》，第150期，1931年9月，第1、3—4、5页）

致镇江江苏省政府电

（1931年9月17日）

江苏省政府主席暨各厅均鉴：顷闻苏、常各属，有派收容难民之说。敝邑为京沪线工区，五方杂处，良莠不齐，日前已有少数难民到锡，发生冲突。且本年同被水灾，各公团正在设法筹振。务恳派属收容难民，须将无锡一属除外。迫切电陈，伏祈俯准。无锡旅沪同乡会理事长荣宗锦叩,筱。

(《无锡旅刊》,第150期,1931年9月,第3页)

复无锡县党部、商会等电

(1931年9月17日)

无锡县党部、县商会、水灾筹振会鉴:铣电悉,顷致江苏省政府主席暨各厅长一电,文曰:“顷闻苏、常各属,有派收容难民之说。敝邑为京沪线工区,五方杂处,良莠不齐,日前已有少数难民到锡,发生冲突。且本年同被水灾,各公团正在设法筹振。务恳派属收容难民,须将无锡一属除外。迫切电陈,俯祈俯准。”等语。用特电复。无锡旅沪同乡会理事长荣宗锦叩,筱。

(《无锡旅刊》,第150期,1931年9月,第3页)

附:无锡县党部、县商会、水灾筹赈会来电(二则)

其　一

(1931年9月16日)

七浦路无锡旅沪同乡会鉴:省令电县,派苏、常各属收容难民,地方人心震动,赈务无法办理。锡拟请免,即行晋省,务请一致恳免。盼复。无锡县党部、县商会、水灾筹赈会叩,铣。

其　二

(1931年9月16日稍后)

铣电计达。苏、常收容难民,锡代表偕县长同晋省,径赴民厅,陈明胡厅长。当奉面谕,新自江北巡视返省,深知真正难民,恐将来复业为难,多不愿轻去其乡,业经决定变更,暂作罢论。并于筱日奉县转省电,江北灾民,现已分电淮安、淮阴、泰县等地,近日筹办收容所,以便分途容纳，所有前拟丹阳等四县添设收容所，应查明分电撤销等因。特闻。

（《无锡旅刊》，第151期，1931年10月，第1—2页）

致申新各厂函

（1931年9月25日）

此次关外事变[1]猝起，日人侵略之野心完全暴露，诚危急存亡之秋。吾国纺织业受人倾轧已非一日，现在全国人民一致抵制日货，如能坚持到底，则实业有振兴之望，而国家亦可转弱为强。查各厂报单，出数较前已有进步，甚为欣慰。当此纱销畅旺、国货推行之际，应由各厂经理召集工程师暨重要职员，切实讨论如何加紧工作、如何改良出品，以副爱用国货者之需求。须知外交紧迫，正吾人奋斗之时，幸振起精神，努力厂务，是为至要。

（申新总公司函稿汇登）

致张静江[2]函

（1931年10月15日）

日前畅聆教言，至为愉快。东北事变发生，瞬将一月，国联虽表示好感，然终不如民众有决心、有毅力，博最后之胜利。现在抵制之声浪，日高一日，与历届经过、情形不同，第恐景过情迁，仍贻五分钟热度之

① 即指1931年"九一八"事变。

② 张静江（1877—1950年），名增澄，又名人杰，字静江，别署钦光，晚年又号卧禅，浙江吴兴（今湖州）南浔镇人，出身江南丝商巨贾之家，与蔡元培、吴稚晖、李石曾并称为"国民党四大元老"。先后担任国民党中央执行委员、中央常务委员会主席、代理中央执行委员会主席、浙江省政府主席、建设委员会委员长等职。

讥，而不能制强敌之死命。报载上月日本输出减少一千二百万，如能永久抵制，则平时以经济侵略吾国者，吾国即以抵制杜其侵略。虽属寻常之事，实为扼要之图。窃谓二十年来“振兴国货、提倡实业”已成口头禅，外侮之来，正予吾国以提倡实业、振兴国货之机会。宗敬是以草具计划书，冀于纺织业先有所发展，以挽回纱布利权，幸蒙主座嘉许，促其实行。倘能早日成功，则纺织界不啻骤添无数生力军，其效力当胜于标语万倍。尤望各业联络一气，毋逞私意，毋图近利，苟可以抵制者，即竹头木屑之小工艺，亦应各出其心思、智力，集资组织，以供社会之需求，而谋根本之救济。如是而强邻犹不屈服者，未敢信也。先生负党国重望，登高一呼，众山皆应，用将鄙意贡诸左右，惟垂察为幸。

（申新总公司函稿汇登）

绍介无锡名医顾轶凡先生留沪应诊广告

（1931 年 10 月 18 日—11 月 8 日刊载）

先生五世儒医，博稽方书，脉理精远，对于伤寒、温热、时症、咳嗽、吐血、痨瘵，以及妇女经带、小儿痧痘一切疑难杂症，颇有药到病除之概。仝〔同〕人等久仰盛名，敦劝先生悬壶海上，用特介绍，以为病家指示病钊〔症〕焉。门诊一元二角，上午九时至十二时；出诊四元八角，下午三时至六时，路远递加，拔号加倍；各埠通函论症二元四角，邮票通用，空函不复。暂寓英租界香港路十号铁业公会，电话一二七四七。

介绍人：荣宗敬、张秋园、王作霖、陆培之、赵竹林、李志云、陶仞千、周达钦、朱鸿昌。

（《申报》，1931 年 10 月 18 日—11 月 8 日）

致李济深[1]函

（1931年10月20日）

目前最重要者，无如外交。国联主持公理，美国加入旁听，彼国犹多方狡辩，冀达其永久侵占之目的。吾国对付，应取如何态度，谅政府自有成竹，未宜置喙。就商民立场言，惟有团结一气，永久抵制，誓为政府之后盾。吾国本为彼国百货商场，商民尽推销之义务，于不知不觉中，一任每岁捆载数千百万金钱而去。今东北不幸发生事变，实予吾人以觉悟之机会，知非永久抵制，不足以制其死命。爱国为国民分〔份〕内之事，岂他人所能借口，只须有秩序、有组织，进行须分步骤，处置不涉偏私，俾商民了然于何者为国货，何者非国货；不提倡国货，不抵制非国货，皆为不爱国。以和平之口吻，为扩大之宣传，如是而商民犹不觉悟者，无是理也。宗敬经营纺织业垂三十年，目击上海一隅，日厂林立，纱锭之数，有增无减，市价上落，为他人操纵，而无可如何。然爱国之心，未敢后人，为实行抵制计，曾草具计划书上之政府。兹检呈油印一份，幸加指教。宗敬以为，纺织业为民生主要问题，视他业尤为重要；凡百小工业，亦应加以提倡，供社会之需求，以裕国民经济，而塞漏巵〔卮〕。先生洞明世事，素所心折，极拟趋谒，知莅申未久，晋接必多，敬具芜函，聊陈衷曲，惟垂察焉。

（申新总公司函稿汇登）

---

① 李济深（有时又作李济琛）（1885—1959年），字任潮，广西苍梧人。早年毕业于保定军校，留学日本；曾任国民革命军第四军军长，黄埔军校副校长、广东省政府主席，1929年联合桂系李宗仁等反对蒋介石，被蒋软禁在南京汤山，1931年九·一八事变爆发后始获自由。

介绍气急万应膏广告

（1931 年 10 月 28 日刊载）

养和室药局钱养和医师，监制气急万应膏，此膏系按照中国五千年来上古之良方配合而成，实为老气、急冷、嗽病等症之大救星也。用膏药以治病，则万无一失，因与服药不同，永无悞投药石之虞。

用法：将此膏贴于膏宫穴，即工金骨上，两日后，即行出水发痒，其中寒湿病根，均由此膏拔出。每张大洋一圆。

总发行所：上海南京路大庆里内。外埠各省函购，加一当班保险，奉上一分、四分邮票，十足代洋。

介绍者：

政家：于右任、杜锡圭、杨树庄

举家：郑正秋、严扁鹤、周瘦鹃

商家：虞洽卿、王一亭、荣宗敬

医〈家〉：徐小圃、朱孟莪、朱叔屏

书家：天台山农、七子山人、天虚我生

画家：钱化佛、钱瘦铁、金铁芝

法律顾问：黄觉、冯步青律师

（《申报》，1931 年 10 月 28 日）

致无锡华艺三先生函

（1931 年 10 月 31 日）

艺三先生大鉴：前奉大函，以道院中统坛，嘱与常州合作，同赴兴化散赈。近该县长华清叔君世居荡口，既属同族又属同乡，特地回乡募赈。今无锡水灾筹赈会仅拨二千元(余款拟作本邑修堤、公赈之用),散户另集四千元,拟集万元之数,仍烦施襄臣君与常州分头往赈,不敷甚多,属〔嘱〕于上海同乡会经募款内,酌拨一、二千元以资协助等因。准经会商本会经募诸同乡,拨助洋二千元。随函附款,至祈查收,速嘱施君前往兴化散赈,并望函复备查。专复,敬颂善祺。无锡旅沪同乡会理事长荣宗敬启,十月三十一日。附洋二千元。

附:华艺三君复无锡旅沪同乡会函(1931 年 10 月 31 日)

(上略)来书奉悉,并由仁山兄交到贵会捐赈兴化款洋二千元之支票,即交水灾会亲奉收据一纸,詧入,俟出发时当收付。此行现集赈一万、棉衣三千套,衣拟先运,款由施君携去,约须出月初旬方行也。振〔赈〕款一俟收齐,再行合登《锡报》鸣谢。先此奉复,敬颂慈祉。华文川顿首,十月三十一日。

(《无锡旅刊》,第 151 期,1931 年 10 月,第 2—3 页)

振兴实业、发展经济以惠民生计划书[①]

(1931 年 11 月 1 日)

吾国幅员之广,人民之众,物产之丰,设有清明之政治,具体之建设,干戈载戢,朝野合作,策久远之规,跻大同之治,岂不甚善!无如天祸吾国,洪水为灾,灾区十六省,灾民五千万,造成空前之浩劫。举国皇皇〔惶惶〕,呼号奔走,筹赈机关,联络进行,办赈人员,勤奋将事。而我政府知非宽筹食品,无以救垂毙之人民;非借助他邦,无由得大宗之接

① 此计划书系荣宗敬向国民政府提出。据荣宗敬先生 1931 年 10 月 15 日致张静江、10 月 20 日致李济深两函推断,该计划书原稿草拟以及提交国民政府的时间,应分别约在 1931 年 9—10 月间及 10 月 15 日稍前,此处所标时间系公开发表时间。在此计划书中,荣宗敬先生向国民政府提出借款订购美国棉麦和赊购英国纱锭的建议。

济，爰有向美国购麦之举。美国总统胡佛[①]一视同仁，立允所请，四十五万吨合同[②]，业已签定。救灾恤邻，善意可感。吾人何能作无厌之求，抱过奢之望？无如以五千万之灾民，摊派四十五万吨之小麦，灾民纵沾实惠，于民众食品，犹少裨益。美国种植精良，农产丰稔，输出四十五万吨，等于九牛一毛。鄙意宜向美国续购，利率及价格以前订合同为准，付款之期须商请放宽。美国当局救助灾区之心，已昭然若揭，苟诚恳继续协商，当无拒绝之理。如能达到目的，美麦源源而来，粮食之价格藉以抑平，我政府对于民食恐慌问题，亦得从容解决。此计划之应行商榷者，一也。

衣、食同为生活要素，有裹腹之粮，无章身之具，于民生主义，仍得其偏。查吾国产棉之区，占地不广，纺织业平时恒藉外棉接济应用。此次水灾遍地，棉田亦同受影响，即有收成，亦当减色。美棉产量既丰，积贮亦厚。是宜援订购小麦之例，向美国订购棉花，以济厂用，俾原料无虞缺乏，工人生计亦得维持。由我政府与美国磋商条件，订立合同，付款之期，须较美麦延长，俾得次第偿还，维持国际间信用。此计划应行商榷者，二也。

进而言之，就今日而言，建设工业，实为要图。即以纺织一业而论，吾国人口四万万，只有纱锭二百余万枚，较诸欧美各国人口与纱锭之比

① 赫伯特·克拉克·胡佛（1874—1964 年），曾给自己取中文名字“胡华”，后大多将其姓译作胡佛，美国第 31 任总统（1929 年 3 月 4 日—1933 年 3 月 3 日）。

② 1931 年 9 月，国民政府为赈济水灾区域起见，与美国农业部订定购买美麦合同：（一）向美国粮市平价委员会购买美麦或麦粉 45 万吨，此项麦价嗣经结算，共 9，212，826.56 美元，作为借款；（二）麦款利息周年 4 厘，每年 6 月 30 日及 12 月 31 日付息一次；（三）麦款分三期偿还，每期付三分之一，第一期【民国】二十三年【1934】12 月 31 日付清，第二期二十四年【1935】12 月 31 日付清，第三期二十五年【1936】12 月 31 日付清；（四）指定关税 5 厘水灾附加税为还本付息之担保。见国民政府财政部财政年鉴编纂处编：《财政年鉴》，上海商务印书馆 1935 年版，第 1422 页。

例，我国现有之纱锭，实不能供国民之需求。惟其如此，是以他国在吾国设厂，以遂其经济侵略之野心，而使我纺织业受重大之打击。纱布为人生必需之品，乃至仰给他人，痛心之事，无逾于此！为今之计，莫如由厂商自动向英国订购纱锭六十万枚，注重纺织细纱、细线，就原有纱厂，力图扩充，以冀供求相应。应请我政府为之担保，其利率应特别减轻，偿清之期，多则十五年，少则十年。在彼方贷出机器，属于营业性质，所处地位，绝无利害冲突。且有我政府担保，宜无不乐从。吾国如骤添纱锭六十万枚，加紧工作，出数至为可观。我政府振兴实业之苦心，庶几见诸实事，否则空言抵制，力竭声嘶，于事奚济！此计划之应行商榷者，三也。

至于吾国经济状况，自庚款退还，已减轻一部分担负。所欠外债，历年陆续付与，少数已经偿清；其余外债，距偿清之期不远。厘金数十年积弊，亦已一律铲除。关税实行自主，统计收入，为数不赀。连年发行公债，均有确实担保，且额数并不过巨。以故，市上无须巨额之纸币流通，而金融自臻稳固之地位。此皆事实问题，而无待哓哓者也。

更言吾国工业状况，在昔工业幼稚，生产落后，无可讳言。谋国之士，无不知富国之策，舍振兴实业，其道无由。自一八九五年，美国创始科学管理法，各国咸相则效，风行一时。去年吾国实业部会同工商界，组织工商管理协会于上海。上海各厂遂试行科学管理法，果能增多效能，减少消耗，生产事业之合理化，已为吾国办工厂者所公认，则他日工业之蒸蒸日上，自在意中。而工厂之添购机器，诚为刻不可缓之举。

经济状况如彼，工业状况如此，吾国前途，正可乐观。唯外交吃紧，为目前最重要问题，然公理必能战胜强权，况有四万万人民，为我政府之后盾乎！诚能一德一心，群策群力，采用所陈计划，使灾区无冻馁之虞，实业有蓬勃之象，裕经济即所以杜侵略，兴工业始可以抵外货。愿我贤明当局及国人共勉图之。

（《人钟月刊》，第1卷第3期，1931年11月1日，“言论”，第1—2页）

以申新六厂产权向公利银团订立的押借款保单及合同

（1931年11月1日）

立保单。荣宗敬缘申新纺织公司第六厂，本日向贵银团抵借壹百捌拾万两，系由鄙人代表申新纺织公司第六厂，签订抵押合同。此项押款本利，如到期不还，由鄙人个人负代还责任。特立此保单为据。

中华民国二十年十一月壹日立保单荣宗敬

见证律师陈忠荫

立合同。申新纺织公司第六厂代表荣宗敬（后文简称出押人，此名称系包括其本身及股东与股东之后嗣或身后合法代表人并继续人而言）

公利银团（其成员户名列于本合同第一附表内（略），后文统称受押人。此名称关于股份有限公司者，系包括其本身及继续人而言；关于合伙组织者，系包括其本身及股东与股东之后嗣或身后合法代表人并继续人而言）

贝润生（后文简称保人甲，此名称系包括其本身及后嗣或身后合法代表人而言）

薛淦生、薛炎生、薛佳生、薛根生（后文简称保人乙，此名称系包括其本身及后嗣或身后合法代表人而言）

缘出押人曾于民国二十年本月一日将本合同第二、第三附表（均略）内所开列之全厂地基及租赁地上之权利并各该地上之全部厂房、工房建筑物，全厂机器、纱锭、零件、定着物、生财、装修等项，并其他动产之所有权为担保，向永庆银公司、上海商业储蓄银行、滋康庄（后文总称第一受押人）抵押元一百六十万两（后文简称第一押款），当经订立抵押合同为凭。现出押人因需用款项，对于上开之一切动产、不动产及租赁权，除作所欠第一受押人第一押款本利清偿之担保外，愿将其余剩部分及厂内机上之花、纱、布为抵押品（后文简称抵押品），向受押人抵押元一百八十万两，期订二年，并愿于本合同签订日起满六个月时，自第七个月起，每月拨还押款本银十万两，分十八个月拨还清楚，保人甲、〈保人〉乙亦愿平均担保出押人依照本合同之一切条件，切实履行，各造均已允洽，爰将议定之条件开列于下：

（一）出押人以抵押品向受押人抵押元一百八十万两整（后文简称押款，至各银团员所承押之数额则开列于本合同第一附表内（略）），受押人亦愿受押之所有押款全数，已于本合同签订时如数交付出押人收清，不另立收据。

（二）押款之利息，以每月每千两八两五钱计算。此项利息自本合同签订日起，每三个月缴付一次。倘到期不付，受押人除得将该欠息加入押款本银内，按照本条规定之利率计算复利外，并得限令出押人于两星期内如数补付，否则受押人即得执行本合同所规定之一切权利。

（三）出押人为履行本合同之条件及因本合同所发生之一切责任计，应于本合同签订时将抵押品之所有权完全让与受押人，但受押人仍托出押人代为管理，受押人并得随时以书面通知撤销之。出押人如经受押人通知，即应将该项管理交出与受押人或其指定之人。

（四）出押人除应照本合同第二条规定按期缴付押款利息外，并应自民国二十一年五月一日起至民国二十二年十一月一日止，每月拨还押款本银十万两，分十八个月拨还清楚，不得短少或延宕。每经拨还一次，即利随本减。

出押人照前项规定所应每月拨还之十万两，倘届期不能拨还，或由民国二十一年五月一日起至民国二十二年二月一日止之九个月内，无论有何人原因有一个月不能拨还者，则受押人得令保人乙代其拨还。如出押人于民国二十二年二月一日起至同年十一月一日止之九个月内，无论有任何原因有一个月不能拨还者，则受押人得令保人甲代其拨还。但本合同第十三条之规定，并不因本项之规定而受任何约束。第一次九十万两之责任归保人乙负担，第二次九十万两之责任归保人甲负担。

（五）出押人在未将押款本利清偿以前，不得将抵押品再与他人设定抵押权。

（六）出押人应担保其全体股东一致承认并履行本合同之一切条件。

（七）出押人在未将押款本利清偿以前，应将抵押品保定火险，所有保费应归出押人缴付，并应将抵押品中之房屋、机器、生财、装修等物，随时自出费用，修理完固，具有使用之机能。

（八）抵押品如遇失慎或其他突变，以致被毁时，其应得之保险赔款除先清偿第一押款本利外，即抵偿出押人所欠押款之本利。如抵偿后尚有余剩，则交回出押人；倘有不足，仍应由出押人如数补足之。

倘保险公司无论以何原因不允赔偿者，则受押人因此所受之损失或损害者，仍应由出押人担负完全赔偿之责。

（九）受押人遇左列情事之一发生时，无庸通知出押人或呈请该管法院，得将抵押品变卖或拍卖之：（甲）出押人应付利息之日，逾期十四天尚不缴付时；（乙）出押人于应拨还押款本银之日，逾期七天尚不拨还时；（丙）出押人宣告清理或破产，或陷于破产状态时；（丁）出押人违背本合同任何条件时。

（十）受押人遇前条所列情事之一发生时，除得会同第一受押人执行变卖或拍卖外，并得单独执行变卖或拍卖。如单独执行变卖或拍卖者，所得价银，除将变卖或拍卖之手续费用如数付清外，所余之款，应先代出押人清偿第一押款之本利。倘清偿后仍有余剩，即用以抵偿押款本利。倘抵偿押款本利后尚有余剩，即交回出押人；如不足，仍应由出押人如数补足之。

如受押人执行变卖或拍卖时，抵押品之价值发生任何损失者，概与受押人无涉。

（十一）出押人在押款本利未清偿以前，对于第一押款合同之一切条件，以及出押人或出押人之前手与他人所订租赁地基上之任何契约，应负切实履行之责，不得稍有违背。

（十二）受押人中之各团员为执行本合同内所规定之一切权利起见，公推受押人中之中国银行为代表人，除代表受押人签定本合同外，并代表受押人之各团员执行本合同所规定之一切权利。

（十三）保人甲、保人乙愿平均担保出押人依照本合同之一切条件切实履行，倘有任何违背之处，以致受押人受有任何损失或损害者，保人甲、保人乙愿即平均负担赔偿之责，其保人乙中之薛淦生、薛佳生、薛根生则应就其担保之部分，对受押人互负连带担保责任。

保人甲、保人乙如照前项规定代出押人赔偿或负担任何款项者，则出押人即应如数还清还与保人甲、保人乙。

（十四）本合同由签订日起发生效力。

以上各条，均经各造完全同意，本合同一式四份，各执一份为凭。

中华民国二十年十一月一日，受押人代表、出押人、保人甲、保人乙、见证律师陈忠荫签名盖章。

（荣宗敬以申新六厂产权向公利、聚兴、集益等银团订立的押借款及营运合同，上海市档案馆藏）

宝丰保险股份有限公司开幕启事

（1931 年 11 月 1 日—4 日刊载）

本公司额定本国币五十万元，已由发起人如数认足缴齐，聘用专门人才，经营水火、汽车、电梯等各种保险事，业经已呈请国民政府实业部注册登记，并且加入中国保险业同业公会为会员。兹定于十一月二日开始营业，如荷惠顾，无任欢迎。此启。

董事长：夏鹏；董事：卜隆、庞成廉、陈光甫、唐寿民、荣宗敬、黄汉樑、劳而富、朱如堂；监察人：欧卫国、姚叔高、鲁求士；总经理：朱如堂。

地址：上海宁波路四十号上海银行大厦二层楼；电话：一五一一三号。

（《申报》1931 年 11 月 1 日—4 日）

致国民政府行政院政务处处长彭学沛[①]函

（1931 年 11 月 14 日）

奉手教，敬悉歌（5 日）代电已邀公等亮察，毋任欣慰。窃思纺织为主要工业，自民【国】元【年】【1912 年】至今，日人在华增设四十余厂，计纱锭二百余万枚，其生产力量超过华厂之半。查日本政府，与商民合作，工商业贷款利率极微，以故得分其余力，在吾国添设各厂。长江、黄河流域，日纱势力逐渐发展。我政府虽具保护实业之决心，犹未能慰商民喁望。商民自身则以借款利率过高，致难维持现状。在金融界，对于利率又未能让步，不知金融界与工商业关系至为密切，断无此荣彼枯之理，若利率不减，工商业万难图存。为今之计，一方努力生产，一方减轻利率，庶整个农商得有转机。敬乞我公言于【李】协和【即李烈钧】、【张】静江、【吴】稚晖诸老，能于五全大会提出讨论，举国商民均所感戴。如能将鄙意代达冯【玉祥】、阎【锡山】二公，冀得赞助，尤所企盼。

（申新总公司函稿汇登）

---

① 彭学沛（1896—1948 年），字浩徐，江西安福县人。在日本京都帝国大学毕业后，又赴比利时留学。归国后，任北京大学政治学教授；1928 年 2 月，中国国民党中央党报《中央日报》在上海创刊，任主笔；1932 年 3 月起，先后代理国民政府内政部长、全国经济委员会委员、交通部常务次长、交通部政务次长、中国国民党六届中央执行委员会、战时生产局副局长等职，1946 年 5 月任中国国民党中央宣传部长，1947 年为行政院政务委员，1948 年 12 月 21 日乘飞机赴香港办理公务时因飞机失事身亡。时任国民政府行政院政务处处长。

上海华商纱厂联合会呈请实业部咨财政部于棉纱统税项下拨给购买棉种五千担之费用约计洋二万元交由中华棉产改进会采购棉种分发鄂湘等省被淹区以维棉产文

（1931年12月1日）

呈为恳请拨款采购棉种，分发鄂、湘等省被淹棉区，以维棉产事。窃据中华棉产改进会函称，“敝会叠接湖北、湖南等省各棉场，来请抽给棉子，以应被灾区域明年种植之需。经敝会讨论议决，采购本国鲁、冀等省之美棉种子，分散于受灾种棉之区，由散发种子省区之棉场，负责在该区繁殖之。估计所需棉子，至少须有一、二万担，拟请贵会筹募此项购种经费。”等情到会。查我国棉产近年愈感缺乏，致美【国】、印【度】棉花输入激增，漏卮之巨超逾万万，故推广植棉尤为当务之亟，而原有棉区更须设法维护。湖北为国内主要棉区，占全国产额三分之一，本年沿江一带棉植尽被水淹，来年棉种势必颗粒无存，无如购置费用为数甚巨，殊非属会所能胜任。为此具呈恳请钧部，俯念推广植棉之重要，咨请财政部，于棉纱统税项下，拨给棉种五千担之费用，约计洋二万元，交由该会采购，以救灾荒，而繁棉植。所有恳请拨款购买棉种情由，理合备文，呈请鉴核，并乞迅赐批示施行，实为公便。谨呈实业部部长孔【祥熙】。具呈人华商纱厂联合会主席委员荣宗锦，中华民国二十年十二月一日。

附1：实业部批（字第　号）（1931年12月16日）

原具呈人华商纱厂联合会呈一件，请咨财政部，于棉纱统税项下，拨给购买棉种五千担之费用，约计洋二万元，交由中华棉产改进会采购棉种，分发鄂、湘等省被淹棉区，以维棉产由。呈悉，查该会所请拨款采购棉种，分发鄂、湘等省被淹棉区以维棉产一节，案关水灾救济，业经据情转函国府救济水灾委员会酌办矣，仰即知照。此批。

附 2：实业部致国民政府救济水灾委员会公函（1931 年 12 月 18 日）

实业部公函（字第　号）。径启者：案据华商纱厂联合会主席委员荣宗锦具称，为恳请拨款采购棉种，分发鄂、湘等省被水棉区，以维棉产。窃据中华棉产改进会云（见上函，略），实为公便等情。据此，查该会祈请拨款采购棉种，分发鄂、湘等省被淹棉区，以维棉产一节，事关水灾救济，似应按照救济灾区籽种办法，酌拨赈麦二百顿，以为调换棉种五千担。除批示外，相应函请查酌办理，并希见复，以便饬遵为荷。此致国民政府救济水灾委员会。

（国民政府实业部档案，中国第二历史档案馆藏）

致国民政府实业部部长孔祥熙函

（1931 年 12 月）

顷接敝公司汉厂来函，略谓“申新工会又提出年底双薪酬劳，经过第二次调解，尚未得要领”等语。查敝公司各厂，汉厂历年吃亏尤多，……今年受水灾影响，调度金融，支持厂务，已觉万分困难。乃于国难当前、抵制紧张之际，忽有无理要求，不知夏秋之交，洪水泛滥，厂方于工人已竭尽维护之能事，损失亦复不赀。今工作甫经数月，双薪酬劳信口提出，在工人思想简单，恐有人从中利用，直接剥削厂方，间接摧残实业。国势阽危若此，纺织业若再有动摇，则实业根本破坏，空言抵制，于事何济？现在上海日厂依旧开机，加紧工作，吾国则工人不谅，不从增加生产着想，只争个人权利。言念及此，可为寒心。部长总持全国实业，纺织尤为实业命脉，敬将敝公司汉厂最近现状，陈诸左右，伏乞俯念敝厂困难情形，迅予设法救济。不胜企祷之至。

（申新总公司函稿汇登）

致王一亭[①]函

（1931 年 12 月）

汉口工厂情形与上海不同，办理更形棘手，现在工人于年底要求双薪分红，不知厂中日见亏耗，股东官利尚属虚悬，何来双薪红利分润工人？劳资间纠纷，并非资方之压迫，实由劳方之无理取闹。察其内容，工人安分者多，被人操纵遂群起而与资方为难。弟有两厂在汉口，剥肤之痛，不能忍受。素谛台端维护实业，且居于第三者地位，敬乞言于当道，俾工人各各安分，勤于工作，勿有所恃而挟制资方，工厂幸甚。专此奉托，先达谢忱。

（申新总公司函稿汇登）

① 王一亭，即王震，当时为上海面粉交易所主持人。王震（1867—1938 年），字一亭，号白龙山人、梅华馆主、海云楼主等，法名觉器，祖籍浙江吴兴（今湖州），生于上海周浦，清末民国时期海上著名书画家、实业家、杰出慈善家、社会活动家与宗教界人士，曾为日商日清汽船公司买办，并两次任上海总商会主席。加入同盟会，资助辛亥革命和二次革命，任中国国民党上海分部部长。上海光复后，历任军政府交通部长、商务总长、中华银行董事，后任南京国民政府中央救灾准备金保委会委员长。曾任中国佛教会执行委员兼常委，上海佛学书局董事长，致力于慈善事业。

1932 年

国人及纺织业应有之觉悟

（1932 年 1 月 15 日刊载）

《纺织周刊》新年号登载关于纺织业之文字，发挥尽致，第就鄙人观察所及，犹有不能已于言者。

国货之种类繁多，纱、布之效用最大。纱锭与人口比较，不如各国远甚。国人对于国货与洋货辨别力，本极薄弱，于是外人本其经济侵略之野心，乘机设厂，原料、工人取诸吾国，制成熟货推销吾国，纺织业被其摧残，而无由与抗。自东北事变猝起，抵制之声浪复兴，嗟我国人必至丧师、失地而后知有国货，而后知抵制日货，不知暴日之囊括我金钱而去者，已不可以数计矣。鄙人惟恐纱、布求过于供，于是有借用外锭六十万之建议。虽经政府采纳，而情势转移，复归停顿。为问抵制工作如何，则日机之转动如故，日纱之流动如故。敝厂申新出品，在阛阓中有相当声誉，甚至有将日纱改换申新商标，以欺国人。爱国心薄弱至此，可为太息。敢敬告国人曰：国人用国货，为当然之事。彼日人者，一烟之微，必吸本国之货，人生最需要之纱、布，仰给于人可乎？是故人人用国货，无所谓抵制，更无所谓抵制之久暂。印度甘地提倡手纺，一再入狱，不变初衷。吾国有机制纱、布，可以供给国人，犹未能忘情于日货，非特愧对甘地，长此以往，恐不为印度之续而不可得矣。此应有之觉悟一也。

纺织厂资本较他种实业为巨，吾国并无资本家，一厂之设立，自建厂屋、定纱锭，以及购进原料、种种设备，金融周转已极感困难。若生产率不能增加，推销不能尽利，则纺织业将陷于万劫不复之地位。推销方面，国人对于国货须有相当认识，既如上述。至生产率之能增加与否，全在职员与工人。各厂除聘请少数纺织专门人才外，事无大小，各有所司，全在上级职员之指导与督察，俾收指臂之效。使分工无合作之精神，厂方固受损失，即职员亦何所利！其在工人方面，终岁勤动，温饱有资，论合作原则，亦宜以劳力易金钱，不宜以无谓之要挟，致双方趋于极端之地位。永安工潮，事实俱在，可为寒心。皮之不存，毛将焉附。此应有之觉悟又一也。

鄙人经营纺织业三十余年，努力奋斗，不以环境而殊。现今纺织业虽有左支右绌之象，然久乱则治，政府保障，交通便利，金融稳定，棉产丰收，静以待之，必有达目的之一日。所冀国人及纺织业，能彻底觉悟，则工业地位自臻巩固，厂方基础不致动摇。若夫建议、办法、意见、感想、责任如何，内容如何，有诸君之崇论闳议在，概无赘焉。

（《纺织周刊》，第2卷第3期，1932年1月15日，第100页）

致上海贝谛鏖路霞飞路八号世界红卍字会[1]东南主会等函

（1932年2月4日）

敬启者：敝会为救济避难同乡起见，素谂贵会一视同仁，不分畛域，敝会敬捐助洋一千元。关于救济事宜，无论收容或运送，敬请贵会酌量办理。兹托敝会冯评议员云初趋前接洽，即希商定一切，无任盼祷。此致世界红卍字会东南主会陈民正、张兰坪、郑婴芝先生。无锡旅沪同乡

① 世界红卍字会是在1922—1953年间活跃在近代中国历史舞台上的，一个具有全国性的宗教慈善团体，起源于20世纪20年代兴起的民间宗教——道院，1922年4月26日在上海成立，同年10月28日经北京政府内务部批准立案。

会理事长荣宗敬，二月四日。

（《无锡旅刊》，第 153 期，1932 年 1、2、3 月合刊，第 5 页）

致上海公共租界工部局总董函[①]

（1932 年 2 月 12 日）

自一月二十八日沪变猝发，至今战事未息，其是非曲直，早为世界各国所洞悉，即贵总董亦深以失业者有十六万人之多为虑，而亟亟谋租界之安全。但昨日永安第三厂工作之际，日方飞机抛掷炸弹，炸毙女工五人，重伤者十九人，全厂恐怖，秩序顿为混乱，报章记载甚详，且为驻厂美兵所共见。须知租界内工厂林立，若因战争相率停工，则骤添无数失业工人，影响租界治安，殊非浅鲜。平时租界内住户所尽纳税之义务不为不多，当此危急之际，自宜享有安全之权利。敝会同人议决，函请贵总董对于飞机掷弹毁坏工厂，迅知照【日本】领事设法制止，俾工厂不致停顿，租界得保安全，毋任企祷。

（申新总公司函稿汇登）

上海市民地方维持会[②]募集救国捐启

（1932 年 2 月 15 日刊载）

暴日既席卷东三省，复欲伸势力于长江。首犯上海，凭其陆、海、空

① 此函系荣宗敬先生代表上海华商纱厂联合会发出。

② 1932 年 1 月 28 日，日军炮攻闸北，用炸弹延烧居民，华界居民死伤无数。为此，上海工商界和地方社会人士史量才、黄炎培、王晓籁、虞洽卿等 32 人，于 1 月 31 日发起成立上海市民地方维持会，以维持商业秩序，调解金融，救济难民为目的。同年 6 月 7 日，“上海市民地方维持会”改组为“上海市地方协会”。

军之武力，不顾公理、公法图占我土地，恣杀我民众，纵毁我公、私建筑。淞沪一带，市廛化为丘墟，老弱转乎沟壑，毁室取子，存者无以为家，绝脰捶胸，死者不敢迫视，直疑地狱竟在人间。乌乎〔呜呼〕，惨已〔矣〕！我十九路等诸军将士，忠勇奋发，舍命抵抗。旬日以来，浴血苦战，屡奏捷音。苟无此奋斗之孤军，将使敌长驱而直入。此全国人民所为万众一心欢呼而奋起者也。同人当事变初生，组织本会，从事于维持地方诸务。念前方将士之舍生杀敌，设慰劳组，聊表壶浆箪食之诚；念劫余民众之载道流离，设救济组，藉供衣食医药之用；而尤念上海处全国经济之中心、交通之总纽，其胜其败，国之存亡系焉。彼军人既舍弃身家，死守一隅，以保全国，吾民众何可不闻风兴起，各竭绵力以答孤忠？各地仁人义士，以现金以物品委托代致者，亦既踵趾相接，始信疏〔输〕财纾难，人有同心，岂惟救死扶伤，责无旁贷。军民必须合作，兴亡端在匹夫，在莒无忘，自隗请始。用是草成小启，普告同胞，正名救国与寻常募款不同，与子同仇，其慷慨解囊以助。吾海内外热诚爱国诸君子，幸共鉴之！

上海市民地方维持会会长史量才，副会长王晓籁，理事虞洽卿、张啸林、杜月笙、秦润卿、林康侯、朱吟江、刘鸿生、徐新六、钱新之，会员张公权、卢润泉、胡孟嘉、李馥荪、陈蔗青、陈光甫、徐寄庼、胡笔江、吴蕴斋、贝淞荪、叶扶霄、尤菊生、胡筠庵、陈健庵、冯幼伟、俞寰澄、齐云青、楼恂如、张絅伯、郭秉文、聂潞生、冯炳南、邹秉文、陈松源、唐寿民、穆藕初、袁履登、杨习贤、郭顺、胡筠秋、胡筠庄、朱庆澜、查良钊、杨志雄、颜福庆、陆伯鸿、胡筠籁、孙仲立、刘吉生、徐采丞、张慰如、萧延芳、郭乐、俞佐廷、裴云卿、荣宗敬、朱博泉、汪伯奇、梁士纯、沈籁清、蒋云逵、姚慕莲、王彬彦、褚辅成、俞叶封、何尚平、陈立廷、汤斐予、褚民谊、陈伯权、钱志翔、窦耀庭、应子云、李应生、方液仙、徐玉书、潘序伦、周宗良、顾馨一、陶乐勤、黄炎培同启。

收款处：上海中国银行、交通银行、浙江兴业银行、浙江实业银行、中央银行、中南银行、上海银行、盐业银行、金城银行、大陆银行、四行储蓄会、广东银行、东亚银行、中兴银行、和丰银行、国华银行、中汇银行、中国农工银行、通和银行、通易银行、明华银行、劝工银行、企业银行、四明银行、垦业银行、上海市银行、通商银行、江南银行、福源庄、同春庄、恒巽庄、怡大庄、庆成庄。

一切收支随时公布于各大报纸，事毕编印专册报告。

中华民国二十一年二月十五日

（上海市民地方维持会编辑：《上海市民地方维持协会报告书》，上海市地方协会，1932 年）

复无锡县商会、红卍字会及华艺三、杨翰西、钱孙卿诸先生电

（1932 年 2 月 20 日）

无锡商会、红卍字会，华艺三、杨翰西、钱孙卿诸先生鉴：删代电悉，到〈无〉锡难民，多非〈无〉锡籍，系红卍字会各收容所之难民。敝会方面，所给乘船凭证，限于〈无〉锡人，外籍不给。惟红卍字会收容难民，为数既多，兼之市社会局，因闸北水灾收容所，被敌机掷弹，改由南市，现在按日运送六船，闻均运送无锡。若一律收容，实属为难，容由云初分投接洽，请其设法运送他邑。至〈无〉锡籍难民，现不雇轮拖送，已与各轮船局约定，真正无锡难民，由〈敝〉会给予免费乘船证，事后由各轮船局持证来〈敝〉会，算给船价，所有此项难民毋须收容也。荣宗敬、王禹卿、陶仞千、孙北萱、冯云初叩，民国二十一年二月二十日。

附 1：无锡红卍字会来函（1932 年 2 月 18 日）

敬启者：兹托敝会陈委员祥春，备用无锡东北公司祥裕轮船，随带托船三只，运解大批麻袋，至上海新闸路小沙渡路口江海关监督总办事处，转送前方，并救济锡籍工界难友返锡。当由红卍字会发给旗号为凭，特具函绍介，务希赐给一切，予以便利，无任公企。此致上海红卍字

会、无锡旅沪同乡会、无锡国难委员会、无锡县商会。无锡红卍字会谨启，二月十八日。

附2：无锡旅沪同乡会复无锡商会、国难委员会、红卍字会函（1932年2月20日）

敬复者：二月二十日由锡轮老大范某交奉公函，以托陈委员祥春备用无锡东北公司祥裕轮船，随带拖船三只，运解大批麻袋，至上海新闸路小沙渡路口江海关监督总办事处，转送前方，并救济锡籍工界南友返锡，当由红卍字会发给旗号为凭，函介接洽一切等因。查陈委员祥春并未来申，所有大批麻袋亦不运送江海关监督总办事处查收，擅行车送敝会，责令敝会担负车力洋六元。陈委员既无责任心，以所托又属非人，且范老大将麻袋卸清，并无来会接洽，擅行售票揽客运锡，避难同乡持敝会乘船凭证上船，反拒而不收，救济锡籍工界难友返锡之谓何？除将昨日留下难友，会同红卍字会另雇轮拖今午运送，并将存会麻袋设法转送前方外，用特函复。此致无锡商会、无锡国难委员会、无锡红卍字会。

（《无锡旅刊》，第153期，1932年1、2、3月合刊，第5—7页）

留沪国难会议会员致国民政府歌电[①]

（1932年4月5日）

国民政府公鉴：国难会议，辱承敦聘。读组织大纲，“集中全国意志，共定救国大计”等语，念匹夫之有责，虽汤火，其敢辞？顾同人深信，凡民族争存于世界，以合作为最要条件，盛衰存亡，胥系于此。我中华

① 国民政府决定国难会议于1932年4月7日在“行都”洛阳举行，而会员多主张在首都南京举行，且因国民政府规定会议讨论范围，内部出现赴会与不赴会两种不同主张，其中当时在上海的国难会议会员等，以事前政府限制讨论范围，多数不愿到会。4月5日，马良等66人连名致电国民政府，陈述不到会的理由及主张。

民族所以积弱至今濒于危亡者，唯一症结确在不能合作。民国二十余年，内讧之频繁、激烈，人所共见。近数年来，更立一党专政之制，杜绝多数民众政治上合作之途，以致党员斗争于内，民众睽离于外。全国嚣然，戾气充溢。日人乘之，乃有“九·一八”以来之奇辱。此而不变，沦亡可待，遑论御侮？同人参与国难会议，方拟开陈所信，化除杜绝合作之党治，实现全民协力之宪政，对此救亡大计，努力解决，以答政府相邀之雅，而副人民望治之殷。乃政府忽有限制会议议事之规条，经推代表赴京晋谒，奉询真意，复承汪【精卫】院长函覆，“会议讨论，以御侮、救灾、绥靖为范围”等语，诵悉之下，不胜惶惑。以为遵召赴会，如严守制限，置救亡大计不提，则对国家为不忠，对政府为不诚；而政府既已严定制限，则此实施宪政之案，不无提出会议余地。思维再四，与其徒劳往返，无补艰危，不如谢绝征车，稍明素志。用特电陈不能赴会理由，幸乞谅察。至于救济国难，重在实际工作，不以赴会与否而有异同。宪政为救亡大计，同人天责所在，既有确见，仍当次第开陈。所愿党政诸公念国命之垂危，察症结之所在，破除成见，与民合作，中国幸甚。临电无任悚惶迫切之至。

张耀曾、黄炎培、史量才、张嘉璈、穆湘玥、孙洪伊、温宗尧、狄葆贤、虞和德、李煜堂、刘天予、朱吟江、左舜生、陈启天、张一麐、陈辉德、李璜、许克诚、赵恒惕、沈钧儒、黄金荣、徐新六、张寅、彭允彝、王造时、胡筠、钱永铭、谷钟秀、张子柱、陈锦涛、胡孟嘉、颜福庆、冯少山、刘崇杰、刘鸿生、赵凤昌、卢学溥、程子楷、汪伯奇、陶家瑶、杜镛、吴经熊、李铭、陈彬和、蒋群、陆伯鸿、徐元诰、荣宗敬、赵叔雍、尤列、张元济、胡敦复、欧元怀、金井羊、王云五、章士钊、张九维、董康、夏鹏、黄一欧、曹惠群、俞庆棠、李时蕊、唐文治、冯自由，歌。

（《申报》，1932 年 4 月 6 日）

留沪国难会议会员致各省市政府、各公团、各报馆及全国国民通电

（1932年4月5日）

昨电国民政府文曰："国民政府公鉴：国难会议，辱承敦聘。读组织大纲，'集中全国意志，共定救国大计'等语，念匹夫之有责，虽汤火，其敢辞？顾同人深信，凡民族争存于世界，以合作为最要条件，盛衰存亡，胥系于此。我中华民族，所以积弱至今，濒于危亡者，唯一症结确在不能合作。民国二十余年，内讧之频繁激烈，人所共见。近数年来，更立一党专政之制，杜绝多数民众政治上合作之途，以致党员斗争于内，民众睽离于外，全国嚣然，戾气充溢，日人乘之，乃有'九·一八'以来之奇辱。此而不变，沦亡可待，遑论御侮。同人参与国难会议，方拟开陈所信，化除杜绝合作之党治，实现全民协力之宪政，对此救亡大计，努力解决，以答政府相邀之雅，而副人民望治之殷。乃政府忽有限制会议议事之规条，经推代表赴京晋谒，奉询真意，复承汪院长函覆，'会议讨论以御侮、救灾、绥靖为范围'等语。诵悉之下，不胜惶惑。以为遵召赴会，如严守制限，置救亡大计不提，则对国家为不忠，对政府为不诚；而政府既已严定制限，则此实施宪政之案，又无提出会议余地。思维再四，与其徒劳往返，无补艰危，不如谢绝征车，稍明素志，用特电陈不能赴会理由，幸乞谅察。至于救济国难，重在实际工作，不以赴会与否而有异同。宪政为救亡大计，同人天责所在，既有确见，仍当次第开陈。所愿党政诸公，念国命之垂危，察症结之所在，破除成见，与民合作。中国幸甚。临电无任悚惶迫切之至。"等语。同人深信，救亡大计惟在全民合作，合作之基惟在施行民主主义之宪政，非此不足以解除纷扰，挽救危亡。因并于即日发起民宪协进会筹备会，一切进行办法容待续布。愿我全国

父老兄弟姊妹有以教之。

（列名以姓氏笔画多少为次）

王造时、王云五、尤列、史量才、左舜生、朱吟江、李时蒋、李煜堂、李铭、李璜、汪伯奇、杜镛、谷钟秀、狄葆贤、沈钧儒、吴经熊、金井羊、胡孟嘉、胡筠、胡敦复、马良、俞庆棠、唐文治、徐元浩、徐新六、孙洪伊、夏鹏、陈启天、陈彬龢、陈辉德、陈锦涛、张一麐、张九维、张子柱、张寅、张嘉璈、张耀曾、许克城、章士钊、陶家瑶、陆伯鸿、黄一欧、黄炎培、黄金荣、曹惠群、冯少山、冯自由、温宗尧、程子楷、彭允彝、虞和德、赵叔雍、赵恒惕、赵凤昌、荣宗敬、刘天予、刘鸿生、欧元怀、蒋群、钱永铭、卢雪溥、穆湘玥、颜福庆同启。

（《申报》，1932 年 4 月 7 日—9 日）

留沪国难会议会员致国民政府国难会议蒸电陈述救济国难根本主张

（1932 年 4 月 10 日）

洛阳分送国民政府国难会议公鉴：惠电敬悉。同人不赴会议之理由，已于歌电陈明，谅蒙察及。顷复仰荷电促赴会，同人自承敦聘，拟贡愚忱，对于国难根本救济主张，对内、对外曾草有两项提案，其概略如下：

其一，同人痛愤日本非法无道之暴力侵略，彻悟拥护民族生存、国家独立之严重责任，同时并顾念世界维护和平之信约及努力，主张以左列大方针，对付外患：一、中华民国领土及主权之完全无缺，为全国人民神圣不可侵犯之主张，不辞任何牺牲，必拥护到底；二、为贯彻前项主张，应以武力自卫为主，以国际折冲为辅；三、对外任何条约及协定，非经临时民选参政机关或宪法上之有权机关同意，不生效力。

其二，同人深感挽救国难，非举国一致不为功；又切念应付国难，非政府健全有力不可；更确信永久防止国难，非实行民主政治不能彻底奏效，主张在宪政未实施以前，由国民政府立即实行左列各项：一、确保人民之言论、出版、集会、结社各自由，凡制限上述各自由之党部决议及一切法令，除普通刑事及警察法规外，均废止之；二、承认各政党得并立、自由活动，不得再用公款支结〔给〕任何一党党费；三、实行地方自治，予人民以自由参与地方政治之机会；四、集中全国人才，组织有力政府；五、设立民选国民参政会，监督政府，限二个月内成立；六、筹备宪政，限八个月内制定民主主义之宪法，宣布之。等语。

强寇在门，国命如线。倘荷大会赞同，政府采纳施行，一新全国视听，借以固结人心，消弭大难，则同人虽不及赴会，其效与赴会无殊。道远时迫，尚希鉴谅。附件另达。

张耀曾、黄炎培、史量才、张嘉璈、穆湘玥、孙洪伊、温宗尧、狄葆贤、虞和德、李煜堂、张一麐、陶家瑶、左舜生、陈启天、刘天予、陈辉德、李璜、许克诚、赵恒惕、沈钧儒、黄金荣、徐新六、张寅、彭允彝、王造时、胡筠、钱永铭、谷钟秀、张子柱、陈锦涛、胡孟嘉、颜福庆、冯少山、刘鸿生、赵凤昌、卢学溥、程子楷、汪伯奇、朱吟江、杜镛、吴经熊、蒋群、陆伯鸿、徐元诰、荣宗敬、赵叔雍、尤列、胡敦复、欧元怀、金井羊、王云五、章士钊、张九维、董康、夏鹏、黄一欧、曹惠群、俞庆棠、李时蕊、杨赓笙、冯自由同叩，蒸。

（《救国通讯》，第11号，1932年4月22日，第166页）

附：国难会议到会会员邀请在沪会员赴会电（1932年4月6日）

立刻到。上海市政府分别探转国难会议会员王大桢、王造时、王景歧、王云五、王震、史景才、朱清澜、汪伯奇、吴经雄、李石岑、李登辉、李铭、狄葆贤、杜锡珪、杜镛、杜光汉、胡孟嘉、胡庶华、胡筠、徐新六、徐绍桢、徐谦、张嘉璈、黄石公、马君武、张耀曾、黄炎培、孙洪伊、冯少山、黄金荣、夏鹏、冯自由、黄郛、陈立三、许世英、褚辅成、陈彬龢、章士钊、贾景德、陈辉德、章炳麟、董康、郭泰祺、陶凌行、董显光、张寅、陆伯鸿、杨铨、虞和德、叶惠钧、赵凤昌、熊希龄、荣宗敬、刘崇杰、刘鸿生、黎照寰、穆湘玥、钱永铭、卢学溥、罗隆基、顾维钧先生鉴：今晨国难会议业经开幕，下午举行预备会议，产生主席团王晓籁、张伯苓、高一涵、刘蘅静、童冠贤等五人。在〔再〕，到会同人佥以国难日亟，急待各地会员集思广益，共同研讨。本会虽以御侮、救灾、绥靖为范围，但凡关于救国大计，尽可提案讨论。切盼沪地同人，即日莅临，至深遥企。国难会议到会会员一百四十八人同叩，阳酉，印。

（《申报》，1932 年 4 月 9 日）

遗失成田执照声明

（1932 年 5 月 15 日刊载）

鄙人前购坐落上邑二十八堡二区十并十一图及四图滩地，共计一百一十一亩零零二毫整，执有沙财字六七三零五号及沙财字六七三零六号成田执照在案，现因该项执照遗失，特此登报声明作废。再该沙财字六七三零五号及六七三零六号两处地，均已捐与大厦大学管业，作为永久校产。合并声明。荣宗敬启。

（《申报》，1932 年 5 月 15 日）

致顾毓瑔[①]函

（1932 年 6 月 25 日）

纱锭事，昨日纱联会集议，佥谓所有条件碍难接受，须俟磋商就绪，

① 顾毓瑔时任国民政府中央工业试验所所长。顾毓瑔（1905—1998 年），别号一泉，江苏无锡人，为顾毓琇的弟弟，1927 年毕业于上海南洋大学（现上海交通大学）机械系，随后留学美国，1931 年获康奈尔大学机械工程博士学位，1931—1941 年任中央大学机械系教授，是中国纺织机械制造专家。

方可决定进行。

（申新总公司函稿汇登）

附：实业部规定以英庚款担保订购纱锭布机分配还本办法（1932年2月）

1.《实业部分配细纱纺织机器办法》

第一条　本部为振新细纱纺织工业，增加细纱细布产量起见，呈准由英庚款余额属于水利工程项下之购料款项，借拨英金一百四十八万英镑，以为订购细纱锭六十万枚、布机五千台之担保，准由纺织业厂商呈请认购，以作扩充原有纱厂之用。

第二条　凡中国纺织业厂商具有左列各款之资格添置机器者，得依式缮具声请书呈请认购：

（一）确系华资经营者。

（二）能提供确实担保品者。

（三）资本充足、出品优良者。

（四）工厂管理、纺织技术等确为科学化者。

（五）每期结算财政状况曾经本部核准之会计师证明者。

第三条　凡有外人资本或曾抵借外债者，不得呈请认购此项机器。其有朦准购置者，经查明后本部除追回原购机器外，并将已缴款项没收之。

第四条　凡增设分厂经本部认可者，亦得依本分配办法办理。

第五条　分配纱锭以一万枚为最少数，分配布机以一百台为最少数。

第六条　本办法所称细纱，系指三十二支以上之棉纱而言，凡认购此项机器之厂，非经本部许可，不得以此项机器改纺三十二支以下之粗纱。

第七条　凡产商认购此项机器呈经本部核准后，得自向英国厂家接洽订购,经由本部通知伦敦购料委员会付款,或请由本部代为订购亦可。

第八条 凡购置机器之厂,非经本部核准,不得将此项机器及其附加之担保品,变售抵押或转让于他人。

第九条 凡购置机器之厂,非经本部核准,不得停止全部或一部分之工作。

第十条 凡厂商认购机器之关税,由厂商自理之。

第十一条 凡厂商认购机器之还本付息办法,另定之。

2.《纺织业厂商认购细纱纺织机器之还本付息办法》

第一条 凡厂商请准借拨英庚款余额属于水利工程项下之款项担保订购纱锭布机者,其由厂方还本付息方法,依本办法办理之。

第二条 凡厂商于呈请订购上项机器时,须依下列五款提供担保品:

一、以原有纱厂全部或一部之财产,及新购机器并其联带一切财产为担保品。

二、前款担保品之价值须在新购机器之价值二倍以上,如有不足时,得以其他相当确实财产补足之。【申新纺织总公司档案该条款为"……须在新购机器之价值百分之一百四十以上",……】

三、如原有纱厂之财产已作别种抵押,得提出其他相当确实财产替代之。

四、担保品之有契据者,应提供全份契据,其无契据者,须由厂商填具根据,均呈由实业部转送管理中英庚款董事会保存。

五、凡担保品之应保险者,应由厂商出资保足,其保险单据应一并呈送保存。

第三条 凡请准订购机器之厂商,应缮具还本付息之愿约,及分期还本付息一览表,呈送实业部核准备案,其愿约及一览表式另定之。

第四条 机器价金之折合银元,应以伦敦购料委员会付款日之平均电汇市价为准,并自该日起计算利息。

第五条　凡订购机器逐次应付之息金，以周息七厘计算之。

第六条　厂商须觅殷实银行为愿约之保证者，并代为付息，由该银行出具息折，送由实业部转交管理中英庚款董事会，按时支取。【申新纺织总公司档案该条为“厂商须觅殷实同业厂商三家为愿约之保证者”】

第七条　厂商应将还本之款，按期缴存于实业部与管理中央庚款董事会公同指定之银行，掣取收据，再由管理中英庚款董事会支取之。

第八条　凡厂商在规定还本日期之十日后尚不能如数缴款，实业部得将所提供之担保品处分之。

第九条　实业部得派会计监理员驻厂，或按期到厂稽核帐册。

纺织业厂商订购纱锭布机分期还本付息一览表

付款次数	付款日期	应还本金	应付利息	本利共计
第一次	自伦敦付款日起满二个月之日	全价之20%	全价按年利七厘计算两个月之利息 （全价$\times\frac{7}{100}\times\frac{2}{12}$）	全价$\times\frac{127}{600}$
第二次	自伦敦付款日起满一年之日	全价之20%	全价之80%按年利七厘计算十个月之利息 （全价$\times\frac{80}{100}\times\frac{7}{100}\times\frac{10}{12}$）	全价$\times\frac{37}{150}$
第三次	自伦敦付款日起满二年之日	全价之20%	全价之60%按年利七厘计算一年之利息 （全价$\times\frac{60}{100}\times\frac{7}{100}$）	全价$\times\frac{121}{500}$
第四次	自伦敦付款日起满三年之日	全价之20%	全价之40%按年利七厘计算一年之利息 （全价$\times\frac{40}{100}\times\frac{7}{100}$）	全价$\times\frac{57}{250}$

续表

付款次数	付款日期	应还本金	应付利息	本利共计
第五次	自伦敦付款日起满四年之日	全价之 20%	全价之 20%按年利七厘计算一年之利息（全价$\times\frac{20}{100}\times\frac{7}{100}$）	全价$\times\frac{107}{500}$

3.《纺织周刊》编者评语

自纱业巨子荣宗敬氏建议向英国赊购纱锭六十万枚，增加生产能力，而由政府为之担保，此议既为中央所采纳，遂由实业部负责与中英庚款董事会磋商担保办法。社会最初闻此消息，莫不欢欣鼓舞，以为吾国纺织事业，可望有一度之兴奋。然未几而窒碍丛生，又未几而消息沉寂，以至于最近，社会几浑〔乎〕忘有此事矣。顾当沪滨炮火连天，各纺织工厂停业歇工无法维持之际，实业部乃以庚款担保订购锭机之办法，通知上海厂商限期认购。各厂闻此通令，无不一笑置之。如此时局，如此环境，讵复许有此举动，此吾人所为扼腕不已者也。

虽然，现时纺织工厂，除上海入于停顿状态外，其他各处工作固仍紧张非常，其需要锭机之扩充，生产能力之增加，固犹是也。区区二十万锭之纺机、一千五百台之布机，殆不足供分配。故此项锭机，初不虞过问之无人也。惟事实上亦有困难，则以实〈业〉部规定认购机锭办法，厂商除以原有厂屋、机器作担保外，更须有负责银行作保证。说者谓，厂商果有相当银行为之担保，尽可自向英国机厂订购，不必更烦政府之辗转授受，故政府公布之办法，殆未必有人愿领教。

（《纺织周刊》，第 2 卷第 7 期，1932 年 2 月 26 日，第 200—201 页）

致江苏省政府主席暨各厅长函代电

（1932年7月21日）

江苏省政府主席顾【祝同】①、民政厅长赵【启騄】②、建设厅长董【修甲】③、财政厅长舒【石父】④、实业厅长何【玉书】⑤钧鉴：无锡承上年水灾之后，本年蚕茧又复失收，农村经济崩溃无余，抢米之案，层见叠出。是以县党部联合地方团体积极救荒，旋由地方民众组织临时救荒会。宗敬等旅沪经商，深以为慰。近闻钧府令县解散。令出惟行，该会当已不复存在。惟解散救荒会一事，救荒又为一事。解散救荒会以后，如何实行救荒，钧府谅已成竹在胸。若谓救荒会别有作用，解散后即置救荒于不顾，是重视该会，轻视救荒。钧府明察，宁忍出此？伏乞饬县实行救荒，以全民命而维治安。毋任迫切待命之至。无锡旅沪同乡会荣宗敬等叩，马。

（《无锡旅刊》，第155期，1932年6、7月合刊，第2页）

---

① 顾祝同（1893—1987年），字墨三，江苏涟水人，保定陆军军官学校第六期步科毕业，时任江苏省政府主席。

② 赵启騄（1894—1964年），又名启陆，字次骅，江苏丹徒人，保定陆军军官学校第六期步科毕业，时任江苏省政府民政厅厅长。

③ 董修甲（1891—？年），江苏六合人，清华大学毕业后赴美国留学，获市政经济学学士学位和市场硕士学位。1921年后曾在上海、北京等地任教，时任江苏省政府建设厅厅长。

④ 舒厚德（1885—1949年），字石父，后以字行，浙江慈溪人，早年入上海广方言馆习英文，后赴日留学，时任江苏省政府财政厅厅长。

⑤ 何玉书（1892—1969年），福建光泽人，历任黄埔军校潮州分校政治部上校主任、民国江苏省政府农矿厅长、私立南通大学校董、中华民国立法院立法委员。

致江苏省政府主席顾祝同函

（1932 年 7 月 22 日）

墨三主席钧鉴：前聆教言，曷胜欣感。上年敝邑水灾，被灾田亩二十八万亩余，被灾农民十二万八千余，早经县长填表呈报立案。今年蚕茧失收，农村经济完全崩溃，各乡抢米之案，层见叠出。敝邑民风懦弱，虽闹饥荒，尚未发生意外情事。地方人士目击惨状，坐视不救，心有未安，且恐铤而走险，影响地方治安，爰有〈临时〉救荒会之组织。乃乡讯传来，谓钧府已饬县将该会解散。窃以为，〈灾〉荒如属实，救荒诚为当务之急，该会如无其他作用，或可协助官厅，实行救济。钧府如认该会无存留之必要，应请饬县，秉承钧府意旨，规定办法，次第实施，俾敝邑灾民，早登衽席。敝邑年来工商业，已凋敝不堪，若农民无以为生，地方治安诚有不忍言者。主席以苏人治苏，凡百措施，舆情翕服，深望于敝邑救荒事宜，予以维护。其欲颂者，不仅宗敬一人已也。敬据所闻，上渎钧听，维希垂詧，肃颂钧祺。荣宗敬，七月廿二日。

（《无锡旅刊》，第 155 期，1932 年 6、7 月合刊，第 2 页）

致上海锡金公所函

（1932 年 7 月 30 日）

敬启者：敝会会费，向恃普通会费，及房租、储金补助费等项。沪变发生，会员星散，会费无从收取。致柔拳社解散，少收租银二百四十元。会员寄宿无人，临时假座，亦以会址在苏州河以北，即先行说定者，亦随时作罢。储金会延期三月，即缺少补助银一百五十元。现办二十年度决算，收入只有二千九百三十五元零，支出乃有四千二百九十元零，两相比较，不敷银一千三百五十五元零。特于七月廿四日召集评议、理事开一联席会议，佥以贵公所同为吾锡公共机关，存项既多，收入亦富，应即函请每月补助敝会经费银二、三百元，以资挹注。用特备函奉布，至祈贵公所召集董事开会议复。贵公所董事，大都为敝会评议、理事，深知敝会为难情形，定荷赞同也。此致锡金公所。无锡旅沪同乡会理事长荣宗敬启，七月卅日。

（《无锡旅刊》，第155期，1932年6、7月合刊，第3页）

附：荣宗敬敲死人竹杠

面粉大王荣宗敬，因拥有巨量资产，得跻于显爵、高位之群。上海之无锡旅沪同乡会，拟借光些荣先生之财力，特公推为同乡会之主席董事，以期其建功会中，有造于旅沪之同乡。岂知荣君事繁，难得莅会，而中日事变以还，谓为会中之意外收入骤减，于是遂有设法弥缝之必要。会中人乃往请事于荣君，并以这样少收一百四十余元，那样亏减一百余元等，然其总核，尚不足二千金也。会中诸董事，以为会中有荣君之泰山在，设以详情上达，荣君的鼻头一耸，唇皮一歪，就可筹出或是垫出一万、八千来。岂知荣君接得会中经济状况不敷消息后，不特不挖腰包，仰且想在死人身上去收括，具法维何？即于本月二十五日由荣氏个人，具函海宁路锡金公所。该函略云：贵所捐款奇多，收入甚丰，同乡会的现状，已届山穷水尽，特请求贵所召集董事会议，设法月助若干，以致维持。函中措辞，似有不得不允许的性质。惟闻荣氏，亦为锡金公所之董，所以明白公所之富有，以死人地界的余款，移作救济活人身上去开支，也是件官〔冠〕冕堂皇的事情。惟据熟悉该公所内容者言，公所之富，固如所言，不过被诸董移支以去者，为数亦极可惊。未识旅沪之无锡同乡，知其内容否乎？

（《新春秋》，1932年7月27日）

为补给成田执照事呈上宝沙田官产局文

（1932 年 9 月初）

呈为坐落上邑二十八保二区十并十一图及四图滩地，共计一百一十一亩零零二毫，领有沙财字六七三零五号及沙财字六七三零六号成田执照在案。兹将前项滩地捐与大夏大学作为永久校地，惟是项成田执照业已遗失，请予补给成田执照，并将照上业户姓名改填大夏大学，以便径交该校收执，以垂永远。

附：上宝沙田官产局布告（1932 年 9 月 8 日刊载）

为布告事。案据荣宗敬呈称："为坐落上邑二十八保二区十并十一图及四图滩地，共计一百一十一亩零零二毫，领有沙财字六七三零五号及沙财字六七三零六号成田执照在案。兹将前项滩地捐与大夏大学作为永久校地，惟是项成田执照业已遗失，请予补给成田执照，并将照上业户姓名改填大夏大学，以便径交该校收执，以垂永远。"等情前来。查荣宗敬所称各节，究竟其中有无其他轇轕，合亟布告登报诸色人等一体知悉，如与上项情事有关，务于一星期内来局声请，逾期概作无效，本局即行补发新照，仰各注意，切切。特此布告。

（《申报》，1932 年 9 月 8 日）

代表申新纺织公司与美商中国营业公司签订租用原三新纱厂土地合约要点

（1932 年 9、10 月间）

申新纺织公司租用原三新纱厂土地，与美商中国营业公司签订租

地合约,要点如下:

（一）租期自一九三二年十月一日起,至一九三三年九月三十日止,每月租金上海规元二万五千两,一九三二年十月一日付第一月租金。

（二）租期届满时,倘承租人不能出清地面建筑物及机器,得于到期前三个月书面提出,出租人同意展期三个月,到一九三三年十二月三十一日为止,这一时期的租金为每月三万两,按月预付。

（三）前项展期届满时,倘承租人于三个月前书面提出要求,出租人同意再展期三个月,自一九三四年一月一日至三月三十一日止,这一时期的租金为每月四万两,按月预付。

（四）一九三四年三月三十一日租期届满时,承租人必须出清地面上一切建筑物及机器,否则所余建筑及财产归出租人所有。

（五）双方同意,在一九三二年十月一日至一九三三年九月三十日的资金中,每月提出五千两,交存钟可成①君。倘承租人不能在一九三三年十二月三十一日以前出清地面,则此项交存钟可成君的六万两,由钟君还给出租人,入三新财产账;倘承租人能于十二月三十一日以前将土地还给出租人,则该款六万两退还承租人;倘承租人能于十二月三十一日以后展期租用土地,则该款六万两归出租人没收。

（本文原件系铅笔手稿,藏于原申新九厂档案室）

① 钟可成,生卒年不详,广东人,先后就读于清心中学、圣约翰大学、清华大学,后赴美威斯康新大学学习经济,继而转入哈佛大学、哥伦比亚大学攻读,归国后任中国营业公司股东,兼任总经理。

致中央银行总裁宋子文、副总裁陈行函[①]

(1932 年 10 月 12 日)

前闻政府有订购美麦之说,以为赈麦甫经结束,未必成为事实。昨阅美人鲍而夫来电,知已订定美麦三十万吨、美粉十五万吨。查今年长江上下游年岁丰稔,粮价低落,若再进大批麦粉,粉业愈无立足之地。惟成事不说,只有在粉麦已定未到之前,豫为之计,庶市面不受影响。鄙意是项粉麦,应归本行全权支配。粉十五万吨,约计七百万包,应在美一律装成白袋,到申后由粉厂分配接洽,然后规定斤两,印成商标,平价出售。其小麦亦须售与各厂支配,方法较为简单,变款亦易。第不知是项粉麦,究于何时装运,每月若干吨,分几月装清,第一批何时到达,约有若干吨?应请调查确实,以便先时措置。宗敬忝列理事,粉麦情形粗知大概,而是项粉麦又与本行有密切之关系,为此具呈意见。倘承采纳,毋任感荷。

(申新总公司函稿汇登)

① 该函是荣宗敬以国民政府中央银行理事名义写的。陈行(1890—1953 年),浙江诸暨店口人,毕业于上海圣约翰大学化学系,1917 年考取官费赴美国哥伦比亚大学留学,学习化学并兼学经济。1921 年汉口懋业银行开业,蒙宋子文邀请返国出任该银行经理。1926 年,宋子文在武汉设立中央银行筹备处,陈行负总责,随后中央银行在上海正式开业,宋子文任总裁,陈行任副总裁,此后并兼任中央财政部钱币司司长、上海造币厂厂长。抗战胜利后,作为代表在芷江接受日本投降。1946 年以财政部特派员身份返沪接收日伪敌产,此后仍任中央银行副总裁职,直至 1953 年因心脏病逝世于台湾。

代表茂新、福新、申新各厂给予美商霍白克[1]的授权书

（1932 年 10 月 17 日）

兹授予阁下代表茂新、福新、申新各厂，在美国和加拿大等采办棉、麦和机器，但在签订合同时，有关价格、付款条件等，必须得到各厂书面或电报的同意；同时授权，代向银行、金融机关或个人接洽借款，并代表签订合同，惟订约千必须取得厂方的同意。

（申新总公司英文档案）

致美商霍白克电

（1932 年 10 月 28 日）

拟购棉花一百万包，限价每磅美金四分；购小麦一亿蒲式耳，限价每蒲式耳美金三角。我厂准备适当的银行担保。棉、麦款三年偿付，并希能展期一年，如不能展期，则小麦购七千万蒲式耳。棉要 7/8 吋米特林，小麦为二号麦。

附 1：美商霍白克致茂新厂电（1932 年 11 月 12 日）

现代【国民】政府洽谈购棉一百万包，价每磅美金四分；小麦四千万蒲式耳，价美金二角三分。分三年装运，信用期六个月，由上海的银行担保，轮流装运和付款。与花旗银行联系美金一百五十万元的信用保证，以完成五百万元的货运。

---

① 霍白克，亦译霍白、胡博克，美国商人，时为由中美著名人士发起组织的中国经济信托公司总经理。

附2:茂新厂复美商霍克白电(1932年11月18日)

同意购小麦四千万蒲式耳,价美金二角三分。订棉量减为五十万包,否则将引起国内农民的不满。三年期可接受,中国银行和上海商业储蓄银行[①]愿代【国民】政府签订这项交易。将汇上美金五千元和二千元。

(申新总公司英文档案)

与新声社记者谈续贷美麦事

(1932年11月3日)

【政府二次续贷美麦,昨报曾志其大略,但传闻异辞,并不一律。新声社记者爰特再访荣君宗敬,据云:】

美麦之续贷与否,自有主政之人,鄙人在商言商,并未与闻其事。至代政府签字之说,更属无稽。吾国面粉业因原料求过于供,致金钱流入外洋,未尝不引以为憾。现在唯一希望,时局稳定,与农产增进耳。

(《新闻报》,1932年11月4日)

附:陈光甫1932年3月22日日记所记荣宗敬与其谈美麦借款事

中午荣宗敬来谈,云立基接美国电,美麦过剩,欲卖与中国,可以作为借款,三年后归还,与余商量办法。余云,今日中日未正式停战,欧美商人货物皆要保险。余恐彼不放心,与数月前情形不同,最好与花旗银行经理一谈。荣云,此事系美国来找我们,非我们找他,如果有意,一切条件须先合我们的意思,否则不谈。如此甚好,可托立基发一电至美国

① 上海商业储蓄银行,简称上海银行,由陈光甫、庄得之、张公权、李馥荪发起,成立于1915年4月,最初只是一家股本仅十万元、存款不过五十余万元的小银行,至1931年时,已发展成为公积金达二百六十万元、存款总数达一万万余元的大银行,是当时国内最大的金融机关之一。

问明再说。

（陈光甫：《淞沪日记》，1932年3月22日）

呈上海市政府吴铁城[1]市长暨市公安局文鸿恩[2]局长文

（1932年11月24日）

呈为罪状未明，被羁经月，请准令饬讯明虚实，即予开释，以免累及无辜事。窃属会会员秦望生（即文甫），向在上海爱多亚路美灵广告公司任事，寄寓英租界温州路耕畴里一百九十三号，已历十余年，旋因该处房屋翻造，甫经二月前迁居法租界福履理路建业里七十八号，复因年来商业维艰，为节省经济起见，于前月三十日移家回锡，只以锡地房屋，曾经分租他人，携往物件不能悉数放置，故将少数木器寄存于其戚龚瑞祥家。讵料本月五日，突有当地公安局警士多名，至龚宅查询有无秦姓寄存木器，并询秦望生是否在家。是时适秦望生因事外出，迨归家后得悉情形，茫然不知所以，急亲自投局询问，遂被扣留。后经龚宅家属询

① 吴铁城（1888—1953年），名子增，字铁城，广东香山（今中山市）人，生于江西九江。1907年考入九江同文书院，1909年加入中国同盟会，辛亥革命爆发后，参与九江与湖口的行动；“二次革命”失败后，经上海避居日本，后加入孙中山成立的中华革命党。1917年开始追随孙中山，参加护法、东征等一系列行动。1926年因涉嫌廖仲恺被杀一案，被拘押虎门横档炮台，同年10月释放。1927年6月任广东建设厅厅长。1932年1月出任上海市市长兼淞沪警备司令。1937年3月被国民政府委任为广东省主席。1939年赴重庆任国民党中央海外部部长，并主持港澳抗战时期国民党的党务兼管福建、广东对外抗战宣传工作。1946年出任中央党部秘书长，翌年兼任立法院副院长。1948年12月出任行政院副院长兼外交部部长。1949年10月从广州经香港赴台湾，后任“总统府资政”等职。

② 文鸿恩（1892—1934年），海南文昌人，云南讲武堂毕业，曾任孙中山讨贼军总司令部参谋，1922年陈炯明叛变后，随吴铁城参加平叛。1924年任警卫军营长，1925年8月，警卫军改编为国民革命军程潜第六军十七师，文任团长。1926年参加北伐，随程潜进入江西，攻克南昌后，升任少将团长。1928年被派往法国考察军事。1931年回国，任国民政府参议院参议和陆军步兵学校教员。1932年，“一·二八”抗战后，出任国民政府上海特别市公安局长。1934年12月，病逝于上海。

情由，始悉系钧属公安局（钧局）咨请无锡公安局缉拿，已于翌日提沪等情。本会曾据会员龚瑞祥函请力予救济，业经据情函恳公安局询明释放在案，惟迄今已将匝月，未蒙允准办理，不胜惶感。查会员秦望生系属正当商人，平日安分守己，从无不法行为，不特本会同人素所深悉，即其邻居妇孺，亦莫不知其为良善之人。且其寄寓沪滨已达十余载，究竟平时行为如何，一经调查，不难得其真相。素仰钧长明察秋毫，谅不忍以莫须有久羁无辜。本会迭据其家属及旅沪乡人吁恳营救，义难坐视不获，已具文呈请钧长察核，俯赐迅予转饬公安局（饬科）讯明释放，俾免冤抑而维人权，实为公德两便。谨呈上海市政府市长吴、上海市公安局局长文。无锡旅沪同乡会理事长荣宗锦，十一月二十四日。

（《无锡旅刊》第 157 期，1932 年 11、12 月合刊，第 1 页）

致上海市公安局文鸿恩局长函

（1932 年 11 月 28 日）

敬启者：兹据敝同乡、上海正风文学院[①]院长王西神函称，"敝校文学系二年级学生诸长青，世居无锡之杨亭，现年二十三岁，平日在校学、行甚佳，不意于十一月二十日，偕同学杨某，至静安寺路延年坊二十号访友，误入六十号。孰料此处因有共党嫌疑，竟同遭警探逮捕，拘禁捕

① 上海正风文学院，系国民政府时期上海滩专修中国文学的一家私立大学，校董为国民党元老吴稚晖等。其前身是 1926 年韩国钧、胡朴安、王蕴章等在上海南市老西门大吉路创办的正风中学，1928 年改为正风文科大学，1929 年改名正风文学院，先后设有中国语言文学系、教育学系、外国语言文学系、商学系、及国学、商学专修科等，首任院长为无锡人王蕴章（王西神），1938 年起由蒋维乔兼任院长。上海沦陷后，正风文学院校舍被日伪侵扰严重，至 1940 年改名为诚明文学院。1951 年，诚明文学院与上海法学院、上海法政学院、新中国法商学院、新中国学院、光夏商学专科学院等 6 所私立高等院校合并成立私立上海学院，1952 年院系调整时上海学院停办，其相关系科并入复旦大学、上海财经学院等高校。

房，继解法院审讯，今且引渡至上海市公安局。敝校以诸君无辜被累，闻耗营救，亟飞函通知其家属，来沪共同设法。无如诸君累代务农，家徒壁立，质田求学，情殊堪悯。其家属筹维无计，日夜饮泣，吁请速求贵会解脱前来。为特函渎，务希顾念乡情，力为援引，俾清贫好学之徒，不致无端受罪，则救人一命胜造浮屠七级，好生之德，同志勿谖。"到会。据此，查该诸长青既有该院长证明，确系品学端优之学生，是与共党嫌疑毫无关系。为此，据情函达，务希贵局迅予讯明释放，免累无辜。如果贵局认为确有嫌疑，或无权处分，亦请迅赐解送法院受理，依法讯办，俾张法治，而免冤抑，实纫公谊。此致上海市公安局局长文【鸿恩】。无锡旅沪同乡会理事长荣宗锦启，二十一年十一月二十八日。

附：上海市公安局复函(1932年12月2日)

径启者：案准贵会公函内开，以上海正风文学院学生诸长青，因共产嫌疑，误被依法办理等由。准此，查核诸长青共党一案，业经呈请上海市政府核示办理，相应函复查照为荷。此致无锡旅沪同乡会。上海市公安局，十二月二日。

（《无锡旅刊》，第157期，1932年11、12月合刊，第1—2页）

创建无名英雄墓募捐启

（1932年12月9日—11日刊载）

本年"一·二八"之变，我军苦战三十余日。其间抵抗最久、炮火最烈、伤亡最多者，实为庙行镇一带。庙行，一村落耳，居民仅百余户，属宝山县，以旧有泗漕庙得名，西南距大场镇，东南距江湾镇，各约七、八里。敌攻闸北，久不能下，乃续调大军，改设主攻点于此，既不惜重大牺牲，进占东南隅之金穆宅、竹园墩、三百亩等村落，复竭全力扑庙行。我军因屋为营，掘壕死守。在炮火、机弹狂轰猛射之下，村屋全毁，士卒死亡山积。然于我军总退却前，敌未能越雷池一步。鸣〔呜〕呼，此非我民族精神之表现耶！

考之往事，每于殉国志士立功所在地，建祠以昭其忠。在近代各国，更必为阵亡士兵建“无名英雄墓”，以彰其烈。又有有墓而无骸骨，如我国所谓衣冠墓者，皆所以酬已往，而劝来兹也。今“一·二八”殉国诸将领骸骨，已运首都，葬紫金山麓，而当时粉身碎骨之大多数士卒，及义勇助战人民，遇害而不知姓名者，仅余荒冢累累，至今惟一坯之土、三寸之棺，掩护忠骸，一任其暴露郊原，荒凉零落，久而湮没。此岂所以慰遗烈耶？

夫无名英雄者，有名英雄之所赖以成就也。欲中国之兴，必先自全国国民尽愿为无名英雄始。同人愧未能亲执干戈，为国民倡，然对此抱大无畏精神，示大牺牲决心，为民族争光，为国家吐气，悲壮惨烈，民国以来所绝无仅有之多数无名英雄，万不能坐视其久而湮没不闻也。爰于抵抗最久、炮火最烈、伤亡最多之庙行镇东南隅，度地营阡，表白“无名英雄之墓”，于其附近战迹，亦当妥筹保存之法。墓之周围，遍栽花木，藉以拱护侠骨忠魂。外筑道路，西通大场，南接闸北之岭南路，使四时凭吊者无绕道之烦。而二十一年来，所受至惨、至酷之外侮，可以于后人脑海中，永留一深刻之印象，用以奋起我民族之观感，岂止纪念殉国士卒之意而已哉！

此墓建筑，既为民族精神之表见，不宜过于简陋。除已由宝山各界捐地三十亩，及上海市民地方维持会捐银壹万圆外，余均有待于各界之赞助，为数不厌其多，同志更求其广。人人捐助银币“壹圆”，愈多愈妙，即为群众热心之表示。伯叔兄弟，诸姑姊妹，共起图之！

（以姓名笔画为序）：

丁淑静、尤菊荪、尹韵笙、方液仙、方培寿、王一亭、王伯元、王志莘、王启宇、王彬彦、王云五、王晓籁、王钟琦、史量才、任稷生、朱子桥、朱斗文、朱如山、朱吟江、朱家骅、朱博泉、朱恺俦、朱静安、朱鹤翔、江问渔、何尚平、何其巩、何德奎、余日章、吴申伯、吴桓如、吴启鼎、吴经熊、吴蕴斋、吕葆元、宋子文、宋子良、岑有常、李中道、李申伯、李祖虞、李祖夔、李组绅、李登辉、李树英、李馥荪、杜月笙、杜重远、汪伯奇、汪伯轩、沈怡、沈恩孚、沈昆三、沈梦莲、沈联芳、贝淞孙、阮介藩、周守良、周福隆、林康侯、邱道生、金廷荪、金芝轩、金其源、金通尹、金侯城、俞佐廷、俞叶封、俞寰澄、俞鸿钧、姚文枏、姚文敏、姜炳生、施文冉、施伯安、施荷珍、查良钊、洪景平、胡孟嘉、胡庶华、胡笔江、胡筠秋、胡筠庄、胡筠庵、胡筠籁、唐文治、唐有壬、唐寿民、唐树屏、夏潞德、夏吴婉芳、奚萼衔、孙仲立、孙仲英、席鸣九、徐士浩、徐永祚、徐采丞、徐佩琨、徐冠南、徐致一、徐乾麟、徐补孙、徐寄庼、徐新六、徐静仁、徐凤石、徐懋棠、秦待时、秦润卿、翁之龙、袁崧藩、高吹万、高辖卿、张公权、张佩年、张效良、张细伯、张寿镛、张磐石、张慰如、张澹如、张翼枢、张啸林、张麓云、张耀曾、曹淑媛、曹慰群、梅华铨夫人、梁士纯、章士钊、许元芳、许克诚、许秋飒、郭顺、郭乐、郭秉文、郭虞裳、陆伯鸿、陆静贞、陶乐勤、陈立廷、陈光甫、陈延谦、陈松源、陈炳章、陈健庵、陈药青、陈霆锐、汤斐予、温万庆、盛振为、盛蘋臣、舒石父、华润泉、冯少江、冯幼伟、冯炳南、黄郛、黄任之、黄伯樵、黄夏冯利、杨志雄、杨习贤、杨卫玉、杨锡珍、叶玉堆、叶扶霄、叶琢堂、虞心炎、虞治卿、邹秉文、荣宗敬、闻兰亭、赵江平、赵仲英、赵晋卿、齐云青、刘厚生、刘海粟、刘卫军、刘港恩、刘鸿声、刘王立明、欧元怀、潘公弼、潘光旦、潘光迥、潘仰尧、潘志文、潘序伦、潘孟湛、蔡无忌、褚民谊、褚慧僧、郑临、郑洪年、郑锡棠、黎照实、卢少棠、卢润泉、穆藕初、篑延芳、诸青来、钱志翔、钱新之、霍宝树、萧友梅、瞿鉞、聂管臣、聂潞生、颜雅青、颜福庆、庞京周、严成德、严谔声、窦耀廷、顾伯威、顾孟余、顾馨一

代收捐款处：

中央银行、中国银行、交通银行、浙江兴业银行、浙江实业银行、上海银行、盐业银行、中孚银行、聚兴诚银行、四明银行、中华银行、金城银行、新华银行、东莱银行、大陆银行、永亨银行、中国实业银行、中国通商银行、中南银行、和丰银行、江苏银行、国华银行、中国垦业银行、广东银行、东亚银行、中国农工银行、中兴银行、通和银行、香港国民银行及其他各大银行

（《申报》，1932年12月9日—11日）

附:张舍我律师代表励行国货会敬告发起创建无名英雄墓诸先生文(1932 年 12 月 11 日)

兹据上开当事人声称,“阅报悉,诸先生为‘一·二八’事变牺牲诸烈士募捐,创建无名英雄墓,所以昭示忠贞,表扬义烈。盛意壮举,凡属国民,输将乐助,责无旁贷。本会亦愿竭其微薄,捐助国币五十元,但以建筑此墓,完全采用国货材料为条件。盖诸烈士为抵抗一个帝国主义之武力侵略而死,其忠魂侠骨,决不愿托庇于其他帝国主义者经济侵略形成之舶来品下也。并望全国同胞慷慨解囊,一致主张。请代为登报公告。”等语,合亟代登公告如上。

事务所:江西路二一八号四楼

电　话:一三九三九号

(《申报》,1932 年 12 月 11 日)

复孔祥熙函

(1932 年 12 月 20 日)

昨奉台函,当复皓电,谅荷垂察。胡博克【即霍白克】与弟素不相识,经友人之介〈绍〉始与周旋。吾国产麦数量有限,非仰给国外无以维持粉厂。今年长江一带秋收极佳,而小麦则求过于供。胡氏自告奋勇,以接洽赊欠购麦自任。当时政府尚未有向美政府购麦之确切表示,弟以面包问题人人必须解决,国产原料既感不足,既有大宗美麦可以借购,亦所乐从。胡氏一再来商,期在必成。弟告以果成事实,准以厂产作抵,胡氏遂欣然回国洽商。维时政府购麦事,报章逐日登载,或谓已经签字,或谓尚未就绪,而胡氏亦函电往还,仍无切实答复。弟早知其对于美政府尚够不上介绍资格,目的只在佣金,是以并不重视,待其自行回绝。今读台函,果在弟意料之中。现在弟处对于胡氏经过谈判,概作罢论。政府如决意向美国购麦,正可乘先生驻美之便,顺利进行。倘能早日成就,于国于商,两有稗〔裨〕益。国内农产未能自给,取材异地,办法极为正当。俟三中全会结束,宋【子文】部长来申,弟当与商美麦成交以后种种问题,庶美麦来华,得以从容应付。先生考察欧美实业,负有重大使命,异日轺车归国,造福于社会者必宏。海天在望,诸维珍重。

(申新总公司函稿汇登)

上海青年会征求会闭幕启事

(1932 年 12 月 24 日刊载)

本会第三十二届征求会,自上月二十八日开以来,辱荷各界人士踊跃襄助,具感热心。兹定于月之二十四日下午八时闭幕,凡各队长、队员未缴之分数,务希于本日下以前扫数清交,并望各界人士于闭幕以前踊跃入会,尤深企盼。此启。上海青年会第三十二届征求会总队长吴铁城、副总队长史量才、副总队长荣宗敬同启。

(《申报》,1932 年 12 月 24 日)

关于大夏大学第二期建筑募捐缘起

(1932 年 12 月 26 日)

救国之道,以兴学育才为先。我国百废待举,建设方殷,专门人才之需求,尤为迫切。

大学之设立,洵为当务之急。同人等爰本斯旨,不自量力,于民国十三年【1924 年】创办大夏大学,内赖图校师生兢业一心,外仗社会人士热诚赞助,惨淡经营,八阅寒暑,以有今日。回忆初开办时,二百余师生蝼屈于矮屋数椽之下，局蹐困阨之情状，几难以言语形容。顾数年之间，第一期建筑旋告成功，丽娃河畔，中山桥边，广场荡荡，夏屋渠渠，一切设备，咸具规模，所有资产，数逾百万（详见本大学现有资产统计表，略）。此则吾校同人努力奋斗之结果，诚堪引为自慰。而捐输诸公之热忱高义，尤足铭篆于无涯也（详见历年捐款人芳名表及第一期建筑捐款及捐地人之荣奖，略）。虽然，大学之使命既重且巨，大学之设备千绪万端，目前之成绩，与吾人理想中之鹄的，相去尚遥，同人决不以此自满。况如图书馆、科学馆、体育馆、大礼堂等，为大学教育所必须者，均因限于经济，尚因陋就简，未能单独建筑，于学术讲习，既不多便，于心身训练，尤觉未周。此第二期建筑之举行，所以不容或缓也。此期建筑，全部之预算定为五十三万（详见本大学第二期建筑预算表）。就数字言，并非过巨，以吾人过去努力之成绩推之，或不难于最短期间达到目的。

有志竟成，众擎易举，为吾人深信不疑之古训。尚望全校师生，本向来合作牺牲之精神，踊跃捐输，殷勤劝募。尤望海内贤豪，本爱护大夏之素怀，慨解义囊，共襄盛举。早成九仞之山，永固百年之计。救国大业，其在大业，其在斯乎。

大夏大学董事王伯群（董事长兼校长）、何敬之、杜月笙、胡文虎、张公权、吴蕴斋、胡孟嘉、陈光甫、赵晋卿、虞洽卿、徐寄庼、钱新之、徐新六、任稷生、马君武、汪精卫、周守良、黄溯初、黄季宽、吴稚晖、叶楚伧、荣宗敬、张君劢、邵力子、杨杏佛、梁燊南、戴培基、戴培元、王毓祥、何纵炎、王省三、刘书蕃、王一亭、欧元怀、傅式说同谨启。

本大学第二期建筑设备预算表

项目	预算	项目	预算
图书馆	十万元	中学部课堂	八万元
科学馆	十万元	添购图书及仪器	八万元
体育馆及游泳池	十万元	其他设备	二万元
大礼堂	五万元	总计	五十三万元

(《大夏周报》,第9卷第14期,1932年12月26日)

1933 年

致上海第一特区地方法院函

（1933 年 2 月 2 日）

径启者：窃据本会会员华志仁函称："刘崇武等，因以炸弹、手枪对付私贩日货之奸商案内，被告华志达一名，业奉钧院于本年一月十一日宣判，华志达妨害自由，处徒刑一月，缓刑二年等因。是既判缓刑，似应当庭释放。乃捕房律师王耀堂请求，将宣告缓刑之三人，亦暂羁押，以便考虑是否上诉。刻将匝月，已逾上诉期限，函会转求释放。"等语前来。据此，用特专函奉布，仰祈俯赐查明，如捕房并未提起上诉，即请迅予释放，免受无辜羁押，足纫公感。此致上海第一特区地方法院。无锡旅沪同乡会理事长荣宗锦启，二月二日。

（《无锡旅刊》，第 158 期，1933 年 1、2 月合刊，第 1 页）

关于购美麦来华之谈话①

（1933 年 2 月 12 日）

此次南美洲阿根廷之麦来华，系由于澳麦在华倾销，美麦大受影

① 1932 年 2 月 12 日，新声社记者为美麦来华一事，特往访面粉业领袖荣宗敬先生。此文系荣先生对其所谈内容。

响，故不惜贬价出售，出与竞争。本市购进者，据报载系二万二千吨，实系三万吨。采购外麦之动机，完全因我国去年麦产太少，较之往年，不足十分之三，实不足以供需要。若不进购〔购进〕外麦，全市粉厂必将无工可做。现该三万吨麦，预期五月左右，可以到沪。但抵沪以后，照本市市场销路，最多应付三个月，价格系三两三钱半。至于美麦之优点，一系干燥耐久，一系酵性较足，故此种情形，并非商人贪小，实出于不得已。中国生产品之不好，亦属无可讳言。是以本人曾一再向宋子文部长建议，尽力设法改革，俾使出品优良、生产加增。若长此以往，必将益见惨落。仅就本年华北而言，所用麦粉，皆属日货，若一旦【北】平、【天】津情形突变，不再购外麦预为接济，则华北粮食，必生问题。故此次采购美澳麦，其原因亦即在此。至于美麦赊借停止原因，系由〈于〉美国农民，亦不充裕，故美政府虽愿赊于我国，重以此故，复须现金购买，我国无此财力，只得停止云云。

（《钱业月报》，第 13 卷第 3 期，1933 年 3 月 15 日，“经济纪闻”，第 4—5 页）

致上海地方法院函

（1933 年 2 月 25 日）

径启者：顷准会员马少荃君函，据同乡丁荣福声称：荣福向住上海虹镇吴家滨甲字五十五号，开设协泰祥五金号。伊子龙宝，现年十七岁，于本月十二日偶在楼窗倒下垃圾，为邻居吴佛根夫妇扭住痛殴，旋经旁人排解，始行散去。乃吴等心猷未甘，复敢邀约多人重来寻衅。斯时丁家幸均躲避楼上，未致冲突，然已饱受惊吓矣。伊子龙宝经前次殴伤，复被恐吓，倒卧床上，昏沉不起，延至十九日，因伤重毙命。荣福以乃子殴伤身故，遂向五区四所控告。经该所派警将凶犯吴顾氏拘获，移解上海地方法院法办，恳予转会援助伸雪等情，转函到会。查丁龙宝将垃圾在楼窗倾下，出于无意，吴佛根夫妇不应扭住痛殴，以致因伤身死，现经贵法院委验属实。除由该苦主丁荣福依法起诉外，准函前由，相应函请贵法院察核缉凶，拘案惩办，以儆不法，而伸怨抑，实纫公谊。此致上海地方法院。无锡旅沪同乡会理事长荣宗锦启，二月二十五日。

（《无锡旅刊》，第 158 期，1933 年 1、2 月合刊，第 2 页）

贺杨篠荔先生寿联

（1933 年 3 月 20 日刊载）

文采早扬，春秋八二；宾诞再举，弟子三千。[①]

（《新无锡》，1933 年 3 月 20 日）

致冯云初君函

（1933 年 4 月 1 日）

云初先生大鉴：径启者。本会叠准开会议决，征募基金，期维会务，并承乡长马少荃先生，于会员大会时，首先慨认捐款五百元，热心公益，佩仰同深。兹准联席会议议决，公推先生为代表，前往接洽，务望台旆，即日就近与马君面洽一切，曷胜感祷。相应函达，即希查照为荷。此颂台祺。无锡旅沪同乡会理事长荣宗锦启，四月一日。

（《无锡旅刊》，第 159 期，1933 年 3、4 月合刊，第 2 页）

① 此联由荣宗敬、荣德生共同署名。

再致冯云初君函

（1933 年 4 月 1 日）

云初先生大鉴：本会叠准开会议决，征募基金，期维永久。乡长丁厚卿先生，望重春申，热心公益，会所基金，定能慷慨认捐。因念先生与丁君交谊素笃，接洽较易，为特专函奉恳，敬屈大驾，即日代表〈本会〉至丁君处恳切劝认，曷胜企祷。或先期至邓脱摩一叙，亦所酌夺。此颂近绥。无锡旅沪同乡会理事长荣宗锦启，四月一日。

（《无锡旅刊》，第 159 期，1933 年 3、4 月合刊，第 2 页）

上海各慈善团体振济东北难民联合会为黄涵之先生尊慈朱太夫人设奠敬告黄府诸亲友移赙助振启事

（1933 年 4 月 9 日—24 日刊载）

黄涵之先生尊慈朱太夫人，于本年三月二十三日未时弃养，享寿九十有三，兹择于国历四月三十日，在西爱咸斯路黄府本宅设奠。同人等夙仰太夫人生前乐善好施，涵之先生善承先德，经办慈善事业，业已历三十年，知交素广，用敢发起移赙助振，指定专救东北暨陕省灾区民众，为黄府诸亲友造福。爰特登报奉告，请将鼎惠、联幛、祭品等仪，概折现金，期前送交本会代收，拨充上开指定账款。既慰慈亲孝子之心，又偿救国恤民之愿，一举数善，功德无量。诸维公鉴。

董事长：许世英；副董事长：熊希龄、王震；常务董事：王正廷、孔祥熙、张啸林、杜月笙、屈映光、闻兰亭、陈其采、郑洪年、赵锡恩、林康侯、樊光、王晓籁、叶誉虎、张兰坪、朱吟江、顾吉生、翁寅初、冯仰山、席云生、郭顺、黄伯度、钱镜平；财务董事：张公权、胡孟嘉、吴蕴斋、秦润卿、胡楚卿、王延松；董事（以姓氏笔画多寡为次序）：丁桂岑、王培元、王彬彦、王孟群、毛酉峰、朱庆澜、朱燮臣、宋汉章、贝淞荪、汪伯奇、李馥荪、李组绅、李迪先、李寿山、李子栽、周守良、胡熙生、哈少甫、姚慕莲、倪文卿、徐寄庼、徐乾麟、袁履登、陆伯鸿、陈光甫、陈良玉、陈燕青、陈松源、冯柳堂、张之江、张竹坪、张贤清、张效良、劳敬修、黄瑞生、虞洽卿、邬志豪、荣宗敬、叶扶霄、潘公展、刘鸿生、刘展安、刘云舫、裴云卿、钱新之、蒉延芳、顾馨一、姜佐周；监察（以姓氏笔画多寡为次序）：朱企洛、李祖虞、李次山、李云书、吴凯声、徐永祚、殷铸夫、高一涵、黄金荣、黄焕南、褚慧僧、潘序伦、谢韬甫、关芸农同具。（会址：云南路仁济堂内）

（《申报》，1933 年 4 月 9 日—24 日）

胪陈上海华商棉纺业困苦情形并拟具救济方案致国民政府行政院实业部呈文[①]

（1933 年 4 月 21 日）

呈为胪陈棉纺织业困苦情形，仰祈鉴核，并予救济事。溯自欧战以后，英、法、德、俄等国，以其农工商品国外市场为日、美等国侵夺殆尽，于是努力生产，奖励输出，以相角逐。其对于外货也，或重加关税，或禁止输入；其对于币制也，或停止兑现，或禁止金银出口；其对于工人也，或禁止罢工，或减低工资；其对于经济也，或减低利息，或长期贷款。彼以此来应对其近数年来酿成之生产过剩、民众失业，竟以生产落后之我国为其尾闾。

吾国以资金之不能集中，政府之不能维护，民众之不能团结，以致外贸进口额与年增加。以近年天灾、匪祸、内乱、外〈侮〉相继而作，无时或息，不独轻重工业毫无创设〈于〉全国，甚至主要农产品亦须仰给外国。于是，与此相激相荡之倾销怒潮，乃向太平洋之西岸澎湃汹涌而

① 此文系荣宗敬代表上海华商纱厂联合会送交国民政府实业部的呈文。

来，以工业幼稚之我国当之，几如摧枯拉朽，莫可抵御。近两年来以入超太过之故，内地黄金输出几尽，现在贸易全赖少数银块、银圆以为市易。似此情形，实属岌岌不可终日，有识之士未尝不深抱殷忧。

就目前本国工业言，资本较为雄厚，制品较为繁多，可以代替一部分外货者，棉纺织业可称首屈一指。然自关税自主以还，各国对我经济侵略日益加甚，以从前购买我国原料，加工制造，转售与吾之方法，尚认为不能彻底也。进而设工厂于吾国，输入最新之机器，任用熟练之技师，与华厂巍然对峙，上海、青岛、汉口、天津，到处皆是，以制我棉业之死命。且彼恃其不平等条约以为护符，如工人之管理易于就范，捐税之征收可以避免（如派销公债，缴纳印花税、营业税等）。至于原料之进口运输便捷，资金之运用息率低微，犹其余事。凡此种种，即在平时，华厂与之相较，无不相形见绌。况前年长江一带之巨灾，去年“一·二八”之惨祸，东北已告沦陷，平津时闻警报。现在农民有破产之虞，金融有枯竭之象，更何能与彼全国一系大规模之倾销相抵抗？是以近数月来，我国纱厂停闭者已有陇茂、同昌、永豫、裕中四家。现全国纱厂因纱、布存积日多，议决自四月二十二日至五月二十一日，每星期六、星期日停止工作，即减工百分之二十三，此系不得已救急之计。若不谋根本救急之方，恐此后全国纱厂之将停闭者，不在少数。

夫纺织业关系于民生者至大，吾国现有纱锭四百五十万，而属于日人者占二百万，彼除在我国设厂外，复以其本国棉货倾销我国。近三年来，日本棉纱及人造丝之织品输入者，平均每年在二万万元以上。瞻顾前途，不寒而慄！

第考我国纱厂，不能与舶来品竞争之原因有三：（一）日本输入原棉无税，而我国输入原棉，每百斤须纳税四元二角，即每包原棉须纳税十五元一角二分。（二）日本棉货输入我国无出口税，而我国纱厂所制棉布、粗纱，每百斤须纳税二元七角五分，细纱每百斤三元七角五分。

（三）我国受《中日互惠协定》之束缚，不能重加进口税。

至于不能与在华日厂竞争之原因，亦有六端，兹列于下：

（一）日厂恃领事裁判权之保护，不受党部之干涉与工潮之影响，故训练、管理日臻于合理化。

（二）日厂资本雄厚，贷款利息低微，较之华厂，每包纱成本相差六七元之多。

（三）日厂以东棉日信、江商等〈洋〉行，为其采购原料、推销熟货之机关，在世界各地遍设分行，原料每担可省一元以外，熟货销行畅旺无阻，无形利益不胜数计，华厂则无此便宜。

（四）日本设立纺织专门学校，计达二十四所，人才辈出，技术日精。我国则除【私立】南通【学院】一校外，别无所闻，人才缺乏，遑言竞争！

（五）华厂须摊派公债，负担印花、营业等税，地方军警、教育、慈善、公益等捐款，种种额外开支，不可胜计，而为日厂所绝无。

（六）日厂分设我国者，以近五年为最多，其机械之新颖，产量之宏多，欧美人闻之，皆为咋舌。我国号称有二百五十万锭，其中十分之四机械皆在二十年以上。至于最新之厂，足与日人比拟者，不及十分之一，言之可为浩叹。

综此数因，华厂虽欲振奋自拔，努力改良，实属戛戛其难。华厂制纱成本每包较日厂高二十元至二十五元，华布每匹较高一元以上。由此以言竞争，宁有立足之余地！

近即以上海一隅言之，存纱已逾十六万包，存布一百五十万匹以上。行见货品愈积而愈多，即受累日增而日重，实业已濒危境，工人生计固将灭绝，国家税收亦必停止，其结果盖有不忍言者。年来抵货之声甚嚣尘上，而日厂不独进行如故，且加扩充，诚以成本低廉，故能尽力倾销，以与华厂竞争，非使之摧毁罄尽不止，其用心之险狠有如此者。往者厘金未废，内地厂商犹赖税轻，调剂挹注，彼于兹稍留竞争余地。自改办统税以来，中外工厂同等待遇，而地方捐税又为外厂之所无，华厂遂至陷于重围之中。

政府注重民生，对于棉业想不漠视，从前立法院制定《褒奖条例》，三中全会又经通过《保护纺织实业提案》，属会翘首企望，〈却〉未见实施。今日火热水深，濒于破产，谨拟救济方案六则〈列〉于后。

（一）统税加级：查海关棉纱入口税共分四级，本国纱厂统税，亦请改为四级，其支数与海关则略有差别，三十三支以上为第一级，每担征税六元；二十三支至三十二支为第二级，每担征税五元；十三支至二十二支为第三级，每担征税四元；一支至十二支为第四级，每担征税三元。棉布税亦应照棉纱等级重量征收，从前十一、十二磅，十三、十四磅，十五、十六磅共一税率，有失公允，应即停止。

（二）退还统税：上条修正统税，中外厂应一律征收。对于华厂所收之数，每月月底由钧部以奖励名义，以一半退还该厂，于征税时划抵，以资补助。

（三）增加关税：查《中日【互惠】协定》于本年五月十六日满期，应于是日起，所有从日本进口之棉布、丝光布，照先行关税增加二倍，又人造丝织品增加三倍，再加增本国现行棉纱统税。

（四）退还原棉进口税：查原棉进口税，民国十五年尚系每担一元二角，现已加至四元二角，拟请对于华厂所收税款，由钧部以奖励植棉经费名义，退还半数，交属会承领。此项退款，由属会以一半发还纳税之厂，其余一半由属会津贴各省植棉场为改良棉种之用，政府得随时派员指导、监视其进行。

（五）低利贷款：华商纱厂受重利之盘剥，为不能与日厂竞争之最大原因，应请由中央银行、中国银行、交通银行，各划巨款，组织实业贷款，银行以低利长期贷与各华厂，俾资营运。

（六）取缔工会：查日厂每万锭雇用工人约一百七、八十人，华厂在上海者约用三、四百人，汉口、天津等处工会势盛者须用七百余人，工资相差倍蓰，何能竞争？应请明令各省、市党部，以后各华厂开除工人，工会不得横加干涉，俾资整顿。

以上所陈，仅能举其纲要，如蒙采纳施行，国计民生受益匪浅。临颍不胜迫切待命之至。谨呈实业部部长陈【公博】①。具呈人上海华商纱厂联合会主席委员荣宗锦，中华民国二十二年四月二十一日。

（国民政府行政院档案，中国第二历史档案馆藏）

在铁道部与丝纱业会商运输调剂办法茶话会上的发言②

（1933 年 4 月 24 日）

我国纱业原料，十分之四，取给于美之纽约、印之孟买。本国原料，则采自山东及陕西、湖南等省，惟以运价关系，多由水路运来，而其运费较之由国外运来，已贵百分之三十。如由陕州转洛阳来此，每担需价三元余；由美、印运沪，则尚不足二元，且对其本国商人尚有退还水脚百分之三十之办法，以为优待。更如日商在胶济路，或由日轮运输，亦可得种种优待，故能以优越势力，以竞胜华商。我国人口众多，衣食所需，为数至巨。以纱布而言，即有二千万纱锭，亦不敷所需，现在则仅有二百余万锭，尚有因营业衰败而致停工者。若长此以往，恐更将减少。至日

① 陈公博时任南京国民政府实业部部长。陈公博（1892—1946 年），广东南海人，早年参加中国共产党，是中共一大代表，尔后脱党而去，加入国民党，曾任国民党第二次全国代表大会中央执行委员，为国民党改组派的代表人物。抗战爆发后，追随汪精卫叛国投敌，成为汪伪政权的二号人物。

② 1933 年初，华商纱厂发生减工事后，南京国民政府及社会各界均极关心。铁道部鉴于华纱销路不畅，于铁路运输调剂之旨，不无重要关系，特派业务司长俞棪赴上海，于 4 月 24 日在华安饭店开茶话会，招待上海丝、纱两业代表征询意见，商讨救济办法。此为荣宗敬在此茶话会上的发言。

本在华纱厂，其情形则反是，自一九一二年之四十万纱锭，现已增至二百余万锭，而尚在发展中，势将尽夺国纱市场以去。故希望：

（一）铁路当局能与纱商密切联络；

（二）能仿行回水办法，退回百分之三十；

（三）指导铁路沿线农民植棉，能年增二百万担，即又减少漏卮一千万元，惟其首要尚在减低运费。

（《申报》，1933 年 4 月 25 日）

上海纱业代表晋京请愿经过谈①

（1933 年 4 月 26 日）

华商纱厂，近年来外感日本棉纱之倾销，内感农村经济破产、人民购买力减少，与出厂统税之繁苛，暨银行财政之押款紧缩等种种原因，上海一埠，现已积存无法销售之棉纱〈达〉三百六十余万件（每件棉纱有四十小包）。为维持纱厂之生存与工人最低限度之生活计，前日已实行全国纱厂一律减工。实业部、财政部、沪市府曾派员调查减工之实在原因，迨各部代表回京报告转呈行政院。行政院亦认兹事重大，若不再谋补救，全国华商纱厂有全数崩溃之虞，数十万工人将全呈失业，形成我国失业问题之一大恐慌，爰电召本人等来京，会商善后救济办法。现请求政府救济办法三项：（一）须银行界低利贷款与厂商，因现时上海所存棉纱有三百六十余万件之多，银行界久已不接受棉纱押款，积存之棉纱，除亏折银息外，丝毫无押借现金，以充流动资本之余地。此则须财政部与银行界有相当办法者。（二）统税用途之分配，须提出一部以救

① 上海华商纱厂联合会因营业衰落，特于 1933 年 4 月 25 日推派代表荣宗敬、聂潞生、郭顺、张则民及沪市府代表吴恒如等，晋京向政府陈述苦况并请求救济。当晚各代表返沪，于 26 日晨抵沪。此为荣宗敬先生抵沪时就晋京请愿经过对记者的谈话内容。

济厂商，因出厂统税原系中外厂货一律征收，但征税标准以支数分类。观夫中外纱厂纺纱支数，外商之细纱特多，实有利于外商者甚著。所收之税款应提出一部份〔分〕，为救济华商纱厂之用。（三）棉与纱之运输须迅速放行，运价亦须低减。如郑州等地各厂购买之棉花，有时逾一月尚未发运者，纱布之运出亦然。此于厂商受亏甚巨，并于风雨飘飘之现在，运价尤应低减也。

加入华商纱厂联合会者，全中国共六十二家，占全国纱厂百分之七十七，仅就上海一埠言，纱厂工人约计十万以上。此次减工出数将减少半数，工人亦减少半数，固为社会上一重要问题。现时计上海、通州、无锡、郑州、武汉等各地，已一致实行减工外，天津方面昨日复电本会谓，现在之形势不仅减工而已，只有宣告停工之一途，并已有一部份纱厂实行停工矣，其余纱厂最近亦将停工。上海方面工人，深知厂商之苦衷，是以实行减工以来，并未发生事故，预定减工期间为一个月，如政府有救济办法，则下月即可恢复原状。

各代表前往行政院见汪院长，适开行政会议未见。下午各代表复赴萨家湾铁道部官舍见汪，陈述全国纱业衰落现状及其原因，并请求政府将税率、运输、金融各方面予以相当救济，以免停业致社会上增加无数失业工人等情。汪允与各关系部长洽商后再行决定，未有圆满结果。推测此救济办法，恐非短时期内所能决定，各代表即于二十五夜乘车返沪，定期再行来京。

（《申报》，1933 年 4 月 26 日）

附 1：华商纱厂联合会为纺织厂减工事呈请国民政府实业部备案文（1933 年 4 月 20 日前）

呈为厂业艰危，减缩工作，请予备案事。窃自一九二八年以还，世界经济状况，日趋衰落，各国均苦生产过剩，利用倾销之法，拓展国外市场。我国关税最轻，遂成倾销尾闾。迨自二十年【1931年】巨大水灾后，继以日人侵热【河】、侵沪，农村濒于破产，金融日趋紧缩，购买力薄，需要大减，在华日厂更将纱布贬价倾销，华北首告奏功，驯至华纱不能插足，天津、山西厂纱，被迫南运。旋且以施于华北者，再移其凶锋于长江流域，因此华厂纱布去路仅恃华南一途。本年以来，日益衰落，卒使纱布价格〈跌至〉民元以后之最低数字，而各地积存纱布亦达空前未有之巨量。值此金融奇紧，利率高昂之时，厂家几皆陷于岌岌不可终日之境地，属会各厂，因知当此潮流，自应力图振作，期于挽回颓运。无如产品之纱布，虽极贱而犹不能销，而原料之棉花，则以国产供不敷求，价格并不随纱布呈相等之跌价。购用外棉，亦因金贵而换算价高。以本年三月份与十九年全年纱花之最低价相较，纱跌二十四两，棉花反涨三两，故在原料与制品之间，不特毫无补救余地，抑且愈陷营业于不利之境。其次则从开缴方面着手，以企成本之稍低，愿欲轻开缴，惟有减开支与增生产之两途。查三、五年来，职工工资，逐步提高，不增已属难能，何敢再言减少？至增加生产，原为近世各国救济工业之唯一方法，但以我国工厂现状而言，工作已见荒弛，若欲稍事整饬，动辄惧压迫之罪名，或且引起莫大之纠纷，维持现状，犹且不遑，求增生活，实同梦想。故合理化已推行于各国，在我在〔国〕无法实施。兴言及此，实可痛心。纺织业处于此种艰危情况之下，匪伊朝夕，以各厂财力之薄弱，早已竭蹶难支。然以棉业关系国计民生之重，不得不勉力维持，以待时机之稍稍起色。讵自去冬迄今，愈趋恶劣，远瞻前途，一时犹无转机之望。愈亏愈重，搘柱日难，迫不得已，因于【1933年】4月10日召集各厂会议，佥以外侮内忧，日臻严重，苟无救急之方，势必同归于尽。经各厂代表一致议决，自四月二十五日至五月二十一日各厂一律实行减工，每星期六及星期日昼夜完全停工，以减生产，而维生存等情，业经通告各厂准期实行。查属会此次议决减工，实为挣扎图存，谋积极的救济，否则产品日积，无法推销，殆不免于整个之崩溃，不独各厂濒于破产，其影响于社会经济者，恐非目前减工所可比拟。以后应如何妥筹救济，钧部关怀实业，当必有应厂商喁喁之望也。

（《纺织时报》，第 979 号，1933 年 4 月 20 日）

附 2：申新总公司致各厂函（1933 年 4 月 29 日）

本公司因环境关系，已议决各厂实行减工，同时实行紧缩。如工人赏工、职员升工，应一律取消，日用各种物料应减省，各种材料价格应减低。至职员、工人，应自 5 月 1 日起实行减少，是为至要。

（申新总公司函稿汇登）

致中央工业试验所所长顾毓瑔函

（1933 年 5 月 3 日）

在京奉教为快。日昨又读手札，只悉一切，附件亦已照收。纺织业，就目前现状而论，可谓困难已臻极点，是以函商，冀寻得一条出路。敝处对于机器、纱锭，有已定未到者，有已到未付款者，最好于庚款中商借一部分，以济急需。至政府有维护之决心，鄙人亦所深悉，但所定治标办法，贵乎切实奉行，否则口惠亦徒然耳。星期五【5 月 5 日】如出席农村复兴委员会〈会议〉，当再图把晤，面罄一切。

（申新总公司函稿汇登）

致国民政府实业部工业司司长[①]函

（1933年5月12日）

敝公司鉴于纺织业衰落，纱锭有减无增，是以鄙人有用庚款借锭之建议。承贵部采纳，拟照所定计划实施。嗣以条件未曾议妥，致中途搁置。而际此不景气时代，鄙人颇思竭尽绵力，战胜环境，遂向英国订购纱锭及机器，现已到及未到者，计款有十三万磅之谱，拟请贵部转商庚【子赔款】委【员】会，参照借锭付款办法，暂为垫付，由敝公司按期归还。在贵部既可达奖励实业之主旨，敝公司亦得于纺织业凋敝之秋，稍沾实惠。至借锭一节，既有成议，敝公司为扩张事业、减轻成本计，仍愿借锭六万。敬希台端予以援助，并希贵部迅予批示，以便遵行，毋任企盼。

（申新总公司函稿汇登）

拟借美棉之羡余以补华棉之不足（节略）

（1933年5月）

谨略者：吾国比年以天灾人祸，几无宁晷，人生日用必需之米、麦、棉，无一不待外产之接济，致每年入超辄逾四万万元，循至金融枯竭，农村破产。生产事业，如我国首屈一指之棉纺织厂，亦日趋危殆，险象之深，虽无外患内乱，亦将无以立国。迩来政府有见及此，遂有农村复兴委员会之集议，而于棉纺织厂，亦急急谋所以救济之道。顾兹事体大，

① 时任国民政府实业部工业司司长的是刘荫茀。刘荫茀（生卒年不详），字治万，湖北黄安（今红安）人，自1932年9月21日起，任实业部工业司司长。

补直不易，况凡百图谋，非财不办，无如国库如洗，财界资力，亦嫌不裕，终恐筑室道谋，难期明效。窃以棉纺织厂目前最大之困难，则以本国原棉不敷，其价日昂（每年缺少三百万至四百万担），而生产品因外货倾销，其价日落，亏累过甚，难于图存。在棉产最多之美国，反以存棉太多，无从销纳，不惜动用公款数十万万金元，鼓励棉农之减产。在此两国极端相反情势之下，苟能挹彼注兹，由政府出面，向美国政府借购美棉六十万包，约计二百二十万担，每担以四十元计，则农民每年增益二万万元，纱厂原料无匮乏之虞，则营业自有振兴之望，一转移间，于国，于农，于棉纺织业，无不交受其利。昔年借用美麦四十五万吨，不独救济旷古未有之奇灾，且筑成万里长堡，使长江两岸，永免水患，农民增益，每年何止十万万？今之借用美棉，用意正同，而所得结果，必不止此。兹就所拟计划条陈如左：

一、由政府向美政府借购美棉总额六十万包，其结价与农〔装〕运办法与借美麦同。

一、每月由美运华五万包，分十二月装竣。

一、此项棉花计$\frac{7}{8}$吋棉四十二万包，$\frac{15}{16}$吋棉十二万包，1 $\frac{1}{32}$吋棉六万包。

一、利息与美麦同。

（《农村复兴委员会会报》，第 1 号，1933 年 6 月，第 64—65 页）

致彭学沛[①]函

（1933年6月5日）

前奉台函，敬悉借用美棉一节，已由行政院议决进行。顷得路透【社】消息，欣悉宋【子文】部长在美谈判已有结果。此皆汪【兆铭】院长俯纳刍荛，及台端赞助之力。以后复兴农村及关于建设事项，皆可次第实施，其为福利，岂有涯涘，不特纺织业感纫已也。

（申新总公司函稿汇登）

致彭学沛函

（1933年6月7日）

顷奉密函，敬悉一一。借款成功，用之于棉、麦生产之改良，极佩卓识。当由纱、粉两业公会电呈政府，请求将此款完全为改进生产、振兴实业之用。惟弟更有请者，庚款借锭，由弟建议，虽经通过，尚未施行。窃思纺织在实业中最为重要，若不积极扩充，无以杜列强经济侵略之野心，而保存吾国萌芽之实业。宋【子文】部长到英，报章赞美，获有特殊荣誉。倘承台端言于汪【精卫】院长，密电伦敦，请其进行，则四十万纱锭之成功，可操左券。且英国于商业，本极重视，此次美款告成，不知作何感想？若与商借纱锭，以常情揣测，当所乐为。台端维护实业之心，

① 彭学沛时任国民政府行政院政务处长。彭学沛（1896—1949年），字浩涂，江西安福人。日本京都帝国大学毕业后，又赴比利时留学，回国后，任北京大学政治学教授；1928年2月，中国国民党中央党报《中央日报》在上海创刊，他任主笔；1932年3月起，历任国民政府内政部代理政务次长、行政院政务处长、交通部政务次长。在中国国民党内，彭氏属汪精卫派。

昭然若揭，用特竭诚奉托，尚希力为赞助，毋任铭感。

（申新总公司函稿汇登）

关于美棉借款[①]的谈话

（1933 年 6 月 9 日刊载）

我国棉纱与面粉原料缺乏，有目共见。向者各厂商类多现款向外购货，藉以接济，货源既辄感不敷，现金更不时外溢。财【政部】长宋子文氏，此次在美告成此项大借款，既足以补救国内财政之困难，更可救济现下华商各纱厂原料缺乏之恐慌也。惟我人之所竭诚望于政府当局者，此项借款，务须用之于国内之建设事业，绝对不可移诸军事之用。盖用之建设，则可使国内之百业昭苏；用之军事，更足陷国家于万劫不复之域也。宋部长当未出国前，对于此事，审慎至再，本人当时亦曾参与末议，对此表示深切之赞同。良以国内纱厂业与面粉业，处此情形，愈有萎靡不振之感。此举成功，实可以救济我国之实业，即向日银行界中尽力协助，而犹觉焦头烂额者，此后亦可以稍轻担负矣。而政府当局，即以此项货品，售诸国内厂商，而稍予补贴，较诸发行公债，亦属合算多多也。惟政府对于厂商，如何补贴办法，须待宋财长返沪而后，再行商洽。现第一批美棉，闻将于本年六月底可以抵沪，其总额约五万包或十万包。华商纱厂联合会各会员厂，业已预备接受。

（《纺织周刊》，第 3 卷第 24 期，1933 年 6 月 9 日，第 757 页）

---

① 1933 年，出席华府会议的中国政府代表宋子文，在中美谈话完毕以后，即与美国政府财政善后公司签订五千万美金（约合法币 2 万万元）大借款，此借款规定以五分之四购买美棉，五分之一购买美麦，利息五厘，三年还本。见良辅：《美国大借款》，《东方杂志》第 30 卷第 13 号，1933 年 7 月。

附1:上海市棉花号业同业公会关于棉麦借款意见代电(1932年6月17日)

国民政府、行政院、立法院、实业部长钧鉴:宋【子文】部长在美签借棉麦五千万巨款合同,消息传来,举国震骇。连日奉读报载汪【兆铭】院长之谈话,〈悉〉借款合同业已成立,并经实〈业〉部长拟具支配办法呈送钧院,俱见兼筹并顾,钦仰无仍。但查借款总额为五千万美金,规定以五之四购棉、五之一购麦与粉。至合同内容,如〈采购〉价格、装运及支配等问题,宋部长自有权衡,高深莫测。顾兹事体大,关系全民生计,属会经营棉业,熟悉情形,有不能已于言者数端,谨为钧府、〈院、长〉陈之。

吾国以农立国,农产之富,为世界冠。徒以内争不息,水旱交灾,以致耕种不时,饥馑荐至。欲救其弊,亟应化除私见,精诚团结,以平内乱;整顿农产,改良种植,以裕民生。借债度日,终非久计。此其一。

农村破产,影响社会安宁。比年以还,谷价趋落,农民弃田,散之四方,甚者沟渎,自经报端记载,时有所闻。通都大埠,游民激增,社会隐患,莫此为甚。复兴农村,〈为〉当今急务,若以外人过剩之农产,压迫垂毙之农民,复兴之期,终归乌有。此其二。

外货倾销,现金枯竭,列强提倡国货,大抵限止输入,美国禁棉类入口,此为明证。乃倾销之不已,益之以巨额借贷,不啻以政府而为外商承销机关,造友邦之出品机缘,贻强邻以入输口实,漏卮既巨,国体攸关。此其三。

国棉产额丰歉,平均约在八百万担左右,如能竭力提倡,加意改良,以吾国土宜,收量必增。照过去产额,以供吾国自营纱厂之消耗,绰绰有余。即遇荒歉,所差亦属无多,厂商自能采购。矧年来纱销滞濡已臻极点,自闻大借款之传说,一周之内,花纱市价益复直下,如再以巨数外棉源源输入,转瞬国棉登场,价价之惨落必更甚于今日。流弊所至,不特棉值愈贱,棉农直受其害,抑且纱积愈厚,纱商势难支持。此其四。

曩者纱厂商荣宗敬氏曾传向美借棉之说，群情惶惑，呈请钧院制止。自奉实业部指令，群疑始释。煌煌批示，墨渖未干。以个人之小借款，影响社会已极重大，况倍于此者。此中利害，不言可知。此其五。

综上所述，证以吾国之农村，衡以今日之情势，无论棉与麦粉，似无接受美国此项借款之必要。仰乞俯顺舆情，收回成命。万一以国际信誉未便变更，则正式合同之签订，务求缜密计划，以不妨国产为前提。再贡管见，并乞准行。

一、棉价之平均。棉为国产大宗，生计所关，约占全民十之五、六。美棉价格，应以历年中美棉价推算。

二、采购者之识见。关于原料之优劣，必须熟悉中美两国棉类之产地、产额、国内纱厂之用品、出品与夫社会需要，取其所长补吾所短，始能物尽其用、用尽其量。

三、物稀则贵，剩余则废，则装运尤宜注意。如能划分长期，以他邦之有余，补我国之不足，供求相应，庶几无弊；若于短时期内，整批运来，则供过于求，国棉价格，势被压跌，必须预计缺乏实在，分批装运，方无积压。

四、支配问题，更极重要。报载实〈业〉部长谈话，倘支配而不得其法，则匪特于我无补，即国内固有之棉业、纱业，亦将蒙其极大恶劣影响。旨哉斯言，诚切扼要。我国自营纱厂，全数八十四家，每年用棉，平均每厂以七万担计，不过六百万担，除应用国棉外，所缺有限。近因纱销惨落，实行减工，则所需原料，益形减少。故欲支配此次巨量美棉，必须罗致精熟花纱商人，组织委员会，先事查明国棉存数、各厂所缺确数，及日用数量，斟酌并用，按期接济。既无搁压之累，可免缺乏之虞。

属会经营各地棉花，深知农村生命，系于棉产者至重，为特不揣冒昧，谨献刍荛，伏祈钧府【院、长】鉴念农村衰落，棉商艰困，设法兼顾，无任拜祷。除分呈外，谨呈。上海市棉花号业同业公会刘屏孙叩，篠。

（南京国民政府行政院档案，中国第二历史档案馆藏）

附2：上海面粉厂业同业公会等为请美棉麦借款免购面粉等呈（1933年6月19日）

呈为华粉过剩，吁恳借款免购美粉，以维粉业而恤商艰事。窃宋副院长在美棉麦借款签订合同后，业经中政会追认、立法院通过，是棉麦借款已成事实。惟合同所载小麦外，附有面粉。属会聆悉之余，有不得不为钧院陈者。查吾国农村复兴尚在计划中，原料缺乏，政府借棉麦维持纱、粉两业，具见不得已之苦心。但熟货与原料迥异，若购买小麦，搭配面粉，属会期期以为不可。吾国工业之较大者，纱厂而外，当推粉厂。年来粉厂营业不振，相率停歇，其幸存者，亦皆勉力维持，绝无蓬勃之气象。揆厥原因，约有数端：一、厂方负担加重。以前小麦虽有厘金，面粉向不征税。自实施裁厘加税后，面粉统税每包须纳税洋一角，以粉税与麦厘比较，轻重悬殊。且已征统税之粉行销内地，须纳营业税，江北收买小麦，又须勒征营业税，是裁厘其名，加税其实，厂方受重重剥削，成本加重，市面萧条，粉价低落，虽欲不亏耗而不可得矣。二、赈粉输入之影响。前年政府借美麦美粉，以赈济水灾，致各乡镇洋粉充斥。于今三年，皖省内地仍有赈粉余存，长江一带华粉销路，遂蒙绝大之影响。三、华北粉销停滞。华粉销路，向北方为大宗，自东北不守而后，华粉推销之地等于完全放弃。减价求售，而滞销依然，各厂制成之粉日积月累，已成过剩之象，只得相继停工。如高邮裕亨、南通复新、清江大丰、芜湖益新厂等，皆事实昭然，而不容掩饰者也。其余如水、旱、兵灾，天时人事随在，予粉厂以重大之打击，经过情形，不胜枚举。际此借款告成，商民佥谓：政府此举，直接维持工厂，间接复兴农村。及闻有美粉运华之说，则又动色相告，一若非意料所及，不胜其惶惑者。诚以华厂制粉，已感积滞，于此设法疏通，犹恐不及。若再以巨额美粉运华，是促成华厂停工歇业，其如工人生计、国家税收何？属会为此呈请钧院鉴察粉业艰困情形，迅电宋副院长免予购粉，以恤商艰。即所购美麦，应请注意麦品，如西部红麦、硬冬麦、西部白麦平均支配。至装运日期，至早须至十月起装，每月以六万吨为限，万勿全装白麦。现值吾国新麦登场之际，祈分期缓装，以惠农民。除分呈实业部、税务署外，伏乞批示遵行，毋任吁恳待命之至。谨呈行政院。上海市面粉厂业同业公会主席顾馨一（印）、苏浙皖内地机制面粉厂公会主席卞宗浚（印）。

（国民政府行政院档案，中国第二历史档案馆藏）

附 3：中华棉业联合会呈请制止借用美棉（1933 年 6 月 24 日稍后）

呈为商借美棉祸国殃民，仰祈钧鉴制止，以因国本而利民生事。窃阅本月二十四日报载，“南京政讯，沪麦粉棉纱巨商荣宗敬，近向美商借美棉四十万包，周息四厘，分四年偿还，由政府担保，将由宋财长提请中政会议决定。政府当局，以此事关本国棉产甚巨，多主慎重云云”。读悉之下，群情惶骇。窃谓处现在情势之下，鉴于吾国农产物之惨落，有万万不可商借美棉者数端，谨为钧府院部会陈之。查我国以农立国，农产物品，向以丝、茶、棉、粮为大宗。曩者丝、茶两项，输出甚巨，岁入甚丰，只以外货充斥，丝、茶价格，一落千丈。今岁日丝进口尤多，乃至华丝无立足之地，相率倒闭。推厥原因，无非受外货之压迫。此鉴于丝、茶，而不可借用美棉者一也。我国棉产种类甚多，产量亦厚。如果收量在中稔以上，以我国之产棉，供我国之纺锭，不敷有限。故以前外棉进口，至多不过五六十万担至七八十万担而止。去年水灾之后，华棉减收、外棉源源输入，计自去秋迄今，已达五百万担。数量之大，至可惊人。而查华南北国棉之存数，尚有百余万担，每担价格，又较低三四两。若再借用外棉一百五十万担，则吾国存棉，如何用销？此为棉存数计，而不可借用美棉者二也。我国棉农，至少约占全民十分之一而强。此十分之一棉农，一家数口，均恃一岁之棉产收入为生活。近以外棉输入，时价已较去年低至十两以上，即较外棉，亦已三四两左右。如再借用外棉，则华棉势益低落。于是昔日可恃以为生活者，今且无以生活矣。迫于饥寒，则老弱填沟壑，壮者挺而走险。国家隐忧，莫此为甚。此为民生计，而不可借用美棉者三也。外棉输入愈多，则现金输出愈巨，以现在金融恐慌之我国，重以输出之巨额，现金血脉干枯，危亡立见，社会秩序，何以维护？此为社会计，而不可借用美棉者四也。抑尤进者，美棉过剩，中外喧腾。美政府为维持棉业农商生计起见，故以过剩之棉，博借贷之美名，受畅销之实惠。该商承借美棉，为美国棉业农商计，宁不为我国农商计乎？舍本逐末，于此为极。此为大体计，而不可借用美棉者五也、总之，华棉为农产大宗，棉业农商生命之源，关于国计民生，两极重要。属会经营棉业，熟悉情形，为特不揣冒昧，呈请钧府院部会鉴念民困，迅即制止，严予驳斥，以固国本而利民生。迫切陈词，伏乞鉴核。除分呈外，谨呈。

（《申报》，1933 年 6 月 29 日）

附 4：江苏全省农村协进会为反对政府同美国签订棉麦借款代电（1933 年 6 月 30 日）

南京行政院汪院长钧鉴：窃自美国棉麦借款成功，举国人心惶惶，以为农民生机〔计〕恐遭铲绝。然已大错铸成，吾侪小民顾全中央威信，何敢公然反对。乃〔今〕道路传闻，又有不详之谣言发生，云宋部长又在英国接洽大宗棉麦借款。此谣倘果确实，则恐中国农民从此更无死所矣。查近年来农村破产，其故不止一端，而实以洋米、洋麦输入太多为最大之原因。前年水灾，政府借美麦赈济，惜其漫无统计，借数太多，以致各乡各镇赈麦赈粉到处充斥，贬价求售，无人过问，迄今皖省内地，仍有昔年之赈麦余存。灾区虽得赈济于一时，而非灾区因此反受谷贱之害，亦等于被灾，今已三年，余害未已。本年各省小麦丰收，为数年所未有，农民方自庆幸，或可稍得善价，以纾积年之困。不意霹雳一声，美麦借成，商贩裹足，麦价不但暴跌，且求速售而不可得。今虽蒙政府宣言，将来货到，妥为支配，以期维持农价。然事实上，试问人民衣食所需，总有一定之程度，食三餐，岂能强为云餐。今既有如许之外国农产进口，何能不影响中国农产之销路？按照美金五千万元，即合华币有二万万元之多，况以美棉洋麦之质美价廉，中国棉麦岂有不为其所打倒者耶？倘再不幸又向英国借散购麦，是不啻尽将中国农民驱于沟壑，而由中国养活外国之农民矣。吾农民与政府何仇，而必欲自速其死耶。为今之计，惟有请政府迅速电宋部长停止进行，纵有大借外债之必要，尽可购中国真正必需之品，如机器、五金、仪器、材料等，切勿再购农产品，以延中国农民一线之生机。倘政府不加采纳，属会等将□径电彼邦，誓不承认，以谋国民之自救。急不择言，诸祈鉴宥。江苏全省农村协进会叩。

（国民政府行政院档案，中国第二历史档案馆藏）

附 5：棉麦借款条件

借款总额为五千万美金，按市价美汇计算，约合国币二万万元以上。〈其〉中以五分之四在美购买棉花，五分之一购买小麦及面粉。购得之货物，并限由美船运华，利息长年五厘。棉花还本办法，货到华时还百分之十，三月后还百分之十五，第二年最后六个月还百分之十，第三年百分之十五，第四年百分之二十，第五年百分之三十。麦及面粉还本，第四年百分之二十五，第五年百分之七十五。担保品为(1) 统税收入，(2) 海关收入。此后统税改组时，并不得使收入短少，以免担保无着。

附 6：华厂借用美棉案停顿（1933 年 7 月 29 日）

关于华商纱厂向美政府借用棉花四十万吨一案，近来消息沈滞，其进行殆已停顿。此案不特棉商方面表示反对，即厂家中亦有一部份不加赞成者，即如武汉方面各厂，已表示不愿认购此项借棉。故此案希望已属甚微云。

（《纺织周刊》，第 2 卷第 29 期，1933 年 7 月 29 日，第 808 页）

致彭学沛函

（1933 年 6 月 10 日）

七日奉复一函，谅登记室。未尽之意，再为我公陈之。华北协定[①]后，彼方从此实行经济侵略，尤注意于吾国纺织业。若不急起直追，力图挽救，华厂恐无立足之地，而国家、社会之隐忧，诚不忍言。且长期抵抗之谓何？此项借款成功，直接维持工厂，间接复兴农村，只须政府指定用途，商民受惠殊非浅鲜。惟吾国纺织业，以纱锭与人口比例相差太远，借外力以助业务之进行，不容稍缓，弟是以有庚款借锭之建议。如成事实，则纱厂有推广之机，投资者庶几踊跃向前，而工人生活、国家税收亦可同时解决。乘〔趁〕宋【子文】副院长出席经济会议，在美款借成之后，提出借锭问题，当有成功之望。除由英国商会驻沪会长马锡尔电

① 此处的"华北协定"系指 1933 年中日签定的《塘沽协定》。随着九一八事变爆发后，东北三省完全被日本占领，日本又将侵略的魔爪伸向华北。为了对中国政府造成压力，1933 年春，日军进占热河和长城各口后，又迅速席卷滦东，威逼中国华北平。其时蒋介石集中力量推行"攘外必先安内"的"剿共"计划，同汪精卫密谋与日妥协。5 月 31 日，国民政府北平军分会总参议熊斌与日本关东军副参谋长冈村宁次代表中日双方在塘沽签订停战协定。主要内容为：中国军队撤退至延庆、昌平、高丽营、顺义、通州、香河、宝坻、林亭镇、宁河、芦台所连之线以西、以南地区；日本军队在确认中国军队已撤退后，不超越该线续行追击，且主动撤归长城线；长城线以南及第一项协定之线以北及以东地区内，由中国警察机关维持治安。

告宋副院长外，拟请我公将鄙意转陈【汪】院长。如荷同意，迅予电嘱宋副院长进行。【汪】院长周游欧美，有世界眼光，对于吾国甫在萌芽之纺织业，当力予维持，乐观厥成也。电稿录奉察阅。

附：英国商会驻沪会长马锡尔致宋子文电稿

伦敦中华民国公使馆投国民政府行政院副院长宋子文先生：兹因荣宗敬先生拟扩充纺织厂，动用庚款一部作为付款条件，已将此意电达英国机器制造厂联合总公司沃尔登城泼勒脱厂华脱勃勒斯登爵士趋前面晤，已与〔予〕以电报介绍，请与〔予〕以短时间之会晤，不胜企盼。英国商会驻沪会长马锡尔拜电。

（申新总公司函稿汇登）

为《无锡旅刊》登记事呈上海市政府稿

（1933 年 6 月 16 日）

呈为发行《无锡旅刊》，遵照《出版法》[①]，声请登记事。窃属会发行《无锡旅刊》，理合遵照《出版法》第七条规定，声请登记事项，缮具声请书并样本二份随文呈请鉴核，转咨内政部，给予登记。实为公便。谨呈上海市政府。计呈《无锡旅刊》声请登记书一纸、《无锡旅刊》样本二份。无锡旅沪同乡会理事长荣宗锦启，六月十六日。

附 1：上海市政府第一三三四号批（1933 年 9 月 19 日）

原具呈人，无锡旅沪同乡会，呈一件，呈为发行《无锡旅刊》，声请登记由。呈件均悉，据呈，当经咨转内政部核办在案，兹准咨复为准咨，以据《无锡旅刊》声请登记一案，请查核办理，计附声请书、登记表、考查

① 1930 年 12 月 16 日，国民政府公布《出版法》，该法有六章及附则，共计四十四条。

表、出版物各一份，核与《出版法》尚属相符，除将原送书、表等件存查外，相应填具该刊登记证咨复，查照转发见复，并希转饬该刊，依照《出版法》第十三条之规定，按期寄呈刊物备查为荷等由，计附登记证一份。准此，除咨复外，合行检发该证批，仰遵照具领，并依法寄呈刊物，以凭查核为要，此批。件转计转发警字第二七三二号登记证一份。中华民国二十二年九月十九日，市长吴【铁城】。

附 2：内政部登记证警字第二七三二号（1933 年 9 月 11 日）

案据上海市《无锡旅刊》依法声请登记，业经审核，准予登记。此证右给《无锡旅刊》发行人荣宗敬收执，中华民国二十二年九月十一日，内政部发给。

附 3：上海邮政管理局来函（1933 年 8 月 10 日）

径启者：查国内出版之新闻纸或杂志，应由发行人依照《出版法》第七条，及其施行细则之规定，呈由所属省政府，或隶属于行政院之市政府，转内政部声请登记，并将登记证，或党政机关会同证明文件，送局查验各节。本局自上年九月间奉令后，迭经函请查照办理，并经派员接洽，各在案，乃阅时将近一载，迄未见照办，殊以为憾。事关功令，未便玩忽，用特最后通知，即希于本年九月底以前，将内政部登记证，或党政机关会同证明确已核转登记之文件，寄递过局，以凭核检，如逾限仍不照办，本局即将前准之挂号优益，概行撤销。即希迅予查照办理。此致《无锡旅刊》。上海邮政管理局启，八月十日。

附 4：《无锡旅刊》致邮政管理局函（1933 年 9 月 20 日）

径启者：案奉上海市政府第一三三四号批令内开，"呈件均悉，据呈当经咨转内政部核办在案，兹准咨复，为准咨以据《无锡旅刊》声请登记一案，请查核办理，计附声请书、登记表、考查表、出版物各一份，核与出版法尚属相符，除将原送书、表等件存查外，相应填具该刊登记证咨复查照，转发见复，并希转饬该刊，依照《出版法》第十三条之规定，按期寄呈刊物备查为荷，等由，计附登记证一份，准此。除咨复外，合行检发该证仰遵照具领，并依法寄呈刊物，以凭查核为要，此批。”等因，奉此，除依法遵照按期寄呈刊物外，相应检同该证送请察核见复，并将原证仍行发还收执为荷。此致上海邮政管理局。《无锡旅刊》社启，九月二十日。

（《无锡旅刊》，第 162 期，1933 年 9、10 月合刊，第 1—2 页）

与华东社记者谈棉麦借款

（1933 年 6 月 21 日）

【财政部对美棉麦大借款之内容真相如何，当局犹未公布。华东社记者昨日因特再访实业界巨子荣宗敬氏，据荣氏所得消息，与外传颇有不同者，爰志如下：】

美棉总额　据荣氏谈，就彼所知，美棉运华，确属事实，惟首批是否六月底到期，尚无新消息。此次财部所购美棉，总额六十万包，合我国念万担，依现值计，约达一千三百万金，与报载五分之四以购美棉之数，相差甚远。此项美棉，规定每月进口五万包，分十二个月运清。

美麦消息　至此次大借款中，以五分之一购买美麦，彼迄今尚未接到任何消息，现我国新麦业经上市，国内厂商暂无原料不敷之感。且华麦又较美麦为贱，故此时尚无需要。财政部购买，虽非虚语，但运华之期，现尚过早。矧此际美国新麦，尚在未曾收获之际乎。

续购他货　就现下财〈政〉部所购美棉之数计，所有价值，相差尚巨。故依彼猜测，财部当局或将视国内之需要，向美购其他产品，此举只须政府款不虚縻，用之于国内之一切建设事宜，则足使国家恢复元气，濒于破产之农村及实业，得以转机，而我国之金融界，亦可赖此而调剂。

待宋返国　至外传彼将任支配委员会委员之说，彼始终未曾知悉。

前者中央银行总裁孔祥熙氏，曾与彼一度接洽，但大体问题，须经财〈政部长〉宋〈子文〉返国而后，始得明了。现时一切内容，既未深悉，则一切举措，将不免隔膜云。

（《新闻报》，1933年6月22日）

致上海市公安局局长暨侦缉队队长函

（1933年6月23日）

径启者：顷据会员蒋叔襄君函称，"同乡顾剑青，系已故名儒顾子青之子，前在旧都【北京】内务部供职。自鼎革后，离平返锡，旋即来沪，就上海正风文学院文牍之职，已历多年。早出晚归，老诚自重，安守本分，从无越轨行为，素为一般同乡深悉。不料事出意外，突被伪造山东库券一案诬攀，被押市公安局侦缉队部，怨遭不白，函会恳予证明营救。"等情到会。查顾剑青确系乡前辈顾子青之子，向在上海正风文学院职司文牍，属会自可证明，惟会员蒋叔襄君声称突被诬累羁押，如经贵局长（贵队长）讯无实据，恳请准予交保释放，以免怨累，实纫公谊。此致上海市公安局局长（侦缉队队长）。无锡旅沪同乡会理事长荣宗锦启，六月二十三日。

（《无锡旅刊》，第160期，1933年5、6月合刊，第1页）

与京报记者谈棉麦借款

（1933年6月24日）

【财政部对美棉麦大借款之内容真相如何，当局犹未公布。记者昨日因特再访实业界巨子荣宗敬氏，据荣氏所得消息，与外传颇有不同者，爰志如下：】

美棉总额　据荣氏谈，就彼所知，美棉运华，确属事实，惟首批是否六月底到期，尚无新消息。此次财部所购美棉，总额六十万包，合我国念万担，依现值计，约达一千三百万金，与报载五分之四以购美棉之数，相差甚远。此项美棉，规定每月进口五万包，分十二个月运清。

美麦消息 至此次大借款中，以五分之一购买美麦，彼迄今尚未接到任何消息，现我国新麦业经上市，国内厂商暂无原料不敷之感。且华麦又较美麦为贱，故此时尚无需要。财〈政〉部购买，虽非虚语，但运华之期，现尚过早。矧此际美国新麦，尚在未曾收获之际乎。

续购他货 就现下财〈政〉部所购美棉之数计，所有价值，相差尚巨。故依彼猜测，财部当局或将视国内之需要，向美购其他产品，此举只须政府款不虚縻，用之于国内之一切建设事宜，则足使国家恢复元气，濒于破产之农村及实业，得以转机，而我国之金融界，亦可赖此而调剂。

待宋返国 至外传彼将任支配委员会委员之说，彼始终未曾知悉。前者中央银行总裁孔祥熙氏，曾与彼一度接洽，但大体问题，须经财〈政部长〉宋〈子文〉返国而后，始得明了。现时一切内容，既未深悉，则一切举措，将不免隔膜云。

（《京报》，1933 年 6 月 25 日）

美棉麦借款谈

（1933 年 6 月 26 日）

【昨晨实业界闻人荣宗敬氏，对往访之记者发表谈话，谓：】

五千万美国棉麦借款合同，自经立法院通过后，现尚未决定派何人前往收买，大约须候宋财长自英国回沪后，方可望有实现之可能。且美棉近日市面逐日增涨，一时更不能派人收买。至中委胡汉民氏屡电立法院长孙科，表示反对，此不过习唱高调者纸上谈兵，须知此次借款，无论其事实如何，终胜于在国内发行内债。当胡氏掌立法院时，所通过发行之种种公债，数量最多，其影响于商、工业，较之此次之美棉麦借款，实有过之。且近来沪纱厂已多数减工，其原因均为缺乏棉花，如美棉到沪，则纱厂始可恢复工作而有起色。一方政府以此项现款，从事于开发农业等，则实一举两得之事。胡氏谓如此项借款到手后，恐政府移作别用，则不妨另谋监督之方，胡氏既不于事实谋补救，徒从事纸上谈兵，又何益焉。

（《新闻报》，1933 年 6 月 27 日）

农村衰落之过程及复兴之管见

（1933 年 6 月[①]）

吾中华以农立国，海禁未开以前，农民男耕女织，衣食自给外，复通工易事，以有余补不足，而工商且资农民以为生，是故农家者流，有累世服先畴畎亩者。近三十年来，五洲交通，门户益开，国民经济，随世界潮流为消长，先受痛苦者，莫如农民。宗敬认为，解决衣食问题，较一切措施为尤要。爰于逊清光绪二十六年【1900】开办面粉厂，于宣统元年【1908 年】开办纺织厂，迄于今共设十八厂，有三十余年之历史。

回忆甲午（1894）以前，吾〈无〉锡糙米每石售价二元，小麦每石只一元二、三角，维时长江流域面粉厂，绝无仅有，以农民生产供给厂家，绰有余裕，农民亦得稍沾实惠。从前农产品向不征税，自赵舒翘[②]巡抚江苏，始征米麦税，然为数甚微；机制面粉，非特免税，且获奖励，农民与厂

① 此为刊载时间。

② 1895—1897 年间，赵舒翘任江苏省巡抚。赵舒翘（1847—1901 年），字展如，号琴舫，晚年号慎斋，陕西西安人。清同治十二年（1873）中举，翌年又中进士，授刑部主事。光绪八年（1882）后，历任刑部员外郎、湖广司郎中、安徽凤阳知府、浙江温州道、浙江布政使。光绪二十一年（1895）升任江苏巡抚。光绪二十三年（1897）内召入京，任刑部左侍郎兼礼部左侍郎，次年晋升为刑部尚书。光绪二十五年（1899）升任总理各国事务衙门大臣、军机大臣兼管顺天府尹事。

家供求之间，相需为用。迨粉厂加增，求过于供，爰陆续派遣厂员，分赴各处劝导种麦，更岁集巨资，补助农事试验场，良以麦产若不增加，势必取给外洋，金钱输出，影响必及农村。然潮流所趋，殊非一手一足之烈所能挽救。欧战之际，吾国面粉为一时输出品之大宗，面粉厂次第设立，于斯为盛，小麦产量有限，遂不得不采用国外原料，其数量且与年俱增。返〔反〕观吾国产麦之区，其数量则有减无增，农民狃于小利，往往将收获农产，搀泥和水，降低产品，加重数量，使厂家受无形损失。厂家外受洋粉之侵销，内感原料之困乏，营业遂有一落千丈之势矣。此仅就粉厂所用之小麦而言。

若夫纱厂所需之棉花，其供不应求之现象，较粉厂之于小麦，殆有过之。是以，于民国初年留意植棉，现在中央大学主管之农场，即宗敬等当时集腋而成者也。三年前采办美国长丝棉种二百吨，运往豫、陕一带种植，内地种植，此其权舆。惟以产额与纱锭比例，相差尚远，纱厂原料之大半仰给国外，而熟货之输入，若不加制止，纺织业更有岌岌不可终日之势。

宗敬经营之事业为面粉与纺织，而原料均感供不应求，坐视农村日就衰落，可胜慨叹。夫农产品不仅麦与棉，然麦与棉实为主要之农产品，此而不能振兴，则农村之繁荣，永无回复之望。

论者谓，农村衰落之原因，不外赋税苛重、外货侵销两端，诚能洞见症结。宗敬以为，天灾、人祸，与夫交通阻梗、运费繁多、小农匪化、官民隔膜，有以促成之。年来北方苦旱，南方患水，兵连祸结者，亦已有年。当局之认为匪区者，农民救死扶伤不暇，遑言种植？其农产较多之地，则道路不修，运输困难，陆路之通车运者，车辆每感缺乏，货物积聚，不能尅期到达。运费之巨，尤为创闻。例如棉花一担，以百斤计算，从美运华，运费八角半；华棉由鲁运苏，同一分量，需费三元有余。以工业区运输方法，施之于农业区，致农村产品不易流转。时效一失，价格低落，工厂为谋便利，不得不借材异国。农民之小康者，辍农他适，另谋生计；其贫无力者，则流而为盗为匪。民之痛苦，官知之不能补救之，丰收亦可成灾，一遇歉岁，抗税、抢米风潮，层见叠出。此诚国家社会之忧也。

为今之计，农村复兴，诚为当务之急。顾"复兴"二字，未易言也，必有组织，有毅力，通盘筹划而后，可以达复兴之目的。略贡其愚，以备采择。

一、创设农民合作社。查欧美各国，均有农民合作社之组织，以扶植经济、增加农产为主旨。吾国江、浙等省，已次第举办农民银行，只以限于资本，未能尽量发展，农民之受惠者，究居少数。似宜发行复兴农村公债，扩大农民银行之资本，实行扶助合作社，先由模范县全境尅期试办，以观成效，然后推全省，再由全省推行全国，务使农民先得经济上之援助，而后讲求种植，推广产额。

二、注意垦荒。就江、浙两省而论，沿江沿海涨滩，不知凡几。其荒野童山，亦随处皆是。只以农业毫无进展，奥区等于不毛。生齿日繁，货弃于地。是宜责成行政【督察】专员，切实督饬地方官吏，调查官荒民荒，由合作社酌量支配为若干组，分别土宜，劝导农民种植，在垦荒期内，酌给工值，成田后，三年之内，不征赋税，以示奖励。其荒地成熟之多寡，即为该地方官吏之考成。

三、修浚河道，加高堤岸。上年大水为患，农民荡析流离、破产者，不知凡几，宜为未雨之绸缪。凡失修之河道，应次第征工修浚，务使河漕深遂，遇旱可以储蓄，遇水不致泛滥，并去下游之淤塞，以资宣泄。至堤岸亦应兴筑，规定丈尺，分植树苗，俾沟田藉以保护，农作便于交通。

四、发展农村教育，灌输农民知识。吾国老农，经验过于学识，农家子弟耕种方法，得诸父老传闻，世守其业，无所谓教育也。是宜注意农村教育，一方就老农固有之经验，口讲指画，使其实地试验，有所依据；

一方参以欧美各国农学，如选种施肥、除虫收获之类，应尽量灌输，俾学识经验，新旧沟通，以增进农作之兴趣及效力。

以上四端，仅就个人所见及者而言，复兴计划，知什百于此也。至如何次第实施，事涉专家，不具论。宗敬所希望者，第一步，使全国无旷土，无游民；第二步，使农产品足敷全国工厂之用；第三步，农产品供过于求，俾达输出国外之目的。如是，则民有余力，地无遗利，庶有合于"以农立国"之本旨乎。是否有当，敬候公决。

（《农村复兴委员会会报》，第 1 号，1933 年 6 月，第 43—45 页。另见《无锡旅刊》，第 160 期，1933 年第 5、6 月合刊，第 12—14 页）

改进棉产为复兴农村之要素

（1933 年 7 月刊载）

自政府主张积极复兴农村金融，即组织委员会，以发展农民经济为目的。鄙意宜由政府与金融界合作，先从改进棉产入手。何则？棉为纺织原料，人生日用所需，若不积极改进，金钱流入外洋，岂有底止！

吾国宜棉之地，不下十余省。官荒私荒，触目皆是。应由政府责成建设厅，积极扩充棉田，指派专员，切实指导，实行强迫生产。两年之内，棉产应增加五百万担。各省预定产额：江苏六十万担，浙江三十万担，安徽二十万担，江西二十万担，湖北五十万担，湖南五十万担，河南四十万担，陕西七十万担，山西五十万担，山东六十万担，河北五十万担。每担以四十元计算，即有两万万元之收入。漏卮既塞，国家之经济自裕。

棉区设合作区，注意选种、施肥及培植方法，以合于现时纺织业之需要为目的。应设轧花厂，就地打包，以绝搀泥、和水之弊。政府对于各省交通、道路、水利各种建设事项，切实注意整理，予农民以特殊之便利。如是，则农村有复兴之可能，而工商业间接赖以维持。海内贤达，当不以斯言为河汉也！

（《纺织周刊》，第3卷第29期，1933年7月14日，第923页）

分致打铁同业领袖通函

（1933年7月26日）

径启者：吾锡旅沪同乡号称十万，初次征求，除永久会员，普通会员不足六千人。现在逐年减少，截至二十一年度（1932）决算止，普通会员只有七百三十一人，纵有迁徙、改业离沪他去，而未允照缴者，所在多有，似非查照各同乡会办法，重新征求不可。惟有人提议，照初次分十七队征求者，又有人提议，按照各业推举领袖设法征求者，提交七月二十三日联席会议议决，先由会函约各业领袖征求意见，再定办法。兹先于七月三十日（即旧历六月初九日）中午十二时，略备素餐，邀请贵业领袖商量办法，届时务祈拨冗惠临。天气炎热，菜蔬实备，幸勿见却。除函请邱仁之君面约外，此致于义庭君、蒋廷福君、于寿椿君、王锡爵君、张荣春君、张兆麟君、浦连桂君、张廷桢君、戴义芹君、钱永泉君、蒋金发君、于忠义君、王顺葆君、吴巧福君、张卓贤君、邱仁之君。无锡旅沪同乡会理事长荣宗敬，七月廿六日。

（《无锡旅刊》，第161期，1933年7、8月合刊，第1—2页）

致王禹卿函

（1933年8月2日）

径启者：弟任茂新、福新、申新总公司总经理有年，事务日繁，申新方面对付又感困难，自即日起请台端担任福新公司总经理，以后关于福新全部营业及银钱往来，统由台端负责，本同舟共济之初衷，期分工合作之实现。幸勿见却。此致王禹卿先生。八月二日。

（申新纺织总管理处关于荣宗敬聘请王禹卿、李升伯担任申新、福新总公司总经理、经理函件，上海市档案馆藏）

呈请解散棉纺工会文[①]

（1933 年 8 月初）

组织该工会者，非在业工人，请解散，否则停业。

（《天津益世报》，1933 年 8 月 5 日）

复尤斡臣君函

（1933 年 8 月 12 日）

径复者：昨由贵同宗尤茂亭君，交奉手函，以其子仲岐无辜被累，属吾锡旅沪同乡会设法援助，理应照办，惟来函未将案由叙明，无从着手。询诸茂亭，其子仲岐已经法院判决，徒刑一年零九个月，而属将判决书交阅，再行斟酌。至法院既经判决，应请律师提起上诉，定有期限，逾限则上诉无效，此对于官厅情形也。复查会员名录，尤茂亭、仲岐父子均非会员，不尽义务，亦难享受权利，此对于本会情形也。惟既承谆属，如有办法，本会决不推诿。复颂秋祺。无锡旅沪同乡会理事长荣宗敬，八月十二日。

附：尤斡臣来函（1933 年 8 月 10 日）

径启者：敝族尤茂亭，系天授市三都二图后沽里人，任第五区沽里

---

① 1933 年 7 月，上海杨树埠区棉纺工会常委黄兆辫被绑架案发生后，工会组织惊恐四散，为此纱厂联合会荣宗敬等向党政机关呈交了此文。

朱巷乡乡长，已历四年，素在上海北西藏路开茂裕石粉号，又在虹口周家嘴路开设茂义石粉号。迩因年华已高，乡长事忙，故将沪上两厂交其子仲岐主持。仲岐勤谨经商，不料横祸之来飞从天外，竟有匪夷所思者。现其同辈，已愿为公同证明。敬恳贵会同乡加以保证，俾知此系正当商人，庶可立予昭雪，是所至祷。此颂公安。弟尤桐顿首，八月十日。

（《无锡旅刊》，第161期，1933年7、8月合刊，第3—4页）

覆霍白克函

（1933年8月16日）

已与法律顾问商谈，无论我本人，或茂新、福新、申新，并无法律上，或道义上的义务，来满足你的要求。

附1：霍白克来函（1933年3月14日）

我为了你的利益奔走，花费一年时间，耗去费用十万银两。根据你的诺言，你应支持我改组你的事业，并通过我购买你厂所需的机器和原料。但现在你已背弃了自己口头的、书面的和电报的诺言，利用我所建立的关系，获利数万银两，而不给我任何机会。现请提供你厂最近的决算书，以便我与花旗银行联系业务。希于本星期内答复，否则我为保障自身的利益，有权采取进一步的措施。

附2：霍白克覆荣宗敬函（1933年11月14日）

收到上海币八千元，为解除对您的要求，附还已取消的全权代表授权书，及第一次董事会会议记录，请查收。

（申新总公司英文档案）

与新声报记者谈粉价狂跌原因及美棉美麦问题

（1933 年 8 月 25 日）

面粉狂跌原因。【据荣氏宣称】本届面粉狂跌，据余所知，实为二十年来所未有。盖市价高时，曾达二元六角，而现时最低，只二元一角八分。今日虽稍回高，惟一角八分难望有转机。据余预料，终须一月之后，粉价庶可转机。究其原因，大致可分两点：（一）华北面粉市场，本年已渐被日本面粉及苏俄面粉所夺，致去路大减；（二）江浙一带，近因有乡镇商人，利用戽水机之引擎，配以粉磨及筛，专收各粉厂之旧袋，在各县磨粉出售，既可免出厂等税，复因开支不多，占利颇属可观，近且装置船上，到处代磨出售，致厂粉销路，大受影响。余日前曾因此事，在无锡调查，此种新事业之勃兴，几已遍及苏省各县，如宜兴、溧阳、丹阳、无锡等县，莫不有此事业发现。缘是各厂粉之去路亦为减少，而市价亦不能见好。惟此事颇与国家税收有关，当局亦不可不加以注意也。

美麦十月到沪　【荣又续谈美麦运华问题，云】美麦运华，大致总在十月中。美麦之来华，与市场方面，现未有任何影响，惟本年国内小麦，产量亦甚丰富，将来尚待与宋部长商酌，方能决定如何处置。

美棉支配问题　至于美棉支配问题，因国内纱厂之衰落关系，究应如何分配销售，尚属一极值得考虑之问题。在华商纱厂方面，将来多数总须采用若干，但国内棉花本年出产又多，此两种多量之棉花额，必有适当之处置，庶能用得其利。故一俟宋【子文】部长返国后，各纱厂方面，当与财〈政〉部先事会商一切也。

（《无锡旅刊》，第 161 期，1933 年 7、8 月合刊，第 19—20 页）

增进棉产为复兴农村之要素①

（1933年8月26日刊载）

自政府主张积极复兴农村，上海银行业同业公会即有农村金融调剂委员会之组织。本会已分别派员调查国内农产物产销状况。宗敬经营纺织有年，认为增进棉产，尤为重要。否则金钱流入外洋，岂有底止。

查吾国宜棉之地，无虑十余省。官荒民荒，触目皆是。应由政府责成各省建设厅积极扩充棉田，指派农业专员，切实劝导农民植棉，实行强迫生产。两年之内，棉产可增加五百万担。各省豫计产额，假定江苏六十万担，浙江三十万担，安徽二十万担，江西二十万担，湖北五十万担，湖南五十万担，河南四十万担，陕西七十万担，山西五十万担，山东六十万担，河北五十万担，每担偿值以四十元计算，即有两万万元之收入。漏卮既塞，农村之经济自裕。

棉区应遍设出产、消费、信用等各项合作社。指导专员应注意选种、施肥，以及种种培植方法。产品应注意能纺四十二支、六十支，以合于现时之需要。产地应多设轧花厂，就地打包，以绝搀泥和水之弊。政府对于各省交通、道路、水利，各种建设事项，应切实尅期整理，与〔予〕农民以特殊之便利。如是，则棉产增进可以豫期，而复兴农村，不致徒托空言耳。

尤有进者，衣食为人生要需，棉花既因产数不足而输入，小麦亦何独不然。宜棉之地，大都宜麦，如能劝导农民多种小麦，俟收获后即从事植棉，则一田两用，地无遗利。棉麦借款，仍取偿于棉麦之中。海内

① 据上海《国货半月刊》1933年第2期报道，“沪商荣宗敬，近对增集棉产办法，拟有详细意见书，送农村复兴会参考”，可知此文即系该意见书原文。

贤达，当不河汉斯言。

（《农村复兴委员会会报》，第3号，1933年8月26日，第22页）

与新闻记者谈美棉支配问题

（1933年8月26日刊载）

美棉支配问题，因国内纱厂之衰落关系，究应如何分配销售，尚属一极值得考虑之问题。在华商纱厂方面，将来多少总须采用若干，但国内棉花本年出产又多，此两种多量之棉花额，必有适当之处置，庶能用得其利。故一俟宋【子文】部长返国后，各纱厂方面，当与财部先事会商一切也。

（《纺织时报》，第1016期，1933年8月26日，第2版）

纺织业与金融界

（1933年8月刊载）

上海银行以《海光月刊》见贻，展读一过，因得略知其政策之一斑。【陈】光甫先生复询予对于《海光》之意见。光甫先生为银行家，所言自多关于银行方面，然银行与各种事业俱有连带关系。予业纱，故言纱厂。纱厂与银行，关系尤密切，言纱厂，不能不兼及银行也。

就纱厂言，在过去半年中，无日不在愁城惨雾之中。花贵纱贱，不敷成本；纺纱成布，布价亦仅及纱价。销路不动，存货山积。昔在市况不振之际，稍肯牺牲，犹可活动，今则纱、布愈贱，愈无销路，乃至于无可牺牲。厂家欲减少生产，则有碍工人生计；欲忍痛维持，则又无补救方法。盖自办纱厂以来，未有如今年之痛苦者也。

考其原因，则由于外商设厂，日事侵略所致。试观日人于劫夺东北之时，复以全力倾销日货，遂致北方纱厂几无营业可言，不能不以出品运至南方，贬价脱售。即在山东，日货亦占百分之八十以上。至于汉口各厂，因长江流域金融不能流通，商业因而停滞，积货既多，相率歇业。湖南、江西，在昔每日可销三数百包，今则减为百件，以至数十件。安徽近亦减半。四川本销华纱，每日约四、五百包，今则内乱频仍，不及百包。惟南部尚能维持原状耳。

销路既滞，积货益多，纱、布皆发现最低之新价格。然设卖价贱而成本亦贱，则厂家犹可暂时维持，乃业花者每多不识利害，常受日商之利用，每见其放价掠收，以为日商看高，相率抬价，遂致实在用花之各厂大受其害，而造成花贵纱贱之矛盾现象。所谓"汉奸"不除，纱厂终无生路也。

金融界立于全国各种事业之最前线，不能舍各业而独立；纱厂亦居全国工业最重要之地位，年来得金融界之种种援助，不可谓不与日俱进。然试察在华日厂，其生产力已与华厂相埒，日纱自由行销各地，皆有通汇机关贩运转输，处处便利；而华厂无之，即有，亦未能充分联络，遂使各厂长年困顿，而日即于衰落。金融业与纺织业，休戚相共，若不亟图以有效之方法互相援助，恐江河日下，终有不可收拾之一日耳。

政府对于纺织业，虽有救济之表示，然迂缓迟滞，迄无切实之行动。国民经济至今日而凋敝甚矣，纺织业为国民经济之根本，若待狂澜既倒，而后谋挽救之道，噬脐何及？此则不得不有望于金融界之贤达，先为亡羊补牢之计。光甫先生，有心人也，其以鄙言为何如？幸有以教我！

附 1:陈光甫先生按语

荣宗敬先生，是我国纺织界的巨子，现在抽暇为本刊写成《纺织业与银行界》一文，把纺织业现在所有的困难情形和造成这种局面的原因，分析得清清楚楚，很可以供吾们的参考。本来金融业和纺织业，关系很为密切，纺织业有纺织业的困难，金融业也有金融业的困难，荣先生是从纺织业的立场而观察的。现在本行秘书张水淇先生从金融业的立场,也写了一篇短文。张先生是日本高工纺织科毕业,现兼任申新一厂总稽核,所述金融业与纺织业的情形,与荣先生一文颇有互相阐发之处,可以参证。光甫。

附 2:张水淇[①]:金融界与纺织业

荣宗敬先生的《纺织业与金融界》一文,把近来纺织业困苦情形明明白白的说出。荣先生是纺织界中巨子,他的话,我们应当注意的。近来华商纱厂因市价疲滞、营业亏损而减工,各方面解说华商纱厂经营困难的文字也很多,因参酌众见,将纱厂营业困难的原因,一层层分析起来,可得下列的因果系统图。

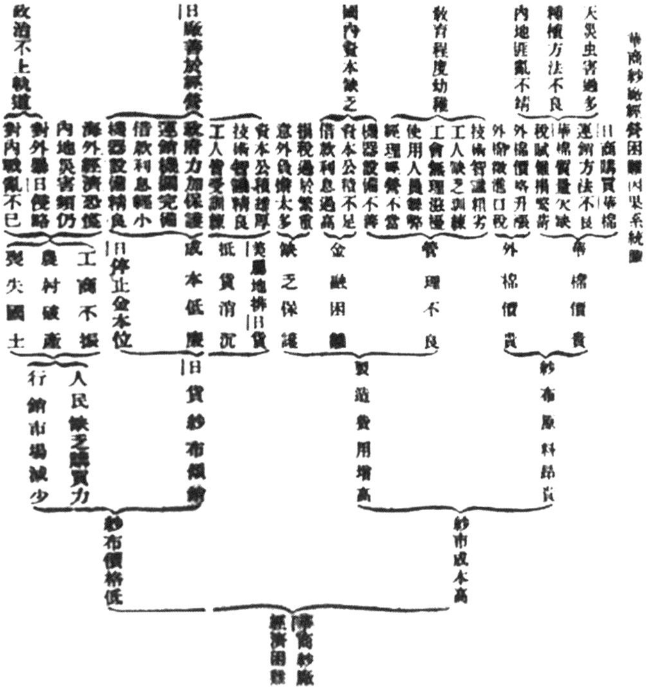

① 张水淇,上海银行秘书,时为上海银行派驻申新的职员。

观上图，可见致纱厂营业于困难的原因很多。有国际的关系，政治的关系，社会的关系，这种种关系，不是办厂者所能独力改善；但是办厂者自身的关系也不少，这是必须由办厂者自己去努力的。

金融界与纱厂的关系，发生于借款，借款的原因，不用说发生于纱厂资本的不足，纱厂借到了款，还本付利，这利息自当算在生产成本之中。华商纱厂，大都以其动产与不动产抵借巨款，生产二十支纱一件，其生产成本内，利息一项，每件常在十元上下。假如金融界借出款项的利息能减低，那末纱的生产成本也减低了。例如二十支纱，每件成本中利息原须十元，若把利率，从年息一分，减为九厘，则生产成本即可减少一元。所以从纱厂方面看来，因资本不充足，而要求金融界尽量放款，其借款利息，则要求其尽量减低。

可是从金融界方面的见地看起来，银行钱庄所有资金，系存户的存款，股东的资本，做经理的必须择确能收回本利的地方放款，不能随意借款给人家。政府或国家银行，可以放出巨款，作救济之用，私人经营的银行钱庄，不能把资金来作救济之用，也不能放款于有危险性的事业。所以银行钱庄之能不能放款于事业界，问题不在银行钱庄自身的愿意不愿意，而在事业本身之有无危险。如何减少事业危险，则须由政府、社会与经营事业者之共同努力。譬如目前华商纱厂之困苦，政府若将现在有利于纺制细纱之日厂的税则废改，而于于所收统税中，提出一部分，补助华厂，使与日厂竞争，处于较有利之地位，即可稍苏华厂之困难。不过经营纱厂者，自身仍须努力，改善管理，研究技术，改善设备，经营合理化，以谋成本之减轻，运销之畅利，其他种种危害纱厂之恶因，政府社会，当努力解除之，使处于风雨飘摇中之纱厂业，转变而为根深蒂固，那末，金融界自也安心放款了。

减低利息一事，在金融界方面，也有种种说不出的苦痛。因为在我国境内，有许多外国银行，他们所有的资本利率，本来很低，他们所收受存款的利息也很小。国人虽几次三番，遇着外国银行倒闭的风潮，而对外国银行的迷信的信仰，始终不变，认定外国银行，有其本国势力保护，可以不受我国政治之影响，而愿以低利率存入外国银行，因之外国银行资金的成本，便可减轻。论理银行存款，同在一个区域，是应该一例的，而国人往往存着一种心理，凡是华商银行的存款，利息就应该高于外国银行，这种躬自厚而薄责人的心理，使华商银行，难与外国银行，以同样的利率，吸收存款。而且华商银行，还要以较高利率，自相竞争存款。加以华商银行，常有种种捐税派款，以及意外的负担，使其资金成本，高于外国银行，因之放款利息，也不能尽量减低。如将华商外商银行放款利息高低之原因分析之，又可得下列一图：

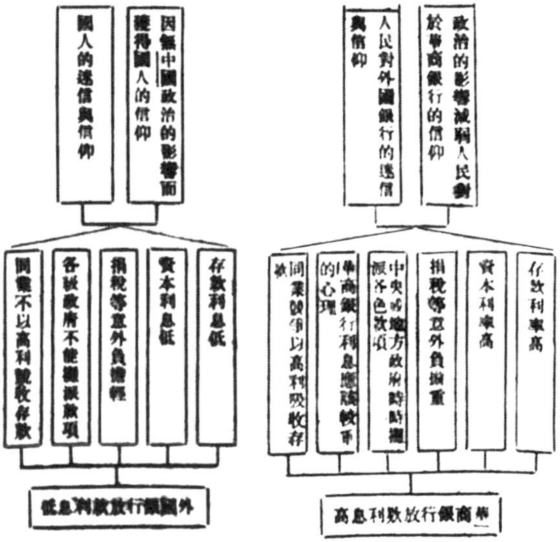

華商外商銀行放款利息高低之原因分析圖

可见华商银行放款之利率，不能尽量低减的原因，也有国际的关系，政治的关系，社会的关系在内，也必须由政府社会及金融界自身共同努力，方能减低。我实业界与金融界，皆有种种不利之环境存在，我们大家须彻底了解这种环境，而努力改造之，那末事业界与金融界愁眉蹙额的日子，方有除去的可能。

（上海《海光》，第5卷第8期，1933年8月，第1—4页）

复吴恒如[①]函

（1933年9月1日）

承询小麦滞销及面粉产销状况，兹就见闻所及，贡献一二，即希察照。小麦滞销与麦价低落有因果之关系，麦价低落，农民不愿出售，致有滞销之象。麦价低落之原因：（一）现今各种物价有自然下游趋势；（二）关于运输及交通，并未与〔予〕货运以特殊便利，买者、卖者成本攸关，多所顾虑；（三）货品高下悬殊，次劣之货杂质太多，不合机制之用，厂方受外粉倾轧，对于进货不得不择优选购，致低劣之货无人过问；（四）收成时适逢阴雨，农家不肯出晒，致货品潮热郁蒸，厂家不敢收买。本市各厂每日成粉约十二万包，销路以北方为大宗。自东北沦陷，北方几为日粉独占，是以北方销路日少，存粉日厚，势必减少出数，以维营业。迩来米价低落，杂粮丰收，产麦各区复多土磨制粉，机粉销路更受影响矣。

本省小麦产额约一千一百二十五万担。

本市每日到货约四、五万担。

本市售额运销外埠者每日约有四万余担，在本市及四乡销售者约二万余担。

本市各厂用麦数量，每日约六万担。

洋货进口，本年一至七月约有七百五十万担。

（申新总公司函稿汇登）

① 吴恒如，生卒年月不详，日本东京帝国大学农学院毕业，曾任江苏省立第一农技校长，时任上海市政府社会局第二科科长。

上海各慈善团体筹募黄河水灾急赈联合会成立宣言

(1933 年 9 月 8 日刊载)

国民不幸,灾难洊臻。慨自民国二十年全国大水以后,人祸、天灾,环生迭起,哀鸿遍野,满目疮痍。同人等懔国本之危,念匹夫之责,迭经联合,发起上海筹募各省水灾急振会、上海战区难民临时救齐会、上海各慈善团体赈济东北难民联合会、上海筹募豫皖鄂灾区临时义赈会,历承海内外各界同胞,乐善不倦,慷慨捐输。水深火热之灾民,尚未能救济于万一,而黄河又以决口见告。横流所至,遍鲁、豫、陕、冀、皖、苏六省,灾区广阔,灾民众多,巨浸稽天,城村淹没,死者漂失,生者攀号,其荒凉凄惨、危机存亡之情状,实有不忍见闻者。披发缨冠,责在同室,拯饥救溺,任讵异人。所望父老兄弟诸姑姊妹,体上天好生仁怀,发佛门普渡之心,速驾慈航,共挽浩劫。本会同人等,誓当仰体仁怀,竭诚救济,务期款不虚縻,公归实际。凡我难胞实利赖之。谨此宣言,维诸公鉴。中国红十字会,华洋义赈会,中国佛教会,中国济生会,辛未救济会,联义善会,江苏灾防会,惠生慈善社,普善山庄。

委员长:许世英,副委员长:王震、王晓籁

常务委员:(以姓氏笔画多寡为序)王正廷、朱庆澜、杜月笙、李组绅、屈映光、林康侯、陈其采、唐海安、张啸林、黄庆澜、黄伯度、邬志豪、闻兰亭、赵锡恩、郑洪年、钱镜平、关炯、顾吉生

总务组主任:屈映光,副主任:黄伯度、钱镜平;筹募组主任:杜月笙,副主任:唐海安、郑洪年;财务组主任:黄庆澜,副主任:赵锡恩、关炯;查放组主任:李寿山,副主任:弘伞、冯仰山;稽核组主任:张啸林,副主任:徐永祚、奚玉书;视察组主任:王培元,副主任:明道、刘云舫

执行委员:(以姓氏笔画多寡为序)大悲、王震、王晓籁、王正廷、王延松、王骏生、

王培元、王伯元、毛和源、孔祥熙、弘伞、成静生、朱子桥、朱学范、朱企洛、朱吟江、吴蕴斋、吴芑汀、杜月笙、李子栽、李云书.李祖绅、李敏周、李寿山、汪道源、沈联芳、邵如馨、林康侯、林熙生、周骏彦、周渭石、金廷荪、明道、冼冠生、姚慕莲、屈文六、席云生、胡笔江、俞佐庭、徐补荪、徐乾麟、徐新六、许静仁、徐圣禅、孙衡甫、孙景西、陈其采、陈炳谦、陈良玉、陈蔗青、陈松源、奚萼衔、袁礼敦、陆文韶、陆京士、唐海安、许世英、舒石父、郭顺、郭乐、黄庆澜、黄伯度、黄振兴、章荣初、张啸林、张公权、张慰如、张效良、张泽普、慧开、冯炳南、冯仰山、开生、邬志豪、圆瑛、劳敬修、傅筱庵、远尘、贾士毅、童行白、董显光、闻兰亭、赵锡恩、虞洽卿、褚辅成、裴云卿、叶恭绰、熊少豪、潘志铨、蒉延芳、刘云舫、刘鸿生、慕西、鲁正炳、郑洪年、郑澄清、郑仲山、钱新之、钱镜平、骆清华、卢涧泉、简英甫、简情曼、关炯之、关云农、顾馨一、顾吉生、苏祖圭

监察委员:(以姓氏笔画多寡为序)史量才、吴铁城、吴凯声、吴醒亚、吴开先、胡风翔、汪伯奇、秦润卿、奚玉书、徐寄庼、徐永祚、翁寅初、张竹坪、黄金荣、黄焕南、荣宗敬、德浩、潘公展、潘序伦、简玉阶

收款处:上海中央银行、上海华侨银行、上海市银行、中国佛教会、上海中国银行、上海银行、上海福源钱庄、上海联义善会、上海交通银行、上海广东银行、上海中国红十字会、上海惠生慈善社、上海金城银行、上海浙江兴业银行、上海中国济生会、普善山庄

(本会)会址:上海英租界云南路仁济堂内(电报挂号七三〇八,电话九二九六〇号)。

(《申报》,1933 年 9 月 8 日)

实业救国刍议

(1933 年 9 月 14 日[①])

吾国之贫弱,无可讳言。谋国者必曰富强,是救弱必先救贫,彰彰

① 此为刊载时间。

明甚。救贫之道奈何？曰举国上下，以合作之精神，振兴实业而已。顾实业之亟待振兴者甚多，非一手一足可以图功，亦非一朝一夕所能奏效。故就衣、食两端，为宗敬三十余年所经营者，述过去以验将来，持理论以征事实，倘亦留心国是者，所乐闻乎？

吾国纺织业滥觞于洋布局，欧战【指的是“第一次世界大战”】后颇见蓬勃气象，未几日就衰落。其故由于外厂挟其财力压迫华厂，实行经济侵略。华厂营运大都出于借贷，纱销呆滞，时局不安，金融更形枯竭。而尤感困难者，莫如原料缺乏，借材异地。金钱输出，遂成漏卮。劳、资本应合作，无如工人不谅，偶因细故，辄起纠纷。不知皮之不存毛将焉傅〔附〕？况吾国并无资本家乎。废除厘金，改征税统，政令统一，商困稍纾，不旋踵而营业有税，省自为政。不知纺织为衣之源，以现今华厂所有纱锭，与人口比例相差太远，提出维护之不暇，何可再事摧残？然而社会普通心理，亦未能了解纺织业之困难，与夫纺织业所占地位之重要。例如“九·一八”【事变】而后，提出国货之声，几徧〔遍〕国中，中经“一·二八”之役、东北沦陷，以至塘沽协定，输入棉织品，又遂月增加。骎骎乎，推销势力，又侵入长江上游之势。及今不思挽救，华厂尚有立足之地乎？

若夫面粉业所感困难，与纺织业略同，惟行销方面，其困难较纺织业，殆有过之。华粉行销，以东北为大宗，天津一埠，常为外粉侵占。自东北沦陷，更无华粉回旋余地。而统税对于申厂，每包面粉征税至一角之多。从前面粉无税，麦厘极微，故征麦粉统税，粉业已加重担负。而各省征收营业税，面粉之在外庄批发者，不能除外，甚至粉厂设庄收麦，亦须照征，置颁布之统税条例于不顾。此则同业正在呼吁中，冀我政府有以维护之也。

纺织、面粉两业，过去之情形，既如上述，若不急起直追，力图补救，则萌芽实业，摧折于无形。衣食问题，解决之无日，其影响于国家、社会，殊非浅解〔鲜〕。为政不在多言，对症方可下药，请举其荦荦大者。

一曰救济农村。农村经济崩溃无余,政府于是有复兴农村委员会之组织。然“复兴”二字,千经万维,殊未易言。鄙意当务之急,应组织各种合作社,偏〔遍〕设农民银行,推广种植,强迫生产。耕有其田,地无遗利。所产原料供求相应,金钱之流出减少,即国民之经济加多。必实行救济,而后有复兴之可言。

二曰发展交通。吾国已成立之铁道、省道及尚在建设中者,以视欧美各国,未可以道里计,于是运输发生问题。原料运自较远之省,运费较来自海外者,超过数倍,而到达之日,且不能豫〔预〕期。号称交通便利之区,又因车辆缺乏,不能随到随运,致货物堆积产地,物价失其平衡。熟货运销,亦莫不因交通关系,营业上多受损失。是宜有整个规划,省道、县道,脉络贯通,以辅助铁路之进行,而对于货运,仅应负实际上责任,收其低廉之价,予以便利之权。发展交通,与发展实业,成正比例,其理至明也。

三曰废止一切苛捐杂税。商人纳税,分所当然。税而涉于苛,非商人所能堪也。例如纱、粉两项,早征统说〔税〕,所颁条例,墨迹犹新,奈何予取予求,法令煌煌,视若无觇,浸假而多立名目,回复变相之厘金。政府将默尔而息乎,抑维持威信而有所表示乎?何如顾念商人担负之税额已多,恤商艰,即所以培税源,政费无论如何支绌,不得重征已纳统税之物品,以符一物一税之定例。昭大信于商民,以明令颁布之,俾举国知政府之宽大为怀,一切苛税,无自发生。

或谓救国之道多端,实业何足以概之?实业范围至广,纱、粉何足以尽之?是不然。救国不限于实业,实业尤为切要。实业不专指纱、粉,纱、粉实为重心。所望言论成为事实。过去之艰辛,即将来之福利。举凡一切措施,无损于国,有益于民,转贫为富,指顾间耳,然后统一军政,巩固国防,有充实之力,无内顾之忧。所谓“实业救国”,庶几不徒讬言乎?

(《实业季报》,第1卷第1期,1933年9月14日,第41—42页)

上海浦东风潮大洊灾救济会募金救济启事

（1933 年 9 月 26 日刊载）

渡黄浦而东，行尽上海市区，北为川沙，南为南汇。村落相望，鸡犬相闻，春宜麦，秋宜棉稻，每年有不少产量，供全社会之食用。川沙县境，有较大之沙洲三：曰横沙，曰高墩沙，曰圆圆沙，孤悬海中。四十年来，筑圩成田，人口日增，生产力日进。

今年九月二号夜，飓风猛袭，潮水陡涨，三沙居民，从睡梦中惊起，洪流滔天。登屋，屋倾；升树，树折。男女老幼，号哭震野。一刹那间，水高于屋，有全家不知所向者；有九十余岁老人，孑身濒死而未死者；有三、四龄幼孩，哀号觅母者；有一农妇，升屋顶，力不能支，攫取一木，紧抱之，随狂流飘荡一昼夜，至宁波海岸，获救得甦遣归。此外，全家毁灭死亡，不知凡几。芦苇丛杂中，死人畜累累。秽臭熏天，掩鼻不得过。事后估计被灾殆在八千人以上。其在大陆沿海，若南汇第一、二、四各区圩塘溃决，淹没良田三万余亩，房屋被吹倒冲毁者二百余家，泛浸粮食二千余石，登屋避水者千余人。迤北以及川沙之四、五区，大率类是。

惟时南汇袁县长、川沙李县长，各偕当地热心人士，急亲视灾区。上海浦东同乡及慈善团领袖，各筹集振款、振品，急前往散放。正纷集间，第二次飓风又至，时为九月十八。全日暴风雨，入夜挟海潮大上，三沙未毁之圩，至是全部溃决。而沿海大陆，南汇则三团老港以东，一片汪洋，全成泽国；南北六十里圩塘，悉冲作锯齿形。川沙则八、九两团彭公塘黄公塘，甫经抢修，重遭冲破，洪水直薄距海八、九里之钦公塘下。有曹姓者，一家五口，尽卷入海。某姓则七十八岁老人逐洪波以没。浦东同乡会会员之前往视察者，中国济生会特派员之前往放振，皆谓如此惨酷，确乎历年所未见。

夫人身一伤，再伤，名曰“重伤”，古之仁人所恻然悬禁者也。地方一灾，再灾，名曰“洊灾”，古之史册所大书志痛者也。今此死亡枕藉与流离偷息于凄风苦雨、丛芦断港间者，非吾辈口头所号于人曰“同胞”者乎？非吾中华民国最安分、最能以血汗报效国家之纯洁良民乎？吾人所衣之衣，所食之食，考其来源，皆出若辈终岁勤劳之所获。今平时衣食我以生者死矣，一灾死者再灾死矣，即或未死，其去死亦无几矣。而吾人衣其衣、食其食，乃熟视彼惨状而若无睹乎？哀苦充耳而若不闻乎？吾政府、吾社会有心人士，方盛唱“复兴农村”、“救济农民”，舍此生产力最丰富之农邨，一次二次受灾最严重，需救最迫切之农民，而不为筹救济，在德为丧良，在政为失策。两县官吏，与地方公团，已集全力，且劝且振。南汇地较广而受害者多，川沙地较小而被灾尤惨。求食之人口，川沙以一万计，南汇以一万五千计，每人月食二元，仅以四个月计，需二十万元。无家可归之户，川沙以三千计，南汇以四千计，助款建屋每户十元，须七万元；寒衣每套一元，须二万五千元。此目前应急之需，合计已不下三十万元。而修圩筑塘之费、来春耕种之资，尚不在此。

本会同人，念吾上海当海陆交通枢要，各地凡有偏灾，吾上海人亦既尽其棉薄，无役不从矣。今吾上海数十里之内，一、二旬之间，遭遇大灾，一次、二次，丧失生命至数百人，无衣、无食、无家者至数万人。“人之欲善，谁不如我?”不敢求报施，而不能不呼将伯。惟冀当世仁人义士，公私法团，源源慨助。所可预告者，必使振款不涉虚靡，振务悉归实际，一切收支，公开报告。但求多救活一个灾黎，即多保全一个良农生命，亦即多维持一分生产来源。浩浩洪波，飘飘白骨，生为夏畦之劳农，死作秋潮之流殍。敢挥哀泪，乞解仁囊。

上海浦东风潮大洊灾救济会名誉委员长许世英，委员长杜月笙，副委员长王一亭、王晓籁、黄涵之，常务委员顾吉生、陆伯鸿、虞洽卿、黄金荣、闻兰亭、关炯之、史量才、林康侯、张公权、秦润卿、周渭石、钱新之、荣宗敬、郑洪年、宋汉章、赵晋卿、王绶珊、张啸林、穆藕初、沈梦莲、陆文韶;监察委员王延松,俞佐廷、朱吟江、潘序伦、顾馨一、胡筠庄、张慰如、冯炳南、萧延芳、徐玉书、金廷荪、沈子坚、吕岳泉、瞿绍伊、杨清源、张效良、秦砚畦、陈銮清、徐季爽,执行委员李寿山、黄伯度、钱镜平、张贤清、成翊青、翁寅初、陈蔗青、周作民、贝淞荪、陈松源、劳乃修、骆清华、杨志雄、徐寄庼、吴蕴斋、裴云卿、徐乾麟、李迪舟、张兰坪、江幹廷、黄星阶、黄蕴深、顾竹轩、席云生、郑仲三、徐新六、陈光甫、王伯元、徐静仁、方液仙、颜福庆、宝耀庭、冯幼伟、胡筠秋、王彬产、郭乐、汪伯奇、卢涧泉、施省之、郭顺、唐寿民、陈健安、俞叶封、胡筠庵、胡笔江、张絅伯、胡筠韵、沈联芳、胡孟嘉、叶扶霄、徐采丞、李馥荪、邹秉文、聂潞生、俞寰澄、庐少堂、叶润泉、徐致一、徐冠南、姚文敷、吴申伯、李升伯、奚萼衔,聂管臣、李组绅、盛蘋丞、项绳武、孙梅堂、袁履登、牛惠生、牛惠霖、朱体仁、周静涵、庞京周、顾伯威、王艮仲、朱允长、沈德福、孙隐滨、陈三林、凌秀峰、董任之、潘鸿鼎、江倬云、龚汇百、张伯初、张文彬、邢志刚、奚孟起、朱少圻、赵冲、胡卓人、陈子馨、傅佐衡、闵采章、顾文生、曹沫、谢秉衡、马伯申、姜志尚、朱保中、何宝义、蔡钧徒、王芹伯、秦自权、程渭渔、张尚义、杨仿周、徐瑞良、金鸿翔、朱叔源、钟玉良、叶汉丞、潘志文、阮介藩、唐礼斌、龚苏民、陶禹门、张世骅、俞振辉、徐行悌、顾水一、杨渔笙、瞿绍衡、朱樊臣、张龙江、陆问梅、梅艺新、陆容庵、李子栽,总务组黄任之、潘志文、瞿绍伊、江倬云、李子栽、张伯初,筹募组黄金荣、张啸林、金廷荪,财务组萧延芳、张效良、陈子馨、杨渔笙,查放组陆伯鸿、成翊清,卫生组庞京周、瞿绍衡,统计组沈子坚,稽核组潘序伦、徐玉书、陈銮清,视察组穆藕初、邹秉文、徐季爽等谨启。

(《申报》,1933 年 9 月 27 日—29 日)

谈美棉麦推销[①]

(1933 年 9 月 28 日)

美棉业已陆续由美起运来华,其第一批棉花,将于日内抵沪。关于

① 1933 年,国民政府向美贷购棉麦。首批美棉于 8 月 15 日在美装福来洋行爱珊亚伦号轮驶沪,预定 9 月 29 日午后可抵沪。9 月 28 日晨,中央社记者就美棉推销问题往访荣宗敬。此为荣氏当时访谈内容。

美棉抵沪后，一切事务，中央银行业已成立办事处，专司其责。至于推销人员，宋部长亦已聘定中国银行总经理张公权、上海银行总经理陈光甫、永安纱厂总经理郭顺及本人等担任，故本人等拟于日内，集商推销等办法。至于美棉抵沪后之销路，系一重要问题，盖年来华商纱厂因销路呆滞、生产过剩，相率减工，棉花存积，势所必然。加之农村经济已濒破产，各地现银，集中上海，各银行信用放款，只收不放，以致各地金融现状，已远不如前，各埠购买力之薄弱，不独对美棉为然。况美棉价格较高于国产，则销路成为问题矣。

（《申报》，1933年9月29日）

附：同题异文（1933年9月29日刊载）

荣宗敬谈，宋子文聘张公权、陈光甫及本人，担任推销美棉麦，日内商榷推销办法。美棉销路，系一重要问题，因华纱厂滞销减工，棉花存积。加之各地现银集中上海，以致各地金融状况远不如前，购买力弱，况美棉价高于国产，销路已成问题。本人拟购美棉一大部，惟尚非其时。

（《大公报》，1933年9月29日）

江苏川南崇宝启水灾募金救济启事

（1933年10月7日刊载）

扬子江口，南为川沙、南汇，北为宝山、崇明、启东。此五县地皆滨海，而崇、启陡入海中，原为沙岛。又川、宝之横沙、高墩沙、鼎丰沙（即圆圆沙）、连珠沙、鼎兴沙、石头沙、瑞丰沙、平安沙、长兴沙、东兴〈沙〉、聚宝沙等，孤悬海外，四面潮来，无可走避。今年九月二号夜，飓风猛袭，大潮狂吼，各沙居民从睡梦中惊起，洪流滔天，一刹那间，水高于屋。

有全家不知所向者，有仅留一老夫或幼孩，或父觅其子，或妻哭其夫尸逐波涛以去无可收埋，田庐、物产之漂没者，无可计数。其在大陆沿海，圩堤溃决，淹没田亩、人畜、房屋、粮食亦无算。川、南、崇、宝、启如出一辙。各县官吏、士绅及各慈善团体，正纷纷筹集振款、振品，奔走呼号间，而第二次飓风又至，时为九月十八〈日〉。全日暴风雨，入夜挟海潮陡涨，尤甚于前泛。各沙未破之圩，至是全部尽决。而在大陆，则川、南、崇、启沿海之圩塘，绵延二、三百里，无不冲毁，一片汪洋，顿成泽国。其灾害，诚为历来所未见。

夫地方一灾再灾，名曰“洊灾”，古之史册所大书志痛者也。今灾区如此之广，灾情如此之惨，一灾未死者，再灾死矣，即或未死，其去死亦无几矣。南汇、崇明、启东地较广，而受害者多；川沙、宝山地较小，而其在海外之沙洲被灾最惨。目前露宿风餐于坍圩泥泞间，为潮汐所必经之地，无衣、无食、无家，哭声震野，不可终日者，五县并计，共有二十万人以上。治标则先办急振，治本则兼办以工代振。急振，给以食，给以衣，给以修治茅屋费，然而沿海及各沙洲之灾民，皆以圩堤为生命之本，无圩堤则屋不能建，且及今之麦与来春棉、稻，皆不能下种，盖必被海潮冲去也。既不能建屋，种田，虽有一时之急振，仍不能维持其生命。根本办法，惟有一方面急振，一方面同时办工振，督促修筑圩塘。灾民中，每一壮丁作工，其劳力所获，亦足以赡一家数口之食，而农田耕〈种〉可有希望，即振务可早得结束。

顾急、工两振，需款浩繁，非咄嗟可办，亦非少数人所能集事。本会同人，念吾上海当海陆交通枢要，各地凡有偏灾，旅沪各界人士亦既尽其棉薄，无役不从矣。今吾近上海数十里至一、二百里之内，一、二旬之间遭遇大灾一次二次，丧失生命至千数百人，无衣、无食、无家者至二十万人以上。人之欲善，谁不如我？不敢求报施，而不能不呼将伯。惟冀当世仁人义士、公私法团，源源慨助。所可预告者，必使振款不涉虚糜，振务悉归实际，一切收支公开报告，但求多救活一个灾黎，即多保全一个良农生命，亦即多维持一分生产来源。浩浩洪波，飘飘白骨，生为夏畦之劳农，死作秋潮之流殍。敢挥哀泪，乞解仁囊。民国二十二年十月。

江苏川南崇宝启水灾救济会，会址在上海云南路仁济堂，并分设事务所于四川路二七〇号、一〇七号房间，电话一七三二五。

名誉委员长许世英，委员长杜月笙，副委员长（以下均以姓字笔画为次）王一亭、王晓籁、王丹揆、黄涵之、张公权，常务委员王绶珊、史量才、宋汉章、沈梦莲、林康侯、周渭石、金侯城、陆伯鸿、陆文韶、陈蔼士、秦润卿、黄金荣、张啸林、虞洽卿、闻兰亭、荣宗敬、郑洪年、赵晋卿、蔡翔如、穆藕初、钱新之、钱镜平、关炯、顾吉生，监察委员王延松、朱吟江、沈子坚、吕岳泉、金廷荪、俞佐廷、胡筠庄、徐玉书、徐季爽、范开泰、秦砚畦、陈鑾清、陆养春、张慰如、张效良、冯炳南、冯赓甫、童行白、杨清源、潘序伦、萧延芳、瞿绍伊、顾馨一，执行委员王伯元、王彬彦、王艮仲、王芹伯、王培元、方液仙、牛惠霖、牛惠生、成翊青、江乾廷、江倬云、朱子桥、朱体仁、朱允长、朱少沂、朱保中、朱叔源、朱楚良、朱燮臣、李寿山、李迪舟、李馥荪、李升伯、李组绅、李子栽、贝淞荪、吴蕴斋、吴申伯、吴开先、汪伯奇、沈联芳、沈德福、邢志刚、何宝义、阮介藩、周作民、周静涵、郁震东、金鸿翔、胡筠庵、胡笔江、胡筠籁、胡孟嘉、胡卓人、施省之、俞叶封、俞寰澄、俞振辉、马伯申、翁寅初、徐寄庼、徐乾麟、徐新六、徐静仁、徐采函、徐致一、徐冠南、徐瑞良、徐行悌、徐纪钟、席云生、郭乐、郭顺、唐寿民、唐礼斌、姚文敷、奚蕚衔、奚孟起、孙梅堂、孙象枢、孙隐滨、袁履登、袁仲濂、凌秀峰、姜志尚、秦自权、夏应堂、陈荐青、陈松源、陈光甫、陈健安、陈三林、陈子馨、黄伯度、黄星阶、黄蕴深、黄任之、黄光禄、黄雄甫、张贤青、张兰坪、张伯、张伯初、张文彬、张尚义、张世骅、张龙江、张艺新、张竹溪、冯幼伟、盛苹丞、闵采章、曹沫、陶稚菊、陶禹门、陶桂林、陆问梅、陆定九、陆容庵、陆才甫、邹驾白、劳敬修、裴云卿、邹秉文、华润泉、项绳武、傅佐衡、程渭渔、程云岑、杨志雄、杨仿周、杨渔笙、叶扶霄、叶汉丞、郑仲三、赵冲、骆清华、潘鸿鼎、潘志文、蔡钧徒、卢开泉、卢少堂、谢秉衡、钟玉良、颜福庆、聂潞生、聂管臣、瞿绍衡、窦耀庭、庞京周、顾竹轩、顾伯威、顾文生、顾水一、顾南群、龚汇百、龚苏民，总务组江倬云、李子栽、沈子坚、金侯城、陆才甫、黄任之、张伯初、潘志文、瞿绍伊，筹募组金廷荪、黄金荣、张啸林，财务组张效良、陈子馨、杨渔笙、萧延芳，查放组成翊青、陆伯鸿，卫生组：庞京周、瞿绍衡、顾南群，采办组杨渔笙、萧延芳，运输组王芹伯、徐纪钟、黄雄甫、张竹溪，统计组沈子坚、金侯城，稽核组徐玉书、陈銮清、陆养春、潘序伦，视察组江幹廷、范开泰、徐季爽、邹秉文、穆藕初，工程视察委员朱楚良、陆定九、陶稚菊、邹驾白、黄兆禄、钱镜平敬启。

经募捐款者，注意后开事项：

（一）此次募捐尽以一个月为期，并请每十日将成绩报告一次。

（二）募到之款请交左列各银行代收，掣取收据：中国银行，上海外滩二二号；上海银行，上海宁波路五〇号；浦东银行，上海泗泾路一号；中汇银行，上海爱多亚路九七号。

（三）募捐册如不敷用时，请即通知本会续送。

（《申报》，1933 年 10 月 7 日）

全国经济委员会棉业统制委员就职通电

（1933 年 10 月 16 日）

南京财政部、外交部、内政部、实业部、教育部、军政部、海军部、交通部、铁道部，各省省政府暨建设厅、实业厅，各报馆公鉴：奉国民政府令开，“派陈光甫、李申伯、谢作楷、唐星海、邹秉文、陈立夫、荣宗敬、张公权、杜月笙、贝淞荪、张啸林、郭顺、何炳荪、胡筠庵、刘荫茀、孙恩麐、吴醒亚、聂潞生、穆湘玥、陈伯庄、李浩驹为全国经济委员会棉业统制委员会委员，指定李申伯、谢作楷、唐星海、邹秉文为常务委员，陈光甫为常务委员兼主任委员，此令。”等因。奉此，光甫等遵于十月十六日在上海就职，宣告正式成立。事属整理全国最大实业，关系国家经济至巨，尚祈共赐匡济，俾免陨越，曷胜盼感。全国经济委员会棉业统制委员会主任委员陈光甫，常务委员李申伯、谢作楷、唐星海、邹秉文，委员陈立夫、荣宗敬、张公权、杜月笙、贝淞荪、张啸林、郭顺、何炳荪、胡筠庵、刘荫茀、孙恩麐、吴醒亚、聂潞生、穆湘玥、陈伯庄、李浩驹同叩，谏。

（《申报》，1933 年 10 月 25 日）

附：全国经济委员会棉业统制委员会暂行组织条例（1933 年 10 月 7 日呈奉国民政府核准备案）

第一条　全国经济委员会为改进发展全国棉业、纺织业，并使其合理化起见，依组织条例第七条之规定，设置棉业统制委员会。

第二条　棉业统制委员会对于全国棉业、纺织业，有指导监督，及施行统制奖惩之权。

第三条　棉业统制委员会设委员若干人，由全国经济委员会常务委员就纺织、植棉、金融等，各界中，提请国民政府派充之。

第四条　棉业统制委员会设主任委员一人、常务委员五人，由全国经济委员会常务委员就该会委员中，提请国民政府指定之。

第五条　棉业统制委员会为分组研究起见，得分设经济、原料、制造、运销四组，各组组员由主任委员延聘之。

第六条　棉业统制委员会委员及各组组员，均为名誉职。

第七条　棉业统制委员会设总务股，办理文书、会计、庶务事项。

第八条　棉业统制委员会设技术股，设计研究左列事项：一、关于植棉之改良、推广事项，二、关于纺织工厂之组织、设备及管理事项，三、关于纺织机械及其附属品之制造事项，四、关于棉花、棉纱及其制造品之运销事项，五、关于棉业、纺织业市场交易之标准制度之规定事项，六、关于棉业、纺织业之税则研究事项，七、关于棉业、纺织业之劳工福利设施事项，八、关于棉业、纺织业之金融调剂事项，九、关于棉业、纺织业之人才训练事项，十、关于棉业、纺织业之调查与统计事项，十一、关于棉业合作制度之提倡事项，十二、关于其他棉业、纺织业事项。

第九条　总务股置股长一人、股员六人至十人，技术股置股长一人、技术专员十五人至十十五人，由主任委员提请全国经制委员会分别聘用或延用之。

第十条　棉业统制委员会因办事上之必要，得酌用雇员。

第十一条　棉业统制委员会每周开常会一次，临时会无定期，均由主任委员召集之。

第十二条　棉业统制委员会议决事件，由主任委员分别执行，或由全国经济委员会办理之。

第十三条　本条例自呈奉国民政府核准日施行。

（《农村复兴委员会报》，第 6 期，1933 年 11 月 26 日，第 10—12 页）

与汇丰银行所签订之申新七厂押款转期临时契约书（摘要）

（1933 年 10 月 20 日）

本契约于 1933 年 10 月 20 日签订于上海。抵押借款人为厂商荣宗敬，贷款人为香港注册的汇丰银行。款额二百万银元，利息年利百分之八，自即日起算。借款于 1934 年 12 月 31 日到期还本。利息照上述利率，每三月付息一次，即【1934 年】3 月 31 日，6 月 30 日，9 月 30 日，12 月 31 日。如利息迟付过规定日十四天，则照复利计算。

为了上述借款，抵押借款人特将附单上所列土地及土地上的纱厂机器、仓库、住宅和其他建筑物，以及蒸汽引擎锅炉、机器工具等等的支配权，移交与汇丰银行。待期满时，借款人将贷款人所借的二百万银元及所规定的利息付清，则该项支配权当归还于借款人。

如借款人对本银二百万银元或利息不能支付时，贷款人有权暂时占有上述产业，不需于事先请示法院。贷款人可以不经过法院手续，出卖该产业，或经拍卖方式，或经私人契约方式出卖。所有出卖所得，应先付出卖所需手续费，再付所欠款项，余款则交还抵押借款人。

双方并同意所谓银元，系指包含二三.四九三四四八克的白银。如所还货币不足该银色，则应照当时伦敦银价，以能买四六.九百六八九六克白银的货币数量计算。

最后，所有关于本抵押借款所发生的问题，均应照大英帝国法律解决。

（申新纺织总公司档案）

与申时社[①]记者谈稳定纱价之前途

（1933年10月26日刊载）

【申时社记者访【全国经济委员会】棉【业】统【制委员】会委员荣宗敬氏，据谈：】

棉统会目前各项工作，进行颇力，日来正开始处理筹划稳定棉纱价值之进行，预料可得相当效果，纱业界对此殊有厚望。盖观乎目前纱市之暴跌，若长此继续，而无妥善之处置，纱业前途，将更不堪设想。棉统会对此点，特别慎重，决提前计划，以期加以救济。至日来华纱市场虽外传已有抬头之希望，实际上此种沉闷之局面，固非短期间所能恢复。按棉纱厂之所以陷于目前窘状者，其主要原因，为农村经济破产之结果，一般农民购买力薄弱，致形成生产品停滞之现状。而城市方面，因不景气之普遍泛滥，金融界信用放款，大不如昔日之易于流通，足以充

① 申时社，即申时电讯社，成立于1924年上海，是当时中国影响最大的私营通讯社。该社由申报经理张竹平创办，由申报、时事新报两报记者将两报所收中外电讯摘要编译，分为电讯和邮寄两类，供外地有关系的报纸采用。

分扶助产业界，致形成经济转辗不灵之情况。棉业之统制与救济，自非由培养一般购买力，及打破经济滞涸之现状不可。棉业统制委员会工作，亦以此点为进行上之重要原则云。

（《纺织时报》，第 1032 号，1933 年 10 月 26 日）

中华国产棉布市场股份有限公司[①]开始营业宣言

（1933 年 11 月 21 日刊载）

世界任何国家之历史，查其进化之过程，莫不以部落战争始，而以人治、法治为归纳。盖人类深痛战争之残酷，乃由自卫思想之发动，各就共谋安宁之目标，而以人治、法治之组织，使其国人之相爱相安也。夫今日国与国之战争，实系范围较大部落之战争，而我东北之土地、东北之人民，实此范围较大部落战争下之牺牲者。吾人既悲已遭牺牲者之痛苦，益增将为牺牲者之危惧，爰集未死人心，组织公司，一以防二万手工工人之失业，一以阻暴敌军事残杀之进攻。盖经济侵略之收获，足以鼓励暴敌军事残杀之进行也。果不自悟，是为自杀。

吾人鉴于国内同胞在物力引诱环境中，放弃其自爱爱国之思想，不辨贩运仇货之利害，日求资敌拜金之自杀者，心焉痛之。论事虽属至愚，推心殊有可怜。此吾人所不自度量，特于完成铁业壁垒之后，起而舒其余力，欲协助二万手工工人，得实行其自爱、爱国，不买仇纱之志愿也。此二万手工工人者，其现有之生活已属至苦，独能深明大义，自愿

① 1932 年“一·二八”事变后，日货大量倾销，上海国产棉布的生产与销售受到致命打击，特别是上海相当数量的安徽帮机织户因遭此打击，生计濒临断绝。胡厥文和社会名流史量才、穆月初、黄炎培、荣宗敬等一些爱国人士有鉴于此，为抵制日纱，协助上海各区以铁木脚踏布机为生的小业主解决生计困难，于 1933 年 11 月发起创办了中华国产棉布市场股份有限公司，地址在贵州路南京路口，胡厥文任董事长兼总经理，杜重远任经理，黄炎培等为董事。终因人多货杂，难于管理，无力维持，该公司在经办 4 个多月后只好停办。

抵抗利诱，忍痛牺牲，足以辱今日醉生梦死之奸商，争旧史卧薪尝胆之荣誉。社会热心领袖既已投资相助，本市上海银行亦复慨为后援，惟自审才力能否胜任，未敢擅决，盖成败之权不操于我，乃属于全国之消费人。倘全国之消费人乐购国产之棉布者，能因此而多购之，庶消费有路，生产可不虑中止也。为此，先于本月二十一日开始营业，姑为测验人心，求聚同情之尝试，俟尝试成功以后，再行另定日期公告开幕。愿全国爱国仕女、各埠热心公团，各本兴亡有责之义，依照后开办法，或为购买之援助，或为推销之鼓吹，则一事之成，万事从之，庶今日渺小经济自卫之壁垒，或足为将来实行长期抵抗之先声乎。倘抛砖引玉，能有所成，则为二万手工工人之幸，国产纱线生产界之幸，抑亦国家民族之幸也。谨此宣言，诸维公鉴。

援助办法

（一）凡与敝公司宗旨表示同情，而对二万手工工人愿为预防失业之援助者，请开列姓名、住址，加入敝公司推销研究会为会员（姓名、住址请径寄敝公司）。

（二）凡加入推销研究会为会员者，不须缴纳会费，惟每年须负责购买国产棉布五元以上。属于此项购买之营业，依照会员住址，由委员会拨交最近之商店会员计算之，如能直接向商店会员购买者尤为欢迎。

（三）敝公司各种布样、价格俱编号，陈列于南京路贵州路市场中，凡会员皆可指定号数选购，由市场派人送达之。

（四）凡各埠商店行号，愿加入推销研究会为商店会员者，由敝公司送达载明价格、编列号码、黏有布样本一本（以后出品随时寄奉）。

（五）凡本埠各公司大商店及庄客，在本月底以前批布在十疋以上者，俱由敝公司延请，加入推销研究会为会员。

（六）凡愿加入敝公司推销研究会者，不论本埠外商店、行号、庄客或个人，俱请函告敝公司设计处。

董事长：胡厥文；常务董事：王振芳、徐采丞、张子廉、杜重远；董事：李迪先、任矜蘋、荣宗敬、董厥孙、黄任之、王先青；监察人：史量才、杜月笙、王晓籁。

地址：南京路贵州路，电话：九四七七四。

（《申报》，1933 年 11 月 21 日）

介绍无锡西宅喉科专家黄翼臣先生[①]启事

（1933 年 11 月 25 日—12 月 9 日刊载）

无锡斗山西宅黄氏，家传喉科已历八世，求治者户限为穿，其秘制各种喉症灵药，神效无比，驰名遐迩。往年【国民党】中【央委员会】委【员】吴稚晖先生因其眷属患喉，亦曾亲往诊治获效，其他名人往诊者，亦指不胜屈。至为便利海上大家起见，特请黄氏嫡系翼臣先生来沪设立诊所，即于今日开诊，患喉者盍一试之，定可药到病除也。诊所〈在〉西藏路远东饭店南间壁育仁里。

介绍人：虞洽卿、王晓籁、夏应堂、丁济万、荣宗敬、王禹卿、冯云初。

（《申报》，1933 年 11 月 25—12 月 9 日）

致上海市公安局文鸿恩局长暨中国妇孺救济会函

（1933 年 11 月 27 日）

敬启者：准本会会员丁彦章函称，侄女何丁氏生有一女，名耀金，即莫阿金，现年十三岁，前于五岁时，过房于莫子卿为女，安迄已八年有

① 无锡黄氏喉科起源于清乾隆年间无锡斗山人黄文炳，其初始在家务农，性好岐黄，每于农闲之际，研读医书，并以喉科为业行医于乡里之间。从黄文炳算起，黄氏前五世均为半农半医。至第六代黄元音承接父业之时，黄氏喉科已享誉无锡，尤以外用吹药著称。自此黄氏喉科传人便放弃农事，专事医术。其第七代为黄鹤鸣，第八代为黄冠群、黄冕群兄弟，黄翼臣为黄冠群、黄冕群的堂弟。

余，忽于七月二十六日，因主家虐待外出，经公〈安〉局于八月四日，送入妇孺救济会收留。何丁氏曾经赴会察看，确系亲生之女，情愿领回团聚。该会须由同乡会备函证明，方准给领，属会备函证明等由。查莫阿金既准本会丁会员声明，确系何丁氏之亲生女，除函致妇孺救济会外，（除函请上海市公安局函致贵会外，）用特备函证明，即祈贵局函致妇孺救济会（即祈贵会，）将莫阿金一名，准予何丁氏具领。实纫公谊。此致上海市公安局局长文【鸿恩】，（中国妇孺救济会）。无锡旅沪同乡会理事长荣宗锦，十一月二十七日。

附：丁彦章君来函（1933年11月26日）

（上略）兹有舍侄女，于归本邑朱祥巷何顺兴后，生有一女名耀金，统呼之阿金，在五岁时，螟蛉[①]与莫子卿为女，迄今八年有余，该女现已十三岁，今悉承妇孺救济会收留。舍侄女曾赴会察视，的〔确〕系亲生女儿，愿领回归家团聚，而该会须由同乡会致函证明，方许领回。敬乞予给同乡会函，俾舍侄女前赴领回，不胜至感。敬颂大安。丁彦章顿首，十一月廿六日。现该女在妇孺救济会八千〇二十号。

（《无锡旅刊》第163期，1933年11、12月合刊，第1—2页）

再致上海市公安局函

（1933年12月1日）

敬启者：前以贵局收留十三岁女孩阿金一名，系敝同乡何丁氏之亲生女，前据会员丁彦章函请证明，业经属会备函证明在案。兹以何丁氏在申守候，应请贵局即予给领，俾得回家团聚。至该女孩从前五岁时，过房于莫子卿，因虐待走出，经旁人送局收留。现闻莫子卿转请沈文卿来局冒领，如果属实，应请制止。合并声明。此致上海市公安局长文。

① "螟蛉"，为养子、义子的代称。蜾蠃常捕螟蛉喂它的幼虫，古人误以为蜾蠃养螟蛉为己子。

无锡旅沪同乡会理事长荣宗锦，十二月一日。

附 1：上海市公安局来函(1933 年 12 月 2 日)

案查前据本局第六区解送被虐待女孩阿金一口来局，当经询明函送慈善机关留养，并迭经批斥不准该养父莫子卿具领在案。现据该阿金舅父沈子卿呈请具领前来，复将该孩提询，据称，情愿随其回去。正核办间，复准贵会来函，以该女阿金，前于五岁时，由其母何丁氏过房莫子卿为女，迄今八年有余，前因主家虐待外出，被公安局查获收留，此刻该女之母闻之，情愿领回团聚，特备函证明，嘱为函致妇孺救济会，准予该何丁氏具领等由。准经询，据该何丁氏声称，“此女确系我亲生，前因家境贫苦，过房于莫家为女，当时得洋拾元是实”等语。据此，查该孩既迭据其亲属恳请给领，又复准贵会来函证明，究应由何人领回抚养，相应送请查照核办见复为荷。此致无锡旅沪同乡会。上海市公安局启，十二月二日。计送女孩阿金一口。

附 2：何顺兴、何丁氏具领证明

具领人何顺兴、何丁氏，今由无锡旅沪同乡会领到亲生女孩阿金一口，阿金确系具领人亲生女是实，为特请求承领，当蒙允许。

(《无锡旅刊》第 163 期，1933 年 11、12 月合刊，第 2—3 页)

改良植棉与今后纺织业

(1933 年)

吾国纺织原料缺乏，尽人而知之，知之而不思植棉，植棉而不求改良，则原料终于缺乏，纺织业永无抬头之一日。浙省农业改良总场棉场，为集思广益起见，征文及余，余不文，不可以无言。

余经营纺织业已三十余年，〈在〉民国初年即留意植棉，集同志筹有的款，在金陵辟地千亩，选择优良种子，依法播种，虽有相当成绩，惜厂务羁身，未遑兼顾，嗣委托金陵大学主其事，究因规模太隘，且限于经济，未能逐步扩充，至今引以为撼！然遇有宜棉之地，及热心植棉之人，必就余力之所及，尽力辅助。三年前采办美国长丝棉种二百吨，运往豫、陕一带种植，又因天灾人祸，未能尽量发展，而内地植棉，已树立基础，农民亦深知植棉与植罂粟，利害不同。惟以现有纱锭与棉田比例，相差太远，于吾国纺织业无若何之影响。最近敝邑尤君惜荫至琼州进行植棉事宜，所收之果，与美棉无异，而地址、气候亦极相宜，诚能实事求是，百折不回，以后殊有绝大之希望。若夫浙省濒海之区，随处宜棉，相度地势，加高塘岸，即可从事种植，而产棉之区，应保留相当种子，为推广之预备。现在种子参差不齐，初步计划暂以能纺二十支纱之棉为标准。至于如何选种，如何施肥，如何除虫，如何收获，事涉专家学识，不具论。

更进而言纺织，欲知今后情形，先述现况。自“九・一八”【事变】而后，抵制声浪，遍于国中，时过境迁，贩运仇货，视为当然。迨“一・二八”【事变】，又经一度激刺，抵制之声浪又起，迄于今长江一带，国货销路几尽为仇货所占。是以纱价有一落千丈之势，而棉价而因原料缺乏，须仰外国之鼻息。不因纱价为转移，此则纺织业特别困难情形，而为三十年来所未有也。然则纺织业遂无出路可寻乎？非也，今后之纺织业，视改良植棉之成绩若何。现在就全国所需纺织原料统计，通年尚需增加五百万担，以吾国幅员之广，民生之勤，尽如浙省，则昔之求过于供者，不难使之供过于求，流入外洋之金钱，无形中散入农民，农村经济自呈活泼之现象。

惟应请政府注意者数端：一曰奖励。无论官荒民荒，农民向当地政府，具领植棉者，三年内不征赋税。二曰惩罚。棉花收获之时，如有搀泥水，和砂石情事，一经告发，货物充公外，应再予以相当之惩戒。三曰便利交通。僻远之区，未筑省道、县道，本不足与语交通；其距火车较近之地，应由铁部通饬各路局运输农产，取费低廉，随到随运，予以特殊便利，否则供求不能调节，而农产有朽腐之虑。原料既能充裕，厂方之应用，源源不绝。譬如行军，军实既充，始可临阵。纺织业爱国之心岂后于人？国难当前，国货多销一份，即仇货少销一份，固非空言抵制，所可同日语也。

要之：植棉与纺织，息息相关，今后纺织业之生命线，其在改良植棉乎！拉杂书此，即为棉场进步之左券。

（《无锡旅刊》，第 159 期，1933 年 3、4 月合刊，第 10—12 页；另见《新农村》，第 1 卷第 2 卷，1933 年 7 月 15 日，第 13—14 页）

1934 年

《鲁省推广棉产办法》书后

（1934 年 1 月）

吾国纺织业原料，求过于供，是以各省咸以推广棉产为当务之急。鲁省脱里司棉，积十余年之试验而成功，最近建设厅方面，特与中国银行及济南中棉历记协订办法。法良意美，殊堪钦佩。查敝公司所用棉织原料较多，采办及于各处。鲁省脱里司棉亦经采办，试用结果，可为四十支棉纱原料，如与美棉灵宝拚用，可纺四十二支棉纱。吾国细纱原料，最感缺乏，今脱里司棉已庆成功，实为棉业放一异彩，嘉惠纺织业，殊非浅鲜。宗敬更有进者，脱里司棉既为推广棉产之标准，照协订办法，切实施行，以后产量增加，殆无疑义，惟有一事须加注意。吾国所产原料，其目的在供给华厂纺织之用，然而坐享其成，希图染指者大有人在，万一采办者并非华厂，以致楚才晋用，则当局推广棉产之苦心，反为他人利用。此则先应豫为计及者耳。

（《棉讯》，第 2 期，1934 年 1 月 20 日。另见《纺织时报》，第 1057 号，1934 年 1 月 29 日）

中华国产棉布市场股份有限公司成立公告

（1934 年 1 月 27 日刊载）

本公司经一月十八日全体发起人议决，扩增资本国币念万元，业已照章收足，当于一月廿五日召集股东创立大会，选举董事、监察人，并依法呈请登记。现暂设市场于贵州路廿五号，先行收布以维机工，俟自建市场工竣，再行正式开幕。特此公告。

董事长杜月笙，常务董事史量才、王晓籁、郁震东、章荣初，董事荣宗敬、黄任之、徐采臣、诸文绮，监察人邬志豪、潘旭升、张慎之，总经理章荣初。

（《申报》，1934 年 1 月 27 日）

与记者谈购买美棉合约取消事

（1934 年 2 月 26 日刊载）

【我国政府于去岁借宋子文氏出席世界经济会议时，与美国政府成立贷款五千万美金购买美棉麦之合约。现因美棉价过高，运华难以销售，故本市实业界方面，突传美政府方面，将有取消此项合约之说。……记者往至本市棉麦业巨擘之实业界某要人（按：即荣宗敬）处调查，据谓：】

美方行将取消合约之说，确有所闻。盖因当去岁宋子文氏渡美时，所订合约之内，系规定至今岁七月底前，须将贷购置美棉麦全部运华。乃迄至今日，因价格关系，美棉运华者，只全额七分之一强，美麦运华者亦不足二分之一耳。因此负责主持此事之美国财政善后公司，最近曾迭电吾国当局，请于本年七月底前依约分别运华。但此事在实际上殊难如愿，盖美棉运华，当时规定值美金四千万元，现所运来者只值六百万元，政府方面尚未完全售罄。此外，美麦运华者规定为美金一千万元,约达六十万包,现所抵埠者及起运来华者,全额亦不过二十四万包耳。美国财政善后公司致电吾国当局时曾表示,如果本年七月底止,此项棉麦尚未全部运华者,则势将原订合约加以作废云云。

(《纺织周刊》,第4卷第9期,1934年2月26日)

上海新生活运动促进会发起缘起

(1934年3月24日刊载)

"生活"者何?简言之,人类求"生"存之"活"动也。人类求生存之活动,大别之为八,曰食,曰衣,曰住,曰行,曰工作,曰教学,曰娱乐,曰交际。时不论古今,地不关中外,凡属人类,宜皆有此种种之生活。惟是人类虽皆有此等生活,然因时代不同、环境差异、智能优劣、道德高下,其生活之精神与形式,则不能尽同。且因此生活上之不同,而野蛮与文明分焉,贫弱与富强别焉。故谋国者不可不注意生活之精神与形式而利导之,由是而制礼作乐,创立各项原则,设立各种规范,以指导人民之生活。中山先生以生活为民族构成之第二要素,其重要可想见矣。吾国先圣昔贤,对于一己之生活皆甚注意。"大学之道,在明明德",其节目虽有格物、致知、诚意、正心、修身、齐家、治国、平天下等八项,而孔子则谓"自天子以至于庶人,一是皆以修身为本"。至于修身之道,虽千头万绪,要皆可归纳于"礼"、"义"、"廉"、"耻"原则中。盖礼、义、廉、耻四字,若以今义解之,礼为礼貌,义为侠义,廉为廉洁,耻为羞耻;若以古义解之,则礼不逾节,义不自进,廉不蔽恶,耻不从枉。就此两种意义观之,今人之义固不可废,古人之义亦甚重要,盖无礼貌诚为现社会之病,而纲纪废弛、秩序破坏,其害尤甚;义风不振诚足为忧,而骛虚幸进之风尤为乱源。至于廉耻之说,则贪风之长,实始于互相隐蔽,耻心之灭多由于相率效尤。古义与今义,皆切中时弊。吾人若能以礼、义、廉、耻之原则，指导食、衣、住、行、工作、教学、娱乐、交际等生活，而身体力行之，则不独身修而已矣，即齐家、治国亦何难哉？此新生活运动之所以可贵。乃者蒋委员长有鉴于此，特在南昌倡导新生活运动，并定“规矩”、“清洁”两项为第一期工作，以次渐达“教”、“养”、“卫”之目的，其意甚盛。同人等厕身上海，洋场十里，深感生活之无聊，兹以蒋委员长之启示，亟愿积极改进，并愿推己及人，以促新生活运动之进展。爰有本会之发起新生活运动，为复兴民族、建设国家之基本工作。凡我同胞，幸各参加。此启。

发起人名：丁默村、丁承纲、卜万苍、文鸿恩、文寿游、王云五、王延松、王勇公、王德恒、王树基、王伯元、王西神、王济远、王孝英、王壮飞、王晓籁、王德言、王龙章、王慎、王绍鼎、王维桢、王竹坪、王伯群、王海帆、王新命、王承铎、王家驹、方焕如、方国定、方纪难、毛云、包鹤年、史量才、史贻堂、朱应鹏、朱有瓛、朱义农、朱学范、朱少屏、朱文库、任显群、邢婉、江万平、吴铁城、吴醒亚、吴开先、吴修、吴经熊、吴启鼎、吴凯声、吴正箧、吴如珪、吴保丰、吴迪、吴人骐、吴垂玖、吴志骞、邵醉翁、邵虚白、李廷安、李恩绍、李浩然、李志云、李建白、李柏青、李子宽、李文杰、李登辉、李时雍、李志祥、李元超、余铭、汪伯琦、汪曼云、汪宗珠、宋子良、邱汉平、孟寿椿、孟知我、杜镛、杜刚、何世桢、何西亚、何元明、何炳贤、沈怡、沈钧儒、沈骏声、沈松泉、沈若愚、沈半梅、沈鹏飞、沈嗣良、沈鼎、沈亮衷、郃爽秋、贝祖翼、金里仁、金华亭、林众可、林美衍、林克聪、林康侯、林我将、周斐成、周宪文、周瘦鹃、周学湘、周家骥、周复农、周世辅、季灏、宗孝杰、姜豪、姜怀素、姜梦麟、俞鸿钧、俞松筠、俞振辉、胡朴安、胡耐安、胡星耀、胡天僧、胡仲持、柳亚子、洪雪帆、姚慕莲、姚苏凤、封光甲、范家标、马崇淦、马家振、马凤岐、马金坡、秦润卿、袁云龙、袁炳南、陆京士、陆人杰、陆镜潭、陆机云、陆克明、陈泽华、陈高佣、陈白、陈济成、陈君毅、陈坤珍、陈光甫、陈继烈、陈霆锐、陈梦渔、陈光普、陈中孚、陈保泰、陈伯林、陈唯一、陈东白、唐鲁民、唐锦柏、唐乃康、唐冠玉、唐海安、唐宝书、唐铁、凌宪文、孙道胜、孙鸣岐、孙震春、徐苏灵、徐上周、徐泽予、徐则骧、徐朗西、徐佩璜、徐柏园、陶百川、陶广川、奚玉书、翁之龙、韦悫、郭卫、郭步陶、郭琦元、郭顺、梁绍文、梁梅初、康选宜、张寿镛、张蕴和、张载伯、张小通、张梅先、张笑天、张季信、张忠道、张瀛曾、张竹坪、张子孝、张汝砺、张公权、张辉军、张升、许性初、许书绅、许金源、许宝铭、章衣萍、崔乃昌、崔万秋、庄心在、梅鸿荃、盛振声、盛朗西、盛沛泉、冯宪成、曹惠群、程宽正、汤增歇、黄庆澜、黄造雄、黄伯樵、黄伯惠、黄香谷、黄谔、曾虚白、彭述信、温毓庆、粟巽、童行白、童志孚、杨公达、杨幼炯、杨怀纯、杨卫生、杨啸天、杨志豪、杨静愚、杨英、杨德安、虞和德、贾伯涛、董亚雄、董显光、褚辅成、褚民谊、廖云鹏、廖世承、郑太朴、郑正秋、郑通和、郑洪年、赵治、赵南公、赵景深、赵侣青、赵祖慰、赵振辉、裴复恒、裴云卿、叶开鑫、叶翱皋、荣宗敬、管久安、蔡增基、蔡洪田、蔡周峻、蔡无忌、刘庄、刘炳藜、刘道魁、刘湛恩、刘道彰、刘鸿生、刘荣、潘公展、潘公弼、潘凤堂、蒋光堉、蒋建白、樊振邦、黎照寰、乐小云、欧元怀、卢印泉、钱永铭、钱选青、钱沧硕、萧廷芳、龙沛云、应成云、应懿凝、戴鹏天、戴宝华、薛文元、薛光前、谢霖、萧友梅、韩觉民、阎振玉、聂鸿智、瞿思严、陇体要、颜福庆、严浚宜、严谔声、严独鹤、苏树德、苏本铫、顾荫千、顾继武、顾执中、顾毓琦、顾若峰、龚增益

（《申报》，1934 年 3 月 24 日）

锡沪路长途汽车股份有限公司招股启事（附简章）

（1934 年 4 月 7 日—13 日刊载）

窃自上海经嘉定、太仓、常熟，以至无锡一带，皆江南富庶之区，交通事业极关重要。迩者，中央及地方政府，因欲完成京沪公路交通，积极〈筹〉办锡沪公路。同人等以该路所经城镇，农产、工商均极发达，将来运输事业不〔大〕有可观，爰拟集资创办锡沪路长途汽车有限公司，并于去冬组织筹备委员会。又以常熟至苏州间路线冲要，与锡沪路尤有密切关系，因拟兼办苏常路长途汽车业。经江苏省政府及上海市政府许可，并将于本月下旬，分别订立专营合同，资本总额暂定为一百五十万元，分十五万股，每股十元，一次缴足。除由同人等分别认购外，尚有少数股额，拟招集该路沿线及各界热心人士共同参加，俾符公共事业公

诸大众，而谋共享利益之要旨。至营业计划，经专家考核，股东方面，每年除获官利八厘外，所得红利尚多，实较其他投资事业，确有充分之保障，及丰厚悠久之利益。凡有意公共交通事业者，希于四月底以前，照章向各代收处认定股额，并缴纳股款为荷。锡沪路招股简章列后。

锡沪路长途汽车股份有限公司招股简章

第一条　本公司定名为锡沪路长途汽车股份有限公司，遵照《中华民国公司法》①及行政院颁行之《长途汽车公司条例》②组织之。

第二条　本公司路线，自无锡起，经常熟、太仓、嘉定、南翔、真茹至宝山，路共长约一百四十公里；又自常熟至苏州，计长约四十五公里。

第三条　本公司专营长途汽车，以载客、运货，便利沪、嘉、太、常、苏、锡等地之交通为宗旨。

第四条　本公司营业期限定为三十年，期满后经股东会之议决，并经主管政府之准许，得继续办理。

第五条　本公司资本续〔总〕额定为国币一百五十万元，分作十五万股，每股十元，一次全缴。

第六条　本公司股东，以中华民国国籍为限。

第七条　本公司股息定为常年八厘，自收到股款之次日起算。

第八条　本公司董事及监察人之资格，以股份二百股为合格。

第九条　本公司股款由代收股款处出给收据，俟公司正式成立时，再凭收据换给股票。

代收股款处如下：中央银行、中国银行、交通银行、中汇银行、上海

---

① 1929 年 12 月 26 日，国民政府公布《公司法》，共分 6 章 233 条，规定公司为“以营利为目的而设立之团体”，分为无限公司、两合公司、股份有限公司及股份两合公司 4 种，并对公司登记、解散等都做了明确规定。该法于 1931 年 7 月 1 日正式实行。1931 年 2 月 21 日，国民政府又公布《公司施行法》，对《公司法》作了许多补充说明或规定。

② 1930 年 6 月 19 日，国民政府行政院公布《长途汽车公司条例》，共计 21 条，对长途汽车招股成立、注册立案、经营等作了明确规定。

银行、上海市银行。

第十条　本公司会计账目每年终结账一次。

第十一条　本公司详细章程，俟开创立会时订定之。

第十二条　本公司营业章程另定之。

发起人名单（以姓之笔数编次）：

王晓赖　王延松　王尧臣　孔庸之　尤菊荪　史量才　朱恺俦　宋子文
吴铁城　吴蕴斋　吴简周　杜月笙　沈　怡　沈百先　李馥荪　狄巽公
金廷荪　金伯琴　林康侯　俞鸿钧　俞佐廷　俞九思　洪景平　徐佩璜
徐圣禅　徐补孙　徐翥青　鸡葶衔　唐星海　陈光甫　陈勤士　陈果夫
张静江　张公权　张啸林　张澹如　张慰如　孙直斋　黄金荣　郭　顺
华绎之　虞洽卿　杨翰西　杨卫玉　荣宗敬　荣德生　赵颖华　刘鸿生
刘正康　钱新之　钱孙卿　钱春沂　蔡增基　蔡缄三　蒋介石　蒋育仁
蒋用蕃　卢少堂　薛育津　薛慈明　戴贯吾　瞿良士

（《申报》，1934年4月7日—13日）

对记者谈话①

（1934年4月8日）

本人此次赴港，完全为视察西南市场，且曾赴澳门、广州等处。本市实业界赴西南考察代表郑益之等，本人曾在港晤面。某外报讹载消息，乃彼等固有之惯技，不足为奇云。

（《申报》，1934年4月9日）

① 1934年3月27日，荣宗敬先生赴港调查西南商情，于4月7日上午9时乘轮返沪。此为荣先生至上海时对记者的谈话。

与记者谈西南实业

（1934 年 4 月 12 日刊载）

【荣宗敬先生于上月赴港粤等地，视察所经营之商务，并考察西南实业情形，现已事毕返沪，对记者谈日人造谣及此行感想如下：】

日谣 此次赴港、粤等地视察所经营之商务，致引起日人方面之谣诼，甚至谓本人因经商亏折逃港等云云。此种谣言，本不值识者一笑，究日人此次造谣之原因，不外因嫉妒而起。此种惯技，已迭见不鲜。本人除已专函前往更正外，雅〔本〕不欲与专事造谣者多加伸〔申〕说，盖本人现已安然返沪，则此种谣传，早已不攻而自破矣。

广州 此行经港、粤、广州等地，除视察港、粤两地所经营之商务外，并随时考察该地社会经济情形，觉广州社会经济已至窘境，若不立即拯救，前途将不堪设想。广州市上币制十分复杂，因之市价朝晚之参差甚巨，而小本商人蒙害者，更非言语所能形容。广州百业均呈衰落之状，富有者都迁居香港作寓公，而社会经济益形一蹶不振。

香港 西南实业与上海相较，相差甚远，所以深盼各界人士前往投资。至于香港商务情形，在表面看来，似权操英人，但按诸实际，则尽为日人操纵，本人在市〈场上〉所见，日货居大部份〔分〕，足见年来日货在华南一带倾销之猛进。日货倾销，则国货销路低减。际此提倡国货之时，关于此点，尤须注意者也。

（《纺织时报》，第 1075 号，1934 年 4 月 12 日）

与新声社记者谈关于银行界管理纱厂事

（1934 年 4 月 12 日）

【昨日报载华商纱厂以营业不振，向银行界所举借款一万二千万元，无力偿还，有将多数纱厂移归银行界管理之说。而日人方面，亦图活动，拟向银行界接洽执管云云。新声社记者以纱厂业为我国最大之实业，如果属实，影响社会非浅，特往访纱业界及银行界领袖。据其负责人表示，知系完全不确。据纱厂业领袖荣宗敬向往访之新声社记者谈：】

报载华商纱厂移转于银行界之说，全与事实不符。况本市不需要如此巨额借款。纱厂业与银行业往来，事实系属必需。据说借款数一万二千万之巨，以理想上本市银行业，决无如此巨大款项，贷与纱厂业。因华商银行全部资产，除准备金外，无此余款。故此昨日所载，全属捕风捉影，显系奸人另有作用，破坏纱厂业整个信用，再而影响社会，摧残实业，甚堪痛心云云。

（《申报》，1934 年 4 月 13 日）

附：华商各纱厂有归银行界管理说

大公社云，频年以还，华商纱厂因营业不振，故均向银行界举行借款，以资维持，但据目前情形观察，华商纱厂，向银行界所借款项，恐不克如期归还，兹据纱业界中人语《大公社》记者以近况，兹录志如下：

华商纱厂之不景气　本市华商纱厂，前以营业不振，资本亏折过半，故不得已以工厂作抵押，向银行界举行大借款，总数为一亿二千万元。此项借款借到后，即作振兴纱厂之用，但最近以世界经济不景气之影响，致无法归偿此笔债务，致多数纱厂，有将移归银行界管理之说。

日图攫工厂管理权 银行界之向华商纱厂投资，纯系发展中国实业救济失业工人，但最近既至如此地步，自不得不另想办法，以图收回此项借款，但银行界对管理纱厂之事俱属门外汉。故最近日人方面，积极活动，拟闻向银行界接洽，而以日人充工厂之管理员，但是否成为事实，自为一问题。至投资华商纱厂之银行，为中国、交通、四明、浙江实业等数银行。

（《申报》，1934 年 4 月 12 日）

香港归来谈

（1934 年 4 月 14 日刊载）

【面粉大王荣宗敬先生，自香港归来，新闻记者有访之者，闲谈间，荣之口吻，绝端钦佩外人之经营，而于本国之银行家，颇致菲薄。荣谓：】

我此行去港，乘昌兴公司之日本皇后号，入船后，不胜令我惊奇外人事业之伟大。即以日本皇后号之价值而论，已值数千万金，轮中人员，即鹄立于两傍之侍者，且达六百余名之多。是其一轮船之范围与代价，虽以我所营之全体面粉厂较之，犹恐不及也。然吾此行，见全轮之乘客，仅二百余人，不及侍者之半，使在华人，又何肯以如此巨款，以建一船？因之令吾乃益佩外人目光之深，而其精神之伟大。今我国之银行家，遇事但讬空言，日喊农村破产，力谋所以恢复农村之道，然大部讬之高调，始终不见实行，是其结果，殆须实行沦农村于崩溃，而银行家亦必有高枕大批金币，以至于饿死之一日也。

（《时代日报》，1934 年 4 月 14 日）

中华国产棉布市场股份有限公司新屋落成举行开幕宣言(附告客号书)

(1934年4月21日刊载)

近年我国棉布工业之衰落,已为显著之事实。盖帝国主义国家,挟其雄厚之经济势力、优良之生产技术,藉不平等条约为护符,作实施侵略之根据,以有限之国力,罹无穷之朘削,以致农村经济濒于破产,生计恐慌达于极点,而帝国主义之倾销政策复大举而来。国人习于物质文明之诱惑,慑于崇拜洋货之陋习,致时尚所趋翕然。近年来我国棉治〔制〕品之进口数量,已超过二万万元以上,此项巨额之漏卮,实属骇人听闻。而国人经营之棉布事业则一蹶不振,尤以从事家庭工业之小机户,益陷于艰窘状态。彼辈虽有生产技能,而乏推销经验,迫于生计,乃不得不出于自杀性之竞争。于是购买劣纱,故贬售价,窳败品质,收货客商亦每感价格紊乱,品质庞杂,视为畏途。职此之故,此饱经侵略之国产棉布事业,乃日渐萎缩,转为帝国主义者留扩张侵略之余地。同人等,念邦国之多难,慨生产之凋敝,深筹焦虑,窃谓苟不有适度之统制,无以谋有效之补救。因有中华国产棉布市场之创立,以挽回国家利源、安定社会秩序,发展棉布事业为唯一主旨,对于机户则保障其生活之安定,进而谋业务之繁荣;对于国家则努力于国产纱棉之推销,以挽颓风而固国本。甚愿全国同胞闻风兴起,努于国产棉布之推广与服用,并予敝公司时予匡助以济不逮,杜漏卮于既失,挽利权于未来。邦国前途利赖之。谨此宣言。

附:告客号书

棉布为日用必需,应用素广。各地驻申客帮,及本埠各庄号办货,除与各纺织及染织工厂，直接批售外，零星机户则在茶会兜售；客号收货，或直接贸易，或委托掮客代收。年来市面不振，营业清淡。各机户为求出品之易于脱手起见，相率购用劣纱，以冀减轻成本，压低售价，积久成习，致质料庞杂，出品窳败。盖减工偷料有使然也，而刁顽之徒甚至线中夹纱，虚报头份。其愚可悯，其事难恕。因蒙蔽而受损失者，比比皆是。苟不图有效之补救，在彼等固自绝生计，而收获亦将陷于困难。本公司为谋客号便利，及推销国产纱线起见，组织市场，对于机户所织各货广为搜罗，按照组织工料规定价格，并定有基本机户布机二千部，专造定货，花色则应有尽有，质料则趋于一致，价格则有一定标准，逐步设施，以达于长、阔度及重量咸有规定，既有采办销售之便利，复无蒙蔽被骗之损失，而机户生计能以安定中求发展，国产纱线则于推广中求普遍。敝公司本同舟共济之毅忱，抱振兴棉布事业之宏愿，力求镇定市价，统一品质，调剂产销，便利采购，竭全力以奋斗，秉挚诚而服务，所望各地同业共予协助。曷胜幸甚。

董事长　杜月笙

常务董事　史量才　郁震东　王晓籁　章荣初

董　　事　荣宗敬　黄任之　徐采丞　诸文绮

监　　察　潘旭昇　邬志豪　张慎之

总经理　章荣初　协理　蒋仲和

地　　址　上海天津路集益里三十号

电报挂号　上海九零四四五号

电　　话　纱线科转接经理室会计科　九四七七四

大市场转接批售科庶务科　九〇五一九

生产指导委员会接寄宿舍　九五二五六

（《申报》，1934 年 4 月 21 日）

面粉衰落原因谈

（1934年5月10日）

【全国面粉业因粉销衰落，粉价益低，各厂现正在减工，以节制生产，政府方面，为谋救济起见，曾派实业司长梁上栋来沪，与各厂商会筹救济办法，尚无结果。记者今特往访粉界巨子荣宗敬氏于福新粉厂办事处，谈面粉之衰落原因，及其本人关于救济办法之意见。】

荣氏首谈，考面粉业所以衰落之重要原因，实亦由于农村经济之衰落，盖内地所产小麦，若图运出机制，其间所需出仓费、搬力、运费等等，所费不赀，甚至每石所费，与麦价等。农民所收获之小麦，因既无善价售出，咸就地用人工或畜类制面，以济食用，无需购食机面粉，致机面，内地销路极为阻塞。其次，复因政府对于面粉课税未减，厂商负担甚重，周转困难，盖近来由国外输入之洋麦，当进口时虽缴纳进口税，但俟制出面粉输出时，照他邦惯例，政府必须退还前此之进口税与厂商，乃我国孔财长虽已令允，洋麦机制面粉输出时，亦得退还其原进口税，但迄今并未见诸实行，故厂商仍负重税，经济颇受影响。

日粉竞争　我国东北各省向为销粉市场，在九·一八事变以前，由关内输往者，每月恒在百余万，年必千二、三百万，迨为日人强占后，此一市场，遂为人侵夺。现在日本面粉，销售三省者，每月已增至百余万之巨，而我国面粉之销数，每月不过十数万耳。且日本面粉，除东省外，对于我国内地，亦大事竞争，喧宾夺主，尤难应付。

厂商无亏　荣氏继谈，外间咸以粉业如此衰落，各面粉有重大亏损，实则不然。就本埠言，现在并无现粉囤积，盖以粉价之高低，视麦价之涨落而定，如往年麦价每石十元左右，则面粉每袋售价三、四元，今麦价每石三元左右，则面粉每袋价应减至一元九角有奇。各厂一本此势，因销路停滞，乃只得减工，使所出无供过于求之虞，务使所制面粉，与原料、人工相衡，不致有所亏失。且新麦即将上市，将来麦价必更低落，故各厂咸因此观望，拟继续减工。至于市价，则一时尚难抬高。

救济办法 荣氏末谈，救济面粉衰落，不能谓为无办法，要在政府能否真诚体恤商艰耳，其办法为何，即（一）减低运费。国内运费之大，实属惊人，如由鲁、甘等省，运麦至沪，所需运费，竟超过由澳洲运来洋麦之运费，政府若能通令水陆运输机关，减低运费，使内地小麦，得以尽量输出，此于农村经济，可得不少救济。（二）减低利息。此则所盼于银行界者，盖面粉厂商向各银行之贷款，利息向来甚高，间接影响粉业甚巨，故必须银行界，能减低利息相助。（三）减低力费。往昔差运小工，所需水脚力贵，每石不过铜元数枚者，今因生活增高，竟以角计算，于粉销亦有莫大影响，故对各种力费，亦有通筹减低之必要云。

（《时报》号外，1934 年 5 月 10 日）

与中央社记者谈面粉价值低落原因及救济办法

（1934 年 5 月 10 日）

【市上面粉价值日趋低贱，面粉业前途殊形危迫。实业部曾派科长梁上栋来沪，向面粉商调查衰落情形，俾加拯救。中央社记者昨晨往访面粉商巨子荣宗敬，询以面粉价值低贱原因及救济办法等，承答甚详，兹分志如次】

价值低落原因 最近面粉价值之低落，为数十年来所未有，其原因盛传由于剩货堆积，则非确讯。各地市上，并未有剩余面粉堆积，价值低落真正原因，一由于销路之减少，二由于麦价低贱。面粉销路，向以东北三省为主。在三省未被日人侵占前，每年由沪、津各埠运往者，数达一千二百余万包，今则尽被日商攫夺。据确实调查，日本面粉运销东北者,月达一百余万包。所以,大好面粉市场已尽被日商攫去。而麦少低贱,可使面粉成本减低,因其销路不畅,而面粉价值遂益形低贱。

粉厂减工情形 各地面粉厂,以销路停滞,相率减工。即以上海一埠而论,向日可产粉六万包余,今则都相继减工,各厂减数虽不一,平均约减去十分之六,面粉市面之衰落,于此可见。而内地输运费项之高昂、苛税杂捐之不能废除,亦为整个面粉事业衰落之一大原因。盖运费高昂,粉价与麦价相差过巨,内地人士遂自制面粉,无形中又减去不少销数。

救济衰落办法 【荣氏对面粉业之衰落,认为】须立即设法救济。救济办法,非空言所能见效。实业部以国库之空虚,决无财力可以作有力之救济,故本人认〈为〉救济目前之衰落办法:(一) 须减轻内地运费,废除各种杂捐(澳面粉及加拿大面粉运华,其运费较自沪运至鲁省为低);(二) 减低两行【即指中央银行、中国银行】借款利率,以体商艰,但非易于办到云。

(《申报》,1934 年 5 月 11 日)

致彭学沛函

(1934 年 5 月 21 日)

至负担太重,亦为纺织业衰落之主要原因。兹制定完纳统税分析表。……呈览。……倘能于负担方面设法减轻,于运销方面力予维护,则感激靡涯矣。

(申新总公司函稿汇登)

致叶琢堂[①]函

（1934 年 6 月 12 日）

弟经营纺织业三十余年，困难未有甚于今日者。外厂竞争，外货倾销，农村破产，纱销呆滞，而所担负之统税、利息两项，年在千万以上。现状如斯，何能持久？先生知弟最深，弟之艰苦状况，岂有不知？所以不惮烦言者，环顾朋辈中，惟先生思虑周密，不尚空谈。特呈敝公司最近表册一份，祈加垂察，敬乞设法援助，俾已成之局不为环境所支配，不独弟一人感荷已也。弟近日身体疲软，又患重伤风，不克趋前面谈，兹遣小儿鸿三[②]晋谒，敬乞赐予接洽为祷。

（申新总公司函稿汇登）

复王禹卿[③]函

（1934 年 6 月 14 日）

奉大函，祇悉一切。本公司总经理一职，非台端莫属。弟退职休养

① 叶琢堂（1876—1940 年），字瑜，浙江鄞县人。早年在上海充当瑞和洋行买办和上海证券物品交易所的经纪人，后与法国人创办万国储蓄会。因资助过蒋介石，故在 1928 年 10 月中国银行改组时被派为官股董事。1928 年 11 月中央银行成立，出任该行董事。1932 年，叶琢堂与宋汉章等创设至中商业储蓄银行；1934 年，为中国建设银公司常务董事。

② 荣鸿三为荣宗敬先生二儿子。荣鸿三（1906—？ 年），名辅仁，毕业上海圣约翰大学，历任参议员、私立江南大学董事、同德医院董事、上海市申新总公司副总经理兼申七经理，后移居美国。

③ 王禹卿（1879—1965 年），名尔正，无锡扬名青祁村人，民国时期上海著名的实业家。1903 年，王禹卿被荣宗敬挽入无锡茂新面粉厂工作，翌年底被聘为茂新面粉公司销粉主任，后又任茂新驻天津分销处主任，兼上海裕大祥号天津分号经理。1908 年，裕大祥号投机失败，牵累茂新，经王禹卿与各庄联系，立据担保，负责归还欠款，使茂新渡过了难关。1912 年，王禹卿与茂新办麦主任浦文汀拟在沪合办面粉厂，因资本不足，后与荣氏兄弟商议合伙投资，在上海创办福新面粉厂，出任经理。至 1920 年，福新已发展到 8 个厂，王禹卿（注转下页）

早具决心。福新二、四、八厂，在总经理统治之下，银团到期继续问题，应请台端全权处理。除邀【丁】梓仁先生面洽一切外，先行函复。

（申新总公司函稿汇登）

呈军事委员会委员长蒋中正[①]请核准申新纺织公司发行公司债由国民政府保息藉以维持并附该公司资产负债表一件

（1934年6月15日）

为略呈商公司概况，敬祈救济事。窃商等鉴于纺织业之有关民生，故自逊清光绪三十一年【1905年】，即从事集资创设纺织工厂，藉谋提倡。继思非多设较大工厂，仍不足以与世界先进国相颉颃，故于民国四年【1915年】复设申新纺织厂于沪上，迄今先后扩充至九厂，共有纱锭五十三万枚，线锭六万枚，布机五千余台。纱支〈自〉四支以达六十支、布疋自六磅以至二十二磅，不论粗、细，均可制造；凡外商之出口，商公司均可承制。统计每日可纺纱一千余件，布一万余疋，直接在工厂者共有

(续上页注)任福新面粉公司经理兼福新七厂副经理。王禹卿协助荣宗敬在上海成立面粉交易所，规定"绿兵船"牌面粉为市场标准粉。次年，他与荣宗敬又在上海创办华商纱布交易所，并购得两个经纪人字号，经手买卖纱布、证券等业务。1933年，申新纺织系统发生经济困难，福新各厂从茂、福、申三新总公司分离出来，另行成立福新面粉厂总公司，王禹卿自任总经理。1934年，申新系统经济濒危时，他曾一度被任命为茂新、福新、申新总公司总经理。

① 蒋介石(1887—1975年)，官名中正，字介石，谱名周泰，乳名瑞元，学名志清，浙江奉化溪口人，中国国民党当政时期党、政、军主要领导人。1907年保定陆军速成学堂肄业，1908年留学日本并加入同盟会，1924年任黄埔军校校长，后兼任国民革命军第一军军长，指挥东征与北伐。1927年发动四一二政变，导致第一次国共合作破裂。南京国民政府成立后，历任国民政府主席兼陆海空军总司令、军事委员会委员长、行政院院长、国民党总裁、国防最高委员会委员长、同盟国中国战区最高统帅等职。1948年召开国民大会并当选为总统，1949年1月21日宣布引退，同年败退台湾，历任"总统"及国民党总裁。1975年4月5日于台北去世。

四、五万人，运输、营业等间接赖以生活者倍于斯。商公司每日完纳国家特税均在一万元以上，年计三百余万，合计最近三年有半共纳国税一千余万元，其余工资、利息、材料等等，均数倍、数十倍于兹。商等正思努力改进，以利社会而副钧座提倡盛意，讵料一、二年来迭受外货倾销，无利可图，虽属勉力维持，终觉周转为难，不得已将厂抵借，仍觉困难。为特具呈钧座，顾念国计民生，迅赐核准商公司发行公司债若干，由政府予以保息，藉资维持。否则，事败垂成，功亏一篑，于国家税源、对外体面均有关系，私人利益犹其余事。用敢敬具节略，伏乞鉴察，实为德便。谨呈军事委员会委员长蒋【中正】。申新纺织总公司代表荣宗敬、荣德生。

申新纺织公司资产自清表

单位：元（法币）

科目		申新各厂	总公司	合计
固定资产	房屋	8,881,734.24		8,881,734.24
	机器	29,519,487.25		29,519,487.25
	器具	127,333.69		127,333.69
	地基	9,384,470.52		9,384,470.52
	股款、地产		2,965,429.33	2,965,429.33
	固定资产总额	47,913,025.70	2,965,429.33	50,878,455.03
流动资产	现金	59,724.44	67,320.42	127,026.86
	应收票据	208,406.36		208,406.36
	各户远期		1,116,516.98	1,116,516.98
	棉花	7,530,162.14		7,530,162.14
	棉纱	5,953,030.48		5,953,080.48
	布、袋、毯	2,495,507.42		2,495,507.42

续表

科目		申新各厂	总公司	合计
	在制品	1,047,567.70		1,047,567.70
	下脚	14,490.40		14,490.40
	材料	551,100.49		551,100.49
	有价债券	169,245.71		169,245.71
	花纱买卖		1,463,792.45	1,463,792.45
	预付款项	470,616.95	369,575.41	840,192.36
	存出保证金	16,881.56	6,400.00	23,281.56
	各项欠款	438,190.66	679,803.52	1,117,994.18
	荣宗记		1,016,000.00	1,016,000.00
	荣德记		291,000.00	291,000.00
	流动资产总额	18,955,174.31	5,010,390.78	23,965,565.09
损益	福记损益		823,969.33	823,969.33
	花纱损益		338,104.00	338,104.00
	历年损益	9,783,730.23	1,283,482.05	11,067,212.28
	上年损益	1,106,886.91		1,106,886.91
	本年损益	1,009,482.98		1,009,482.98
	呆账(许叔媖)		756,856.73	756,856.73
	差额	180,356,66	189,562.78	369,919.44
	损益总额	12,080,456.78	3,391,974.89	15,472,431.67
资产总计		78,948,656.79	11,367,795.00	90,316,451.79
长期负债	定期抵押借款	24,272,216.64		24,272,216.64
	定期借款		3,705,000.00	3,705,000.00
	股票地产押款		2,725,000.00	2,725,000.00
	长期负债总额	24,272,216.64	4,430,000.00	30,702,216.64

续表

科目		申新各厂	总公司	合计
流动负债	银行钱庄往来		1,991,500.00	1,991,500.00
	未到期票据		5,150,000.00	5,150,000.00
	应付票据	232,704.68		232,704.68
	花纱押款	11,810,428.77	3,138,350.00	14,948,778.77
	存入款	2,336,885.32	1,087,272.50	3,424,157.82
	应付款项	1,821,372,92	250,000.00	2,071,372.92
	各厂往来	2,899,716.61	1,274,591.77	4,174,308.38
	各批销处往来	236,282.16	4,452,650.00	4,688,932.16
	储蓄部往来		4,211,236.18	4,211,236.18
	存入保证金	82,915.04		82,915.04
	暂时存款	396,745.31	204,289.19	601,034.50
	流动负债总额	19,817,050.81	21,759,889.64	41,576,940.45
	负债总额	44,089,267.45	28,189,889.44	72,279,157.09
纯资金	股本	10,948,471.35		10,948,471.35
	公债	120,993.64		120,993.64
	未付股息及红利	1,957,226.30		1,957,226.30
	折旧准备	5,001,403.41		5,001,403.41
	纯资金总额	18,037,294.70		18,037,294.70
负债与纯资金总额		62,126,562.15	28,189,889.64	90,316,481.79

（蒋中正总统文物，台湾“国史馆”藏）

致福新第二厂经理丁梓仁函

（1934 年 6 月 24 日）

径启者：前准台函，以年事渐高，病体不已，拟退去一切职务，暂由施君复侯维持，属即派人接替，所有股本因不得已，随此退股等由。当以厂经理进退事关重大，即于六月二十三日召集福新二厂全体股东，在江西路总公司二楼开会集议。当经公同会议，佥以执事去志已坚，无法挽留，议决照办；至执事所有福新二厂丁崇信户资本银叁拾万柒千五百元，议决先行作抵信记欠款，应请执事出具退股书，连同合同送会，以便呈局〈登〉记。此致丁梓仁先生。福新二厂股东会主席荣宗敬启，【民国廿三年】六月廿四日。

附：福新第二厂经理丁梓仁复函(1934 年 6 月 27 日)

径启者：今接六月二十四日台函，内开“前请退去福新第二厂经理职务及资本，因不得已声请随此退股等由，承于六月二十三日召集全体股东会开会，当经公同会议，佥同议决照办，锡会亦具退股书并资本合同送会等云”。所有福新第二厂资本系丁崇信户，计资本银叁十万七千五百元正，今遵《公司法》第四十条第二项，请全部退股，并呈资本合同壹份送缴贵会，请即予以批注〔准〕更户及呈官厅登记，不胜至荷。此复福新第二厂股东会荣主席宗敬先生。退股人丁梓仁谨启，六月二十七日。

（丁梓仁为退去福新第二厂经理职务及资本事与荣宗敬的来往函，上海市档案馆藏）

呈国民政府实业部、财政部、棉业统制会救济纺织业文

（1934 年 6 月 28 日）

呈为纺织业经济竭蹶，营业困难，吁恳派员调查，迅予救济以维现状事。窃宗敬创办申新纺织公司以来，已三十余年，于艰难辛苦中努力奋斗，有进有退。现有纱锭五十余万枚，布机五千余台，线锭五万余枚，直接、间接资以生活者，无虑十万余人。自“九·一八”东省事变发生，继以“一·二八”淞沪之役，纺织业受经济侵略、外货倾销影响，营业更一落千丈。宗敬为国家税收、工人生计起见，未敢轻言停工。然营业方面有绌无赢，加以利息之积累，统税之输将，处此环境之中，万难持久。为此，吁恳钧部、〈会〉派员调查实在情形，迅予救济，以维现状。

（薛明剑藏件）

附 1：国民政府行政院分令财政部、实业部、全经国济文员会、棉业统制委员会文（1934 年 6 月）

查申新纱厂经理荣宗敬，以受世界不景气影响，金融周转不灵，请即救济，以维营业，并由实业部拟具整理方针前来，合行令仰该部会速派员会同整理具报。此令。

附实业部拟具整理方案两条：

（一）各厂一律加以维持，勿使停工。

（二）派员到厂调查事情后，拟具整理方案呈报核夺。

（《钱业月报》，第 14 卷第 8 期，1934 年 6 月 15 日，“经济纪闻”，第 13 页）

附2:国民政府实业部拟救济棉纱办法(1934年6月)

【关于救济我国棉纱业问题,实业部曾派员来沪与各厂商会商,兹悉业经草拟救济办法:】

(一)提高棉纱进口税。

(二)减低棉纱运费。

(三)取缔搀杂掺水不净棉花。

(四)制止工潮,避免妨害厂方营业。

(五)划一棉纱市价等彻底办法。

【据厂商方面消息,该项办法仅系一种草案,至办法中之减低运费、提高进口税,均为〔与〕财政、铁道部有关,现正由实部分咨两部征求意见,一俟该两部同意后,实部将于最短期内再与厂商会商决定,以收一劳永逸之效云】。

(《纺织周刊》,第4卷第27期,1934年7月2日,第686页)

附3:国民政府实业部部长陈公博关于救济申新纺织厂的临时提案(1934年7月3日)

案据上海申新纺织总公司荣宗敬呈称,经济竭蹶,营业困难,吁请派员调查,迅予救济。查该厂负债已近四千余万元,无担保者均约占债额半数,不予救济是有倒闭之虞。惟该厂现有纱线各锭六十万枚,职工十一余万,一旦停工,不独影响新兴工业,全国骤增十余万失业工人,即其债额亦足以牵动金融,紊乱市面,事态严重。政府亟应设法维持,兹拟定暂行方案如下:

一、由行政院函全国经济委员会棉业统制委员会予以维持,勿使停工。

二、令财、实两部并函全国经济委员会派员会同清查,及拟具报〔根〕本救济方案,由政府监督实施。

以上方案，是否有当，敬候公决。谨呈行政院长汪。陈公博提，七月三日。

（国民政府和财政部特派及聘请荣宗敬等为中央银行理事等任状问题的文件，上海市档案馆藏）

附 4：国民政府实业部部长陈公博复荣宗敬电（1934 年 7 月 5 日）

据呈请救济一案，本部已派工业司长刘荫茀定今日来沪，会同全国经委会暨财政部所派人员清查，并令拟救济办法。

（薛明剑藏件）

附 5：国民政府实业部部长陈公博所拟救济申新纺织公司办法案（1934 年 7 月）

窃申新纺织公司荣宗敬呈请派员调查迅予救济一案，前经拟定暂行方案，提请钧院于 167 次会议议决“通过”，并奉第 8579 号训令“遵照会同办理”，遵即合派本部工业司司长刘荫茀及科长李家礼赴沪，会同全国经济委员会暨财政部所派人员，前往该公司详细清查及拟具根本救济方案候核，各在案。兹据本部派员回部呈称：“……目前形势之最急者，非申新本身，而为受累之债权及蒙其不良经营影响所及之国内同业。故为救济债权及被累垂危之同业计，非速从清理债务与改换经营组织着手不可，并拟具救济方案，请鉴核”等语。经复核后，酌定办法于次：

（一）由政府责成该公司速行清理，以六个月为限；若清理不成，再由政府派员清查。

（二）由政府召集债权人，组织临时管理委员会，经营该公司现有九厂，至多以六个月为限；六个月后，依整理所得结果，再定具体办法。

（三）在临时管理委员会经营期内，由政府供给三百万元为营运资本。六个月结束，所有盈余或亏损，并入公司债务债权内计算。

以上办法，是否可行，理合缮同该员等调查报告书、表一全份，提请察核公决。

（申新纺织总公司档案）

给王禹卿、李升伯[①]的聘任书

（1934年6月某日）

敦请台端为本公司总经理，除得股东荣德生、王尧臣君等同意外，俟股东会时追认，务希即日就职为荷。此致王禹卿先生。

敦请台端为本公司经理，除得股东荣德生、王尧臣君等同意外，俟股东会时追认，务希即日就职为荷。此致李升伯先生。

（申新总公司函稿汇登）

致中国、上海银行暨申新各债权函

（1934年6月）

径启者：鄙人等经营申新纺织公司，现因债务日重，整理恐难，又以精力衰弱，不竟应付，惟有决心引退。兹聘请王禹卿先生为总经理，李升伯为经理，此后所有各厂工务营业均交王、李两先生全权办理，鄙人等不加干预。用特专函奉达，敬希詧照为荷。此致中国、上海银行暨申新各债权咨照。

① 李升伯（1896—1985年），浙江绍兴驿人，在20世纪三四十年代上海工商业界颇有声望，为中国早期纺织实业家、教育家，新中国纺织机械制造业之父。1915年，李伯升毕业于上海民立中学，随后遵照父命，放弃读大学的机会，进入一家丝厂工作。1922年他以中国代表团团员身份，出席了美国纽约举办的第一次世界丝业博览会，会后留美攻读纺织工程。1924年又到英、法、意、瑞士、日本等国去考察。1926年他以上海银团代表，为著名实业家张謇先生整顿和发展地方工业、农业和教育子孙，后又任大生纱厂经理，并创办我国第一家棉产改进所引进美棉，改良国棉，以后发展为八省棉产改进所。

附：王禹卿、李升伯致中国、上海银行函(1934 年 6 月)

径启者：鄙人既承荣宗敬先生聘为申新纺织公司总经理、经理，业于本日就职，此后关于总公司各厂工务、营业，统由鄙人会同经理李升伯(总经理王禹卿)先生负责办理。用特专函奉达，即希詧照为荷。此致中国、上海银行。

(申新纺织总管理处关于荣宗敬聘请王禹卿、李升伯担任申新、福新总经理、经理函件，上海市档案馆藏)

与大公社记者谈海关进口新税则

(1934 年 7 月 1 日)

【申时社云，财政部拟定海关进口新税则，业经中央核准，并由财部训令海关总税务司署，转令全国各海关，于本月一日起实施。本埠江海关，亦已奉到该项训令，因昨日适逢星期，停止办公，该项新税则，定于今日正式公布。此次新税则，其减低或增加税率，全以国内外贸易情形而定。奢侈品如化装香品、毛织品、消耗品、烟酒五金、及化学品等，均酌量增加。此外，凡无国产代用品之货物及原料品二十余种，均予以减低。棉纱减低范围百分之五，人造丝年来销华日增，但以税率过高，大多漏私，殊非上策，故此次新税则，亦特予减低，以杜流弊。大公社记者嗣向实业界巨子荣宗敬氏处探询，据称：】

财〈政〉部此次改订之海关新税率，虽未得悉详细条文，然而，传闻其中对棉纱进口税将减低百分之五一点，殊使我国棉纺业有莫大影响。盖日本棉纺业，素执亚东牛耳，如果再行减低税率，更将造成其对吾倾销机会。我国棉纺业，年来受世界不景气潮流，本已奄无生气，如果再受此项外货倾销之重大打击，势非完全崩溃不止。棉纺商人为切身利害计，故已会同全国经济委员会棉业统制会切实商洽，佥谓财部此举，对于棉纺业实有重大不利，故拟推派代表晋京，关于减低棉纱进口税一层，将请财部慎重考虑，或径予收回成命也云云。

（《申报》，1934年7月2日）

与大同社记者谈福新、申新改组等

（1934年7月6日）

【大同社云，昨日某报载华商面粉、棉纱二业巨子荣宗敬氏态度消极，有将福新、申新等厂改组说。大同社记者，以兹事关系甚巨，故特走访荣宗敬氏，及其有关各方，探询详情分志于后。

报载改组不足置信

记者于昨晨首赴江西路申新纺织总公司，访晤荣宗敬氏，示以报纸所载，并叩真相。荣氏阅竟，对福新、申新改组之说，力加否认，并称】实业界之遭不景气之影响，以致营业不振者，不独中国为然，在中国亦不仅福新、申新为然。福新各厂，每日产粉，约近十万包，而申新各厂纱锭为数亦在五、六十万，两厂所雇员工约达二、三万人，若果一旦改组，则根基动摇，其影响之及于国家、社会者，当可想见。且福新、申新等处，资本合计达一万万元，恐沪上任何银行，一时之间当亦不易凑集如许巨款，即此可证报载云云之不足置信也。

患糖尿症迁地休养

荣氏继谓，本人致力实业，已数十年，惨淡经营，心力交瘁，比以年事渐高，精力愈益疲弱，以至神经衰弱，眼目昏花，现且患有糖尿症，每日均赴工部局医院检验。前数日检验结果，尿内糖质，竟达五、六个CC，病势颇为危险。兹虽减为三个CC，但据医生云，系饮食少进之故，病势仍无大减，嘱须摒除一切事务，安心静养，并须易地治疗，始蠏奏效。史量才先生等，亦劝以迁地疗养为愈。故本人拟于最近期间，前赴莫干山，可返〈无〉锡作长时间之休养。惟日来天时酷热，出行诸多不宜，拟俟热度降至〈华氏 F〉九十度以内时，再行首途。

彼离沪后王代总理

至本人离沪后，所任总〈经〉理一职，当请王禹卿先代理。王君为余开厂之老伴，相处已二、三十年，原任本厂经理，精明干练，〈对于〉各厂事务尤极熟悉。总经理一职由其代理，自能应付裕如。外间不明真相，遂起改组之谣。报纸所载，想即根据此项误传云。

（《申报》，1934 年 7 月 7 日）

退职启事

（1934 年 7 月 13 日—16 日刊载）

鄙人创办茂新、福新、申新纱粉各厂，已三十余年。近因年迈多病，精力不济，于 7 月 1 日起，商请面粉部经理王禹卿君为总经理，李升伯君主持纺织部事宜，陆辅臣君主持面粉部事宜。以后关于敝公司一切业务，希与王、李、陆三君接洽。深恐外界不明真相，特此启事。

（《申报》，1934 年 7 月 13 日—16 日）

致李升伯函

（1934 年 7 月 17 日）

前接大函，并见今日报载启事，实与私衷相违。所有申新纺织部事务，先生既以职务繁剧，特行声明不克兼顾，鄙人自亦万难相强，只有遵命作罢，容再另行设法。至代表棉业统制会，此自先生之事；而申新系统完全商人营业，且有〔为〕股份公司，并与统制会无涉，是否接受先生协助，尚须内部切实考虑，非私人所敢擅许，幸乞稍安毋躁。合并附复，即希察照。

（薛明剑藏件）

附:李升伯启事(1934年7月14日刊载)

日昨报载荣宗敬先生启事,以申新纺织总公司纺织部事务见委。升伯因原任职务繁剧,不克兼顾,业于日昨致函,并面恳荣先生收回成命,当蒙谅解,业已取消。至于代表棉业统制委员会,协助办理申新整理工作,仍照常进行。此启。

(《新闻报》,1934年7月18日)

致各钱庄函

(1934年7月20日)

鄙人因病体尚未复员,拟暂时休养,是以商请王君禹卿担任申新总经理,李君升伯主持纺织部事宜。讵意李君以事繁不克兼顾,仅以棉统会委员资格协助整理;王君又以难肩重任为言。窃思敝公司范围较广,事务殷繁,接替无人,万难卸责,不得已,鄙人即日复职,从事整理工作,对于前欠款项,不论抵押、信用,自当一律负责偿还,不分轩轾。掬诚奉告,即希公鉴。

(申新总公司函稿汇登)

附1:王禹卿启事(1934年7月20日—23日刊载)

鄙人向来专任福新厂面粉部业务,他事概非所知。今承荣宗敬先生以申新纱厂总经理一职见委,鄙人再四思维,实难肩斯重任。除正式函辞,仍请荣先生勉为其难外,特此声明。

(《申报》,1934年7月20日—23日)

附2:荣宗敬复职之真相

荣氏经营之纱厂,近年受不景气影响,致有周转不灵之象,然一考其资产负债,尚属有盈无绌,但历年因金融界能用放款之短缩,不得已将纱厂陆续抵押，以资应付。但纱厂为不动产，持向金融界抵押，必须照估价减去三、四成，以后抵押愈多，信用愈落，不啻将全部资产，无形中变成垫款，益形无从周转，此实在之情形也。至荣氏之营业方针，欲以多数控制少数以收操纵之效，但经验有余，学识不足，手握此最大之实业，对内并无组织，兼之家庭思想太重，专以子侄、子婿、侄婿掌握重权，而又赏罚不明，此辈则积资致富者，不可胜数。技术方面，纵有人材，多未尽其所长，王禹卿处事谨慎，荣氏本以面粉厂托其经营，颇见成效，现欲以纱厂全部委之经理，王以纱厂素非其所知，揽李升伯援助。李以本身经营之大生纱厂，责任甚重，不愿舍此就彼，以致登报辨正。王因李不就，乃亦登报辞职。荣氏遂不得不复职矣。其实申新纱厂，非无挽救地步，果能视为社会事业，破除家庭思想，兴利除弊，选用人材，有功必赏，有过必罚，则前途正未可限量也。

（《晶报》，1934 年 7 月 24 日）

致陈光甫函

（1934 年 7 月 21 日）

弟因病体支离，环境恶劣，商请王君禹卿代任职务，俾得迁地休养。讵意王君又以难肩重任为言，公司事务殷繁，未便无人负责，弟不得已即日复职。对于内部切实整理，冀生产增重，成本减轻，无负台端维持之雅意。惟外界不明真相，传闻异辞，敝公司批发所罗布各地，一言出入，关系甚巨。台端与各界人士接洽较多，雅愿借重一言，转移空〈气〉，毋任感幸。本拟趋候，雨阻未果为怅。

（申新总公司函稿汇登）

关于申新等厂现状之谈话

(1934 年 7 月 24 日)

【申新、福新、茂新纺织、面粉厂,自发生营业衰颓,需要整理传说后,外界对之极注意,而种种谣传,尤使社会不安。据昨晨荣宗敬对往访记者,将该厂现状作详细谈话,而对外间所传多所剖白,据称:】

申新等厂,创办迄今已三十余年,对于中国实业界之贡献,不可谓小,而于抵制外货、挽回漏卮,尤不遗余力,其中所经艰险,颇有社会人士不可想象者。然鄙人从事此种经营,完全以努力事业、发展中国经济为宗旨,对外来阻力,均以最大能力破除之。现面粉、纺织两方,以廿一年【1932 年】统计,用棉原料〈总值〉至五千一百四十六万元,麦五千二百万元,洋花一年进口税至三百万元,而纱布、面粉一年出厂税,总共达五百五十六万余元,机器进口税每年亦有三百五十余万元之巨,可见规模宏大,以及进展之速。此种规模事业,在中国正急切须要发展,而社会人士亦当同有维护之责,俾其前途锐意迈进。乃此次鄙人因小疾,拟暂时修养,业务由王禹卿先生代掌,不料外间竟传出申新等厂营业不振,急待整理之谣言。此实可笑已极,现在各厂仍在工作,营业照常,而收入支出亦颇能维持,外界所传终不知何所根据也。总之,申新等厂乃系我等创办之一种事业,国人同有维护发展之责,无论为国为己,终不应从中破坏,以获渔人之利。外传整理种种,究不知用心何在也。

(《新闻报》,1934 年 7 月 25 日)

复职后谈话

（1934 年 7 月 24 日）

鄙人经营申新等厂，垂三十余载，备经艰险，为发展民族经济，尽力以战胜外来阻力。此种经过详情，虽非外人所能尽知，然奋斗之梗概，社会人士当亦有所见。年来纺织工业，日处艰苦之境。从事经营者，应尽力奋斗外，国人对此我国最有基础之工业，当亦应同负维持之责，俾得锐意迈进。乃此次鄙人因小疾暂休，由王禹卿先生代掌业务，外间竟传出申新等厂营业不振，急待整理之谣，此实可笑。现各厂工作、营业，均一仍旧贯，而收入支出，亦颇能维持。外界所传，不知何所根据也。至各厂直接雇用之职员、工人，不下数十万。厂中所用原料，以二十一年【1932 年】统计，棉为五千一百四十六万元、麦为五千二百万元；即以负担国税而言，洋花一年进口税至三百万元，纱布、面粉一年出厂税，总共五百五十六万余元，机器进口税亦达三百五十余万元，总共为一千三百余万元。数十年来经营〈之〉功，尚不无裨益于国计民生云。

附：金融界意见（1934 年 7 月 25 日）

【《新声社》云，荣宗敬经营之申新纺织厂，福新、茂新面粉厂二十一厂，前传因受经济恐慌影响，亏折甚巨，荣氏且一度退休，盛传政府将从事整理。其内容如何，《新声社》昨向各有关方面探询，其金融界意见如下：】

据银、钱两业领袖之意见，谓此次申新各厂，无论政府对付之态度及采取之方针如何，在银、钱方面，必当竭力维护其存在，以申新各厂规模之大、所雇用职工之多，及每年购买原料及其他物品数量之巨，直接、间接依以为生者，不下数百万人，而沪上金融界，与申新有往来关系者，为数甚巨。如上海、中国等银行之工业放款，以申新为最多，如一日果有动摇，银、钱两业固蒙影响，社会安宁与整个商业市场均将有所不利。

且荣宗敬氏在今日中国已为硕果仅存之实业家，以纺、纱锭数言，占全国总数之五分之一，为国家、企业计，朝野上下，亦必一致协助其前进。故银、钱业对于该厂等之维护诚意，无论将来情势如何，必无变更云。至产业界发生恐慌，现在固为世界一般之现象，即我国十余年前，亦一度有此也。欧战时，我国纺织厂业如雨后春笋之勃起，其时申新纱厂亦大事扩充，当时外汇甚廉，原料机器成本较轻；迨欧战告终，外汇突涨，未清货款突增倍余，致一时陷于周转不灵，当时亦由银、钱业尽力维持，未蒙影响，其后市况较佳，申新各厂亦转趋繁荣，逐年扩充，至今已由四厂增至九厂矣。

（《申报》，1934年7月25日）

致国民政府财政部孔祥熙部长函

（1934年7月下旬）

窃查民商等经营之申新纱厂等，近以感受世界不景气影响，金融周转不灵，前经呈请钧部，并分呈行政院及实业部乞予救济，以维营业各在案。……而实业部不察，乃贸然拟定方案，计划整理。非惟对钧部为越俎代庖，抑且对民商为滥用职权。以厂方现况而言，无论其尚绝未至停顿地位，初无整理之可言；即停顿矣，在原商股未取得同意前，又何来收归官有之可能？……今兹危急，固甚于昔，然苟获钧部等能稍加怜惜，俯予爱护，则事业复兴，在所可卜。今兹实部方针，证以报载官息，用心所在，实有企图宰割之嫌。民商何罪，申新何辜，而乃以卅年辛苦之经营，竟隳之乎盛治？……伏维部长维护国本，夙著勋劳，当此非常，必有胜算。敬祈根据事实，早布卓见。日月之出，爝火自息，正朝野之观听，拯实业于水火，在此一举。迫切待命。

（薛明剑藏件）

致国民政府军事委员会委员长蒋介石函

（1934 年 7 月某日）

窃查民商等三十年来所苦心经营之申新纱厂等，近以感受世界不景气影响，金融周转不灵，前经呈请行政院及财政、实业两部，乞予救济，以维营业各在案。惟是行政院据呈以后，采取实业部草拟整理方针，分令财、实两部暨棉统会等，着手整理。近日京沪报章，竟载官方消息：有谓申新纱厂整理委员人选已定者；有谓调查申新资产委员已将全部资产估计完竣者；最近并有政府已准备将申新等厂收归官有之息。流言所及，实属骇人听闻。查申新等厂，开设至今，已三十余年，历系完全商股，此次以整个世界不景气之影响，而金融乃暂感周转不灵，是以呈请政府，予以经济上之救济，以维营业。其重心固在乎经济之救济，其要求更止乎经济上之救济，初无整理之可言，更何来收归官有之可能？然而今乃组织整理委员会，不言救济而言整理，估计申新资产，不言调查而言估计。此中消息，实足令人寒栗。申新现状，至今已惟有上下一致爱护，方克有济。今荷实部方针，证以报载官息，万一流于宰割之嫌，则脆弱之基，自相聚讼，外敌虚入，又何以当？民商前以年迈力衰，经已声明退休，然今因流言蜂起，景况日非，不得已重出肩负，以资应付。在民商毕生致力于此，为不忍坐视事业之崩溃，鞠躬尽瘁，又何敢辞？伏维委员长维护国本，夙著勋劳，当此非常【时刻】，必具胜算。民商今日，已感呼吁无门，敬具芜呈，冒渎万机，伏乞赐予亮察，俯加援济。日月之出，爝火自息，正朝野之观听，拯实业于水火，感沐宏德，岂止一人。迫切上言，实深待命。

（薛明剑藏件）

致叶琢堂函

(1934 年 8 月 1 日)

别后驰念,谅起居安适为慰。申新因环境关系,致劳外界之垂注,我政府亦以纺织业与他种事业不同,而申新复有三十余年之历史,是以救济方案载诸报章不一而足。惜近口惠,无补眉急。弟以无人负责,不得已勉力维持,而外界不谅,至今仍未获相当之援助。长此以往,纵有新组织、新管理,恐难为无米之炊,不久必有停顿之一日。在个人不足惜,其如国家实业前途何?报载褚君民谊谈及维持申新,统税登记可成事实。窃思敝公司每年担负统税为数不赀,若准许登记,于金融方面不啻予以活动之机能。然贵实行,不尚空谈。若并此不能实现,则其他救济方案更成虚语,此应请我公设法促成。

(申新总公司函稿汇登)

致吴稚晖函

(1934 年 8 月 4 日)

申新事,承公不吝楮墨,作公道之主张。宗敬在实业界奋斗三十余年,为功为罪,得公大声疾呼,或能邀社会一部分之谅解,以后惟有埋头苦干,死里求生,一身做事一身当,不敢再作种种幻想。但金融枯竭,无可讳言,目前只须三百万,便可舒展自如。救济之声,洋洋盈耳,领了许多口惠,真令人图报无从。宗敬是纯粹商人,绝无政治意味,然爱国之心,未敢后人。财〈政〉部创办特税【即现今统税】,宗敬首先提倡;兰封之役[①]，财〈政〉次〈长〉张公【寿镛】[②]商借面粉特税百万，如数筹垫；上年平、津有事，面粉平价以维军储民食，此事叶公琢堂能道其详；余如年纳纱粉统税以及原料机器进口税，通年担负税款不下千万。不揣冒昧，言于政府，请求救济。孰意本月工作报告公开，债权闻之寒心，银团望而束手。五十余万纱锭、五千余台之布机生命，竟断送于轻率之结论、片面之估计，岂不怨哉！为今之计，统税登记，于金融周转，不无补助，能否实现，视政府有无援助决心。本埠银行、钱庄拥资甚厚，惑于估计，莫肯借贷，政府如能担保，则二、三百万不难立致。新花登场，市面转机，分期偿还，有何不可？况敝公司各厂产余，尽可担保乎？闻公有庐山之行，渎陈一、二，乞言于上峰，就可能范围中，迅予援助，俾申新厂务不致停顿，拜赐者不独宗敬一人已也。

（申新总公司函稿汇登）

致国民政府行政院长汪精卫[③]函

（1934 年 8 月 6 日）

申新因金融问题，致营业发生困难，遂于六月二十七日呈请财、实

① 民国历史上有多次“兰封之役”，此处系指北伐战争期间 1927 年 10—11 月冯玉祥第二集团军与直鲁联军在豫东兰封（今兰考）地区的战争。

② 张寿镛在 1927 年 10 月至 1932 年 7 月间任国民政府财政部次长。张寿镛（1876—1945 年），字伯颂，一字咏霓，号约园，浙江鄞县人。1903 年中癸卯科举人，先后任江苏淞沪捐厘总局提调、江苏度支公所科长、宁波法政学堂监督、杭州关监督。民国后，历任浙江、湖北、江苏、山东四省财政厅长，1924 年任江苏沪海道尹。南京国民政府建立后，历任江苏省政府委员兼财政厅长及上海中央银行副行长、财政部次长等职。

③ 汪精卫（1883—1944 年），原名兆铭，字季新、季恂、季辛，精卫为其笔名，籍贯浙江山阴（今绍兴）人，出生于广东三水。早年参加同盟会，曾谋刺清摄政王载沣，袁世凯统治时期到法国留学。回国后于 1919 年在孙中山领导下，驻上海创办《建设》杂志。1921 年，任广东省教育会长、广东政府顾问，次年任总参议。国民政府成立后，历任广州国民政府（注转下页）

两部救济；同时棉统会有代为整理之意，会同部派各员着手清查。费几许时间，造成报告，批评之处是否恰当，未敢遽下断语，而估计则为人人所注目。自报告传播，银团袖手，债权相逼，宗敬休养旬日，仍起支持。院长爱护申新，屡于函牍及谈话中见之。感激之余，敬将已往之事渎陈左右，幸垂察焉。宗敬经营纱、粉两业三十余年，实业救国之宗旨，历尽艰辛，未尝稍变，爱国之心亦未敢后人。……平时宗敬仰望于政府者至深，是以一再呼吁，冀其援手。无如事隔多日，申新徒居请求之名，政府未予救济之实。局外不谅，犹以无组织、无管理相嘲。平心论之，组织不健全，管理不妥善，无可讳言；岂有无组织、无管理，而可创办二十一厂，奋斗三、四十年者？宗敬对于以后厂务，制成方案，切实整理，以待市况之转机。然无米之炊，难乎为继，燃眉之急，所望非奢。即如统税准予记账，公债发行若干，以及由政府名义担保，银行、钱庄借贷五百万或三百万，择一而行，均可使申新全部不致停顿。实业衰落，不独吾国为然，闻日本及欧美各国，利率固轻，而政府维护亦不遗余力。吾国纺织业方在萌芽，九·一八【事变】而后，经济侵略，外货倾销，萌芽有随时摧折之可能。伏乞院长有以灌溉而培植之，无任翘企之至！

（申新总公司函稿汇登）

（续上页注）主席、南京国民政府行政院院长兼外交部部长、国民党副总裁、中央政治委员会主席、国民参议会议长。1938年12月公开投降日本，1940年在南京成立伪南京国民政府，并任主席、行政院院长、军事委员会委员长等职。

致薛明剑[①]函

（1934 年 8 月 6 日）

明剑兄鉴：刻元首会集芦〔庐〕山，前言均如落空。宗【敬】至〔致〕元老、院长两信[②]，抄上抵〔底〕稿，如不可为，或有批路〔披露〕报上，请阅。惟言论和平，人人注目。此事必以解说我们事业之廿一厂创业易，守业难。三十余年如何过去，不可专家一评而全功尽弃。我做事，专家尚未入学，可笑，可笑。此上大安。宗【敬】启，八月六日。

（薛明剑藏件）

致叶琢堂函

（1934 年 8 月 16 日）

八月一日曾上一函，由尊府竹报[③]中附寄，谅已垂察。敝公司营业虽照常支持，而金融方面未见有丝毫松动。维持救济，社会资为谈助，

① 薛明剑（1895—1980 年），初名萼培、锷佩，后易名明剑、民剑，笔名民间侍者、民间老人，无锡玉祁人，中国民族工商业者、实业家、社会活动家、史志学家，民国时期荣氏企业的智囊人物。薛氏 13 岁入东林学堂求学，1911 年考取上海复旦中学，后在多所小学执教或任校长；1917 年任江苏省立女子蚕业学校教员，后任省育蚕试验所事务部主任、县立公共体育场场长；1920 年起，任无锡申新第三纺织厂总管理处处长；1923 年创立无锡杂志社，还应聘任省实业厅咨议、县教育会主编、商埠局顾问等社会职务，同时创办明剑工业社等小企业；1927 年 6 月任商团公会会董，先后创办大中国实业公司、允利石灰厂、无锡养鸡场和蚕种制种场等企业；"九·一八"事变后，发起组织无锡抗日救国会，成立允利化学工业公司，与人合股创设上海保安公司。对于此函，薛氏批注："如能披露最好"。

② 此处"元老"指吴稚晖，"院长"指汪精卫，两信分别指 1934 年 8 月 4 日致吴稚晖函，8 月 6 日致汪精卫函，内容见上。

③ 竹报，古时对家信的别称，源出于唐代段成式《酉阳杂俎续集·支植下》篇，该书有"北都惟童子寺有竹一窠，才长数尺，相传其寺纲维，每日报竹平安"的记载。

报章视为新闻，实则捕风捉影，实际毫无。窃思厕身实业三十余年，对于国家亦既稍尽棉〔绵〕力，求助于政府，事非得已。孰意方案虽多，都归泡影。兹再上书蒋委员长，敬恳我公面陈，并希将实际状况代为陈述。委员长关心实业，倘能俯念艰困情形，力予维护，则幸甚矣。

（申新总公司函稿汇登）

致蒋介石函

（1934 年 8 月 16 日）

申新营业困于金融，重劳钧座垂念，至为感谢。现营业照常，金融依然枯竭，维持救济之声，流播社会，按诸实际，徒托空言，转瞬新花上市，需款甚殷，勉力支撑，异常焦急。素审钧座爱护实业，除恳琢堂先生详述外，渎陈一二。如有垂询之处，乞谕知，当晋谒崇阶，面陈一切。

（申新总公司函稿汇登）

致孔祥熙函

（1934 年 8 月 16 日）

目前晋谒左右，详陈一切，我公爱护之心溢于言表，欣慰莫名。迩来营业虽有起色，惟周转方面依然呆滞。实【业】部维持，只见方案；银团接济，亦托空言。按诸实际，则敝公司数千万之事业，只须筹垫三百万，便可渡此难关。我公主持全国财政，定能设法援助，俾敝公司不致停机歇业。

（申新总公司函稿汇登）

致陈光甫、张公权函

（1934 年 8 月 18 日）

敝公司一、二、五、八厂，与贵行签订补充营运合同，实为贵行与敝公司合作之表现，毋任欣慰。查合同第五条，“上条营运亏损由乙方垫付，纯为维持各厂继续工作起见，应责成甲方于最短期内，请求政府拨款救济，专充各厂营运资金之用”云云。溯敝公司金融周转发生问题，一面商恳公等援助，一面请求政府救济。幸公等贷与巨款，济我燃眉。政府一则曰维持，一则曰救济，云霓在望，未沛甘霖。敝公司呼吁已穷，何敢为再三之渎。【宗】敬以公等责成敝公司者，请求公等言于政府，于最短期内拨款救济。敝公司切实改进，早在洞鉴中；以前估计是否确实，政府诸公亦已深悉。重以我公一言，政府慨然拨款，实行救济，自在意中。倘能达到目的，俾各厂营运资金不致虚悬，岂惟敝公司利赖，幸我公熟筹之。

（申新总公司函稿汇登）

致彭学沛函

（1934 年 8 月 21 日）

敝公司因金融周转发生问题，重劳政府诸公垂注。救济方案虽未实施，而维护实业之心，昭然若揭。弟处于欲罢不能之地位，不得不尽人事，以待转机。是以各厂非特不会停工，且加紧工作，冀生产加增，减轻成本。惟统税记账问题，至今未能解决。敝公司出品甚多，照章征纳，为数不赀；倘能规定记账额数，俟营业起色，分期偿还，则救济不托空言，金融可资流转。敬乞我公陈于院长，倘能借重一言，财部当有商量余地。转瞬新花上市，需款尤殷。素承雅爱，惟垂察为幸。

（申新总公司函稿汇登）

致陈光甫函

（1934年8月31日）

久未领教，至为渴念。公等以敝公司资金缺乏难以支持，根据营运借款合同，立补充营运借款合同，既经双方签订，自无异辞。惟甲、乙两方既处于合作地位，则甲方认为不便利之处，应尽情贡献乙方，以供采纳，当亦台端所乐闻也。查敝公司一、二、五、八厂，纱锭有二十五万余枚，每日所用原料为数不赀，非有相当准备不能维持机用。闻现存原料不足五千担，接济不及，势必出于停工，乙方或致再受意外损失。窃思眼光手段，各人不同，以支配一、二万纱锭之眼光、手段，支配二、三十万纱锭，其不能游刃有余者情也，亦势也。新花陆续登场，宜如何放开眼光，舒展手段，使机会不致错过；至货品优劣，价格高下，更宜悉心研究。乙方多占一分便宜，即甲方多得一分利益。台端洞悉商情，当不以弟言为过当。查原合同到期不足三月，以情势而论，有续订之必要。今检敝公司二厂所存营运借款合同一份，连同押款合同、租赁契约各一份、油印补充合同一份，以备台端余披览。另附表报二十二纸，亦乞随同研究，为续订合同时参考资料。弟与台端相识多年，交谊亦尚不薄，倘敝公司得有转机，借款早日偿清，当拜台端之赐；如其不然，则不幸者不独敝公司已也。恃爱瀆陈，惟希亮察。

（申新总公司函稿汇登）

致国民政府财政部孔祥熙部长函

（1934 年 9 月 6 日）

敝公司自七月十六日以后，统税已悉数照付，前欠统税约五十三万有零（五、六两个月，七月半个月）。现敝公司货品直接运至非统税区域，应退之税约有十余万元，以之抵补前欠统税外，现净欠四十万元左右。税署因敝公司欠税，致对于客户应退之税不允照退；敝公司于推销方面大受影响。鄙意前欠统税四十万元左右，除敝公司应退之税尚可陆续抵补外，其余欠税须俟六个月后陆续清偿。至客户退税，应请税署准予悉数照退，俾客户不致裹足。敝公司困难情形，公所深知，无待赘述。

（申新总公司函稿汇登）

附 1：无锡统税管理所致申新三厂函（1934 年 7 月 19 日）

现奉财政部税务署谏日【16 日】电开："查申新纺织各沪厂积欠统税甚巨，如再任其增加欠数，恐更不易清理，故决定自七月十六日起，凡上海申新各厂出厂货品一律以现款纳税，方准填发完税照。各该厂如欲继续记账，必缓缴具殷实银行书面担保，方准照办。经于寒日【14 日】电饬苏浙皖区统税局遵办在案。惟查荣宗敬在上海所办之麦粉厂，及在汉口、无锡等处所办之纱厂暨麦粉厂商有多间，难免不受上海各厂之牵涉，该主任务须随时注意，如有拖延欠缴，务须立刻催追清楚；嗣后并不得照旧记账，以免影响国税。仰即体察情形，妥为办理具报"，等因。查贵厂现在尚无欠缴税款情事，自可照旧记账。除呈复外，用特函达查照，嗣后税款务须按月于二十六日以前，自行扫数送入交通银行取据缴所，否则取消记账办法，以维国税。切勿拖延，仍祈见复。

（无锡申新纺织厂档案，无锡市档案馆藏）

附2:申新总公司复国民政府财政部税务署函(1934年11月9日)

接奉台函,以敝公司自本年五月份起,截至七月十五日止,欠缴税款洋534,926.12元,除九、十两月三批迟税准抵洋153,870.66元外,尚欠税款洋381,055.56元,嘱为照数清解,勿再迟延。查敝公司自实行改进以来,应付税款概交现金,绝不拖欠。惟营业方面逐月亏耗,维持颇感竭蹶,以致对于前欠税款一时无力筹还。应请贵署俯念纱业艰困,宽以时日,敝公司当尽先筹拨清解,决不托故迟延也。

(申新总公司函稿汇登)

与实业社记者谈纱粉前途

(1934年9月28日)

【纺织与面粉二业,为我国最大之机械工业,年来以日纱厂在华亟谋伸展势力,日粉复积极倾销我东北市场,营业均一落千丈,岌岌有不能维持之势。实业社记者昨访纱粉业巨子荣宗敬氏,据谈二业前途甚属悲观,言下慨然,兹将其谈话志后】

纱业现势 荣氏首称,华商纱厂,全国统计共有九十二家,纱锭共有一・七四二・七五四个、线锭共有一四三・〇四二个;日商在华所设纱厂共计四十一厂,而纱锭共有一・八〇三・四八四个、线锭共有二九四・六九二个,均超过华厂锭数。日资本额亦较华厂雄厚,复有其政府奖励,其势力比较不啻天渊之别,欲谋竞争,已属难事,而环顾国内,复奸商充斥。市上所售纱布,其原料大都均属日纱,盖一经奸商制造,即美其名曰国货,林立于国货市场,致华纱销路日减,营业大受影响。此种根本原因,一日不除,则华商纱厂前途,一日无发展之望。试观日前九十二家华厂中,其创办人能维持至现在者,几不满十家,前者灰心,后人无继,所存与日厂作抵抗者,均奄奄一息,其将同归于尽,实属天演公例,无可挽回。最近予(荣自称)所经营制申新纺织公司,自成立改进委员会以来，欲将沪上一、二老厂厂址出售，归还债款，俾移其机械于内地，就产棉销纱最富之区，另建新厂，以谋发展。华商中竟无一愿承继者，而日商方面，则均跃跃欲试。如此情形，即其明证。日前华商各纱厂，以花贵纱贱及滞销关系，营业一日，即亏耗一日，形势每况愈下，长此以往，完全破产，盖不久之事实耳。

面粉现状 最近虽价格稍涨，表明观之，当较纱业略胜，但究其事实，则东北面粉市场，已大都为日粉所占，且日粉因原粉均属澳粉，成本较低，而日轮水脚亦较华轮为廉，倘自大连运沪，其价格比之华粉，亦可稍逊。在此情况之下，前途固亦岌岌可危也云。

（《新闻报》，1934 年 9 月 29 日）

汉口、北平、天津近状谈

（1934 年 10 月 19 日）

【本市实业界巨子荣宗敬，于本月初赴汉口转往平津视察所办之分厂业务，于日前回沪。记者昨日特走访荣氏，承荣氏告以各地近状甚详，兹分志如次：】

汉口外强中干 荣氏首称，余汉口已三、四年不往，近特赶游览该埠工商业，在表面上较三年前为发达，如银行、钱庄之类，均如雨后春笋般发展，但实际衰落，已呈外强中干之状，较有生气之商业，均操某国之手，故前途颇堪忧虑也。

北平成游览区 至于天津、北平，余【荣自称】一别已十年余，天津因环境关系，工商较往年为发达，同时失意官僚，都在天津作寓公，故金融市场，较他处为流畅。北平则已如杭州一般，被目为游览区矣。昔之皇室宫殿，今均可游览，故人口突增，计达一百三十万左右，币制则全系纸币流通市面，银元颇少见也。

（《金刚钻》，1934 年 10 月 20 日）

复中国红十字会函

（1934 年 10 月 26 日）

径复者：昨准会函，以本会第一次前送征求会员三联临时收据二册共计一百号，计第 39 册自第 1501 号起至 1550 号止，第 40 册自第 1951 号起至第 2000 号止，属即如数缴会注销，如已遗失，亦嘱示知，以便作废等因。查此次临时收据二册遍查无着，自系遗失，应即备函奉复。至祈查照作废，以清手续。足纫公谊。此复中国红十字会。荣宗敬启，十月廿六日。

附：中国红十字会来函（1934 年 10 月 24 日）

谨启者：案查本会第一次征求会员早经结束，所有前送之临时收据亦经迭函请予缴送在案。兹因迄今尚未荷缴还，用再专函催请，务祈先生将本会前送之此项征求会员三联临时收据成册，共计壹百张（计第 39 册自 1901 号起至 1950 号止，第 40 册自 1951 号起至 2000 号止），请即如数缴会注销；如已遗失，亦请示知，以便作废而清手续。乞勿延为盼。此致宗敬先生。中国红十字会谨启，廿三年十月廿四日。

（工商部给荣宗敬聘函及申新纺织总公司为申请新秘书处给杜月笙吴开光等人的信件，上海市档案馆藏）

对于棉纱增税之态度

（1934 年 10 月 30 日）

【（沪讯）全国纱厂联合会以财政部增加棉纱统税，已于昨日推定代表九人乘当天夜车晋京向中央请愿，要求政府顾念商艰，勿再增税，以加重人民之担负。据可靠方面消息，政府态度极为坚决，棉纱统税税率大致为，二十三支纱以上征一元七、八角，二十三支以下征一元四、五角，预计每年全国税收可增三、四百万元。据今晨荣宗敬语记者称：】

中国纱厂自施行统税后，因担负之骤增及税级之不同，使华商处于不利地位，设政府此次再行增税，诚恐实行之日，即全国纱厂被迫停业之时，愿政府能体察民艰，免增统税，为实业留一线生机云。

（《民报》，1934 年 10 月 30 日）

考察豫陕棉业的观感

（1934 年 10 月底 11 月底间）

【荣宗锦先生于【十月】二十四日晨由沪乘车到徐州视察市况，午刻赴郑州，廿五日晚离郑赴陕考察棉业概况。据云，先生此次赴豫、陕视察农产状况，对小麦、棉花提倡大量生产，庶国内粉厂、纱厂可不依赖洋麦、洋棉，每岁可节漏帑四、五千万，亦为流通经济惟一之出路，深望政府、人民一致协助。先生云：】

豫省陕州、安阳等县之棉种，过去系余在沪选择良好种子，分送给棉农播种者，迄今数年，品质亦较前进步。以余目光判断，我国最近棉产，当以河北省为最佳，惟产额甚少。各纱厂每年约需之数，现仍不敷用，因此不得不购买外棉。惟望国人积极扩大棉场，改良种子，推广种植，增加国棉，以抵制外棉侵入。

（《纺织时报》，第 1140 号，1934 年 11 月 29 日。并据《申报》1934 年 11 月 21 日发表的相关报道校订。）

西行考察面粉、纺织谈

（1934 年 11 月底）

【沪上纺织业、面粉业之巨子荣宗敬氏，日前抵郑，据谈：】

余此次来豫之重要任务，系考察豫省棉产情形，盖因我国农民，对于棉种之选择，多不注意，每以良好之棉籽，用以榨油，以劣种，用之播种，影响棉业前途者颇巨。现今我国棉产，据最近统计，可产一一·一七二·五五三担，全国各纱厂及日商在华经营之纱厂，每年约须九·〇〇〇·〇〇〇担，而各省用之制造棉被者，约需四·〇〇〇·〇〇〇担，合计约有一三·〇〇〇·〇〇〇担。现在年产仅一千一百余万担，尚差二百万担，购用外棉，漏卮亦殊不赀。至于现在全国各面粉厂，每年须用麦子，约四千五百万担，而本国产额，每年仅二千万担，相差约二千余担。此项不敷麦子，则不得不采用外麦，每年费款六千万元，利益外溢，殊堪浩叹。

余在沪经营之纺织业，现有五十五万锭，每日需棉花四千担，可产棉料一千余件、棉布一万二千疋；面粉业每日需麦子十五万吨，国内各省，均有厂出品。唯受国际经济之不景气，虽于加工紧缩中，亦难维持。余觉现因社会经济之破产，及现银不断的出口，唯一出路，只有埋头苦干，增加生产。对于西北建设，现无投资准备，盖因西北各处，尚无此种大工厂之需要云。

（《时代日报》，1934 年 12 月 3 日）

《财政谠言》书后

(1934 年 11 月以后)[1]

姚君咏白著《财政谠言》,以金融统制为整理财政之不二法门,不谈学理,专讲事实,言皆有物,值得钦佩。宗敬就实业界立场,贡其一得之愚,与姚君之宗旨不相背也。

吾国经济落后,无可讳言,至今日,国民经济全部动摇。诚如姚君所云,农村复兴声中,现金集中都市,譬诸血液集于头脑,失其循环作用。农村之崩溃益烈,工商业又为天灾人祸环境所交迫,奄奄无生气。而金融界放款利率之高,亦为各国所无。即有赢余,以之偿子,母犹恐不给,况百业衰落,有绌无赢乎!于是,帝国主义者实行其经济侵略而无所顾忌,舶来品源源输入,席卷现金而去,入超之数至可惊人。近闻各国有在吾国各大埠设立工厂,避免关税之企图。及今不思补救,各国作进一步之侵略,吾国农工商业必陷于万劫不复。

补救之道奈何?《大学》生众食寡,为疾用舒,则财恒足,为理财原则。吾国现象适得其反,生利者少,分利者多,官所以治民。如冗员,如丐官,皆分利者也。军所以卫国,拥以自卫、勇于内战之兵,皆分利者也。余如骈校(枝)机关,杂色军队,无一而非分利者。八口之家,仰给于一人,家未有能兴者。况以一国之大,什九皆分利者乎!吾国以农立国,无旷土,无游民,农之生利者众矣。百工居肆,以成其事,不酿惰工罢工风潮,工之生利者众矣。商恃金融为命脉,人民之拥有余资者,投资实业,更得金融界之低利率贷款,商之生利者众矣。至如何促其实

[1] 据北京图书馆编《民国时期总书目(1911—1949)》下·经济(书目文献出版社 1993 年)第 1022 页,《财政谠言》为姚咏白对当时政府财政、金融政策的主张和意见,于 1934 年 11 月出版,可推知荣宗敬先生此文应写于此后。

现,不托空言。

(陈文源、荣华源、周维沛主编:《中国民族工业先驱荣宗敬生平史料选编——荣宗敬先生诞辰一百四十年周年纪念集》,广陵书社2013年,第70页)

与新新社记者谈考察西北棉麦后观感

(1934年12月1日)

【我国实业家荣宗敬氏,为谋其经营之纺织、面粉业务发展起见,特于前日偕同其大公子鸿元及一部份职员等,由津浦线转西北各地考察棉麦情形,业已事毕,已于昨晨返沪。新新社记者特往访,叩询考察经过,承作下列谈话。】

出发动机 据荣氏称:往年余(荣氏自称)鉴于棉麦之不敷供应,并谋西北农民增加农产起见,历购大量棉麦,改良种子分发西北,近闻此项种子,散播各地者不少,均已获有成效。兹为亲自调查实情,及谋我国粉、纱事业前途发展及复兴起见,特有此次之行,所得印象,异常美满。

考察经过 此行经过河南郑州及陕西陕州、灵宝、潼关、西安等处,均承当地各公团领袖热心欢迎,被各地商会及棉麦各团体邀余在欢迎席上,发表公开演说者,共有十余次之多,均已散见当地各报,恕不赘述。此次趁各地考察时,承铁道部次长兼陇海路局长钱宗铎氏特放专车,并予调查上各种便利,故调查较为确切,尤为感激。对于各地老农之访问,据当地人云,为历次调查人员所未见之盛况,尤为此行余所最为愉快者。

棉麦进步 此行所见,各地棉麦生产,进步甚速,对于棉花尤甚。政府苟再稍加提倡与保护,每年五千万之漏卮,不难挽回。至于西安、灵宝等地,本年产棉特盛,只因车运,一时不及尽量运出,稍缓时日,即可陆续运出,足供吾国各纱厂自用而有余。刻下该路钱兼局长正谋调排车辆,尽量运出,此后纺织厂之复兴,短时间事耳。

前途乐观 荣氏末称，当余未至西北前，对纱厂前途，不免报一种悲观，回沪时，非特已将悲观完全解除，甚觉前途大有可为。余对本身事业，亦当与各厂同仁力谋改良，以冀发展我国民族工业云云。

（《新闻报》，1934 年 12 月 2 日）

在全国华商纱厂联合会上的谈话

（1934 年 12 月 3 日）

此次本人赴豫、陕等省，视察农产状况，对小麦、棉花，觉已有大量进步。国内纱厂、粉厂，于最短期内，决可不仰赖洋麦、洋棉接济，每岁可节漏沤四、五千万元。豫省陕州、安阳等县之棉种，系余前年在沪购买分发之改良种，质量亦较前进步。以余目光判断，当推河北所产之棉花为最佳，惟产额甚少，不敷沪上纱厂之需要，深望纱业界人，竭力提倡改良种之耕植，进行抵制外棉去。

（《申报》，1934 年 12 月 4 日）

复中央大学农学院、中央棉业改进所、中华棉产改进会函

（1934 年 12 月 10 日）

接奉大函，只悉贵院〈所、会〉定于本年十二月二十四日起至二十九日止，联合举行棉作讨论会，以期改进全国棉产，嘱敝厂派员报告工作概况，并附讨论日程单一纸。查敝厂技术人员，平日各有职司，殊无相当之人可以指派。【宗】敬就个人意见，贡献一二，以备采择。

本年十月、十一月间，鄙人曾循京汉路至北平，复循陇海路至潼关，视察所及，知各地产棉甚丰，品质大都优良，惜缺乏现款，货物山积，不能流通。鄙意，可由贵院〈所、会〉呈请中央银行，于西北一带多发钞票。

中央银行信用久著，钞票价值无异现金。若购买棉花必须现金，目前现金多数集中都市，在短时间不易还诸农村，即货物有积滞之虞。自贵院〈所、会〉积极提倡棉产，确有相当进步，惟为救济农村计，流通货物似为要图。以钞票替代现金，在中央银行资力雄厚，尚属轻而易举。是否有当，尚希提出讨论为荷。

（申新总公司函稿汇登）

致陈光甫函

（1934 年 12 月 25 日）

接陈贻祥律师来函，以前向贵行所借银币一百万元，到期催索无效，警告前来。正拟答复，又承台端驾临面洽，知事态严重，惶愧万分。只以银根奇紧，罗掘俱穷，终日奔波，迄无效果。查是项借款，系弟等福新面粉一、三、七厂合同议据作抵，王尧臣、禹卿昆季担保。弟惟有商之王君，将今年一、三、七厂盈余划出二十万元，先偿还贵行借款一部分；其到期利息亦如数照解。弟等派到红利，亦当交与贵行，决不移作他用。弟与台端交谊素孚，且承雅爱，处此艰难之际，敢为将伯之呼。务乞俯鉴愚忱，曲加原宥。无任盼祷。

（申新总公司函稿汇登）

复陈光甫函

（1934 年 12 月 26 日）

顷奉复函，以前欠贵行银币一百万元，嘱从速履行契约，筹款归还等语。查是项借款，虽以弟等福新一、三、七厂合同议据作抵，实用之于申新纱厂范围。现纱厂不景气依然，政府救济尚未见诸事实，山穷水尽,欲罢不能,此中苦况,早在洞鉴,无待缕陈。既承贵行暨中国银行变通承借于先,仍请继续维持于后。弟意除先划还二十万元,暨到期利息如数照付,以后派到红利交与贵行外,对于是项欠款,请台端格外变通,准予展期六个月,并请台端向中【国银】行婉述弟处艰困情形,冀其放宽一步。好在粉厂由王君禹卿主持,内容如何,外界亦甚明了。弟之敢于请求展缓,实以担保有人,且六个月为时甚暂,并非以空洞论调搪塞台端。务乞顾念旧交,一为援手,感激之处,图报有期。

(申新总公司函稿汇登)

《无锡旅沪同乡会十周纪念刊》序

(1934 年)

无锡旅沪同乡会成立至今,忽忽十年,宗锦忝任理事长亦已九年。十年中,人事变迁更仆难数。本会会务虽无如何进展,然本互助之精神,为乡谊之团结,相维相系,历久不渝。此皆理事、评议诸君之协力同心有以致之,于宗锦无与也。

回溯齐卢之战[①]、"一・二八"之役,以及水灾筹赈,本会竭其绵力,尽量援助,既昭昭在人耳目。平时排解之事,无几日无之,陶理事仞千之力尤多,详载《大事记》中,可览而知也。

自今以往,若能于罗致人才、扩充经济加诸意,会务之发展可操左券,庶几由二十周、三十周,以至于无穷。此则宗锦馨香祷祝者耳。

(佚名编:《无锡旅沪同乡会十周纪念刊》,1934 年铅印本,"序",第 1 页)

① 又称江浙战争、甲子兵火,系指在 1924 年 9 月 3 日至 10 月 13 日,江苏督军、直系齐燮元与浙江督军、皖系陆永祥之间进行的一场战争,是第二次直奉战争的导火索。

1935 年

致吴昆生[①]函

（1935 年 1 月 5 日）

福【新】三【厂】成立近已十载，创立由宗【敬】，而至今过去之事，实尧【臣】兄等协力办理。当初添加机力，改良办法，事事磋商，财力、人力均会同进行，合无限公司之办法。近来数年，渐渐变为宗【敬】以门外汉，然组织在前，并无更改，权限无宗【敬】之分，毫勿议商，何也？今庚月结、年结支配，必有一度之商议，目今总部为难，亦不可勿合作。

附：王尧臣致荣宗敬函（1935 年初）

你我同创基业、弟经管各厂以来，今已二十四载，患难相依，鞠躬尽瘁。粉厂方面，三年前在洋麦上几乎全军覆没，夙夜筹划，三年来恢复原状，禹【卿】弟同吾兄费去心血不少。现在福新一局之功劳，宗【敬】、尧【臣】、禹【卿】共负之。此刻吾兄虽以【上海福新公司】总经理一职推让与禹弟，对于阁下向有权利，不过小有出入，请兄谅解弟顾念大局为重。粉厂方面之困难，目下之局面实不易支持。

（申新纺织总公司档案）

① 吴昆生（1885—？年）无锡西乡人，荣氏企业重要骨干。1905 年无锡振新纱厂开办时任该厂栈房管理员，在振新纱厂董事会与荣宗敬、荣德生在发展生产上出现意见相左时，支持荣氏兄弟。1915 年上海申新一厂开办时，转入该厂工作。1931 年上海申新九厂创办时，被任命为该厂经理。

致彭学沛函

（1935 年 1 月 18 日）

宗敬从事实业数十年于兹，只因环境关系，焦头烂额，如坐愁城。……窃思【上海华商纱布】交易所本为平准市价之枢机，在吾华则徒供某国人之操纵，致纺织业受致命之伤。查某国人棉纱常卖空六万件，棉花常多十万余担，每年获利约计数百万；添机之举，时有所闻。经济侵略无止境，则吾国纱业无转机。鄙意取缔投机，洵为救济纱业之要点。

（申新总公司函稿汇登）

附：华商纱厂永安、申新等二十八家为取缔棉业投机商垄断事联名呈国民政府行政院及上海市政府等文（1935 年 1 月 12 日）

呈为投机家摧毁实业，取缔刻不容缓，联恳当机立断，以维全国纺业事。查年来棉贵纱贱，业纱厂者，已亏累不堪，毫无生气，而一般投机家，明知国内产棉不敷厂用，犹复抬价竞收，囤积居奇，以致纱布交易所，拍出花纱两价，相差愈远，不能平衡。纱业之危，不可终日。考世界各国，凡有棉产之地，其交易所从无以花、纱两项同时拍价者，盖恐价格悬殊，妨害纺业也。乃上海华商纱布交易所则不然，花、纱两种，同时开拍。棉花一项，专以国棉为标准，致令投机家得逞其垄断操纵之手段，花价愈抬愈高，而纱价则瞠乎其后。按照标花现市换算标纱价格，每包棉纱须亏本二十余元之多。数月以来，全国纱厂，饱尝此苦。盖一般投机家，只图私利，不顾大局，明知原棉价格，虽抬之极高，厂家断不能停工不用，纱价虽亏本甚巨，厂家断不能趸存不沽；各厂工作一日不停，即不能不忍痛买入贵棉，售出贱纱，进退维谷，莫知所措。是全国纱厂之生命，尽操诸此少数有组织投机家之手。事之危急，无逾此者。政府如不火速救济，则全局崩溃，即在目前。时机一逝，后虽欲设法挽救，亦无及矣。为此披沥陈词，联恳钧院、部立派干员莅沪，切实调查实况，一面令饬华商纱布交易所，对于花、纱两价之开拍，务须设法保持平衡，如以标准棉花市秤四百三十斤换算二十支标准纱价，其制造各项费用(统税在外)不足四十五元时，应即停止拍板；俟市价恢复相当差额，然后照常开拍。此系急则治标、刻不容缓之办法，务恳俯赐采纳，立予施行，以解倒悬。同深企祷！谨呈行政院、立法院、实业部、上海市政府。具呈人永安一厂、〈永安〉二厂、〈永安〉三厂、〈永安〉四厂，纬通、申新、恒丰、青岛华新、协丰、大通、民丰、通成、豫丰、苏纶、和丰、大生二厂、大生一厂、三友、民生、振泰、宝兴、大成、鸿章、富安、溥益、恒大、大丰、振华。

(《申报》，1935 年 1 月 13 日)

与新新社记者谈话

(1935 年 1 月 20 日)

【新新社记者昨往江西路申新总办事处，访晤荣宗敬氏，据云：】

此次请求政府纠正交易所营业事，本人于事前绝未有所闻见，无锡方面，亦于呈请后方来告知。因本人自去夏以来，深知非将所有工厂加以改进与着着实干苦干，不能自救，故近方从事于共谋改进之道。拟以内地三厂、四厂先行着手，故该两厂去年一年中，均见特殊进步。即就申新三厂而言，于二十二年(1933)每万锭子尚须雇用工人四百四十人，刻下仅用二百七、八十人，每日出数常有一百八十余件，可谓打破未改进以前之新纪录。故刻下正在计划上海各厂之改进方针，实无暇再问外间之一切，故对于交易所事，实无有所答复，本人绝对以同业公共之主张为依归云。

(《时事新报》，1935 年 1 月 21 日)

致申新各厂厂长要求紧缩开支的通告

（1935 年 1 月 22 日）

下列各项，请分别遵照办理：

（一）二十四年(1935)起，各厂制开支预算表，按月计核。

（二）二十四年起，各厂机器移动、改换、一切加装等，如增加费用，一律停止。

（三）二十四年起，各厂特别紧缩，在农历年底，同事去留，分别优劣，切勿徇情，格外减少。

（四）二十四年起，车间应用五金物料，各厂查有呆搁，制表分送各厂通用，以免呆搁，并注重少存。

（申新总公司文书股信稿）

致王禹卿函

（1935 年 2 月 15 日）

福新二、四、八厂工作停止多日，损失不赀，如何继续办理，急待解决。查福新二、四、八厂道契借与申新九厂，向麦加利银行押款四百四十万元。最近与该行负责人接洽，据称须在押款到期前(二月二十三日到期)至少付现款五十万元，方可将一部分展期数月，一部分商量继续。鄙意，即使筹还五十万元，对于二、四、八厂仍未根本解决。际此银根奇紧，筹拨五十万元亦非易事。台端于银钱业方面，信用素著，接洽较易，敬请全权设法筹划洋二百万元，先将二、四、八厂道契赎出，同时兼办营运，一面由九厂向麦加利银行商量押款展期，庶双方兼顾，而二、四、八厂可以早日开工。弟与台端有数十年交谊，掬诚相告，幸勿稍怀疑虑。

除将原函托陆辅仁先生缴还，及由弟向麦加利银行照已定计划进行外，专函奉托，即希察照，迅予全权办理。是所企祷。

（申新总公司函稿汇登）

关于与汇丰银行交涉申新七厂事的谈话

（1935 年 2 月 23 日刊载）

【当华东社记者访晤荣宗敬氏时，荣氏对此表示颇为痛心。彼谓：】

中国实业在此地步，前途实不堪设想。【本人】虽屡与汇丰交涉，但汇丰表示，必须实行取赎，始可撤销拍卖之议。但本人一时无此力量，政府及各界又未能予以援助，致汇丰终于悍然不顾。【本人】虽知日方极愿收买，但殊无法制止。【本人】一人损失之事小，而于该厂工人及我国实业界之前途，则影响殊大。而财【政】部收税，亦有相当损失。思之实颇痛心也。

（《纺织周刊》，第 5 卷第 7 期，1935 年 2 月 23 日，第 204 页）

附：鲁意师摩洋行①拍卖申新七厂广告（1935 年 2 月 24 日刊载）

本行受有关系之第一受押人之委托，准于念六日下午三时半，在北京路本行前间，拍卖坐落本埠东区贵重地产六十八亩，兼该地上所建房屋以及屋内机器，即是在抵押据上所开列之产业，系属于申新纺织公司第七厂。此项产业限价银洋二百念五万元，若出价不到此数者，则不予考虑。该地注册英册 *8386 8387 8388 9654*，如须察阅此项道契及抵押契据者，请用书面向本行洋总经理接洽可也。再者，买主须将全部价

① 鲁意师摩洋行（L. Moore & Co.，Ltd.），是同治十一年（1872）英国远东公司职员、旅沪英侨鲁意师摩（Lewis Moore）在上海英租界江西路 45 号（今江西中路宁波路口）创办的一家洋行，3 年后在香港以四万两银子注册，并将上海改为子公司，主营经纪、佣金代理及拍卖业务。它是当时上海最大的拍卖行。

银，于拍定后两星期内付清，凡出价最高者即为买主，倘出价人方面有二人或数人发生争论，则经本行裁夺之下，立即重行拍卖。一经拍卖锤拍定后，买主除订定一成交契约外，并须立即附存本行银洋一万元，此款如买主不能按本行拍卖章程履行者，除被没收外，本行仍有权执行所订定成交契约之全部条件。

（《申报》，1935 年 2 月 24 日）

与中央社记者谈汇丰银行拍卖申新七厂事[①]

（1935 年 2 月 27 日）

【中央社记者复晤申新公司总经理荣宗敬氏于其私宅，荣氏除表示痛心外，对毕生辛苦经营之实业，表示仍决将以其固有雄心，力图振拔。荣氏并谓：】

汇丰〈银行〉不顾一切，拍卖申新七厂，实属居心摧残我国实业，本人誓必反抗到底。惟望政府当局，以及关心及爱护我国实业界人士，共同予以实力之援助，及公平之舆论，以免被汇丰一手抹煞。申新七厂，现仍照常工作，以待法院之处置云云。

（《申报》，1935 年 2 月 28 日）

① 原价值为五百万元的申新第七厂，因债务关系，被英商汇丰银行委托鲁意斯摩洋行于 1935 年 2 月 26 日下午三时进行拍卖，最后当场由日律师村上冈本代表大连汽船株式会社以二百二十五万元的价格拍得，约定先缴一万元保证金，其余二百廿四万元于七天之内缴清。同时，买方与卖方由律师证明签订一种条约，约定将来如有第三者发生争执时，概由卖方（即汇丰银行）负责。

与大公社记者谈申新七厂被拍卖后善后挽救办法

(1935 年 2 月 27 日)

【大公社记者昨访荣宗敬氏于申新纺织总公司，询以七厂善后挽救办法，据荣氏答称】

余数十年创办实业，是为国家，为民族，而所得结果如此，除痛心之外，在个人成败为另一问题，宁忍随我工作之数万员工，因之失业，无衣无食，实觉内心不安。现在七厂事件，本人无力补救，惟有听候社会制裁。

附 1:实业部为申新七厂事件复上海市商会、地方协会、全国纱厂联合会等电(1935 年 2 月 25 日后)

有电悉。债务人为中国人，应适用民法八七三条之程序【案:《民法》第八百七十三条之全文规定，“为抵押权人，于债权已届清偿期，而未受清偿者，得申请法院拍卖抵押物，就其卖得价金，而受清偿，约定于债权已届清偿期，而未为清偿时，抵押物之所有权移属于抵押权人者，其约定为无效”。】该会可径请上海市政府交涉。

附 2:华商纱厂联合会呈请中央设法制止申新七厂被拍卖事电(1935 年 2 月 27 日)

武昌蒋委员长、上海吴市长、南京中央党部、行政院汪院长、外交部汪部长、财政部孔部长、实业部陈部长、司法行政部王部长钧鉴:上海申新七厂，已于本月二十六日被英商汇丰银行非法拍卖，蔑视上海特区地方法院假扣押之裁定，有损国体。棉纺织业前途，影响甚巨，并闻外商即拟接管该厂财产，或须发生严重问题。群情惶急，恳请钧座迅速设法制止，以保国权而维实业。华商纱厂联合会叩。

附 3:申新纺织总公司致上海律师公会请主持正义秉公援助函(1935 年 2 月 27 日)

敬启者:敝公司申新第七厂,前将本厂所有厂房地产及机器等值价五百余万元,向汇丰银行押借洋二百万元,嗣以受市面不景气影响,困难达于极点,致到期押款未能偿还,正在多方设法筹措偿还方法,及疏通接洽,乃汇丰银行不顾一切,不经法律手续,竟于本月二十六日委托鲁意斯摩拍卖行,以二百廿五万元拍卖。查吾国纺织业已濒于破产,何堪再受意外之摧残,素仰贵会主持正义,维持实业,除委托过守一律师登报及反对外,函请贵会迅予讨论,以资补救。无任企祷。此致上海律师公会。新申〔申新〕纺织总公司谨启,二月二十七日。

附 4:申新七厂全体职工反对拍卖宣言(1935 年 2 月 27 日)

各界钧鉴:申新七厂为吾华商纱厂中有数之企业,今以向英国汇丰银行押款二百万元,到期未赎之关系,而被委托鲁意思摩洋行拍卖,竟于二十六日某国人以二百二十五万元之价受拍,工人等得此消息,惶骇莫名。窃按七厂总值,约在五百万元以上,所欠汇丰借款,尚不及总值之半,该银行何得不顾一切,实行开拍?且总公司方面,愿偿一部借款及全部利息,银行拒不接受,其居心摧毁吾实业,操纵吾市场,已无疑义。工人等服务斯厂,历有年数,不忍见华人苦心经营之企业,被人豪夺,亦不忍见吾国硕果仅存之棉纱市场,全被外国所操纵。(中略)除沥情呈请政府,拨款承受七厂,以树国营实业之楷模外,谨将工人等一得之愚,昭告各界,幸以民族实业为重,一致奋起为吾全体工人作后盾,达到取消拍卖之目的,还吾华人固有之主权。国计民生,实利赖之。幸垂察焉。申新七厂全体职工四千六百七十六人同叩。

附5:上海中华工业总联合会呈请中央政府院部迅即颁发制止状制止申新七厂被汇丰银行违法拍卖电(1935年2月27日)

南京国民政府、行政院、司法行政部、外交部、实业部钧鉴:申新七厂被汇丰银行违法拍卖,侵害中国法权,摧残我国实业。(一)受抵押人中国银行、上海银行对于产业,已经请由当地法院施行假扣押,同时并通知所在英国领事馆查照,而汇丰竟不顾一切,蔑视我国法权,莫此为甚。关于此节,应请钧府、院、部以国家地位出面交涉,务使汇丰停止交出产业与买进人,而其损失应由汇丰负责。(二)退一步言,即依照各国法律程序处理,于拍卖之二十小时前,应通知债务人,使其有最后准备,今汇丰并不出此,即核与该国法律,亦应受违法处分。应请钧府、院、部采用紧急步骤,请由英国上海审判署立即颁发制止状,以停止汇丰行使产权。中华工业总联合会叩,感。

(《新闻报》,1935年2月28日)

附6:黄炎培:申新问题的精讨(1935年3月5日)

申新纱厂为荣宗敬、德生兄弟创办,共九厂,一〈厂〉在上海白利南路,二〈厂〉在上海宜昌路,三〈厂〉在无锡,四〈厂〉在汉口,五〈厂〉在上海华德路,六〈厂〉在上海兰路,七〈厂〉在上海杨树浦路,八〈厂〉与一厂同地址,九〈厂〉在上海澳门路。最近因金融紧缩,在上海之二、五两厂于大结账期过去后,宣告停工。两厂各有工人两千余名,顿时失业,正在呼号救济声中。二月廿六日,七厂忽为抵押债权人英商汇丰银行拍卖。该厂先由上海地方法院根据第二债权人中国银行、上海商业〈储蓄〉银行之请求,执行假扣押在案,该银行置之不顾。上海市商会、上海市地方协会、华商纱厂联合会均电请政府制止,业已无及。该厂有纱锭五万六千二百八十四枚,线锭一万三千四百四十枚,布机四百四十九台,工人四千余名,全厂总价值五百余万圆。仅基地一项,面积六十八亩,价值已在三百万圆以上。该厂向汇丰银行抵押二百万圆，年息八厘，七年间累计二百二十五万圆。而第二债权人亦执有二百八十万余圆之债权。是日下午，在北京路鲁意师摩洋行拍卖，拍卖人叫出最低价二百二十五万圆时，即有二日本人应声，愿以二百二十五万圆承买，待该员再欲益价拍卖时，竟无应者，乃击锤拍定。该二日本人为村上及冈本二律师。于是舆情大愤！既愤汇丰之非法拍卖，尤愤厂落在与中国竞争纺织业最烈之日本人手。而申新方面，即由过守一律师代表通告，声明该银行有意侵害本厂法益，绝对不能承认。日本领事于三月一日发表声明书，谓申新纱厂拍卖问题，一部分宣传其买主为日商，然本领事馆调查日纱厂及各公司之结果，已经明白。买主全非日人，特此声明云云。汇丰方面，于四日由华经理答新闻记者，称已允接受分期归款办法。但有一重要问题，即此二百二十五万圆之付款手续，除尾数二十五万圆先付外，其他分四个月偿还，将由何方担任，须经汇丰当局认可云云。政府方面，外交次长唐有壬二十八日发表谈话，谓申新自去年资本无法周转，政府即邀银行界张公权、陈光甫与荣宗敬之介弟来京，商由政府协同筹款接济，并由全国经济委员会、棉业统制委员会派人整理，以期调换新式机械，采用科学管理，使出品精良，生产增加。当时接洽已有眉目，不意荣氏忽翻前议，不肯履行，原定计划因而搁置。二十六日突接沪会电告，即电吴市长设法制止，不料电到达时，业已非法拍卖。该厂营业内容，平日即讳莫如深，政府亦苦无从过问。此事发生，政府事前迄未接到任何方面之报告云云。而荣宗敬氏发表谈话，则谓本公司所属各厂，日纳统税在二万圆以上。第二、第五厂停工后，国家税收每日减少六千圆，即每月减少十八万圆。前蒙财政当局允将统税暂行记账，但仍未欠分文。总之，征收统税之财政当局，对垂毙之纺织业应予救济，庶免崩溃云云。凡此皆见于连日公私文电与报纸者。

吾提请出三点来研究：

第一，从法理上研究。试问汇丰对于申新七厂，以何根据而取得所有权，任意拍卖？如曰根据借款合同也，此合同吾虽未曾寓目，然无论如何订法，总须在法律所容许之范围以内。出此范围，无论约束如何坚明，在法不能有效。譬如甲、乙两人立约，甲甘心任乙杀死，自愿抛弃其法律上生命保障权，而签字于所立之约，是否乙根据此约，即可逃避法律上杀人责任乎？如曰，今申新七厂债权人汇丰银行是英国人，英国人既欲从中国人手中取得所有权，不根据中国法律以取得而根据何物乎？根据不合于中国法律之私人契约而即可认为取得乎？而况宣告拍卖之前，业已由上海法院执行假扣押在案，至少应立予展期拍卖，向法院方面进行请求估价手续，今不顾一切遽付拍卖，不惟无视上海法院，直无视我中国。此事若不据理力争，则先例一开，凡中国公私产业押在外国人手者，外国人皆可不经中国法院裁定，率然自认为所有权人矣。影响未来，何等重大？岂惟申新七厂之关系？况英国法律，凡拍卖必须有三人以上竞买，才得成立。是日拍卖，应者仅有村上、冈本一起，即退一万步言，此拍卖亦不能认为成立。

第二，从经济上研究。交涉是一事，偿债又是一事。若偿债无办法，虽交涉胜利，亦是落空。我以为偿债问题，无论出之荣氏自筹，或银行接济，或政府协助，乃至出之任何方面，总须营业站得住。否则，无底止壑，谁肯来填？现时棉贵纱贱，诚属偶然状况，但同是二十支纱，每包四百二十磅，日本厂家“工缴”只须二十五圆至三十圆，我国须四十圆至四十五圆。相差如此之巨，安能与人竞争？考其所以相差，实有种种原因：一、机械之陈旧；二、管理之缺乏；三、捐税之繁重；四、息率之过高。而有等〔的〕工厂，用人不秉至公，内外弊端百出。即进货一端，闻竟有给头等价进三等货，职员于中取利者。若给与价值相等之货，无弊可舞，则反不肯收受。腐化至此，安得不一败涂地？若未败者，亦侥幸耳。虽然，吾人不欲于此时苛评纺织业，成败论人，亦非公道。惟望趁此一息尚存，各方从速合作，以营业站得住为唯一目标。机械之革新，有关资本，非一时办得到。但如捐税之繁重，政府即不能减免，亦须实行记账。杀牛而食其肉乎？抑肥牛而采其乳？即不为国家生产计，为国家税源计，亦须多方培护。息率之过高，债权人亦应在可能范围内，尽力轻减，理同前述。而最要乃在管理力求科学化，病已垂危，尚何权限之足争？精于学理者任设计，富于经验者任执行，群策群力，尤要在斥逐贪污，实行廉洁。

第三，整个社会问题之研究。此数天，似全社会注全力于申新七厂之被卖，而鲜有人顾及二、五两厂在停工中者。吾以为七厂被卖，是一部分权利损失，二、五两厂停工，难保非全社会崩溃之发端。上海新旧年关以后，商店纷纷收歇，员徒失业已多。自地产呆滞，建筑停止，更多水木工人失业。今申新两厂停工，更难保无继之而起者。此成千整万嗷嗷失食之民众，为个人生活计，何等可怜！为这个社会治安计，更何等可虑？波浪一兴，漏舟立覆，内讧既作，外力乘之，虽有善者，将何以善其后？又况上海为全国工商业中心，影响所被，岂仅一隅而止？故吾以为，诚欲消弭大患，万不可任工厂停工。政府与金融界、工商界须视此举为第一急要，大家快快开城合作，如统税记账，如债息酌减，如便利交通，如减轻一切捐税，使增进棉之来源，打开纱之去路。一面如前节所陈，于设计上、管理上，各就知能所及，合力以求达到营业站得住之总目标。即不能多赚钱，亦须少赔本。与其停工而筹救济，不若移救济停工之费，作维持开工之费。究之消耗一分费用，维护一分生产，更减少一分人心恐慌。然后徐图所以流通金融，恢复市况。或者难关稳渡后，竟因各方合作之故，使工业得以改进，生产得以增加。转败为功，惟在今日。否则同归于尽，亦惟在今日，凡事全在人为耳。

凡人境遇当危急时，最需要在互相谅解，互相援助。最犯忌在互相怨怼，互相猜疑，不求自己错处，亦不求致病根源。于事毫无益处，只有害处。吾家畜一猫，群儿戏撩以杖，猫不啮儿而啮杖。甲因乙不利于我而怨乙，乙以是怨丙，丙以是怨丁，而不悟甲乙丙丁之相因而至也。

（《纺织周刊》，第 5 卷第 10 期，1935 年 3 月 16 日。另见《纺织时报》，第 1168 号，1935 年 3 月 18 日，及《国讯》，第 89 期，1935 年 4 月 11 日。）

致张公权、陈光甫函

（1935 年 3 月 2 日）

敝公司申新七厂发生不幸事件，承政府及各公团函电交驰，亟谋挽救，其可感激，宁有涯涘。查申新七厂地产、机器押与汇丰，只洋二百万元，而第二债权实为贵行（二百八十万元）。该厂拍卖价值为二百二十五万元，无论为何人所得，揆诸情理，断不能抛弃第二债权于不顾。敝公司无力备价取赎，致遭拍卖，汇丰空气似尚和缓，目前所急，厥为垫款问题。鄙意，政府如实行救济，可否商请中央银行垫款二百余万元，向汇丰取赎，奉恳贵行出力担保，其利息由营运银团担保贵行。该厂赎出以后，应由贵行另组银团管理，在短时间内，或搬移机器，或出售地皮，以冀逐步减轻债务。贵行与敝公司关系较深，弟又承公等爱护，用敢不揣冒昧，切实奉商。至敝公司改进以来，如何情形，早为公等所深悉，惟以点金乏术，周转为难。申新七厂债权人倘仅为汇丰，则以二百余万元代赎，于愿已足。今贵行又为第二债权，若不彻底救济，则牺牲机器、房产，仍为负债之人，此百思而心有未安也。惟乞公等顾念旧交，一为援手，毋任祈祷。

（申新总公司函稿汇登）

附:中国、上海两行以第二债权人名义致荣宗敬函(1935 年 2 月某日)

日前高易律师代表汇丰银行来函,拟拍卖申新七厂地皮、房屋、机器、生财,抵偿该行押款本息,事极严重。但上年六月公等向敝行等暨各钱庄合借洋二百八十万元,即以抵押于汇丰银行之申新七厂地皮、房屋、机器、生财等余额为担保品之一部分。万一申新七厂被汇丰银行低价拍卖,则敝行等之第二债权势将无着,敝行等万难缄默。除致函高易律师,请其顾全各方利益暂缓实行外,但汇丰能否听从,毫无把握,特函奉达,务请阁下对于此事速筹对付汇丰停止拍卖方法,以保债权。事关重要,务请严重注意。是所切盼,并乞示复。

(申新纺织总公司档案)

与中央社记者谈申新七厂事件

(1935 年 3 月 3 日)

【中央社云,申新纺织公司所属第七厂,被英商汇丰银行擅自拍卖。事件发生后,社会各方既义愤填膺;政府方面,亦极为注意,由财〈政〉、实〈业〉两部积极筹划挽救办法,目下经与市政府当局会同向汇丰银行交涉之结果,汇丰方面大致已允考虑,将积欠该行之利息尾数二十五万元提前拨付外,其他欠款则分四个月全部偿还,以便赎回七厂。惟具体办法仍将待财政部长孔祥熙氏抵沪后,始能作最后决定。中央社记者昨晚特往申新公司总经理荣宗敬氏寓所,访晤荣氏,叩以对七厂事件之最近感想。荣氏当即以非常愤慨之态度,否认昨日某晚报所载,"若政府能将七厂赎回,则该厂愿归国有,至于银团方面,亦须由政府担任"之荣氏谈话,谓完全不确。继谓:】

此次事件,蒙政府及社会多方援助,实深感激。目下汇丰方面态度,既渐软化,允考虑分期赎还,或可于本星期中告一段落。至整个申新纺织公司问题,自去岁因白银出口,银根奇紧,银行、钱庄自顾不暇,致使申新陷于极度窘境。目下金融方面已见松动，正向银行及钱庄分头接洽抵押放款，如能在短时中成功，将进行赎取。申新自去年改革以来，景况日趋安定，七厂仍照常工作，星期日亦未停工，最近因存货多、市面小，市况颇俏，危险时期目下已成过去云。

（《申报》，1935年3月4日）

关于申新七厂拍卖问题的谈话

（1935年3月14日）

【国闻社云，关于申新七厂拍卖问题，外传受主业已付款，昨据荣宗敬氏语国闻社记者谓】

申新七厂昨仍继续工作，拍卖问题业已过去，望国人不必再谈，只望将来全国同胞，努力服用国货，绝对不买洋货。一方面希望政府实行复兴农村，使全国棉产渐渐增加，则华商纱厂亦不必购买外棉。诚如此，则纱业前途当可安定。至于该厂所欠汇丰之款，将先还一部份利息，本钱仍以厂地及生财抵押云云。

（《申报》，1935年3月15日）

进行借款赎回申新七厂谈

（1935年4月2日）

【本埠讯，申新七厂被英商汇丰银行擅自拍卖事件，迁延月余，尚未解决，日前实业部长陈公博氏来沪，据谈该项事件，将由申新主人荣宗敬氏自觅解决途径，中央社记者昨晤荣氏，据谓：】

【申新】七厂事件，汇丰方面仍无动静，故仍照常工作，且因纱销甚畅，营业尚有可观。目下正向银行、钱庄进行借款，希能偿清利息，分期拨付借款，赎回七厂。财长孔祥熙氏，日前亦曾语及，谓此间如能设法赎回七厂，自属佳事，否则当局于中国银行改组问题解决后，提出讨论云云。

（《时报》，1935 年 4 月 3 日）

致叶涿堂、王宝仑[①]函

（1935 年 4 月 12 日）

无锡申新三厂曾于上年，将全部财产向贵行【即中国银行】抵借洋二百七十万元，利息按期解至上年六月。维时敝总公司金融周转发生问题，致三厂利息不能照解，积欠至今约有二十余万元，合上年汇兑票洋二十万元，两共四十余元。长此拖延不谋解决，殊觉愧对贵行。现于无可设法之中，谋一解决之法，拟将以前抵借之二百七十万元，加借八十万元，共三百五十万元，其利率请特别减轻，同时还去欠息及退票洋四十余万元。查三厂全部价值七百余万元，附奉资产表以备察核。鄙意，只须市面确有转机，营业方面似有把握。值此艰危之际，敢为将伯之呼。敬乞二公言于总经理，予以援助，于短期间内，迅示途径，俾有遵循，毋任企祷。

（申新总公司函稿汇登）

① 王宝仑(1879—?)，别号行是，上海人，1928 年 10 月 8 日任中央银行理事及常任理事，时任中国银行官股董事、常务董事。

致中国银行贝淞荪[①]函

（1935年4月15日）

敝处【申新】二、五厂停工多日，气候转暖，机件极易生锈，而车面花衣价值亦有十余万元。工人因生计关系，用种种方法希冀早日开工，近且接社会局克〔剋〕日开工之训令。窃思弟忝为厂主，究能开工与否，须视银团意旨而定。……目前内地日货充塞，倘国货工厂任其消沉，纱业以后恐无生存余地。附奉产余表、利息分户表各一纸，社会局训令一件，敬祈察阅。并恳转商董事长、总经理召集常务会议，俾得早日解决，则感激者不独宗敬个人已也。

（申新总公司函稿汇登）

附：荣宗敬难言之痛

申新二、五两厂，停工已久，工人多要求开工，惟荣宗敬氏因无款以资流动，故难定期复工。该厂工人曾推派代表分赴中国银行及上海银行，谒宋子文、陈光甫氏，请求救济，但仍无良好结果。兹悉二、五两厂，以前曾向永丰借款一百万规元，廿年营业不振，再继续借款五十万，由永丰邀请上海、中国〈银行〉各出五十万规元，清还前欠永丰一百万规元半数，因是享有该厂债权者，为中国、上海、永丰三家，并另定活期借款

① 贝祖贻（1893—1982年），字淞荪，江苏吴县人，先后就读于于东吴大学、唐山工业专门学校，1913年肄业，任汉冶萍公司上海办事处统计部会计，1914年任中国银行总管理处总帐室会计，次年调任中国银行广东分行营业主任，后为副经理、经理。1918年任香港分行经理。1927年任上海分行经理及总行外汇部主任，打破了外国人垄断中国外汇汇兑局面。1928年10月中国银行改组为专营外汇银行，被推为私人股东董事兼总行营业主任。同年11月，中央银行成立，任监事。1929年任工部局华董，1931年任出席华盛顿国际商会联合会议代表，1932年任上海银行公会联合准备会常务委员，1934年为中国建设银公司执行董事，1935年参与币制改革。

合同，将棉纱、五金原料作为抵押担保，如该厂盈利，除还付之债权借款本息外，其余则均为申新总公司所有。倘该厂亏折，在廿万元之内，则由三债权分担，超过廿万元，余数则应由总公司垫还。现该厂于去年亏累达六十余万元，除债权方面分担廿万元外，尚有四十余万，应由申新总公司付出。惟迄今数月，始终未曾清付分文。故三债权不愿继续借款。荣氏表示，已向宋、陈接洽借款九百万元，作为开厂复工之用，确否尚待证实。荣氏虽不愿将实情宣布，但其苦恼可知。中国之民族工业，诚入山穷水尽境矣。

（《时代日报》，1935 年 5 月 1 日）

致彭学沛函

（1935 年 4 月 18 日）

敝公司与中【国银】行关系较深，所仰望于中【国银】行者，厥为减轻利率同题。查日本在吾国纱锭总数早已超过华厂，近且努力进行，有增无减。日厂用款，其利率不足华厂半数，竞争之烈，实由于成本之轻。华厂营运无不仰给予金融界，终岁勤动，供给利息犹虞不足，遑论盈余？以故救济工商业，固有借乎放款，而放款尤以减轻利率为前提。财部规定放款标准，银行救济工商业之放款，月息不得超过八厘，盖有见于救济与剥削不同，超过八厘即为工商业不胜负荷，已失救济之本意。敝公司所借中【国银】行款项，实已超过标准，且纺织业与寻常工业不同，似宜仿照日本纱厂贷款利率，纠正以前定率，一律减低。……弟为敝公司关系，不欲有所渎陈，敬言于我公，徜许转恳汪【精卫】院长，于晤宋【子文】董事长时，为之吹嘘，俾减轻利率得以实现，岂惟敝公司之幸，工商业实利赖之。

（申新总公司函稿汇登）

附:彭学沛复函(1935 年 4 月 18 日稍后)

宗敬先生惠鉴:顷奉四月十八日惠书,敬悉一切,并已转陈汪公,深蒙嘉纳。我国利息太高,为工商业极大阻碍,唯此事与财政之不平衡及公债之多量发行颇有关系。沛居常颇拟作一减低利率之广泛运动,唯市场情形见闻多难真切,公有何高见,便此事得以见诸实行,且行而能适,尚祈时赐。

(国民政府和财政部特派及聘请荣宗敬等为中央银行理事等任状问题的文件,上海市档案馆藏)

在招待上海报界参观申新九厂及福新二、八厂席上所作简单报告及欢迎词①

(1935 年 5 月 11 日)

报　告

余二十岁而来上海,目击民情,知发展民衣民食之棉纱布、面粉事业,实为最要之图,因创办纱厂及面粉厂。民国七年,本人乘机推销面粉达海外,先后总计约达八十万吨之巨。获利后乃力事扩充,陆续发展,设分厂于汉口、济南各地,为外人纱厂、面粉厂所侧目。惟年来因世界不景气,本人所营事业不免稍受影响。本人虽仍竭力奋斗,以图冲破此难关,亦望社会各界能人同此心,共谋我国实业之发展,则幸甚矣云云。

① 为让社会各界真切明了其所毕生经营之事业,荣宗敬先生邀请上海各报社记者在 1935 年 5 月 11 日下午参观申新九厂及福新面粉二、八两厂。当日到各报记者五十余人,由荣宗敬先生及各厂职员引导参观,殷勤招待,并报告各厂最近状况。此文为荣宗敬先生在报界参观后招待茶话会上所作的简单报告及欢迎词。

欢迎词

今日承诸君光临，不胜荣幸。鄙人与诸君难得有把晤之机会，敬略述创办实业经过情形，与现在之困难、未来之希望，幸垂听而辱教之。

鄙人在四十年前，见舶来品日盛一日，利权外溢，遂有创办实业之思想。维时吾国商办实业无多，而洋粉、洋纱之运销于吾国者，为数已巨。于是邀集同志，筹办面粉厂与纺织厂，迄今历三十余年，创立面粉厂十二厂、纺织厂九厂。创立纺织厂，尤较面粉厂为困难。民国四年【1915 年】，创立申新一厂于上海白和南路（现分设八厂）；民国八年【1919 年】，创立二厂于上海宜昌路，同时创立三厂于无锡西门外五洞桥；民国九年【1920 年】，创立四厂于汉口桥口宗关；十四年【1925 年】购置杨树浦德大纱厂为第五厂，又租办六厂于常州南门外。嗣后纺织业受世界不景气影响，一落千丈。如上海杨树浦兰路之厚生〈纱厂〉，杨树浦路之东方〈纱厂〉及二新〈纱厂〉，相继清理。鄙人悯工人们之失业，毅然出而维持，先后改组为申新六、七、九厂。今日招待诸君之地为申新九厂，即由三新纱厂蜕化而成者也。

回顾三十余年来，不敢谓于社会、国家有所裨益，而解决人生之衣食问题，则历尽艰辛，而此志未敢稍懈。现在纺织厂，有纱、线锭五十九万枚、布机五千余台，每日夜可出纱、线一千三百件，布一万余疋。识者以为创业之难，不知维持之难，更有甚于创业。外商设厂于吾国，实行其经济侵略，而倾销政策尤为纺织业唯一之致命伤。外厂营运资本，利率甚低，制成熟货，成本既轻，推销自易。吾国本无资本家，创办实业，无不仰给于金融界。年来花贵纱贱，营业既无生路，而统税仍须照缴，利率不能减轻。此种痛苦，惟鄙人能言之，能受之？溯上年敝公司金融周转发生问题，营业为难，鄙人不敢告劳，仍以一身担当者，亦视办实业为第二生命，非奋斗到底，三十余年之苦辛，将付诸流水。所幸政府明察，早有援助决心，而〈申新〉七厂虽经波折，幸未停工；二、五厂虽已停工，仍图复业。以后，金融界能顾念垂危之纺织业，在可能范围内予以援助，剿匪工作告成，纱销畅旺，市面转机，亦意中事。至原料方面，各省市已实行推广植棉，而合作社又为复兴农村之后盾，数年以后，不难塞外棉进口之漏卮。

诸君从事新闻业，为民众导师，制造国货与宣传国货，鄙人愿与诸君分负其责。申新各厂分散四处，势难导引诸君一一参观，而工作及管理方面，参观九厂一处，可概其余，还望予以批评，再图改进，毋任企祷云云。

（《申报》，1935 年 5 月 12 日）

与大公社记者谈申新七厂被拍卖事件

（1935 年 5 月 11 日）

【荣氏收买前杨树浦兰路厚生纱厂，改组成功之申新纺织第七厂，自因产权扣押与汇丰银行，于本年二月间被该行非法拍卖后，各方纷表反对，迄今未决。昨大公社记者以此事关系荣氏整个实业，特叩询一切。据荣氏谈：】

七厂自被汇丰非法拍卖后，本人十分痛心。某国人对吾国实业素具摧残野心，此一事件，即获明证。本人鉴于年来国内实业，日处风雨飘摇之中，故抱极大毅心，决将个人毕生经营之事业，力予维持，虽前曾一时消极，萌去志，然承政府、国人之爱护有加，遂决心不放弃。该厂纠纷，迁延迄今数月，虽未解决，然工作仍未停顿，内部未受任何影响。汇丰方面从未向本人直接交涉，表面七厂固遭极大影响，然而这□□□□云。

（《时报》，1935 年 5 月 12 日）

致江苏省政府主席陈果夫①、民政厅长余井塘②电请慰留无锡县长严慎予③

（1935 年 5 月 13 日）

镇江省政府主席陈【果夫】、民【政】厅长余【井塘】钧鉴：本邑县长严慎予，莅任三年，循声卓著，近闻向钧府辞职。旅沪同乡一致挽留，伏乞俯顺舆论，俾收驾轻就熟之效，毋任企祷。

无锡旅沪同乡会荣宗敬、匡仲谋、张秋园、裘可桴、蒋哲卿、王禹卿、朱鸿昌、冯绪承、杨伯庚、蔡兼三、王尧臣、陶仞千、刘春圃、萧效仁、陶若洲、买春华、尤菊荪、王作霖、丁梓仁、孙北萱、邹颂舟、丁云轩、施复侯、查仲康、荣月泉、胡颂铭、顾执中、秦絅孙、尤荣伯、荣瑞昌、梁夔永、孙秋屏、于义庭、徐可亭、蔡禹门、毛鉴清、吴臣笏、张颂南、孙志道、季云卿、冯云初、陈漱庵、张春霖、李静涵、沈仲俊、浦志达、过守一、王立肃、荣鄂生、敖士洲、朱俊生、张秉鑫、吴昆生、周寿甫、朱寅生、华卫中、祝伊才、丁仲祜、龚子青、王传荣、张云樵、张敬之、徐采丞、陆鼎揆、赵显吉、陶标臣、荣永吉、徐

① 陈果夫（1892—1951 年），原名祖焘，字果夫，以字行，浙江吴兴（今湖州）人，为陈其美（英士）胞侄。少入浙江陆军小学肄业，稍长即东渡留学。回国后，在粤历任广东黄埔军官学校教职员，代理中央党部组织部部长。1926 年第二次全国代表大会上被举为国民党中央监察委员，次年国民革命军收复东南，被任为上海临时政治分会委员，南京国民政府建立后，相继任国民政府委员、中央政治会议委员、监察院副院长、组织部副部长及部长等职务，1933 年 10 月被任为江苏省政府主席。

② 余井塘（1895—1985 年），原名愉，初字景棠，后改为井塘，笔名心俞，江苏兴化人。1914 年 9 月入上海复旦中学部，1917 年 9 月升入大学部商科，1923 年 6 月毕业后赴美国西北大学、爱荷华大学留学，1925 年获经济学硕士学位，在美期间加入中国国民党，任旧金山《少年中国晨报》总编辑。1927 年 5 月任国民党中央组织部秘书兼国民党中央党务学校教授，主讲合作经济。1929 年 3 月，当选为国民党第三届候补中央执行委员，4 月代理国民党中央组织部部长，6 月任中央政治学校教授兼教务主任，12 月任国民政府考选委员会委员。1934 年任江苏省政府委员兼民政厅厅长。

③ 严慎予（1901—1969 年），浙江海宁人，早年就读于浙江省立第一师范学校，毕业后先后担任天津《国闻周报》、上海《民国日报》编辑，1929 年 2 月 1 日担任南京《中央日报》总编辑，1931 年初至 1933 年 3 月任上海县县长，1933 年 4 月出任无锡县县长。

公明叩,元。

(《申报》,1935 年 5 月 15 日)

复国民政府税务署函

(1935 年 5 月 28 日)

接奉台函,嘱敝公司遵照部批,将前项欠款,自五月份起,按月缴贵署三万元,于每月月底缴到,倘有逾延者,即实行停发税照,以重功令。聆悉之余,自应照办;惟纺织业不景气达于极点,现在纱布出厂,照缴统税已属万分勉强,对于上项欠税,一时无法缴纳。敬恳贵署转呈部长,请予格外宽限。一俟敝公司稍有办法,定当遵令照缴。祈鉴察为幸。

(申新总公司函稿汇登)

申新各厂及粉业近况谈

(1935 年 5 月 28 日)

【《实业社》云,本埠各纱厂近以纱销清淡,均将减少工作,以维实业,且有已实行者。惟昨据纱粉业巨子荣宗敬谈,申新各厂及粉业情形,如次:】

【纱厂决工减工】迩来纱销之清淡,实因夏季及农忙关系,为每年常例,过此季节,纱业当可转机。惟因而减少工作,亦非根本办法,盖在减工中,除工资减少外,他如生财、利息及职员薪金等开支,则均照常,致出货成本,势必提高。成本既高,则出路愈受影响,且减工后工人生计倍艰,间接影响社会安宁。故申新各厂,非至万不得已时,决不减工。现仍一律照常工作。

【粉业尚可维持。复据谈】面粉业因麦价低贱,南洋一带销路,近亦转好,故各厂营业颇佳。惟谓增加车数,则非事实。盖近年来面粉营业，虽属不振，但尚可维持，未闻有停车等事发生。既未停车，则何来增车也？至本年麦产情形，本人近接豫、鲁各地收麦处报告，据称收成颇丰，惟豫北一带稍歉，大致情形，尚属良好。本人前拟赴华北各产麦区域调查，兹以事务羁身，故已作罢。

【最后，记者复询以申新绩向银团借款，二、五两厂，即将开工之说，据谓】亦并无其事云。

（《申报》，1935 年 5 月 29 日）

杨敦甫[1]先生追悼会启事

（1935 年 6 月 2 日—9 日刊载）

敬启者：杨敦甫先生溘然长逝，海内知交，同深悼惜。惟其家属因时事艰难，不敢重劳亲友，决计捐除讣启，不领吊帖，不治丧仪，即扶榇归葬于金陵祖墓。同人等以敦甫先生热心教育，慷慨非常，洵可谓今之义人，古之遗直，特于六月九日上午十时，为敦甫先生开追悼会，于上海八由桥之青年会。且为继续先生遗志计，登报通知，凡在先生追悼之辰蒙致赙赠者，除挽、祭文、诔词而外，其余祭筵、祭幛，均请改赙现金，交由宁波路上海银行总务处代收，在江宁开办小学，充作基金，庶为先生永留纪念，而莘莘学子亦均拜诸公兴学之仁风，遗爱万年，殁存千古。谨启。

再，敦甫先生灵榇，择于六月十一日下午二时在海格路中国殡仪馆举襄，十二日下午三时在江宁安葬。特此，代为附告。

---

① 杨敦甫（？—1935 年），江苏南京人，少时家贫，幼年失去父母，寄养在外家，早年与陈光甫入同文书院一起学习英文，又同在汉口邮局供职，与陈光甫、杨介眉为结拜兄弟。1915 年后应陈光甫之邀供职于上海商业储蓄银行，1922 年任常务董事、副经理，兼分管国外汇兑部，1934 年任中国国货银行监察人，1935 年 5 月 4 日去世。

发起人：

卞白眉、吕苍岩、沈叔玉、范稚圭、梁定苏、黄席珍、邹秉文、采墨屏、卞文鉴、吉乃森、沈长赓、孙衡甫、唐和羹、黄俭翊、庄得之、刘鸿生、孔祥熙、宋子文、沈子文、沈维经、秦润卿、唐寿民、章午云、华卫中、刘少平、孔颂馨、宋子良、贝哉安、袁崧藩、陶竹勋、张啸林、童侣青、谈森寿、王正延、宋子安、周作民、席法哲、夏巨川、张慰如、程憩棠、钱新之、王本滋、宋子靖、周苍析、陈健庵、夏筱芳、张寿镛、程顺元、穆藕初、尹韵笙、宋春舫、林康侯、陈乃如、许静仁、张汉城、杨虎、蒋惠先、毛志祥、李石曾、金伯屏、陈家栋、许建屏、张学曾、杨德森、蒋学栋、吴震修、李馥荪、金宗城、陈肖甫、郭秉文、傅筱庵、杨云表、欧伟国、吴蕴齐、李茀侯、卓镛诗、徐可亭、高大经、叶琢堂、杨介眉、薛敏老、朱如堂、李桐村、胡文虎、徐新六、莫可林、叶扶霄、葛士彝、罗岳生、伍渭英、李闳非、胡笔江、徐静仁、黄汉梁、盛苹臣、资耀华、龚祥霖、伍克家、李芸侯、胡孟嘉、徐谢康、董焕南、彭可生、荣宗敬、江如松、杜月笙、俞寰澄、梁上栋、黄静泉、李馥荪、赵汉生同启。

（《申报》，1935 年 6 月 2 日—9 日）

赞助证明纺织家魏旭东启事

（1935 年 6 月 5 日刊载）

为事实证明事。魏君旭东因见于麻纱之用日见增多，而我国之供给，全赖诸舶来品，金钱外溢，每年达数千万金之巨，故悉心研究三载于兹，始告成功。特将以苎麻用药料蒸化之棉，委托安乐纺纱厂，代纺为纱，又经 ABC 厂织成布疋，制就各种样品，其成绩较舶来品有过之无不及。查魏君对于实业用心之深，良堪嘉许，爰述经过，以资证明。

（《申报》，1935 年 6 月 5 日）

复集益银团函[①]

(1935 年 6 月 12 日)

接奉台函,以申新六厂厂基及营运两押款合同逾期,嘱敝公司速筹别法。查合同期满,自应取赎,惟金融界发生空前恐慌,实为意所不料。所幸中国银行宋【子文】董事长有援助敝公司决心,不久必有稳定办法。惟望贵银团于无可设法之中,力予维持,俾得渡过难关。至止购花衣及停止工作,敝公司认为双方两不利益,且停工尤易发生意外纠纷,应请贵银团加以考虑,毋任企盼。

(申新总公司函稿汇登)

与中央社记者谈信康庄控诉案

(1935 年 6 月 23 日)

【中央社云,据昨日报载,我国棉纱面粉业巨子荣宗敬,因以开设无锡之申新第三纱厂栈单一纸,向本市信康庄(该庄业已于本年二月六日倒闭)抵押洋六万元,签订抵押契约,届期荣无资偿还,故受主即照约定条件,致函无锡申新三厂,着将所押栈单上载明之棉纱四百件交给备抵。嗣该厂函复,请仍与原经手人接洽。信康庄乃由股东孙伯绳代表,向〈上海〉特区第一法院刑庭,以诈欺取财罪控荣。前日开庭,荣未到,改期本月二十八日下午再讯,惟据荣氏语中央社记者:】

此间与信康庄往来已达二十余年之久,且为股东之一(信康庄资本三十万元,此间占六万元),而因历年未收利息及垫本,合计已达二十余

① 价值 500 万元的申新七厂,以 200 万元抵押于汇丰银行,1933 年因负债累累,由汇丰银行拍卖,最后由日商丰田以 250 万元所得,后由中国交通银行及上海银行界以 250 万元赎回,组织集益银团管理。其时,申新六厂亦由该银团管理。

万元。此间原与该庄有十万元往来，纯系信用借款性质。前年年底偿还四万元，至去年废历大除夕（即二月二日），该庄经理朱掌衡向此间要求出立栈单，以作保证，当即由申新账房以该项栈单一纸，交付该庄（惟该项栈单，未经申新总经理，即荣氏签字）。讵料信康即于二月六日倒闭，该庄曾一度向本人接洽还款，曾允分期拔还，不期孙伯绳竟忽以刑事诈欺取财控告也。至申新三厂所以函覆该庄，所谓“请与原经手人接洽”者，实因总公司方面各事，例不向各厂通知也。

【荣氏继谓】前日所以未出庭辩诉者，盖因原告方面允有和解之意，嘱不必出庭，且原告亦自谓不再出庭，实属受愚。目下此间已延过守一律师，向〈上海〉特区法院提出辩诉，根本请求驳斥原告之诈欺取财之诉。至偿还借款问题，当待此项诉讼结束后再谈云。

（《申报》，1935年6月23日）

附1：荣宗敬被控

面粉大王荣宗敬，因年来市面不景气，大受影响，经营之面粉事业既不能获利，所创之纱厂复遭失败，债台高筑，濒于破产，以致讼事丛生。去年二月间，荣需款孔亟，乃以设在原籍无锡之申新第三纱厂栈单一纸，用福新面粉公司名义，向本市信康庄抵押洋六万元，签订押款契约。嗣届期荣竟无资偿还，故受主即照约定条件，致函无锡申新三厂，着将所押栈单上载明之棉纱四百件交给备抵。不料，该厂函复信康，否认有以货押款情事，谓“敝厂与贵庄素无往来，该项押款，未能承认，请仍与原经手人接洽”等语。但信康则以抵押契据实为荣宗敬亲自签订，兹乃图赖，当系有意诈欺，现已由孙伯绳代表信康，对荣宗敬提起诈欺取财之刑事自诉。昨日午后，经第一特区地方法院推事向英华开庭集讯，被告荣宗敬避不到案。当由孙伯绳陈述押款经过，并将押据及栈单一并呈案，复阐明栈单之效用，谓市场上对于货物之栈单，认为与现货相等,若该栈单不能提货,则与空头期票无异。质言之,栈单即现货也,被告抵押之栈单,虽非赝鼎,因该厂否认抵押,遂致无从提货,但被告系福新、申新各厂之总经理,既以该厂栈单抵借款项,到期不为清偿,自应听由提货,乃竟措不交货,则实系诈欺取财矣云云。庭上以案关诈欺,被告应到庭备质,遂谕改期本月二十八日下午,传被告荣宗敬到案再讯。

(《申报》,1935 年 6 月 22 日)

附 2:荣鸿元致张啸林函(1938 年 3 月 12 日)

信康庄控告敝公司,经讼多时,上年已成立和解,分期清偿在案。末期因手续关系,致误时二十分钟,乃孙伯绳认为违约,意图推翻前案,又向法院控告,兹已定期拍卖。窃念先君弃养尚未终七,孙君伯绳逼人太甚,言之痛心。查【民国】二十四年夏季,司法行政部曾密饬各法院,关于敝公司控诉事件,设法缓和,以维实业。拟恳老伯言于当道,冀达缓和目的。毋任企祷,感激之至。

(申新总公司函稿汇登)

致彭学沛函

(1935 年 6 月 24 日)

纱业处不景气环境中,有江河日下之势。敝处范围较广,营业方面益成棘手。前承宋【子文】部长有援助之表示,一切正在计划中,惟债权不能相谅,诉讼事件陆续发生,应付殊觉困难。因忆上年 7 月间行政院为维持敝公司,曾经议决事项,其第三项"由司法行政部密饬各地方法院,如遇诉讼事件,设法缓和,勿使为债主所逼至于宣告破产",【汪精卫】院长爱护实业,可谓仁至义尽。敬恳我公婉陈【汪精卫】院长,请对于议决之第三项迅予实施,但求空气缓和,俾债权者不致逼人太甚,则感激宁有涯涘。恃爱渎陈，惟希垂察。

（申新总公司函稿汇登）

附1：王尧臣致荣宗敬函（1935年7月1日）

昨晚接到德生兄来信，云及上月间政府要人允为赞助实业，吾侪深得欣幸。不料至今延不发表，小报造谣惑众，感受受累。锡地钱庄既无目光，亦是附和，弄得我三厂大受影响。弟前写信与福昌盛庄，请他对申三往来放松一、二万〔天〕，初有效力，近被政府事小报造谣，各庄意志又变云云。故弟今日四点钟快车去锡，接洽真相。请兄亲自再去宋【子文】部长处，当面催他提早发表，对于社会人心，可以安定；于是他知我志，诚或可提早发表，则幸甚矣。

（申新纺织总公司档案）

附2：国民政府行政院给司法行政部密令（1935年7月4日）

案据上海申新纺织公司荣宗敬呈："为纱业处不景气环境中，〈有江河日下之势。敝处范围较广，〉营业方面益成棘手。前承宋【子文】部长有援助之表示，一切正在计划中，惟债权不能相谅，诉讼事件陆续发生，应付殊觉困难。因忆上年7月间行政院为维持敝公司，曾经议决事项，其第三项'由司法行政部密饬各地方法院，如遇诉讼事件，设法缓和，勿使为债主所逼至于宣告破产。'"等情。据此，查关于救济上海申新纺织公司一案，上年七月间，据实业部陈【公博】部长拟定救济暂行方案到院，经提本院会议通过，并分令财政、实业两部遵照暨函请全国经济委员会查照办理在案。当时会议讨论，众以"该公司如因债务关系诉讼时，由法院设法缓和，勿使破产，实为救济之一法"等语。当经前任司法行政部郑次长天锡口头声明，可通知各法院酌予通融。兹据前情，案关维护国内实业，救济经济危机，相应函希贵部查照，密申前令，至纫公谊。

（申新纺织总公司档案）

致中国银行董事长宋子文、总经理宋汉章函

（1935 年 7 月 5 日）

昨日宗敬列席本行董事会，面陈一切，已承垂察。查吾国长江一带纱厂停工者已十居七、八，外纱到处倾销，纱业实无生存之余地。以前银行押汇，〈于〉周转方面裨益厂方殊非浅鲜。为今之计，惟有恳请通知各地分行，援照成例，准做押汇，并恳函商交〈通银〉行同样办理，以维垂危纱业，毋任企祷。

（申新总公司函稿汇登）

介绍相家梅锡山来申设期启事

（1935 年 7 月 6 日刊载）

荣宗敬、叶伯皋、许静仁、屈文六、黄涵之、朱燮臣、顾馨一、汤住心、郑正秋、黄伯度、何仰周、祝伊才、程干卿、周少康、钱镜平介绍相家梅锡山来申设期。

梅君锡山，江苏无锡钱桥人，素业棉，好读书，喜究命相学，二十年如一日，博览周详，启悟至理，论命相灵奇中。沪战后，始设砚于苏〈州〉，三年来，极为吴中士绅所推重。今照海上戚友之邀请，每月留申二星期。同人知君诚而好学，并无时下积习，故乐为之介绍，俾欲明兴衰者，知所问津焉。

日期：今日起至二十一号回苏。

论相：一元。

时间：上午九至十二时，下午三至九时。

地址：爱多亚路南京大戏院对面慈林素餐处大厅。

（《中报》，1935 年 7 月 6 日）

复中央信托公司函[①]

（1935 年 7 月 25 日）

接奉台函，以敝厂【申新一、八厂】押款于本月二十三日到期，贵公司拟将本息一并收回。查敝厂自经贵公司等共组银团，俾于纱业不景气中，得以照常工作，此固国家税收、工人生计交受其益，不仅敝厂感荷已也。现在敝厂营业及工作状况，均为贵公司所洞鉴。既承辅助于先，仍请维持于后。除将押款利息照缴外，以后还祈顾念敝厂困难情形，准予继续，至为企盼。

（申新总公司函稿汇登）

致彭学沛函

（1935 年 8 月 23 日）

宗敬于个人经营之事业，竭力支持。花贵纱贱已成自然之趋势；布尤贱于纱，且无人过问，以故纱、布存货山积，华厂之歇业停工者不知凡几。日厂则工作如常，自交易所加入日纱标准，销路更为活跃；华厂则无生气，无希望。事关整个纱业，不仅宗敬之杞忧已也。以前华纱行销长江流域，本无问题，今则外货侵入长沙，且以放款为饵，销路愈狭，营业愈难。瞻念前途，不寒而栗。

（申新总公司函稿汇登）

---

① 此系荣宗敬代表申新一、八厂复函。

致彭学沛函

（1935 年 9 月 6 日）

纺织业在百业中为最重要，亦最艰困。外人在华设厂，占有势力及特殊便利，以倾销为侵略工具，华厂万难与之竞争。交易所本为平准市价而设，今则偏于投机，造成花贵纱贱局势，致厂家无生存余地。棉纱统税既无可避免，且不准减轻，而贷款之利率，又较任何国家为高。际此新花上市，厂家多进原料，制成熟货，以待市面转机，营业或有一线希望。无如厂家有心无力，经济之权操之于银团；交易所又因投机关系，花价与纱价无合头之日；银行在上年收买棉花，存积不在少数，新花涌出，论市情，花价应小，惟因操纵关系，花价有上涨趋势，花销因之呆滞，直接影响农村，间接影响纺织业。如何使花、纱、布市价共趋正轨，应请我公指示者一也。

在国民经济与世界经济不景气中，致沪市金融界发生一度之恐慌。金融与实业休戚相关，利害与共，维持实业必先维持金融，其理至为明显。如何使呆滞之金融变为活泼，宗敬之愚，以为莫如由国家银行发行巨量纸币。通货膨胀已成市上之口头禅，在商民心理并无不乐从之表示。去年 8 月，宗敬有西安之行，见火车载现洋入陕为数不赀，盖收买棉花，非现洋不可。农民既得现洋，大都埋藏地下，不令流通市上，以故输出国外之白银，犹可数计，输入内地之国币未见影踪。今又届收花时候，未闻尚有大批现洋输入内地否？改现洋为纸币，于使用时有无窒碍否？就现今金融状态观察，发行纸币有适量之范围，有相当之准备，应无如何流弊。金融之气象昭苏，实业之生命持续。鄙见如此，应请我公指示者又一也。

【国民党四届】六中全会将届，知关于利国福民之提案必多，宗敬不欲有所濆陈，聊贡其愚，乞我公进而教之，幸甚，幸甚。

（申新总公司函稿汇登）

谈赴日考察团

（1935 年 9 月 7 日）

【上海电：沪金融、实业、工商等各界领袖，所组织之赴日经济考察团，已决定于本月二十五日东渡，团员约二十余人。记者今晨特访晤参加该团之申新纺织公司总经理荣宗敬氏，据谈：】

该团组织，全系出于工商界之自动，因年来日本经济之发展，突飞猛进，非唯我国之望尘莫及，即欧美各国亦有不如之慨。故藉考察之所得，以冀改进我们之工商各业，复兴国家社会经济。抵日后，会晤彼邦实业、金融各界名流，亦为当然之事，固未可即谓为与河北经济协会之组织及中日经济提携有关系也云云。

（无锡《人报》，1935 年 9 月 7 日）

为请求准予将各路装运纱花价格予以减低俾成本低落售价低廉以惠灾民事呈京沪、沪杭甬两路局及铁道部文[①]

（1935 年 9 月 12 日）

呈为请求准予将各路装运纱、花价格予以减低，俾成本低落，售价低廉以惠灾民事。本年度各省水灾，为患至巨，影飨〔响〕民生匪浅。爰之时届秋冷，须衣御寒，棉纱为织衣之原料，应力求减低价格。

（《申报》，1935 年 10 月 5 日）

① 此呈文系荣宗敬先生以全国华商纱厂联合会名义发出。

附：铁道部令京沪、沪杭甬铁路管理局接洽核减麦棉运价（1935 年 9 月 25 日）

铁道部指令（业字第八三零八号）

呈一件（据荣宗敬函请将小麦棉花之类核减运价，除函请先将产销情形详细函复，以凭核外，并请饬联运各路于农产品运价，予以核减由）

本年九月十二日总字第一五二一号呈悉。查农产品运价，本部鉴于农村凋敝，近年以来，业经尽量减低，迭次通令各路实行在案。运输会议、联运会议，亦均有提案。此次茂新、福新、申新总公司荣宗敬所请小麦棉花之类核减运价一节，该路业已函询先将拟请核减运价之几种农产品产销情形，详细查复，再行呈部核办，尚属可行。惟此问题，证之已往各路减轻运价之成绩，虽减价而仍于输出无大裨补，是此问题是否减轻运价所能解决，尚属疑问。我国各口岸及沪地商人，愿否购买国产亦属问题；而各口岸各工厂，每因国产原料其价格较高，质量稍次，兼之参杂泥土沙石等，又因大量收买不易，致较之购用舶来品，难易相差天壤，以致国内生产销路滞塞，农村经济益形凋敝，无论如何减轻运价，贬低售价，均无市场之可言。此种征象，已成为国内严重问题，若不设法补救，为害伊于何底。该公司既见及此，自应切实注意。尤其该公司本身采购原料，更应于国产方面购办，方为正办。至该公司拟在某地购买麦棉若干吨，何时运输，由何站至何站等，其具体需要为何；如有大量购办，每年均有定期托运或利用铁路空闲车辆之时，铁路自当尽量予以协助。以上具体办法，仰即与该公司接洽办理具复。又该路亦须兼顾本路回空车辆方向，利用此种建议，解决本路营业清淡问题，并仰注意，为要。此令。

中华民国二十四年九月二十五日

部长顾孟余

政务次长曾仲鸣代行

（《铁道公报》，第 1284 期，1935 年 10 月 1 日，第 8—9 页）

致中国银行董事长宋子文函

（1935 年 9 月 16 日）

上星期六【9 月 14 日】晋谒，恰逢会议，致未能面陈一切。查敝公司二、五厂停顿日久，直接资以生活者约五千人，间接受影响者不下二万人。际此新花上市，应否继续开工，宗敬有心无力，不能有所主张，请于公暇赐一电话，约定地点及时间，俾得趋前领教，以便遵行。

（申新总公司函稿汇登）

附：申新二、五厂职员致上海银行陈光甫函（1935 年 10 月某日）

窃吾申新二、五厂自春间停工以来，瞬已八月于兹矣。屡向敝总理荣君宗敬请示开工日期，始终未获确复。此八月来，职工之流离颠沛，抛妻鬻子，忍饥挨饿，以度此困苦岁月者，姑无论矣。而忍令此每厂六、七百万资金所置之生产设备搁置不用，坐视其腐蚀锈坏，未免太觉暴殄天物，且不令其流转生利，在资方似亦非为计之得。不特此也，彼英、日各厂乘我生产减少之际，反加工赶造，以夺我厚利，而我中华民族仅有此区区之纺织工业，竟任其日趋沦亡，国计民生交受其害，似亦智者所不取。今者，新花登场，此时开工，俾失之东隅者可取偿此桑榆之收。因屡请于敝总理，一无眉目，为此不揣冒昧，上渎台端。倘蒙采及刍荛，转劝敝总理从速开工，则国家幸甚，民族幸甚。草此奉达，不尽欲言。临颖不胜翘企待命之至。

（上海银行对茂、福、申新各厂放款历年往来文件，上海市档案馆藏）

与中央社记者谈面粉高涨原因

（1935 年 9 月中旬）

【中央社云，我国面粉市场，日来以原料缺少，价格高涨①，对于民食颇有关系。顷据面粉业巨子荣宗敬语中央社记者，谓：】

近日来，因各省水灾影响，小麦原料减少，而外国原料亦因价格高昂、成本过巨，颇不合算。兼之欧洲意、阿风云颇形紧张，各国均无货出口，故我国面粉价格步步高涨。本人经营之厂，将于本月底全部停工，盖因缺乏原料也。面粉为民食中不可少之物，今如此高涨，对于国民生计，所关非浅云。

（《申报》，1935 年 9 月 20 日）

致彭学沛函

（1935 年 9 月 23 日）

吾国工商业落后，尽人皆知，落后原因虽有多种，经济枯竭实为主因。宗敬是以主张，于适量范围发行纸币，以活泼金融。对症施药，无逾于是，应请我公考虑者也。

（申新总公司函稿汇登）

① 本年上海麦粉市价，由八月之 2.385 元增为九月之 2.457 元，十月更增为 2.72 元，相差达 4 角左右。

福新等厂开工期谈

（1935 年 9 月 25 日）

【面粉业巨子荣宗敬所经营之福新面粉等各厂，已于本月廿一日起相继停车，昨据荣氏语记者谓：】

面粉厂停车，其主要原因，乃原料缺少，苟欲继续开车，势必多购外麦，故莫若趁此机会，稍事休息，藉便整理机器。好在现时面粉市场尚称平稳，并有少许存货，足供市面需要。至开工日期，是否在两星期后，当视环境如何而定夺云。

（《早报》，1935 年 9 月 26 日）

附：福新面粉厂停工（1935 年 10 月 15 日刊载）

顷近小麦来源极少，荣宗敬氏领导之在沪福新一、二、八、四各厂，已相继停工，无锡茂新一、二、三及济南茂新四厂，亦将停车，兹探详情如次：

停车原因 据该公司总经理荣宗敬称，福新停工全系原料告缺，现已渐谋复车，一、二星期内，可望复开。又悉近日该厂存麦达一百万担，面粉堆积亦在一百三十万包，现在标准小麦，价三元八角左右，面粉二元五角余，麦价甚高，粉价亦尚坐稳，故不致成问题云。

茂新方面 又该公司无锡茂新一、二、三三厂及济南茂新四厂，出粉较福新尤好，近亦逐步减小车数，最近期内，亦将继停工。

荣氏希望 记者昨午访荣宗敬时，渠因粉厂停工事，极盼全国多植小麦，实际上近日粉厂即可获利，订购洋麦后，又将有大量现金流出，麦粉厂均不愿如此。今年水灾空前，全国各义赈会，若利用于明春散发麦种，使民食有所，经济复兴，亦可复苏。闻实〈业〉部当局，在草救济面粉事业计划，尤盼对提倡植麦事，能三注意云云。

（《国货月刊》，第 10 期，1935 年 10 月 15 日，第 52 页）

与国闻社记者谈所经营之面粉厂、纱厂近况

（1935 年 10 月 15 日刊载）

【自报端披露荣宗敬氏经营之面粉厂将实行停车消息以后，国闻社记者昨特走访荣氏于江西路申新总办事处，询以经营之纱厂近况如何，据谓：】

年来世界经济不景气，达于极点，各项实业莫不大受影响，本人经营之申新、福新等厂，自未能例外。其最大原因，系由于原料缺乏，价格较曩昔为高，同时出品又供过于求，销路呆滞，而每日之开支，复无法可以减少，结果遂不得不出于减工或倒闭之一途。即以棉纱一项而言，两年前每件价格为规元一百六十至一百八十元，今则仅一百七、八十元，而棉花价格又有增无减，形成花贵纱贱之局面，是岂商人之皆不善经营者耶？本人经营之棉纱、面粉厂，在沪者各有七厂，工人在十万人以上。今、明日后，除面粉厂全部暂时停车外，所有纱厂，亦将普遍减工，厉行紧缩，以资维持，并将一部分工人遣送回籍。至于面粉厂，系暂时停工，二星期后仍当设法恢复云。

（《国货月刊》，第 10 期，1935 年 10 月 15 日，第 52 页）

呈国民政府行政院请定借款利率电

（1935年11月5日）

【财政部改革币制[①]后，荣宗敬先生特电致行政院，贡献财政改革币制后之意见，主张减低利率。原电云：】

南京行政院转李协和、吴稚晖先生钧鉴：我政府毅然改革币制，以顺应潮流，凡百商民，同深欢忭。现今工商业之凋敝，原因不一。而受高利率之盘剥，实为主因。当此币制革新之际，对于借款利率，似宜连带法定。查日本工商业借款，无有超过四厘者。或即以四厘为标准，以苏商困。如何提议及促其实现，是所望于群公。荣宗敬叩，歌。

（《纺织时报》，第1234期，1935年11月11日）

与大公社记者谈改革币制意见

（1935年11月6日）

此事于政府，于人民，俱获益不浅，良以目下工商业之不景气，市面之周转不灵，均因现金与筹码缺乏之故。今者政府既集中现金，发挥经济上更大之权威，自可以雄厚之硬币准备，而无限发行纸币，将来工〔公〕债、证券等，或可以纸币收回，而使筹码顿加。市面流通、工商放款均可减轻利率，则使商人、农民负担减少，通货活跃，则复兴市面，重趋繁荣，可立而待云。

（《民报》，1935年11月7日）

---

① 1935年11月3日，财政部颁布《法币政策实施法》及《兑换法币办法》，规定中央、中国、交通三家银行发行的货币为法币，以图改变以往各家银行皆可呈准发行货币的混乱局面，统一全国币制。此次币制改革，是在英国经济顾问李滋·罗斯协助下实行的。

与记者谈面粉与棉纱之市况

(1935 年 11 月 20 日)

【日来面粉与棉纱因价格升涨,颇有起色。据该两业巨子荣宗敬氏发表谈话如次:】

本人经营之申新、茂新、福新等厂,前因原料缺乏,曾全部停工,现虽已陆续开工,但仍因原料及销路关系,工作断续不定。现面粉市况,较过去为涨,其故因各地麦子,均已销罄,原料缺乏,粉价遂涨。而各厂工作,因之恒无定时。前本埠每月可销三百五十万,现只可销售半数,实际上已呈减少,而国外原料,因成本关系,并无进口。近来市面衰落,食米反较食面便宜。

关于棉纱方面,因本年各地水灾影响,出产亦较昔年为减少。华商纱厂停工者甚多,市况虽较过去上涨二十元之数【指每件纱之价格】,但仍在艰苦维持中。关于申新二、三两厂复工之事,虽失业工人亟待救济,但为环境所牵制,实无可设法。纱市衰败,无法维持。至实〈业〉部将派员设法帮助复工之说,未有所闻云。

(《钱业月报》,第 15 卷第 12 号,1935 年 12 月 15 日,“统计资料”,第 18 页)

上海实业界呈请国民政府救济实业文[①]

(1935 年 11 月 21 日)

为请愿事。窃以比年以来,金融枯涩,白银外流,百业凋疲,生产日

① 该呈由上海实业界领袖虞洽卿、刘鸿生、郭顺、荣宗敬、聂潞生等五人联名,呈交当时国民政府行政院院长汪精卫、立法院院长孙科、军事委员会委员长蒋介石、全国经济委员会常委宋子文、财政部长孔祥熙、实业部长陈公博等人。

减，使长此不知救济，则经济总崩溃，殆成不可避免之势。今幸政府毅然革新币政，实行管理通货。令下之日，全国翕从，虽施行方始，而市面金融，已见活动，国际汇兑，渐趋安定。友邦赞助，国民拥护，不可谓非经国之良谟、救时之伟策矣。惟全国经济生命所系之各项实业，则仍以缺乏周转资金，濒于危殆，生产日减，以致入超日增，尚未蒙政府予以救助。倘仍听由实业界人自为谋，如前之日乞怜于银行之门，则我国内之银行，类多商业组织，每以资力不足，未能从事于实业放款。且事实上，即使稍有通融，亦多以所产之货品担保为度，而不愿接受不动产之借款，则各工厂之大部份固定资产，仍未能充分运用。在此种情形之下，不惟企业家日陷苦境，即社会上亦无形减却不少资本，生产安得而不萎退，入超安得而不激增？循其结果，则此革新之币政，又安得而不动摇？

故为救实业以救国家计，当此政府财力集中，信用已树之际，亟宜筹设特种金融机关，由政府主持其事，略仿各国工业、兴业、或劝业银行之制度，专事救助实业，即以实业家所有之固定资产，为放款之担押品，并长期薄利，以应其需，一面由中央银行，减低市面利率，并设法收回高利之债券，俾资金不至集中于债券一途。如此，则国内事业，方有转机，国际贸易，庶可平衡，否则生产不振，政府虽停兑以期均衡汇兑，然入超仍自入超，究有何裨？且因实业衰敝，必至失业愈众，社会愈难安定，国家税收愈见短绌，而国本前途，亦愈危险。或谓政府此举，系集中实力统一金融之方策，至通货之发行，则仍应有法定之准备，以固政府之信用，若增发通货，以充资本，既无准备，即无异膨胀通货，势必促成币值跌落，物价抬高，不知通货之收发，须视市面之供求，如增发通货以生产，则通货为生产事业之资本、生产事业之资产，即为增发之间接准备，币值自不致跌落，欧美各国，先例昭然。况他日产量增益，国家税收亦必因之而增进。一举而数善备，政府又何乐而不为。

兹综厥要义，约为二端：一、请政府迅设特种银行，或先由中央、中国、交通三行，立拨巨款救济实业，以便各事业家，得以充分运用所有之资本；二、请中央银行减低市面利率，并设法收回高利之债券，以奖励一般国民投资实业。

事机危迫，急盼鸿施。万一坐失时宜，恐至无可挽救。为特不辞冒渎，敬合辞吁请钧座，俯念实业关系国本，迅准照办，则此垂尽之实业，庶几获有生机。工商幸甚，国家幸甚。谨呈。

（《申报》，1935 年 11 月 23 日）

附：相关方面的反应

（1）蒋介石批示："呈悉，仰候函转财政部核办"。（《申报》，1935 年 11 月 27 日）

（2）自虞洽卿、刘鸿生、郭顺、荣宗敬、聂潞生等五人，呈请财政部减低利息，救济实业后，中央、中国、交通三银行暨银钱两业公会，均先后奉部令核办。新声社记者昨向银钱业探悉，银钱两业公会决，俟过民国二十四年各业总结束后，即开联席会议，会商具体办法。减低放款利息之先决问题，为减低存款利息。因银钱业之放款，均系吸收存款而来，如专减低放款利息，而不减低存款利息，则将无法营业。今存款利息，各银行钱庄虽不一律，但外商银行最高的五厘，华商银行最高的年息一分，钱庄最高的月息一分。至于放款利息，外商银行暨华商银行、钱庄最低的六厘，最高的一分二、三厘，均视市面银根而定，万一实行之后，对于已成立存款及放款，均应有补救办法。故闻银钱两业公会俟联席会议时，决组织专门委员会作具体之研究。

（《申报》，1936 年 1 月 17 日）

与中央社记者谈纱市衰落

(1935 年 12 月 10 日)

【本市纱业,颇形衰落。荣宗敬氏所经营之申新第二、第五两厂,自亏损过巨,宣告停顿后,失业工人迭向党政机关,请求设法救济。此次实业部次长刘维炽来沪,有将召集金融、纱业两界巨子会商办法之说。中央社记者特以此叩询荣宗敬氏,据云:】

召集会议说,本人尚无所闻。现纱市仍然衰落,申新二、五两厂之停业,实无法维持。前本人曾谒孔【祥熙】财长,请求筹设特种银行,俾工商业得抵押贷款,利用资金,从事发展,免遭银根周转不灵之苦。当蒙孔部长允准,容缓计划举办。故欲谋救济发展,非予以经济上之流通不可云。

(《申报》,1935 年 12 月 11 日)

致上海面粉交易所理事会函

(1935 年 12 月下旬)

敝前将所有坐落新开河贵所房地产,抵押惠丰庄国币三十六万元,到期未能取赎。该庄起诉法院,现奉法院判决在案,执行发封。一再申请展期,已有两月之久,无可再延,是以函知贵所,请为设法解决,实为使贵所营业避免发生意外,而全部经纪人致蒙重大损失。现承贵会贵所斡旋,代向至中银行商借三十万元,已成事实;惟至中银行须请由贵所担保,且须全体理事署名。此项抵押利息,准请将贵所应付敝处每月租金移充,即由贵所直接解付至中【银行】。……该项担保如敝处到期不能取赎,而致累及贵所履行保证责任时,则敝处愿以贵所代赎所付之款作为代价，即将所押该项房地产执行贵所营业，以免贵所受亏，决无异言，即希察照。

（申新总公司会计部函稿）

附：闵宪章律师代表陈富华、崔丞甫等质问上海面粉交易所全体理事、监察人暨至中银行并敬告各股东启事(1936 年 4 月 2 日刊载)

兹据当事人上海面粉交易所股东陈富华、崔丞甫等委称，本所理〈事〉、监〈事〉诸君为荣宗敬氏担保，向至中银行以本所承租之房屋抵押三十万元，鄙人等前曾委由律师代表去函声明，依法法人不得为人担保，且为本所利害计，坚决反对负担任何保证责任等情，曾经理事顾馨一、监察人朱允长口头负责声明，系以私人名义出面担保，决与股东无涉。讵于本年股东常会之时，理事会藉词群情惶恐，并乘全体股东纷纷投票入匦离席出场之际，由办事人猝然散发片面之报告书，内叙上开担保事件。维时以主席既未发表，又未列入议案提交讨论，况事前业经理事、监察人声明，以其为私人法律行为，故可不必过问。且值秩序凌乱无从发言，继思此事既与本所无关，理事会何用报告于股东？惟举措仓皇，深堪疑虑，并恐其以此为将来卸责于股东之伏线。为慎重计，遂委托卞筱卿、郭福斋、卓明廉三君代表，面询理事长王一亭、理事顾馨一，究竟是何真相。复承王、顾两理事切实答复，确系私人担保，与股东毫无关系云云。乃本所所发第十七届第一次股东常会议事录，竟谓理事会报告此案，一致通过云云。似此捏词混淆，不出所料。查民国二十三年【1934 年】常务理事诸广成曾擅提公款二十万元，为荣氏取赎抵押品，经常务理事陈松源严重反对，股东金润庠登报警告，方始收回；迨至二十四年【1935 年】两次股东会，复拟以六、七十万元之巨款，购置荣氏之房产，曾经多数股东一致力争，始获取销前议。诸广成以计不得逞，复代荣氏担保，向惠丰钱庄改做押款，到期不赎，以致该庄起诉，既不行使本所常务理事之职权，参加诉讼，又不声明异议，主张债权，致使该庄进而声请强制执行，藉词群情惶恐，以为担保荣氏，向至中银行押款三十万元之张本。不意该理事、监察人等之担保，仍不足以取信于至中银行。诸广成竟不惜推翻二十四年【1935年】八月股东会议决，每一银行存款以二万元为度之成案，而竟擅拨十五万元，假存放该行为名，作无形中之第二保证，阳为维护本所及全体经纪人之利益，实为贯彻效忠荣氏之饰词。今该理事、监察人等，鉴于责任之重大，日后无以交代，竟恃一纸之报告书，伪称一致通过，以冀卸责于股东。要知此事关系本所前途至深且巨，鄙人等曾先后委由律师去函声明，委托代表当面询问，何不列为议案提交讨论？此不解者一也。即云报告，何以不与修正章程、补提公积金两案一并分发，而于纷纷投票秩序紊乱、已将散会之时，乘隙分散，其作用何在？此不解者二也。既分发矣，主席何不维持会场秩序，要求股东入席说明本案经过，正式请求追认？乃仅凭片纸报告，强谓股东一致通过，天下宁有是理？此不解者三也。所谓一致通过，提议者何人，附议者又何人，既未经过讨论程序，又未采取表决方式，则一致通过，何所根据？此不解者四也。以如此重大之事件，既不慎重处置，而竟以掩耳盗铃之计，希图卸责，不惜牺牲股东之法益，为诸广成达効忠荣氏之目的，视股东如童呆，置议案于不顾，是可忍孰不可忍。用特提出质问，敬希详实答复以明真象，并请根据上年八月股东会议决案，将所存至中银行十五万元，负责如数收回以重职责。再者，鄙人等曾一再反对本所负担任何保证责任，如有假造众意，或擅用本所名义为人担保者，决本一贯主张誓不承认。对于至中银行，亦曾以同样理由，委由律师去函声明，有事实可证。今至中既与荣氏成交，显系默认本所理事暨监察人以私人名义为担保，与股东等毫无关系。用再合并声明等情，据此合代登报启事如上。

事务所：慕尔鸣路第二七七弄八号，电话：三二四四四。

（《申报》，1936年4月2日）

阅历经验谈[1]

(1935 年)

古谓人生最惨是生死离别，予谓最苦是失业赋闲。失业则一受经济之困顿，二遭家室之交谪，三被亲友之冷眼热嘲，四或如苏秦父母不子。人当赋闲无事、株守待兔，日则仰屋兴嗟，书空咄咄；夜则搥床反侧，短叹长吁。所以，捧牢饭碗，千万宝视，切勿看轻而嫌薪水之微薄，作事之烦杂，待遇之苛刻。及至失业赋闲，复乞升斗而告贷无门，遇亲戚而歧途相避。到此时，而欲求一枝之寄、一榻之借、一粥之饱，且不可得。虽欲望苛刻之待遇、烦琐之工作、微薄之薪水，而不可得矣，遑论其他哉！

宋贤诗云："书到用时方恨少，事非经过不知难"。现在无论工、商、农、学、政各界，一句话：人浮于事。鄙谓不然，并非人浮于事，实乃事浮于人。何也？实因平时观人，往往事事能、件件会，样样懂，及到要真真请教，谚所谓"若要盘剥，性命交托"。大多无事时，望有机会仅占一席，已心满意足，愿竭力从公；一旦得事，则长短不适，轻重不安，烦简不宜，横弗称意，竖勿遂心，弄到介绍人头胜栲栳般大，东翁默念阿弥陀佛，盼望年底快快来临。若机关、学校、商店、工厂，欲求一有恒心、有毅力、肯负责任、肯尽忠忱之友朋，踏破铁鞋无觅处，岂非事浮于人耶！倘斯人年富力强，性格温和，举止端正，语言谦虚，做事勤慎，管理周到，待人忠

---

① 该文镶嵌在大玻璃镜框内，悬挂于上海江西路茂新福新申新总公司办公大楼大写字间墙上。后人多认为此文写于 1921 年，然多未说明理由。本人据《光中杂志》第 2 期(1935 年 1 月 15 日)第 32—33 页刊载本文，倾向于该文写于 1935 年前后。另据《兴业邮乘》第 47 号(1936 年 7 月 9 日)刊载《荣宗敬氏阅历经千言(节录)》及徐新六的说明，荣宗敬先生的这篇《阅历谈》全文应有 5000 字，本处所收只是部分节录。

恕，能以己心度人之心，能负责任，不袖手旁观作自了汉，此其人尚有失业赋闲者乎？若能尽心竭力，效忠处事，而有赋闲失业者，我不信也。愿我同人三思此言，铭诸座右。

荣宗敬述

（无锡市政协学习文史委员会编：《中国民族工业首户：荣氏家族无锡创业史料》，世界华人出版社2003年版，第180页）

1936 年

以上海面粉交易所房屋向惠丰钱庄押款订立设定第二抵押合同

（1936 年 1 月 6 日）

立设定第二抵押合同。

惠丰钱庄(下文简称受押人)、荣宗敬(下文简称出押人),今因出押人需要款项,愿将己产已向至中银行设定抵押之上海市土地执业证沪字五五四五号地一亩柒分玖厘玖毫,连同地上全部房屋,计坐落上海民国路面粉交易所新建六层楼洋房壹所,作为抵押物,设定第二抵押权,向受押人押借国币陆万元整。兹将订立条件开列于左：

一、押款利息按月玖厘。

二、押款期限以壹足年为满,即自民国念五年壹月陆日起至念六年壹月伍日止。

三、出押人于本押款期满时,如不能清偿原本,或于押期内不能按照第一条规定给付利息,受押人得于抵押物变卖偿还至中银行后余剩之款有优先受偿之权利。

四、抵押物于抵押期内或本息未清偿以前,如因时价低落不足保证第二抵押权本息时,受押人得向出押人要求增加抵押物,出押人应即加具担保,负责受押人得即时向出押人要求偿还本利全部。

五、出押人应不履行本合同条件致发生诉讼时,所有一切诉讼费用及受押人所支出之律师公费，出押人承认照付，作为赔偿受押人之损失。

六、出押人应向法院为第二抵押之登记，其费用归出押人负担。

七、保证人王尧臣担保出押人履行本合同，如抵押品偿还至中银行后余剩之款有不足偿还受押人本息时，由保证人负完全赔偿责任，并愿抛弃先诉抗辩及检索抗辩。

八、本合同一式叁份，双方各执壹份，余壹份存证明律师处备查。

中华民国贰拾五年壹月陆日

立设定第二抵押权合同受押人　惠丰钱庄（盖章）

出押人　荣宗敬（签字）（盖章）

保证人　王尧臣（签字）（盖章）

证明律师　徐士浩（签字）（盖章）

（荣宗敬以上海面粉交易所房屋向惠丰钱庄押款订立设定第二抵押合同，上海市档案馆藏）

对于国民经济建设运动意见[①]

（1936年1月）

蒋院长元旦在中央广播电台讲演，其题目为《国民自救救国之要道》，演词中的纲要，一为新生活运动，一为国民经济建设运动。国民经济建设运动的实施要项和方法，凡八项，切实做去，的确是轻而易举的事情。鄙人对于第一项振兴农业、第五项促进工业，有小小意见贡献于

① 1936年元旦，时任国民政府行政院院长的蒋介石，在中央广播电台发表讲演，题目为《国民自救救国之要道》，在演词中，主要讲了新生活运动和国民经济建设运动。荣宗敬先生针对蒋介石讲演关于国民经济建设运动之第一项振兴农业及第五项促进工业，皆有意见贡献，并分呈行政院院长蒋介石、实业部部长吴鼎昌。此为荣宗敬先生讲演词全文。

我政府群公之前。

鄙人从事于面粉、纺织两业，已三十余年。衣、食为人民生活之要素，面粉、纺织业之原料，均为农产品，是农业振兴，与人民衣、食，有密切关系。查我国每年所产小麦，不足全国机制粉厂半年之用。而本人所创办之茂新、福新粉厂，需用一千余万担，当青黄不接之时，为维持民食及工人生计，不得不采办洋麦，以济厂用。吾国宜麦之地多，与其仰给于人，何如取足于己？自应推广麦田，及时播种，务使产额逐年增进，至一万万担，俾无供不应求之虞。至吾国棉产，近十年中，数字递增，自积极植棉，产额已增至一千一百余万担，但上年只有八百余万担。吾国人口四万万，棉产非增加至一千六百万担，不能供给纺织业及人民之需要。现今各国，莫不推广棉田，即如南美巴西，产额亦增。吾国地大人众，非再积极植棉，不能复兴农村。此本人对于振兴农业之意见也。

蒋院长之言曰，工业如不能发展，物质文明便不能进步，经济生活便不能美满，所以，除极力促进农林、矿产之外，最要紧的，更须竭力谋工业的发达。吾国工业，自以纺织业最为主要。查英国纱锭约四千余万，印度约九百余万，美国约三千余万，日本纱锭逐年增加，一九三五年已增至一千零二十九万六千五百二十八锭。吾国纱锭仅二百五十万，在华外厂有二百余万。际新花上市，吾国二百五十万纱锭，停者尚不在少数。即如申新二、五厂，停工几及一年，竟无由设法复工。然四万万人口需要计，非推广纱锭不可。如为经济及环境所限，最低限度亦应维持原有之锭数。万一原有锭数不能维持，则经济侵略无法抵制。发达工业之谓何？鄙意维持纱业现状，莫如从减轻利率、便利运输入手。盖维持现状，而后可谋进展，否则，甫在萌芽纺织业，不加灌溉而摧折之，尚有生存之望乎？此本人对于促进工业之意见也。

现在办工厂的人，都是垂头丧气，有说不出的痛苦。自读蒋院长演词以后，不知不觉的兴奋起来。就商人立场，说几句关于自身利害的话，不自知其有当吾也，尚望政府群公有以教之。

(《申报》,1936 年 1 月 12 日;《纺织时报》,第 1253 期,1936 年 1 月 16 日)

复中国、上海两银行函

(1936 年 1 月 26 日)

接奉台函，以敝公司一、八厂向贵两行等，合做厂产押款五百四十万元，又营运借款四百万元，业已到期，合做之中央信托公司、新泰庄、鼎康庄三家不再继续，又福新布贷款二十万元未有归偿办法，统限于一个月内履行责任，等因。查敝公司一、八厂得贵两行协助，于合同到期犹予维持现状，为敝厂继续工作起见，此真合作之表示，敝公司至为感纫者也。敝厂现时营业尚佳，堪以告慰，惟望时局稳定，市面转机，上述两点解决之期，当不在远，惟高明垂察为幸。

(申新总公司函稿汇登)

致国民政府行政院函

(1936 年 1 月)

本人从事于面粉、纺织两业，已三十余年。衣、食为人民生活之要素，而面粉、纺织两业之原料，均为农产品，是农业振兴与人民衣食有密切关系。吾国纱锭仅二百五十万，在华外厂亦有二百余万。际新花上市，吾国二百五十万纱锭，停者尚不在少数，即如申新二、五厂停工几及一年，竟无由设法复工。然以四万万人口需要计，非推广纱锭不可。如为经济及环境所限，最低限度亦应维持原有之纱锭，万一原有纱锭不能维持，则经济侵略无法抵御。发达工业之谓何？鄙意维持纱业现状，莫如从减轻利率、便利交通入手。盖维持现状，而后可谋进展，否则甫在萌芽之纺织业，不加灌溉而摧折之，尚有生存之望乎？此本人对于促进工业之意见也。现在办厂之人，都是垂头丧气，有说不出的痛苦。就商人立场说几句关于自身利害的话，不自知其有当否也？当望政府群公有以教之。

（申新总公司函稿汇登）

对于新公债意见

（1936 年 2 月 10 日）

【国民政府财政部当时为复兴市面、救济各业起见，拟发行统一公债十四万六千万元，复兴公债三万四千万，统一公债业经上周行政会议通过，不久即可发行。记者昨以此事趋访实业巨子荣宗敬氏，探询意见，据云：】

际此工商凋敝之秋，政府毅然发行两公债，实施救济，诚属切合需要，惟能注意损益两端，则无往不利，将来丝绸、棉纱等业，必趋于统制一途，自属毫无疑义。该债发行后，市面金融，藉此可期活跃，本人意见，当然表示拥护云。

（《新闻报》，1936 年 2 月 11 日）

致宋子文函[①]

（1936 年 2 月 11 日）

日前趋谒，极感明示，当即转告各厂，除无锡【申新】三厂已有复函表示意见外，四厂远处汉口，屈指尚难复到。弟于【申新】一、三、四、八

① 据薛明剑 1936 年 2 月 23 日致吴稚晖函，此函系为薛明剑代拟，且未发出。

等厂，因系股份公司，未经适当手续，似难一时独断。其余各厂系弟个人事业，并无股东关系，自宜酌听尊裁，不敢多持成见。素辱厚爱，定能予以始终成全也。去年敝公司各厂营业差堪告慰，至内部技术、管理上之改进，已如【申新】三厂来函所述，录奉察政，恕不赘及。至弟所负各处旧债，原拟随时归偿，因思与外商竞争生存，对于工具设备之改革，以及劳工教养之注意，固属在在需费，不容稍事缓图，而对外须谋抵制外货之倾销，更不能不忍痛抑价得资应付，加以五年来遵纳国家统税，亦在千万元以上，是以营业虽有一线转机，尚难悉数清偿旧债。本年起，定当更自撙节，以期早日拨偿。辱荷锦注，敢以奉复。

附1：荣德生来函（1936年2月10日）

接奉公函，限于本星期内召集股东开会一节。兹查【申新】三厂股东，散处各地亦数十人之多，断非三数日间所能召集。兹事体大，只可假以时日，从长熟商。窃弟有不能已于言者。在昔，弟亦深信专家、技术，故于【民国】十三年【1924年】聘请汪【孚礼】[①]先生等专门技术人材〔才〕来厂主持改良，先后不下十余人。汪先生亦艰苦卓绝，任职八、九年之久。自二十二年【1933年】汪先生等先后赴申，挽留乏术，弟感于技术专家之不易屈留，只可全数听其高就。适值三儿[②]等自美学习纺织归国，一面复就厂内职工加以训练，幸两年来除出数，由每日平均一百五

① 汪孚礼（1886—1940年）名康，字树馨，号孚礼，湖南沅江人，纺织技术专家、企业家。早年毕业并任教于湖南省立第二师范学校，后在日本东京高等工业学校纺织科。1919年回国后应聂云台之聘先后任恒丰纺织新局技师、大中华纱厂总工程师。1923年大中华纱厂经营失败后，汪氏于1925年受聘出任申新三厂总工程师，到任后对该厂工头制加以改革，并从行政到技术，从运转到保全实行全面整顿。1932年调任申新总公司厂务部长，并兼任荣宗敬等人创办的恒大纱厂经理，同时在申新职员养成所任教，1933年申新二厂厂长，并全权整顿中日银行管理的鼎新纱厂。1935年转任中日银行总管理处业务稽核。

② 即荣德生三子荣一心（1912—1948年）。1946年，荣一心秉承父志主持筹建私立江南大学，并在建校之初参与主持校政。1948年12月因飞机失事不幸遇难。

十余件逐渐增加至一百八十余件外，即开支方面，二十三年【1934 年】较旧时骤减十九万〈元〉之多，二十四年【1935 年】较二十三年更省十六万元。附上历年详细统计(略)，可备随时参察。核之国内各厂，尚无不及之处，历承国【民政府】、省【政府】委员及各方参观者交相推许，而实【业】部陆君更许为国外亦所仅见，固属滥奖，不敢领受。然最近常州大成纱厂委托聘请管理人员，民生纱厂亦复派人来厂实习，似在国内纺织界商有相当地位；即与日厂相较，除利息外，工资、物料等项无一不可与之争胜，而此后则自信且尚有优越日厂之把握。追念往昔，添机扩充，日夕更张，改革耗费，糜事增华，致陷今日经济之危径〔境〕，思之反觉怃然。夫真正之专家人才，固为我侪所寤寐以求者，惟为今之计，只有埋头苦干，力谋品质与产量之增进，耗费之减少，自力更生，古有明训，似不宜再事纷更，重蹈复〔覆〕辙。是否有当，仍盼示遵。

附 2：薛明剑致吴稚晖函(1936 年 2 月 23 日)

前次晚代拟答宋【子文】一函(即上次附寄我公者)及申【新】三【厂】复宗【敬】先生一函，闻总公司方面恐得罪当局，尚未发出，仅以德【生】先生原函交宋之来人(胡云庵，中国银行主任)一观，故宋之心目中是否明白，尚未敢知。德先生意，仍盼我公于便中道及之，必要时尚拟求公致函言明之。

(薛明剑藏件)

与记者谈华商纱厂产销不振原因

(1936 年 2 月 26 日)

【本市华商各纱厂，因受市面不景气影响，销路呆滞，存货囤积，以致维持困难，均纷纷实行减工。记者昨访实业界巨子荣宗敬氏，据云：】

各纱厂营业不振，纯因市面不景气所致，并非华商如此，即外商亦然。盖纱贱棉贵，原料与出品价格竟相差无几，如二十支纱，每包仅售二百元左右，是否有利可图，明眼人当可了解。但目前市价已较去年底回好，各厂勉可维持，全市华商纱厂，开工纱锭，均占中外全数十分之六五，计有二百七八十万枚，生产量较以往减少十分之五。据本人臆测，今春清明节后，纱销当可畅旺，各厂前途如何，须视秋间棉收丰歉而定。关于本人所属之申新各纱厂，现况尚属可观，销路方面亦日渐增加，倘能长此以往，颇有胜利之希望云。

（《新闻报》，1936年2月27日）

与新声社记者谈纺织、面粉两业近况

（1936年3月31日）

【申新纺织厂、福新面粉厂总经理荣宗敬氏，昨与新声社记者谈纺织、面粉两业近况，兹志如下：】

纺织　据荣氏谈纺织业状况，过去因原料缺乏，布疋、棉纱实销之不振，造成花贵纱贱之局面，乃致华商纱厂，咸感衰落，全国纺织厂停闭减工，相继而起。数年来，纱布市面，虽间有较佳之时机，然终如昙花一现，稍纵即逝，故纺织业始终挣扎于危殆困难之中。惟自昨岁以来，外货纱布之倾销益甚，国人厂商因产品成本较重，竞争极难，兼之棉花产量有限，非仰给外花不可，情形遂愈见不堪。至于外商纱厂，因资本之雄厚，技术亦较优越，莫不乘机采购印度、埃及棉花，尽量生产，攫夺我国之纱布市场云。

面粉　至于面粉业之衰落，虽受北地市场被夺之影响，然尚不若外传之甚。销路减少，亦不过一部份〔分〕而已，惟其最大困难，在于原料之缺乏，因国麦全年产量，仅供麦粉厂四、五个月之消耗，故须仰赖洋麦之供给,为数殊大,最近各厂,均已订购大宗澳麦,以备资青黄不接之需。数量多寡,尚不明瞭,福新、茂新各面粉厂并非全部停工,以原料关系,时辍时作而已云。

(《新闻报》,1936 年 4 月 1 日)

附:穗会:读荣宗敬《谈纺织、面粉两业〈近况〉》后(1936 年 4 月 12 日刊载)

中国民族资本工业最先兴起的是纺织与面粉两业,进展粗具规模的亦就是纺织、面粉两业,而受外商排挤最力、打击最重的也就是纺织与面粉两业。三十年来,除了欧战时期一度活跃外,这两业可谓无日不在悽风苦雨中挣扎,而荣宗敬氏所经营的申新、福新各厂,尤当着最前锋的正面。因是荣氏的见解,应比一般以学者态度研究两业衰败原因者为切于实际。

聆最近荣氏谈话,知道吾国纺织、面粉两业的衰败主因,实为原料与技术的问题。而吾国原料之缺乏,尤为荣氏所深致惋惜,这不能不使吾人纳罕。荣氏一则说:"国人厂商因产品成本较重,竞争极难,兼之棉花产量有限,非仰给外棉不可,情形遂尤见不堪……"再者说:"面粉业衰落,虽受北地市场被夺之影响,然尚不若外传之甚;惟其最大困难在于原料之缺乏。……"一个滞留于农业经济阶段的国家,牠的原料生产还不足以供应幼稚工业的所需,甚至令其时辍时作,殆非一般所能置信。吾国原料生产量是否不敷,论者不一,但生产区域与制造区域的隔膜,实为不可忽视的问题。盖制造工业都开设沿海通商大埠,距离生产区域遥远的,恒在数百里以至千里以上,不特其间运输困难,运费高昂,捐税重叠,以及居间商人的操纵剥削,抬高了原料的物价。抑且生产者与制造者彼此不相联络,工业上究适用何等品种之原料,固非农民所知,每年农产究有若干供给能力,亦非工厂所知,但知仰给于居间商人。而物品一入商人之手,择利而趋,农产物之运抵商埠,本极有限,复以外厂流通资金比较丰裕，出价较高，贷款早付，故每当青黄不接之际，农产物无不先为外厂所吸收。于是吾人可下一断语：所谓原料不足，并非是全国产量之不足，乃农产物运抵商埠地复为外厂所吸收，剩余之供给量不足。

为荣氏计，为吾国工业计，所谓“工业网”问题是值得吾们讨论的，即全国工厂应有计划的分布于全国各适宜地点，一方面占领一定的原料供给地，一方面占领若干消费市场，同时减省运费、捐税，以及其他种种乱费。它的成本自然比较地减轻，而原料的供给亦获得了经常的来源，吾们有了这种优势，才能抵补技术上的弱点。中国的民族资本工业假如永久不肯摆脱为外厂所强力钳制着的商埠地带，则中国工业将始终挣扎于危殆困难之中。

（《汗血周刊》，第6卷15期，1936年4月12日，第281页）

致张翼后[①]函

（1936年4月28日）

迩来华北走私，波及华南，影响于纺织业者尤大。若不设法制止，实业前途何堪设想？……在商人立场，则认为切肤之痛无逾于此。兹奉上《华商纱厂联合会报告书》一册，幸赐观览。书中所谓纱厂景况愈劣，减工大增，实则犹未能形容万一。而减工之数更不止于此。此则至可痛心而我公当表同情者也。

（申新总公司函稿汇登）

附：张翼后复函（1936年5月18日）

宗锦先生大鉴：两奉手书，并先后附到棉织品之供求状况一纸、《华

① 张翼后，生卒年不详，曾任江苏省实业厅长，时任国民政府实业部商业司司长。

商纱厂联合会年会报告》一册，备悉斯业之凋敝，弥佩公等之奋斗。适因公冗迟答，至歉。走私之害，当然甚大。制止之法在官，惟缉私在民。惟抵货惟缉私，不能武装等于不缉，抵货不敢明言等于不抵。主管部虽煞费苦心多方设法，期得有效方法，而传者或谓其法即系减低进口税。工商业家受害者虽疾首痛心，而因以为利者方高悬日旗，甘为虎伥。国势如此，此人心如此，惟有忍气吞声，静候否极泰来而已。吴[鼎昌]部长曾就中日贸易协会方面尽力疏通，然无大效。余不一一，只颂台绥。弟翼后密上，五、十八。

（国民政府和财政部特派及聘请荣宗敬等为中央银行理事等任状问题的文件，上海市档案馆藏）

与记者谈视察汉口面纱两业状况感想等

（1936 年 4 月 30 日）

【上海通讯：实业界巨子荣宗敬氏，前曾赴汉视察申新第四纱厂、福新第五面粉厂营业状况，事毕后遂乘轮至九江，再循浙赣铁道赴杭，于前日返沪，荣氏特延见记者，兹志所谈如次：】

汉市一般情形 【记者首询汉口面纱两业之状况，据谈】本人视察汉口本公司之申新福新两厂营业，尚属优良，因湖北、陕西等西北各地，为全国出产棉麦主要区域，故原料不致断绝。自法币政策实施，及内地公路积极开辟后，各地金融，渐见复苏，因此社会购买力亦稍增加，【并谓】汉口实业，无交易所等投机份子，扰乱市价，营业已入正轨，且无其他恶势侵袭，故汉口纱粉两业，颇有进展。至湖北江西之建设，如公路之四达，及沿长江本年防水工作情形，大有一日千里之势，吾人自京至汉，在沿江两岸，目睹新堤蜿蜒，旧堤提高，工程巨大，实堪钦佩，预料以后水患，当可减少。至江西各地，自棉产统制分会发美国优良斯字棉种种植后，产量增加，品质优良，实为吾国农村及实业之福音，故本人对此行之观感，甚望政府继续救济农村生产，以谋复兴，盖百业之昭苏，皆以农村为本也。

华商不振原因　【荣氏继谈最近华商纱面两业近况，谓】华商纺织业衰落之原因，尚不在日厂机械之精良，数量之庞大，而在日商经营，有特殊政治势力之背景，华商受此袭击，实为衰颓之最大原因，其他如农村破产，灾荒频降，都市经济恐慌，国内购买力大减，生产过剩，存货堆积，又因灾荒关系，棉花价格不定，外商复囤积棉花，操纵市价，华商经营短绌，现货现做，在目下花贵纱贱之状态下，实在难以竞争，申新于去年购进贱价棉花，数量颇多，尚足以后三月之用，至申新二、五两厂复工事，非经济、原料问题，实为最近生产过剩，在申新范围内，只好力求紧缩。【并谓】福新面粉厂，因目下原料缺乏，及销路呆滞，故减工三分之一，俟新麦登场时，再谋全体复工。

对实业之期望　【荣氏末谓，】实业之进展，系乎人民购买力之能否增进，苟欲增进购买力，必先复兴农村，都市经济亦能随之转机。照本人预料，目下气候温和，对农事及蚕桑均为适宜，今年我国农村或有复兴之望，故实业进展，亦不致像两年之衰颓也云云。

（《华北日报》，1936 年 5 月 4 日）

私立无锡国学专修学校募捐建筑经费启

（1936 年 4 月刊载）

盖闻“立国要本于人心，善俗必基于正学”。聿维东林之里，实为南纪之纲，教泽旁流，余风未沫。我国学专修学校，肇立于民国十年春，初设惠山之麓，嗣经锡绅孙鹤卿先生出资，就泮宫旧制别营讲舍，即于是年秋迁入，文治等承乏其间，忝居讲座。当世局元黄之会，民生憔悴之时，礼乐崩坏，黉序荆芜，孰为大雅之扶轮，深冀中流之砥柱。某等障澜乏术，济溺有心，雅慕鹅湖之论道，缅怀鹿洞之传经，载赓芹藻之章，庶革鸱鸮之响。区区愚忱，惟期于正人心、兴礼义两端，树国家根本之图，为世界壤流之助。盖自立校迄今，十有五载矣。中经匪乱，旋幸恢复。十七年呈准教育部立案，先后添辟校舍，负笈来者益众，卒业者三百有四人，学籍占十六省。僻邑边隅、海外华侨不辞数千里而来。而校宇狭窄，后至莫容，至有徘徊墙之外，仰止涕泣而去者。拓地之谋，急不容缓。爰购地于五里湖滨，得五十亩，惟以中外观瞻，规模不宜过隘。玉虹万丈，下饮波涛，宝界一峰，式瞻云日。当春诵夏丝之暇，宜浴沂风雩之游。就辟大庠，实称得地，惟营建所需约十万元之谱。敢请当代伟人、各界鸿彦登高一呼，众力共举，恢兹广厦，惠我诸生。

我校为宣扬国粹之学府，推崇文化之枢机，诸君子卫道情殷，当仁不让。倘蒙慷慨输囊，从容集腋，凡惠捐二万元以上者，建堂铸像；一万元以上者，勒碑纪勋，募集得以上数目者，亦为相当之酬报；一千元以上者，一体刻石镌名，金石腾辉，河山并寿，曷胜馨香祝之！谨启。

发起人傅焕光、金其堡、朱家骅、王震、陈衍、王清穆、张嘉璈、薛桂轮、荣宗铨、蔡文鑫、杨寿眉、周毓莘、顾倬、杨寿枏、荣宗敬、华士巽、唐滋镇、侯鸿鉴、孙家复、曹铨、冯振、陈鼎忠、惠美珊、高阳、陈柱、叶长青、唐文治等同启。

（陈国安、钱万里、王国平编：《无锡国专史料选辑》，苏州大学出版社 2012 年版，第 177 页）

挽胡汉民联

（1936 年 5 月）

京国望云霓，是革命元勋，不管兴亡竟遗世；

罗浮怀笠履，诵记游诸作，即论文学亦传人。

（《申报》，1936 年 5 月 24 日）

论全国女校应增设纺织专科之理由

（1936 年 5 月）

【实业界巨子荣宗敬谓，全国女校应普设纺织专科，盖我国男耕女织，向甚普遍。但年来稍有智识之女子，视纺织为贱下工作，而认为畏途，在高小以上之女学生已有此观念。此种现象自堪忧虑。故对女校设纺织一科，应作扩大之运动云云。闻荣氏已拟定计划，呈教部倡行。兹录其理由如下：】

吾国以农立国，耕、织并重，织尤为女子之专职。自海通后，洋纱不断输入，国人应时势之需要，创设纺织厂。民间如畴昔俱恃织布以资生活者，今则几已绝无仅有。不知纺织为衣之本原，以我国人口、纱锭，与各国相较，纺织业尚在萌芽时代，则推广纱锭，诚为当今急务。惟先决问题有二：一为经济，一为人才。姑从人才着想，吾国纺织专门学校，（闻交大将设纺织专科）及各厂所办之养成所，其目的无非为造就纺织人才，然供不应求，且皆偏于男子。实际各厂于管理方面，于女子尤为需要。吾国女子在求学时代，不灌输以纺织常识。毕业后一部份学生之出路，已成为严重问题。鄙意女子不论中学、大学、师范，应添设纺织一科，俾明了纺织占实业重要位置。而于纺织门径及工厂管理方法，有相当之智识技能，毕业后受聘到厂服务，在厂方固极欢迎，在个人生活问题，亦可解决。现今纺织界中可胜教师之任者，不在少数，则师资无缺乏之虞，如无相当之教科书可以应用，则由教师自编讲义，其程度由浅入深，以培成纺织业基本人才为主旨，一面由教部编订教科书，以期划一。女子性情，于纺织甚近。苟教导有方，不难收事半功倍之效。外人经济侵略，日甚一日，吾国纺织业有深刻之创痛，若不稳固其基本纺织业，势必陷于绝境，而不可收拾。基本维何？即女学生人人学习纺织，人人发挥其智识技能而已。有欲维持整个纺织业及解决一部分女子职业者,当韪余言。

(《兴华》周刊,第 33 卷第 19 期,1936 年 5 月 27 日,第 40—42 页,并据《纺织世界》,第 1 卷第 2、3 期,1936 年 6 月 15 日,第 2 页订正。)

附:《纺织世界》半月刊编者按语(1936 年 6 月 15 日刊载)

荣宗敬先生的这个见〔建〕议,实在是我们纺织界,最值得研究的一个问题。就纺织厂的本身来讲,女工占男工十分之七八,管理方面,如果从头班到记账等,倘若有了相当程度的女生可以充任的话,那末,不但厂里的工潮可以减少,同时对于人事上的枝枝叶叶的各项问题,也都可以减少,在厂方固然是欢迎而乐于采用的。同时对于女子的职业问题,也有了相当的出路。有人说,照现在纺织厂的组织,有宕管,有摇车头,有帮接头,有帮落纱等……职务,何常〔尝〕又不是女子在那里做呢?但是这一类的女子,她程度上的缺乏,和管理上的浅陋,处处都表现了她的弱点,她的幼稚。因为她没有受过相当的教育,所以性情上的隘窄,只要在她工作时间上,随时都可以考察得出来的。所以她那种的管理方法,都是凭她个人的性情为标准,甚至"赏则赏所亲,罚则罚所非亲"。同时管理员的地位,有时还要受她的支配。这一种不良的环境,是任何纺织厂所不能免的!所以现在新的厂方主持人,有鉴于此,起用女生为指导员,其目的就是提供工人的程度,培养工人的道德,一方面对于生产上的前进力,可于无形中增加起来。有了这种合理化的工作法,凭一般优秀份分子领导下的努力,或者这一个垂危的纺织业,还有更生之望吧!

这一次,纺织学会在汉口开第六届年会的提案,也有一桩《呈请政府转令纺织大学及工业学校之设有纺织科者宜男女生兼收案》。这是雷锡璋先生提出了的,这个思想的前进,和宗敬先生的建议,竟不谋而合,真是值得我们的钦佩。希望同志们共同的参加来检讨,我们是乐于披露的。

(《纺织世界》,第1卷第2、3期,1936年6月15日,第2页)

与天津益世报记者谈北来任务等

(1936年5月27日)

本人此次北来,主要任务即视察棉纱、面粉两业。最近因走私影响,所受之损失明悉详情后,俟归沪后再将视察所得报告同业,并向政府贡献意见,对走私迅谋遏止办法,俟维国内工商业。此次随本人同来者,计有沪申新第九厂厂长吴昆生及沪福新面粉厂陆协理。因吴、陆二氏对棉纱、面粉两业情形,均极熟悉。

【荣氏继称】最近因华北走私猖獗,棉纱业遭受重大打击。如长此以往,国内工商业将日趋危机,而陷于不堪维持之境。明日赴〈北〉平后,预计视察一、二日,即赴郑州、西安各处视察,两周后即沿陇海路返沪云。

(天津《益世报》,1936年5月28日)

华北实业谈

(1936年6月2日)

【实业界巨子荣宗敬,上月二十三日赴华北视察,历济南、天津、北平一带,至昨日晨十时四十分搭沪平通车返沪,据称:】

本人于上月二十三日离沪,本拟由济南转平津,历时共十日,在济二日、津三日,沿途见陇上小麦,已纷纷登场,结实颇好,往者未植之区,亦都种植,盛况为历年所未有,棉芽以雨水调匀,故长成亦甚速。华北纺织业方系我国民族工业中一种最大规模之事业,近以特殊变故,致津平二十五万纱锭中,已有三分之一以上在外商债权人之手,若国商债权人再不设法，势必尽入敌手。顷以疋头走私甚盛，危险程度犹深。面粉本为华北市场中销数最大宗货物，现在竟以中东、北宁联运，关外哈尔滨，及长春粉都输入关内，平津市场都被占夺，非但南方厂商无法北运，北方厂商亦缺乏生存力量。

【荣氏末谓】本人原拟转石家庄、西安、郑州等地视察，奈以天雨，且兼厂务待理，致急急返沪，未能详细调查，盼各界领袖，多多抽暇赴各地游历调查。艰难之中，不难获得希望之曙光，否则互相隔膜，势必同归于尽也云云。

（《福尔摩斯》，1936 年 6 月 3 日）

慈溪张啸林①先生六秩大庆征文启

（1936 年 6 月 2 日—21 日刊载）

上海为夷夏杂居之地，海通伊始，当事不明外邦拓地之效，朦然与人立约，若者法权，若者工务，若者地方百政，率皆魁柄倒持，婴其毒而无敢声。六十年间，毒益积益深。洎夫最近势稍稍逆转，国权之伸始略得计日计事而数。是何以故？以上海有杰出之士，擅知己知彼之智，有指挥、号召之能，一遇事机，据理折冲，再接再厉，而外人不得不折服。故斯诚非常之业，非一朝夕、一手足，所克奏功。因之，所谓杰出之士，几人亦未易，更仆言之独。慈溪张啸林先生，铮铮佼佼，用力最宏，其事可悬之国门而不易，其名至质之妇孺而周知。孔子于禹所，锡“无间然”三字。吾侪平居月旦，以加于先生而共信，盖先生赋性亢爽，嫉恶如仇，又能急人之急如己之

① 张啸林（1877—1940 年），浙江慈溪人，曾用名张小林，旧上海青帮头目，与黄金荣、杜月笙并称上海滩“青帮三大亨”。1937 年，日本发动“八·一三”事变，攻陷上海，张啸林公开投敌，沦为汉奸，筹建伪浙江省政府，拟出任伪省长。1940 年 8 月 14 日，被贴身保镖林怀部击毙于上海华格臬路张公馆。

怠，万事挟一理字而行理之所在，一依己之智若力以赴之。外有孟子虽千万人吾往之勇，内有董子明其道不计其功之诚，勇诚并行，彰瘅斯著。偶一奋拳击案，或抗喉。论事，形声所至，凛若神明。直者，凭其气而自伸；曲者，每无形而惭，阻此中妙用，舍先生，决无一人足以运之。此非惟待国人为然也，即遇外人办中外交涉事，亦俱径情直行，若无事然。先生年来被推为法工董局华董，及教育委员会委员，事事为法人至敬且畏者，其一例也。其他上海工商新兴事业，若铁路有江南铁路公司，若矿务有海州、林海、云母矿务公司、浙江昌化菊林锑矿公司，若教育有铁华中学、华北中学、正始中学等，若卫生有上海、杭州两时疫医院，若交易有华商证券交易所、金业交易所、华商纱布交易所等，若银行有交通银行、通商银行、中汇银行、通汇信托公司、江浙银行、国信银行等，若建筑有霖记木行、长丰长兴两地产公司，若纺织有利泰纺织公司、林笙军服厂、霖记花厂等，若游艺有中国赛马会、长城唱片公司，如此之类，是惟无举，举则非先生之力莫办，其间经始集成度事，而为中权后劲相时而动，凡先生履声所至，口语所及，莫不形势浑脱，众论翕然。先生之位于上海，殆于北地之有长城，中流之得砥柱，声威远被，渐达寰区，政府旁求，迭加倚畀，如国民政府军事委员会、行政院北平政分会、棉业统制委员会等，咸有先生之位业在，而先生一例辞荣而任劳，损私而益公。古称布衣游侠者，流仅于闾里，纷争肆力排解，卒之以武犯禁，为当路所忌疾者。以先生方之度，量相越直，何啻土壤、泰山之异也。今岁国历六月二十二日（旧历丙子五月初四日），即为先生六十揽揆之辰，同人思以先生向所为寿社会者，转而寿先生，固与世俗泛泛称觞之谊有别，而先生怵心国难，屡请屡拒，其意又与恒人循例拒寿者绝殊。公子法尧，博士成业遄归，声华籍甚。有寰球中国学生会者，创始于李登辉，颜惠庆诸博士暨朱少屏先生，三十余年来苦心经营，绩效斐然，而以赀力不充，洪规未起，会中执事多与法尧为友，因介于法尧，而以馈仪移助该会建筑基金为请。此其无悖于先生平居寿世之念，皎然以明法尧趋庭之余，掬诚踞恳，同人复相与怂恿之，而先生之意始回，惟竞竞以得附于古贤赠方之例，素行与当世相质，期于进德为词。伟哉，先生人生风义之高空其类已如上，所称不足赅举先生行谊之百一。当世知方君子所知，或更有进于同人者乎？聊供缘起，用佐鸿文椽笔，所之哲人斯寿。是为启。

发起人

阎锡山、宋子文、程潜、商震、吴鼎昌、吴铁城、吕公望、胡筠、金润泉、俞肇桐、居正、许崇智、杨永泰、韩复榘、于学忠、杨杰、魏道明、张载阳、秦润卿、刘志陆、戴传贤、何应钦、刘湘、陈调元、熊式辉、许世英、褚民谊、周象贤、俞佐廷、杨虎、萧佛成、李宗仁、林云陔、邵力子、陈仪、杨庶堪、叶琢堂、屈映光、穆湘玥、林康侯、段祺瑞、陈济棠、白崇禧、叶楚伧、覃振、何键、马鸿逵、梁鸿志、王震、傅宗耀、王孝赉、杨虎城、吴忠信、李思浩、朱庆澜、唐寿民、钱永铭、蒋中正、孔祥熙、黄绍竑、于右任、王宠惠、黄旭初、何成浚、陈绍宽、王正廷、周作民、吴光新、黄金荣、张文焕、孙科、蔡元培、唐生智、宋哲元、朱绍良、刘纪文、薛笃弼、荣宗敬、章士钊、朱定成、章炳麟、张人杰、张群、刘峙、张嘉璈、王用宾、褚辅成、吴开先、陆伯鸿、陈群、张学良、李煜瀛、朱培德、刘镇华、俞飞鹏、刘芦隐、陈光甫、虞和德、徐寄庼、杜镛同启

收礼处

上海：爱多亚路九十七号霖记木行　南京：交通银行　天津：交通银行

杭州：延龄路饮马井巷卅四号本宅　汉口：交通银行　北平：交通银行

附启一

啸林先生六秩寿辰，承海内巨公联名发起征文，只以日期迫匆，征文启亟待发刊，其登报后，奉到函电者恕未加入，尚祈原谅。

附启二

此次张啸林先生寿辰，系移寿仪之资，为建筑寰球中国学生会之用。如蒙惠礼，请折现金，俾成盛举，是为至祷。再，寿辰期近，不及发柬，敬特声明，诸希谅察。张寿筹备处启。

（《申报》，1936 年 6 月 2 日—21 日）

附：张啸林六十寿辰盛况（1936年6月23日刊载）

张啸林氏六十寿辰，昨日（二十二日）为寿诞正日。全沪各界人氏，前往大沪花园祝寿者，自上午八时起，即络绎于途，人数较之昨日超过两倍以上，以致大沪花园，摩肩接踵，有人满之患。军政各界、著名人士，均亲往道贺，段祺瑞、陈夔龙、熊希龄、孔祥熙、宋子文夫妇、李思浩、王宠惠、周作民、屈映光、朱庆澜、叶恭绰、覃振、许崇智、卢学溥、徐堪、杨庶堪、宋汉章、魏道明、吴光新、徐桴、赵棣华、蔡劲军、潘公展、陈介、郭乐、荣宗敬诸君，及市长吴铁城、秘书长俞鸿钧。此外，驻日大使许世英、湖南主席何键、陕西绥靖主任杨虎城、陈调元、黄郛等，亦均派代表致贺。外宾方面，如法总领事鲍台斯、日本总领事石射猪太郎、法捕房警务总监法白尔、副总监及政治部主任沙利诸氏，有冠盖鼎盛，济济一堂之雅。名伶演剧，节目精彩，自下午一时至翌晨四时始止，来宾终夜未散。各方致送贺仪、寿额、寿联、寿屏，更见踊跃。南北要人名流，如宋哲元、萧振沪、张自忠、龚心湛、萧佛成、李宗仁、白崇禧诸氏，亦均有寿额递到。闻今日堂会，更延长一天，系亲友方面发起公贺，俾尽庆祝之意，故凡致送公份贺仪者，应往同伸贺忱云。

（《申报》，1936年6月23日）

蒋委员长五十寿启[①]

（1936年6月11日—13日刊载）

我行政院长兼军事委员长[②]蒋介石先生，诞降于共和纪元二十五年

① 1936年6月，上海市各机关团体及社会各界名流等，发起为蒋介石祝50大寿运动，荣宗敬先生列名其中。机构、人员甚多，名单从略。

② 1935年11月1日，国民党四届六中全会在南京丁家桥中央党部召开。在开幕式结束后与会代表进行摄影留念时，国民政府行政院长汪精卫遭刺入医院养伤，随即坚请辞职，由蒋介石继任为行政院院长。

丁亥夏正九月十五日（十月二十九日），盖于今五十年矣。其在诗【经】曰：维岳降神，生甫及申。维申及甫，【维周之翰】。四国于藩，四方于宣[1]。先生合申、甫为一人，而其着大勋劳于国家，绣裳赤舄，载歌硕肤，固不仅于藩于宣已也。诗三百篇吟咏情性，诗人作之以风其上，太师采之以献诸朝，【以警君心】，以观民风，以察世变。而其要则以寿考作人望君子，爱敬之余，莫不具薄物以献，曰为公子裳，曰为公子裘，献之于私者也；曰载缵武功，献豣于公，献之于公者也；曰为此春酒，以介眉寿；曰跻彼公堂，称彼兕觥，万寿无疆，则又献物之后，而伸其颂之词，拳拳于宜民宜人之意也。夫以朋友之雅，投桃报李，此固人情之所宜。至若示我周行，德音孔昭，视民不恌之君子，嘉宾燕乐，其间尤必吹笙歌簧，承筐是将，从容而相告语。心服之，法则之，效学之，故在小雅曰，君子是则是效，盖上下之情通，而和乐之湛，固非寻常之私所能形容言语者矣。诗曰，周道如砥，其直如矢，言道之正直也。又曰，駪駪征夫，每怀靡及，六辔如丝，载驰载驱，言王事不遑也。又曰，出自幽谷，迁于乔木，嘤其鸣矣，求其友声，言求友者，可以自幽而明，自卑而升也，于是天保之诗颂之曰，俾尔多益，以莫不庶，俾尔戬谷，罄无不宜，民之质矣。日用饮食，释之者曰，天保下报上也，下之敬其上，发于中心。日用饮食，皆上之德，而无放逸焉，则福本立矣。然则，先生之寿，同人将何以献哉？询于众曰，如鸟斯革，如翚斯飞，哙哙其正，君子攸宁，爰居爰处，爰笑爰语者，果何物耶？尔公尔侯，逸豫无期，慎尔优游者，果何道耶？尔之安行，亦不遑舍尔之亟行，遑脂尔车，果何以盱其几耶？众咸曰，五楘梁辀，游环胁驱，设此旐矣，建彼旄矣。彼□旟斯，胡不旆旆，翩翩者骓。载矛骎骎，锡我百朋，一朝酹之，酹之言寿也。寿先生者，其在斯乎？其在斯乎，允矣君子，展也大成。爰据诗

① 语出《诗经·大雅·崧高》，该诗共有八个乐章，此为第一乐章之一部分。

词,聊作喤引,是为启。(后略)

(《申报》,1936 年 6 月 11 日—13 日)

振兴实业首要复兴农村经济

(1936 年 6 月 6 日刊载)

【实业巨子荣宗敬氏,自华北视察归来后,对实业之改进,颇多心得,兹据荣氏语记者云:】

复兴我国实业,当以复兴农村为首要。我国实业感最痛苦者,莫如原料之仰求于国外。本人希望国人,当积极设法增加原料之生产,而自给自足,再联合厂商,团结起来,作有少量之抵制外货之倾销,则我国实业自能日益发达,而消外人之势力于无形。本人望政府须更积极救济农村,使原料如棉、麦业,能自给自足,则我国实业前途,并不悲观。至福新面粉厂全体开工事,奈现在华北、南洋之市场,均为外人所攘争,致销路呆滞,故该厂全体开工,实不需要。【又谓】本人念及国家之主权,及国货工商业之窳败,失业工人之日增,心甚不安云。

(《首都国货导报》,第 29 期,1936 年 6 月 16 日,第 17 页)

无锡旅沪同乡会第四届征求大会通告

(1936 年 7 月 3 日—7 日刊载)

径启者:依据第一次代表大会决议,扩大征求会员而免多数同乡向隅,自即日起,举行第四届征求大会。凡我旅沪邑人,赞成本会宗旨者,不论性别,均可加入本会为会员。除组织各队,推选队长,分头征求外,合再郑重通告。章程函索即寄。如有意见,尤望尽量发表,匡其不逮。此请公鉴。

名誉总队长荣宗敬，总队长刘春圃，副总队长王尧臣、吴臣笏，总参谋长匡仲谋，副总参谋长萧效仁、孙秋屏，总干事长张秋园，副总干事长冯绪承、杨荫溥、于寿椿，秘书长陶仞千，秘书尤荣伯、侯哗华、赵显吉、龚纶。会址七浦路二一八号。

（《申报》，1936 年 7 月 3 日—7 日）

粉纱近况谈

（1936 年 7 月 9 日）

【连日面粉、花纱价额频涨不已，且市上谣言繁多。记者为明了真相起见，昨特走访实业巨子荣宗敬氏，承告各情，分述如下。

记者首询纱厂呈请实部救济事，先生有无意见？据答：】

此说高唱已届三年，而于事实，则百无一补。自去冬以来，我国纱业，处于花贵纱贱之艰境下，更无发展之余地。吾人最近并无呈请实部救济之举，不过当局如为爱护实业计，吾人亟盼政府能设法平衡纱、花之价，使实业能趋入营业之正轨。日内纽约花价狂涨，国内亦随之坚挺，花贵纱贱之畸形状态，愈趋恶化。厂商目下每包纱须亏蚀三十元左右。

至面粉业近况，实销确颇畅壮。考近日价额飞升之原因，实为投机份子散谣言如何如何，乘机操纵市场之故，遂步入米贱粉贵之情形。一般人均推测今年美国农产歉收后，我国小麦，势必缺乏，殊不知美麦已三年未运入我国，则美农产之歉收，何能影响于我国之民意哉？且今年我国全国丰收，河南、湖南等地之早稻，业已登场，粮食可无缺乏之虞，故人民均可舍麦而食米，预料面粉之狂涨，不久即可平息也。

（荣氏末谓）我国实业之昭苏，厥系国人自可更生之奋斗，务求其能自给自足，原料不仰给于国外，故振兴实业之职责，须举国上下共负之。本人现对农村之状况，十分注意，时时观察农产之收获如何，气象雨量是否适于农产物之生长。据全国各省人士告我，今年全国农作物，得气候、雨景之适宜，可望全国十分丰收，则国〔我〕国经济可望以复兴，实业界与原料自给自足之原则下，亦得以转机。此诚为全国人民，额手称庆云。

（《中华日报》，1936年7月10日）

附：日人统制下的华北纺织业

最近关于中国棉纺织业衰落的消息，真是报不绝耳。根据上个月（六月）统计，全国华商纱厂现有纱锭约二百七十余万枚，线锭十四万余枚，布机二万余架，但纱锭有31.5%在停工中，而不停工的68.5%，则由12.4%实行减工，10%即将减工。至线锭和布机，在停滞中的自然也不在少数。这较之去年最恶劣的一年，还更恶劣得多！

可是，当华商纱厂家在纷纷倒闭、出卖、停工、减工之际，在华日本资本所经营的纱厂，却不断地在进行收买、添厂、加锭、增工，获有惊人的发展。只就眼前纱锭而论，闻已达二百四十五万余枚之巨，比去年的一百九十四万枚又增加了五十万多，而将要增加的尚不计在内。

日资对于棉纺织业的活动，虽仍旧不会放弃沪、汉各地，但显然已侧重于华北，这和畸形的政治势力的发展，实有不可分离的密切关系。根本这也是所谓“经济提携”下侵略政策之一啊！日商纱厂之积极转向华北，尚开始于去年。去年日商在华共增设三厂，都集中于青岛一隅，计：

厂　名	纱　锭	布　机
上海纺织株式会社青岛工厂	45000枚	700架
丰田纺织厂青岛工厂	35000枚	700架
同兴纺织株式会社青岛工厂	30720枚	1152架
共　计	110720枚	2552架

本年初，日本丰田自动机械会社复向华商在青岛的仅有华新纱厂

实行变相的投资，名义上虽然装换新式机器，但实际上又何异于华厂对日资的屈服。所以，青岛纺织业可谓全部都握在日商的手里了。抑尤有进者，去年日商更注重于天津，因为天津是中国工商业要区，经营上可以便利得多。同时，津市既受辖于晋察政务委员会，又临近冀东伪自治区域，直接间接都处于日方政治势力之下，可把经济侵略和政治侵略连在同一条线。他们不仅着眼于华北为止，且进而预备将天津变成为垄断全中国纱业的中心地。

日商纱厂对于天津的进出是采取下列三种方式：（一）收买华厂，（二）扩充旧厂，（三）添设新厂。在收买华厂的策略之下，天津现有各厂遂陆续落在日本资本的手中了。兹将当地华商各纱厂现状略述于下：

裕元：这是天津最大的纱厂，成立于民国七年【1918 年】四月，资本五百六十万元，内部分第一、第二、第三三个纱厂及织布厂，共有纱锭七万一千三百六十枚、线锭九百九十六枚、布机一千架，工人达三千名。因近年营业不振，陆续有所亏欠，遂于去年一月十一日宣告停工。截止去年止，共欠中日债团的担保债务五百十七万元之巨，其中日商大仓洋行借款日金三百三十余万，占 60%以上。此外，尚有股票三百万也流入日人手里。由于大仓洋行催还欠款紧急，以及日方持股人从中作祟，乃不得不清算出卖。日商对于这个纱厂是早已存心吞没的，其所以贷款收股者，实系侵吞过程中的手段。经长久酝酿结果，裕元纱厂终于在本年五月间，正式为日本钟纺织社所收买，目前正积极改装机器设备，预定九月开工，开工后拟扩充为十五万锭，且除纺细纱外，并将从事织造棉布。至名称方面，大致将改为公大六厂。从此，〈天〉津市最大的纱厂是落在日资的怀抱中了，而民族工业中一个重要的斗士，便丧失了它最后的命运！

北洋：资本三百九十万元，共有纱锭三万六千七百五十二枚、线锭二千一百二十八枚，工人一千三百余名，每日产量约六十余包。由于亏累过巨，去年六月间曾一度停工。旋增资二十万，改组复工。但最近卒因无力挣扎，又复宣布破产。到了上月（六月）间，该厂也被日资所收买，接办者为上海裕丰纱厂。（《申报》编者按：本报十七日津电有云，北洋六厂，只余恒源、北洋二家归华人管业云。）

宝成：资本三百万元，共有纱锭二万七千零二十八枚、线锭二千五百二十枚，工人一千二百名，每日产量约五十三包。该厂出品本来大都运销于东北，自从东北失陷后，市场中绝，致亏负日巨，无法继续维持，至七月十七日由债权银行团拍卖，及由裕大纱厂之仓钟纺织社以一百三十七万五千元的代价，正式归入到日商名下了。

华新：资本二百四十二万余元，共有纱锭二万七千零七十二枚，工人一千名。该厂机器及卫生设备等，都未各厂之冠。不幸，为了营业的衰退，最近内部股东互闹意见很深，据本月十六日《申报》所载，有跟裕元、北洋、宝成出卖之势。同时，日方虎视眈眈，闻大日本纺织会社也正在筹划接办，不久的将来恐怕这个华新纱厂又是靠不住的了。

恒源：资本四百万元，原有纱锭三万五千四百四十枚、布机三百十架，因营业亏耗，负债达百余万元，二十三年【1934年】间宣告停业。当时盛传将由日本东拓公司接办的消息，幸而没有成为事实。现由中国、中南、金城、盐业四银行合组的诚孚信托公司经理，拟增纱锭二万余枚、布机四百架，预备每日出纱一百余包，出布一千四百匹。但是，它的前途，我们仍旧不能充分乐观，在日方重重压迫之下，很希望不蹈如前述数厂的覆辙，殊觉很难担保。

达生：成立于民国二十一年【1932年】，初仅撚线，去年才开始纺纱，资本二十万元，共有纱锭五千枚，工人四百名。该厂因范围很小，所有很多人不予注意。然而由于新近成立的关系，所用各种机器都属新式，生产效率较高，生产费用较少的，似乎很有发展的希望。不过，日方对于这个后起之秀，恐怕不会多大留情的。在华北这样的畸形局面之下，我们仍不得不怀着无限的忧虑。

纵观以上六家纱厂，达生系新近成立，旧厂之硕果仅存者只〈有〉银团经营的恒源一家而已。裕元、宝成、北洋三家已被日资收买，华新也在危殆中。如连同早在日商手中的裕大（资本三百万，纱锭三万五千七百十二枚、线锭一千五百枚）在内，则天津纺织业的绝大部分势力，实被日方所把持。这里可以再来作一个简单的比较：

	资　本	纱锭数	线锭数
总计	2242900 元 (100%)	228364 枚 (100%)	9664 枚 (100%)
已在及将入日商手中者：裕大、裕元、北洋、宝成、华新	1822900 元 (81.2%)	187924 枚 (82.3%)	7124 枚 (73.7%)
尚未落入日商手中者：恒源、达生	420000 元 (18.8%)	40440 枚 (17.7%)	2540 枚 (26.3%)

上表所列，天津纱厂中资本方面，日本将占 81.2%，我方 18.8%；纱锭日方将占 82.3%，我方 17.7%；线锭日方将占 73.7%，我方 26.3%。这些比率，已经够足惊人了。然而还不至此，日商对于上列各厂，且又积极扩展，裕大纱厂在大日本纺织会社支持之下，拟扩充至五万锭。此外，钟纺织社又进行在津设立裕丰分厂，预定纱锭十万枚；东洋纺织会社新设纱厂已于日前举行奠基典礼，本年底可以竣工，将来约有纱锭十五万枚。同时，大日本纺织会社、金藤纺织会社、东洋纺织会社，拟采取生产合作制度，共同建筑能容纳十五万纱锭的大工厂。又，东洋纺织会社、大阪纺织会社、钟纺织社，也有合资设立新厂的消息，第一步计划配装纱锭五万枚，第二步计划明年内完成十万枚，闻日商已一致议定，津市至少增设纱锭六十万枚。那末，合上表二十二万枚许，仅天津一埠，将达八十万枚之巨了，日本所欲统制北方纺织市场的意愿，可云完全达到了。

除青岛、天津以外，华北其他纱厂在别的地方自然也很难立足的。譬如，具有二万八千纱锭的唐山华新分厂，在冀东伪组织种种摧残及二重捐税的负担之下，不啻已处于风烛的境地。至于冀、鲁、晋其他各厂，也都挣扎于深重的压迫而岌岌可危。且不仅华北为然，整个国内的纺织业，都有总崩溃的危机；再加走私盛行，大量外来棉布泛滥各地，织布业的生路，益形遭遇了致命的摧折。

复次，日方对于原棉的垄断又无所不用其极，在所谓“工业日本，农业中国”的口号之下，华北的棉产将尽被掠取。计冀、鲁、晋三省棉田面积，约占全国棉田总面积 33%，产额约占全国总产额的 35%，平均每年可产五百万担左右。复在日本政府和满铁会社方面整个侵略程式，暨以钟纺织社及东洋纺织会社为中心的“华北棉花五年计划”之下，预备更积极的扩大棉田，改良种子，先着重于冀东和鲁东，次及山西，甚且延至陕、豫诸省，务达华北成为日本纺织业之无限制的原棉供给地，华北农民一辈子成为植棉的奴隶而后止，俾华北日本纱厂所用棉花，不再仰给于由美国、印度、埃及的输入。

所以，不仅纱布的产销受日方垄断，即原棉的供给也被无理地钳制了。此后，棉纺织业的一切，都将由日本资本所操纵，而中国唯一的民族工业也就有全部夭亡的危险性。

据荣宗敬氏说，受日商纱厂出品倾销的影响，华商在现时制纱已经每包须亏损七、八角，每件须蚀三十元，如不及时挽救，到将来恐怕即使想蚀本也不可能了！那末，怎样挽救呢？我们也曾经听到过政府进行救济，银行界进行援助，但直到现在，却仍旧都是空中楼阁。据本月十四日【应为七月十日】《中华日报》载称，曾有记者向荣宗敬氏询及纱厂呈请实业部救济的事情，荣氏的回答是这样：“此说高唱已届三年，而于事实则百无一补！”这是多么悲痛的叹声呀！另外在五月初，我们曾见中国银行之领导合组纺织业经营联合会，救济华北纺织业，并在郑州举行会议，议定关于采花、纺纱、售价等办法。当时似乎给华北纺织业露示了一丝曙光，然而事隔两月有余，竟听不到有怎样具体的下文！

本来中国纺织业的衰落，决不是简单的所谓“市面不景气”而已。它是某方政治、经济侵略下必然的结果！所以，纵使上述的“救济”办得好，也仅属于治标于极短的一时，绝非彻底的对策。我们要牢记“经济提携”、“工业日本、农业中国”所内含着的火药气味。怎样把中国脱离殖民地或半殖民地的桎梏，才是我们根本的出路！

（《申报》，1936 年 7 月 20 日）

致山东省政府主席韩复榘[①]函

（1936 年 7 月 15 日前）

贵省棉产饶足，运输方面，似宜予以便利。查农产品由济【南】运青【岛】，与由济【南】运【江】苏，相去甚远。宗敬以为，由济南运至【江】苏省之农产品，应以济南运至青岛之运费作比例，以免农产品有积滞之虞。

附：山东省政府致国民政府铁道部公函（农字第六六四号）（1936 年 7 月 15 日）

案据上海茂新福新申新总公司荣宗敬函称：“（略，同上）”等情，查该商所陈，与救济农村有关，本府深表同情，除函复外，相应函请贵部查核办理，并希见复为荷！此致铁道部。山东省政府主席韩复榘。

（《山东省政府公报》，第 400 期，1936 年 8 月 23 日，第 47—48 页）

① 韩复榘（1890—1938 年），字向方，河北霸县人。行伍出身，原为冯玉祥部下，1929 年投靠蒋介石，被任为河南省政府主席。自 1930 年 9 月起，任山东省政府主席。抗日战争爆发后，任国民党第五战区副司令兼第三集团军总司令。在日寇进攻山东时，因其不战而放弃济南并密谋反蒋，被蒋介石以“违抗命令，擅自撤退”的罪名处决。

致宋子文函

(1936年7月16日)

敝【申新】公司二、五两厂停工日久,叠经商议复工,以环境关系,未能实现。现距新花上市之期不远,而数千工人莫不期待复工,借以维持生活,厂方机器搁置不用,霉锈堪虞。查敝公司一、二、五、八厂,与上【海】、中【国】两行及永丰庄往来,长此停工,双方均有损失。鄙意陈君光甫业已回国,奉恳我公邀同陈君对于二、五厂予以研究,倘能早日复工,不仅宗敬个人之幸也。

(申新总公司函稿汇登)

附:国民政府棉统会就维持申新二、五两厂事致财政部报告书(1936年7、8月间)

为维持该两厂,在原则上似宜采取下列方针之一:(一)由政府责成该公司速行将该两厂债务清理或另增资本,以谋早日复工;(二)由债权者进行拍卖,由承受者负责开工;(三)由政府指合债权者及公司方面设法委托第三者经营,并使其负责整理现有设备。

惟查第(一)项办法虽为经营工厂者应负之责任,然依申新纱厂现状而言,似力有未逮。若照第(二)项办法,亦债权者应加进行之手续,惟申新纱厂乃系无限公司,情形复杂,而在此棉市不振之际,纵行拍卖,是否有人承受,亦属疑问。至第(三)项办法照目下花纱价格而论,虽仍不易谋利,惟设备如能整理,利息若能减轻,经营如能得人,则亦不难维持;倘使国内经济状况一入好转,当然有利可图。而委托第三者经营之条件,乃应取下列之方针:一、二、五两厂应合并经营;二、新银团组织(新公司)应备资本一百五十万元,以五十万元为整理两厂设备之用,一百万元作为流动资金或营运资金之垫头；三、新公司组织成立以后，即由申新纱厂债权者取得公司之同意，双方全权委托该公司早谋复工，并整理设备，对于一切计划经营，均由新公司全权主持；四、新公司如有盈余，除偿还整理设备费外，作为红利，红利之支配得以合同规定之；五、委托经营期限，以代申新清理债务完毕为止；六、新公司如有亏本时，可由新公司暂垫，于下午度盈余中尽先拨还；七、制造成本应与棉统会所定经营标准相近。

以上委托经营办法，目下较感困难者，可以承受委托之机关尚感缺乏，政府为处理此等棉业工厂计，应即速成立救济棉厂之中心机关。本会成立之初，原有设立大华棉业信托公司之议，其目的即在于斯。该项草案前经函送实业部。现在已停各纱厂，其总锭数达七十万枚，占全国纱锭四分之一，其中类似申新二、五两厂者甚多。此等工厂无论依法破产，或由债权者管理，以目下之金融状况观之，若无政府为之助力者，实恐不易复兴。直接国家减收统税务有五百万元以上，将来当有增无减；间接影响于民生之亘，更无从统计。

（国民党政府棉业统制委员会档案，中国第二历史档案馆藏）

纱粉见涨与实业无益谈

（1936 年 7 月 16 日刊载）

【迩来面粉、纱布，频频见涨，市场极为紊乱。兹据记者访实业巨子荣宗敬氏，据谈：】

目下纱布，叠见高涨，一般人均以为我国纺织业，可随之转机。殊不知棉花涨风益挺，愈涨愈高，则厂商更隔〔陷〕入花贵纱贱，难以维持之境。且外商纱锭日增，操其特殊之政治势力，与我竞争。至面粉业，日前因投机份子操纵市场涨风甚烈，致市场紊乱，不幸停拍。惟此面粉高涨，亦非实业之福音，盖面粉稍涨，麦价涨风亦挺，又将形成麦贵粉贱之畸形。

【荣氏末谓】本人深望国内不可再动干戈，发生内战，吁请西南当局悬崖勒马，当联合我举国上下之战线，巩固国力，苟能发挥整个大中华民族之实力，则不难解除国难之阻碍，必能达到利国富民之目的。他如工商各业，当得天时地理之优越，否极泰来，将来总有光芒万丈，雄视环球之日也云云。

（《首都国货导报》，第30期，1936年7月16日，第18—19页）

上海市教育局特准设立育华职业中学校招生广告

（1936年8月2日—21日刊载）

学额：（甲）高级银行薄记科、会计科一年级秋季始业正式生，二年级秋季始业转学生，各五十名；（乙）初级印刷科、初级薄记科一年级秋季始业正式生，二年级秋季始业转学生，各五十名。

报名：即日起至考试前一日止。

考期：八月十五日、二十八日、九月十日，三次；有毕业证书经审查合格者得免试。

学费：初级十元，高级十四元。

优待毕业：升学者，考取国立著名大学每年酌给五十元至一百元津贴；就业者，按其学业能力负责介绍职业。

校址：闸北青云路三五五号。

简章函索即寄。

董事长荣宗敬，校长刘伯颂、副校长掌有甫、教务主任胡连云。

（《申报》，1936年8月2日—21日）

挽救纱业与棉铁救国谈

（1936 年 8 月 7 日）

【全国纱业因受外纱压迫，日趋危殆，纱业界同人正分别交换挽救意见，以谋生存。实业社记者昨特往访纱业巨子荣宗敬氏，叩询意见，据答称：】

我国纱业，历史甚为悠久，当南通张謇氏任实业部长[①]时，曾大声疾呼“棉铁救国”，继之聂云台氏亦曾积极主张振兴纺织业，以救中国，即本人亦绝对主张实践“棉铁救国”之计划。惟时过境迁，市面渐趋于不景气状态，产销不能平衡，甚至供过于求，其原因系受外纱倾销影响。迨近年来，华商纱厂营业日衰，今则几已完全无法维持。目前走私猖獗，纱业益濒危殆，各厂当局虽在交换挽救意见，但是否即能实现，未可逆料。倘无具体办法，则高呼自救亦属徒然。日来全国经济委员会棉业统制会主席陈光甫氏，亦曾召集会议多次，筹谋救济纱业办法，大致已臻具体化，闻俟将来协商妥定后，即将交由宋【子文】委员长分请财政、实业两部，协议实施云。

（《中华日报》，1936 年 8 月 8 日）

棉铁救国论

（1936 年 8 月 8 日后）

【民族工业巨子荣宗敬最近发表了一个意见，他说：】

前辈张南通【即张謇】曾经大声疾呼“棉铁救国”，以后聂云台也主张“纺织救国”，本人亦绝对主张实践“棉铁救国”的计划，惟事过境迁，

① 张謇在 1913—1914 年任民国北京政府农商部总长。

走私猖獗，高呼自救，亦属徒然。八月八日《中华日报》，阅之令人黯然！

是的，在这一面“经济提携”日益具体化的今日，一面要“棉铁救国”，实属空谈。在兴中公司协力帮助之下，所栽培起来的华北棉花，当然不会供给中国纺织业者作原料的。天津六大纱厂[1]，已经卖去了四个，（本月十一日，华新纱厂已经以一百二十万元的代价又卖给日本，改名为公大七厂），其余各地的纱厂也都在濒危状态之中。所以“棉业救国”只好放在一边了。“铁业救国”呢？中国最大铁矿所在地的南满本溪湖和鞍山自不用说，就是长江沿岸的大冶象鼻山矿砂，都供“友邦”作炼铁之用了。龙烟虽然最近已由察省当局在计划规复，那也不过是“经济提携”计划的一部分。民族资本家要想从振兴实业来援救中国，而事实却与他们的理想适相反对。这是他们的矛盾，也是使他们幻灭的原因。

假使中国的民族工业家能够多展开眼睛来一看，一定会大失所望。单在近半年来，中日合资计有八百万元的天津电业公司已经成立；在张家口，“友邦”也要投资收买电气公司，并且把它扩大经营；垄断内蒙羊毛的张家口洗毛厂钟纺社，也在积极筹备；沧石铁路的铺设工程，也在最近计划开始。我们自己的产业，没有一件不在往下衰落和拍卖，而在新设和改进中的，又没有一件不是印了“太阳牌”的商标！所说“棉铁救国”或“实业救国”，假使不与整个民族解放的抗战行动配合起来，前途如何，是很了然的。

（《现世界》，第1卷第2期，1936年9月1日，第107—108页）

① 当时天津六大纱厂分别为裕元、北洋、宝成、华新、恒源、达生。

上海市教育局核准育华职业学校招男女生启事

（1936 年 8 月 2 日—21 日刊载）

班次：高中，银行簿记科、会计科；初中，印刷科、簿记科；各年级新生及二年级转学生。

报名：即日起至考试前一日止。

考期：八月廿八日、九月十日。

免试：如有毕业证书，经审查合格者，得予免试。

学费：高中十四元，初中十元。

校址：闸北青云路三五五号，乘华商一路公共汽车直达。

章程函索即寄。

董事长荣宗敬，校长刘伯颂，副校长掌有南，教务主任胡连云。

（《申报》，1936 年 8 月 2 日—21 日）

对于中国小麦出口之意见

（1936 年 8 月 18 日刊载）

【日方收买我国小麦，其购买欲甚强，盖我国小麦出世界最廉之地位，故农业专家及实业界方面，均主张禁止出口。据记者往询实业巨子荣宗敬氏，叩询小麦出口之意见，兹分志所谈如下：】

奖励出口，谬以千里　荣氏首谈，我国本年小麦产量仍难自给，盖长江流域之小麦产量，并不丰稔，丰收者为华北冀、晋、陕、鲁等省。而我沪、锡粉厂之原料，向年均仰给于长江流域之麦产，只可供粉厂七、八月之用，而今日商高欲在长江流域农产区，采购小麦运日，粮食业竟请求政府奖励小麦出口，吾人不知其用意何在。此诚谬以千里，背道而驰者也。

国麦价廉，粉业抬头　吾非以我自为面粉业，而作自私之言，惟欲解决小麦出口问题，当视世界小麦之环境，及本国之需要为准。粮食业谓奖励小麦出口，为避免縠贱伤农，救济农村，又谓本年粮食生产过剩，殊不知我国小麦，仍难自给。固然小麦仍昂贵异常，我国粉销，现较佳境，则正为我粉业转佳之机会，且前途□小麦价廉之虞。

禁止小麦出口理由　本人主禁小麦出口，兹述理由数款：（一）本年国外苦旱，美、坎、澳洲小麦，均昂贵异常，利物浦每一市担价值七元余，美、坎每担价为六元三、四角，日麦每担只四元七、八角，而我岂可以廉价之原料，源源给人，而为虎作伥，促国粉业之衰微？（二）因国外小麦价昂，故我国粉业，藉我国麦成本，能得日粉压倒南洋粉市场，被我夺回重霸，粉销畅旺，原料决无余剩，只有不足。因之小麦价额，不致有过廉之虞。

瞻望前途，危机百出　是故小麦出口，影响我国防食粮、民食粉业等殊钜，盖日方购买华小麦欲，漫无限制，我国小麦，将必缺乏。今日以五元一担之廉价给人，后日将七元左右之外麦再加运费进口税等，当在十元以上之外麦购运。此时粉价高昂，必致影响民食，同时恐日方又以廉价小麦制成粉后，输入我国，以控制我粉业。且我国国难日深，倘一旦有事，国防食粮缺乏，将如之何？故小麦出口，瞻望前途，危机百出。总之，即我小麦过剩，然国防食粮，亦不能出口；就粉业言，廉价原料，不可予人，而自受其苦，否则即不啻以利与人。故杂粮业主张将来小麦出口，吾恐不足以救农村，反自乱救国整个之计划，及危害我国内粉业云。

（《民报》，1936 年 8 月 18 日）

与大公社记者谈纱市平稳原因

（1936 年 11 月 10 日）

【昨日纱布交易所市场开收盘之纱价甚为平稳，甚且各期均回小二、三角，花衣市价一因现货拥挤，一因日商纱厂罢工①后，罢工各厂均不定货，致花价每担下跌三角至三角半。昨据纱厂业领袖荣宗敬语往访之大公社记者云：】

市场纱价甚平稳，因我华商各厂为保守商业道德，不为日商纱厂罢工影响，而抬高市价也云云。

（《申报》，1936 年 11 月 11 日）

与记者谈中国纱业近日情形

（1936 年 11 月 12 日）

【上海通讯：十余年久处困境的中国纺纱业，近两月来则颇显生机，不但销路畅盛，而且纱价狂涨。记者昨会晤纱业巨子荣宗敬氏，询以纱业近日情形，承详告我国纱业疲困原因及现在情形如下：】

中国纱业自民国十四年以后，即入于衰困境地，近六年来更每况愈下，以至于破产。最近两年，赖各方的赞助及各厂的积极改进，在技术上及管理上，已均有长足之进步，以致工作效率较前增大，成本亦较前减轻。在营业方面，却还脱不开亏折的厄运，其原因即在花贵纱贱及利息担负太重。若按廿支纱成本及售价讲，每包用花约需三百五十斤，花价即约需一百七十元之谱；更加以工资及统税，成本则须在二百二、三十元之间。而今年纱价最低时，仅在二百一十元左右。如此，则每包纱

① 1936 年 11 月，沪东区 7 家日商纱厂一万五千多名工人举行罢工、请愿，要求增加工资，改善待遇，遭到日方镇压。

须亏折廿元之数。及本年九月以后，虽纱价渐涨，入十月下旬，更达二百四十余元之最高峰，但这种过度兴奋，为时甚暂。

至于日本纱厂，则还有盈余，一方因为资本雄厚，周转灵活，在买料时颇多利息；一方因为利息担负较轻，成本亦随之得低；更因为其资力雄裕，机器得随时改良，所以工作效能亦较大。

至于本年纱、布销路骤形兴奋之原因，厥因内地农村四、五年来太不景气，购买力迄未恢复，今秋则各地丰收，农村稍甦，农民得稍有余力添置服装用品，是以纱、布销路得一度畅旺，故而纱价狂涨。但这种现象为一时至兴奋，殊难维持长久，中国纱业前途仍是十分暗淡。

论及华北纱业，则处境更多一层困难。除去在华日商之竞争，尚有走私纺织品之大量进入。近时日商大显活跃，华商纱厂则续被收买，是更足增重中国纱业之危机。此点除望华北同业须格外努力奋勉外，尤望中央及地方政府，能施以实际的救济及有效的限制，更望投资者及金融界能放大眼光，勿自馁而怯退。此则又不仅纱业之福利也。

（天津《益世报》，1936 年 11 月 13 日）

与大公社记者谈沪上各面粉厂情况

（1936 年 12 月 6 日）

【大公社云，粉麦市价，自上星期四突然高涨后，因北洋帮粉销激增，有投机者操纵，致市价连续上升，涨风未见稍煞。昨日为星期停市，惟前日周末之收盘，市价本月期粉价四元零六分半，远期至四月份四元一角五分七厘半，本月期麦价六元五角四分，远期六元九角八分，中关麦价已开至六元六角五分。天津帮购进现粉将达十万包，西安方面，采购现麦为数亦甚多。照目前情形观之，今日开盘时，当难回低云。……据面粉业巨子荣宗敬氏，语往访之大公社记者云：】

本年虽国内各地丰收，但国麦被日方收买者，总计三十余万担，故市价缘此报涨。内地农民及押款银行屯积甚多，致市上现麦缺乏。各厂虽设庄采收，均为数不多。故厂商因制粉原料不敷，均已相率减少车数。以本市而论，开车数不满十分之五云。外麦价昂，无法订购，现各厂栈及做押款之面粉，为数甚有限也。

（《申报》，1936 年 12 月 7 日）

致蒋介石电

（1936 年 12 月 26 日）

南京蒋委员长钧鉴：闻我公平安离陕，指日返京。[①] 消息传来，欢声雷动。党国之庥，岂惟私幸？特电驰贺，并候起居。荣宗敬叩，寝。

（《申报》，1936 年 12 月 27 日）

介绍窦风梧医师启事

（1936 年）

窦君风梧，医学湛深，经验宏富，曾毕业浙江省立医药专科学校，内政部登记医师，专治内外、小儿、花柳各科。悬壶以来，凡有危难重症，一经诊治，莫不着手成春，嘉惠桑梓，有口皆碑。先生心存济世，凡贫病不计。诊所设无锡城内新街巷十四号，电话三八二。荣宗敬、荣德生、薛寿萱、蔡兼三、钱孙卿、华艺三、薛明剑等二十八人同启。

（《无锡指南》，1936 年，“慈善事业”，第 15 页。转引自陈文源、钱江主编：《荣宗敬文集》，广陵书社 2019 年版，第 380 页）

① 为了达到劝谏蒋介石改变“攘外必先安内”的既定政策，停止内战、一致抗战的目的，张学良、杨虎城在 1936 年 12 月 12 日发动“兵谏”，活捉蒋介石，并扣留随蒋在西安的陈诚、邵力子、蒋鼎文、陈调元等国民党党政要员，史称“西安事变”。12 月 25 日，在中共中央和周恩来主导下，以蒋介石接受“停止内战，联共抗日”的提议而和平解决，同日张学良陪同蒋介石乘飞机离开西安前往洛阳。

1937 年

私立育华职业学校暨小学招男女生启事

（1937 年 1 月 15 日—23 日刊载）

（一）班次：高中，银行簿记科、会计科一年级；初中，印刷科、簿记科一、二年级；小学各级插班生。

（二）报名：即日起。

（三）考期：二月四日，远道得随到随考。

（四）校址：上海西宝兴路青云路（北站一路乙线公共汽车直达）。

（五）免试、免费办法见简章，函索即寄。

董事长荣宗敬、校长刘伯颂、教务主任胡连云。

（《申报》，1937 年 1 月 15 日—23 日）

追悼谢作楷先生公启

（1937 年 1 月 20 日—2 月 7 日刊载）

新会谢作楷先生，夙秉异资，世承清德。弱冠毕业香港皇仁书院，旋游美，肆业麻省工料大学，得硕士学位，归历服务北京农商部、粤政府，均以干练称，嗣无意仕进，改就广州电力公司总经理任，致力社会建设。国府奠都南京，百度更新，财用尤亟。当轴稔先生贤，先后简授财政要职，创办各种统税，并整理印花、烟酒、矿产诸税。在任四年，增益库帑，月逾千万。顾虽为国家辟税源，而禁遏烦苛，导达隐滞，凡所措注，务在培养民力，故国用纾而商不困。卸职后，沪西电力公司复慕其才，延任副总裁兼总经理，卒以积劳过甚，构成肝疾，医治罔效，遽于民国二十六年一月五日晨三时四十分，在沪上圣心医院弃世，春秋五十有一。噩耗传闻，远近惊悼。无论识与不识，咸以国家失一财政杰才，社会损一实业巨子。殄瘁之痛，剧有余哀。同人等素托交知，缅怀风矩，爰订于二月七日下午三时，在上海北京路湖社开会追悼。凡属先生生前友好、旧日寅僚，届期务冀亲移玉趾，宠锡鸿文，共展哀思，永彰伟绩。素车白马来吊元伯之灵，尺璧于缣增重中郎之诔。谨启。

如有各项祭品，请于期前径交上海宁波路六十七号泰和兴银公司本追悼会筹办处收。

发起人孙科、宋子文、孔祥熙、叶恭绰、吴铁城、宋汉章、张寿镛、李调生、邹琳、徐堪、陈行、陈光甫、荣宗敬、王晓籁、徐新六、李铭、顾馨一、刘鸿生、蔡增基、吴开先、陈炳谦、黎照寰、沈维挺、温宗尧、唐海安、郭顺、冯炳南、吴启鼎同启。

(《申报》，1937 年 1 月 20 日—2 月 7 日)

琼州宜植棉之意见

(1937 年 1 月 20 日)

吾华以农立国，稻、麦在农产中，占重要地位，桑次之，棉又次之。自纺织业兴，国人始注意植棉，惟产量有限，原料多数取给国外，成为绝大漏卮。近年政府复兴农村，提倡国货，植棉遂有突飞进步，上年产额，竟打破以前纪录。然六十支以上原料，犹付缺如，盖气候、土质与农产有密切关系。如鲁、如豫、如陕，虽棉种传播，收获已丰，而气候、土质大率宜粗种，不宜细种。以吾国土地之大，求其气候、土质适宜细种，可得巨量产额者，厥为琼州。琼州为中国银行宋【子文】董事长之故乡。宋氏此次巡视所得，已一一被〔披〕露报端，且有开拓计划，目光远大，极端钦佩。本人经营纱业，觉植棉为纱厂命脉，观于琼州之气候、土质，培植埃及海岛棉种以后，吾国细纱原料，绝对不生问题。本人对此事踌躇已久，因未得发表机会，遂致默尔。

数年前，无锡有尤惜阴[1]者，人极笃实，于农业有特殊兴趣，曾亲赴琼州试种棉花，成绩极佳。据云：一月下种，六月收花，不遇风雨，铃大如桃，纤维一寸三分至一寸七分，可纺八十支细纱，每株高可三、四尺，如丛生之树，经冬不凋，可连续二、三年，惟不花果。尤君所言如是，惜当时因经济及人事方面，无人援助，未能继续研究。

今宋氏既有开拓琼州之决心，则植棉似为当今急务。鄙意兹事体大，应由棉统会主持，派专家实地调查，切实进行。先从宣传入手，使当地农民，了然于植棉之利益，较任何农产品为优；一面组织合作社，集中经济人才，自购种以至收获，应全神贯注，增加信用，以图扩充，利用天时，以尽地力。年产一百五十万包，华厂六十支以上原料取给有余，出数大增，可供出口，与世界产棉国竞争。且六月收花，正青黄不接之时，得此新棉，为世界占先一着，办理得人，成效可操左券。现今欧美各国，莫不竞事植棉；强盛国家，莫不棉产丰富。即如我国，今年棉产加增，农村商业有昭苏气象，植棉之关系国运如此，国人允宜重视。前值民廿年【1931 年】水灾时，本人曾购棉籽二百吨，运赴鲁、豫、陕各省播种，于农村与商业已著成效，若琼州实行植棉，其福利更什倍于此也。

（《申报》，1937 年 1 月 20 日。另见《农业周报》，第 6 卷第 2 期，1937 年 1 月 22 日）

---

① 尤惜阴（1872—1957 年），名雪行，又名秉彝，别号贩僧、无相道人，江苏无锡人。1903 年任上海圣约翰大学国文教授；辛亥革命之初，兼任《民立报》编辑；1917 年起，应穆藕初之邀，先后在穆氏植棉试验场及穆公正花行担任中文书记，同时在沪主编《世界佛教居士林林刊》；1932 年在新加坡剃度出家，法名“演本”，法号“弘如”。尤氏精堪舆、宅运之学，著有《东方之科学宅运案》和《宅运图解全案》等。

附 1：梦蕉：书荣宗锦氏琼岛宜植细棉论后（1937 年 1 月 22 日刊载）

织业巨子荣宗锦君，近于报端，发表琼州宜植细棉之意见，略谓鲁、豫、陕等省近年改植美棉，虽属已著成效，但其气候、土质，只宜于粗种，惟琼州可植埃及之海岛棉种。往年尤惜荫君，曾在该岛试验，一月下种，六月收花，纤维一寸三分至一寸七分，可纺八十支细纱，如能年产一百五十万包，则华厂六十支纱以上之原料，自给有余等语。按年来国外输入之棉花，大都为纺细纱之用，二十一年进口三百七十万担，价值一万万金单位，二十二年进口二百万担，价值五千万金单位，在国际贸易中，成为巨额漏卮。且自二十三年七月海关进口税改订以后，棉花之进口税加至每百公斤征税五金单位，在厂商方面，本已感觉税则过重，徒以当时为平衡收支起见，一部份棉布减税之损失，不得不以棉花增税为挹注。如能于国内尽量推广细棉，使原料得以自给，自于农、商受惠不少。上年十二月二日，中国银行董事长宋子文氏，曾偕粤省官商飞赴琼州，与当地人士，筹商利源开拓事宜。据其时报载，曾谓宋氏决以全力发展琼岛之农、矿两产，及交通事业入手。此其计划，固属体大思精，但琼州环岛铁路之议需费颇巨，以今日公私财力，从事于西南之川黔线、西北之西成线，已属煞费经营，恐无余力及此。开发矿产，所需资本，仅亚于环岛铁路，且闻该岛佳矿，多属黎人居住地带，如何而化荆棘为坦途，使无阻扰，尤须事前费一番抚绥功夫。故开拓环岛地利，应从农产入手，取其需费较省，经营亦易。此吾人对于荣氏移植埃及细棉于海岛之议，所为深加赞同者也。惟琼岛为亚热带地带，凡南洋群岛所产之橡胶、椰子等各项特产，吾国他处所未能栽种者，于该岛多属相宜，是此后振兴琼岛农产，应利用此项优点，谋各项南洋特产之推广移植，不宜专注重于植棉。此其一。凡推广植棉之地，农家往往易稻作而为棉作，取其获利较厚。琼州四面环海，情形尤与粤省内地不同，如果棉田为畸形之发展，而稻田逐渐减少，一有不虞，则该处民食问题，恐较之广州、汕头，更费周章。故谋一地之生产建设，应合全局以通筹。此其二。此外尚有与本问题虽似无涉，而实则关系极巨者。盖琼州果如荣氏所计议，使其成为纺织厂细纱原料供给之中心，则该岛之安全，即为全国工业之命脉。吾人对于琼州半岛之形势，兹不暇细述，仅摘要介绍日本海军大佐石丸氏之论述于左，以资借鉴。

“海南岛为对两广之作战根据地，有军事上之重要价值。北海事件[①]发生，我【日本】南遣支队，即以该岛为根据地”。

“凡在作战上，距离为主要之因素。无论如何，距离过远，则失其价值。海南岛至两广距离，皆在五百里以内，比佐世保至俄领沿海州及满洲沿岸为更近。一以两广为根据地之中国舰队，多属老朽不堪之轻巡洋舰，其势力不足论。则以海南岛为根据地之舰队，得以自由行动。对两广封锁，皆可实行。”

综核上述言论，今之谋于琼州岛生产建设，使其成为原来补救之中心，而同时不于该岛谋国防建设者，此其结果，殆亦等于为他人作嫁而已。爰为此文，以告识者，以质粤人。

（《新闻报》，1937 年 1 月 22 日）

附 2：琼岛植棉先声（1937 年 2 月 6 日刊载）

神州社云，开发琼州岛植棉计划，最初系由纱业巨子荣宗敬等，建议于全国棉产改进会，经该会通过后，即商由全国经济委员会负责推进。该会亦以开发琼州岛植棉事业，对于中国生产前途殊关重要，故即由该会令棉业统制会计划进行。棉统会当即决定，第一步先调查该地实况，俾再根据调查结果，拟定详细垦植计划，以资实施。兹已决定由

① 1936 年 9 月 3 日，日本侨商、“丸一药房”老板中野顺三在广东（现为广西）北海马路上仗势欺人，殴打顾客，激起公愤，当晚在自己药房内被人殴打致死。事件发生后，日本政府藉此以“调查”为名，向中国南海方面派遣军舰。9 月 16 日，国民政府发出“睦邻令”，并向日本道歉。

全经会、中大农学院、华商纱厂联合会等各机关派员组织考察团,共同前往调查。除纱厂联合会令郭顺已于前日启程赴港外,此外全经会代表中央棉花掺水掺杂取缔所所长冯泽芳、中央大会农学院代表俞启葆等,则定于本月十一日由沪搭亚洲皇后号赴港,俾在港会集其他各方代表,共赴琼岛勘察。

(《申报》,1937 年 2 月 6 日)

对于现在大学生之观感

(1937 年 1 月)

【面粉大王荣宗敬氏,年将耳顺,而精神矍铄,望之如四十许人也,生平所创事业,直接间接贡献于国家人民者綦多。近荣氏为开发西南棉业起见,特拟具计划书,洋洋数千言,条呈李【宗仁】、白【崇禧】,请采纳施行。此举能增加棉产,辅助农村经济,诚一举而数善备。记者为采访斯项消息,特赴西江路申新纱厂总公司访荣氏,询以计划内容,蒙延见,并承告各情经过后,因荣氏系健谈者,与记者打开话匣后,滔滔不休,上至国家大事,下及细民琐屑,莫不一一谈及,对×国大为痛恨切齿,不提起便罢,一提起则蹬足大骂,爱国之热忱,溢于言表,偶又谈到大学生身上。荣氏对于现在之大学生,大发牢骚,渠谓:】

好的大学生固然多,但坏的大学生,不在学校攻读书,而踯躅在跳舞场里,双双拥抱,不是讲爱,便是谈情,弄得晨昏颠倒,把爹娘汗血所得之钱,化诸舞女情人身上,混了几年,拿到文凭,踏进社会做事,则上不像先生,下不像拆字,不学无文的大学生者,可胜浩叹。

【荣氏气概豪爽,丝毫无掩蔽,令人钦佩。其事业之得有今日,洵非偶然也。记者于告辞临行时,又承荣氏以自撰之《阅历经五千言节录》出示,兹特转录如下(后略)】。

(《上海报》,1937 年 1 月 24 日)

谈华商纱厂各项出品供不应求原因

（1937年2月25日）

【我国去年各地丰收，各业渐趋繁荣，尤以纺织业更为良好，前途极可乐观。昨据实业界巨子荣宗敬氏语记者云：】

去年秋间纺织业活动后，所有存货，即源源销出，新货竟呈供不应求之象，各种纱布价格，遂相继飞涨，迨至总结账后，华商纱厂均在积极设法增工。入春以来，布价虽未续涨，但销路仍属极佳，平均各厂每日出品，仅敷各方需求，并无余存，预料今后纺织业必可恢复全盛时代状态。对于银界投资，目前已不需要，原料方面，足敷本年所用，外棉进口最近已不甚多云。

（上海《大公报》，1937年2月26日）

怎样才是家庭的快乐

（1937年3月刊载）

我们从小到老，总脱不了家庭关系。所以一生的幸福，要看家庭的环境。但环境是人为的，是可以改造的，譬如一条船，家长便是把舵的。舵把得稳，有些风浪，也可以平安过去。舵把得不稳，就是风平浪静，也可以出事的。现在的人们，被环境支配的多，能够改造环境的少。所以偶然有些不幸事件发生，整个家庭，竟可以陷于苦闷状态的。

但是环境实在没有一定的标准。假定一个人，自己忠于职务，起居动作，有一定的时间，对于金钱，不肯浪费，家人们却叉麻雀〔将〕、看电影，吃的穿的，件件讲究，非红日三竿，不肯起床，各人过各人的日子，倒也不一定家庭失和的。你说这样的家庭，快乐不快乐呢？

又如家计平常，亲戚朋友，你来我往，却有一个相当的场面，儿女众多，渐渐长大，每期学费支出，要占收入的一大部分，既不便向人愁穷说苦，而小小的债务，又靠近节边，四面的进攻，也只好咬定牙齿，设法对付下去。你说这样的家庭快乐不快乐呢?

又如男婚女嫁，家长的义务，都也尽过，家计倒也不差，然而各打各的主意，不能团结起来做人家，有时为些不相干的事情，还要争争吵吵，使得家长左右为难。你说这样的家庭快乐不快乐呢?

这样看来，快乐家庭是难能可贵，很不容易做到的。

有人说小家庭比大家庭容易达到快乐目的，我们何妨来提倡小家庭呢? 小家庭犹如开一爿小小的商店，大家庭犹如创一家大大的公司。小商店资本少，进出小，组织简单，个人衣食问题，自然容易解决;大公司却包括多少小商店，运用资金，发展营业，小则解决职工生活，大则抵制外人经济侵略，其精神上的快乐，真是语言难以形容的。两相比较，你说小家庭好呢，还是大家庭好呢?

我并不是反对小家庭，就是大家庭的流弊也很多的，各人自扫门前雪，对于公家，不肯尽其应尽的责任，男女佣工，饱食无事，往往三言两语，挑拨是非，柴米油盐琐细的事情，没有责成，不知不觉，公家就有无形的损失。这些流弊，大家庭是不能免的。但是家长只要以身作则，不做一些腐化的榜样，公正和平，处分一切，习惯成自然，大家庭自然知道做人和持家的道理，孩儿们也会晓的祖孙父子，一家骨肉，是不可分离的。

由整个家庭，推而至于整个的民族，精诚团结，万众一体，以爱家者爱国，这种快乐，岂不更伟大吗?

(《快乐家庭》，第 1 卷第 6 期，1937 年 3 月，第 9 页)

致济南茂新四厂秦芹生[1]函

（1937 年 4 月 9 日）

标麦因日商收买，新标麦大起五分。据闻到〈鲁〉日人拟进二百余车，现已购进半数。新标粉亦受此影响，涨三、四分。观其用意，似为有意捣乱，与去年上春同一手段。

附 1：秦芹生致荣宗敬函（1937 年 6 月 21 日）

济宁麦市，往后上货再涌一步，或许有大涨小疲之景焉。近闻交易所有七星公司硬抬多头，不知内幕如何，于粉厂影响若何？

附 2：秦芹生致荣宗敬函（1937 年 6 月 22 日）

各厂咸以新麦时期麦价决不看昂，故决随市脱化而空。讵知事与愿违，连日上货既少，而日商三吉公司在市贪取，致各厂恐慌，一致争拾，市价因之闹大，几有高次不分之势。按小麦年【景】，鲁省尚称不恶，而价昂为全国之冠，真令人难测也。

附 3：秦芹生致荣宗敬函（1937 年 6 月 24 日）

市价被日人三吉公司放价收买，而各码头均派人有人采购，致各地麦同时步翔，各厂以及粮商均难下手。有计划之捣乱，令人恨恨。前云满州〔洲〕粉厂复活，机器迄未运到。据闻，谣传满州〔洲〕复活，复活不过烟幕，其用意在运军火根据耳。

---

① 秦芹生，时任济南茂新面粉厂第四厂经理。该厂于 1919 年 5 月开机生产，全厂占地 14.133 亩，建厂时拥有美制"脑达克"式复式钢辊磨 12 部，350 马力煤气引擎 1 部，建筑及设备安装费计 25 万元，日产面粉 300 袋，另在普利门里修建营业处一所建筑费 2.3 万元。

附 4:秦芹生致荣宗敬函(1937 年 6 月 26 日)

乡麦上货依然寥寥,统市仅见二千余包;车麦新、陈,计到三、四千包;洛口船麦约千包之谱,统共约只七千包之数,勉敷各厂机用耳。按去年同期到货终在一万五千包之谱,去年站上陈麦尚有三万包,今岁则已无存底,货枯亦一原因;南路车辆困难,无涌到,亦是一情。然调查四乡码头,上货亦枯。盖法币以来,农人信仰薄弱,不待用款不售,故麦价不独济市步翔,四乡抗售亦是原因也。三吉公司仍不断在市抢购,将来难免有出口影响。今日各厂议决,先行停止进麦一星期,用以压平市价。若在此期间市价难疲,再另设法应付,一面具呈省府注意小麦出口,与申粉厂一步骤。

附 5:秦芹生致荣宗敬函(1937 年 6 月 28 日)

济地天时已晴,四乡小麦上货仍属寥寥。统市只有三千余包。车麦计进三千包左右,洛口船麦仍为千包,由各厂分给,成随到随化之景,欲有积存实不容易。济宁麦价亦已步翔而到货不旺。蚌埠来信,该处陈麦均已售空,目下新麦尚未见涌。红麦成开 18.50 元,合较之内地情况相差远甚。请政府限制禁麦出口,又不批准。日后势在必涨,恢复去年高价在意中耳。今济既无用神,是以拟向所中套进若干以备万一。但粉厂做都【头】,恐与交【易】所条例不合,然小麦做多不致违法。诚恐函电不能详尽,故今拍一电文曰:“宗公鉴,芹因请示营业方针,陷【30日】到申”,谅已钧洽。到申当面聆训谕而解决前途也。

(申新纺织总公司档案)

致申新一、八厂函

(1937 年 4 月 26 日)

兹为偿还前订中【国】、上【海】两行二百八十万元之借款,即在厂中营运余额项下划付国币五十万元,转宗【记】、德记未付股利之账。

(申新总公司会计部函稿)

季云卿[①]先生七秩寿启

(1937年4月16日—5月1日刊载)

云卿先生,锡山望族,沪市耆英,任侠之风,重于一诺,慈祥之泽,溥于四方。今年五月三日,即夏历三月二十三日,为先生七十览揆之辰。同人等初谋大启华筵,共申芜悃。先生闻之,一再辞谢,以为时艰孔亟,物力宜珍。载挹谦光,弥深钦仰。爰改议,于是日假座槟榔路玉佛寺,集合至好,备具素斋。所有戚友,惠赐隆仪,悉移作修筑宁波普陀山路之用,庶增仙山之胜境,共造福田,便行旅于康庄,长留舆诵,广天心有应之仁,合佛寿无量之义。凡与先生有旧者,统希届时联辔贲临,举觞共醉,以资庆祝。无任企幸。此启。

筹备处,上海蒲石路九六号曹宅;电话,八五四七六。恕不另柬。

丁济万	王晓籁	王德邻	王西神	朱秉元	吴佩孚	吴铁城	吴金彪
何成浚	宋哲元	李廷玉	杜　镛	邵力子	林康侯	金九林	俞佐廷
秦德纯	高士奎	徐朗西	孙祖基	许世英	许修直	张之江	张树声
张仁奎	张　寅	张叔良	曹寿麟	曹幼珊	陈霆锐	陶伆千	陆连奎
焦易堂	黄金荣	冯云初	虞和德	杨　虎	杨翰西	杨庆山	荣宗敬
赵登禹	潘公展	蔡兼三	刘正康	刘玉堂	刘春圃	樊瑾成	钱孙卿

① 季云卿(1868—1939年),无锡石塘湾人,是二十世纪二三十年代上海著名的黑社会人物。季氏早年学做银匠,后开设茶馆、戏院,蚀本后赴上海,拜青帮大字辈头目曹劝珊为"老头子",成为青帮通字辈大流氓,与上海滩青帮三大亨黄金荣、杜月笙、张啸林过从甚密,并与黄金荣结拜为兄弟。季云卿在沪、锡等地开香堂,广收门徒,一大批政客、党棍、劣绅、兵痞、流氓及三教九流等投其门下。他依靠众多爪牙,在沪、锡等地绑票勒索、贩毒抢劫、开设赌台、包揽讼事。抗战期间,季云卿投靠日本,沦为汉奸,1939年被军统特工詹森击毙。

薛笃弼(以姓氏笔划为次序)同启。

(《申报》,1937 年 4 月 16 日—5 月 1 日)

与实业社记者谈苏北盐垦区最宜植棉亟应开发

(1937 年 5 月 17 日)

【际此国民经济建设运动高唱声中,全国朝野均积极努力发展各业,增进农村生产。本市金融界,自去年组团视察苏北沿海盐垦区域后,认为最宜植棉,曾筹划组织银团,专事投资开发。今各界领袖继起倡导,力谋棉花产额增加,以期完成苏省为产棉首要省份。昨据热烈赞助其事之花纱界巨子荣宗敬氏,对往访之实业社记者发表谈话甚祥,兹分志如下:】

苏北垦区最宜植棉

首据荣氏谈称,我国产棉区域计有冀、豫、陕、鲁、皖、鄂等十二省,其中尤以冀省棉产为最丰,每年产额约占各省五分之二,全国纺织原料,昔时多仗该省供给,今该省棉花,既被日商垄断,华商原料自蒙相当影响。至于其余植棉省份,每年产量并不过多,仅可供给华商维持目前现状,如欲增进纺织业生产,则其原料,当不敷用。故去年金融界鉴于上述各点,爰组视察团体,赴苏北沿海一带视察。经实地调查与研究结果,咸以该盐垦区域内地亩宜于植棉,并有急切投资开发之必要,故于返沪后,组织苏北棉花垦屯银团,一致倡导植棉事业。

地亩广大,各界重视

按该盐垦区域,自海州至南通沿海一带,共有一千五、六百万亩之广。倘能群策群力积极开发,则二、三年后,苏省可望成为产棉首要省份。据一般关心者预料,该区一经开发,每年可增加棉花产额一百五十万担,合计原有产量二百三十万担,殊可驾平冀省产额以上。加之近来导淮工事,行将完成,可无水患之虑。不久以前,本人【荣氏自称】曾与军政部长何应钦、江苏省政府主席陈果夫及缪培成[1]诸氏，联名建议开发该区，推广棉产。经多方努力，已获有相当成功。

陈果夫氏替助最力

继据荣氏称，对于筹划开发垦区工作，尤以苏主席陈果夫氏赞助最力，迭经派员前往视察，首要事工，多已次第实行。但据本人愿望，深期全国经济委员会及农业合作社、农业金库等，协助完成陈氏宏旨，俾我国家立臻富裕。近来豫、川、黔等省旱灾惨重，奄奄待毙者，不知凡几。最善方策，应由各界继起设法，将各该省灾民，移赴该区植棉以工代赈，则裕国拯灾，一举两得云。

（《申报》，1937 年 5 月 18 日）

交通大学添设纺织科之我见

（1937 年 5 月刊载）

创办实业之要素，曰人材，曰经济。人材之于纺织业，尤为重要。何则？制造、管理，必需有相当学识与技术，而后可以胜任愉快。鄙人创办纺织业垂三十余年，经济之未能余裕固无待言，人材缺乏，尤时时引以为虑。南通虽有纺织学校，而求过于供，于纺织业无如何影响。交通大学有悠久之历史，校誉播中外，人材遍国中。黎校长要沟通教育与实业，特添设纺织科，为吾业造就专门人材，远谋卓识，不啻为纺织业奠复兴基础，而予以无上之助力。

溯自欧战而后，吾国纺织业虽在萌芽时代，而营业方面获利颇丰，殊见蓬勃气象。自外人经济侵略日甚一日，以吾国为推销纱、布市场，又因时局不靖，水旱频仍，农村无购买力，都市不景气，纺织业遂一落千

① 缪培成，即缪斌（1902—1946 年），字蔼丞，号丕成，江苏无锡人，时任江苏省政府民政厅长。

丈，停机歇业，时有所闻。上年棉产增进，农村复兴，又承币制改革，实行法币之后，纺织业渐有起色。然以人口与纱锭比较，目前华厂纱锭相差犹远。若不急起直追，纺织业仍无立足之地。政府及金融界有见于此，是以在各省陆续添设纱厂。虽杯水车薪，无济于事，而纺织业既为政府及纺织界所重视，以后之发展，即以此为起点，而未可限其前程。职是之故，造就专门人材，尤为当今第一要义。

自东瀛参观纺织厂归者，佥谓出品如何精良，人事如何周密，不知纯系人材问题。得人，则陈旧机器可制造精良之出品；不得人，则机器虽极精良，出品依然落伍。至工厂管理，其责任并不下于制造。一厂范围之内，大而整个原料，小而竹头木屑，以及人事之纷纭复杂，何一而非管理之责任！此所以管理重科学化，而于时间、经济，均应有严密之注意也。

在数载前，鄙人曾于无锡申新三厂办养成所，延聘专家教授，并予学生以实习机会，毕业后，大都服务敝公司各厂，亦能知机器原理与纺织常识，惜受业时间有限，未能深造。现在敝公司各厂正添设纱锭，扩充至相当程度，于纺织专门人材，尤急需罗致。或谓造就纺织人材，非留学国外不可，不知留学习纺织，未易得大量人材。官费固有限制，私费岂易担负？学成归国，用其所学，学理、经验未必相符，或有食而不化之苦。则何如借材他国，化吾国一部分之优秀份子为技术人材？此鄙人所以于交通大学添设纺织科极表同情也。鄙人所办之纺织厂，在上海者居多数，随时可参观或实习，俾学理、经验合一，当为诸同学所乐闻。一得之愚，敢以质诸校长、教授及同学诸君。

（《染纺织周刊》，第 2 卷第 40 期，1937 年 5 月 16 日，第 1361 页。另见《纺织世界》，第 1 卷第 17 期，1937 年 6 月 10 日，第 1 页。）

介绍良医龚醒斋[1]先生启

（1937年5月29日—6月1日刊载）

龚醒斋医士，精古法按疗术，悬壶海上十有余年，寿人济世，名满杏林，所治一切风痨、臌膈痼疾、肝气胃病、伤寒湿温等症，均凭内功手术，不针不药而奏奇效。鄙人右手右足患风气麻木痹症四年有余，近承刘柏森先生介绍龚君治之，不一月而获痊，功力神矣。用特介绍，以利病家。龚医生寓白克路五七八号，电话三四八四九，照常应诊。门诊，上午九点至下午二点，止取费二元四角；余时出诊，七元四角，贫苦不计。荣宗敬启。

（《申报》，1937年5月29日—6月1日）

赠陆辅仁[2]联

（1937年5月）

辅仁先生雅鉴：

秋实春华，学人所种；

礼门义路，君子之居。

——丁丑清和月荣宗锦

① 龚醒斋，生卒年不详，原名泽民，湖南湘阴人，中医师，擅长中医按疗术。

② 陆辅仁，生卒年不详，江苏无锡人，曾任无锡茂新一、三厂总账和二厂经理，二战后，与亲戚吴昆生在香港合资创办伟纶纱厂。

谈禁麦出口原因

（1937 年 6 月 2 日）

【记者昨访面粉业巨子荣宗敬氏，询以各厂状况。据荣氏答称：】

目前各厂原料存底不多，而已磨制之粉，因各帮销路活跃，现货亦微薄。本年各地新麦，大部份尚未刈除，须于两星期后方可全数登场。厂方因原料不敷接济，条停倏做，且车数仅开二、三成。本年麦产受气候失常影响，以全国平均估计，只有六、七成。厂商恐蹈去年被日人大量收购后，国内原料缺乏之覆辙，故呈请市商会转呈中央颁命禁止出口，以不仅斤斤于厂商之原料关系，而实际在此非常时期，国家应有储粮之准备，以防万一云。

（上海《大公报》，1937 年 6 月 3 日）

致申新一、八厂函

（1937 年 6 月 15 日）

兹为偿还前订中【国】、上【海】两行二百八十万元之借款，即在营运余额项下划付国币一百万元正。

（申新总公司会计函稿）

徐乾麟先生[①]旅沪六十周年纪念通启

（1937年6月22日—26日刊载）

国历六月二十六日，为余姚徐乾麟先生旅沪六十周年纪念。窃思先生躬行慈善，提倡民生，遐迩蒙庥，中外属望。际兹旅沪周甲之期，理宜同申庆祝，爰定是日下午二时，在贵州路湖社，举行纪念大会。先生交游遍宇内，未及一一周知，特此通告。幸祈钧鉴。

发起人：

许世英、杨虎、荣宗敬、潘公展、黄庆澜、徐则西、陆连奎、沈镛、汪伯奇、徐春荣、王鞠如、李屋身、黄百斯、张一渠、魏宣鸿、孙科、俞鸿钧、王震、黄锦镛、陈光甫、乐俊宝、张一鹏、王栋、方积善、张文焕、吴言源、张其光、蒋泉茂、李祖唐、韩裕斋、汪兆铭、邵力子、张寅、唐寿民、徐新六、沈知方、劳敬修、陈良玉、朱寿丞、骆清华、林泽、华霁光、胡楚卿、邹善扬、尹邨夫、于右任、吴铁城、虞和德、钱永铭、胡筠、袁礼敦、沈泽春、陈蝶仙、胡莼芗、严独鹤、张宝琛、沈景梁、汤德年、王槐南、魏子桢、熊希龄、经亨颐、王孝宾、林康侯、朱吟江、冯炳南、姚慕莲、关炯、顾履桂、谢驾千、蒋梦麟、黄秉衡、吴国昌、魏黎照、王文苑、朱庆澜、杜镛、闻兰亭、俞佐廷、施肇曾、陆伯鸿、朱弃尘、宋汉章、王延松、王云甫、严成德、冯仰山、俞树堂、张子孝、郑子褒、屈文六、裴云卿同启。

筹备处在上海浙江路北京路口保康里南二弄余姚旅沪同乡会内。如蒙赐仪，敢乞惠现，用备移充善举。

（《申报》，1937年6月22日—26日）

---

① 徐乾麟（1863—1952年），名懋，号升堂，族名源章，别署健芦老人，浙江余姚人，是我国近现代著名的慈善家和沪上知名的社会活动家、爱国者。他生前享有很高的名望，历任中国救济妇孺会会长、中国济生会会长、中国崇德会会长、河南义赈会会长、京直奉义赈会会长、慈善救济会会长、上海乐善会会长、闸北地方自治筹备会主席、闸北救火联合会会长、闸北二段救火会会长、上海模范工厂游民工厂总经理、上海总商会陈列所所长、南京路商界联合会会长、浦东医院院长、上海总商会董事、上海洋货商业公会总董、华洋义赈会会董、沪北商团公会会董、浙绍公所董事、绍兴七邑同乡会董事、闸北慈善团董事、慈善团体联合会董事、上海尊圣善会董事、普善山庄董事、江南银行董事等职，被地方乡邦社会奉为先导。

上海市各界抗敌后援会[①]征募救国捐宣言

（1937 年 8 月 9 日—16 日刊载）

保卫中华民族之神圣战争，已于故都揭其序幕。中央当局宣示决心，全国将士，奋勇效命。时至今日，有敌无我，有我无敌。五千年之祖宗庐墓，亿万年之子孙命运，均将于此最后关头决其荣辱。吾人如不甘为奴隶，不甘作牛马，不甘永受鞭挞，不甘长被宰割，则在此千钧一发之时机，当有毁家纾难之精神，捐款救国，救国自救。盖现代战争，除精神条件外，必须备具物质条件。备具物质条件，而后可以持久，而后可以决胜。序幕既开，抗战到底。敌人一日不去，抗战一日不停；抗战一日不停，捐款一日不止。凡吾同胞，父诏兄勉，输财节用，各尽能力，共救沦亡。黄帝在天之灵，实式凭之！

兹将征募办法摘列如后：

（一）本会以募集捐款，贡献国家，备供抗敌救国之需要为目的。

（二）本会委托银行钱庄，及其他代收机关，收受捐款，本会不直接收款。

（三）募得捐款，由本会分别公布。

（四）所有捐款，悉数汇呈军事委员会，统筹支配，但捐款人及本会得贡献用途意见，至本会办公费另筹之。

（五）凡捐款人二千元以上者，得照捐款人意志以捐款人名义由本会及专款转呈军事委员会。

（六）捐款人或捐款团体，一次或连续捐款在一千元以上者由本会

① 1937 年八一三事变后，钱新之与杜月笙、潘公展、王晓籁等人发起，上海各社会团体和各界人士组织“上海市各界抗敌后援会”，7 月 22 日正式成立。

给予褒状，三千元以上者由本会呈请上海市政府给予褒状，五千元以上者由本会呈请国民政府颁给褒状或荣典。

筹募委员会主任委员：杜月笙

副主任委员：吴蕴斋、秦润卿、李馥荪、骆清华

委员：宋汉章、陈光甫、宋子良、黄金荣、张啸林、胡笔江、傅汝霖、徐新六、顾克民、唐寿民、贝淞荪、徐桴、郭顺、金廷荪、王延松、俞佐廷、裴云卿、王伯元、陆子冬、胡筠庄、沈田莘、褚辅成、蔡承新、王志莘、葛杰臣、金国宝、寿毅成、齐云青、陈庆兆、张金萱、裴元鼎、沈莱舟、沈秋屏、叶荫三、郑泽南、周康保、李景彧、劳敬修、王振芳、周仰汶、戴耕莘、沈信卿、李祖绅、王厚甫、丁雪农、奚玉书、林康侯、丁方源、张慰如、余润庠、吴南轩、欧元怀、江一平、史咏赓、汪伯奇、胡政之、崔唯吾、黄伯惠、管际安、林柏生、蒋光堂、严谔声、徐寄庼、徐立民、曾虚白、穆藕初、叶扶霄、徐永祚、徐静仁、刘聘三、徐懋棠、郑际镛、李祖夔、仁望南、宋美杨、虞洽卿、刘鸿生、胡筠秋、蒉延芳、黄任之、陈行、何德奎、徐采丞、陈立廷、郭乐、俞叶封、闻兰亭、尤菊荪、潘序伦、方液仙、胡筠庵、陆伯鸿、朱吟江、张炯伯、邹秉文、胡筠籁、孙仲立、冯炳南、杨志雄、冯幼伟、卢涧泉、施伯安、蔡无忌、陈霆锐、潘志文、王启宇、徐乾麟、徐致一、徐补孙、沈昆三、朱博泉、吴申伯、奚萼衔、王云五、许秋帆、尹韵笙、袁崧藩、吴启鼎、周守良、秦待时、傅筱庵、李升伯、徐静安、吕葆元、朱静安、赵仲英、朱如山、朱斗文、赵晋卿、严成德、盛蘋丞、沈季宜、项绳武、黄首民、荣宗敬、吴蕴初、竺梅先、吕岳泉、潘仰尧、方剑阁、蔡声白、任士刚、姚永励、匡仲谋、蔡正雅、魏文翰、朱学范、柯幹臣、张继光、邵景甫、张法尧、王绍贤、潘旭升、王孟群、项康元、胥仰南、许冠群、邵达人、陆京士、周作民、吴瑞元、孙衡甫、周邦俊、童荣初、胡梅庵、李嘉隆、叶琢堂、刘攻芸、张纳川、席德懋、李觉、宋子安、杨介眉、费祖寿、余永绥、宋松龄、刘敏斋、陈建廷、郑源兴、潘祥生、吴星槎、胡厥文、杨管北、娄凤韶

收征机关

银行：中国、交通、浙江兴业、浙江实业、上海商业、盐业、中孚、聚兴诚、四明、中华、金城、新华、东莱、大陆、东亚、永亨、中国实业、中国通商、华侨、江苏、国华、中国垦业、中南、中兴、通和、中国国货、中国农工、中汇、上海绸业、恒利、中国企业、中华劝工、女子商业、中国农民、浙江地方、四川美丰、江苏省农民、永大、浦东商业、至

中、川康殖业、农商、广东、中和、正和、上海市银行。

钱庄：敦余、安裕、恒隆、信孚、福源、益大、衡通、慎源、志裕、义昌、均昌、赓裕、承裕、仁昶、致祥、征祥、安康、恒巽、和丰、聚康、鸿祥、惠昌、鸿胜、大赉、宝丰、振泰、庆大、同庆、同余、均泰、滋康、大德、怡大、鼎康、信裕、顺康、元盛、存德、福康、庆成、同润、五丰、春元、衡九、惠丰、滋丰。

报馆：申报、大公报、新闻报、时事新报、时报、民报、立报、中华日报、神州日报、大晚报。

保管委员：秦润卿、李馥荪、宋汉章、宋子良、唐寿民、徐桴、徐寄庼、钱新之、王延松。

（《申报》，1937 年 8 月 9 日—16 日）

上海各工厂为迁移内地事致国民政府行政院函代电

（1937 年 9 月 16 日前）

全面抗战，应有长期计划，以便与敌持久周旋。在此进行总动员计划时，首在恢复一般生产事业以蓄国家实力。工厂为生产事业之基础，目前尤应加紧制造，设法流通，以应全国需要。可迁移者固应从速迁移，可复工者更当迅予复工。惟自抗战以来，言经济则以金融停滞，工商因款同受限制，各厂无法调度，大都出于停顿；言交通则军运频繁，各路阻塞，原料货物无从输运。值此棉稻秋收，内外隔绝，影响农工，尤非浅鲜。长此生产机能听令断绝，每一念及，辄用痛心。同人利害切身，公私交顾，因于今日集议，认为政府自应力助各厂，设法迁移安全地带照常工作，输运务求灵活，捐税或减或免。又念目前惟一生路，尤望增发法币，扩充放款，以通工业上生产之资金；减低利息，以轻工业上生产之担负；实施中央储备银行法，采用货物准备，以固工业之基础。同时，发展交通工具，使工农生产能动、能流，以沟通内外之机能，适应供求之需要。凡此,实为国力生死所系,在总动员计划中,各部职责所在,应首先施行。倘酌召实业界同人切实商决,迅予实施,尤所企盼。

附:国民政府行政院关于资源委员会主办协助工厂内迁及抄送迁移工厂名单公函(1937年9月16日)

案据荣宗敬等代电称:“同前(略)”等情。据此,查补助上海各工厂迁移内地工作一案,前经本院第三二四次会议决定办法,由贵会及财政部、军政部、实业部组织监督委员会,以贵会为主办机关,严密监督,克〔剋〕日迁移。关于印刷业之迁移,由教育部参加监督,并照案分行在案。兹据前情,相应抄同原附名单,函达查照办理。此致资源委员会。计抄送原附名单一件。院长蒋中正,中华民国廿六年九月十六日。

名　单

荣宗敬　申新纱厂　福新面粉厂　茂新面粉厂

刘鸿生　大中华火柴厂　上海水泥厂　章华毛织厂　华丰搪瓷厂

郭　顺　永安纺织厂

王云五　商务印书馆

陆伯鸿　华商电气公司　闸北水电公司

林康侯　民丰纺织厂　美龙酒精香料厂　大中华橡胶厂

严裕棠　苏纶纱厂　仁德纱厂　大隆铁工厂

严庆祥　民丰纺织厂　通成纺织厂　大同纱厂

蔡声白　美亚织绸厂　铸亚铁工厂　美丰纺织厂　美恒纺织厂

吴蕴初　天原电化厂　天利氮气厂　天厨味精厂　天盛陶瓷厂　炽昌新制胶厂

王启宇　振泰纱厂　达丰染织厂

王尔绚　新和兴钢铁厂

张禹九　中国植物油料厂

项康原　康元制罐厂

胡厥文　新民机器厂　合作五金厂　长城砖瓦厂

叶友才　华生电气厂　华成马达厂

胡西园　中国亚浦耳电器厂　中国窑业公司

张惠康　亚光电木厂　东方军红公司

许冠群　新亚化学制药厂

吴哲生　大中华橡胶厂

李祖范　中国化学工业社　晶明玻璃厂　中国胶木厂

方剑阁　中华珐琅厂

陈小蝶　家庭工业社

卢志学　五洲固本皂药厂

陈吉卿　华福制帽厂

计健南　三友实业社

任士刚　五和织造厂

朱赓陶　仁丰染织厂

许晓初　中法制药厂

秦竞成　振华油漆厂

王性尧　中国国货联营公司

潘仰尧　中华珐琅厂　中华铁工厂

（国民政府资源委员会档案，中国第二历史档案馆藏）

无锡旅沪同乡会经募救国公债启事

（1937 年 10 月 18 日）

径启者：敌焰方炽，国步艰难。凡我同乡诸公，于此时会，当抱国而忘家、公而忘私之□（热?）忱，以抒邦家之急。兹本会于本月十七日召集理、监事联席会议议决，自即日起，开始征募救国公债。凡我同乡，务请踊跃认购，俾得汇集整款贡献国家，以增加抗敌卫国力量。深恐战事发生后，各同乡地址移动，势难一一登门劝募，谨特登报通告，务希各同乡诸公，自动来会认购，是为至盼。

无锡旅沪同乡会名誉会长荣宗敬，理事长刘春圃、王尧臣、祝伊才，监事长匡仲谋、张秋园、吴臣苈同启，临时办事处：爱多亚路中汇大楼一一六号，【民国】廿六年十月十八日。

（《申报》，1937 年 10 月 21 日）

附：救国公债积极劝募·无锡同乡

无锡旅沪同乡会，以救国公债，为充实国用、扩充战备所必需，自开始努力劝告各同乡认购以来，成绩素著，惟尚未足预定总额，爰定于昨日在中汇大楼一一六号办事处召开会议，推定荣宗敬、蒋哲卿等十余人为劝募委员，以便负责劝募，一面将认购现款汇缴由中汇银行转缴总会，一俟总数额满，即行呈报总队备案。

（《申报》，1937 年 11 月 10 日）

致济南茂新四厂函

（1937 年 12 月 14 日）

银行抵押品提充军用，其手续由兵站与银行交涉，归银行出给收据与各厂，然后提取物品。处此时期，我亦只可忍痛照办。惟交粉手续，必须取得银行正式收据而后可，于交出面粉时期、计数及价格之作定，必须随时交割清楚。此为最要紧之手续，缘日后可有根据交涉而得有取偿也。至代磨军粉，能有机工则见机为之。

（申新总公司函稿汇登）

附：济南申新棉花打包厂薄俊如来函（1937 年 12 月 12 日）

济战自退守黄河南岸后，日、我时用大炮轰击。昨、今前线颇形沉寂，我阵地无变动。第三集团军为充实军食计，将中国、交通、上海、大陆四银行押存面粉九万余包，麦子十二万包，杂粮若干包，用记账办法收归军用，俟财政充裕即行奉还。计中国约八十余万元，交通、上海各四十余万，大陆寥寥。我茂四粉麦均在其内，谅有详细报告。……胶济路前日恢复零担货运，华新积存纱布已运沪上。前卸下之一万五千锭运讫，第二批一万锭正拆卸。现因十六支纱又涨至三百四十元，拟开工，苦无工人，又忙于装箱，致未果耳。

（申新总公司函稿汇登）

“上海市民协会”致上海法租界公董局函[①]

（1937 年 12 月 29 日）

查上海自“八·一三”战事以后，南市、闸北、浦东、沪西、沪东各区繁盛市廛，大半毁于兵火。迨战线西移，沪地政、商机关均告停顿，迄今两月地方无人整理，秩序无人恢复，致人民流亡日众，百业益趋萧条。沪上人士得以苟延残喘者，幸赖贵局维护之力，惟有南北长此放弃，殊非久计。地方父老有鉴于此，爰经商准日方当局同意，由同人等筹设“上海市民协会”，以办理兵燹善后事项事宜，俾锋镝余生早安生业，

① 1937 年日本占领上海后，以“市民自治”为幌子，纠集南市水电公司总经理陆伯鸿等一批绅商，以“救济难民，恢复生产”的名义，出面组织“上海市民协会”。1937 年 12 月 29 日下午，约 20 多人前往“上海市民协会”临时办事处（南京路 480 号“上海妇女银行”）集会，确定执行委员及常委、主席委员。此函为该协会向法租界公董局要求备案。1938 年 1 月 24 日，“上海市民协会”开始办公，总会办事处设在外滩 24 号上海横滨正金银行四楼，并在南市、闸北、浦东、沪西各地设分会。直至 1938 年 10 月，傅宗耀出任伪上海特别市市长，“市政府”迁址江湾，“上海市民协会”才被解散。“上海法租界公董局”，简称法公董局，全称上海法国筹防公局，1862 年 4 月 29 日成立，为处理和掌管上海法租界内一切事务的最高权力机构。

地方剩余元气略可保全。用将敝会所订章程录送贵局查照,并祈备案,随时协助进行,无任感荷。"上海市民协会"主席委员顾馨一、荣宗敬、姚慕莲。

(上海市档案馆藏)

与大陆报记者谈"上海市民协会"筹备情形①

(1937年12月30日)

【大陆报记者昨因"上海市民协会"事,至西摩路访实业家荣宗敬。荣氏系该会主席团委员之一②,据称:】

中国目下事实上已无政府,在此种情状下,人民当果敢、胆大,作减少痛苦之举。

【荣氏特别指出】该新组织【指"上海市民协会"】与大道政府③丝毫无关,并无政治性质,目的在使居住于公共租界及法租界之难民,得回其闸北、南市、浦东及吴淞之老家,重操旧业。余【荣氏自称】个人并不属任何党派,纯系一商人,所知者营业因受战事影响,损失绝巨。余希

① 1937年12月30日,当时上海报纸刊登了日伪"上海市大道政府"公告:为"救济战后商工界之苦境",成立"上海市民协会"。所列协会委员名单中,包括当时留在上海的纺织大王荣宗敬、南市水电公司总经理陆伯鸿、杂粮业同业公会主席顾馨一等在内的21名知名企业家。当天下午,荣宗敬在家接受《大陆报》记者采访。此为荣宗敬先生对该记者的谈话。"大陆报"为当时上海的一份英文报纸,由美国人密勒(Thomas F. Millard)于1911年8月29日创刊,1918年转手为英籍犹太人爱资拉(Edward Ezra)所有,1930年10月由张竹平集资购得,至1935年为孔祥熙势力强行收买,抗日战争期间两度休刊,1949年停刊。

② 案据1937年12月31日上海《大美晚报晨刊》,"上海市民协会"委员共计21人,其中荣宗敬、陆伯鸿(南市电气公司总理)、顾馨一(杂粮业同业公会主席)、尤菊荪(振华纺织公司总理)、周文瑞(中汇银行常务董事)、祝伊才(常州扬中电灯公司董事长)、王彬彦(闸北保卫团团正)等7人为常务委员,姚慕莲(南市自来水公司总理)、荣宗敬、顾馨一等3人为主席团委员。

③ 日本侵略军在占据上海后扶植建立起来的伪上海市政府。

望新组织成立后，余及其他在华界拥有工厂之实业家，得重理旧业。

“上海市民协会”，一犹昔之总商会，或上海地方协会，完全系慈善性质，由本埠各商业领袖组织之，目的：（一）救济难民，俾彼等得返故乡，重理旧业；（二）重行开启在战区内之工厂。此计划系公共租界及法租界之善意建议，由日驻沪总领署所批准，目下正与日总领署直接谈判中。

【荣氏及该会主席团其他委员姚慕莲、王彬彦等，认为该新组织之成立，无需中国政府允许。据姚、王二君称，彼等并未向中国政府接洽，但新组织之规则及成立宣言将寄呈汉口国民政府。王氏继谓该会在文件中仍将援用中华民国，国旗亦仍用青天白日旗。荣氏又称】此事【指“上海市民协会”成立一事】如呈请中国政府当局，势必不能成立。吾人必须勇往直前，作减少人民痛苦之举，无需惧怕，只须宗旨纯正，可不问其结果如何。

（上海《大美晚报晨刊》，1937 年 12 月 31 日）

1938 年

在大美晚报上所登的一则启事[①]

（1938 年 1 月 1 日刊载）

【一九三七年十二月】三十一日贵报晨刊详载荣宗敬谈“【上海】市民协会”新闻一则，与事实不符，有不得不郑重声明者。查“市民协会”纯为救济难民起见，至谓“事实上已无政府”，宗敬决无此谈话，应请贵报赐予更正，以免误会，毋任企祷。此上《大美晚报》晨刊大主笔。荣宗敬启，二十六年十二月卅一日。

附 1：王禹卿启事（1938 年 1 月 1 日刊载）

三十日大美晚报登载组织“上海市民协会”新闻一则，内有王禹卿姓名。鄙人才识短浅，业务冗忙，对于社会任何组织，向不参加，此次市民协会并未预闻，特此声明。

（上海《大美晚报》，1938 年 1 月 1 日）

---

① 大美晚报记者对荣宗敬先生的采访于 1937 年 12 月 31 日一经登报，引起各界抗日爱国人士的强烈谴责，上海市商会、总工会等 20 多个团体联合集会并发表声明，宣布“上海市民协会”为非法组织。更有一署名为“一个不愿做亡国奴者”的王均平者致信荣宗敬，劝告其不要参加伪组织。而且陆伯鸿亦于 12 月 31 日下午被人暗杀。该则启事即是荣宗敬对此的回应。

附 2:“一个不愿做亡国奴者”——王钧平致荣宗敬函(1938 年 1 月 1 日前后)

前几天看到报纸上的消息,知道上海要成立一个市民联协来维持过去的繁荣,救济失业同胞。但这件事在表面上看来是非常伟大的,可是实际上不但不能达到目的,而且是使这许多失业同胞走上奴役性的路上去,这种组织,实在是傀儡的变相;这些主持人当然也是敌人的走狗。在鸡笼似的孤岛上,敌人的侵略一步逼紧一步,而我们民族危亡已到了最后关头,在这救亡图存的时候,每个人都要负担起使命,才能达到真正自由解放的目的!

外传先生也是这组织中负责人之一,我以为这是神经过敏的人在反宣传。因为先生过去对于社会慈善事业非常热心,对于救亡图存工作不遗余力,向为同情者所钦佩,而矛盾的宣传,却使我感觉到时伪作。然而嫌疑是不免的。那末先生最好用不毁灭过去光荣历史而投向敌人怀抱里去的力量来洗掉外界的恶传,并希望先生能保守过去无上光荣历史,更能负担领导青年的责任。我这样的期望,先生是不会使我失望的吧?敬祝民族解放胜利!

(申新纺织总公司档案)

附 3:上海各界集会揭发“上海市民协会”通敌活动

本市市商会、地方协会、总工会、市教育协会、市农会、中国文化建设协会、各大学教职员联合会、一二两特区及沪南、闸北、沪东、沪西各区市民联合会留沪负责人员,昨日下午二时举行联席会议,对于近日发现之所谓上海市民协会有所商讨。会议时,佥以该项组织显属非法,且查其中分子,过去多数著有劳绩,在此时期,似不致甘愿傀儡登场,容系奸徒假名活动。且据报载,该会标榜之任务亦非战后人民无〔所〕能为力者。至于救济慈善事业,本市早有国际救济会及慈善团体联合会组织，成绩斐然，更毋庸另立门户。爰经议决：

一、发表宣言，联名否认上海市民协会。

二、劝告全市同胞，勿与该组织合作。

三、忠告报载之参加分子，切莫自绝国人，自毁人格。

四、成立各团体联合办事处。

（上海《大美晚报晨刊》，1938 年 1 月 1 日）

时间不明

祝俞母周太夫人寿文

猗欤俞母，女宗之望。持家勤俭，处事安详。今嗣高才，奋迹商场。孙亦英爽，庆集一堂。年登大耄，福寿康疆。

拜俞母周太夫人，荣宗锦。

（盛世收藏网）

致京沪、沪宁杭铁路局函

（某年 11 月 22 日）

上海申新纺织总公司敬请【京沪、沪宁杭】两路局长，查照前订建筑支路合同，尅日与贵局协商等语，合行抄发该公司原函一件（附抄发申新纺织总公司原函一件），仰贵局查明具复，以凭核办。此只颂钧祺。荣宗敬谨启，十一月二十二日。

（盛世收藏网）

附　录

朱福康关于编辑《荣宗敬先生全集》的意见及其拟目次（1946年）

1. 朱福康关于编辑《荣宗敬先生全集》的意见

嘱为编订先总经理遗集，兹虽初具端倪，惟疏落之处及应待商榷者殊多。谨先将拟定篇目录呈钧览，并略陈愚见，藉供参酌。

一、篇首序言，宜请当代德高望重，且与先总经理生前笃有交谊者撰之，最好有三篇以上。

二、年谱载在篇首，古人如杜工部集、韩昌黎集、苏文忠集、欧阳文忠集均如是，俾揭卷则作者一生事迹已了然胸中，惟近人往往有刊于卷末者，如曾文正全书、梁任公集等是也。本集拟从古例，是否有当，乞示遵行。

三、七十世寿录内有闻兰亭、江上达所送寿文，现应否列入抑删去，乞示遵。

四、荣哀录拟将先总经理逝世时及告窆时，各界所送祭文、挽诗等汇并列入，惟材料太少，乞赐多予供给。

五、墓志为一生事迹所系，本应刊置圹中，流播后世，为人传诵，故必不可少。古人且尚另有墓碑之刻，宗公事业遍寰宇，为一代大实业家，其遗言、往行，莫不足为后人取法，而志墓志文尚付阙如。故最好应请当代蓄道德而能文章，及与宗公生前相知有素，并当有现代思想者为之，庶足褒扬先德，信今传后。爰略拟数人，以供采择：唐蔚之先生、叶誉虎先生、冒广生先生、戴季陶先生。

谨上荣孝范先生，转呈荣总经理钧督。朱福康谨呈，卅五年六月六日。

2.《荣宗敬先生全集》目次

序（名人题序最好有三篇以上）

遗影（最好半身一张、全身一张）

年谱（以上均置于目录之前）

意见书

振兴实业发展经济以惠民生计划书（篇首冠以蒋主席手批，摄影用珂罗版印）

拟上三全大会意见书

呈国府纱粉工业有关国本节略

呈国府请维持工商业说帖

水灾严重请支配运华美面以代赈节略

拟借美棉之羡余以补华棉之不足节略

请弛禁面粉出口以益税收节略

上海机制面粉厂对于五中全会陈请书

呈粤省府请令洋粉征税以减输入节略

论著

论民食

兵工刍议

救济民食刍议

农村衰落之过程及复兴之管见

增进棉产为复兴农村之要素

序跋

函电

荣德生：吾兄宗敬创业经历

（1932 年）

【一九三二年，荣宗敬六十周甲，亲朋好友佥谋捧觞称庆。宗敬闻之，瞿然曰：“是重吾过也。吾闻士君子必先忧其所忧，而后乐其所乐。往岁泽水为苗，万民昏垫，污漫数千里。凡所经过郊牧林野之地，洄洄无象，混混莫辨。洪泉极广，何以填之？薪梃不属，何以御之？读鸿飞乌止之诗，嗟我苗黎，心滋戚矣。矧复东北告警，虎视鹰瞵，烽燧频惊，戈铤遍地。吾侪同志，疮口晓音，牖户绸缪，外御其侮。番番良士，仡仡勇夫。吾思之，重思之，此何时乎，其敢言寿！”德生听此言，告于诸君子曰：】

吾兄之言，仁人之言也，奚敢不遵！惟吾兄平生坚苦卓绝之诣，有宜昭闻于世者，不可不为殚述也。

吾兄幼岐嶷，长聪刚，垂髫就傅，尝从殷省甫先生读，为文仿傥有奇气。先生曰：“此非凡才。”年十五，薄游沪壖，稍稍试金融业。沪市地襟吴会，物产殷饶。析支卉服之辈，重译款塞之伦。航海梯山，靡不集视听于斯，权低昂于斯。吾兄阅历经年，即洞知世界贸迁，奇盈窾窍，怵然于欧美经济政策侵略之繇，以为非熟知彼己，深维利弊，不足以塞漏卮于先几，挽狂澜于既倒。史迁《货殖传》有言：善者因之，其次利导之，其次教诲之，其次整齐之，最下者与之争。吾兄已默察消息之原矣。

弱冠后，往来申锡之间，实业志愿，萌柢系于苞桑，慨然曰：“衣食者，生民之命脉也。欲培其根而植其本，非多设面粉厂、纺织厂不为功。”顾大厦非只手所能擎，巨赀非咄嗟所能致。且大埠平原，地形扼要，据水陆之冲，握交通之纽者，尤非易得。某日过吾邑西城外，见有荒地可二十余亩，名太保墩，筚缕未辟，相度阴阳，可建粉厂。爰购地集股，经之营之，厂屋落成，名曰“茂新第一面粉厂”，时维光绪二十七年也。迨三十四年，又创设二厂于邑之惠山浜；民国三年，又就一厂之旁，添设三厂。二年，又创设福新一厂于上海新闸桥；三年，又创设二厂于西苏州路。六年，又创设茂新四厂于山东济南；同时，又创设福新三厂于上海小沙渡路，就二厂附近创设四厂；又创设五厂于汉口硚口宗关。七年，又创设六厂于上海新垃圾桥；同时，又创设七厂于上海新闸大通路，创设八厂于沪莫干山路。综计面粉凡十二厂。至纺织厂，则首基于民国四年创没上海白利南路之申新一厂。八年，又创设二厂于上海宜昌路，三厂于邑之西门外五洞桥。九年，又创设四厂于汉口硚口宗关。十三年，又创设五厂于上海杨树浦高郎桥。十四年，又分设六厂于常州南门外。十八年，又创设七厂于上海杨树浦；十九年，又创设八厂于上海陈家渡；二十年，又创设九厂于上海杨树浦：综计纺织凡九厂。此皆吾兄经纶之业，前服贾者所未有也。时则有王君尧臣、禹卿，丁君梓仁，浦君文汀，相与辅助而赞成之。人第见其审察轻重，明析秋毫，而不知其抵制于无形，所谓以其盾而陷其矛。盖吾国多一制造之货，即他人损一牟利之权。此则吾兄锲而不舍之志，健而不息之诚，非欲以掞张一己之事功，诗耀里闾之观听，是宜正告于当世君子者也。

（摘自《杖乡导游录》，1932 年版，并据 1935 年《荣氏宗谱》卷 29 校订）

徐心芹：面粉和纺织业大王荣宗敬访问记

（1935 年 9 月 20 日刊载）

为了“申新七厂事件”，和最近纺织业不景气喧腾关系，使社会人士更注意了荣宗敬君。他是我国，甚至国际间都很惊异而重视的人物。

有人称谓他是“中国面粉、纺织业大王”。

虽然他从事面粉，纺织厂的兴办，已有三十多年的历史。但他从来没有特别招待过新闻记者，或者，以大幅广告宣传他的事业，他只是埋头在猛干着，而且，苦干着。

最近，外间人对他由惊异而竟推测到他的经营前途了。甚至于以为在遭不景气当中，他将不能再支持他的事业了。荣君，他颇有永不服输的精神，他也公开招待记者一次，并向大家申明他仍是继续奋斗到底的！

这一次，我算是第二次和荣先生交谈。比较上一次公开谈话稍有不同，便是他谈了不少私生活方面的情况。

荣先生事业的状况，我觉得也有述出大概的必要。但这大概，便已是包含了不少奇迹在内。据他说：“二十岁便到了上海，觉得做官不如做事。留心了几年商业状况。尤其觉得洋面粉、洋纱的进口为数顶多。于是邀集同志，筹备福新面粉厂，继之创办申新纺织厂。迄今三十多年，计创立面粉厂十二处，纺织厂九处。创立纺织厂，尤较面粉厂为困难。民国四年创立申新一厂于上海白利南路（现分设八厂）；民国八年创立二厂于上海宜昌路；同时创立三厂于无锡西门外五洞桥；民国九年创立四厂于汉口硚口宗关；十四年购置杨树浦德大纱厂为第五厂；又租办六厂于常州南门外。嗣后纺织业受世界不景气影响，一落千丈，如上海杨树浦兰路之厚生，杨树浦路之东方，及三新相继清理。荣君悯工人之失业，毅然出而维持，先后改组为申新六、七、九厂。现所谓纺织厂共有纱线锭五十九万枚，布机五千余台。每日可出纱线一千三百件，布一万余疋。单是申新第九厂，每天可出十磅布一千四百疋，面粉袋四万只。福新面粉厂中的大马达有一千六百匹马力，每天可出面粉三万四千包。因各厂分散四处，未能导引外界一一参观，且工作和管理方面大同小异。所以参观了九厂一处，便可概其余。”又据他说：“大家或者以为创业很难,不知维持之难,更有甚于创业。外国商家可以自由在各国设厂,实行其经济侵略。而倾销政策,尤其是纺织业唯一致的〔的致〕命伤。外商营运资本,利率甚低。制成熟货,成本既轻,推销自易。我国本无资本家。创立实业,谁都要仰给于金融界。年来花贵纱贱。营业几无生路,但统税还是要照缴,利率不能减轻。这痛苦,只有自己当事人能说,能受。且视办实业为第二生命,非奋斗到底不可!所幸政府有援助底心。七厂虽经波折,幸未停工。二、五厂虽已开工,仍图复业。以后金融界能顾念垂危之纺织业,在可能范围内,予以援助。剿匪工作告成,纱销畅旺,亦意中事。至原料方面,各省市已实行推广植棉,而合作社又为复兴农村之后盾。数年以后,便不难塞外棉进口的漏卮。"

以上简略的叙述中,我们已经可以看出他的艰苦奋斗的历史。并且,他还向我说:

"外界人多半觉得我很些独裁去处吧?"

"为什么原故呢?"我问。

"不特对于办事上如此;"荣君微笑着说:"比如拿股本来说:申新二、五、六、七、九,都是我独资。其余我的股份也必须要占过半数。而且,我凡事都要躬亲过问。"

"那您不是太辛苦了吗?"我又说。

"我的精神全部用在事业上,我够用。我不赞成许多人把精神用到花天酒地,不分昼夜的酗酒妇人,骄奢淫佚,放纵无节。"

"那末,荣先生真是一个模范人物了!"

"不敢当,我的起居也有一定时候。现在,每天夜里九时便入睡,第二天早晨六时半以前就起床。"

"荣先生有甚么特殊嗜好呢?"

"我的嗜好便是终日策划这些厂的事务!其他,好像没有甚么,十块钱放在我的口袋里,两个月也用不完!"

“只是,荣先生每日要策划四十五万的支出。他这日子,我们换一个人,怎么过!”——另外不知是谁,在旁说上几句。

“如同耍戏法一样!希望大家帮场面!看的人不出钱不要紧!千万不要散!”——荣先生说着哈哈哈笑起来。

“荣先生的精神真不坏,看上去您有五十多岁了,今天我们上下楼梯好几层,而且到处兜圈子都不见您累着。”

“有名无锡人团团转。我只要不生病!身体也可以团团转,脑子里也可以团团转!”在笑声中荣先生很兴奋的说:“而且,由我自己想到工友,我在九厂里为大家如下设备着:

(一) 公益卫生事宜:职工医院五楼五底洋房,设医务主任一人,产科女主任一人,女看护二人,中医一人,凡本厂职工均可免费诊治。

(二) 职工俱乐部:设有阅报室,图书室,弹子枱,篮球队,网球队,足球队,枱球队,平剧班,话剧班,音乐班,国术团。凡职工均可于规定时间内加入娱乐。

(三) 消费合作社:本厂于纱线、布疋及一切家常用品一应俱全,均廉价出售,凡本厂工友均可得享此权利。

(四) 教育设备:设工友子弟学校,男工友夜校,男工友晨校,女工友夜校,女工友晨校。凡本厂职员均为义务教员,在本厂之男女工友,不论老少均强迫入校读书,其成绩较佳而平日工作勤奋者得擢为职员或指导员以资奖励。关于第九厂职工宿舍情形,我附带告诉您:

一区女工、养成工宿舍卧室五十间,现在五百廿四人。

二区单身女工宿舍计三十栋,现住六百十一人。

三区工友家属宿舍计三十三栋,现住五百九十四人。

四区单身男工宿舍卧室三十三间,现住四百另一人。

本厂共住工友计二千一百人。

(一区、四区是三层楼,完全水泥钢骨建筑,冷热自来水,铁床,食堂，卫生厕所，浴室，洗面室，阅报室，教室，设备完全。凡一、二、三区之女士，每天须入一区浴室沐浴一次，三、四区男工每天须入四区浴室沐浴一次)”。

在我和荣先生告别以后，我默念者：“的确，有健全的身体和精神，才能有健全的事业！”

(《时代》，第8卷第7期，1935年9月20日，第9页)

沈千里：名人访谈记·面粉大王

(1935年)

是一个晴天的下午，我和荣宗敬先生在他的写字间里见面了。一位身材矮小，面貌并不惊人，服装又是那么朴素的老年人，坐在一张宽大的写字台跟前，这叫任何人走进去也不敢相信这就是拥有九个纱厂和八个面粉厂的“面粉大王”，无怪我见了他本人，还要问一声：“荣宗敬先生在这里么？”。

当我走进这布置很简单的写字间，荣氏便站起身迎着我走了进来。

“有什么事么？”他满脸露着欢悦的笑。

“我特地来拜访他的，并且想知道他创业的经过情形。”

“啊！”他又笑了一下，带着满口的无锡土音说：“我姓荣呵！”

“唔……失敬得很；因为平素没见过，当面都不认得了。”我感到自己的渺小，脸上热辣辣地，像吃过了辣椒似的。

“随便坐罢！”他说时在壁上按了一下电铃。一会儿茶房送了两杯茶进来，他又和客气了一阵。

“不必客气，”我微微移动了一下身子，说：“荣先生每天都到这里来办公吧？”

“每天都来的；我也和他们(指职员们)一样，早上九点钟，下午两点钟上写字间，直到上午十二点钟和下午六点钟才回去吃两顿饭。”

“那也很辛苦的。”我说。

“这倒也不觉得，几十年来都是如此，现在已变成了习惯，倒是整天地登在家里闲着反而有点过不来了。”

“当然，做这样大的事业，是需要耐劳的精神的。对于上海的各厂，荣先生每天也都要去巡视一次么？”

“不，因为那边都有人负责的，所以不必一定要每天都去，而且在时间上也来不及。我设在上海的纱厂和面粉厂一共有十几爿，假如每爿厂都去巡视一次，就费一天的工夫也还是不行的。”他不禁自豪地哈哈大笑起来。

“荣先生办那么多纱厂，怎么倒还是以面粉而出名？”我好奇地问着。

“这也有原因的，多谢他们叫我面粉大王。”他喝了一口茶，继续地说：“说起这段历史来，话就长了。从前我在无锡经营的商业规模很小，可是每年都还赚点钱；不过自己总觉得这种生意虽然赚钱，究竟不是直接有利于民生的事业。后来跑到上海，眼见得外货大量的输入，尤其是关乎民衣民食的纱布、面粉占大多数；而回顾国内，对于这种工业简直是无人注意，因此我便东拼西凑地邀集了几万元的股本，开始组织了福新面粉公司。起初只开办一个厂。当然喔，那时的规模是非常的幼稚，还谈不到和外货竞争，不过至少在外货的入超上已经是挽回了一点漏卮。自福新第一厂开办后，几年间每年都还有点钱可赚，于是就靠这笔盈余的利润，由一厂扩充到二、三、四各厂。不久欧战爆发，各国的经轻重工业都受了战争的影响，纷纷宣告歇业，外货的输入也不像先前那么多了。尤其是面粉和纱布，因当时要供给军需，后来不仅没有剩余的可运到中国，甚且反而要到中国来购买了。总计在欧战四年中，福新售出的面粉竟有九百万袋之多。那时每袋面粉的价格，仅较销售于国内的高出一元。当然，由欧洲的赐予，福新是赚了几百万元钱的，而我的‘面粉大王’就从此出名了。可是当时国内纱布的产量却上不够供给，外货又没有多的进来，纱布的价格便一天比一天的高昂起来了，而直接受到这种影响的还是一段穿不起绸缎的平民。在这一年里，我便倡议开办申新纱厂，想从这上面来解决当前的困难问题。事情是进行得很顺利，在第一年中便成立了七个纱厂。可是到了第二年，因为所有的资金都集中到纱厂上面，有一个时期竟至缺乏现金周转，而且负债又是几百万；一般旁观者这时都替我耽着很大的心，恐怕我的事业前途将会遇到不可解救的危险。我自己对这种情形也很明白，不过我一些也不感到慌张；我在这一年中，只是埋头苦干，应付这当前的困难环境。果然，在第二年的总结算期间，竟出乎意外的赚了几百万元；把所有的负债还清了之后，流动资金也就跟着多起来了。正在这时英商三新纱厂出卖了，我便花了几百万元把他接收过来。现在的申新第九厂，就是从前三新纱厂的化身。不过，我把他接收过来之后，又用了二百四十多万元把所有的厂房和工人住宅从新建筑了一番。”他说着，喝了口茶，轻轻地呷着舌头，似乎还有不少的回味。

我像听故事般地愈听愈感到兴趣，便笑着说：“荣先生不仅是‘面粉大王’，而且还是一个纱业的领袖哩！”

“这倒不敢说，”他摇了摇头，说：“不过我总想多做点和老百姓直接发生关系的事业；譬如纱布和面粉我都感到很大的兴味，将来如有机会的话，也许还要多做一两样与民生经济更有利的工业呢”。

“荣先生现在拥有这么大的资产，个人的生活方面当然是……”。

“个人的生活么?”他不等我的话说完便哈哈地笑了：“我除了出进比普通人多了一辆汽车，什么都是和人家一样。你看，我身上穿的差不多都是本厂的产品，可以说这几年来就没有上布店扯过一尺衣料。其余如买零碎用品，都是家里办好的，我自己一年也还用不了十块钱。”

“听说还有几位少君，大概也都受了荣先生的熏陶，生活是很简朴的吧？”

“共有三个孩子，两个现在都还管点事，还有一个小的在读书；他们弟兄都还不乱来。我对于子弟，都不愿意他们摆出少爷的架子，因为目前中国正需要能苦干的人。我从前开始办福新时不知道遇到过多少困难，可是也没有一次不是从容应付过去的；而且一桩事业如不经过几次的失败，人们就要把他看得很平凡，而不肯下死功夫去干了。”

（《申报》，1935 年 6 月 23 日）

瞿兆鸿：实业家荣宗敬先生传略

（1936 年 5 月 1 日刊载）

荣先生从一个钱庄学徒的出身，经过了四十余年的奋斗，到现在是身任着茂新、福新、申新二十一个厂的总经理，其中茂新、福新十二个面粉厂，共计有四百余座磨粉机，每年的产粉量达到了三千万包的巨额；申新九个纱厂，共计有六十万枚的绽子和五千余台织机，每年产纱三十万件、布二百万疋。二十一个厂的资本总额超过了四千余万元。

这个成功决不是偶然的，他成功的基点是完全建筑在雄健的魄力和百折不回的精神上。荣先生而没有这样雄健的魄力，他的事业当然也不会开展到目前的一日。并且，一个事业的成功，困苦和挫折时免不了的。如茂新四厂在民九发动机的毁碎，修理了半载方才得恢复。又如茂新二厂在民十五年的失慎，全部厂屋都付之一炬。这都是荣先生的事业受到很大打击。然而他并不灰心，继续奋斗，好似不知有这样不幸事件发生般的。这种百折不回的精神，怎不令人惊服呢？

荣先生是江苏无锡县人，他的父亲荣熙泰是朱仲甫的幕府，后来在广东开办了一个火柴厂，可是不久就倒闭了。所以荣先生的家境方面，并不是怎样富裕。在他十四岁那年，就被送到上海新北门永安街震康钱庄当学徒。那震康经营的业务是偏重农产品抵押收买和卖出，好学而向上的荣先生对这许多事都非常留心，这在无形中使他对于中国棉、麦的产额情形，增加了不少知识。荣先生经商的手腕非常灵活，办事又很认真，到他二十四岁时，就独自在上海设立了广东〔生〕钱庄，自己担任着经理的职务。广东〔生〕钱庄的营业很发达，这使荣先生在社会上的地位渐渐抬高，而在经济方面也确立了一个巩固的基础。

这样很顺利的过了三、四个年头，他的弟弟德生先生适因庚子拳匪之乱，从广东还到故乡来。德生先生在广东时，担任着补抽局的总账，处理那繁剧的税务，于对〔对于〕巨量的洋面的入口知道很详细，并且当时通商条约上又明载着因面粉的输入是完全供给外侨的食用，海关并不征收关税。在实际情形上，外侨当然不需要这样巨量的面粉，大部份还是贩售给华人消耗的。所以德生先生归来后，就向他哥哥建议创办面粉厂。在荣先生也觉得中国从甲午战后，国势日渐衰替，外货源源的输入，漏卮日巨，提倡实业是急不容缓的了。并且他对于棉麦的情形又非常熟悉，同时广生每年申锡间的汇兑极盛，这大宗的汇款，多半是那时无锡的增裕、阜新两家粉厂办麦用的。从这点又可以证明苏省机粉的畅销，所以荣先生在那时对创办面粉厂的意志非常坚决。可是当时荣先生一人的力量还不足，就和他父亲的朋友朱仲甫合作，分头去招股，结果一共招到了十三股，每股事三千两。就在那一年(光绪二十六年)【1900】的冬间立案，取名保兴，一方面在无锡西门外的太保墩购进了十余亩基地。明年，开始建造厂屋，到光绪二十八年【1902】的二月间才正式开工。但在这个时候朱仲甫又因事要去广东去，对面粉事业无意再办，新厂才萌芽，跟着就发生了动摇。荣先生就运用他灵敏的手腕，在很短的期间内另外招到了三万五千两新股，该厂的命运终算才恢复巩固。保兴这时候就改名茂新，荣先生自己担任驻沪销粉的事务，厂方面则由他的弟弟负责。在四、五万两的资本下的茂新，规模当然很小，全厂只有四座磨粉机，每天产粉也只有三百余包。然而就在这小规模的茂新厂上，建立了荣先生大事业的基础。

茂新成立后，在艰苦的环境下奋斗了两载，到光绪三十一年【1905】营业方面遂渐渐有了起色。荣先生认有机会来了，就着手将茂新扩充，添装了英国的钢磨六座，每日产粉的数量，也增加了不少。可是不久因受了天灾的影响，原料歉收，麦价腾贵，同时外粉又拼命的竞争，抑低粉价，茂新就随着连年亏本，几乎站立不住。在那时全仗荣先生的灵敏干练，解决了经济上的危机，一面将出品竭力改良，营业才不致继续衰落下去。到宣统二年【1910】，营业又渐渐恢复，荣先生就把旧机拆除，改装美国钢磨十二座，一面再添造厂屋。这就是后来的茂新二厂。到宣统三年【1911】，全国大水为灾，各栈厂的积麦都被水浸湿，所以制造出来的面粉就发着霉味而不能下咽。茂新知道这缘故，就把受湿的麦都弃而不用，出产的粉气味都比别家好，于是兵船牌的面粉，就风行一时。那时各厂的销路都衰落，只有茂新却供不应求。很顺利的到了民国二年【1913】，茂新的基础是非常巩固了，所以就添装了美国钢磨十二座，成立茂新第三厂。同时，荣先生又在上海的光复路和东京路创设福新第一、第二两厂。福新一厂的资本是五十万元，福新二厂在当时是租办中兴粉厂的，资本只有十万两，制粉只有一千筒。可是不久欧洲大战开始，国外工厂的生产力锐减，在供不应求的局面下，我国面粉的出口也就跟着激增，粉价大涨，面粉业达到了鼎盛时期。荣先生认清这是挽救我们中国的实业的一个好机会，所以一面开始经营纺织业，一面尽量使面粉业开展。民国三年【1914】，在福新二厂的旁侧，增开福新四厂。民国五年【1916】，把无锡西门外惠山滨的惠元厂接手过来，改为茂新第二厂。茂新二厂起初只有钢磨十座，每天出粉也只有一千七百包，后来又添制了十一座美机，每天的产粉量增加到六千包。在那时推算起来，荣先生从开办茂新一厂起，到这时还只在十二、三年，可是在这很短的时期中，继续不断的发展，成立了六个厂，从三万九千六两的资本扩大到数百万元，在一般人也许有“尾大不掉”的顾虑，但在荣先生还只认为他事业的开始，他那雄健的魄力使他继续向事业前途迈进。到民国七年【1918】，在汉口的宗关建立福新第五厂，资年〔本〕三十万元。同时，再派荣月泉先生到欧美去实地考察他们的面粉、纺织事业，并订购了不少最新式的机器归来。民国八年【1919】，荣先生有鉴于济南是我国南北间的重镇，并且那里又是一个产麦区，可是那里的面粉厂只丰年、惠奉和日人开设的满洲厂三家，在那里开设粉厂是一定有发展中的，所以就在那一年的九月间开始在济南胶站的背面陈家楼一带建造茂新第四厂。九年【1920】五月开机工作，每日的产粉量达到三千多包，超过了满洲等三厂的总产额。正在这样蒸蒸日上的当儿，不幸的事件也随着发生。就在那一年的冬季，工人失措把发动机和飞输完全都炸毁，全厂的工作也被迫停止。一面加以修理，耗费了半年的时间，金钱方面损失了八万多元，才恢复过来。然而那时济市的粉厂先后的增加到了十家，磨粉机达一百多座，产粉量每日达到四万包的巨额了。同时，在茂新四厂外，荣先生把上海北苏州路的华兴粉厂接办过来，改为福新第六厂，并把福新二厂扩充，增设福新第八厂。民国十年【1921】，在上海大通路底创办福新第七厂。在这时期粉业还是很发达的。到民国十五年【1926】，荣先生又将上海小沙渡路的兴华面粉厂买进，改为福新第三厂。十五年十月，茂新二厂不幸失慎，厂房和机器完全损毁。这一次的损失很可观，然而在荣先生并不气馁。不过在工厂的管理方面，更注意，更革新。茂新二厂到民国十六年【1927】恢复旧观。可是汉口的福新五厂又叠受着大水，军事和共党的捣乱的影响，经营上很感到棘手，然而还是不忍依福新五厂为生的劳工无辜失业而维持着。到民国十七年【1928】,荣先生的茂新、福新的总厂、分厂一共有十二个,资本总额达七百五十五万元,磨粉机达三百四十六座,每年用麦一千一百三十八万担,产粉二千二百十万包,全厂的职员二百八十六,工人乙〔一〕千六百九十九人。此后,荣先生仍继续的将十二厂扩充,可是粉市却并不见怎样好,这原因是麦的来源减少,成了求过于供的现象,麦价高涨,而粉价方面因日美的竞争,反而低落。此外,世界的不景气和交易所买空卖空的空气,都使面粉业受到很大的影响。荣先生费尽心计,把各厂维持到现在,这已是非轻容易的了。

至于荣先生在纺织业上的发展,是开始在民国四年【1915】的创办申新第一厂。他从事纺织业的动机也无非希望替国家振兴实业,阻止外货的畅销,而减少国家的漏卮,同时又救济了劳工的失业。荣先生在民国四年把上海白利南路周家桥的一个已停工的油厂收买了下来,那油厂的基地共有二十四亩,里面有两座公事房和一所厂房。那房屋虽旧,可都很坚固,荣先生加以修葺了一番,一面向安利洋行订购英式纺纱机细纱绽一万二千九百六十枚,到引擎间、锅炉间都装好,申新一厂就正式开工。在那时因欧战的关系,吾国的纺织也蓬勃一时,所以在民国七年【1918】荣先生把申新大大扩充,订购了乙〔一〕千另五十架布机,设立布厂。出产的布疋,除一部份销售各埠外,其余的就供给茂新、福新制造粉袋。民国八年【1919】,申新一厂又向美国购买了细纱绽二万五千九百二十枚。同时,又把上海宜昌路日人开设的恒昌源厂接下来,添增许多纱绽,成立申新第二厂。可是这时欧战突告结束,经济竞争也随着剧烈,帝国主义者拼命向吾国开扩市场,纱市就跟着萎疲下去。荣先生虽然也很明瞭这种情势,知道前途的困难,可是他并不畏缩,反而在汉口的宗关创立申新第四厂,预备和外纱作最后的竞争。但荣先生决不是蛮干,他是有计划的。因为那时候陕豫湘鄂的花都集中汉口,当然在原料方面可以便利得多,成本轻,出产的货品也便宜出售。并且汉口的交通，各方面都很便利。再者要和外商竞争，自己品质的优良，也是不可缺的条件。所以荣先生在自己厂内力加整顿，请了许多专门人材来革新他的出品的质和量。有了这样强有力的阵营为后盾，营业当然是蒸蒸日上。到民国十年【1921】，荣先生又在无锡西门外创立申新第三厂。民国十四年【1925】接办上海华德路的德大纱厂，改为申新第五厂，和武进小南门外御史桥的常州纱厂为申新第六厂。那时荣先生在纺织业方面，共有资本九百八十四万元，绽子十八万八千二百六十枚，织机二千二百八十三台，每年用棉五十一万七千三百担，出纱十四万五千件，出布一百七十七万疋，全厂职员三百九十四名，男女工人乙〔一〕万五千另四十七名。在中国的纺织界已占着非常重要的地位。这成功使荣先生更兴奋，更努力。民国十七年【1928】，英商安利洋行设立的东方纱厂因经营不善，连年亏本，不能支持了，荣先生就出了一百九十万两的代价，收买了下来。东方纱厂的规模是很大的，那时在上海可说首屈一指的了，全厂共有纱机五万三千八百四十四绽，布机四百五十五台，而一切的设备也很完全。厂址是在上海的杨树浦三十六号，厂的前面是马路，后面就是黄浦江，大小船舶都可以直靠机房码头，所以原料和货品的装载运输，是非常便利。荣先生把东方纱厂买进后，就改为申新第七厂，将内部整顿了一番，到民国十八年【1929】一月开工制造二十支、十六支的龙船、人钟、招财，和六支的铁锚纱，出品非常优良，而得到许多用户的欢迎。在那时全国的纺纱业只有三百六十余万枚绽子，上海一埠占到一百九十余万，可是在这一百九十余万中，中华商只有七十七万，大部势力都操纵在外人的掌握。在这不均衡的状态下，所以以往只有华厂归并给外商，从没见华商收买大规模的洋厂的（申新二厂虽然也是从外人手中接过来的，可是那厂的规模很小，全厂只有八千多绽子。）现在荣先生的收买东方纱厂，一面固然是他个人事业的开展，但在另一方面，替国家挽回实权，这意义更深长而令人奋起。民国十九年

【1930】,荣先生的〔又〕接盘上海杨树浦兰路的厚生纱厂,改为申新第八厂。民国二十年【1931】,又接办上海澳门路的三新纱厂,改为申新第九厂,这八、九两厂的绽子总数计有十三万二千枚。此外,申新其他各厂也竭力扩充。九厂共计有六十万的绽子,和五千台布机。这时纱布虽已不十分好,然而还能够勉强维持着。到民国二十年【1931】后,世界不景气来袭,纱布一再低落,而日厂又仗着政府的力量为后盾,采取积极的侵略政策。在华商方面却非但得不到政府的援助,捐税又特别重。就荣先生个人而言,茂新、福新、申新三厂历年所缴的统税,业不多一万万之巨。这样在营业方面当然敌不过日商,所以不久就形成了华商纺织业的大崩溃!许多小规模的纱厂,纷纷随着这巨浪倒闭,申新也连年亏本,债务骤然增高,在这时荣先生还不忍着那大批工人的感受失业痛苦,努力支持着。日商的阴谋并没有中止,将倒闭的华商小纱厂收买过去,同时创设大规模的纱厂,实行他们的独霸政策,增强对华商的压迫。到民国二十三年【1934】,日纱厂在上海一埠已有二百四十余万枚的绽子,天津、秦皇岛、汉口、长沙以及江浙两省的纱市,都在他们的势力圈内,华商方面被迫停车的达十分之四。到二十四年【1935】正月,荣先生的负债使他不能再支持,不得已将申新二、五两厂中止工作,希望将所有的力量集中来挽救这悲惨的危局,然而结果是失败了。就在这年的四月间,日商勾结了汇丰银行,想利用申新七厂债款到期未还的机会,以二百五十万的拍价来劫夺荣先生的申新七厂。虽然当时因申新七厂的第一债权人中国、上海两银行先行申请法院执行假扣押而没有遂了他们的阴谋,可是华商纺织业的前途,更显露着悲惨的命运。到目前日商又利用政治的变动,积极在华北开拓市场,于是向来每年由上海运往华北的粗纱,现在却非常滞软,华商纺织业的前途,更是不堪设想。荣先生的事业是失败了,可是失败的责任决不在荣先生,因为这里面是否含着政治性的经济侵略,荣先生没有援助,“孤掌难鸣”,失败是当然的。

这也就是我们所以认为荣先生事业虽失败，而个人还是成功的。

荣先生在他个人的事业方面固然努力，但对于群众的福利，也非常热心的。他担任过纺织业公会、面粉业公会和上海总商会的常务委员，在工商界又很多的贡献。此外荣先生对于开辟公路，推进教育事业，更是异常的热心。无锡的开原马路，就是荣先生首先倡议而与地方人士合作筑成的。开原路是从无锡的西门迎隆桥起，经河埒口荣卷〔巷〕而直达梅园，全路长度计六英里，这是无锡开源〔原〕乡和城市沟通的唯一要道。其他无锡的通惠路和城乡各支路的建筑，在经济方面，荣先生都有很大的援助。统计荣先生历年捐助建筑道路和桥梁的金钱，差不多有二十万余元。同时荣先生在民国十七年【1928】，又集资创设了一个开原共公〔公共〕汽车公司，但这公司创立的动机并不是在牟利，而他的宗旨完全在促进交通和便利民众，所以收取的车费很低廉，而服务方面却很周到。荣先生服务社会事业的热忱，决不是一般剥削他人以肥己的资本家所能及的。

荣先生对于教育的推进十分努力，这也许是他感到自身没有受到充分的教育的痛苦，一面见到我国文化的落后，所以他尽力创办了许多中小学校，着手提高国民文化的水平。荣先生在光绪三十二年【1906】的正月间首先在无锡荣巷开办公益第一小学，那校舍是新建的。到民国十七年【1928】，学生达到二百九十人。民国十八年【1929】，因为学生继续增加，原有校舍不敷应用，就把高级的五教室迁移到该巷西首杨丝桥已停办的工商中学去。到现在学生更发达。光绪三十四年【1908】，荣先生又在荣巷添办竞化第一女子小学校。后至民国二年【1913】，荣先生的面粉、纱布蒸蒸日上，他就络〔陆〕续开办公益第二小学于无锡徐庵的梅园，公益第三小学于无锡的大淀，公益第四小学于无锡的下俞巷。到民国的四年【1915】，无锡河埒口的竞化第二女子小学，无锡仙蠡墩的竞化第三女子小学，无锡徐巷的竞化第四女子小学，都在荣先生的计划下相继成立。民国六年【1916】,荣先生又鉴于工人子弟失学的可虑,就在周家桥购地筑屋,创办申新学校,实施工人教育,所以学校设备方面特别完美。民国八年【1919】的秋季,荣先生又在荣巷的杨丝桥开办公益中学,那时学生达三百余人。这许多学校的开办和平日经费,全由荣先生担任的,所耗的资力也有几十万元。这许多学校,到现在大部还是继续存在着。此外,荣先生在民国五年【1916】的双十节,建立了无锡最大的大公图书馆,馆中收藏的新旧图书杂志共计有十六万卷,这在普及教育上得到莫大的裨益,我们将如何的感谢荣先生!

荣先生对于工人的权利,也很关心的,他决不像帝国主义国家的资本家,专以剥削劳苦大众为能事的。他非至万不得已时,决不愿无故把工人裁减,或是轻易停工。荣先生又建造了许多工房,使工人都得安居乐业,设立职工俱乐部,俾工人得到那正当的娱乐。此外又开办职工保险部、消费合作社、同仁储蓄会,使工人一面将日常生活的负担减轻,一面在失业时有相当的保障。

荣先生的年龄虽已六十四岁,可是他的办事精神和魄力,还丝毫没有暮气。他对于自己事业的前途,仍是抱着勇往直前的态度,虽然现在是这样的失败。荣先生有三位公子,长溥仁,次辅仁,幼鸿庆。溥仁是交通大学毕业的,辅仁是约翰大学毕业的,他们现在都帮助父亲处理着厂务。鸿庆现在还只有十四岁,在光华中学读书。至于荣先生的个人生活方面,是非常俭朴的,他没有嗜好,对娱乐也很疏的,实在他是没有时间允许他娱乐,他每天早晨九点钟到江西路自来水桥堍的总公司,去处理着厂中的许多事务,须到下午六点钟,才能得到充分休息的机会呢。荣先生待人接物很谦和,初见面时,你决不会想到他就是现代中国唯一的大实业家。

最后,我们觉得这位拥有二十一个工厂,掌握着吾国纱、粉二大实业的荣先生在目前竟陷入这样艰苦的环境中,是不容忽视的。我们还应认清荣先生的企业不但属于他个人一人，而是会直接影响到我国实业的前途。因此，为了我们整个民族国家，尤其是在社会经济这样衰落，工商业极度萎缩的现在，更值得我们的注意而要加以援助，同时对于这位大实业家除了钦佩之外，应予以深切的同情。

（《教育与职业》，第 175 期，1936 年 5 月 1 日，第 389—397 页）

尹高：荣宗敬这个人

（1938 年）

死也有幸有不幸，若说陆伯鸿死得不幸，那么，荣宗敬之死，可算得死而有幸了。

提起荣宗敬这个人，在东南几省和华中一带，几乎没有人不知道他的。因为他原籍无锡，甚至于遇到姓荣的人，我们必定问他：你府上大概是无锡罢，这也是因为荣宗敬名声太大，影响所及的缘故；而荣姓在无锡果然是一个大族。

荣宗敬于一周前在香港中风身死，当然上了年纪的人，经不起刺激，再加之经商数十年，用脑过度，虽然他不是十分肥硕，但是在这种环境下，受了极度的惊吓，往往要血压过高，因而至死的。大约在一个月以前，上海有什么市民协会的组织，荣宗敬也参加了，并且在报上发表了一段谈话，谈话的内容，现在也记不清楚，后来他自己曾经声明否认。这个会的组织，其动机如何，我们无需加以研究，不过后来因为陆伯鸿一死，荣宗敬便有香港之行，人事不测，天道难论，谁料他竟在这碧水青山的岛国上，葬送其天年。

他到香港去，本来很守秘密，不意在动身之前，发生了一个小小波折，说来却很好笑，事情是如此的：他坐的是大英公司的轮船，事先托人到旅行机关去订一个铺位，说是姓李谁也不曾注意。在上船的前一、二天，不知道是他的部下还是亲眷，为郑重起见，到大英公司去嘱托一番，希望用一只专轮送姓李的客人上大船，并且要在舱位里吃饭，不上饭厅去。这个要求，并不困难，只须付相当代价，大英公司自然乐意接受的。谁知道这一位为更求周密计，又请求为李姓客人划一条专用的走廊——就是不许别人经过，——以便在途中眺望海景。这样，使得大英公司的职员暗暗吃惊了，不知道这一位李姓的客人，是如何的一个伟大人物，经过了几次严密的查询，方知道所谓李姓者，便是荣宗敬先生。大英公司是英国人办的，英国人也有英国人的脾气，这件事情便顿时郑重处理，向巡捕房加以报告，经过几度会商之下，如果荣老先生没有人保护，他们请愿退票。荣老先生的为人，是大家知道的，他根本就没有用过保镖，即使马上可以雇到精壮的武夫，而领手枪照会的手续，又非常麻烦，这件事真是意想不到的。后来经过各方的疏通，百般的设计，临时招了两名身躯高大的男仆，算是荣老先生的护士，虽然不曾武装起来，大英公司也就放心了许多，在混而且浊的黄浦江中，大英轮船载了荣老先生，缓缓地驶出了吴淞口。

荣老先生的身躯不很高，也不很胖，可是不能说他瘦。他生平非常简朴，衣饰极不讲究，穿清布大褂的时候最多。他所经营的事业是棉纱和面粉，有“面粉大王”的尊号。关于纱，他有申新纱厂，面粉则有福新，茂新，总称为三新公司。除了上海一带而外，他在汉口极有势力，这是因为他在华中也树立了许多基础。荣老先生生平经过的风浪很多，他总是把握住他个人所独有的毅力，坚决的苦干，一切的困难，也就迎刃而解。去年是他的黄金时代，棉花的销场如此之好，市价如此之坚挺，把他多年亏欠的银行贷款，清偿了大半，使得他精神为之一振，假如今年没有战事的话，他的事业，真是不可限量。

无锡人对于他，有说不出的好感，这是因为他做了不少急公好义的事情，嘉惠于桑梓的缘故。别的不用说，单说从无锡城内到梅园以及小箕山这一段公路——开原路——就是他独资兴建的，我们自无锡坐汽车到宜兴，去探两洞之胜，一定要走这条路的。荣老先生虽然矢志经商，但是他又是名胜的爱好者，他在无锡风景区，的【衍字，整理者注】真化〔花〕了不少钱，为便利旅客欣赏太湖风景计，他曾建立了太湖饭店。

修桥铺路，本来是中国人美德之一，荣老先生便在荣氏族里，发起了一个"千桥会"，其用意是要兴建了一千座桥，当然不是每一座桥要洋灰大桥，而独木小桥也算千桥之一。不过最大的目的，在便利行人而已。你看，横跨在太湖上的宝界桥，有七十几个环洞，增加湖山的壮丽，这就是"千桥会"成绩之一，也就是荣老先生斥资兴建的。

至于我个人，和荣老先生几乎不认识，虽然在公共的地方看见过他一、二次。

我相信，世界上没有完人，而"完人"这两个字，根本就难得定一标准，荣老先生的事业和毅力，是值得大家敬佩的，我希望他的事业不因他的死而毁灭。

人皆有一死，谁也逃不掉，不过怎样的死法，便成为有幸有不幸的问题。如果以宗教的眼光来说，人的灵魂是躯壳的继续着，躯壳虽死，灵魂若是上天堂去享乐，则死者又何惜乎一死！

关于这个玄秘的问题，非我所能答复，惟有叩诸上帝了！

（《上海人》，1938 年第 8 期，第 116—117 页）

唐文治：祭无锡荣宗敬先生文

（1943 年）

粤维昭阳协洽之岁，壮月朔日，为我无锡宗敬荣先生在沪释奠之期。于时邦人君子，素车白马，四方来吊。凡我同人，感怀旧德，谨具清酌庶羞，致祭于宗敬先生之灵曰：

呜呼哀哉！繄龙山之崔巍兮，挺岳降而崧生。揽太湖之漭沆兮，钟间气之菁英。溯世德之绵长兮，启金友而玉朋。纪高堂之懋绩兮，兴大利于蚕桑。躬缫三而盆手兮，开风气于梓乡。维先生幼而岐嶷兮，秉道义之坚刚。矧慷慨而謇谔兮，奋鹏翮而翱翔。际欧风与墨雨兮，辟商战之新场。外货纷纭而山积兮，漏卮溢出于梯航。爰高掌而远蹠兮，驰骛昕夕而不遑。标特立之精神兮，希力挽乎利权。障颓波之已逝兮，塞不息之涓涓。念民生之艰食兮，碾麰麳于万千。树春申之中立兮，掞运输而懋迁。自汉皋迤逦而四出兮，仿佛乎若身之使臂。羌衣被乎苍生兮，展经纶之素志。创茂新、福新之粉厂兮，既标举乎雄帜。复建申新之纱厂兮，若栉比而鳞次。佥曰群黎所托命兮，非为一己而牟利。二百年来商界之巨子兮，钦立德而立功。余与先生倾盖而缔交兮，忻道谊之攸同。捐巨赀于南洋校兮，铸尊人铜像之穹隆。既兴学而育才兮，乐成人有德于无穷。更筑公路以便交通兮，掣飙轮而四驰。慨世事之元黄兮，痛鸿嗷之流离。亟散财而发粟兮，布闿泽而博施。披流民图以赒恤兮，如登春台之熙熙。综平生之懿行兮，罔非民胞物与之仁怀。接温温之雅度兮，洵远驭之长才。恒布衣而脱粟兮，示俭德于方来，种善因而获善果兮，方期眉寿于台莱。胡昊天之不吊兮，倏闻噩耗而离忧。望香港而怆怳兮，叹逝水之悠悠。纪真泠之遗语兮，惟实业之长留。幸子孙之昌炽兮，善继志而绍箕裘。卜佳城于珂里兮，瞻白云而拜松楸。矧宾朋之来会葬兮，咸执绋于道周。话旧雨之绸缪兮，顾名园而凄怆。睹万树之梅花兮，若溅泪而神伤。咽荣巷之邻春兮，更于邑而傍徨。余为文以申哀荐兮，奠桂酒与椒浆。阐潜德之幽贞兮，载志乘而有光。昭令闻于千秋兮，愿令嗣其永毋忘。尚飨。

（《茹经堂文集》五编卷七《碑铭哀祭类》）

荣宗敬简明事略

荣公宗敬，无锡开原乡人，少时即有志实业。自弃儒就商，即以振兴实业为己任，手创面粉厂八、纺织厂九，近世莫不承认为中国之实业家。兹胪举其行谊之荦荦之大者条列于后：

一、学校

无锡各市乡独开元乡得风气之先，以教育重大，故荣公提倡教育不遗余力，每年担任经费甚巨，积数十年之久，数字至可惊人。学生毕业后，服务社会类多优秀分子，不浸裁〔载〕培之苦心。其对于私立、国立各大学，如南通之纺织〈学校〉、〈上海〉交通大学等，皆先后有所捐助。

一、慈善事业

乐善好施，吾国视为美谈，然往往托诸口惠，无裨实际。荣公之于慈善事业则实事求是，例如民国廿年扬子江流域大水，汉口适当其冲，荣公特拨巨款于硚口宗关一带赶筑堤防，周围十余里居民全活无算。诸如此类，不胜枚举。至筑道路、建桥梁，造福于一乡一邑者尤其余事。

一、解决民生衣食问题

荣公之振兴实业，着手于面粉、纺织厂者，以面粉为食之本，纺织为衣之源。面粉由一厂推广至八厂，纺织由一厂推广至九厂，福利虽未能普及全国，然至少可以解决一部分民生衣食，而公之心力实已交悴。以一无凭藉之商人，为实业奋斗，具此伟大之精神，在吾国实未见其匹。

一、推进实业改良原料之计划

吾国原棉每岁收获不敷纺织厂应用甚巨，且种子之优秀者亦逊于外棉。荣公特出资选购优种若干吨，遣人赴豫、鲁各省，劝农民播种。数年后已著成效，纺织业实受惠于无形。至欧、澳小麦，亦较吾国为优，荣公主张亦须选购国外种子播种于吾国宜麦之地，具有计划上之当道，未及实施而战争起，遂无形搁置。

一、荣公对于本身事业之关系

荣公提倡实业，造福社会，固为其职旨，但推己及人，各厂资本同好加入者甚多，即如申新一、八厂，荣公个人报资不过占全数三成而已。荣公手创之纺织、面粉各厂虽廿余年来屡经内战，经营维艰，而终能博得政府了解与社会之同情，而为当今有数之纺织与面粉生产事业也。

一、国而忘家而忘私

荣公自事变后，以主张和平为环境上不许，不得已避居香港后病笃，自知不起，即呼家人语曰：余手创各厂，为国家、社会服务，非以之自私自利，汝等善守即为尽孝，余亦瞑目，对于家事并无一语道及。呜呼，可谓光明磊落矣，惟因各厂皆非个人产业，而荣公又对于社会福利事业异常热心故。

（上海市粮食加工工业同业会荣宗敬全集目次和传略，上海市档案馆藏）

申新厂主荣宗敬、荣宗铨兄弟创业及行谊事略

（一）荣氏兄弟四十年中手创纺织厂九、面粉厂八，为中国唯一之纺织业及面粉业巨擘，故荣氏事业影响社会民生甚巨。

（二）荣氏兄弟所创事业但为人民衣食所关，而自身又极克〔刻〕苦耐劳，艰难奋斗，故为社会所敬崇。

（三）荣宗敬先生事变后在上海首与陆伯鸿、顾馨一（二人均被害）等主张和平沟通商业，因环境恶劣避走香港，忧郁而亡，故荣宗敬先生实为和平而牺牲者。

（四）荣宗铨先生独资贡献社会事业厥功尤大，其在无锡所贡献者

实不亚于南通之张謇也，兹特录其大要如下：

1. 独资在无锡开设工商中学一所、公益小学八所，竞化女学四所；

2. 独资设立千桥会，曾建筑桥梁已达八百余处，其尤著者即为建筑一横贯太湖之大铁桥，无锡人民俱称便利。

3. 独资开阔太湖区名胜，建筑全国驰名之梅园及小箕山，公〔供〕众游览。

4. 独资建筑自无锡车站直达太湖边区之汽车道路以及其他宜兴乡间道路。

5. 独资建筑佛寺，若南禅寺塔、锡山寺塔及花藏寺等，提倡佛教，其他捐助于慈善团体者尤不胜枚举。

（五）荣氏兄弟对私立、国立之各大学，如南通之纺织学校、上海之交通大学等，均有巨款捐助。

（六）荣氏兄弟在民国廿年扬子江流域大水，汉口适当其冲，特拨巨款于硚口宗关一带赶筑堤防，活人无数。

（七）荣宗敬兄弟对于改良中国棉产不遗余力，曾首先向国外选购优种，散播豫鲁诸省，今日中国棉种得以见效，实荣氏提倡之功。

（八）民国廿年扬子江流域洪水泛滥，数省灾鸿遍野，惨状至重，荣宗敬兄弟乃极力提倡开浚，并向国外呼吁借麦贷工事成，数千万灾黎得救。

（上海市粮食加工工业同业会荣宗敬全集目次和传略，上海市档案馆藏）

后　记

从着手此书，到正式出版，一晃就是3年。我们之所以选择收集、整理荣宗敬先生的资料，主要有感于他生前的荣光与逝后的凄凉间的巨大反差。不可否认，荣先生并非他所处时代的一流人物，但有关他的既有研究状况，实不足以与他生前的事功及影响相匹配。造成这一局面的一个重要原因，显然是与荣宗敬相关的资料，特别是他本人的资料，未得到很好的收集与整理，有莫大关系。希望我们这一努力，能有助于推动荣宗敬先生相关研究。

当然，尽管我们努力搜找，限于主、客观原因，小书仍然存在很多不足和缺失：(1) 即如1946年拟编的《荣宗敬文集》所言篇目，其中仍有不少无法找到；(2) 书中不少荣宗敬与时人的往还函电，系转引自《茂新、福新、申新系统荣家企业史料》，在去年底时已计划今年初去上海社科院去集中核实，因新冠疫情的发生，也只好中止。等等诸如此类。换句话说，小书只是一个阶段性的产物，尚需他日继续努力，不断完善。

在收集、整理过程的个中甘苦，或许只有从事过类似事情的人才能明白。所幸，一直得到江南大学的支持和诸多师长、朋友的鼓励。感谢本书责编淳航兄的辛苦编校和中肯意见，在最大程度上减少了小书的舛误。

最后，我们愿意对小书的一切不足承担相应责任，并真诚欢迎各位读者给我们指出小书的不足，和提示关于荣宗敬先生及荣家相关资料的出处。

陈　明

庚子年冬月